LIBRAIRIE HACHETTE & Cie, PARIS

Classiques Français

NOUVELLE COLLECTION A L'USAGE DES ELEVES FORMAT PETIT IN-16 CARTONNÉ

BOILEAU Œuvres poétiques (Brunetière)	1 50
Pages et Extraits des œuvres en prose (Brunetière)	2 »
BOSSUET Connaissance de Dieu et de soi,	1 60
Sermons choisis (Rébelliau)	3 »
Oraisons funèbres (Rébelliau)	" 50
BUFFON Discours sur le Style (Nolhac)	» 75
Morceaux choisis (E. Dupré)	1 50
CHANSON DE ROLAND Extraits (G. Paris)	1 50
CHATEAUBRIAND Extraits (Brunetière)	1 50
CHEFS D'ŒUVRE POETIQUES DU XVIe SIÈCLE (Lemercier)	2 »
CHOIX DE LETTRES DU XVIIe SIÈCLE (Lanson)	" 50
CHOIX DE LETTRES DU XVIIIe SIÈCLE (Lanson)	2 50
CHRESTOMATHIE DU MOYEN AGE (G. Paris et Langlois)	3 »
CONDILLAC Traité des Sensations, liv. I (Charpentier)	1 50
CORNEILLE Scènes choisies (Petit de Julleville)	1 »
Théâtre choisi (Petit de Julleville)	2 »
Chaque pièce	1 »
DESCARTES Discours de la Méthode (Charpentier)	1 50
Principes de la Philosophie, 1re partie (Charpentier)	1 50
DIDEROT Extraits (Texte)	2 »
EXTRAITS DES CHRONIQUEURS (G. Paris et Jeanroy)	2 50
EXTRAITS DES HISTORIENS DU XIXe SIÈCLE (C. Jullian)	3 50
EXTRAITS DES MORALISTES (Thamin)	" 50
FÉNELON Fables (Ad. Regnier)	» 75
Télémaque (A. Chassang)	1 80
Lettre à l'Académie (Cahen)	1 50
FLORIAN Fables (Geruzez)	" 75
JOINVILLE Histoire de saint Louis (Natalis de Wailly)	" »
KANT Fondements de la Métaphysique des mœurs (Lachelier)	1 50
LA BRUYÈRE Caractères Sermon et Rébelliau)	" 50
LA FONTAINE Fables (J. Gérard et Thirion)	1 60
Choix de Fables (Geruzez et Thirion)	1 »
LAMARTINE Morceaux choisis	" »
LECTURES MORALES (Thamin et Lapie)	" 50
LEIBNIZ Extraits de la Théodicée (P. Janet)	2 50
Monadologie (H. Lachelier)	1 »
Nouveaux essais sur l'entendement humain (Lachelier)	1 75
MALEBRANCHE Recherche de la Vérité, liv. II (Thamin)	1 50
MOLIÈRE Scènes choisies (Thirion)	1 50
Théâtre choisi (Thirion)	3 »
Chaque comédie	1 »
MONTAIGNE Principaux chapitres et Extraits (Jeanroy)	2 50
MONTESQUIEU Grandeur et décadence des Romains (C. Jullian)	1 80
Extraits de l'Esprit des lois et des autres œuvres (Jullian)	2 »
Esprit des lois, livre I (Jullian)	» 25
PASCAL Provinciales I, IV, XIII et Extraits (Brunetière)	1 80
Pensées et Opuscules (Brunschvicg)	3 50
PROSATEURS DU XVIe SIÈCLE (Huguet)	2 50
RACINE Théâtre choisi (Lanson)	3 »
Chaque tragédie	1 »
RECITS DU MOYEN AGE (G. Paris)	1 50
ROUSSEAU (J. J.) Extraits en prose (Brunel)	" »
Lettre à d'Alembert sur les spectacles (Brunel)	1 50
SCÈNES RÉCITS ET PORTRAITS extraits des Ecrivains français des XVIIe et XVIIIe s. (Brunel)	" »
SÉVIGNÉ Lettres choisies (Ad. Regnier)	1 80
THEATRE CLASSIQUE (Ad. Regnier)	3 »
VOLTAIRE Choix de Lettres (Brunel)	2 75
Siècle de Louis XIV (Bourgeois)	2 75
Charles XII (Waddington)	" »
Extraits en prose Brunel	2 »

LIBRAIRIE HACHETTE & Cⁱᵉ, PARIS

Classiques Latins

NOUVELLE COLLECTION A L'USAGE DES ELEVES. FORMAT PETIT IN-16 CARTONNÉ

ANTHOLOGIE DES POÈTES LATINS (Waltz)	2 »
CÉSAR Commentaires (Benoist et Dosson)	2 50
CICÉRON Extraits des principaux Discours (E. Ragon)	2 50
Traités de rhétorique (Thomas)	2 50
Œuvres morales et philos. (E. Thomas)	2 »
Choix de Lettres (Ragon)	2 50
De amicitia (E. Charles)	» 75
De finibus, libri I et II (L. Charles)	1 50
De legibus, liber I (Lévy)	» 75
De natura deorum, liber II (Thiaucourt)	1 50
De republica (E. Charles)	1 50
De senectute (E. Charles)	» 75
De suppliciis (P. Thomas)	1 50
De signis (E. Thomas)	1 50
In M. Antonium philippica secunda (Gantrelle)	1 »
In Catilinam orationes quatuor (Levaillant)	1 50
Orator (C. Aubert)	1 »
Pro Archia poeta (E. Thomas)	» 60
Pro lege Manilia (A. Noël)	» 60
Pro Ligario (A. Noël)	» 30
Pro Marcello (A. Noël)	» 30
Pro Milone (P. Monet)	» 90
Pro Murena (Galletier)	1 50
Somnium Scipionis (V. Cucheval)	50
CORNELIUS NEPOS (Monginot)	2 90
EPITOME HISTORIÆ GRÆCÆ (J. Girard)	1 50
HORACE Œuvres (Plessis et Lejay)	2 50
De arte poetica (M. Albert)	» 60
JOUVENCY Appel aux de arts et héro bus (Edeline)	» 70
LHOMOND De viris illustribus urbis Romæ (Duval)	1 50
Epitome historiæ sacræ (A. Pessard)	» 75
LUCRÈCE De rerum natura, liber I (Benoist et Lantoine)	» 90
De natura rerum, liber V (Benoist et Lantoine)	» 90
Morceaux choisis (Pichon)	1 50
NARRATIONES Récits extraits principalement de Tite Live (Riemann et Uri)	2 50
OVIDE Morc. choisis des Metamorph. (Armengaud)	1 80
PHÈDRE Fables (Havet)	1 80
PLAUTE La marmite (Aulularia) (Benoist)	» 80
Morceaux choisis (Benoist)	2 »
PLINE LE JEUNE. Choix de lettres (Waltz)	1 80
QUINTE CURCE (Dosson)	2 25
QUINTILIEN Institutions oratoires, Xᵉ livre (Dosson)	1 50
SALLUSTE (Lallier)	1 80
SELECTÆ E PROFANIS SCRIPTORIBUS (Leconte)	1 »
SÉNÈQUE De vita beata (Delamay)	» 75
Lettres à Lucilius, I à XVI (Aubé)	» 75
Extraits des lettres et des traités (P. Thomas)	1 80
TACITE Annales, E. Jacob	2 50
Annales, livres I et III (Jacob)	1 »
Dialogues des orateurs (Goelzer)	1 »
Germanie (La) Goelzer	1 »
Histoires, livres I et II (Goelzer)	1 80
Vie d'Agricola (E. Jacob)	» 75
TÉRENCE Adelphes (Psichari et Benoist)	» 80
THÉATRE LATIN Romain	» 50
TITE LIVE Livres XXI et XXII (Riemann et Benoist)	» 50
Livres XXIII, XXIV et XXV (Riemann et Benoist)	» 50
Livres XXVI à XXX (Riemann et Homolle)	» »
VIRGILE Œuvres (Benoist)	2 »

LIBRAIRIE HACHETTE & Cie, PARIS

Classiques Grecs

NOUVELLE COLLECTION A L'USAGE DES ÉLÈVES FORMAT PETIT IN-16 CARTONNÉ

ARISTOPHANE et MÉNANDRE — Extraits Bodin et Mazon), édition couronnée par l'Institut	2 50
ARISTOTE *Morale à Nicomaque* 8e liv (Lucien Levy)	1 »
Morale à Nicomaque 10e liv (Hannequin)	1 50
Poétique (Egger)	1 »
BABRIUS *Fables* (A M Desrousseaux)	1 50
DÉMOSTHÈNE *Discours de la Couronne* (Weil)	1 75
Les trois Olynthiennes (Weil)	» 60
Les quatre Philippiques (Weil)	1 »
Sept Philippiques (Weil)	1 50
DENYS D'HALICARNASSE *Première lettre a Ammée* (Weil)	» 60
ÉLIEN *Morceaux choisis* (J Lemaire)	1 10
ÉPICTÈTE *Manuel* (Thurot)	1 »
ESCHYLE *Morc ch* (Weil)	1 60
Prométhée enchaîné (Weil)	1 »
Les Perses (Weil)	1 »
ÉSOPE *Fables* (Allègre)	1 »
EURIPIDE *Théâtre* (Weil) chaque tragédie	1 »
Morceaux choisis (Weil)	2 »
EXTRAITS DES ORATEURS ATTIQUES (Bodin)	2 50
HÉRODOTE *Morceaux choisis* (Tournier et Desrousseaux)	2 »
HOMÈRE *Iliade* (A Pierron)	3 50
Iliade les chants I II, VI IX, X XVIII, XXII XXIV, sep	» 25
Odyssée (A. Pierron)	3 50
Odyssée les chants I II VI XI, XII, XXII, XXIII sep	» 75
LUCIEN *De la manière d'écrire l'Histoire* (A Lehugeur)	» 75
Dialogues des Morts (Tournier et Desrousseaux)	1 50
LUCIEN (Suite) *Le Songe ou le Coq* (Desrousseaux)	1 »
Morceaux choisis des Dialogues des Morts des Dieux, etc (Tournier et Desrousseaux)	2 »
Extraits [Timon d'Athènes etc] (V Clachant)	1 80
PLATON *Criton* (Ch Waddington)	» 50
République, VIe VIIe VIIIe livres (Aubé) chacun	1 50
Ion (Mertz)	» 75
Ménexène (J Luchaire)	» 75
Phédon (Couvreur)	1 50
Morceaux choisis (Poyard)	2 »
Extraits (Dalmeyda)	2.50
PLUTARQUE *Vie de Cicéron* (Graux)	1.50
Vie de Démosthène (Graux)	1 »
Vie de Périclès (Jacob)	1 50
Morceaux choisis des biograph (Talbot) 2 vol les Grecs illustres 1 vol 2 fr, les Romains illustres, 1 vol	2 »
Morceaux choisis des Œuvres morales (V Bétolaud)	2 »
Extraits suivis des vies parallèles (Bessières)	2 »
SOPHOCLE *Théâtre* (Tournier) Chaque tragédie	1 »
Morceaux choisis (Tournier)	2 »
THUCYDIDE *Morceaux choisis* (Croiset)	2 »
XÉNOPHON *Anabase* 7 livres (Couvreur)	3 »
Économique (Graux et Jacob)	1.50
Extraits de la Cyropédie (J Petitjean)	1 50
Mémorables livre I (Lebègue)	1 »
Extraits des Mémorables (Jacob)	1 50
Morceaux choisis (de Parnajon)	2 »

THÉÂTRE CLASSIQUE

Pour la commodité des acheteurs ce volume a été tiré sur du papier extra mince dit papier indien.

THÉATRE CLASSIQUE

A LA MÊME LIBRAIRIE

Corneille *Théâtre choisi*, contenant *le Cid, Horace, Cinna, Polyeucte, le Menteur* et *Nicomède*, texte conforme à l'édition des *Grands Ecrivains de la France* et publié avec une introduction, une notice sur chaque pièce et des notes, par M Petit de Julleville Un vol petit in 16, cart 3 fr

Racine. *Theatre choisi*, contenant *Andromaque les Plaideurs, Britannicus, Berenice Bajazet, Mithridate, Iphigenie, Phèdre, Esther* et *Athalie*, texte conforme à l'édition des *Grands Ecrivains de la France*, publié avec une introduction, une notice sur chaque pièce et des notes, par M G. Lanson Un vol petit in 16, cart 3 fr

Molière *Théâtre choisi*, contenant *les Précieuses ridicules, le Misanthrope, le Tartuffe, l'Avare, le Bourgeois gentilhomme, les Femmes savantes* et des extraits des autres pièces, texte conforme à l'édition des *Grands Ecrivains de la France*, publié avec une introduction, une notice sur chaque pièce et des notes, par M E Thirion Un vol. petit in 16, cart 3 fr

Voltaire *Théâtre choisi*, publié et annoté par M. Geruzez Un vol. in 16, cart. 2 fr. 50

THÉATRE CLASSIQUE

CONTENANT

LE CID   HORACE   CINNA   POLYEUCTE
DE P. CORNEILLE
BRITANNICUS   ESTHER   ATHALIE
DE J. RACINE
MÉROPE
DE VOLTAIRE
LE MISANTHROPE
DE MOLIÈRE

Nouvelle édition publiée d'après les meilleurs textes

AVEC LES PRÉFACES DES AUTEURS
LES EXAMENS DE CORNEILLE LES VARIANTES
LES PRINCIPALES IMITATIONS ET UN CHOIX DE NOTES

PAR AD. REGNIER
Membre de l'Institut

PARIS

LIBRAIRIE HACHETTE ET Cⁱᵉ

79, BOULEVARD SAINT GERMAIN, 79

1913

AVERTISSEMENT
POUR L'ÉDITION DE 1873

C'est un devoir de faire profiter les écoles, le plus tôt et le mieux possible, de toutes les améliorations qui intéressent les études, les objets de l'enseignement, et tout particulièrement, entre ces objets, les textes des auteurs. Voilà pourquoi nous avons revu avec soin, sur les nouvelles éditions de Corneille et de Racine qui font partie de la collection des *Grands écrivains de la France*, les sept pièces (texte et variantes) de ces deux poëtes qui sont contenues dans le *Théâtre classique*. Nous avons en outre collationné *le Misanthrope* de Molière sur l'édition originale publiée en 1667. Pour la *Mérope* de Voltaire, nous l'avions donnée, dès 1841, d'après le texte très pur et très-authentique de Beuchot, auquel nous l'avons comparée de nouveau, mais sans que cette comparaison ait donné lieu à aucune modification.

Nous avons à peine besoin de dire que nous n'avons pas négligé cette occasion de soumettre aussi le commentaire à une révision attentive, et de l'améliorer çà et là, autant que nous le pouvions sans l'étendre : dans l'annotation d'un volume contenant plus de quinze mille vers, sans parler des nombreuses annexes dues aux auteurs mêmes et de l'indication, pour les trois tragédies de Racine, des emprunts faits à Tacite et à la Bible, la sobriété est absolument nécessaire. N'est-il point d'ailleurs toujours sage et de bon goût d'empiéter discrètement sur le meilleur et le plus vivant des commentaires : les notes orales du maître ?

LE CID

TRAGEDIE DE P. CORNEILLE

REPRESENTEE POUR LA PREMIERE FOIS VERS LA FIN DE 1656

PUBLIEE A LA FIN DE MARS 1657

Le Cid n'a eu qu'une voix pour lui à sa naissance, qui a été celle de l'admiration, il s'est vu plus fort que l'autorité et la politique, qui ont tenté vainement de le détruire, il a réuni en sa faveur des esprits toujours partagés d'opinions et de sentiments, les grands et le peuple : ils s'accordent tous à le savoir de mémoire, et à prévenir au théâtre les acteurs qui le récitent. *Le Cid* enfin est l'un des plus beaux poèmes que l'on puisse faire.

La Bruyère, *des Ouvrages de l'esprit*

En vain contre *le Cid* un ministre se ligue,
Tout Paris pour Chimène a les yeux de Rodrigue
L'Académie en corps a beau le censurer,
Le public révolté s'obstine à l'admirer.

Boileau satire IX

EPITRE DE CORNEILLE

A MADAME LA DUCHESSE D'AIGUILLON[1]

Madame,

Ce portrait vivant que je vous offre représente un héros assez reconnoissable aux lauriers dont il est couvert. Sa vie a été une suite continuelle de victoires, son corps porté dans son armée, a gagné des batailles après sa mort, et son nom, au bout de six cents ans, vient encore de triompher en France. Il y a trouvé une reception trop favorable pour se repentir d'etre sorti de son pays, et d'avoir appris à parler une autre langue que la sienne. Ce succès a passé mes plus ambitieuses espérances, et m'a surpris d'abord, mais il a cessé de m'étonner depuis que j'ai vu la satisfaction que vous avez témoignée quand il a paru devant vous. Alors j'ai osé me promettre de lui tout ce qui en est arrivé et j'ai cru qu'après les éloges dont vous l'avez honoré, cet applaudissement universel ne lui pouvoit manquer. Et véritablement, Madame, on ne peut douter avec raison de ce que vaut une chose qui a le bonheur de vous plaire : le jugement que vous en faites est la marque assurée de son prix, et comme vous donnez toujours libéralement aux véritables beautés l'estime qu'elles méritent, les fausses n'ont jamais le pouvoir de vous éblouir. Mais votre générosité ne s'arrête pas à des louanges stériles pour les ouvrages qui vous agréent : elle prend plaisir à s'étendre utilement sur ceux qui les produisent, et ne dédaigne point d'employer en leur faveur ce grand crédit que votre qualité et vos vertus vous ont acquis. J'en ai ressenti des effets qui me sont trop avantageux pour m'en taire, et je ne vous dois pas moins de remercîments pour moi que pour *le Cid*. C'est une reconnoissance qui m'est glorieuse, puisqu'il m'est impossible de publier que je vous ai de

---

[1] Tel est le texte des éditions de 1648-1656 ; les précédentes (1637-1644) portent A MADAME DE COMBALET. En 1660, Corneille supprima les dédicaces et les avertissements. — Marie Madeleine de Vignerot, nièce de Richelieu, avait épousé Antoine de Beauvoir, marquis du Roure, seigneur de Combalet, qui fut tué en 1621 devant Montauban. Le Cardinal la plaça près de la Reine, en qualité de dame d'honneur, et fit revivre pour elle en 1638, le duché d'Aiguillon. Elle mourut en 1675. Elle avait beaucoup de crédit auprès de son oncle et paraît s'être vivement intéressée au *Cid* et à son auteur.

grandes obligations, sans publier en même temps que vous m'avez.
assez estimé pour vouloir que je vous en eusse. Aussi, Madame, si
je souhaite quelque durée pour cet heureux effort de ma plume,
ce n'est point pour apprendre mon nom à la postérité, mais seulement pour laisser des marques éternelles de ce que je vous dois,
et faire lire à ceux qui naîtront dans les autres siècles la protestation que je fais d'être toute ma vie,

  MADAME

    Votre très humble, très obéissant et très obligé
    serviteur,

             CORNEILLE

AVERTISSEMENT DE CORNEILLE [1]

Avia pocos dias antes hecho campo con don Gomez conde de Gormaz Venciole y diole la muerte Lo que resultó deste caso, fué que casó con doña Ximena, hija y heredera del mismo conde Ella misma requirió al Rey que se le diesse por marido (ca estaba muy prendada de sus partes), o le castigasse conforme a las leyes, por la muerte que dió a su padre Hizóse el casamiento que a todos estaba a cuento, con el qual por el gran dote de su esposa, que se allegó al estado que el tenia de su padre, se aumentó en poder y riquezas

    MARIANA, lib IX° de la *Historia d'España*°, cap V°.

[1] Cet *Avertissement* n'a été inséré par Corneille que dans les éditions de 1648 1656

[2] La *Historia general d'España* d'où est tiré ce fragment espagnol, n'est qu'une version libre faite par le P Mariana lui même, de son histoire latine intitulée *Historiæ de rebus Hispaniæ libri XXX* et publiée de 1592 à 1616 Voici la traduction de cet extrait cité par Corneille

« Il avait eu peu de jours auparavant un duel avec don Gomez, comte de Gormaz Il le vainquit et lui donna la mort Le résultat de cet événement fut qu'il se maria avec doña Chimène, fille et héritière de ce seigneur Elle-même demanda au Roi qu'il le lui donnât pour mari (car elle était fort éprise de ses qualités) ou qu'il le châtiât conformément aux lois, pour avoir donné la mort à son père Le mariage, qui agréait à tous s'accomplit, ainsi, grâce à la dot considérable de son épouse, qui s'ajouta aux biens qu'il tenait de son père il grandit en pouvoir et en richesses »

AVERTISSEMENT.

Voilà ce qu'a prêté l'histoire à D. Guillen de Castro[1], qui a mis ce fameux évenement sur le theatre avant moi. Ceux qui entendent l'espagnol y remarqueront deux circonstances : l'une, que Chimene ne pouvant s'empêcher de reconnoitre et d'aimer les belles qualités qu'elle voyoit en don Rodrigue, quoiqu'il eût tué son père (*estaba prendada de sus partes*) alla proposer elle meme au Roi cette genereuse alternative, ou qu'il le lui donnât pour mari, ou qu'il le fît punir suivant les lois ; l'autre, que ce mariage se fit au gre de tout le monde (*a todos estaba a cuento*). Deux chroniques du Cid ajoutent qu'il fut celebré par l'archevêque de Seville, en presence du Roi et de toute sa cour ; mais je me suis contenté du texte de l'historien, parce que toutes les deux ont quelque chose qui sent le roman, et peuvent ne persuader pas davantage que celles que nos François ont faites de Charlemagne et de Roland. Ce que j'ai rapporté de Mariana suffit pour faire voir l'etat qu'on fit de Chimene et de son mariage dans son siècle même, ou elle vecut en un tel éclat que les rois d'Aragon et de Navarre tinrent à honneur d'être ses gendres en épousant ses deux filles. Quelques uns ne l'ont pas si bien traitée dans le notre, et sans parler de ce qu'on a dit de la Chimene du theatre, celui qui a composé l'histoire d'Espagne en françois l'a notée dans son livre de s'etre tôt et aisément consolée de la mort de son père[2], et a voulu taxer de legereté une action qui fut imputée a grandeur de courage par ceux qui en furent les témoins. Deux romances espagnols, que je vous donnerai ensuite de cet *Avertissement*, parlent encore plus en sa faveur. Ces sortes de petits poemes sont comme des originaux decousus de leurs anciennes histoires, et je serois ingrat envers la memoire de cette héroine, si, apres l'avoir fait connoitre en France, et m'y être fait connoitre par elle, je ne tachois de la tirer de la honte qu'on lui a voulu faire parce qu'elle a passé par mes mains. Je vous donne donc ces pieces justificatives de la reputation ou elle a vecu, sans

---

1. Les premieres éditions de la piece de G. de Castro, *las Mocedades del Cid*, 1ª *parte* (« la Jeunesse » ou « les Actes de jeunesse, les Prouesses du Cid »), remontent a 1621, peut-être a 1618. On peut voir, au tome Iᵉʳ du *Corneille* de M. Marty-Laveaux, p. 199-240, les passages de Castro imités par Corneille et signalés par lui dans son edition de 1648 (voyez ci-apres, p. 8 et 9 la fin de l'*Avertissement*), puis une analyse comparative de ce drame, par M. Viguier, et une note du même sur la traduction espagnole du *Cid* de Corneille, par D. amante publiée a Madrid en 1658 et a laquelle Voltaire a donné plus de réputation qu'elle ne merite en se vantant de l'avoir découverte comme un premier original *antérieur* a celui de Corneille.

2. « D. Ximena Gomes faisoit grandes et continuelles plaintes de la mort de son pere ; mais il ne passa longtemps qu'elle même pria le Roi de faire le mariage d'elle et du Cid, ce qu'il fit, et ainsi demeura cette dame toute consolée. » (*Histoire générale d'Espagne* par Loys de Mayerne Turquet, Lyon, 1587, p. 334.)

dessein de justifier la façon dont je l'ai fait parler françois. Le temps l'a fait pour moi, et les traductions qu'on en a faites en toutes les langues qui servent aujourd'hui à la scène, et chez tous les peuples où l'on voit des théâtres, je veux dire en italien fla mand et anglois, sont d'assez glorieuses apologies contre tout ce qu'on en a dit. Je n'y ajouterai pour toute chose qu'environ une douzaine de vers espagnols qui semblent faits exprès pour la dé fendre. Ils sont du même auteur qui l'a traitée avant moi, D. Guil len de Castro qui, dans une autre comédie qu'il intitule *Enga ñarse engañando*[1], fait dire à une princesse de Bearn :

> *A mirar*
> *bien el mundo que el tener*
> *apetitos que vencer,*
> *y ocasiones que dexar,*
>   *Examinan el valor*
> *en la muger yo dixera*
> *lo que siento, porque fuera*
> *luzimiento de mi honor*
>   *Pero malicias fundadas*
> *en honras mal entendidas,*
> *de tentaciones vencidas*
> *hacen culpas declaradas*
>   *Y asi, la que el desear*
> *con el resistir apunta,*
> *vence dos veces, si junta*
> *con el resistir el callar*[2]

C'est, si je ne me trompe, comme agit Chimène dans mon ou vrage, en présence du Roi et de l'Infante. Je dis en présence du Roi et de l'Infante, parce que, quand elle est seule, ou avec sa con fidente, ou avec son amant, c'est une autre chose. Ses mœurs sont inégalement égales, pour parler en termes de notre Aristote, et changent suivant les circonstances des lieux, des personnes, des temps et des occasions, en conservant toujours le même principe.

Au reste je me sens obligé de désabuser le public de deux er reurs qui s'y sont glissées touchant cette tragédie et qui semblent

---

1 Cette comédie, dont le titre espagnol signifie « S'engoigner (*se tromper*) en engeignant, » a été imprimée à Valence en 1625.

2 « Si le monde a raison de dire que ce qui éprouve le mérite d'une femme, c'est d'avoir des désirs à vaincre des occasions à rejeter, je n'aurais ici qu'à exprimer ce que je sens mon honneur n'en deviendrait que plus écla tant. Mais une malignité qui se prevaut de notions d'honneur mal entendues convertit volontiers en un aveu de faute ce qui n'est que la tentation vaincue Dès lors la femme qui désire et qui resiste egalement, vaincra deux fois, si, en résistant elle sait encore se taire »

avoir été autorisées par mon silence. La première est que j'aye convenu de juges touchant son mérite, et m'en sois rapporté au sentiment de ceux qu'on a priés d'en juger. Je m'en tairois encore si ce faux bruit n'avoit été jusque chez M. de Balzac dans sa province, ou, pour me servir de ses paroles mêmes, dans son desert, et si je n'en avois vu depuis peu les marques dans cette admirable lettre qu'il a écrite sur ce sujet, et qui ne fait pas la moindre richesse des deux derniers tresors qu'il nous a donnés[1]. Or comme tout ce qui part de sa plume regarde toute la postérité, maintenant que mon nom est assuré de passer jusqu'à elle dans cette lettre incomparable, il me seroit honteux qu'il y passât avec cette tache, et qu'on pût à jamais me reprocher d'avoir compromis de ma réputation. C'est une chose qui jusqu'à present est sans exemple, et de tous ceux qui ont été attaqués comme moi, aucun que je sache n'a eu assez de foiblesse pour convenir d'arbitres avec ses censeurs; et s'ils ont laissé tout le monde dans la liberté publique d'en juger, ainsi que j'ai fait, ça été sans s'obliger, non plus que moi, à en croire personne : outre que dans la conjoncture où etoient lors les affaires du *Cid*, il ne falloit pas être grand devin pour prévoir ce que nous en avons vu arriver. A moins que d'être tout à fait stupide, on ne pouvoit pas ignorer que comme les questions de cette nature ne concernent ni la religion, ni l'État, on en peut décider par les règles de la prudence humaine, aussi bien que par celles du théâtre, et tourner sans scrupule le sens du bon Aristote du côté de la politique. Ce n'est pas que je sache si ceux qui ont jugé du *Cid* en ont jugé suivant leur sentiment ou non, ni même que je veuille dire qu'ils en ayent bien ou mal jugé, mais seulement que ce n'a jamais été de mon consentement qu'ils en ont jugé, et que peut-être je l'aurois justifié sans beaucoup de peine, si la même raison qui les a fait parler ne m'avoit obligé à me taire. Aristote ne s'est pas expliqué si clairement dans sa *Poétique* que nous n'en puissions faire ainsi que les philosophes, qui le tirent chacun à leur parti dans leurs opinions contraires; et comme c'est un pays inconnu pour beaucoup de monde, les plus zélés partisans du *Cid* en ont cru ses censeurs sur leur parole, et se sont imaginé avoir pleinement satisfait à toutes leurs objections, quand ils ont soutenu qu'il importoit peu qu'il fût selon les regles d'Aristote, et qu'Aristote en avoit fait pour son siècle et pour des Grecs, et non pas pour le nôtre et pour des François.

Cette seconde erreur, que mon silence a affermie, n'est pas moins injurieuse à Aristote qu'à moi. Ce grand homme a traité la poetique avec tant d'adresse et de jugement, que les preceptes qu'il nous en a laissés sont de tous les temps et de tous les peu-

---

1. Allusion aux *Lettres choisies du Sieur de Balzac*, 1647, in 8° 2 parties. Sa lettre à Scudéry sur ses *Observations du Cid* est à la p. 394 de la 1re partie.

ples, et bien loin de s'amuser au détail des bienséances et des agrements qui peuvent être divers selon que ces deux circonstances sont diverses, il a été droit aux mouvements de l'âme dont la nature ne change point. Il a montré quelles passions la tragedie doit exciter dans celles de ses auditeurs, il a cherché quelles conditions sont nécessaires et aux personnes qu'on introduit et aux evenements qu'on represente, pour les y faire naître, il en a laissé des moyens qui auroient produit leur effet partout dès la création du monde, et qui seront capables de le produire encore partout tant qu'il y aura des theâtres et des acteurs; et pour le reste, que les lieux et les temps peuvent changer, il l'a négligé et n'a pas même prescrit le nombre des actes qui n'a été reglé que par Horace beaucoup après lui[1]

Et certes, je serois le premier qui condamnerois *le Cid* s'il péchoit contre ces grandes et souveraines maximes que nous tenons de ce philosophe, mais bien loin d'en demeurer d'accord, j'ose dire que cet heureux poeme n'a si extraordinairement reussi que parce qu'on y voit les deux maîtresses conditions (permettez moi cet[2] epithete) que demande ce grand maître aux excellentes tragedies, et qui se trouvent si rarement assemblees dans un même ouvrage, qu'un des plus doctes commentateurs de ce divin traité qu'il en a fait[3] soutient que toute l'antiquité ne les a vues se rencontrer que dans le seul *Œdipe*. La première est que celui qui souffre et est persécuté ne soit ni tout méchant ni tout vertueux, mais un homme plus vertueux que méchant, qui par quelque trait de foiblesse humaine qui ne soit pas un crime, tombe dans un malheur qu'il ne mérite pas, l'autre, que la persécution et le peril ne viennent point d'un ennemi, ni d'un indifférent, mais d'une personne qui doive aimer celui qui souffre et en être aimee. Et voilà, pour en parler sainement la veritable et seule cause de tout le succes du *Cid*, en qui l'on ne peut méconnoître ces deux conditions, sans s'aveugler soi-même pour lui faire injustice. J'acheve donc en m'acquittant de ma parole, et après vous avoir dit en passant ces deux mots pour *le Cid* du theâtre, je vous donne, en faveur de la Chimène de l'histoire, les deux romances que je vous ai promis[4]

J'oubliois à vous dire que quantité de mes amis ayant jugé à propos que je rendisse compte au public de ce que j'avois emprunté de l'auteur espagnol dans cet ouvrage, et m'ayant temoigné le souhaiter, j'ai bien voulu leur donner cette satisfaction. Vous trouverez donc tout ce que j'en ai traduit imprimé d'une autre

---

[1] Voyez l'*Art poétique* d Horace, vers 189 et 190

[2] *Cet* est au masculin dans toutes les editions publiées par Corneille qui donnent cet *Avertissement*

[3] Corneille veut parler de Roberte qu'il nomme dans un passage du *Discours de la tragédie*, ou il a exposé les mêmes idées qu'ici

[4] Ces romances font partie tous deux du *Romancero general*

lettre[1], avec un chiffre au commencement, qui servira de marque
de renvoi pour trouver les vers espagnols au bas de la même page
Je garderai ce même ordre dans *la Mort de Pompée*, pour les vers
de Lucain ce qui n'empechera pas que je ne continue aussi ce
meme changement de lettre toutes les fois que nos acteurs rap
portent quelque chose qui s est dit ailleurs que sur le theatre[2]
ou vous n imputerez rien qu'à moi si vous n y voyez ce chiffre
pour marque, et le texte d un autre auteur au dessous

ROMANCE PRIMERO

Delante el rey de Leon
doña Ximena una tarde
se pone a pedir justicia
por la muerte de su padre
 Para contra el Cid la pide
don Rodrigo de Bivare,
que huerfana la dexó,
nina, y de muy poca edade
 « *Si tengo razon o non,*
bien, Rey lo alcanzas y sabes,
que los negocios de honra
no pueden disimularse
 Cada dia que amanece,
veo al lobo de mi sangre
caballero en un caballo,
por darme mayor pesare
 Mandale buen rey, pues puedes
que no me ronde mi calle
que no se venga en mugeres
el hombre que mucho vale
 Si mi padre afrentó al suyo,
bien ha vengado á su padre
que si honras pagaron muertes
para su disculpa basten
 Encomendada me tienes,
no consientas que me agravien
que el que a mi se fiziere,
a tu corona se faze
 Calledes dona Ximena,

---

1 C est-a dire en lettres italiques Voyez ci-dessus, p 5 note 1
2 Corneille dans ses diverses editions et apres lui son frere dans celle de
1692, impriment en italiques les discours directs, les paroles d autrui rappor
tées par les acteurs paroles qu on met plus ordinairement aujourd'hui entre
guillemets

*que me dades pena grande
que yo daré buen remedio
para todos vuestros males
 Al Cid no le he de ofender,
que es hombre que mucho vale,
y me defiende mis reynos,
y quiero que me los guarde
 Pero yo faré un partido
con él, que no os esté male,
de tomalle la palabra
para que con vos se case »
 Contenta quedó Ximena
con la merced que le faze
que quien huerfana la fizo
aquesse mismo la ampare*[1]

ROMANCE SEGUNDO.

*A Ximena y á Rodrigo
prendió el Rey palabra y mano,
de juntarlos para en uno
en presencia de Layn Calvo
 Las enemistades viejas
con amor se conformaron,*

1. « Par-devant le roi de Léon, un soir se présente dona Chimene demandant justice pour la mort de son père

« E le demande justice contre le Cid, don Rodrigue de Bivar qui l a rendue orpheline des son enfance, quand elle comptait encore bien peu d années

« Si j ai raison d agir ainsi, ô Roi, tu le comprends, tu le sais bien les devoirs de l honneur ne se laissent point meconnaitre

« Chaque jour que le matin ramene, je vois celui qui s'est repu comme un loup de mon sang, passer pour renouveler mes chagrins chevauchant sur un destrier

« Ordonne-lui, bon Roi car tu le peux, de ne plus aller et venir par la rue que j habite · un homme de valeur n exerce pas sa vengeance contre une femme

« Si mon père fit affront au sien, il l'a bien vengé, et si la mort a payé le prix de l honneur, que cela suffise à le tenir quitte

« J appartiens a ta tutelle ne permets pas que l'on m'offense. l'offense qu'on peut me faire s'adresse a ta couronne

« Taisez vous dona Chimene vous m affligez vivement Mais je saura bien remedier a toutes vos peines

« Je ne saurais faire du mal au Cid, car c est un homme de grande valeur il est le defenseur de mes royaumes et je veux qu'il me les conserve

« Mais je ferai avec lui un accommodement dont vous ne vous trouverez point mal c est de prendre sa parole pour qu il se marie avec vous »

« Chimène demeura satisfaite, agreant cette merci du Roi, qui lui destine pour protecteur celui qui l'a faite orpheline »

AVERTISSEMENT.

que donde preside el amor
se olvidan muchos agravios..
   Llegaron juntos los novios
y al dar la mano y abraço,
el Cid mirando á la novia,
le dixó todo turbado
   « *Mate á tu padre, Ximena,*
pero no a desaguisado
matéle de hombre á hombre,
para vengar cierto agravio
   Maté hombre, y hombre doy
aqui estoy á tu mandado
y en lugar del muerto padre
cobraste un marido honrado »
   A todos pareció bien,
su discrecion alabaron,
y asi se hizieron las bodas
de Rodrigo el Castellano [1]

---

[1] « De Rodrigue et de Chimène le Roi prit la parole et la main afin de les unir ensemble en présence de Layn Calvo

« Les inimitiés anciennes furent réconciliées par l'amour, car ou préside l'amour bien des torts s oublient

« Les fiancés arrivèrent ensemble et, au moment de donner la main et le baiser le Cid regardant la mariée, lui dit tout troublé

« J ai tue ton père, Chimène mais non en trahison : je l'ai tué d homme a homme pour venger une réelle injure

« J ai tué un homme et je te donne un homme, me voici pour faire droit a ton grief, et au lieu du père mort tu reçois un époux honoré »

« Cela parut bien à tous, ils louèrent son prudent propos, et ainsi se firent les noces de Rodrigue le Castillan »

ACTEURS

DON FERNAND, premier roi de Castille[1].
DOÑA URRAQUE, infante de Castille[2].
DON DIÈGUE, père de don Rodrigue
DON GOMÈS, comte de Gormas, père de Chimène.
DON RODRIGUE, amant de Chimène
DON SANCHE, amoureux de Chimène
DON ARIAS } gentilshommes castillans
DON ALONSE }
CHIMÈNE, fille de don Gomès
LÉONOR, gouvernante de l'Infante.
ELVIRE, gouvernante de Chimène
Un Page de l'Infante

La scène est à Séville[3].

1 *Fernand* ou Ferdinand I*er*, dit le Grand, mourut en 1075. *Doña Urraque* est aussi un nom historique les deux filles que laissa le roi Fernand s'appelaient, l'une *doña Urraca* l'autre *doña Elvira* Nous avons vu plus haut (p 4) dans l'extrait de Mariana, *don Gomès, Chimène,* et *don Rodrigue* (ou *Ruy Diaz de Bivar,* surnommé *le Cid*) Le père de don Rodrigue est appelé par le même historien (livre IX, chapitre v) *don Diego Laynez* Quant à *don Arias* qu'il nomme *don Arias Gonzalès,* il parle de lui comme d'un vieil officier qui avait longtemps servi sous le roi don Fernand Les autres noms de ses acteurs, Corneille les a trouvés également à l'exception peut-être de celui de *Léonor* soit dans le livre IX de Mariana soit dans G de Castro, seulement il a donné ceux de *don Sanche* et de *don Alonse* a d'autres personnages que ceux à qui ils appartiennent dans l'histoire ou chez le poete espagnol

2 En 1734, il parut a Amsterdam un petit volume intitulé *Pièces dramatiques choisies et restituées* par Monsieur *** L'une de ces pièces est *le Cid* Dans le texte *restitué* qui fut généralement adopté pour la scène ce *Monsieur,* qui passe pour n'être autre que J B Rousseau a sans parler des autres changements, supprimé trois rôles l'Infante, Léonor et le Page

3 Voyez ci après, l'*Examen du Cid* par Corneille p 88-90

LE CID

TRAGÉDIE [1]

ACTE PREMIER

SCÈNE I

CHIMÈNE, ELVIRE [2]

CHIMÈNE.
Elvire, m'as-tu fait un rapport bien sincère ?
Ne déguises-tu rien de ce qu'a dit mon père ?
ELVIRE.
Tous mes sens à moi même en sont encor charmés :
Il estime Rodrigue autant que vous l'aimez,
Et si je ne m'abuse à lire dans son âme, 5
Il vous commandera de répondre à sa flamme
CHIMÈNE
Dis-moi donc, je te prie, une seconde fois

---

1 Dans les éditions antérieures à 1648, *le Cid* porte le titre de TRAGI-COMEDIE Voyez ci après, p. 22 note 2

2. Avant 1660 la pièce commençait autrement L entretien de Chimene et d Elvire était précédé d une scène entre le comte de Gormas et Elvire, où Corneille mettait dans la bouche même du Comte ce que plus tard il a fait rapporter par Elvire comme un discours du Comte Nous donnons ci après, p 83 et 84, cette première scène et la forme originale de la seconde, qui ne ressemble à la première de notre texte qu'à partir du vers 52 de celle ci

Ce qui te fait juger qu'il approuve mon choix
Apprends-moi de nouveau quel espoir j'en dois prendre,
Un si charmant discours ne se peut trop entendre, 10
Tu ne peux trop promettre aux feux de notre amour
La douce liberté de se montrer au jour.
Que t'a-t-il répondu sur la secrète brigue
Que font auprès de toi don Sanche et don Rodrigue?
N'as-tu point trop fait voir quelle inégalité 15
Entre ces deux amants me penche d'un côté?

ELVIRE.

Non, j'ai peint votre cœur dans une indifference
Qui n'enfle d'aucun d'eux ni détruit l'espérance[1]
Et sans les voir d'un œil trop sévère ou trop doux
Attend l'ordre d'un père a choisir un époux. 20
Ce respect l'a ravi, sa bouche et son visage
M'en ont donné sur l'heure un digne témoignage[2];
Et puisqu'il vous en faut encor faire un récit
Voici d'eux et de vous ce qu'en hâte il m'a dit :
« Elle est dans le devoir ; tous deux sont dignes d'elle, 25
Tous deux formés d'un sang noble, vaillant fidèle,
Jeunes, mais qui font lire aisément dans leurs yeux
L'éclatante vertu de leurs braves aïeux.
Don Rodrigue surtout n'a trait en son visage[3]
Qui d'un homme de cœur ne soit la haute image, 30
Et sort d'une maison si féconde en guerriers,
Qu'ils y prennent naissance au milieu des lauriers.
La valeur de son père, en son temps sans pareille
Tant qu'a duré sa force, a passé pour merveille,
Ses rides sur son front ont gravé ses exploits[4], 35
Et nous disent encor ce qu'il fut autrefois
Je me promets du fils ce que j'ai vu du père,

1 *Var* Qui n'enfle de pas un ni détruit l'esperance,
Et sans rien voir d'un œil trop sévere ou trop doux (1660)
2 *Var* M'en ont donné tous deux un soudain temoignage (1660)
3 *Var* Don Rodrigue surtout n'a trait de son visage (1637 in 12)
4 « J'ai vu feu M Corneille fort en colère contre M Racine pour une bagatelle, tant les poetes sont jaloux de leurs ouvrages M Corneille.. avoit dit en parlant de don Diegue:

Ses rides sur son front ont gravé ses exploits

M Racine, par manière de parodie, s'en joua dans ses *Plaideurs*, ou il dit d'un sergent acte I, scène I :

Ses rides sur son front gravoient tous ses exploits,

« Quoi disoit M Corneille, ne tient-il qu'à un jeune homme de
« venir tourner en ridicule les plus beaux vers des gens? » (*Ménagiana*)

ACTE I, SCÈNE II.

Et ma fille, en un mot, peut l'aimer et me plaire »
Il alloit au conseil, dont l'heure qui pressoit [1]
A tranché ce discours qu'à peine il commençoit,
Mais a ce peu de mots je crois que sa pensee
Entre vos deux amants n'est pas fort balancée.
Le Roi doit a son fils elire un gouverneur,
Et c'est lui que regarde un tel degré d'honneur
Ce choix n'est pas douteux, et sa rare vaillance
Ne peut souffrir qu'on craigne aucune concurrence
Comme ses hauts exploits le rendent sans egal,
Dans un espoir si juste il sera sans rival,
Et puisque don Rodrigue a resolu son pere
Au sortir du conseil a proposer l'affaire,
Je vous laisse a juger s'il prendra bien son temps.
Et si tous vos desirs seront bientôt contents

CHIMENE
Il semble toutefois que mon âme troublee
Refuse cette joie, et s'en trouve accablee
Un moment donne au sort des visages divers,
Et dans ce grand bonheur je crains un grand revers.

ELVIRE
Vous verrez cette crainte heureusement déçue [2].

CHIMENE
Allons, quoi qu'il en soit, en attendre l'issue.

SCÈNE II

L'INFANTE, LÉONOR, PAGE

L'INFANTE.
Page, allez avertir Chimène de ma part [3]
Qu'aujourd'hui pour me voir elle attend un peu tard,
Et que mon amitie se plaint de sa paresse
(*Le Page rentre.*)

LEONOR
Madame, chaque jour même desir vous presse,
Et dans son entretien je vous vois chaque jour [4]
Demander en quel point se trouve son amour [5]

1. *Var* Il alloit au conseil, dont l heure qu il pressoit (1660)
2. *Var* Vous verrez votre crainte heureusement décue (1637-56)
3. *Var* Va t en trouver Chimene, et lui dis de ma part (1637-44)
  Var Va t'en trouver Chimene, et dis-lui de ma part 1648-56)
4. *Var* Et je vous vois pensive et triste chaque jour (1637-56)
5. *Var* L informer avec soin comme va son amour (1637-44)
  Var. Demander avec soin comme va son amour (1648-56)

L'INFANTE

Ce n'est pas sans sujet : je l'ai presque forcée [1] 65
A recevoir les traits dont son âme est blessée
Elle aime don Rodrigue, et le tient de ma main,
Et par moi don Rodrigue a vaincu son dedain :
Ainsi de ces amants ayant formé les chaînes
Je dois prendre interêt a voir finir leurs peines [2] 70

LÉONOR.

Madame, toutefois parmi leurs bons succes
Vous montrez un chagrin qui va jusqu'a l'exces [3]
Cet amour, qui tous deux les comble d'allegresse,
Fait il de ce grand cœur la profonde tristesse,
Et ce grand interêt que vous prenez pour eux 75
Vous rend il malheureuse alors qu'ils sont heureux ?
Mais je vais trop avant, et deviens indiscrete

L'INFANTE

Ma tristesse redouble a la tenir secrète
Ecoute ecoute enfin comme j'ai combattu ;
Ecoute quels assauts brave encor ma vertu [4]. 80
L'amour est un tyran qui n'epargne personne
Ce jeune cavalier [5], cet amant que je donne,
Je l'aime

LÉONOR.

Vous l'aimez !

L'INFANTE

Mets la main sur mon cœur,
Et vois comme il se trouble au nom de son vainqueur,
Comme il le reconnoît.

LÉONOR.

Pardonnez moi, Madame, 85
Si je sors du respect pour blâmer cette flamme [6]

---

1 *Var* J en dois bien avoir soin je l ai presque forcee
A recevoir les coups dont son âme est blessee (1637 56)
Le coup, au singulier, dans l'edition de 1644 in 12
2 *Var* Je dois prendre interet à la fin de leurs peines (1637 56)
3 *Var* On vous voit un chagrin qui va jusqu'a l exces (1637 56)
4 *Var* Et plaignant ma foiblesse admire ma vertu (1637 in-4°)
  Var Et plaignant ma tristesse, admire ma vertu. (1637 in-12)
5 *Var* Ce jeune chevalier, (1637 in 4°)
  « La tyrannie de l'usage dit M Marty Laveaux, dans son *Lexique de Corneille* (tome I, p 156), determina Corneille, des 1637, dans son edition in 12, a mettre *cavalier* (qui avait le sens de galant et de gentilhomme), dans tous les endroits ou l'on avait d'abord imprimé *chevalier* dans l'édition (antérieure) in 4° de la même année.
6 *Var* Si je sors du respect pour blâmer votre flamme (1637 in 12)

ACTE I. SCÈNE II.

Une grande princesse a ce point s'oublier
Que d'admettre en son cœur un simple cavalier¹
Et que diroit le Roi? que diroit la Castille²?
Vous souvient il encor de qui vous êtes fille?   90

L'INFANTE

Il m'en souvient si bien que j'epandrai mon sang
Avant que je m'abaisse a démentir mon rang.
Je te repondrois bien que dans les belles âmes
Le seul mérite a droit de produire des flammes.
Et si ma passion cherchoit a s'excuser,   95
Mille exemples fameux pourroient l'autoriser,
Mais je n'en veux point suivre ou ma gloire s'engage
La surprise des sens n'abat point mon courage³,
Et je me dis toujours qu'étant fille de roi⁴,
Tout autre qu'un monarque est indigne de moi.   100
Quand je vis que mon cœur ne se pouvoit défendre,
Moi même je donnai ce que je n'osois prendre.
Je mis, au lieu de moi, Chimene en ses liens,
Et j'allumai leurs feux pour eteindre les miens
Ne t'étonne donc plus si mon âme gênée   105
Avec impatience attend leur hyménée.
Tu vois que mon repos en dépend aujourd'hui
Si l'amour vit d'espoir il périt avec lui⁵
C'est un feu qui s'éteint, faute de nourriture,
Et malgré la rigueur de ma triste aventure   110
Si Chimene a jamais Rodrigue pour mari,
Mon espérance est morte, et mon esprit guéri⁶
Je souffre cependant un tourment incroyable
Jusques a cet hymen Rodrigue m'est aimable,
Je travaille a le perdre, et le perds à regret,   115
Et de là prend son cours mon déplaisir secret.
Je vois avec chagrin que l'amour me contraigne⁷
A pousser des soupirs pour ce que je dédaigne,
Je sens en deux partis mon esprit divisé.
Si mon courage est haut, mon cœur est embrasé,   120

---

1. *Var* Choisir pour votre amant un simple chevalier' (1637 in-4°)
2. *Var* Et que dira le Roi? que dira la Castille?
   Vous souvenez vous point de qui vous etes fille?
   L'INF Oui, oui, je m'en souviens et j'epandrai mon sang
   Plutôt que de rien faire indigne de mon rang. (1637 56)
3. *Var* Si j'ai beaucoup d'amour j'ai bien plus de courage (1637-56)
4. *Var* Un noble orgueil m'apprend qu'etant fille de roi (*ou du Roi*). (1637 56)
5. *Var* Si l'amour vit d'espoir, il meurt avecque lui (1637-56)
6. *Guari*, pour *guéri*, dans l'édition de 1637 in 12
7. *Var* Je suis au desespoir que l'amour me contraigne (1637-60)

Cet hymen m'est fatal, je le crains, et souhaite :
Je n'ose en esperer qu'une joie imparfaite[1]
Ma gloire et mon amour ont pour moi tant d'appas,
Que je meurs s'il s'acheve ou ne s'acheve pas

   LEONOR
Madame, après cela je n'ai rien à vous dire, 125
Sinon que de vos maux avec vous je soupire
Je vous blâmois tantôt, je vous plains à présent ;
Mais puisque dans un mal si doux et si cuisant
Votre vertu combat et son charme et sa force,
En repousse l'assaut, en rejette l'amorce, 130
Elle rendra le calme à vos esprits flottants.
Esperez donc tout d'elle, et du secours du temps,
Esperez tout du ciel il a trop de justice
Pour laisser la vertu dans un si long supplice[2].

   L'INFANTE.
Ma plus douce espérance est de perdre l'espoir. 135

   LE PAGE
Par vos commandements Chimene vous vient voir.

   L'INFANTE, *a Léonor.*
Allez l'entretenir en cette galerie

   LEONOR.
Voulez-vous demeurer dedans la rêverie

   L'INFANTE.
Non je veux seulement, malgré mon deplaisir,
Remettre mon visage un peu plus à loisir 140
Je vous suis
      Juste ciel, d'où j'attends mon remède,
Mets enfin quelque borne au mal qui me possède.
Assure mon repos assure mon honneur
Dans le bonheur d'autrui je cherche mon bonheur
Cet hymenee à trois egalement importe, 145
Rends son effet plus prompt, ou mon âme plus forte.
D'un lien conjugal joindre ces deux amants,
C'est briser tous mes fers, et finir mes tourments.
Mais je tarde un peu trop allons trouver Chimène,
Et par son entretien soulager notre peine. 150

1. *Var.* Je ne m'en promets rien qu'une joie imparfaite.
   Ma gloire et mon amour ont tous deux tant d'appas,
   Que je meurs s'il s'acheve et ne s'acheve pas (1637-56)
2. *Var.* Pour souffrir la vertu si longtemps au supplice (1637-56

SCÈNE III[1]

LE COMTE, DON DIÈGUE

LE COMTE.
Enfin vous l'emportez, et la faveur du Roi
Vous éleve en un rang qui n'etoit dû qu'a moi
Il vous fait gouverneur du prince de Castille.
DON DIEGUE
Cette marque d'honneur qu'il met dans ma famille
Montre a tous qu'il est juste, et fait connoître assez   155
Qu'il sait recompenser les services passes.
LE COMTE
Pour grands que soient les rois, ils sont ce que nous sommes
Ils peuvent se tromper comme les autres hommes,
Et ce choix sert de preuve a tous les courtisans
Qu'ils savent mal payer les services presents.   160
DON DIÈGUE.
Ne parlons plus d'un choix dont votre esprit s'irrite
La faveur l'a pu faire autant que le merite,
Mais on doit ce respect au pouvoir absolu[2],
De n'examiner rien quand un roi l'a voulu.
A l'honneur qu'il m'a fait ajoutez en un autre[3],   165
Joignons d'un sacré nœud ma maison a la vôtre

---

1 « Aujourd'hui dit Voltaire, dans son *Commentaire sur Corneille*, publié en 1764, quand les comédiens représentent cette piece, ils commencent par cette scene. Il paraît qu'ils ont tres grand tort, car peut-on s'interesser a la querelle du Comte et de don Diègue, si on n'est pas instruit des amours de leurs enfants? L'affront que Gormas fait a don Diegue est un coup de théâtre, quand on espère qu'ils vont conclure le mariage de Chimène avec Rodrigue Ce n'est point jouer *le Cid* c'est insulter son auteur, que de le tronquer ainsi On ne devrait pas permettre aux comediens d'alterer ainsi les ouvrages qu'ils representent » Sur les mutilations et les changements qu'on s'est permis dans le texte et dans la représentation du *Cid*, voyez ci-dessus p 12 note 2, et au tome Ier du *Corneille* de M Marty Laveaux, p 49 52 la fin de la *Notice sur le Cid*

2 *Var*. Vous choisissant peut-être on eut pu mieux choisir,
   Mais le Roi m'a trouve plus propre a son desir (1637 56)

3 *Var* A l'honneur qu'on m'a fait ajoutez-en un autre (1660 et 63)

Vous n'avez qu'une fille, et moi je n'ai qu'un fils [1],
Leur hymen nous peut rendre à jamais plus qu'amis :
Faites-nous cette grâce, et l'acceptez pour gendre
LE COMTE
A des partis plus hauts ce beau fils doit prétendre, 170
Et le nouvel éclat de votre dignité
Lui doit enfler le cœur d'une autre vanité [2].
    Exercez la, Monsieur, et gouvernez le Prince.
Montrez lui comme il faut régir une province,
Faire trembler partout les peuples sous sa loi, 175
Remplir les bons d'amour, et les mechants d'effroi
Joignez à ces vertus celles d'un capitaine
Montrez lui comme il faut s'endurcir à la peine,
Dans le metier de Mars se rendre sans égal,
Passer les jours entiers et les nuits à cheval, 180
Reposer tout armé, forcer une muraille,
Et ne devoir qu'à soi le gain d'une bataille
Instruisez-le d'exemple, et rendez le parfait [3],
Expliquant à ses yeux vos leçons par l'effet
DON DIÈGUE
Pour s'instruire d'exemple, en dépit de l'envie, 185
Il lira seulement l'histoire de ma vie.
La, dans un long tissu de belles actions [4],
Il verra comme il faut dompter des nations,
Attaquer une place ordonner une armée [5],
Et sur de grands exploits bâtir sa renommée 190
LE COMTE.
Les exemples vivants sont d'un autre pouvoir [6],
Un prince dans un livre apprend mal son devoir
Et qu'a fait après tout ce grand nombre d'années,
Que ne puisse égaler une de mes journées ?
Si vous fûtes vaillant, je le suis aujourd'hui, 195
Et ce bras du Royaume est le plus ferme appui
Grenade et l'Aragon tremblent quand ce fer brille
Mon nom sert de rempart à toute la Castille

  1. *Var* Rodrigue aime Chimène, et ce digne sujet
     De ses affections est le plus cher objet.
     Consentez y, Monsieur, et l'acceptez pour gendre.
     LE COMTE. A de plus hauts partis Rodrigue doit prétendre
                                            (1637-56)
  2 *Var.* Lui doit bien mettre au cœur une autre vanité (1657-56)
  3 *Var* Instruisez le d'exemple, et vous ressouvenez
     Qu'il faut faire à ses yeux ce que vous enseignez (1637 56)
  4. *Var* La, dans un long tissu des belles actions (1639 et 44 in 4°)
  5. *Var.* Attaquer une place et ranger une armée (1660-64)
  6. *Var* Les exemples vivants ont bien plus de pouvoir. (1637-56)

ACTE I, SCÈNE III.

Sans moi, vous passeriez bientôt sous d'autres lois,
Et vous auriez bientôt vos ennemis pour rois[1].   200
Chaque jour, chaque instant, pour rehausser ma gloire,
Met lauriers sur lauriers, victoire sur victoire.
Le Prince à mes côtés feroit dans les combats
L'essai de son courage à l'ombre de mon bras
Il apprendroit à vaincre en me regardant faire ;   205
Et pour répondre en hâte à son grand caractère,
Il verroit..

DON DIÈGUE

Je le sais, vous servez bien le Roi :
Je vous ai vu combattre et commander sous moi
Quand l'âge dans mes nerfs a fait couler sa glace,
Votre rare valeur a bien rempli ma place,   210
Enfin, pour épargner les discours superflus,
Vous êtes aujourd'hui ce qu'autrefois je fus
Vous voyez toutefois qu'en cette concurrence
Un monarque entre nous met quelque différence[2]

LE COMTE

Ce que je méritois, vous l'avez emporté.   215

DON DIÈGUE

Qui l'a gagné sur vous l'avoit mieux mérité

LE COMTE

Qui peut mieux l'exercer en est bien le plus digne.

DON DIÈGUE

En être refusé n'en est pas un bon signe.

LE COMTE

Vous l'avez eu par brigue étant vieux courtisan.

DON DIÈGUE

L'éclat de mes hauts faits fut mon seul partisan.   220

LE COMTE

Parlons-en mieux, le Roi fait honneur à votre âge[3].

---

1. *Var* Et si vous ne m'aviez vous n'auriez plus de rois
Chaque jour, chaque instant entasse pour ma gloire
Laurier dessus laurier, victoire sur victoire.
Le Prince, pour essai de générosité,
Gagneroit des combats marchant à mon côté,
Loin des froides leçons qu'à mon bras on préfère,
[Il apprendroit à vaincre en me regardant faire.]
DON DIÈG Vous me parlez en vain de ce que je connoi
[Je vous ai vu combattre et commander sous moi] (1637 56)
Au vers 3 de cette variante, les éditions de 1648 56, portent *Lauriers dessus lauriers*, au pluriel.
2. *Var* Un monarque entre nous met de la différence. (1637 56)
3. *Var* Parlons-en mieux, le Roi fait l'honneur à votre âge
(1644 in 4)

DON DIÈGUE
Le Roi, quand il en fait, le mesure au courage[1].
LE COMTE.
Et par là cet honneur n'étoit dû qu'à mon bras
DON DIÈGUE
Qui n'a pu l'obtenir ne le méritoit pas
LE COMTE
Ne le méritoit pas! Moi?
DON DIÈGUE
Vous
LE COMTE
Ton impudence, 295
Téméraire vieillard, aura sa recompense
(*Il lui donne un soufflet*[2])
DON DIÈGUE, *mettant l'épée à la main*
Achève, et prends ma vie après un tel affront,
Le premier dont ma race ait vu rougir son front.
LE COMTE
Et que penses tu faire avec tant de foiblesse ?
DON DIÈGUE.
O Dieu ma force usée en ce besoin me laisse[3]! 230
LE COMTE
Ton épée est à moi, mais tu serois trop vain,
Si ce honteux trophée avoit chargé ma main
Adieu fais lire au Prince, en dépit de l'envie
Pour son instruction, l'histoire de ta vie

1 *Var* Le Roi quand il en fait, les mesure au courage. (1648 56)
2 « On ne donnerait pas aujourd'hui un soufflet sur la joue d'un héros dit Voltaire Les acteurs memes sont tres embarrassés a donner ce soufflet, ils font le semblant Cela n'est plus même souffert dans la comédie, et c'est le seul exemple qu'on en ait sur le théâtre tragique. Il est à croire que c'est une des raisons qui firent intituler *le Cid* tragi comédie Presque toutes les pièces de Scudéry et de Boisrobert avaient été des tragi-comédies. On avait cru longtemps en France qu'on ne pouvait supporter le tragique continu sans mélange d'aucune familiarité Le mot de *tragi comédie* est tres ancien Plaute l'emploie pour désigner son *Amphitryon*, parce que si l'aventure de Sosie est comique Amphitryon est très-sérieusement affligé » On a fait remarquer avec raison que, dans le prologue d'*Amphitryon* (vers 59 et 63), Plaute désigne la pièce par le nom de *tragicocomœdia*, non pour la raison que donne ici Voltaire, mais parce qu'on voit figurer ensemble dans ce drame, d'une part, des dieux et des rois, personnages de la tragédie. et de l'autre des esclaves, personnages de la comédie.
3 *Var*. O Dieu! ma force usée à ce besoin me laisse. (1637 56)

D'un insolent discours ce juste châtiment
Ne lui servira pas d'un petit ornement¹.

SCÈNE IV

DON DIÈGUE

O rage ! ô desespoir ! ô vieillesse ennemie !
N'ai je donc tant vécu que pour cette infamie ?
Et ne suis je blanchi dans les travaux guerriers
Que pour voir en un jour fletrir tant de lauriers ?
Mon bras, qu'avec respect toute l'Espagne admire
Mon bras, qui tant de fois a sauvé cet empire,
Tant de fois affermi le trône de son Roi,
Trahit donc ma querelle, et ne fait rien pour moi ?
O cruel souvenir de ma gloire passée !
Œuvre de tant de jours en un jour effacée
Nouvelle dignité, fatale a mon bonheur
Précipice élevé d'ou tombe mon honneur !
Faut il de votre éclat voir triompher le Comte,
Et mourir sans vengeance, ou vivre dans la honte ?
Comte, sois de mon Prince a present gouverneur
Ce haut rang n'admet point un homme sans honneur ;
Et ton jaloux orgueil, par cet affront insigne,
Malgre le choix du Roi, m'en a su rendre indigne
Et toi de mes exploits, glorieux instrument,
Mais d'un corps tout de glace inutile ornement,
Fer, jadis tant a craindre, et qui, dans cette offense,
M as servi de parade, et non pas de défense,
Va quitte désormais le dernier des humains,
Passe, pour me venger, en de meilleures mains ²

---

1 La scène continue et finit ainsi dans les éditions antérieures
à 1660
   DON DIÈG Épargnes tu mon sang ? LE COMTE Mon âme est satis-
                                                        faite,
     Et mes yeux a ma main reprochent ta défaite
   DON DIEG Tu dedaignes ma vie LE COMTE En arrêter le cours
     Ne seroit que hater la Parque de trois jours (1637 56)
2 Dans les memes editions, la scène a de plus ces quatre vers :
     Si Rodrigue est mon fils, il faut que l amour cede,
     Et qu'une ardeur plus haute à ses flammes succède :
     Mon honneur est le sien, et le mortel affront
     Qui tombe sur mon chef rejaillit sur son front (1637 56)

SCÈNE V

DON DIÈGUE, DON RODRIGUE

DON DIÈGUE

Rodrigue, as-tu du cœur ?

DON RODRIGUE

Tout autre que mon père
L'éprouveroit sur l'heure

DON DIÈGUE.

Agreable colère !
Digne ressentiment a ma douleur bien doux !
Je reconnois mon sang a ce noble courroux,
Ma jeunesse revit en cette ardeur si prompte   265
Viens, mon fils, viens, mon sang, viens reparer ma honte,
Viens me venger.

DON RODRIGUE.

De quoi ?

DON DIÈGUE

D'un affront si cruel,
Qu'a l'honneur de tous deux il porte un coup mortel
D'un soufflet. L'insolent en eût perdu la vie,
Mais mon âge a trompé ma génereuse envie,   270
Et ce fer que mon bras ne peut plus soutenir,
Je le remets au tien pour venger et punir
Va contre un arrogant éprouver ton courage
Ce n'est que dans le sang qu'on lave un tel outrage;
Meurs ou tue Au surplus, pour ne te point flatter.   275
Je te donne a combattre un homme à redouter
Je l'ai vu, tout couvert de sang et de poussière [1],
Porter partout l'effroi dans une armée entière.
J'ai vu par sa valeur cent escadrons rompus;
Et pour t'en dire encor quelque chose de plus,   280
Plus que brave soldat, plus que grand capitaine,
C'est .

DON RODRIGUE

De grâce, achevez

---

1. *Var.* Je l ai vu tout sanglant, au milieu des batailles,
Se faire un beau rempart de mille funérailles.
DON RODR Son nom ? c est perdre temps en propos superflus
DON DIEG Donc pour te dire encor quelque chose de plus
(1637 56)

ACTE I, SCÈNE V

DON DIÈGUE
Le pere de Chimène,
DON RODRIGUE.
Le..

DON DIÈGUE
Ne réplique point, je connois ton amour,
Mais qui peut vivre infâme est indigne du jour
Plus l'offenseur est cher, et plus grande est l'offense 285
Enfin tu sais l'affront et tu tiens la vengeance :
Je ne te dis plus rien Venge moi, venge-toi,
Montre toi digne fils d un pere tel que moi [1]
Accable des malheurs où le destin me range,
Je vais les deplorer va, cours, vole et nous venge [2]. 290

SCÈNE VI [3]

DON RODRIGUE

Perce jusques au fond du cœur
D une atteinte imprévue aussi bien que mortelle,
Miserable vengeur d'une juste querelle,
Et malheureux objet d'une injuste rigueur,
Je demeure immobile, et mon âme abattue 295
Cede au coup qui me tue.
Si pres de voir mon feu recompensé,
O Dieu, l'etrange peine !
En cet affront mon pere est l'offensé,
Et l'offenseur le pere de Chimene ! 300

Que je sens de rudes combats !
Contre mon propre honneur mon amour s'intéresse
Il faut venger un père, et perdre une maîtresse

---

1 *Var* Montre toi digne fils d'un tel père que moi. (1637-56)
2 *Var.* Je m'en vais les pleurer · va, cours, vole, et nous venge.
(1637 56)
3 Voltaire, apres avoir blamé l emploi des stances dans les tragedies et dit qu'on les a bannies avec raison du théâtre, comme donnant l'idee que ce n est pas le personnage mais le poete qui parle veut bien avouer toutefois que « cela n'empêche pas que ces stances du *Cid* ne soient fort belles et ne soient encore ecoutees avec beaucoup de plaisir » Avant lui d'Aubignac avait dit dans sa *Pratique du théâtre* (p 402) « Les stances de Rodrigue, ou son esprit délibere entre son amour et son devoir ont ravi toute la cour et tout Paris »

L'un m'anime le cœur, l'autre retient mon bras [1]
Réduit au triste choix ou de trahir ma flamme,
      Ou de vivre en infâme,
Des deux côtés mon mal est infini
      O Dieu, l'étrange peine !
  Faut-il laisser un affront impuni ?
  Faut-il punir le père de Chimène ?

    Père, maîtresse, honneur, amour,
Noble et dure contrainte, aimable tyrannie [2],
Tous mes plaisirs sont morts, ou ma gloire ternie.
L'un me rend malheureux, l'autre indigne du jour
Cher et cruel espoir d'une âme généreuse
      Mais ensemble amoureuse,
  Digne ennemi de mon plus grand bonheur [3],
      Fer qui causes ma peine [4],
  M'es-tu donné pour venger mon honneur ?
  M'es-tu donné pour perdre ma Chimène ?   320

    Il vaut mieux courir au trépas
Je dois à ma maîtresse aussi bien qu'à mon père
J'attire en me vengeant sa haine et sa colère [5],
J'attire ses mépris en ne me vengeant pas
A mon plus doux espoir, l'un me rend infidèle,   325
      Et l'autre indigne d'elle
  Mon mal augmente à le vouloir guérir ;
      Tout redouble ma peine
  Allons, mon âme, et puisqu'il faut mourir
  Mourons du moins sans offenser Chimène.   330

1 *Var.* L'un échauffe mon cœur, l'autre retient mon bras
      (1637 5°)
2 *Var.* Impitoyable loi, cruelle tyrannie (1637 in-12 38 et 44 in-4°)

Dans certains exemplaires de 1637 in-4° et dans l'édition de 1644 in-12

  Illustre tyrannie, admirable contrainte
Par qui de ma raison la lumière est éteinte,
A mon aveuglement rendez un peu de jour

3 *Var.* Noble ennemi de mon plus grand bonheur (1637 48)
4 *Var.*   Qui fais toute ma peine (1637 56)
5 *Var.* Qui venge cet affront irrite sa colère,
Et qui peut le souffrir ne la mérite pas
Prévenons la douleur d'avoir failli contre elle,
      Qui nous seroit mortelle
  Tout m'est fatal, rien ne me peut guérir,
      Ni soulager ma peine (1637 56)

Mourir sans tirer ma raison
Rechercher un trépas si mortel à ma gloire !
Endurer que l'Espagne impute a ma memoire
D'avoir mal soutenu l'honneur de ma maison
Respecter un amour dont mon âme egaree   335
  Voit la perte assuree !
 N ecoutons plus ce penser suborneur,
  Qui ne sert qu'à ma peine
 Allons mon bras, sauvons du moins l'honneur¹,
 Puisqu'apres tout il faut perdre Chimene   340

  Oui, mon esprit s'étoit déçu
Je dois tout a mon pére avant qu'a ma maîtresse ²
Que je meure au combat, ou meure de tristesse,
Je rendrai mon sang pur comme je l'ai reçu
Je m'accuse deja de trop de negligence   345
  Courons a la vengeance ;
 Et tout honteux d'avoir tant balancé,
  Ne soyons plus en peine,
 Puisqu'aujourd'hui mon pere est l'offensé,
 Si l'offenseur est père de Chimène   350

1 *Var* Allons, mon bras du moins sauvons l'honneur
 Puisqu'aussi bien il faut perdre Chimene. (1637 56)
2 *Var* Dois-je pas à mon pere avant qu'à ma maîtresse ?
         (1637 56)
 Var. Dois je pas à mon pere autant qu'à ma maîtresse ?
         (1652 56)

FIN DU PREMIER ACTE.

ACTE SECOND

SCÈNE I

DON ARIAS, LE COMTE

LE COMTE.
Je l'avoue entre nous, mon sang un peu trop chaud[1]
S'est trop ému d'un mot et l'a porté trop haut,
Mais puisque c'en est fait, le coup est sans remède
DON ARIAS.
Qu'aux volontés du Roi ce grand courage cède
Il y prend grande part, et son cœur irrité   355
Agira contre vous de pleine autorité.
Aussi vous n'avez point de valable défense
Le rang de l'offensé la grandeur de l'offense
Demandent des devoirs et des submissions
Qui passent le commun des satisfactions   360
LE COMTE.
Le Roi peut à son gré disposer de ma vie[2]
DON ARIAS
De trop d'emportement votre faute est suivie.
Le Roi vous aime encore, apaisez son courroux
Il a dit « Je le veux; » désobéirez vous ?
LE COMTE.
Monsieur, pour conserver tout ce que j'ai d'estime[3], 365
Désobéir un peu n'est pas un si grand crime;
Et quelque grand qu'il soit, mes services présents[4]

---

1. *Var* Je l'avoue entre nous quand je lui fis l'affront,
   J'eus le sang un peu chaud et le bras un peu prompt
   (1637 56)
2. *Var* Qu'il prenne donc ma vie elle est en sa puissance
   DON ARIAS Un peu moins de transport et plus d'obéissance .
   D'un prince qui vous aime apaisez le courroux (1637-56)
3. *Var*. Monsieur, pour conserver ma gloire et mon estime
   (1637 56)
4. *Var* Et quelque grand qu'il fût, mes services présents (1637 56)

Pour le faire abolir sont plus que suffisants¹.
DON ARIAS.
Quoi qu'on fasse d'illustre et de considérable,
Jamais à son sujet un roi n'est redevable.   370
Vous vous flattez beaucoup, et vous devez savoir
Que qui sert bien son roi ne fait que son devoir.
Vous vous perdrez, Monsieur, sur cette confiance
LE COMTE
Je ne vous en croirai qu'après l'expérience
DON ARIAS.
Vous devez redouter la puissance d'un Roi   375
LE COMTE.
Un jour seul ne perd pas un homme tel que moi.
Que toute sa grandeur s'arme pour mon supplice,
Tout l'État périra, s'il faut que je périsse².
DON ARIAS.
Quoi ! vous craignez si peu le pouvoir souverain
LE COMTE
D'un sceptre qui sans moi tomberoit de sa main³   380
Il a trop d'intérêt lui-même en ma personne,
Et ma tête en tombant feroit choir sa couronne
DON ARIAS.
Souffrez que la raison remette vos esprits
Prenez un bon conseil
LE COMTE
Le conseil en est pris
DON ARIAS
Que lui dirai je enfin ? je lui dois rendre compte   385
LE COMTE.
Que je ne puis du tout consentir à ma honte.
DON ARIAS.
Mais songez que les rois veulent être absolus

---

1 La tradition nous a conservé quatre vers que le Comte adressait à don Arias, à la suite si nous en croyons Voltaire, du vers 368 -

> Ces satisfactions n'apaisent point une âme
> Qui les reçoit n'a rien qui les fait se diffame,
> Et de pareils accords l'effet le plus commun
> Est de perdre d'honneur deux hommes au lieu d'un

Voltaire, qui donne *les* pour *ces* a tort pour *n'a rien déshonorer* pour *perdre d'honneur* dit au sujet de ce passage
« Ces vers parurent trop dangereux dans un temps où l'on punissait les duels qu'on ne pouvait arrêter, et Corneille les supprima »
2. *Var.* Tout l'État périra plutôt que je périsse (1637 56)
3 Dans les premières éditions, il y a un point d'interrogation la fin de ce vers et du précédent

LE COMTE
Le sort en est jeté, Monsieur, n'en parlons plus.
DON ARIAS
Adieu donc, puisqu'en vain je tâche a vous résoudre
Avec tous vos lauriers, craignez encor la foudre[1].   390
LE COMTE.
Je l'attendrai sans peur.
DON ARIAS
                     Mais non pas sans effet
LE COMTE
Nous verrons donc par la don Diegue satisfait.
(Il est seul)
Qui ne craint point la mort ne craint point les menaces[2]
J'ai le cœur au dessus des plus fieres disgrâces,
Et l'on peut me reduire à vivre sans bonheur,   395
Mais non pas me résoudre a vivre sans honneur.

SCÈNE II

LE COMTE. DON RODRIGUE

DON RODRIGUE
A moi, Comte, deux mots.
LE COMTE
         Parle
DON RODRIGUE.
                         Ote-moi d'un doute
Connois-tu bien don Diegue ?
LE COMTE
              Oui.
DON RODRIGUE
                         Parlons bas, écoute.
Sais-tu que ce vieillard fut la même vertu,
La vaillance et l'honneur de son temps ? le sais-tu ?   400
LE COMTE
Peut-être
DON RODRIGUE
         Cette ardeur que dans les yeux je porte
Sais tu que c'est son sang ? le sais tu ?

---

[1] *Var* Tout couvert de lauriers craignez encor la foudre (1637 56)
[2] *Var* Je m'etonne fort peu de menaces pareilles
    Dans les plus grands périls je fais plus de merveilles,
    Et quand l'honneur y va, les plus cruels trepas
    Présentés à mes yeux ne m'ébranleroient pas. (1637 56)

LE COMTE
                    Que m'importe ?
            DON RODRIGUE.
A quatre pas d'ici je te le fais savoir
            LE COMTE.
Jeune présomptueux !
            DON RODRIGUE.
                Parle sans t'émouvoir
Je suis jeune, il est vrai, mais aux âmes bien nées   405
La valeur n'attend point le nombre des années[1]
            LE COMTE.
Te mesurer à moi qui t'a rendu si vain[2],
Toi qu'on n'a jamais vu les armes à la main ?
            DON RODRIGUE.
Mes pareils à deux fois ne se font point connoître,
Et pour leurs coups d'essai veulent des coups de maître   410
            LE COMTE.
Sais tu bien qui je suis ?
            DON RODRIGUE.
                    Oui, tout autre que moi
Au seul bruit de ton nom pourroit trembler d'effroi.
Les palmes dont je vois ta tête si couverte[3]
Semblent porter écrit le destin de ma perte.
J'attaque en téméraire un bras toujours vainqueur ;   415
Mais j'aurai trop de force, ayant assez de cœur.
A qui venge son père il n'est rien impossible
Ton bras est invaincu, mais non pas invincible
            LE COMTE
Ce grand cœur qui paroît aux discours que tu tiens,
Par tes yeux, chaque jour, se découvroit aux miens ;   420
Et croyant voir en toi l'honneur de la Castille,
Mon âme avec plaisir te destinoit ma fille
Je sais ta passion, et suis ravi de voir
Que tous ses mouvements cedent à ton devoir,
Qu'ils n'ont point affoibli cette ardeur magnanime,   425
Que ta haute vertu repond à mon estime,
Et que voulant pour gendre un cavalier parfait,
Je ne me trompois point au choix que j'avois fait,

---

1 *Var* La valeur n'attend pas le nombre des années. (1637 in 12 et 38)

  Le chancelier du Vair a dit dans sa quatorzieme *Harangue funèbre*, en parlant de Louis XIII enfant · « Ne mesurez pas sa puissance par ses ans · la vertu aux âmes heroïques n'attend pas les annees, elle fait son progres tout à coup »

2 *Var* Mais t'attaquer à moi qui t'a rendu si vain ? (1637 56)
3 *Var.* Mille et mille lauriers dont ta tête est couverte. (1637 56)

Mais je sens que pour toi ma pitié s'intéresse,
J'admire ton courage, et je plains ta jeunesse 430
Ne cherche point à faire un coup d'essai fatal ;
Dispense ma valeur d'un combat inégal ,
Trop peu d'honneur pour moi suivroit cette victoire
A vaincre sans péril on triomphe sans gloire [1].
On te croiroit toujours abattu sans effort ; 435
Et j'aurois seulement le regret de ta mort

DON RODRIGUE

D'une indigne pitié ton audace est suivie :
Qui m'ose ôter l'honneur craint de m'ôter la vie ?

LE COMTE.

Retire-toi d'ici

DON RODRIGUE.

Marchons sans discourir

LE COMTE.

Es tu si las de vivre ?

DON RODRIGUE

As tu peur de mourir ? 440

LE COMTE

Viens, tu fais ton devoir, et le fils dégénère
Qui survit un moment à l'honneur de son père.

SCÈNE III

L'INFANTE, CHIMÈNE, LÉONOR

L'INFANTE.

Apaise, ma Chimène, apaise ta douleur
Fais agir ta constance en ce coup de malheur.
Tu reverras le calme après ce foible orage, 445
Ton bonheur n'est couvert que d'un peu de nuage [2],
Et tu n'as rien perdu pour le voir différer

CHIMENE

Mon cœur outré d'ennuis n'ose rien espérer.
Un orage si prompt qui trouble une bonace
D'un naufrage certain nous porte la menace 450
Je n'en saurois douter, je péris dans le port
J'aimois j'étois aimée et nos pères d'accord,

---

1. Corneille ici s'est il souvenu de ce passage de Sénèque Scit eum sine gloria vinci qui sine periculo vincitur » ? (De Providentia cap III)

2 Var Ton bonheur n'est couvert que d'un petit nuage. (1637 56)

ACTE II, SCENE III.

Et je vous en contois la charmante nouvelle¹,
Au malheureux moment que naissoit leur querelle
Dont le récit fatal sitôt qu'on vous l'a fait   455
D'une si douce attente a ruiné l'effet.
  Maudite ambition, détestable manie
Dont les plus généreux souffrent la tyrannie !
Honneur impitoyable à mes plus chers desirs²,
Que tu me vas coûter de pleurs et de soupirs !   460

L'INFANTE
Tu n'as dans leur querelle aucun sujet de craindre
Un moment l'a fait naître, un moment va l'éteindre
Elle a fait trop de bruit pour ne pas s'accorder,
Puisque déjà le Roi les veut accommoder,
Et tu sais que mon ame, à tes ennuis sensible³   465
Pour en tarir la source y fera l'impossible

CHIMÈNE
Les accommodements ne font rien en ce point
De si mortels affronts ne se réparent point⁴
En vain on fait agir la force ou la prudence
Si l'on guérit le mal, ce n'est qu'en apparence. 470
La haine que les cœurs conservent au dedans
Nourrit des feux cachés, mais d'autant plus ardents

L'INFANTE.
Le saint nœud qui joindra don Rodrigue et Chimène
Des pères ennemis dissipera la haine,
Et nous verrons bientôt votre amour le plus fort 475
Par un heureux hymen étouffer ce discord

CHIMÈNE.
Je le souhaite ainsi plus que je ne l'espère
Don Diègue est trop altier, et je connois mon père
Je sens couler des pleurs que je veux retenir,
Le passé me tourmente, et je crains l'avenir   480

L'INFANTE
Que crains-tu ? d'un vieillard l'impuissante foiblesse ?

CHIMÈNE
Rodrigue a du courage

L'INFANTE
          Il a trop de jeunesse

CHIMÈNE
Les hommes valeureux le sont du premier coup.

L'INFANTE
Tu ne dois pas pourtant le redouter beaucoup

---

1. *Var* Et je vous en contois la première nouvelle (1637-56)
2. *Var*. Impitoyable honneur, mortel à mes plaisirs (1637-56)
3. *Var*. Et de ma part mon ame, à tes ennuis sensible. (1637-56)
4. *Var* Les affronts à l'honneur ne se réparent point. (1637-56)

Il est trop amoureux pour te vouloir déplaire, 485
Et deux mots de ta bouche arrêtent sa colère.
CHIMÈNE.
S'il ne m'obéit point, quel comble à mon ennui !
Et s'il peut m'obéir, que dira-t-on de lui ?
Étant né ce qu'il est, souffrir un tel outrage¹ !
Soit qu'il cede ou resiste au feu qui me l'engage, 490
Mon esprit ne peut qu'être ou honteux ou confus,
De son trop de respect, ou d'un juste refus.
L'INFANTE
Chimene a l'âme haute, et quoiqu'interessée²,
Elle ne peut souffrir une basse pensée,
Mais si jusques au jour de l'accommodement 495
Je fais mon prisonnier de ce parfait amant,
Et que j'empêche ainsi l'effet de son courage,
Ton esprit amoureux n'aura-t-il point d'ombrage ?
CHIMÈNE.
Ah Madame, en ce cas je n'ai plus de souci.

SCÈNE IV

L'INFANTE, CHIMÈNE, LÉONOR, LE PAGE

L'INFANTE.
Page, cherchez Rodrigue, et l'amenez ici. 500
LE PAGE
Le comte de Gormas et lui..
CHIMÈNE
Bon Dieu je tremble
L'INFANTE.
Parlez.
LE PAGE.
De ce palais ils sont sortis ensemble³
CHIMENE
Seuls ?
LE PAGE.
Seuls, et qui sembloient tout bas se quereller.
CHIMÈNE.
Sans doute ils sont aux mains, il n'en faut plus parler
Madame, pardonnez à cette promptitude. 505

1 *Var* Souffrir un tel affront, étant né gentilhomme !
  Soit qu'il cède ou résiste au feu qui le consomme (1637-44)
2. *Var.* Chimène est généreuse, et quoiqu'intéressée,
  Elle ne peut souffrir une lâche pensée. (1637 56)
3. *Var.* Hors de la ville ils sont sortis ensemble (1637 in 12)

SCÈNE V

L'INFANTE, LÉONOR

L'INFANTE
Hélas que dans l'esprit je sens d'inquiétude !
Je pleure ses malheurs, son amant me ravit ;
Mon repos m'abandonne, et ma flamme revit.
Ce qui va séparer Rodrigue de Chimène
Fait renaître à la fois mon espoir et ma peine¹, 510
Et leur division, que je vois à regret,
Dans mon esprit charmé jette un plaisir secret
LÉONOR.
Cette haute vertu qui règne dans votre âme
Se rend elle sitôt à cette lâche flamme ?
L'INFANTE.
Ne la nomme point lâche, à présent que chez moi 515
Pompeuse et triomphante elle me fait la loi
Porte lui du respect puisqu'elle m'est si chère.
Ma vertu la combat, mais malgré moi j'espère,
Et d'un si fol espoir mon cœur mal défendu
Vole après un amant que Chimène a perdu. 520
LÉONOR
Vous laissez choir ainsi ce glorieux courage,
Et la raison chez vous perd ainsi son usage ?
L'INFANTE
Ah qu'avec peu d'effet on entend la raison,
Quand le cœur est atteint d'un si charmant poison !
Et lorsque le malade aime sa maladie², 525
Qu'il a peine à souffrir que l'on y remédie³ !
LÉONOR
Votre espoir vous séduit, votre mal vous est doux.
Mais enfin ce Rodrigue est indigne de vous⁴.
L'INFANTE
Je ne le sais que trop, mais si ma vertu cède,
Apprends comme l'amour flatte un cœur qu'il possède 530
Si Rodrigue une fois sort vainqueur du combat,
Si dessous sa valeur ce grand guerrier s'abat,
Je puis en faire cas, je puis l'aimer sans honte

---

1 *Var* Avecque mon espoir fait renaître ma peine (1637 56)
2 *Var* Alors que le malade aime sa maladie (1637-44)
 Var. Sitôt que le malade aime sa maladie (1648 60)
3 *Var.* Il ne peut plus souffrir que l'on y remédie. (1637-56)
4 *Var* Mais toujours ce Rodrigue est indigne de vous. (1637-56)

Que ne fera-t-il point, s'il peut vaincre le Comte ?
J'ose m'imaginer qu'à ses moindres exploits 535
Les royaumes entiers tomberont sous ses lois,
Et mon amour flatteur déjà me persuade
Que je le vois assis au trône de Grenade,
Les Mores[1] subjugués trembler en l'adorant,
L'Aragon recevoir ce nouveau conquérant 540
Le Portugal se rendre, et ses nobles journées
Porter delà les mers ses hautes destinées,
Du sang des Africains arroser ses lauriers[2]
Enfin tout ce qu'on dit des plus fameux guerriers[3],
Je l'attends de Rodrigue après cette victoire, 545
Et fais de son amour un sujet de ma gloire

LEONOR
Mais, Madame, voyez où vous portez son bras
Ensuite d'un combat qui peut-être n'est pas

L'INFANTE
Rodrigue est offensé; le Comte a fait l'outrage,
Ils sont sortis ensemble: en faut-il davantage ? 550

LÉONOR.
Eh bien! ils se battront, puisque vous le voulez[4],
Mais Rodrigue ira-t-il si loin que vous allez ?

L'INFANTE
Que veux-tu ? je suis folle, et mon esprit s'égare
Tu vois par là quels maux cet amour me prepare[5]
Viens dans mon cabinet consoler mes ennuis 555
Et ne me quitte point dans le trouble où je suis

SCÈNE VI

DON FERNAND, DON ARIAS, DON SANCHE

DON FERNAND.
Le Comte est donc si vain et si peu raisonnable?
Ose-t-il croire encor son crime pardonnable ?

DON ARIAS.
Je l'ai de votre part longtemps entretenu ;

1. Dans les *Discours* et les *Examens* Corneille écrit les *Maures*
2. *Var.* Au milieu de l'Afrique arborer ses lauriers (1637-56)
3. *Var.* Et faire ses sujets des plus braves guerriers (1637 in 12)
4. *Var.* Je veux que ce combat demeure pour certain
   Votre esprit va-t-il point bien vite pour sa main? (1637-56)
5. *Var* Mais c'est le moindre mal que l'amour me prépare
(1637-56)

J'ai fait mon pouvoir, Sire, et n'ai rien obtenu 560
DON FERNAND
Justes cieux ! ainsi donc un sujet téméraire
A si peu de respect et de soin de me plaire !
Il offense don Diègue, et méprise son roi !
Au milieu de ma cour il me donne la loi
Qu'il soit brave guerrier, qu'il soit grand capitaine, 565
Je saurai bien rabattre une humeur si hautaine [1]
Fût il la valeur même, et le dieu des combats,
Il verra ce que c'est que de n'obéir pas.
Quoi qu'ait pu mériter une telle insolence [2],
Je l'ai voulu d'abord traiter sans violence; 570
Mais puisqu'il en abuse allez dès aujourd'hui,
Soit qu'il resiste ou non, vous assurer de lui.
DON SANCHE.
Peut être un peu de temps le rendroit moins rebelle.
On l a pris tout bouillant encor de sa querelle.
Sire, dans la chaleur d'un premier mouvement, 575
Un cœur si genéreux se rend malaisément.
Il voit bien qu'il a tort, mais une âme si haute [3]
N'est pas sitôt réduite à confesser sa faute
DON FERNAND.
Don Sanche, taisez vous, et soyez averti
Qu'on se rend criminel à prendre son parti. 580
DON SANCHE
J'obeis, et me tais ; mais de grâce encor, Sire,
Deux mots en sa défense.
DON FERNAND.
        Et que pouvez vous dire ?
DON SANCHE.
Qu une âme accoutumée aux grandes actions
Ne se peut abaisser à des submissions
Elle n'en conçoit point qui s'expliquent sans honte, 585
Et c'est à ce mot seul qu'a résisté le Comte [4].
Il trouve en son devoir un peu trop de rigueur,
Et vous obéiroit, s'il avoit moins de cœur.
Commandez que son bras, nourri dans les alarmes
Répare cette injure à la pointe des armes, 590
Il satisfera, Sire ; et vienne qui voudra,
Attendant qu'il l'ait su, voici qui répondra.

---

[1] Var Je lui rabattrai bien cette humeur si hautaine. (1637 56)
[2] Var Je sais trop comme il faut dompter cette insolence
(1637 56)
[3] Var On voit bien qu'on a tort, mais une âme si haute
(1637 48)
[4] Var Et c est contre ce mot qu a résisté le Comte (1637 56)

DON FERNAND

Vous perdez le respect, mais je pardonne à l'âge,
Et j'excuse l'ardeur en un jeune courage ¹.
  Un roi dont la prudence a de meilleurs objets   595
Est meilleur ménager du sang de ses sujets
Je veille pour les miens mes soucis les conservent,
Comme le chef a soin des membres qui le servent
Ainsi votre raison n'est pas raison pour moi
Vous parlez en soldat ; je dois agir en roi ;   600
Et quoi qu'on veuille dire, et quoi qu'il ose croire ²,
Le Comte à m'obéir ne peut perdre sa gloire.
D'ailleurs l'affront me touche : il a perdu d'honneur
Celui que de mon fils j'ai fait le gouverneur ;
S'attaquer a mon choix, c'est se prendre à moi même ³, 605
Et faire un attentat sur le pouvoir suprême.
N'en parlons plus. Au reste on a vu dix vaisseaux
De nos vieux ennemis arborer les drapeaux ;
Vers la bouche du fleuve ils ont osé paroître

DON ARIAS.

Les Mores ont appris par force à vous connoître,   610
Et tant de fois vaincus, ils ont perdu le cœur
De se plus hasarder contre un si grand vainqueur

DON FERNAND,

Ils ne verront jamais sans quelque jalousie
Mon sceptre, en dépit d'eux, régir l'Andalousie,
Et ce pays si beau qu'ils ont trop possédé,   615
Avec un œil d'envie est toujours regardé
C'est l'unique raison qui m'a fait dans Séville

    1 *Var*. Et j'estime l'ardeur en un jeune courage. (1637 56)
    2 *Var*. Et quoi qu'il faille dire et quoi qu'il veuille croire
                                                  (1637 48)
    3 *Var* Et par ce trait hardi d'une insolence extrême,
      Il s'est pris à mon choix, il s'est pris à moi même
      C'est moi qu'il satisfait en réparant ce tort
      N'en parlons plus Au reste on nous menace fort ·
      Sur un avis reçu je crains une surprise.
    DON ARIAS. Les Mores contre vous font ils quelque entreprise
      S'osent ils préparer à des efforts nouveaux ?
    LE ROI. Vers la bouche du fleuve on a vu leurs vaisseaux ;
      [Et vous n'ignorez pas qu'avec fort peu de peine
      Un flux de pleine mer jusqu'ici les amène]
    DON ARIAS. Tant de combats perdus leur ont ôté le cœur
      D'attaquer désormais un si puissant vainqueur
    LE ROI N'importe ils ne sauroient qu'avecque jalousie
      Voir mon sceptre aujourd'hui régir l'Andalousie
      Et ce pays si beau que j'ai conquis sur eux
      Réveille à tous moments leurs desseins généreux
        C'est l'unique raison qui m'a fait dans Séville.] (1637-56

Placer depuis dix ans le trône de Castille [1]
Pour les voir de plus près, et d'un ordre plus prompt
Renverser aussitôt ce qu'ils entreprendront.   620

DON ARIAS.
Ils savent aux dépens de leurs plus dignes têtes [2]
Combien votre présence assure vos conquêtes
Vous n'avez rien à craindre

DON FERNAND.
　　　　　　　　Et rien à négliger
Le trop de confiance attire le danger,
Et vous n'ignorez pas qu'avec fort peu de peine [3]   625
Un flux de pleine mer jusqu'ici les amène [4].
Toutefois j'aurois tort de jeter dans les cœurs,
L'avis étant mal sûr, de paniques terreurs
L'effroi que produiroit cette alarme inutile,
Dans la nuit qui survient troubleroit trop la ville   630
Faites doubler la garde aux murs et sur le port [5].
C'est assez pour ce soir [6].

SCÈNE VII

DON FERNAND, DON ALONSE, DON SANCHE, DON ARIAS

DON ALONSE.
　　　　　Sire, le Comte est mort
Don Diègue, par son fils, a vengé son offense.

DON FERNAND.
Dès que j'ai su l'affront, j'ai prévu la vengeance,
Et j'ai voulu dès lors prévenir ce malheur.   635

DON ALONSE.
Chimène à vos genoux apporte sa douleur;
Elle vient toute en pleurs vous demander justice

DON FERNAND.
Bien qu'à ses déplaisirs mon âme compatisse [7],

---

1 Voyez ci après, p. 88.
2 *Var* Sire, ils ont trop appris aux dépens de leurs têtes
　　　　　　　　　　　　　　　　　(1637-56)
3 *Var* Et le même ennemi que l'on vient de détruire
　　S'il sait prendre son temps est capable de nuire (1637 56)
4 Voyez ci après, p 88 et note 2
5 *Var* Puisqu'on fait bonne garde aux murs et sur le port,
　　Il suffit pour ce soir (1637 56)
6 Voyez ci après, p 87
7 *Var* Bien qu'à ses déplaisirs mon amour compatisse (1652-60)

Ce que le Comte a fait semble avoir mérité
Ce digne châtiment de sa temerité¹.   640
Quelque juste pourtant que puisse être sa peine,
Je ne puis sans regret perdre un tel capitaine
Après un long service a mon Etat rendu,
Après son sang pour moi mille fois repandu,
A quelques sentiments que son orgueil m'oblige,   645
Sa perte m'affoiblit et son trepas m'afflige

SCÈNE VIII

DON FERNAND, DON DIÈGUE, CHIMÈNE, DON SANCHE, DON ARIAS
DON ALONSE

CHIMENE.
Sire, Sire, justice
     DON DIÈGUE
    Ah Sire écoutez-nous
     CHIMENE.
Je me jette à vos pieds
     DON DIÈGUE
    J'embrasse vos genoux
     CHIMENE
Je demande justice
     DON DIEGUE
    Entendez ma défense²
     CHIMENE.
D'un jeune audacieux punissez l insolence   650
Il a de votre sceptre abattu le soutien,
Il a tue mon père
     DON DIEGUE
    Il a vengé le sien
     CHIMÈNE.
Au sang de ses sujets un roi doit la justice
     DON DIÈGUE.
Pour la juste vengeance il n'est point de supplice³

 1 *Var* Ce juste châtiment de sa temerite (1637-56)
 2 *Var*   [DON DIÈG Entendez ma défense
  CHIM Vengez moi d'une mort DON DIEG Qui punit l insolence
  CHIM Rodrigue, Sire.. DON DIEG A fait un coup d'homme de
                bien
  CHIM [Il a tue mon père.] (1637-56)
 3 *Var*. Une vengeance juste est sans peur de supplice (1637-44)
  Var Une juste vengeance est sans peur du supplice (1648 56)

ACTE II, SCÈNE VIII

DON FERNAND.
Levez vous l'un et l'autre, et parlez à loisir 655
Chimene je prends part a votre deplaisir,
D'une egale douleur je sens mon âme atteinte [1]
Vous parlerez après; ne troublez pas sa plainte.

CHIMÈNE.
Sire, mon père est mort; mes yeux ont vu son sang
Couler a gros bouillons de son genereux flanc. 660
Ce sang qui tant de fois garantit vos murailles
Ce sang qui tant de fois vous gagna des batailles,
Ce sang qui tout sorti fume encor de courroux
De se voir repandu pour d'autres que pour vous,
Qu'au milieu des hasards n'osoit verser la guerre, 665
Rodrigue en votre cour vient d'en couvrir la terre [2]
J'ai couru sur le lieu, sans force et sans couleur
Je l'ai trouve sans vie Excusez ma douleur
Sire la voix me manque a ce recit funeste,
Mes pleurs et mes soupirs vous diront mieux le reste 670

DON FERNAND.
Prends courage, ma fille, et sache qu'aujourd'hui
Ton roi te veut servir de père au lieu de lui.

CHIMENE.
Sire, de trop d'honneur ma misere est suivie.
Je vous l ai deja dit, je l'ai trouve sans vie [3],
Son flanc etoit ouvert, et pour mieux m'émouvoir [4], 675
Son sang sur la poussiere ecrivoit mon devoir,
Ou plutôt sa valeur en cet état reduite
Me parloit par sa plaie, et hâtoit ma poursuite,
Et pour se faire entendre au plus juste des rois,
Par cette triste bouche elle empruntoit ma voix 680
Sire, ne souffrez pas que sous votre puissance
Regne devant vos yeux une telle licence,
Que les plus valeureux, avec impunite,

---

1 Entre ce vers et le suivant, on lit dans l'édition de 1692 à *don Diègue*

2 *Var* [Rodrigue en votre cour vient d'en couvrir la terre]
    Et pour son coup d essai son indigne attentat
    D'un si ferme soutien a prive votre Etat,
    De vos meilleurs soldats abattu l assurance,
    Et de vos ennemis relevé l esperance
    J'arrivai sur le lieu sans force et sans couleur
    Je le trouvai sans vie Excusez ma douleur (1637-56)

Les deux derniers vers de cette variante se trouvent aussi dans l édition de 1660

3 *Var* J'arrivai donc sans force, et le trouvai sans vie (1637-60)
4 *Var.* Il ne me parla point, mais pour mieux m'émouvoir
(1637-56)

Soient exposés aux coups de la témérité,
Qu'un jeune audacieux triomphe de leur gloire, 685
Se baigne dans leur sang, et brave leur mémoire
Un si vaillant guerrier qu'on vient de vous ravir [1]
Eteint, s'il n'est vengé, l'ardeur de vous servir
Enfin mon père est mort, j'en demande vengeance,
Plus pour votre intérêt que pour mon allégeance 690
Vous perdez en la mort d'un homme de son rang
Vengez la par une autre, et le sang par le sang.
Immolez, non à moi, mais à votre couronne [2],
Mais à votre grandeur, mais à votre personne ;
Immolez, dis je, Sire, au bien de tout l'État 695
Tout ce qu'enorgueillit un si haut attentat.

DON FERNAND

Don Diègue, répondez.

DON DIÈGUE

Qu'on est digne d'envie
Lorsqu'en perdant la force on perd aussi la vie [3]
Et qu'un long âge apprête aux hommes généreux,
Au bout de leur carrière, un destin malheureux 700
Moi, dont les longs travaux ont acquis tant de gloire,
Moi, que jadis partout a suivi la victoire,
Je me vois aujourd'hui, pour avoir trop vécu,
Recevoir un affront et demeurer vaincu.
Ce que n'a pu jamais combat, siége, embuscade, 705
Ce que n'a pu jamais Aragon ni Grenade,
Ni tous vos ennemis, ni tous mes envieux,
Le Comte en votre cour l'a fait presque à vos yeux [4],
Jaloux de votre choix, et fier de l'avantage
Que lui donnoit sur moi l'impuissance de l'âge 710
Sire, ainsi ces cheveux blanchis sous le harnois,
Ce sang pour vous servir prodigué tant de fois,
Ce bras, jadis l'effroi d'une armée ennemie,

1 *Var* Un si vaillant guerrier qu'on vous vient de ravir
(1644 in 12)
Var Un si vaillant guerrier qu'on vient de nous ravir.
(1654 et 56)
2 *Var* Sacrifiez don Diègue et toute sa famille
A vous, à votre peuple à toute la Castille
Le soleil qui voit tout ne voit rien sous les cieux
Qui vous puisse payer un sang si précieux. (1637 56)
3 *Var.* Quand avecque la force on perd aussi la vie,
Sire, et que l'âge apporte aux hommes généreux
Avecque sa foiblesse un destin malheureux ! (1637 56)
4 *Var* L'orgueil dans votre cour l'a fait presque à vos yeux
Et souillé sans respect l'honneur de ma vieillesse,
Avantagé de l'âge et fort de ma foiblesse (1637-56)

Descendoient au tombeau tous chargés d'infamie
Si je n'eusse produit un fils digne de moi, 715
Digne de son pays et digne de son Roi
Il m'a prêté sa main, il a tué le Comte ;
Il m'a rendu l'honneur, il a lavé ma honte
Si montrer du courage et du ressentiment,
Si venger un soufflet mérite un châtiment, 720
Sur moi seul doit tomber l'éclat de la tempête
Quand le bras a failli, l'on en punit la tête
Qu'on nomme crime, ou non, ce qui fait nos débats¹,
Sire, j'en suis la tête, il n'en est que le bras
Si Chimène se plaint qu'il a tué son père, 725
Il ne l'eût jamais fait si je l'eusse pu faire
Immolez donc ce chef que les ans vont ravir,
Et conservez pour vous le bras qui peut servir
Aux dépens de mon sang satisfaites Chimène
Je n'y résiste point, je consens à ma peine, 730
Et loin de murmurer d'un rigoureux décret²,
Mourant sans déshonneur, je mourrai sans regret
DON FERNAND
L'affaire est d'importance, et, bien considérée,
Mérite en plein conseil d'être délibérée
Don Sanche, remettez Chimène en sa maison 735
Don Diègue aura ma cour et sa foi pour prison
Qu'on me cherche son fils Je vous ferai justice
CHIMÈNE
Il est juste, grand Roi, qu'un meurtrier périsse
DON FERNAND
Prends du repos, ma fille, et calme tes douleurs
CHIMÈNE
M'ordonner du repos, c'est croître mes malheurs 740

1 *Var* Du crime glorieux qui cause nos débats. (1637-56)
2 *Var* Et loin de murmurer d'un injuste décret (1637-56)

FIN DU SECOND ACTE

ACTE TROISIÈME

SCÈNE I

DON RODRIGUE, ELVIRE

ELVIRE.
Rodrigue, qu'as-tu fait? ou viens-tu, misérable?
DON RODRIGUE.
Suivre le triste cours de mon sort déplorable.
ELVIRE.
Ou prends tu cette audace et ce nouvel orgueil,
De paroître en des lieux que tu remplis de deuil?
Quoi? viens-tu jusqu'ici braver l ombre du Comte?   745
Ne l'as tu pas tué?
DON RODRIGUE.
     Sa vie étoit ma honte ·
Mon honneur de ma main a voulu cet effort
ELVIRE.
Mais chercher ton asile en la maison du mort
Jamais un meurtrier en fit il son refuge?
DON RODRIGUE.
Et je n'y viens aussi que m'offrir a mon juge [1]   750
Ne me regai de plus d'un visage étonne
Je cherche le trepas après l'avoir donne.
Mon juge est mon amour, mon juge est ma Chimène
Je merite la mort de meriter sa haine,
Et j en viens recevoir comme un bien souverain,   755
Et l'arrêt de sa bouche, et le coup de sa main
ELVIRE
Fuis plutôt de ses yeux fuis de sa violence;
A ses premiers transports dérobe ta présence
Va, ne t expose point aux premiers mouvements
Que poussera l'ardeur de ses ressentiments.   760
DON RODRIGUE.
Non, non, ce cher objet a qui j'ai pu déplaire
Ne peut pour mon supplice avoir trop de colère;

---

1. *Var* Jamais un meurtrier s'offrit il à son juge? (1637 56)

ACTE III, SCÈNE II.

Et j'évite cent morts qui me vont accabler[1],
Si pour mourir plus tôt je puis la redoubler.
ELVIRE
Chimène est au palais de pleurs toute baignée, 765
Et n'en reviendra point que bien accompagnée
Rodrigue fuis, de grâce ôte-moi de souci
Que ne dira-t-on point si l'on te voit ici ?
Veux-tu qu'un médisant, pour comble à sa misère[2],
L'accuse d'y souffrir l'assassin de son père ? 770
Elle va revenir, elle vient je la voi
Du moins, pour son honneur, Rodrigue cache-toi

SCÈNE II

DON SANCHE, CHIMENE, ELVIRE

DON SANCHE.
Oui, Madame, il vous faut de sanglantes victimes
Votre colère est juste et vos pleurs légitimes,
Et je n'entreprends pas, à force de parler, 775
Ni de vous adoucir, ni de vous consoler
Mais si de vous servir je puis être capable,
Employez mon epée à punir le coupable,
Employez mon amour à venger cette mort
Sous vos commandements mon bras sera trop fort 780
CHIMÈNE
Malheureuse
DON SANCHE
De grâce, acceptez mon service[3].
CHIMÈNE
J'offenserois le Roi, qui m'a promis justice
DON SANCHE
Vous savez qu'elle marche avec tant de langueur,
Qu'assez souvent le crime échappe à sa longueur[4],
Son cours lent et douteux fait trop perdre de larmes 785

1 *Var* Et d'un heur sans pareil je me verrai combler,
  Si pour mourir plus tôt je la puis redoubler (1637-56)
2 *Var* Veux-tu qu'un médisant l'accuse en sa misère
  D'avoir reçu chez soi l'assassin de son père ? (1637-56)
3 *Var.* De grâce, Madame, acceptez mon service (1637-60)
4 *Var.* Que bien souvent le crime échappe à sa longueur
  (1637-56)

Souffrez qu'un cavalier vous venge par les armes
La voie en est plus sûre, et plus prompte à punir.
CHIMÈNE.
C'est le dernier remède ; et s'il y faut venir,
Et que de mes malheurs cette pitié vous dure,
Vous serez libre alors de venger mon injure. 790
DON SANCHE
C'est l'unique bonheur où mon âme prétend ;
Et pouvant l'espérer, je m'en vais trop content

SCÈNE III

CHIMENE, ELVIRE

CHIMÈNE.
Enfin je me vois libre, et je puis sans contrainte
De mes vives douleurs te faire voir l'atteinte,
Je puis donner passage a mes tristes soupirs ; 795
Je puis t'ouvrir mon âme et tous mes déplaisirs
    Mon pere est mort, Elvire, et la premiere épée
Dont s'est armé Rodrigue a sa trame coupée.
Pleurez, pleurez, mes yeux, et fondez vous en eau
La moitié de ma vie a mis l'autre au tombeau, 800
Et m'oblige à venger, après ce coup funeste,
Celle que je n'ai plus sur celle qui me reste
ELVIRE
Reposez vous, Madame
CHIMÈNE
                Ah que mal a propos
Dans un malheur si grand tu parles de repos[1] !
Par ou sera jamais ma douleur apaisée[2], 805
Si je ne puis haïr la main qui l'a causée ?
Et que dois-je esperer qu'un tourment éternel,
Si je poursuis un crime, aimant le criminel ?
ELVIRE.
Il vous prive d'un pere, et vous l'aimez encore !
CHIMÈNE
C'est peu de dire aimer, Elvire je l'adore ; 810
Ma passion s'oppose a mon ressentiment,

    1. *Var* Ton avis importun m'ordonne du repos! (1637-60)
    2. *Var* Par ou sera jamais mon âme satisfaite,
        Si je pleure ma perte et la main qui l'a faite?
        Et que puis je esperer qu'un tourment eternel. (1637-56)

ACTE III, SCÈNE III

Dedans mon ennemi je trouve mon amant,
Et je sens qu'en dépit de toute ma colère,
Rodrigue dans mon cœur combat encor mon père
Il l'attaque, il le presse, il cede, il se défend, 815
Tantôt fort, tantôt foible, et tantôt triomphant,
Mais en ce dur combat de colère et de flamme,
Il déchire mon cœur sans partager mon âme;
Et quoi que mon amour ait sur moi de pouvoir,
Je ne consulte point pour suivre mon devoir : 820
Je cours sans balancer ou mon honneur m'oblige.
Rodrigue m'est bien cher, son interêt m'afflige ;
Mon cœur prend son parti, mais, malgré son effort[1],
Je sais ce que je suis, et que mon père est mort.

ELVIRE.

Pensez vous le poursuivre ?

CHIMÈNE

Ah ! cruelle pensee ! 825
Et cruelle poursuite où je me vois forcée !
Je demande sa tête, et crains de l'obtenir .
Ma mort suivra la sienne, et je le veux punir !

ELVIRE

Quittez, quittez, Madame, un dessein si tragique,
Ne vous imposez point de loi si tyrannique 830

CHIMÈNE.

Quoi ! mon père étant mort, et presque entre mes bras[2],
Son sang criera vengeance, et je ne l'orrai[3] pas
Mon cœur, honteusement surpris par d'autres charmes,
Croira ne lui devoir que d'impuissantes larmes !
Et je pourrai souffrir qu'un amour suborneur 835
Sous un lâche silence etouffe mon honneur [4]

ELVIRE.

Madame, croyez moi, vous serez excusable
D'avoir moins de chaleur contre un objet aimable [5],
Contre un amant si cher vous avez assez fait,
Vous avez vu le Roi, n'en pressez point l'effet, 840
Ne vous obstinez point en cette humeur étrange.

CHIMÈNE.

Il y va de ma gloire, il faut que je me venge,

---

1 *Var* Mon cœur prend son parti, mais contre leur effort,
  Je sais que je suis fille, et que mon père est mort (1637 56)
2. *Var* Quoi ! j'aurai vu mourir mon père entre mes bras
                                                (1637-56)
3 *L'orrai*, l'entendrai
4 *Var* Dans un lâche silence étouffe mon honneur ! (1637 56)
5 *Var*. De conserver pour vous un homme incomparable,
   Un amant si cheri vous avez assez fait (1637 56)

Et de quoi que nous flatte un desir amoureux,
Toute excuse est honteuse aux esprits généreux
     ELVIRE
Mais vous aimez Rodrigue, il ne vous peut déplaire   845
     CHIMÈNE.
Je l'avoue
     ELVIRE
  Après tout, que pensez-vous donc faire
     CHIMÈNE
Pour conserver ma gloire et finir mon ennui,
Le poursuivre, le perdre, et mourir après lui

SCÈNE IV

DON RODRIGUE CHIMÈNE ELVIRE

     DON RODRIGUE
Eh bien! sans vous donner la peine de poursuivre,
Assurez-vous l'honneur de m'empêcher de vivre [1]   850
     CHIMÈNE
Elvire, où sommes nous, et qu'est ce que je vois?
Rodrigue en ma maison Rodrigue devant moi!
     DON RODRIGUE
N'epargnez point mon sang goûtez sans resistance
La douceur de ma perte et de votre vengeance
     CHIMÈNE
Hélas
     DON RODRIGUE
  Ecoute-moi
     CHIMÈNE
   Je me meurs
     DON RODRIGUE
      Un moment   855
     CHIMÈNE
Va, laisse-moi mourir
     DON RODRIGUE
   Quatre mots seulement
Apres ne me réponds qu'avecque cette epee
     CHIMÈNE
Quoi du sang de mon pere encor toute trempee!

1. *Var.* Soûlez-vous du plaisir de m'empêcher de vivre
     (1637-44 in 4° et 48 56)
 Var. Soûlez vous du desir de m'empêcher de vivre. (1644 in 12)

ACTE III, SCÈNE IV

DON RODRIGUE.

Ma Chimene.

CHIMÈNE

Ote moi cet objet odieux,
Qui reproche ton crime et ta vie a mes yeux   860

DON RODRIGUE

Regarde-le plutôt pour exciter ta haine,
Pour croître ta colère, et pour hâter ma peine

CHIMÈNE.

Il est teint de mon sang

DON RODRIGUE.

Plonge le dans le mien
Et fais lui perdre ainsi la teinture du tien.

CHIMÈNE

Ah quelle cruauté, qui tout en un jour tue   865
Le pere par le fer, la fille par la vue !
Ote-moi cet objet, je ne le puis souffrir
Tu veux que je t'écoute, et tu me fais mourir !

DON RODRIGUE

Je fais ce que tu veux, mais sans quitter l'envie
De finir par tes mains ma déplorable vie,   870
Car enfin n'attends pas de mon affection
Un lâche repentir d'une bonne action.
L'irréparable effet d'une chaleur trop prompte [1]
Deshonoroit mon père, et me couvroit de honte.
Tu sais comme un soufflet touche un homme de cœur, 875
J'avois part a l'affront, j'en ai cherché l'auteur :
Je l'ai vu, j'ai vengé mon honneur et mon père ;
Je le ferois encor, si j'avois a le faire
Ce n'est pas qu'en effet contre mon pere et moi
Ma flamme assez longtemps n'ait combattu pour toi ; 880
Juge de son pouvoir dans une telle offense
ai pu deliberer si j'en prendrois vengeance [2].
Reduit a te deplaire ou souffrir un affront,
J'ai pensé qu'a son tour mon bras étoit trop prompt [3];
Je me suis accusé de trop de violence,   885
Et ta beauté sans doute emportoit la balance,
A moins que d'opposer a tes plus forts appas [4]
Qu'un homme sans honneur ne te meritoit pas,

---

1 *Var* De la main de ton pere un coup irreparable
  Deshonoroit du mien la vieillesse honorable (1637 56)
2 *Var.* J'ai pu douter encor si j'en prendrois vengeance.
  (1637 60)
3 *Var* J'ai retenu ma main, j'ai cru mon bras trop prompt.
  (1637 56)
4. *Var* Si je n'eusse opposé contre tous tes appas. (1637 56)

Que malgré cette part que j'avois en ton âme[1],
Qui m'aima genereux me hairoit infâme, 890
Qu'écouter ton amour, obeir a sa voix,
C'etoit m'en rendre indigne et diffamer ton choix
Je te le dis encore; et quoique j'en soupire[2],
Jusqu'au dernier soupir je veux bien le redire
Je t'ai fait une offense, et j'ai dû m'y porter 895
Pour effacer ma honte, et pour te meriter,
Mais quitte envers l'honneur, et quitte envers mon pere,
C'est maintenant a toi que je viens satisfaire
C'est pour t'offrir mon sang qu'en ce lieu tu me vois
J'ai fait ce que j'ai dû, je fais ce que je dois. 900
Je sais qu'un pere mort t'arme contre mon crime,
Je ne t'ai pas voulu dérober ta victime
Immole avec courage au sang qu'il a perdu
Celui qui met sa gloire à l'avoir repandu.

CHIMÈNE

Ah ! Rodrigue il est vrai, quoique ton ennemie, 905
Je ne puis te blâmer d'avoir fui l'infamie[3],
Et de quelque façon qu'eclatent mes douleurs,
Je ne t'accuse point, je pleure mes malheurs
Je sais ce que l'honneur, apres un tel outrage,
Demandoit a l'ardeur d'un genereux courage. 910
Tu n'as fait le devoir que d'un homme de bien,
Mais aussi, le faisant, tu m'as appris le mien
Ta funeste valeur m'instruit par ta victoire
Elle a vengé ton père et soutenu ta gloire
Même soin me regarde, et j'ai, pour m'affliger, 915
Ma gloire a soutenir, et mon père à venger
Helas ! ton interêt ici me desespere
Si quelque autre malheur m'avoit ravi mon père
Mon âme auroit trouvé dans le bien de te voir
L'unique allegement qu'elle eût pu recevoir, 920
Et contre ma douleur j'aurois senti des charmes
Quand une main si chère eût essuye mes larmes.
Mais il me faut te perdre apres l'avoir perdu,
Cet effort sur ma flamme a mon honneur est dû[4],

1 *Var* Qu'apres m'avoir cheri quand je vivois sans blame
(1637-56
2 *Var* Je te le dis encore et veux, tant que j'expire
Sans cesse le penser et sans cesse le dire (1637 56)
3 *Var* Je ne te puis blamer d avoir fui l'infamie
(1637 44 in-4° et 48 56
4 *Var* Et pour mieux tourmenter mon esprit éperdu,
Avec tant de rigueur mon astre me domine,
Qu il me faut travailler moi même a ta ruine (1637 56)

ACTE III, SCÈNE IV

Et cet affreux devoir, dont l'ordre m'assassine, 925
Me force a travailler moi même à ta ruine :
Car enfin n'attends pas de mon affection
De lâches sentiments pour ta punition.
De quoi qu'en ta faveur notre amour m'entretienne,
Ma generosité doit répondre a la tienne 930
Tu t'es, en m'offensant, montré digne de moi;
Je me dois, par ta mort, montrer digne de toi.

DON RODRIGUE.

Ne diffère donc plus ce que l'honneur t'ordonne
Il demande ma tête, et je te l'abandonne,
Fais-en un sacrifice a ce noble intérêt 935
Le coup m'en sera doux, aussi bien que l'arrêt
Attendre après mon crime une lente justice,
C'est reculer ta gloire autant que mon supplice
Je mourrai trop heureux, mourant d'un coup si beau

CHIMÈNE

Va, je suis ta partie, et non pas ton bourreau 940
Si tu m'offres ta tête, est ce a moi de la prendre ?
Je la dois attaquer, mais tu dois la défendre¹,
C'est d un autre que toi qu'il me faut l'obtenir,
Et je dois te poursuivre, et non pas te punir

DON RODRIGUE

De quoi qu'en ma faveur notre amour t'entretienne, 945
Ta generosite doit repondre à la mienne,
Et pour venger un père, emprunter d autres bras,
Ma Chimene, crois moi, c'est n'y repondre pas
Ma main seule du mien a su venger l offense,
Ta main seule du tien doit prendre la vengeance 950

CHIMENE.

Cruel à quel propos sur ce point t'obstiner ?
Tu t'es vengé sans aide, et tu m'en veux donner !
Je suivrai ton exemple, et j ai trop de courage
Pour souffrir qu'avec toi ma gloire se partage.
Mon père et mon honneur ne veulent rien devoir 955
Aux traits de ton amour ni de ton desespoir.

DON RODRIGUE.

Rigoureux point d'honneur ! helas quoi que je fasse,
Ne pourrai-je a la fin obtenir cette grâce?
Au nom d un pere mort ou de notre amitié,
Punis moi par vengeance ou du moins par pitié 960
Ton malheureux amant aura bien moins de peine
A mourir par ta main qu'a vivre avec ta haine

¹ *Var* Je la dois attaquer, mais tu la dois défendre (1648 56

CHIMÈNE.

Va, je ne te hais point.

DON RODRIGUE.
Tu le dois.

CHIMÈNE.
Je ne puis.

DON RODRIGUE.
Crains-tu si peu le blâme, et si peu les faux bruits ?
Quand on saura mon crime, et que ta flamme dure, 965
Que ne publieront point l'envie et l'imposture ?
Force-les au silence ; et, sans plus discourir,
Sauve ta renommée en me faisant mourir.

CHIMÈNE.
Elle éclate bien mieux en te laissant la vie[1] ;
Et je veux que la voix de la plus noire envie 970
Élève au ciel ma gloire et plaigne mes ennuis,
Sachant que je t'adore et que je te poursuis.
Va-t'en, ne montre plus à ma douleur extrême
Ce qu'il faut que je perde, encore que je l'aime.
Dans l'ombre de la nuit cache bien ton départ : 975
Si l'on te voit sortir, mon honneur court hasard.
La seule occasion qu'aura la médisance,
C'est de savoir qu'ici j'ai souffert ta présence :
Ne lui donne point lieu d'attaquer ma vertu.

DON RODRIGUE.
Que je meure !

CHIMÈNE.
Va-t'en.

DON RODRIGUE.
A quoi te résous-tu ? 980

CHIMÈNE.
Malgré des feux si beaux, qui troublent ma colère[2],
Je ferai mon possible à bien venger mon père ;
Mais, malgré la rigueur d'un si cruel devoir,
Mon unique souhait est de ne rien pouvoir.

DON RODRIGUE.
O miracle d'amour !

CHIMÈNE.
O comble de misères[3] ! 985

DON RODRIGUE.
Que de maux et de pleurs nous coûteront nos pères !

1. *Var.* Elle éclate bien mieux en te laissant en vie. (1637-52)
2. *Var.* Malgré des feux si beaux qui rompent ma colère (1637-56)
3. *Var.* Mais comble de misères ! (1637-44)

ACTE III, SCÈNE V

CHIMÈNE.
Rodrigue, qui l'eût cru?
DON RODRIGUE.
Chimène, qui l'eût dit?
CHIMÈNE.
Que notre heur fût si proche et sitôt se perdît?
DON RODRIGUE
Et que si près du port, contre toute apparence,
Un orage si prompt brisât notre espérance? 990
CHIMÈNE.
Ah! mortelles douleurs!
DON RODRIGUE.
Ah! regrets superflus!
CHIMÈNE.
Va t'en, encore un coup, je ne t'écoute plus.
DON RODRIGUE
Adieu je vais traîner une mourante vie,
Tant que par ta poursuite elle me soit ravie
CHIMÈNE.
Si j'en obtiens l'effet, je t'engage ma foi [1] 995
De ne respirer pas un moment après toi
Adieu sors, et surtout garde bien qu'on te voie.
ELVIRE
Madame quelques maux que le ciel nous envoie.
CHIMÈNE
Ne m'importune plus, laisse moi soupirer,
Je cherche le silence et la nuit pour pleurer 1000

SCÈNE V

DON DIÈGUE

Jamais nous ne goûtons de parfaite allégresse
Nos plus heureux succès sont mêlés de tristesse;
Toujours quelques soucis en ces evenements
Troublent la pureté de nos contentements.
Au milieu du bonheur mon âme en sent l'atteinte 1005
Je nage dans la joie, et je tremble de crainte.
J'ai vu mort l'ennemi qui m'avoit outragé,
Et je ne saurois voir la main qui m'a vengé.
En vain je m'y travaille et d'un soin inutile,

1. *Var.* Si j en obtiens l effet, je te donne ma foi (1637 56)

54   LE CID

Tout cassé que je suis, je cours toute la ville   1010
Ce peu que mes vieux ans m'ont laissé de vigueur[1]
Se consume sans fruit a chercher ce vainqueur[2].
A toute heure, en tous lieux dans une nuit si sombre
Je pense l'embrasser, et n'embrasse qu'une ombre ,
Et mon amour, déçu par cet objet trompeur,   1015
Se forme des soupçons qui redoublent ma peur
Je ne découvre point de marques de sa fuite ,
Je crains du Comte mort les amis et la suite,
Leur nombre m'épouvante, et confond ma raison
Rodrigue ne vit plus, ou respire en prison.   1020
Justes cieux ! me trompé je encore a l'apparence,
Ou si je vois enfin mon unique espérance ?
C'est lui, n'en doutons plus, mes vœux sont exaucés,
Ma crainte est dissipée, et mes ennuis cessés.

SCÈNE VI

DON DIÈGUE DON RODRIGUE

DON DIEGUE.
Rodrigue, enfin le ciel permet que je te voie !   1025
                    DON RODRIGUE.
Hélas !
                    DON DIEGUE.
        Ne mêle point de soupirs a ma joie[3],
Laisse-moi prendre haleine afin de te louer.
Ma valeur n'a point lieu de te désavouer ·
Tu l'as bien imitée, et ton illustre audace
Fait bien revivre en toi les héros de ma race   1030
C'est d'eux que tu descends, c'est de moi que tu viens
Ton premier coup d'epée égale tous les miens,
Et d'une belle ardeur ta jeunesse animée
Par cette grande épreuve atteint ma renommée.
Appui de ma vieillesse, et comble de mon heur,   1035
Touche ces cheveux blancs a qui tu rends l'honneur,
Viens baiser cette joue, et reconnois la place

1 *Var* Si peu que mes vieux ans m'ont laissé de vigueur.
                                                    (1637 56)
2 *Var* Se consomme sans fruit a chercher ce vainqueur
                                                    (1637 44
3 *Var* DON RODR Hélas ! c'est triomphant mais avec peu de joie
                                                    (1638)

ACTE III, SCÈNE VI

Où fut empreint l'affront que ton courage efface [1].

DON RODRIGUE.

L'honneur vous en est dû, je ne pouvois pas moins,
Étant sorti de vous et nourri par vos soins, 1040
Je m'en tiens trop heureux, et mon âme est ravie
Que mon coup d'essai plaise à qui je dois la vie,
Mais parmi vos plaisirs ne soyez point jaloux
Si je m'ose à mon tour satisfaire après vous [2]
Souffrez qu'en liberté mon desespoir éclate, 1045
Assez et trop longtemps votre discours le flatte
Je ne me repens point de vous avoir servi,
Mais rendez moi le bien que ce coup m'a ravi
Mon bras pour vous venger, armé contre ma flamme,
Par ce coup glorieux m'a privé de mon âme, 1050
Ne me dites plus rien, pour vous j'ai tout perdu
Ce que je vous devois, je vous l'ai bien rendu

DON DIÈGUE

Porte, porte plus haut le fruit de ta victoire [3]
Je t'ai donné la vie, et tu me rends ma gloire,
Et d'autant que l'honneur m'est plus cher que le jour, 1055
D'autant plus maintenant je te dois de retour
Mais d'un cœur magnanime éloigne ces foiblesses [4],
Nous n'avons qu'un honneur, il est tant de maîtresses !
L'amour n'est qu'un plaisir, l'honneur est un devoir [5]

DON RODRIGUE

Ah ! que me dites vous ?

DON DIÈGUE.

Ce que tu dois savoir 1060

DON RODRIGUE

Mon honneur offensé sur moi même se venge,
Et vous m'osez pousser à la honte du change !
L'infamie est pareille, et suit également
Le guerrier sans courage et le perfide amant
A ma fidélité ne faites point d'injure, 1065
Souffrez moi généreux sans me rendre parjure
Mes liens sont trop forts pour être ainsi rompus,
Ma foi m'engage encor si je n'espere plus,

---

1 *Var* Ou fut jadis l'affront que ton courage efface.
   DON RODR L'honneur vous en est du, les cieux me sont temoins
   Q l'etant sorti de vous je ne pouvois pas moins
   Je me tiens trop heureux et mon âme est ravie. (1637 56)
2. *Var* Si j'ose satisfaire a moi même après vous (1637 60)
3 *Var* Porte encore plus haut le fruit de ta victoire (1637 56)
4 *Var* Mais d'un si brave cœur eloigne ces foiblesses. (1637 56)
5 *Var* L'amour n'est qu'un plaisir, et l'honneur un devoir
   (1637 56)

Et ne pouvant quitter ni posséder Chimène,
Le trépas que je cherche est ma plus douce peine.   1070
                    DON DIÈGUE.
Il n'est pas temps encor de chercher le trépas ·
Ton prince et ton pays ont besoin de ton bras.
La flotte qu'on craignoit, dans ce grand fleuve entrée,
Croit surprendre la ville et piller la contrée ¹
Les Mores vont descendre, et le flux et la nuit   1075
Dans une heure à nos murs les amène ² sans bruit.
La cour est en desordre, et le peuple en alarmes ·
On n'entend que des cris, on ne voit que des larmes
Dans ce malheur public mon bonheur a permis
Que j'ai trouvé chez moi cinq cents de mes amis,   1080
Qui sachant mon affront, poussés d'un même zele ³,
Se venoient tous offrir à venger ma querelle ⁴.
Tu les as prévenus; mais leurs vaillantes mains
Se tremperont bien mieux au sang des Africains
Va marcher à leur tête ou l'honneur te demande   1085
C'est toi que veut pour chef leur généreuse bande
De ces vieux ennemis va soutenir l'abord
Là, si tu veux mourir, trouve une belle mort,
Prends-en l'occasion, puisqu'elle t'est offerte,
Fais devoir à ton roi son salut à ta perte,   1090
Mais reviens en plutôt les palmes sur le front
Ne borne pas ta gloire à venger un affront,
Porte la plus avant force par ta vaillance ⁵
Ce monarque au pardon, et Chimène au silence ⁶,
Si tu l'aimes, apprends que revenir vainqueur ⁷,   1095
C'est l'unique moyen de regagner son cœur.
Mais le temps est trop cher pour le perdre en paroles,
Je t'arrête en discours, et je veux que tu voles
Viens, suis moi, va combattre, et montrer à ton roi
Que ce qu'il perd au Comte il le recouvre en toi.   1100

  1. *Var* Vient surprendre la ville et piller la contrée (1637 56)
  2. *Amène*, au singulier, dans toutes les éditions publiées du vivant de Corneille
  3 *Var* Qui sachant mon affront, touches d'un même zèle (1660,
  4. *Var* Venoient m'offrir leur vie à venger ma querelle (1637 56)
     Une seule édition (1644 in 12) a *sang*, au lieu de *vie*
  5 *Var* Pousse-la plus avant force par ta vaillance. (1637-60)
  6. *Var* La justice au pardon, et Chimene au silence (1637 56)
  7. *Var* Si tu l'aimes apprends que retourner vainqueur (1637-60

FIN DU TROISIÈME ACTE.

ACTE QUATRIÈME

SCÈNE I

CHIMÈNE, ELVIRE

CHIMÈNE.
N'est ce point un faux bruit? le sais tu bien, Elvire?
ELVIRE.
Vous ne croiriez jamais comme chacun l'admire,
Et porte jusqu'au ciel, d'une commune voix,
De ce jeune héros les glorieux exploits
Les Mores devant lui n'ont paru qu'a leur honte ; 1105
Leur abord fut bien prompt, leur fuite encor plus prompte
Trois heures de combat laissent à nos guerriers
Une victoire entière et deux rois prisonniers
La valeur de leur chef ne trouvoit point d'obstacles
CHIMÈNE
Et la main de Rodrigue a fait tous ces miracles? 1110
ELVIRE.
De ses nobles efforts ces deux rois sont le prix
Sa main les a vaincus, et sa main les a pris.
CHIMÈNE.
De qui peux tu savoir ces nouvelles étranges?
ELVIRE
Du peuple, qui partout fait sonner ses louanges,
Le nomme de sa joie et l'objet et l'auteur, 1115
Son ange tutélaire, et son libérateur
CHIMÈNE
Et le Roi, de quel œil voit il tant de vaillance?
ELVIRE
Rodrigue n'ose encor paroître en sa présence,
Mais don Diègue ravi lui présente enchaînés,
Au nom de ce vainqueur, ces captifs couronnés, 1120
Et demande pour grâce à ce généreux prince
Qu'il daigne voir la main qui sauve la province¹.

---

¹ *Var* Qu'il daigne voir la main qui sauve sa province. (1637 56)

CHIMÈNE
Mais n'est-il point blessé?
ELVIRE
Je n'en ai rien appris.
Vous changez de couleur! reprenez vos esprits.
CHIMÈNE
Reprenons donc aussi ma colère affoiblie 1125
Pour avoir soin de lui faut-il que je m'oublie?
On le vante, on le loue, et mon cœur y consent!
Mon honneur est muet, mon devoir impuissant
Silence, mon amour, laisse agir ma colère
S'il a vaincu deux rois, il a tué mon père[1], 1130
Ces tristes vêtements, où je lis mon malheur,
Sont les premiers effets qu'ait produits[2] sa valeur,
Et quoi qu'on die ailleurs d'un cœur si magnanime[3],
Ici tous les objets me parlent de son crime
Vous qui rendez la force à mes ressentiments, 1135
Voiles[4], crêpes, habits, lugubres ornements,
Pompe que me prescrit sa première victoire[5],
Contre ma passion soutenez bien ma gloire,
Et lorsque mon amour prendra trop de pouvoir[6],
Parlez à mon esprit de mon triste devoir, 1140
Attaquez sans rien craindre une main triomphante
ELVIRE.
Modérez ces transports, voici venir l'Infante

SCÈNE II

L'INFANTE, CHIMÈNE, LÉONOR, ELVIRE

L'INFANTE.
Je ne viens pas ici consoler tes douleurs,
Je viens plutôt mêler mes soupirs à tes pleurs
CHIMENE
Prenez bien plutôt part à la commune joie, 1145
Et goûtez le bonheur que le ciel vous envoie.

---

1. *Var* S'il a vaincu les rois, il a tué mon père (1637 in 12)
2 Toutes les éditions portent *qu'ait produit*, sans accord. Voyez le *Lexique de Corneille*, tome , p LVIII et LIX
3 *Var.* Et combien que pour lui tout un peuple s'anime (1637 56)
4 *Voile* est au singulier dans les éditions antérieures à 1664
5 *Var* Pompe où m'ensevelit sa première victoire (1637 56)
6 *Var* Et lorsque mon amour prendra plus de pouvoir
(1637 in 12 et 44 in 4°)

Madame autre que moi n'a droit de soupirer.
Le peril dont Rodrigue a su nous retirer[1],
Et le salut public que vous rendent ses armes
A moi seule aujourd'hui souffrent encor les larmes[2]   1150
Il a sauvé la ville, il a servi son roi,
Et son bras valeureux n'est funeste qu'à moi

L'INFANTE

Ma Chimène, il est vrai qu'il a fait des merveilles

CHIMENE

Déjà ce bruit fâcheux a frappé mes oreilles,
Et je l'entends partout publier hautement   1155
Aussi brave guerrier que malheureux amant

L'INFANTE

Qu'a de fâcheux pour toi ce discours populaire?
Ce jeune Mars qu'il loue a su jadis te plaire
Il possédoit ton âme, il vivoit sous tes lois,
Et vanter sa valeur, c'est honorer ton choix   1160

CHIMENE

Chacun peut la vanter avec quelque justice[3],
Mais pour moi sa louange est un nouveau supplice.
On aigrit ma douleur en l'elevant si haut
Je vois ce que je perds quand je vois ce qu'il vaut.
Ah cruels deplaisirs a l'esprit d'une amante!   1165
Plus j'apprends son merite, et plus mon feu s'augmente.
Cependant mon devoir est toujours le plus fort,
Et malgré mon amour, va poursuivre sa mort

L'INFANTE

Hier ce devoir te mit en une haute estime
L'effort que tu te fis parut si magnanime,   1170
Si digne d'un grand cœur, que chacun a la cour
Admiroit ton courage et plaignoit ton amour.
Mais croirois tu l'avis d'une amitié fidèle?

CHIMENE.

Ne vous obéir pas me rendroit criminelle

L'INFANTE

Ce qui fut juste alors ne l'est plus aujourd'hui[4].   1175
Rodrigue maintenant est notre unique appui,
L'esperance et l'amour d'un peuple qui l'adore,
Le soutien de Castille et la terreur du More
Le Roi même est d'accord de cette verité[5],

---

1 *Var* Le peril dont Rodrigue a su vous retirer (1637 56)
2 *Var* A moi seule aujourd'hui permet encor les larmes (1637 56)
3 *Var* J'accorde que chacun la vante avec justice (1637 et 39 56)
4. *Var* Ce qui fut bon alors ne l'est plus aujourd'hui (1637 44)
5 *Var* Ses faits nous ont rendu ce qu'ils nous ont ôté
   Et ton père en lui seul se voit ressuscite (1637-56)

Que ton père en lui seul se voit ressuscite, 1180
Et si tu veux enfin qu'en deux mots je m'explique,
Tu poursuis en sa mort la ruine publique
Quoi? pour venger un pere est-il jamais permis
De livrer sa patrie aux mains des ennemis?
Contre nous ta poursuite est-elle légitime, 1185
Et pour être punis avons nous part au crime?
Ce n'est pas qu'après tout tu doives épouser
Celui qu'un pere mort t'obligeoit d'accuser
Je te voudrois moi même en arracher l'envie,
Ote-lui ton amour, mais laisse-nous sa vie. 1190

CHIMÈNE

Ah! ce n'est pas a moi d'avoir tant de bonté [1],
Le devoir qui m'aigrit n'a rien de limite.
Quoique pour ce vainqueur mon amour s'intéresse,
Quoiqu'un peuple l'adore et qu'un roi le caresse,
Qu'il soit environné des plus vaillants guerriers, 1195
J'irai sous mes cyprès accabler ses lauriers

L'INFANTE.

C'est généerosité quand pour venger un père
Notre devoir attaque une tête si chère,
Mais c'en est une encor d'un plus illustre rang,
Quand on donne au public les intérêts du sang. 1200
Non, crois moi, c'est assez que d'eteindre ta flamme
Il sera trop puni s'il n'est plus dans ton âme
Que le bien du pays t'impose cette loi
Aussi bien, que crois tu que t'accorde le Roi?

CHIMÈNE

Il peut me refuser, mais je ne puis me taire [2]. 1205

L'INFANTE.

Pense bien, ma Chimène, à ce que tu veux faire
Adieu tu pourras seule y penser à loisir [3].

CHIMÈNE

Apres mon pere mort, je n'ai point a choisir

1. *Var.* Ah! Madame, souffrez qu'avecque liberté
 Je pousse jusqu'au bout ma générosité
 Quoique mon cœur pour lui contre moi s'intéresse (1637-56)
 Var Ah! ce n'est pas a moi d'avoir cette bonte (1660)
2 *Var* Il peut me refuser, mais je ne me puis taire (1637-56)
3 *Var* Adieu tu pourras seule y songer a loisir (1637-60)

SCÈNE III

**DON FERNAND, DON DIÈGUE, DON ARIAS, DON RODRIGUE,
DON SANCHE**

DON FERNAND
Généreux héritier d'une illustre famille,
Qui fut toujours la gloire et l'appui de Castille, 1214.
Race de tant d'aïeux en valeur signalés,
Que l'essai de la tienne a sitôt égalés,
Pour te récompenser ma force est trop petite,
Et j'ai moins de pouvoir que tu n'as de mérite
Le pays délivré d'un si rude ennemi, 1215
Mon sceptre dans ma main par la tienne affermi,
Et les Mores défaits avant qu'en ces alarmes
J'eusse pu donner ordre à repousser leurs armes,
Ne sont point des exploits qui laissent à ton roi
Le moyen ni l'espoir de s'acquitter vers toi 1220
Mais deux rois tes captifs feront ta récompense
Ils t'ont nommé tous deux leur Cid en ma presence
Puisque Cid en leur langue est autant que seigneur[1],
Je ne t'envierai pas ce beau titre d'honneur
Sois désormais le Cid qu'à ce grand nom tout cede; 1225
Qu'il comble d'épouvante et Grenade et Tolède[2],
Et qu'il marque à tous ceux qui vivent sous mes lois
Et ce que tu me vaux, et ce que je te dois.

DON RODRIGUE.
Que Votre Majesté, Sire, épargne ma honte
D'un si foible service elle fait trop de compte[3], 1230
Et me force à rougir devant un si grand roi
De mériter si peu l'honneur que j'en reçoi
Je sais trop que je dois au bien de votre empire
Et le sang qui m'anime, et l'air que je respire;
Et quand je les perdrai pour un si digne objet, 1235
Je ferai seulement le devoir d'un sujet.

DON FERNAND
Tous ceux que ce devoir à mon service engage
Ne s'en acquittent pas avec même courage,

---

1. *Cid*, forme vulgaire, corruption de l'arabe *Seyid*, seigneur
2 *Var*. Qu'il devienne l'effroi de Grenade et Tolède. (1637 56)
3 *Var* D'un si foible service elle a fait trop de compte
(1637 in-12

Et lorsque la valeur ne va point dans l'exces, 1240
Elle ne produit point de si rares succes
Souffre donc qu'on te loue, et de cette victoire
Apprends-moi plus au long la véritable histoire
DON RODRIGUE.
Sire, vous avez su qu'en ce danger pressant,
Qui jeta dans la ville un effroi si puissant,
Une troupe d'amis chez mon pere assemblee 1245
Sollicita mon âme encor toute troublee..
Mais, Sire pardonnez a ma témerite,
Si j'osai l'employer sans votre autorite
Le péril approchoit, leur brigade etoit prête,
Me montrant a la cour, je hasardois ma tête [1], 1250
Et s'il falloit la perdre, il m'etoit bien plus doux
De sortir de la vie en combattant pour vous
DON FERNAND.
J'excuse ta chaleur à venger ton offense [2];
Et l'État defendu me parle en ta defense
Crois que dorénavant Chimène a beau parler, 1255
Je ne l'écoute plus que pour la consoler
Mais poursuis.
DON RODRIGUE.
Sous moi donc cette troupe s'avance,
Et porte sur le front une mâle assurance.
Nous partimes cinq cents, mais par un prompt renfort
Nous nous vîmes trois mille en arrivant au port, 1260
Tant, a nous voir marcher avec un tel visage [3]
Les plus epouvantes reprenoient de courage [4]!
J'en cache les deux tiers, aussitôt qu'arrives,
Dans le fond des vaisseaux qui lors furent trouvés,
Le reste, dont le nombre augmentoit a toute heure, 1265
Brûlant d'impatience autour de moi demeure,
Se couche contre terre, et sans faire aucun bruit,
Passe une bonne part d'une si belle nuit
Par mon commandement la garde en fait de même,
Et se tenant cachee, aide a mon stratageme [5], 1270
Et je feins hardiment d'avoir reçu de vous
L'ordre qu'on me voit suivre e que je donne a tous.

1 *Var* Et paroître à la cour eût hasardé ma tête,
Qu'à defendre l'Etat j'aimois bien mieux donner,
Qu'aux plaintes de Chimene ainsi l'abandonner (1637 56)
2 *Var* J'excuse ta chaleur a venger une offense (1638)
3 *Var* Tant, à nous voir marcher en si bon equipage (1637 56)
4 Quelques editions, des plus anciennes, ont, les unes *le* d'autres *du courage*
5 *Var* Et se tenant cachee, aide mon stratageme. (1637 in 12).

ACTE IV, SCENE III.   63

Cette obscure clarté qui tombe des étoiles
Enfin avec le flux nous fait voir trente voiles [1]
L'onde s'enfle dessous, et d'un commun effort   1275
Les Mores et la mer montent jusques au port.
On les laisse passer, tout leur paroît tranquille,
Point de soldats au port, point aux murs de la ville
Notre profond silence abusant leurs esprits,
Ils n'osent plus douter de nous avoir surpris,   1280
Ils abordent sans peur, ils ancrent, ils descendent,
Et courent se livrer aux mains qui les attendent
Nous nous levons alors, et tous en même temps
Poussons jusques au ciel mille cris éclatants
Les nôtres, à ces cris, de nos vaisseaux répondent [2].   1285
Ils paroissent armés, les Mores se confondent,
L'épouvante les prend à demi descendus,
Avant que de combattre ils s'estiment perdus
Ils couroient au pillage, et rencontrent la guerre;
Nous les pressons sur l'eau, nous les pressons sur terre,   1290
Et nous faisons courir des ruisseaux de leur sang,
Avant qu'aucun résiste ou reprenne son rang
Mais bientôt, malgré nous, leurs princes les rallient,
Leur courage renaît, et leurs terreurs s'oublient.
La honte de mourir sans avoir combattu   1295
Arrête leur désordre, et leur rend leur vertu [3].
Contre nous de pied ferme ils tirent leurs alfanges [4],
De notre sang au leur font d'horribles mélanges;
Et la terre, et le fleuve, et leur flotte, et le port
Sont des champs de carnage où triomphe la mort [5]   1300
O combien d'actions, combien d'exploits célèbres
Sont demeurés sans gloire au milieu des ténèbres [6],
Où chacun, seul témoin des grands coups qu'il donnoit,
Ne pouvoit discerner où le sort inclinoit!

1 *Var* Enfin avec le flux nous fit voir trente voiles,
L'onde s'enfloit dessous, et d'un commun effort
Les Mores et la mer entrèrent dans le port. (1637-60)
2 *Var* Les nôtres, au signal de nos vaisseaux répondent
(1637 &c
3 *Var* Rétablit leur désordre, et leur rend leur vertu (163
4. *Var* Contre nous de pied ferme ils tirent les epées,
Des plus braves soldats les trames sont coupées (1637-63)
Alfange est transcrit de l'espagnol *alfanje*, sorte de cimet
On a rapproché ce mot de l'arabe *al khanjar*, coutelas Pour e
cette forme les comédiens ont ici toujours adopté la variant
préférence au texte
5 *Var* Sont les champs de carnage où triomphe la mort
(1644 n .)
6 *Var* Furent ensevelis dans l'horreur des ténèbres (1637

64   LE CID.

J'allois de tous côtés encourager les nôtres,   1305
Faire avancer les uns, et soutenir les autres,
Ranger ceux qui venoient, les pousser à leur tour,
Et ne l'ai pu savoir jusques au point du jour [1].
Mais enfin sa clarté montre notre avantage
Le More voit sa perte, et perd soudain courage,   1310
Et voyant un renfort qui nous vient secourir,
L'ardeur de vaincre cede a la peur de mourir.
Ils gagnent leurs vaisseaux, ils en coupent les câbles [2],
Poussent jusques aux cieux des cris épouvantables [3],
Font retraite en tumulte, et sans considerer   1315
Si leurs rois avec eux peuvent se retirer [4]
Pour souffrir ce devoir leur frayeur est trop forte [5].
Le flux les apporta, le reflux les remporte [6],
Cependant que leurs rois engages parmi nous,
Et quelque peu des leurs, tous perces de nos coups,   1320
Disputent vaillamment et vendent bien leur vie.
A se rendre moi même en vain je les convie
Le cimeterre au poing ils ne m'ecoutent pas,
Mais voyant a leurs pieds tomber tous leurs soldats,
Et que seuls desormais en vain ils se defendent,   1325
Ils demandent le chef je me nomme, ils se rendent.
Je vous les envoyai tous deux en même temps,
Et le combat cessa faute de combattants.
C'est de cette façon que, pour votre service.

SCÈNE IV

DON FERNAND, DON DIÈGUE, DON RODRIGUE DON ARIAS,
DON ALONSE, DON SANCHE

DON ALONSE.
Sire, Chimene vient vous demander justice.   1330

1. *Var* Et n'en pus rien savoir jusques au point du jour.
   Mais enfin sa clarté montra notre avantage.
   Le More vit sa perte, et perdit le courage,
   Et voyant un renfort qui nous vint secourir,
   Changea l'ardeur de vaincre à la peur de mourir (1637-56)
2. L'orthographe du mot est *chables*, dans la plupart des éditions anciennes
3. *Var* Nous laissent pour adieux des cris epouvantables
                                                        (1637-56)
4. *Var* Si leurs rois avec eux ont pu se retirer (1637 et 39-56)
   Var Si les rois avec eux ont pu se retirer (1638)
5. *Var* Ainsi leur devoir cede a la frayeur plus forte (1637-56)
6. *Var* Le flux les apporta, le reflux les emporte
                                              (1637 in-12 et 44 in-4°)

ACTE IV, SCÈNE V.

DON FERNAND.
La fâcheuse nouvelle, et l'importun devoir
Va je ne la veux pas obliger à te voir
Pour tous remercîments il faut que je te chasse,
Mais avant que sortir, viens que ton roi t'embrasse
(Don Rodrigue rentre)
DON DIEGUE
Chimène le poursuit et voudroit le sauver 1335
DON FERNAND.
On m'a dit qu'elle l'aime, et je vais l'éprouver.
Montrez un œil plus triste¹

SCÈNE V

DON FERNAND, DON DIEGUE, DON ARIAS, DON SANCHE
DON ALONSE, CHIMÈNE, ELVIRE

DON FERNAND
Enfin soyez contente,
Chimène, le succès répond à votre attente
Si de nos ennemis Rodrigue a le dessus
Il est mort à nos yeux des coups qu'il a reçus; 1340
Rendez grâces au ciel qui vous en a vengée
(À don Diègue.)
Voyez comme déjà sa couleur est changée
DON DIEGUE.
Mais voyez qu'elle pâme, et d'un amour parfait,
Dans cette pâmoison, Sire, admirez l'effet.
Sa douleur a trahi les secrets de son âme, 1345
Et ne vous permet plus de douter de sa flamme
CHIMÈNE
Quoi? Rodrigue est donc mort?
DON FERNAND.
Non, non il voit le jour,
Et te conserve encore un immuable amour
Calme cette douleur qui pour lui s'intéresse²
CHIMÈNE.
Sire, on pâme de joie, ainsi que de tristesse 1350
Un excès de plaisir nous rend tous languissants,
Et quand il surprend l'âme, il accable les sens.

¹ *Var* Contrefaites le triste. (1631-56)
² *Var.* Tu le possederas, reprends ton allégresse. (1637-56)

LE CID

DON FERNAND

Tu veux qu'en ta faveur nous croyions l'impossible ?
Chimène, ta douleur a paru trop visible¹

CHIMÈNE

Eh bien ! Sire, ajoutez ce comble à mon malheur, 1355
Nommez ma pâmoison l'effet de ma douleur
Un juste déplaisir a ce point m'a reduite
Son trépas déroboit sa tête à ma poursuite,
S'il meurt des coups reçus pour le bien du pays
Ma vengeance est perdue et mes desseins trahis 1360
Une si belle fin m'est trop injurieuse
Je demande sa mort mais non pas glorieuse
Non pas dans un eclat qui l'eleve si haut,
Non pas au lit d'honneur, mais sur un echafaud
Qu'il meure pour mon pere, et non pour la patrie, 1365
Que son nom soit taché, sa memoire flétrie
Mourir pour le pays n'est pas un triste sort,
C'est s'immortaliser par une belle mort
J'aime donc sa victoire, et je le puis sans crime,
Elle assure l'Etat, et me rend ma victime, 1370
Mais noble, mais fameuse entre tous les guerriers,
Le chef, au lieu de fleurs couronné de lauriers.
Et pour dire en un mot ce que j'en considere,
Digne d'être immolee aux mânes de mon pere
Helas ! à quel espoir me laissé je emporter 1375
Rodrigue de ma part n'a rien a redouter
Que pourroient contre lui des larmes qu'on meprise ?
Pour lui tout votre empire est un lieu de franchise,
La, sous votre pouvoir, tout lui devient permis,
Il triomphe de moi comme des ennemis 1380
Dans leur sang répandu la justice etouffée²
Aux crimes du vainqueur sert d'un nouveau trophee ·
Nous en croissons la pompe, et le mepris des lois
Nous fait suivre son char au milieu de deux rois

DON FERNAND

Ma fille, ces transports ont trop de violence 1385
Quand on rend la justice, on met tout en balance
On a tué ton pere il etoit l agresseur ;
Et la même equité m ordonne la douceur.
Avant que d'accuser ce que j'en fais paroître,
Consulte bien ton cœur Rodrigue en est le maître, 1390

1. *Var* Ta tristesse, Chimène a paru trop visible
   CHIM Eh bien Sire, ajoutez ce comble à mes malheurs,
   Nommez ma pâmoison l'effet de mes douleurs (1637-56)
2. *Var* Dans leur sang epandu la justice étouffée
                                             (1637, 39 et 48-56)

Et ta flamme en secret rend grâces à ton roi,
Dont la faveur conserve un tel amant pour toi
CHIMÈNE
Pour moi! mon ennemi! l'objet de ma colère!
L'auteur de mes malheurs! l'assassin de mon père!
De ma juste poursuite on fait si peu de cas   1395
Qu'on me croit obliger en ne m'écoutant pas.
   Puisque vous refusez la justice à mes larmes
Sire, permettez-moi de recourir aux armes;
C'est par là seulement qu'il a su m'outrager,
Et c'est aussi par là que je me dois venger.   1400
A tous vos cavaliers je demande sa tête
Oui, qu'un d'eux me l'apporte, et je suis sa conquête,
Qu'ils le combattent, Sire, et le combat fini,
J'épouse le vainqueur, si Rodrigue est puni
Sous votre autorité souffrez qu'on le publie.   1405
DON FERNAND
Cette vieille coutume en ces lieux établie,
Sous couleur de punir un injuste attentat,
Des meilleurs combattants affoiblit un Etat,
Souvent de cet abus le succès déplorable
Opprime l'innocent, et soutient le coupable   1410
J'en dispense Rodrigue il m'est trop précieux
Pour l'exposer aux coups d'un sort capricieux
Et quoi qu'ait pu commettre un cœur si magnanime
Les Mores en fuyant ont emporté son crime
DON DIÈGUE.
Quoi? Sire, pour lui seul vous renversez des lois   1415
Qu'a vu toute la cour observer tant de fois!
Que croira votre peuple, et que dira l'envie,
Si sous votre défense il ménage sa vie,
Et s'en fait un prétexte à ne paroître pas [1]
Ou tous les gens d'honneur cherchent un beau trépas?   1420
De pareilles faveurs terniroient trop sa gloire [2]
Qu'il goûte sans rougir les fruits de sa victoire.
Le Comte eut de l'audace, il l'en a su punir:
Il l'a fait en brave homme, et le doit maintenir [3]
DON FERNAND
Puisque vous le voulez, j'accorde qu'il le fasse,   1425
Mais d'un guerrier vaincu mille prendroient la place,
Et le prix que Chimène au vainqueur a promis

---

1 *Var* Et s'en sert d'un prétexte à ne paroître pas (1637-60)
2 *Var* Sire, ôtez ces faveurs qui terniroient sa gloire (1637-56)
3 Dans presque tous les textes antérieurs à 1656, *soutenir*, pour *maintenir* dans quelques-uns « Il a fait », pour « Il l'a fait ».

De tous mes cavaliers feroit ses ennemis
L'opposer seul à tous seroit trop d'injustice
Il suffit qu'une fois il entre dans la lice 1430
  Choisis qui tu voudras, Chimene, et choisis bien,
Mais après ce combat ne demande plus rien

DON DIEGUE

N'excusez point par là ceux que son bras étonne
Laissez un champ¹ ouvert, ou n'entrera personne.
Après ce que Rodrigue a fait voir aujourd'hui, 1435
Quel courage assez vain s oseroit prendre a lui?
Qui se hasarderoit contre un tel adversaire?
Qui seroit ce vaillant, ou bien ce téméraire?

DON SANCHE

Faites ouvrir le champ vous voyez l'assaillant;
Je suis ce téméraire, ou plutôt ce vaillant 1440
  Accordez cette grâce à l'ardeur qui me presse,
Madame vous savez quelle est votre promesse.

DON FERNAND.

Chimène, remets tu ta querelle en sa main?

CHIMÈNE.

Sire, je l'ai promis

DON FERNAND

  Soyez prêt a demain.

DON DIÈGUE.

Non, Sire, il ne faut pas différer davantage 1445
On est toujours trop prêt quand on a du courage.

DON FERNAND.

Sortir d une bataille, et combattre à l'instant !

DON DIÈGUE

Rodrigue a pris haleine en vous la racontant.

DON FERNAND

Du moins une heure ou deux je veux qu'il se délasse ².
Mais de peur qu'en exemple un tel combat ne passe, 1450
Pour temoigner a tous qu a regret je permets
Un sanglant procédé qui ne me plut jamais,
De moi ni de ma cour il n'aura la présence.
  (*Il parle à don Arias*)

---

1 Ici et au vers 1439, les éditions de 1637-56 donnent *camp*, pour *champ*.

2. Corneille dit dans son *Discours de la tragédie* « Je me suis toujours repenti d'avoir fait dire au Roi dans le *Cid*, qu il vouloit que Rodrigue se délassât une heure ou deux apres la défaite des Maures avant que de combattre don Sanche. je l avois fait pour montrer que la pièce étoit dans les vingt quatre heures, et cela n a servi qu'à avertir les spectateurs de la contrainte avec laquelle je l y ai réduite. »

ACTE IV SCÈNE V.

Vous seul des combattants jugerez la vaillance
Ayez soin que tous deux fassent en gens de cœur, 1455
Et le combat fini, m'amenez le vainqueur.
Qui qu'il soit, même prix est acquis à sa peine[1]
Je le veux de ma main présenter à Chimène,
Et que pour récompense il reçoive sa foi

CHIMÈNE.

Quoi? Sire, m'imposer une si dure loi[2]! 1460

DON FERNAND.

Tu t'en plains; mais ton feu loin d'avouer ta plainte,
Si Rodrigue est vainqueur, l'accepte sans contrainte.
Cesse de murmurer contre un arrêt si doux
Qui que ce soit des deux, j'en ferai ton époux.

1. *Var.* Quel qu'il soit, même prix est acquis a sa peine (1637-64)
2 *Var.* Sire, c'est me donner une trop dure loi (1637 44)

FIN DU QUATRIÈME ACTE

ACTE CINQUIÈME

SCÈNE I

DON RODRIGUE, CHIMÈNE

CHIMÈNE

Quoi? Rodrigue, en plein jour d'où te vient cette audace? 1465
Va, tu me perds d'honneur; retire toi, de grâce.
           DON RODRIGUE.
Je vais mourir, Madame, et vous viens en ce lieu,
Avant le coup mortel, dire un dernier adieu :
Cet immuable amour qui sous vos lois m'engage¹
N'ose accepter ma mort sans vous en faire hommage.   1470
           CHIMÈNE
Tu vas mourir !
           DON RODRIGUE
                 Je cours a ces heureux moments
Qui vont livrer ma vie a vos ressentiments
           CHIMÈNE
Tu vas mourir! Don Sanche est il si redoutable
Qu'il donne l'épouvante a ce cœur indomptable?
Qui t'a rendu si foible, ou qui le rend si fort?   1475
Rodrigue va combattre, et se croit déjà mort :
Celui qui n'a pas craint les Mores, ni mon père,
Va combattre don Sanche, et déjà désespère :
Ainsi donc au besoin ton courage s'abat !
           DON RODRIGUE
Je cours a mon supplice, et non pas au combat ;   1480
Et ma fidèle ardeur sait bien m'ôter l'envie,
Quand vous cherchez ma mort, de défendre ma vie.
   J'ai toujours même cœur, mais je n'ai point de bras
Quand il faut conserver ce qui ne vous plaît pas ;

    ¹ *Var* Mon amour vous le doit et mon cœur qui soupire
      N'ose sans votre aveu sortir de votre empire
      [CHIM Tu vas mourir] DON RODR J'y cours et le Comte est
                                              [vengé
      Aussitôt que de vous j'en aurai le congé (1637 56)

Et déjà cette nuit m'auroit été mortelle, 1485
Si j'eusse combattu pour ma seule querelle,
Mais defendant mon roi, son peuple et mon pays¹,
A me défendre mal je les aurois trahis
Mon esprit généreux ne hait pas tant la vie,
Qu'il en veuille sortir par une perfidie. 1490
Maintenant qu'il s'agit de mon seul intérêt,
Vous demandez ma mort, j'en accepte l'arrêt.
Votre ressentiment choisit la main d'un autre
(Je ne méritois pas de mourir de la vôtre)
On ne me verra point en repousser les coups, 1495
Je dois plus de respect à qui combat pour vous,
Et ravi de penser que c'est de vous qu'ils viennent,
Puisque c'est votre honneur que ses armes soutiennent,
Je vais lui présenter mon estomac ouvert²,
Adorant en sa main la vôtre qui me perd 1500

CHIMÈNE.

Si d'un triste devoir la juste violence,
Qui me fait malgré moi poursuivre ta vaillance
Prescrit à ton amour une si forte loi
Qu'il te rend sans défense à qui combat pour moi
En cet aveuglement ne perds pas la mémoire 1505
Qu'ainsi que de ta vie il y va de ta gloire,
Et que dans quelque éclat que Rodrigue ait vécu,
Quand on le saura mort, on le croira vaincu
Ton honneur t'est plus cher que je ne te suis chère³,
Puisqu'il trempe tes mains dans le sang de mon père⁴, 1510
Et te fait renoncer, malgré ta passion,
A l'espoir le plus doux de ma possession
Je t'en vois cependant faire si peu de compte,
Que sans rendre combat tu veux qu'on te surmonte
Quelle inégalité ravale ta vertu? 1515
Pourquoi ne l'as tu plus, ou pourquoi l'avois-tu?
Quoi? n'es tu généreux que pour me faire outrage?
S'il ne faut m'offenser, n'as tu point de courage?
Et traites-tu mon pere avec tant de rigueur
Qu'apes l'avoir vaincu tu souffres un vainqueur? 1520
Va sans vouloir mourir, laisse moi te poursuivre⁵,

1. *Var.* Mais defendant mon roi, son peuple et le pays (1637-56)
2 *Var* Je lui vais présenter mon estomac ouvert (1637 56)
3 *Var.* L'honneur te fut plus cher que je ne te suis chère
 (1637-60)
4 *Var* Puisqu'il trempa tes mains dans le sang de mon pere,
 Et te fit renoncer, malgré ta passion (1637-56)
5 *Var* Non, sans vouloir mourir, laisse-moi te poursuivre.
 (1637 56)

Et défends ton honneur, si tu ne veux plus vivre

DON RODRIGUE

Après la mort du Comte et les Mores défaits,
Faudroit il à ma gloire encor d'autres effets¹?
Elle peut dedaigner le soin de me défendre 1525
On sait que mon courage ose tout entreprendre,
Que ma valeur peut tout, et que dessous les cieux,
Auprès de mon honneur, rien ne m'est précieux²
Non, non, en ce combat, quoi que vous veuilliez croire,
Rodrigue peut mourir sans hasarder sa gloire, 1530
Sans qu'on l'ose accuser d'avoir manqué de cœur,
Sans passer pour vaincu, sans souffrir un vainqueur
On dira seulement « Il adoroit Chimène;
Il n'a pas voulu vivre et mériter sa haine,
Il a cédé lui même à la rigueur du sort 1535
Qui forçoit sa maîtresse a poursuivre sa mort
Elle vouloit sa tête, et son cœur magnanime,
S'il l'en eût refusée, eût pensé faire un crime
Pour venger son honneur il perdit son amour,
Pour venger sa maîtresse il a quitté le jour, 1540
Préférant, quelque espoir qu'eût son âme asservie,
Son honneur à Chimène, et Chimène a sa vie »
Ainsi donc vous verrez ma mort en ce combat,
Loin d'obscurcir ma gloire, en rehausser l'éclat,
Et cet honneur suivra mon trépas volontaire, 1545
Que tout autre que moi n'eût pu vous satisfaire

CHIMÈNE

Puisque, pour t'empêcher de courir au trépas,
Ta vie et ton honneur sont de foibles appas,
Si jamais je t'aimai, cher Rodrigue, en revanche
Defends toi maintenant pour m'ôter à don Sanche, 1550
Combats pour m'affranchir d'une condition
Qui me donne à l'objet de mon aversion³.
Te dirai je encor plus? va, songe à ta defense,
Pour forcer mon devoir, pour m'imposer silence,
Et si tu sens pour moi ton cœur encore épris⁴ 1555
Sors vainqueur d'un combat dont Chimène est le prix
Adieu ce mot lâche me fait rougir de honte

DON RODRIGUE

Est-il quelque ennemi qu'à présent je ne dompte?

1. *Var.* Mon honneur appuyé sur de si grands effets
Contre un autre ennemi n'a plus à se défendre (1637-56)
2 *Var* Quand mon honneur y va, rien ne m'est précieux
(1637-56)
3 *Var* Qui me livre à l'objet de mon aversion (1637-56)
4 *Var* Et si jamais l'amour échauffa tes esprits (1637-56)

ACTE V, SCÈNE II

Paroissez, Navarrois, Mores et Castillans,
Et tout ce que l'Espagne a nourri de vaillants, 1560
Unissez vous ensemble, et faites une armée,
Pour combattre une main de la sorte animée
Joignez tous vos efforts contre un espoir si doux,
Pour en venir à bout, c'est trop peu que de vous.

SCÈNE II

L'INFANTE

T'écouterai je encor, respect de ma naissance, 1565
    Qui fais un crime de mes feux ?
T'écouterai je, amour, dont la douce puissance
Contre ce fier tyran fait révolter mes vœux¹ ?
    Pauvre princesse, auquel des deux
    Dois-tu prêter obéissance ? 1570
Rodrigue, ta valeur te rend digne de moi,
Mais pour être vaillant, tu n'es pas fils de roi

Impitoyable sort, dont la rigueur sépare
    Ma gloire d'avec mes desirs !
Est-il dit que le choix d'une vertu si rare 1575
Coûte à ma passion de si grands deplaisirs ?
    O cieux à combien de soupirs
    Faut il que mon cœur se prepare
Si jamais il n'obtient sur un si long tourment²
Ni d'éteindre l'amour, ni d'accepter l'amant ! 1580

Mais c'est trop de scrupule et ma raison s'étonne³
    Du mépris d'un si digne choix
Bien qu'aux monarques seuls ma naissance me donne,
Rodrigue, avec honneur je vivrai sous tes lois
    Après avoir vaincu deux rois, 1585
    Pourrois-tu manquer de couronne ?
Et ce grand nom de Cid que tu viens de gagner
Ne fait il pas trop voir sur qui tu dois regner⁴ ?

---

1 *Var.* Contre ce fier tyran fait rebeller mes vœux ? (1637 60)
2 *Var.* S'il ne peut obtenir dessus mon sentiment (1637 56)
3 *Var.* Mais ma honte m'abuse, et ma raison s'étonne (1637 60)
4 *Var.* Marque t il pas déja sur qui tu dois régner ? (1637 56)

est digne de moi, mais il est à Chimene,
Le don que j'en ai fait me nuit 1590
Entre eux la mort d'un père a si peu mis de haine¹,
Que le devoir du sang a regret le poursuit
Ainsi n'espérons aucun fruit
De son crime, ni de ma peine,
Puisque pour me punir le destin a permis 1595
Que l'amour dure même entre deux ennemis,

SCÈNE III

L'INFANTE LÉONOR

L'INFANTE

Où viens-tu, Léonor?

LÉONOR

Vous applaudir, Madame²,
Sur le repos qu'enfin a retrouvé votre âme

L'INFANTE.

D'où viendroit ce repos dans un comble d'ennui?

LÉONOR

Si l'amour vit d'espoir et s'il meurt avec lui, 1600
Rodrigue ne peut plus charmer votre courage.
Vous savez le combat où Chimene l'engage
Puisqu'il faut qu'il y meure, ou qu'il soit son mari,
Votre espérance est morte, et votre esprit guéri.

L'INFANTE.

Ah qu'il s'en faut encor³

LÉONOR

Que pouvez vous pretendre? 1605

L'INFANTE

Mais plutôt quel espoir me pourrois-tu defendre?
Si Rodrigue combat sous ces conditions,
Pour en rompre l'effet, j'ai trop d'inventions
L'amour, ce doux auteur de mes cruels supplices,
Aux esprits des amants apprend trop d'artifices 1610

LÉONOR

Pourrez vous quelque chose, apres qu'un pere mort

1 *Var* Entre eux un père mort seme si peu de haine (1637 60)
2 *Var* Vous témoigner, Madame,
L aise que je ressens du repos de votre âme. (1637 56)
3 *Var* Oh qu il s'en faut encor (1637 56)

ACTE V SCÈNE III

N a pu dans leurs esprits allumer de discord ?
Car Chimene aisément montre par sa conduite
Que la haine aujourd hui ne fait pas sa poursuite
Elle obtient un combat, et pour son combattant   1615
C'est le premier offert qu'elle accepte à l instant
Elle n'a point recours a ces mains généreuses [1]
Que tant d exploits fameux rendent si glorieuses,
Don Sanche lui suffit, et mérite son choix [2],
Parce qu'il va s'armer pour la première fois.   1620
Elle aime en ce duel son peu d'expérience,
Comme il est sans renom, elle est sans défiance,
Et sa facilité vous doit bien faire voir [3]
Qu'elle cherche un combat qui force son devoir.
Qui livre a son Rodrigue une victoire aisée [4],   1625
Et l'autorise enfin à paroître apaisée

L'INFANTE

Je le remarque assez, et toutefois mon cœur,
A l'envi de Chimène, adore ce vainqueur
A quoi me resoudrai-je, amante infortunée ?

LEONOR

A vous mieux souvenir de qui vous êtes née [5]   1630
Le ciel vous doit un roi, vous aimez un sujet

L'INFANTE

Mon inclination a bien changé d objet.
Je n'aime plus Rodrigue, un simple gentilhomme,
Non, ce n'est plus ainsi que mon amour le nomme [6]
Si j'aime, c'est l'auteur de tant de beaux exploits,   1635
C'est le valeureux Cid, le maître de deux rois
   Je me vaincrai pourtant, non de peur d aucun blâme,
Mais pour ne troubler pas une si belle flamme,
Et quand pour m'obliger on l'auroit couronné,
Je ne veux point reprendre un bien que j ai donné.   1640
Puisqu'en un tel combat sa victoire est certaine,
Allons encore un coup le donner a Chimène
Et toi, qui vois les traits dont mon cœur est percé,
Viens me voir achever comme j'ai commencé.

---

1 *Var* Elle ne choisit point de ces mains généreuses. (1637-56)
2 *Var* Don Sanche lui suffit c'est la première fois
   Que ce jeune seigneur endosse le harnois. (1637 56)
3 *Var* Un tel choix et si prompt vous doit bien faire voir
                                               (1637 56)
4 *Var* Et livrant à Rodrigue une victoire aisée,
   Puisse l autoriser à paroître apaisée (1637 56)
5 *Var* A vous ressouvenir de qui vous etes nee. (1637 56)
6 *Var* Une ardeur bien plus digne à présent me consomme
                                                 (1637 44

SCENE IV

CHIMÈNE, ELVIRE

CHIMÈNE
Elvire, que je souffre, et que je suis à plaindre! 1645
Je ne sais qu'espérer, et je vois tout à craindre;
Aucun vœu ne m'échappe où j'ose consentir,
Je ne souhaite rien sans un prompt repentir[1].
A deux rivaux pour moi je fais prendre les armes.
Le plus heureux succès me coûtera des larmes; 1650
Et quoi qu'en ma faveur en ordonne le sort,
Mon père est sans vengeance, ou mon amant est mort.
ELVIRE.
D'un et d'autre côté je vous vois soulagée
Ou vous avez Rodrigue, ou vous êtes vengée,
Et quoi que le destin puisse ordonner de vous, 1655
Il soutient votre gloire, et vous donne un époux.
CHIMÈNE.
Quoi? l'objet de ma haine ou de tant de colère[2]
L'assassin de Rodrigue ou celui de mon père!
De tous les deux côtés on me donne un mari
Encor tout teint du sang que j'ai le plus chéri, 1660
De tous les deux côtés mon âme se rebelle
Je crains plus que la mort la fin de ma querelle.
Allez, vengeance, amour, qui troublez mes esprits,
Vous n'avez point pour moi de douceurs à ce prix,
Et toi, puissant moteur du destin qui m'outrage, 1665
Termine ce combat sans aucun avantage,
Sans faire aucun des deux ni vaincu, ni vainqueur.
ELVIRE
Ce seroit vous traiter avec trop de rigueur
Ce combat pour votre âme est un nouveau supplice,
S'il vous laisse obligée à demander justice, 1670
A témoigner toujours ce haut ressentiment,
Et poursuivre toujours la mort de votre amant.
Madame, il vaut bien mieux que sa rare vaillance[3],

1. *Var.* Et mes plus doux souhaits sont pleins d'un repentir
(1637-56)
2. *Var.* Quoi? l'objet de ma haine ou bien de ma colère
(1637-64)
3 *Var.* Non, non, il vaut bien mieux que sa rare vaillance,
Lui gagnant un laurier, vous impose silence. (1637 56)

ACTE V, SCÈNE IV.

Lui couronnant le front, vous impose silence ;
Que la loi du combat étouffe vos soupirs,　　　　　1675
Et que le Roi vous force à suivre vos desirs.

CHIMÈNE.

Quand il sera vainqueur, crois-tu que je me rende ?
Mon devoir est trop fort, et ma perte trop grande ;
Et ce n'est pas assez, pour leur faire la loi,
Que celle du combat et le vouloir du Roi　　　　　1680
Il peut vaincre don Sanche avec fort peu de peine
Mais non pas avec lui la gloire de Chimène ;
Et quoi qu'à sa victoire un monarque ait promis,
Mon honneur lui fera mille autres ennemis.

ELVIRE

Gardez, pour vous punir de cet orgueil étrange,　　1685
Que le ciel à la fin ne souffre qu'on vous venge.
Quoi ? vous voulez encor refuser le bonheur
De pouvoir maintenant vous taire avec honneur ?
Que prétend ce devoir, et qu'est ce qu'il espere ?
La mort de votre amant vous rendra-t elle un pere ?　1690
Est-ce trop peu pour vous que d'un coup de malheur ?
Faut il perte sur perte, et douleur sur douleur ?
Allez, dans le caprice où votre humeur s'obstine,
Vous ne méritez pas l'amant qu'on vous destine ;
Et nous verrons du ciel l'équitable courroux¹　　　1695
Vous laisser, par sa mort, don Sanche pour époux

CHIMÈNE.

Elvire c'est assez des peines que j'endure,
Ne les redouble point de ce funeste augure².
Je veux, si je le puis, les éviter tous deux ;
Sinon, en ce combat Rodrigue a tous mes vœux　　　1700
Non qu'une folle ardeur de son côté me penche ;
Mais s'il etoit vaincu, je serois à don Sanche
Cette apprehension fait naître mon souhait
Que vois je, malheureuse ? Elvire, c'en est fait.

---

1 *Var* Et le ciel, ennuyé de vous être si doux,
　　　Vous laira, par sa mort, don Sanche pour époux. (1637-44)
　Var. Et nous verrons le ciel, mû d'un juste courroux (1648-60)
2 *Var* Ne les redouble point par ce funeste augure (1637-68)

SCÈNE V

DON SANCHE, CHIMÈNE, ELVIRE

DON SANCHE
Oblige d'apporter a vos pieds cette épée¹.. 1705
CHIMÈNE
Quoi? du sang de Rodrigue encor toute trempée?
Perfide, oses tu bien te montrer a mes yeux,
Apres m'avoir ôte ce que j'aimois le mieux?
 Eclate, mon amour, tu n as plus rien a craindre
Mon pere est satisfait, cesse de te contraindre. 1710
Un même coup a mis ma gloire en sûrete,
Mon âme au desespoir, ma flamme en liberte
DON SANCHE
D un esprit plus rassis.
CHIMENE
 Tu me parles encore,
Execrable assassin d'un héros que j'adore²?
Va tu l'as pris en traître, un guerrier si vaillant 1715
N eût jamais succombé sous un tel assaillant³
N espere rien de moi, tu ne n as point servie
En croyant me venger, tu m'as ôte la vie
DON SANCHE
Etrange impression, qui loin de m'écouter ..
CHIMÈNE
Veux tu que de sa mort je t ecoute vanter, 1720

 1 *Var* Madame, a vos genoux j'apporte cette epee (1637 56)
 2 Comparez la scène III de l'acte V de l *Andromaque* de Racine, entre Oreste et Hermione
 3 *Var* [N eût jamais succombé sous un tel assaillant]
 ELV Mais, Madame ecoutez CHIM Que veux tu que j'ecoute?
Apres ce que je vois, puis je encore être en doute?
J'obtiens pour mon malheur ce que j ai demande,
Et ma juste poursuite a trop bien succede
Pardonne, cher amant, a sa rigueur sanglante,
Songe que je suis fille aussi bien comme amante.
Si j'ai vengé mon pere aux dépens de ton sang
Du mien pour te venger j'epuiserai mon flanc
Mon âme désormais n'a rien qui la retienne,
Elle ira recevoir ce pardon de la tienne
Et toi qui me pretends acquerir par sa mort
Ministre déloyal de mon rigoureux sort,
[N espere rien de moi, tu ne m'as point servie] (1637-56)

ACTE V, SCENE VI.

Que j'entende à loisir avec quelle insolence
Tu peindras son malheur, mon crime et ta vaillance[1] ?

SCÈNE VI

DON FERNAND, DON DIEGUE, DON ARIAS, DON SANCHE, DON ALONSE, CHIMENE, ELVIRE

CHIMENE

Sire, il n'est plus besoin de vous dissimuler
Ce que tous mes efforts ne vous ont pu celer
J'aimois, vous l'avez su, mais pour venger mon pere[2], 1725
J'ai bien voulu proscrire une tête si chere
Votre Majesté, Sire, elle-même a pu voir
Comme j'ai fait ceder mon amour au devoir
Enfin Rodrigue est mort, et sa mort m'a changée
D'implacable ennemie en amante affligée. 1730
J'ai dû cette vengeance à qui m'a mise au jour,
Et je dois maintenant ces pleurs à mon amour
Don Sanche m'a perdue en prenant ma défense,
Et du bras qui me perd je suis la récompense
Sire si la pitié peut emouvoir un roi, 1735
De grace, révoquez une si dure loi,
Pour prix d'une victoire où je perds ce que j'aime,
Je lui laisse mon bien, qu'il me laisse à moi même,
Qu'en un cloître sacré je pleure incessamment,
Jusqu'au dernier soupir, mon pere et mon amant 1740

DON DIEGUE.

Enfin elle aime Sire et ne croit plus un crime
D'avouer par sa bouche un amour[3] legitime

---

1 *Var* [Tu peindras son malheur, mon crime et ta vaillance?
Qu'a tes yeux ce récit tranche mes tristes jours?
Va, va je mourrai bien sans ce cruel secours,
Abandonne mon âme au mal qui la possede
Pour venger mon amant, je ne veux point qu'on m'aide
(1637 56)

Ces vers terminent la scene dans les editions indiquées

2 *Var* J'aimois, vous l'avez su, mais pour venger un pere
(1637 44 in 4°)

Var J'aimois, vous le savez, mais pour venger un pere
(1644 in 12)

3 Dans trois des plus anciens textes *une amour*, dans celui de 64, *un amant*

DON FERNAND.

Chimène, sors d'erreur, ton amant n'est pas mort,
Et don Sanche vaincu t'a fait un faux rapport.

DON SANCHE.

Sire, un peu trop d'ardeur malgré moi l'a déçue, 1745
Je venois du combat lui raconter l'issue.
Ce généreux guerrier, dont son cœur est charmé
« Ne crains rien, m'a-t-il dit, quand il m'a désarmé,
Je laisserois plutôt la victoire incertaine,
Que de répandre un sang hasardé pour Chimène; 1750
Mais puisque mon devoir m'appelle auprès du Roi,
Va de notre combat l'entretenir pour moi,
De la part du vainqueur lui porter ton épée¹. »
Sire, j'y suis venu : cet objet l'a trompée ;
Elle m'a cru vainqueur, me voyant de retour, 1755
Et soudain sa colère a trahi son amour
Avec tant de transport et tant d'impatience,
Que je n'ai pu gagner un moment d'audience.
Pour moi, bien que vaincu, je me répute heureux,
Et malgré l'intérêt de mon cœur amoureux, 1760
Perdant infiniment, j'aime encor ma défaite,
Qui fait le beau succès d'une amour si parfaite.

DON FERNAND.

Ma fille, il ne faut point rougir d'un si beau feu,
Ni chercher les moyens d'en faire un désaveu.
Une louable honte en vain t'en sollicite : 1765
Ta gloire est dégagée, et ton devoir est quitte ;
Ton père est satisfait, et c'étoit le venger
Que mettre tant de fois ton Rodrigue en danger.
Tu vois comme le ciel autrement en dispose.
Ayant tant fait pour lui, fais pour toi quelque chose, 1770
Et ne sois point rebelle à mon commandement,
Qui te donne un époux aimé si chèrement.

SCÈNE VII

DON FERNAND, DON DIEGUE, DON ARIAS, DON RODRIGUE,
DON ALONSE, DON SANCHE, L'INFANTE, CHIMÈNE, LÉONOR, ELVIRE.

L'INFANTE.

Sèche tes pleurs, Chimène, et reçois sans tristesse
Ce généreux vainqueur des mains de ta princesse.

---

1 *Var.* Offrir à ses genoux ta vie et ton épée (1637-56).

DON RODRIGUE.

Ne vous offensez point, Sire, si devant vous 1775
Un respect amoureux me jette à ses genoux.
　　Je ne viens point ici demander ma conquête
Je viens tout de nouveau vous apporter ma tête,
Madame, mon amour n'emploiera point pour moi
Ni la loi du combat, ni le vouloir du Roi. 1780
Si tout ce qui s'est fait est trop peu pour un père
Dites par quels moyens il vous faut satisfaire
Faut il combattre encor mille et mille rivaux,
Aux deux bouts de la terre étendre mes travaux,
Forcer moi seul un camp, mettre en fuite une armée 1785
Des héros fabuleux passer la renommée ?
Si mon crime par là se peut enfin laver,
J'ose tout entreprendre et puis tout achever,
Mais si ce fier honneur toujours inexorable,
Ne se peut apaiser sans la mort du coupable, 1790
N'armez plus contre moi le pouvoir des humains
Ma tête est à vos pieds, vengez-vous par vos mains,
Vos mains seules ont droit de vaincre un invincible,
Prenez une vengeance à tout autre impossible
Mais du moins que ma mort suffise à me punir 1795
Ne me bannissez point de votre souvenir,
Et puisque mon trépas conserve votre gloire,
Pour vous en revancher conserver ma mémoire,
Et dites quelquefois, en déplorant mon sort [1]
« S'il ne m'avoit aimée, il ne seroit pas mort » 1800

CHIMÈNE.

Relève toi, Rodrigue Il faut l'avouer, Sire,
Je vous en ai trop dit pour m'en pouvoir dédire [2]
Rodrigue a des vertus que je ne puis haïr,
Et quand un roi commande, on lui doit obéir [3]
Mais à quoi que déjà vous m'ayez condamnée 1805
Pourriez vous à vos yeux souffrir cet hymenée [4] °
Et quand de mon devoir vous voulez cet effort,
Toute votre justice en est elle d'accord ?

---

1 *Var* Et dites quelquefois, en songeant à mon sort (1637 (0)
2 *Var* Mon amour a paru, je ne m'en puis dédire (1637-56)
　Var e vous en ai trop dit pour oser m'en dédire (1660)
3 *Var* Et vous êtes mon roi, je vous dois obéir (1637 56)
4 *Var* Sire, quelle apparence à ce triste hymenée,
　Qu'un même jour commence et finisse mon deuil
　Mettre en mon lit Rodrigue et mon père au cercueil ?
　C'est trop d'intelligence avec son homicide
　Vers ses mânes sacrés c'est me rendre perfide,
　Et souiller mon honneur d'un reproche éternel (1637 56)

Si Rodrigue à l'Etat devient si necessaire,
De ce qu'il fait pour vous dois-je être le salaire, 1810
Et me livrer moi même au reproche eternel
D'avoir trempé mes mains dans le sang paternel?

DON FERNAND

Le temps assez souvent a rendu legitime
Ce qui sembloit d'abord ne se pouvoir sans crime
Rodrigue t'a gagnée, et tu dois être à lui 1815
Mais quoique sa valeur t'ait conquise aujourd'hui
Il faudroit que je fusse ennemi de ta gloire,
Pour lui donner sitôt le prix de sa victoire
Cet hymen différé ne rompt point une loi
Qui, sans marquer de temps, lui destine ta foi. 1820
Prends un an, si tu veux, pour essuyer tes larmes
Rodrigue cependant il faut prendre les armes
Après avoir vaincu les Mores sur nos bords,
Renversé leurs desseins, repousse leurs efforts
Va jusqu'en leur pays leur reporter la guerre 1825
Commander mon armée, et ravager leur terre
A ce nom seul de Cid ils trembleront d'effroi [1],
Ils t'ont nommé seigneur, et te voudront pour roi.
Mais parmi tes hauts faits sois-lui toujours fidèle :
Reviens en, s'il se peut, encor plus digne d'elle, 1830
Et par tes grands exploits fais toi si bien priser,
Qu'il lui soit glorieux alors de t'épouser.

DON RODRIGUE

Pour posseder Chimène, et pour votre service
Que peut-on m'ordonner que mon bras n'accomplisse?
Quoi qu'absent de ses yeux il me faille endurer, 1835
Sire ce m'est trop d'heur de pouvoir esperer

DON FERNAND

Espere en ton courage, espère en ma promesse,
Et possédant deja le cœur de ta maîtresse,
Pour vaincre un point d'honneur qui combat contre toi
Laisse faire le temps, ta vaillance et ton roi. 1840

. Var A ce seul nom de Cid ils trembleront d'effroi
(1637 in-4° et 59 60

FIN DU CINQUIÈME ET DERNIER ACTE

COMMENCEMENT DU CID

DANS LES ÉDITIONS DE 1637 1656

SCÈNE I
LE COMTE, ELVIRE

ELVIRE
Entre tous ces amants dont la jeune ferveur
Adore votre fille et brigue ma faveur,
Don Rodrigue et don Sanche, à l'envi, font paroître
Le beau feu qu'en leurs cœurs ses beautés ont fait naître
Ce n'est pas que Chimène écoute leurs soupirs,
Ou d'un regard propice anime leurs desirs
Au contraire pour tous dedans l'indifférence
Elle n'ôte à pas un, ni donne d'esperance,
Et sans les voir d'un œil trop sévère ou trop deux,
C'est de votre seul choix qu'elle attend un époux
LE COMTE.
[Elle est dans le devoir, tous deux sont dignes d'elle]

La suite comme dans notre texte, depuis le vers 25 jusqu'au vers 38

[Et ma fille, en un mot, peut l'aimer et me plaire.]
Va l'en entretenir, mais dans cet entretien,
Cache mon sentiment, et découvre le sien
Je veux qu'à mon retour nous en parlions ensemble,
L'heure à présent m'appelle au conseil qui s'assemble
Le Roi doit à son fils choisir un gouverneur,
Ou plutôt m'elever à ce haut rang d'honneur
Ce que pour lui mon bras chaque jour exécute
Me défend de penser qu'aucun me le dispute.

SCÈNE II
CHIMÈNE, ELVIRE

ELVIRE, seule.
Quelle douce nouvelle à ces jeunes amants!
Et que tout se dispose à leurs contentements!

CHIMÈNE
Eh bien ! Elvire, enfin que faut-il que j'espere ?
Que dois-je devenir ? et que t'a dit mon pere ?
ELVIRE
Deux mots dont tous vos sens doivent être charmés,
Il estime Rodrigue autant que vous l'aimez.
CHIMÈNE
L'excès de ce bonheur me met en défiance
Puis-je à de tels discours donner quelque croyance
ELVIRE
Il passe bien plus outre, il approuve vos feux,
Et vous doit commander de répondre à ses vœux
Jugez apres cela, puisque tantôt son pere
Au sortir du conseil doit proposer l'affaire
S'il pouvoit avoir lieu de mieux prendre son temps
Et si tous vos desirs seront bientôt contents.

EXAMEN DU *CID* PAR CORNEILLE [1]

Ce poëme a tant d'avantages du coté du sujet et des pensées brillantes dont il est semé, que la plupart de ses auditeurs n'ont pas voulu voir les défauts de sa conduite, et ont laissé enlever leurs suffrages au plaisir que leur a donné sa representation. Bien que ce soit celui de tous mes ouvrages reguliers où je me suis permis le plus de licence, il passe encore pour le plus beau auprès de ceux qui ne s'attachent pas à la derniere sévérité des regles, et depuis cinquante ans [2] qu'il tient sa place sur nos théâtres, l'histoire ni l'effort de l'imagination n'y ont rien fait voir qui en aye effacé l'eclat. Aussi a-t-il les deux grandes conditions que demande Aristote aux tragédies parfaites, et dont l'assemblage se rencontre si rarement chez les anciens ni chez les modernes, il les assemble même plus fortement et plus noblement que les especes que pose ce philosophe. Une maîtresse que son devoir force à pour

[1] Publié pour la première fois, comme tous les *Examens* de Corneille, dans l'edition de 1660

[2] Plus exactement quarante-six ans, de 1636 date de la première représentation, a 1682 date de l'édition dont nous savons le texte la derniere donnée par Corneille

suivre la mort de son amant, qu'elle tremble d'obtenir, a les passions plus vives et plus allumées que tout ce qui peut se passer
entre un mari et sa femme, une mère et son fils, un frère et sa
sœur, et la haute vertu dans un naturel sensible a ces passions,
qu'elle dompte sans les affoiblir, et à qui elle laisse toute leur force
pour en triompher plus glorieusement, a quelque chose de plus
touchant de plus élevé et de plus aimable que cette médiocre
bonté capable d'une foiblesse, et même d'un crime, ou nos an
ciens étoient contraints d'arrêter le caractère le plus parfait des
rois et des princes dont ils faisoient leurs héros, afin que ces
taches et ces forfaits, defigurant ce qu'ils leur laissoient de vertu,
s'accommodassent au goût et aux souhaits de leurs spectateurs,
et fortifiassent [1] l'horreur qu'ils avoient conçue de leur domination
et de la monarchie

Rodrigue suit ici son devoir sans rien relâcher de sa passion,
Chimene fait la même chose à son tour, sans laisser ebranler son
dessein par la douleur ou elle se voit abîmée par là [2], et si la
présence de son amant lui fait faire quelque faux pas c'est une
glissade dont elle se releve à l'heure même, et non seulement elle
connoît si bien sa faute qu'elle nous en avertit, mais elle fait un
prompt desaveu de tout ce qu'une vue si chère lui a pu arracher
Il n'est point besoin qu'on lui reproche qu'il lui est honteux de
souffrir l'entretien de son amant apres qu'il a tué son pere. elle
avoue que c'est la seule prise que la medisance aura sur elle Si
elle s'emporte jusqu'à lui dire qu'elle veut bien qu'on sache qu'elle
l'adore et le poursuit, ce n'est point une résolution si ferme,
qu'elle l'empêche de cacher son amour de tout son possible lors
qu'elle est en la présence du Roi S'il lui échappe de l'encourager
au combat contre don Sanche par ces paroles

Sors vainqueur d'un combat dont Chimene est le prix (v 1556)

elle ne se contente pas de s'enfuir de honte au même moment,
mais sitôt qu'elle est avec Elvire, à qui elle ne déguise rien de ce
qui se passe dans son ame, et que la vue de ce cher objet ne lui
fait plus de violence, elle forme un souhait plus raisonnable, qui
satisfait sa vertu et son amour tout ensemble, et demande au ciel
que le combat se termine

Sans faire aucun des deux ni vaincu ni vainqueur (v 1667)

Si elle ne dissimule point qu'elle penche du côté de Rodrigue, de
peur d'être à don Sanche pour qui elle a de l'aversion cela ne de
truit point la protestation qu'elle a faite un peu auparavant, que

---

[1] Par une étrange inadvertance, toutes les éditions publiées du vivant de
Corneille donnent le singulier s accommodast et fortifiast
[2] Var (edit. de 1660) par a douleur ou il l abîme

malgré la loi de ce combat, et les promesses que le Roi a faites à
Rodrigue, elle lui fera mille autres ennemis s'il en sort victo
rieux Ce grand eclat même qu elle laisse faire à son amour apres
qu elle le croit mort, est suivi d une opposition vigoureuse à l exé
cution de cette loi qui la donne à son amant, et elle ne se tait
qu'apres que le Roi l a différee, et lui a laisse lieu d'esperer qu'a
vec le temps il y pourra survenir quelque obstacle Je sais bien
que le silence passe d ordinaire pour une marque de consentement,
mais quand les rois parlent c'en est une de contradiction on ne
manque jamais à leur applaudir quand on entre dans leurs sen
timents, et le seul moyen de leur contredire avec le respect qui
leur est dû, c est de se taire, quand leurs ordres ne sont pas si
pressants qu'on ne puisse remettre à s excuser de leur obéir lors
que le temps en sera venu, et conserver cependant une espérance
legitime d'un empêchement, qu'on ne peut encore déterminément
prevoir.

Il est vrai que dans ce sujet il faut se contenter de tirer Ro
drigue de peril sans le pousser jusqu à son mariage avec Chimene.
Il est historique, et a plu en son temps, mais bien sûrement il de
plairoit au nôtre, et j'ai peine à voir que Chimène y consente chez
l'auteur espagnol, bien qu'il donne plus de trois ans de duree a la
comédie qu'il en a faite. Pour ne pas contredire l histoire, j'ai cru
ne me pouvoir dispenser d'en jeter quelque idée, mais avec in
certitude de l effet, et ce n'étoit que par là que je pouvois ac
corder la bienséance du theâtre avec la vérite de l evenement.

Les deux visites que Rodrigue fait à sa maîtresse [1] ont quelque
chose qui choque cette bienséance de la part de celle qui les
souffre, la rigueur du devoir vouloit qu elle refusât de lui parler
et s enfermât dans son cabinet, au lieu de l écouter, mais permet
tez moi de dire avec un des premiers esprits de notre siècle, « que
leur conversation est remplie de si beaux sentiments, que plusieurs
n'ont pas connu ce défaut, et que ceux qui l ont connu l'ont tolere »
J'irai plus outre, et dirai que tous presque ont souhaité que ces
entretiens se fissent, et j ai remarqué aux premieres representa
tions qu'alors que ce malheureux amant se presentoit devant elle
il s élevoit un certain fremissement dans l'assemblée, qui marquoit
une curiosité merveilleuse, et un redoublement d attention pour
ce qu'ils avoient à se dire dans un état si pitoyable Aristote dit
qu'il y a des absurdites qu il faut laisser dans un poême, quand on
peut espérer qu'elles seront bien reçues, et il est du devoir du
poete, en ce cas, de les couvrir de tant de brillants, qu'elles puis
sent éblouir [2]. Je laisse au jugement de mes auditeurs si je me
suis assez bien acquitté de ce devoir pour justifier par la ces deux
scènes Les pensées de la premiere des deux sont quelquefois trop

---

1 Voyez la scène iv de l acte III, et la scène i de l'acte V
2 Voyez la *Poétique* fin du chapitre xxv

spirituelles pour partir de personnes fort affligées, mais outre que je n'ai fait que la paraphraser de l'espagnol, si nous ne nous permettions quelque chose de plus ingénieux que le cours ordinaire de la passion, nos poëmes ramperoient souvent et les grandes douleurs ne mettroient dans la bouche de nos acteurs que des exclamations et des hélas. Pour ne déguiser rien cette offre que fait Rodrigue de son épée à Chimène et cette protestation de se laisser tuer par don Sanche, ne me plairoient pas maintenant. Ces beautés étoient de mise en ce temps là, et ne le seroient plus en celui ci. La première est dans l'original espagnol, et l'autre est tirée sur ce modèle. Toutes les deux ont fait leur effet en ma faveur, mais je ferois scrupule d'en étaler de pareilles à l'avenir sur notre théâtre.

J'ai dit ailleurs ma pensée touchant l'Infante et le Roi[1], il reste néanmoins quelque chose à examiner sur la manière dont ce dernier agit, qui ne paroît pas assez vigoureuse, en ce qu'il ne fait pas arrêter le Comte après le soufflet donné, et n'envoie pas des gardes à don Diègue et à son fils. Sur quoi on peut considérer que don Fernand étant le premier roi de Castille, et ceux qui en avoient été maîtres auparavant lui n'ayant eu titre que de comtes, il n'étoit peut être pas assez absolu sur les grands seigneurs de son royaume pour le pouvoir faire. Chez don Guillen de Castro, qui a traité ce sujet avant moi, et qui devoit mieux connoître que moi quelle étoit l'autorité de ce premier monarque de son pays, le soufflet se donne en sa présence et en celle de deux ministres d'État, qui lui conseillent, après que le Comte s'est retiré fièrement et avec bravade, et que don Diègue a fait la même chose en soupirant de ne le pousser point à bout, parce qu'il a quantité d'amis dans les Asturies qui se pourroient révolter et prendre parti avec les Maures dont son État est environné. Ainsi il se résout d'accommoder l'affaire sans bruit, et recommande le secret à ces deux ministres, qui ont été seuls témoins de l'action. C'est sur cet exemple que je me suis cru bien fondé à le faire agir plus mollement qu'on ne le feroit en ce temps-ci, où l'autorité royale est plus absolue. Je ne pense pas non plus qu'il fasse une faute bien grande de ne jeter point[2] l'alarme de nuit dans sa ville, sur l'avis incertain qu'il a du dessein des Maures, puisqu'on faisoit bonne garde sur les murs et sur le port, mais il est inexcusable de n'y donner aucun ordre après leur arrivée, et de laisser tout faire à Rodrigue. La loi

1. Corneille a remarqué, dans le *Discours du Poëme dramatique*, que l'amour de l'Infante est un épisode détaché, et dans l'*Examen de Clitandre*, que don Fernand agit seulement en qualité de juge et que ce roi « remplit assez mal la dignité d'un si grand titre ». Il revient encore sur ces deux personnages dans l'*Examen d'Horace*.

2. VAR. (édit. de 1660-1665). Je ne pense pas non plus qu'il manque beaucoup à ne jeter point, etc.

du combat qu'il propose à Chimène avant que de le permettre à don Sanche contre Rodrigue, n'est pas si injuste que quelques uns ont voulu le dire parce qu'elle est plutôt une menace pour la faire dédire de la demande de ce combat qu'un arrêt qu'il lui veuille faire executer. Cela paroit en ce qu'après la victoire de Rodrigue il n'en exige pas précisément l'effet de sa parole, et la laisse en etat d'espérer que cette condition n'aura point de lieu.

Je ne puis dénier que la règle des vingt et quatre heures [1] presse trop les incidents de cette piece. La mort du Comte et l'arrivée des Maures s'y pouvoient entresuivre d'aussi près qu'elles font, parce que cette arrivée est une surprise qui n'a point de communication, ni de mesures à prendre avec le reste ; mais il n'en va pas ainsi du combat de don Sanche dont le Roi etoit le maitre, et pouvoit lui choisir un autre temps que deux heures apres la fuite des Maures. Leur défaite avoit assez fatigué Rodrigue toute la nuit pour mériter deux ou trois jours de repos, et même il y avoit quelque apparence qu'il n'en étoit pas échappé sans blessures, quoique je n'en aye rien dit, parce qu'elles n'auroient fait que nuire à la conclusion de l'action.

Cette même règle presse aussi trop Chimène de demander justice au Roi la seconde fois. Elle l'avoit fait le soir d'auparavant et n'avoit aucun sujet d'y retourner le lendemain matin pour en importuner le Roi, dont elle n'avoit encore aucun lieu de se plaindre, puisqu'elle ne pouvoit encore dire qu'il lui eût manqué de promesse. Le roman lui auroit donné sept ou huit jours de patience avant que de l'en presser de nouveau ; mais les vingt et quatre heures ne l'ont pas permis : c'est l'incommodité de la règle.

Passons à celle de l'unité de lieu qui ne m'a pas donné moins de gêne en cette piece. Je l'ai placé dans Séville bien que don Fernand n'en aye jamais été le maitre, et j'ai été obligé à cette falsification, pour former quelque vraisemblance à la descente des Maures dont l'armée ne pouvoit venir si vite par terre que par eau. Je ne voudrois pas assurer toutefois que le flux de la mer monte effectivement jusque-là [2], mais comme dans notre Seine il fait encore plus de chemin qu'il ne lui en faut faire sur le Guadalquivir pour battre les murailles de cette ville, cela peut suffire à fonder quelque probabilité parmi nous pour ceux qui n'ont point été sur le lieu même.

Cette arrivée des Maures ne laisse pas d'avoir ce défaut, que j'ai marqué ailleurs [3] qu'ils se presentent d'eux mêmes, sans être ap

---

1. Dans l'édition de 1660. « vingt quatre heures, » ici et à la fin de l'alinéa suivant.

2 Corneille auroit pu l'assurer. Madoz dit dans son *Dictionnaire géographique et historique* (Madrid 1847, tome IX, p. 22) que le flux se fait sentir jusqu'à dix ou douze lieues au dessus de Séville.

3 Dans le *Discours du Poëme dramatique*.

pelés dans la pièce, directement ni indirectement, par aucun acteur du premier acte. Ils ont plus de justesse dans l'irrégularité de l'auteur espagnol. Rodrigue n'osant plus se montrer à la cour, les va combattre sur la frontière ; et ainsi le premier acteur les va chercher et leur donne place dans le poëme, au contraire de ce qui arrive ici où ils semblent se venir faire de fête exprès pour en être battus, et lui donner moyen de rendre à son roi un service d'importance, qui lui fasse obtenir sa grâce. C'est une seconde incommodité de la règle dans cette tragedie.

Tout s'y passe donc dans Séville, et garde ainsi quelque espèce d'unité de lieu en général ; mais le lieu particulier change de scène en scène, et tantôt c'est le palais du Roi, tantôt l'appartement de l'Infante, tantôt la maison de Chimène et tantôt une rue ou place publique. On le détermine aisément pour les scènes détachées ; mais pour celles qui ont leur liaison ensemble, comme les quatre dernières du premier acte, il est malaisé d'en choisir un qui convienne à toutes.¹ Le Comte et don Diègue se querellent au sortir du palais ; cela se peut passer dans une rue ; mais après le soufflet reçu, don Diègue ne peut pas demeurer en cette rue à faire ses plaintes, attendant que son fils survienne, qu'il ne soit tout aussitôt environné de peuple, et ne reçoive l'offre de quelques amis. Ainsi il seroit plus à propos qu'il se plaignît dans sa maison, où le met l'Espagnol, pour laisser aller ses sentiments en liberté ; mais en ce cas il faudroit délier les scènes comme il a fait. En l'état où elles sont ici, on peut dire qu'il faut quelquefois aider au théâtre et suppléer favorablement ce qui ne s'y peut représenter. Deux personnes s'y arrêtent pour parler, et quelquefois il faut présumer qu'ils marchent, ce qu'on ne peut exposer sensiblement à la vue parce qu'ils échapperoient aux yeux avant que d'avoir pu dire ce qu'il est nécessaire qu'ils fassent savoir à l'auditeur. Ainsi, par une fiction de théâtre, on peut s'imaginer que don Diègue et le Comte, sortant du palais du Roi, avancent toujours en se querellant, et sont arrivés devant la maison de ce premier lorsqu'il reçoit le soufflet qui l'oblige à y entrer pour y chercher du secours. Si cette fiction poétique ne vous satisfait point, laissons le dans la place publique, et disons que le concours du peuple autour de lui après cette offense, et les offres de service que lui font les premiers amis qui s'y rencontrent, sont des circonstances que le roman ne doit pas oublier, mais que ces menues actions ne servant de rien à la principale, il n'est pas besoin que le poète s'en embarrasse sur la scène. Horace l'en dispense par ces vers :

  Hoc amet, hoc spernat promissi carminis auctor
 Pleraque negligat.²

---

1. Aujourd'hui, au Théâtre français on change les décorations.
2. Corneille cite de mémoire. Le vrai texte du passage est :
  Pleraque differat et præsens in tempus omittat.

et ailleurs:
> Semper ad eventum festinet

C'est ce qui m'a fait négliger, au troisième acte de donner à don Diègue pour aide à chercher son fils, aucun des cinq cents amis qu'il avoit chez lui. Il y a grande apparence que quelques uns d'eux l'y accompagnoient, et même que quelques autres le cherchoient pour lui d'un autre côté, mais ces accompagnements inutiles de personnes qui n'ont rien à dire, puisque celui qu'ils accompagnent a seul tout l'intérêt à l'action ces sortes d'accompagnements, dis-je, ont toujours mauvaise grâce au théâtre, et d'autant plus que les comédiens n'emploient à ces personnages muets que leurs moucheurs de chandelles et leurs valets qui ne savent quelle posture tenir.

Les funérailles du Comte étoient encore une chose fort embarrassante, soit qu'elles se soient faites avant la fin de la pièce, soit que le corps aye demeuré en présence dans son hôtel attendant qu'on y donnât ordre. Le moindre mot que j'en eusse laissé dire, pour en prendre soin, eût rompu toute la chaleur de l'attention, et rempli l'auditeur d'une fâcheuse idée. J'ai cru plus à propos de les dérober à son imagination par mon silence, aussi bien que le lieu précis de ces quatre scènes du premier acte dont je viens de parler, et je m'assure que cet artifice m'a si bien réussi, que peu de personnes ont pris garde à l'un ni à l'autre, et que la plupart des spectateurs laissant emporter leurs esprits à ce qu'ils ont vu et entendu de pathétique en ce poème ne se sont point avisés de réfléchir sur ces deux considérations.

J'achève par une remarque sur ce que dit Horace, que ce qu'on expose à la vue touche bien plus que ce qu'on n'apprend que par un récit[1].

C'est sur quoi je me suis fondé pour faire voir le soufflet que reçoit don Diègue, et cacher aux yeux la mort du Comte, afin d'acquérir et conserver à mon premier acteur l'amitié des auditeurs, si nécessaire pour réussir au théâtre. L'indignité d'un affront fait à un vieillard, chargé d'années et de victoires, les jette aisément dans le parti de l'offensé, et cette mort, qu'on vient dire au Roi tout simplement sans aucune narration touchante, n'excite point en eux la commisération qu'y eût fait naître le spectacle de son sang, et ne leur donne aucune aversion pour ce malheureux amant qu'ils ont vu forcé par ce qu'il devoit à son honneur d'en venir à cette extrémité malgré l'intérêt et la tendresse de son amour.

> Hoc amet, hoc spernat promissi carminis auctor

Art poétique, v. 44 et 45.) A la citation suivante, le verbe est à l'indicatif dans Horace (v. 148).

1. Segnius irritant animos demissa per aurem
Quam quæ sunt oculis subjecta fidelibus
(*Art poétique* v. 180 et 181.)

HORACE

TRAGEDIE DE P. CORNEILLE

REPRÉSENTÉE POUR LA PREMIÈRE FOIS AU COMMENCEMENT DE 1640
ET PUBLIÉE EN JANVIER 1641

Le sujet des *Horaces*, qu'entreprit Corneille après celui du *Cid* était bien moins heureux et bien plus difficile à manier. Il ne s'agit que d'un combat, d'un événement très simple, qu'à la vérité le nom de Rome a rendu fameux, mais dont il semble impossible de tirer une fable dramatique. C'est aussi de tous les ouvrages de Corneille celui où il a dû le plus à son seul génie. Ni les anciens, ni les modernes ne lui ont rien fourni : tout est de création. Les trois premiers actes, pris séparément, sont peut être ce qu'il a fait de plus sublime, et en même temps c'est là qu'il a mis le plus d'art.

LAHARPE, *Cours de littérature*

ÉPITRE DE CORNEILLE

A MONSEIGNEUR

LE CARDINAL DUC DE RICHELIEU [1]

Monseigneur,

Je n'aurois jamais eu la témérité de présenter à Votre Éminence ce mauvais portrait d'Horace, si je n'eusse considéré qu'après tant de bienfaits que j'ai reçus d'elle, le silence où mon respect m'a retenu jusqu'à présent passeroit pour ingratitude, et que quelque juste défiance que j'aye de mon travail, je dois avoir encore plus de confiance en votre bonté. C'est d'elle que je tiens tout ce que je suis, et ce n'est pas sans rougir que pour toute reconnoissance, je vous fais un présent si peu digne de vous, et si peu proportionné à ce que je vous dois. Mais, dans cette confusion, qui m'est commune avec tous ceux qui écrivent, j'ai cet avantage qu'on ne peut, sans quelque injustice, condamner mon choix, et que ce genereux Romain, que je mets aux pieds de V. É., eût pu paroître devant elle avec moins de honte, si les forces de l'artisan eussent repondu à la dignité de la matière. J'en ai pour garant l'auteur dont je l'ai tirée, qui commence à décrire cette fameuse histoire par ce glorieux éloge : « qu'il n'y a presque aucune chose plus noble dans toute l'antiquité [2]. » Je voudrois que ce qu'il a dit de l'action se pût dire de la peinture que j'en ai faite, non pour en tirer plus de vanité, mais seulement pour vous offrir quelque chose un peu moins indigne de vous être offert. Le sujet étoit capable de plus de graces, s'il eût été traité d'une main plus savante, mais au moins il a reçu de la mienne toutes celles qu'elle étoit capable de lui donner, et qu'on pouvoit raisonnablement attendre d'une muse de province [3], qui n'étant pas assez heureuse pour jouir souvent des regards de V. E., n'a pas les mêmes lumières à se conduire qu'ont celles qui en sont continuellement éclairées. Et certes, Monseigneur, ce chan-

---

[1] Cette épître dédicatoire ne se trouve que dans les éditions de 1641 1656.
[2] *Nec ferme res antiqua alia est nobilior* (Tite Live, livre I, chap. XXIV.)
[3] A cette époque, Corneille habitait encore Rouen ; ce ne fut qu'en 1662 qu'il vint s'établir à Paris.

gement visible qu'on remarque en mes ouvrages depuis que j'ai l'honneur d'être à V. É.[1], qu'est-ce autre chose qu'un effet des grandes idées qu'elle m'inspire quand elle daigne souffrir que je lui rende mes devoirs ? et à quoi peut-on attribuer ce qui s'y mêle de mauvais, qu'aux teintures grossières que je reprends quand je demeure abandonné à ma propre foiblesse ? Il faut, MONSEIGNEUR, que tous ceux qui donnent leurs veilles au théâtre publient hautement avec moi que nous vous avons deux obligations très signalées : l'une, d'avoir ennobli le but de l'art, l'autre, de nous en avoir facilité les connoissances. Vous avez ennobli le but de l'art, puisqu'au lieu de celui de plaire au peuple que nous prescrivent nos maîtres, et dont les deux plus honnêtes gens de leur siècle, Scipion et Lælie, ont autrefois protesté de se contenter[2], vous nous avez donné celui de vous plaire et de vous divertir, et qu'ainsi nous ne rendons pas un petit service à l'État, puisque, contribuant à vos divertissements, nous contribuons à l'entretien d'une santé qui lui est si précieuse et si nécessaire. Vous nous en avez facilité les connoissances, puisque nous n'avons plus besoin d'autre étude pour les acquérir que d'attacher nos yeux sur V. É., quand elle honore de sa présence et de son attention le récit de nos poèmes. C'est là que, lisant sur son visage ce qui lui plaît et ce qui ne lui plaît pas, nous nous instruisons avec certitude de ce qui est bon et de ce qui est mauvais, et tirons des règles infaillibles de ce qu'il faut suivre et de ce qu'il faut éviter ; c'est là que j'ai souvent appris en deux heures ce que mes livres n'eussent pu m'apprendre en dix ans ; c'est là que j'ai puisé ce qui m'a valu l'applaudissement du public ; et c'est là qu'avec votre faveur j'espère puiser assez pour être un jour une œuvre digne de vos mains. Ne trouvez donc pas mauvais, MONSEIGNEUR, que, pour vous remercier de ce que j'ai de réputation dont je vous suis entièrement redevable, j'emprunte quatre vers d'un autre Horace que celui que je vous présente, et

---

1. « Le cardinal de Richelieu faisait au grand Corneille, dit Voltaire, une pension de cinq cents écus, non pas au nom du Roi, mais de ses propres deniers. Cependant une pension de cinq cents écus que le grand Corneille fut réduit à recevoir, ne paraît pas un titre suffisant pour qu'il dit : *J'ai l'honneur d'être à V. É.* »

2. Allusion aux premiers vers du prologue de l'*Andrienne* :

Poeta quum primum animum ad scribendum appulit
Id sibi negoti credidit solum dari,
Populo ut placerent quas fecisset fabulas

« Lorsque notre poète se décida à écrire, il crut que sa seule tâche serait de faire que ses pièces plussent au peuple. » On sait que Scipion et Lélius passaient pour être les collaborateurs de Térence et même aux yeux de quelques-uns, pour les auteurs de ses comédies. Voilà pourquoi Corneille leur prête ici ce que Térence dit en son propre nom.

que je vous exprime par eux les plus véritables sentiments de mon âme

> Totum muneris hoc tui est,
> Quod monstror digito prætereuntium,
> Scenæ non levis artifex
> Quod spiro et placeo, si placeo, tuum est [1]

Je n'ajouterai qu'une vérité à celle-ci en vous suppliant de croire que je suis et serai toute ma vie, très passionnement,

MONSEIGNEUR,

De V É

Le très-humble, très-obéissant,

et très-fidèle serviteur,

CORNEILLE.

[1] « C'est par ta faveur uniquement (*Horace parle à la Muse*) que les passants me montrent du doigt *comme donnant au théâtre des œuvres qui ont leur prix*. Que je respire et que je plaise (si vraiment je plais), c'est à toi que je le dois » (Livre IV ode III vers 21-24.) Dans Horace le troisième vers est :

Romanæ fidicen lyræ

EXTRAIT DE TITE LIVE [1]

(XXIII). Bellum utrinque summa ope parabatur, civili simillimum bello, prope inter parentes natosque Trojanam utramque prolem, quum Lavinium ab Troja, ab Lavinio Alba, ab Albanorum stirpe regum oriundi Romani essent. Eventus tamen belli minus miserabilem dimicationem fecit, quod nec acie certatum est, et tectis modo dirutis alterius urbis, duo populi in unum confusi sunt. Albani priores ingenti exercitu in agrum romanum impetum fecere. Castra ab urbe haud plus quinque millia passuum locant, fossa circumdant: fossa Cluilia ab nomine ducis per aliquot secula appellata est, donec cum re nomen quoque vetustate abolevit. In his castris Cluilius albanus rex moritur, dictatorem Albani Metium Suffetium creant. Interim Tullus ferox, præcipue morte regis magnumque Deorum numen, ab ipso capite orsum, in omne nomen albanum expetiturum pœnas ob bellum impium dictitans, nocte, præteritis hostium castris, mæsto exercitu in agrum albanum pergit. Ea res ab stativis excivit Metium; ducit quam proxime ad hostem potest, inde legatum præmissum nuntiare Tullo jubet, priusquam dimicent, opus esse colloquio: si secum congressus sit, satis scire ea se allaturum quæ nihilo minus ad rem romanam quam ad albanam pertineant. Haud aspernatus Tullus, tametsi vana afferrentur, suos in aciem educit, exeunt contra et Albani. Postquam instructi utrinque stabant, cum paucis procerum in medium duces procedunt. Ibi infit Albanus injurias et non redditas res ex fœdere quæ repetitæ sint et « Ego regem nostrum Cluilium causam hujusce esse belli audisse videor, nec te dubito, Tulle eadem præ te ferre. Sed si vera potius quam dictu speciosa dicenda sunt, cupido imperii duos cognatos vicinosque populos ad arma stimulat, neque recte an perperam interpretor fuerit ista ejus deliberatio qui bellum suscepit, me Albani gerendo bello ducem creavere. Illud te, Tullum monitum velim : etrusca res quanta circa nos teque maxime sit quo propior es Volscis hoc magis scis, multum illi terra, plurimum mari pollent. Memor esto, jam quum signum pugnæ dabis, has duas acies spectaculo fore, ut fessos confectosque,

[1] Livre I, chap. XXIII-XXVI. — Cet extrait de Tite Live a été placé par Corneille en tête de sa pièce que dans les recueils de 1648-1656. Nous reproduisons son texte bien qu'il contienne mainte leçon rejetée depuis, entre autres vers la fin de cette première page l'inintelligible *Volscis* pour *Etruscis*. On peut s'étonner qu'il n'ait pas suivi l'édition fort améliorée de son contemporain Gruter, dont le *Tite Live* publié en 1608 avait été réimprimé en 1619 et en 1628.

simul victorem ac victum aggrediantur Itaque, si nos Dii amant, quoniam non contenti libertate certa, in dubiam imperii servitiique aleam imus, ineamus aliquam viam qua utri utris imperent, sine magna clade, sine multo sanguine utriusque populi decerni possit » Haud displicet res Tullo, quamquam tum indole animi tum spe victoriæ ferocior erat. Quærentibus utrinque ratio initur cui et fortuna ipsa præbuit materiam

(XXIV) Forte in duobus tum exercitibus erant tergemini fratres nec ætate nec viribus dispares. Horatios Curiatiosque fuisse satis constat, NEC FERME RES ANTIQUA ALIA EST NOBILIOR, tamen in re tam clara nominum error manet, utrius populi Horatii, utrius Curiatii fuerint Auctores utroque trahunt, plures tamen invenio, qui Romanos Horatios vocent hos ut sequar inclinat animus Cum tergeminis agunt reges, ut pro sua quisque patria dimicent ferro ibi imperium fore, unde victoria fuerit Nihil recusatur tempus et locus convenit Priusquam dimicarent, fœdus ictum inter Romanos et Albanos est his legibus ut cujus populi cives eo certamine vicissent is alteri populo cum bona pace imperitaret

(XXV) Fœdere icto, tergemini, sicut convenerat, arma capiunt Quum sui utrosque adhortarentur, Deos patrios, patriam ac parentes, quidquid civium domi, quidquid in exercitu sit, illorum tunc arma, illorum intueri manus, feroces et suopte ingenio et pleni adhortantium vocibus, in medium inter duas acies procedunt Consederant utrinque pro castris duo exercitus, periculi magis præsentis quam curæ expertes· quippe imperium agebatur in tam paucorum virtute atque fortuna positum. Itaque erecti suspensique in minime gratum spectaculum animo intenduntur Datur signum infestisque armis velut acies, terni juvenes, magnorum exercituum animos gerentes, concurrunt Nec his, nec illis periculum suum sed publicum imperium servitiumque obversatur animo futuraque ea deinde patriæ fortuna quam ipsi fecissent Ut primo statim concursu increpuere arma, micantesque fulsere gladii, horror ingens spectantes perstringit, et neutro inclinata spe torpebat vox spiritusque Consertis deinde manibus quum jam non motus tantum corporum, agitatioque anceps telorum armorumque sed vulnera quoque et sanguis spectaculo essent, duo Romani, super alium alius, vulneratis tribus Albanis, exspirantes corruerunt Ad quorum casum quum clamasset gaudio albanus exercitus romanas legiones jam spes tota, nondum tamen cura deseruerat, exanimes vice unius, quem tres Curiatii circumsteterant Forte is integer fuit, ut universis solus nequaquam par, sic adversus singulos ferox Ergo, ut segregaret pugnam eorum, capessit fugam, ita ratus secuturos ut quemque vulnere affectum corpus sineret Jam aliquantum spatii ex eo loco ubi pugnatum est aufugerat, quum respiciens videt magnis intervallis sequentes, unum haud procul ab sese abesse In eum magno impetu rediit; et dum albanus exercitus inclamat Cu riatiis, uti opem ferant fratri, jam Horatius, cæso hoste victor, secundam pugnam petebat Tunc clamore, qualis ex insperato faventium solet, Romani adjuvant militem suum, et ille defungi prœlio festinat Prius itaque quam alter, qui nec procul aberat, consequi posset, et alterum Curiatium conficit Jamque, æquato Marte, singuli supererant, sed nec spe, nec viribus pares . alterum intactum erro corpus, et geminata victoria ferocem in certamen tertium d bant, alter fessum vulnere fessum cursu trahens corpus, victus que fratrum ante se strage, victori objicitur hosti Nec illud prœlium fuit Romanus exsultans . « Duos, inquit, fratrum manibus dedi, teitium causæ belli hujusce, ut Romanus Albano imperet, dabo. » Male sustinenti arma gladium superne jugulo defigit, jacen tem spoliat Romani ovantes ac gratulantes Horatium accipiunt eo majore cum gaudio, quo propius metum res fuerat Ad sepulturam inde suorum nequaquam paribus animis vertuntur quippe impe rio alteri aucti, alteri ditionis alienæ facti Sepulcra exstant, quo quisque loco cecidit duo romana uno loco propius Albam, tria albana Romam versus, sed distantia locis, et ut pugnatum est.

(XXVI) Priusquam inde digrederentur, roganti Metio ex fœdere icto quid imperaret imperat Tullus uti juventutem in armis ha beat usurum se eoium opera, si bellum cum Veientibus foret. Ita exercitus inde domos abducti. Princeps Horatius ibat tergemina spolia præ se gerens cui soror virgo, quæ desponsata uni ex Curiatiis fuerat, obviam ante portam Capenam fuit, cognitoque super humeros fratris paludamento sponsi quod ipsa confecerat, solvit crines et flebiliter nomine sponsum mortuum appellat Movet feroci juveni animum comploratio sororis in victoria sua tantoque gaudio publico. Stricto itaque gladio, simul verbis increpans, transfigit puellam. « Abi hinc cum immaturo amore ad sponsum, inquit, oblita fratrum mortuorum vivique, oblita patriæ. Sic eat quæcumque Romana lugebit hostem. » Atrox visum id facinus patribus plebique, sed recens meritum facto obstabat tamen raptus in jus ad Regem Rex, ne ipse tam tristis ingratique ad vulgus judicii aut secundum judicium supplicii auctor esset, concilio populi advocato « Duumviros, inquit, qui Horatio perduellionem judicent secundum legem, facio » Lex horrendi carminis erat . « Duumviri perduellionem judicent. Si a duumviris provocarit, provocatione certato, si vincent, caput obnubito, infelici arbori reste suspendito, verberato, vel intra pomœrium, vel extra pomœrium. » Hac lege duumviri creati, qui se absolvere non rebantur ea lege, ne innoxium quidem, posse. Quum condemnassent, tum alter ex his « P. Horati tibi perduellionem judico, inquit I, lictor, colliga manus. » Accesserat lictor injiciebatque laqueum, tum Horatius, auctore Tullo, clemente legis interprete « Provoco, » inquit. Ita de provocatione certatum ad populum est Moti homines sunt in eo judicio, maxime P. Horatio patre proclamante se filiam jure cæsam judicare ni ita esset, patrio jure in filium animadversurum fuisse. Orabat deinde ne se, quem paulo ante cum egregia stirpe conspexissent orbum liberis facerent. Inter hæc senex juvenem amplexus, spolia Curiatiorum fixa eo loco qui nunc Pila Horatia appellatur ostentans : « Hunccine, aiebat quem modo decoratum ovantemque victoria incedentem vidistis, Quirites, eum sub furca vinctum inter verbera et cruciatus videre potestis? quod vix Albanorum oculi tam deforme spectaculum ferre possent. I, lictor, colliga manus, quæ paulo ante armatæ imperium populo romano pepererunt. I caput obnube liberatoris urbis hujus, arbori infelici suspende, verbera, vel intra pomœrium, modo inter illam pilam et spolia hostium, vel extra pomœrium, modo inter sepulcra Curiatiorum. Quo enim ducere hunc juvenem potestis, ubi non sua decora eum a tanta fœditate supplicii vindicent? » Non tulit populus nec patris lacrimas, nec ipsius parem in omni periculo animum, absolveruntque admiratione magis virtutis quam jure causæ. Itaque, ut cædes manifesta aliquo tamen piaculo lueretur, imperatum patri ut filium expiaret pecunia publica. Is, quibusdam piacularibus sacrificiis factis quæ deinde genti Horatiæ tradita sunt, transmisso per viam tigillo capite adoperto velut sub jugum misit juvenem. Id hodie quoque publice semper refectum manet sororium tigillum vocant. Horatiæ sepulcrum, quo loco corruerat icta constructum est saxo quadrato.

ACTEURS

TULLE, roi de Rome
LE VIEIL HORACE chevalier romain
HORACE, son fils
CURIACE, gentilhomme d'Albe, amant de Camille.
VALÈRE, chevalier romain, amoureux de Camille.
SABINE, femme d'Horace et sœur de Curiace.
CAMILLE, amante de Curiace et sœur d'Horace
JULIE, dame romaine, confidente de Sabine et de Camille
FLAVIAN, soldat de l'armée d'Albe
PROCULE, soldat de l'armée de Rome

La scène est à Rome, dans une salle de la maison d'Horace

1 Voyez ci-après p 161.

HORACE[1]

TRAGÉDIE

ACTE PREMIER

SCÈNE I

SABINE, JULIE

SABINE
Approuvez ma foiblesse, et souffrez ma douleur ;
Elle n'est que trop juste en un si grand malheur.
Si près de voir sur soi fondre de tels orages,
L'ébranlement sied bien aux plus fermes courages,
Et l'esprit le plus mâle et le moins abattu   5
Ne sauroit sans desordre exercer sa vertu.
Quoique le mien s'étonne à ces rudes alarmes,
Le trouble de mon cœur ne peut rien sur mes larmes,
Et parmi les soupirs qu'il pousse vers les cieux,
Ma constance du moins regne encor sur mes yeux   10
Quand on arrête là les deplaisirs d'une âme,
Si l'on fait moins qu'un homme, on fait plus qu'une femme.
Commander à ses pleurs en cette extrémité,
C'est montrer, pour le sexe, assez de fermeté.

JULIE.
C'en est peut être assez pour une âme commune[2],   15

---

1 Et non *les Horaces*, comme on dit souvent. Des 1640, Chapelain dans une lettre à Balzac du 17 novembre, désigne la pièce par le pluriel. Voyez aussi l'extrait de La Harpe, ci-dessus p. 92.
2 *Var.* C'en est assez et trop pour une âme commune (1641-56)

Qui du moindre péril se fait une infortune[1],
Mais de cette foiblesse un grand cœur est honteux[2],
Il ose esperer tout dans un succès douteux.
Les deux camps sont rangés au pied de nos murailles;
Mais Rome ignore encor comme on perd des batailles   20
Loin de trembler pour elle, il lui faut applaudir
Puisqu'elle va combattre, elle va s'agrandir.
Bannissez, bannissez une frayeur si vaine,
Et concevez des vœux dignes d'une Romaine

SABINE

Je suis Romaine, hélas puisqu'Horace est Romain[3]   25
J'en ai reçu le titre en recevant sa main,
Mais ce nœud me tiendroit en esclave enchaînée,
S'il m'empêchoit de voir en quels lieux je suis née
Albe, ou j'ai commencé de respirer le jour,
Albe, mon cher pays, et mon premier amour,   30
Lorsqu'entre nous et toi je vois la guerre ouverte[4],
Je crains notre victoire autant que notre perte.
   Rome, si tu te plains que c'est la te trahir,
Fais toi des ennemis que je puisse haïr[5]
Quand je vois de tes murs leur armée et la nôtre,   35
Mes trois frères dans l'une, et mon mari dans l'autre,
Puis je former des vœux, et sans impiété
Importuner le ciel pour ta félicité?
Je sais que ton Etat, encore en sa naissance
Ne sauroit, sans la guerre, affermir sa puissance,   40
Je sais qu'il doit s'accroître, et que tes grands destins[6]
Ne le borneront pas chez les peuples latins,
Que les dieux t'ont promis l'empire de la terre,
Et que tu n'en peux voir l'effet que par la guerre
Bien loin de m'opposer a cette noble ardeur   45
Qui suit l'arrêt des dieux et court a ta grandeur,
Je voudrois déja voir tes troupes couronnees,
D'un pas victorieux franchir les Pyrénées

---

1. *Var.* Qui du moindre péril n'attend qu'une infortune (1641 45)
2. *Var.* D'un tel abaissement un grand cœur est honteux
(1641 56)
3 *Var.* Je suis Romaine, helas! puisque mon époux l'est,
L'hymen me fait de Rome embrasser l'intérêt,
Mais il tiendroit mon âme en esclave enchaînée
S'il m'ôtoit le penser des lieux où je suis née (1641 56)
4 *Var* Quand entre nous et toi je vois la guerre ouverte
(1641 56)
5 « Ce vers admirable est reste en proverbe », dit Voltaire
6. *Var.* Je sais qu'il doit s'accroître et que tes bons destins
(1641 55 et 60)

Va jusqu'en l'Orient pousser tes bataillons,
Va sur les bords du Rhin planter tes pavillons, 50
Fais trembler sous tes pas les colonnes d'Hercule,
Mais respecte une ville a qui tu dois Romule
Ingrate, souviens toi que du sang de ses rois
Tu tiens ton nom, tes murs, et tes premieres lois
Albe est ton origine arrête, et considere 55
Que tu portes le fer dans le sein de ta mère
Tourne ailleurs les efforts de tes bras triomphants,
Sa joie éclatera dans l'heur de ses enfants ;
Et se laissant ravir a l'amour maternelle,
Ses vœux seront pour toi, si tu n'es plus contre elle. 60

JULIE.

Ce discours me surprend, vu que depuis le temps
Qu'on a contre son peuple armé nos combattants,
Je vous ai vu pour elle autant d'indifférence
Que si d'un sang romain vous aviez pris naissance¹.
J'admirois la vertu qui réduisoit en vous 65
Vos plus chers interêts a ceux de votre époux :
Et je vous consolois au milieu de vos plaintes,
Comme si notre Rome eût fait toutes vos craintes.

SABINE.

Tant qu'on ne s'est choqué qu'en de légers combats,
Trop foibles pour jeter un des partis a bas, 70
Tant qu'un espoir de paix a pu flatter ma peine,
Oui, j'ai fait vanité d'être toute Romaine.
Si j'ai vu Rome heureuse avec quelque regret,
Soudain j'ai condamné ce mouvement secret,
Et si j'ai ressenti, dans ses destins contraires, 75
Quelque maligne joie en faveur de mes freres,
Soudain pour l'étouffer rappelant ma raison,
J'ai pleuré quand la gloire entroit dans leur maison.
Mais aujourd'hui qu'il faut que l'une ou l'autre tombe,
Qu'Albe devienne esclave, ou que Rome succombe, 80
Et qu'apres la bataille il ne demeure plus
Ni d'obstacle aux vainqueurs, ni d'espoir aux vaincus,
J'aurois pour mon pays une cruelle haine,
Si je pouvois encore être toute Romaine,
Et si je demandois votre triomphe aux dieux, 85
Au prix de tant de sang qui m'est si precieux.
Je m'attache un peu moins aux interêts d'un homme
Je ne suis point pour Albe, et ne suis plus pour Rome
Je crains pour l'une et l'autre en ce dernier effort

---

1. *Var.* Que si dedans nos murs vous aviez pris naissance
(1641-56)

Et serai du parti qu'affligera le sort. 90
Égale à tous les deux jusques a la victoire,
Je prendrai part aux maux sans en prendre à la gloire,
Et je garde, au milieu de tant d'âpres rigueurs¹,
Mes larmes aux vaincus, et ma haine aux vainqueurs

JULIE.

Qu'on voit naître souvent de pareilles traverses, 95
En des esprits divers, des passions diverses !
Et qu'à nos yeux Camille agit bien autrement² !
Son frère est votre époux, le vôtre est son amant,
Mais elle voit d'un œil bien différent du vôtre
Son sang dans une armée, et son amour dans l'autre 100
Lorsque vous conserviez un esprit tout romain
Le sien irrésolu, le sien tout incertain ⁵
De la moindre mêlée appréhendoit l'orage,
De tous les deux partis détestoit l'avantage,
Au malheur des vaincus donnoit toujours ses pleurs, 105
Et nourrissoit ainsi d'éternelles douleurs.
Mais hier, quand elle sut qu'on avoit pris journée,
Et qu'enfin la bataille alloit être donnée,
Une soudaine joie éclatant sur son front⁴.

SABINE.

Ah que je crains, Julie, un changement si prompt 110
Hier dans sa belle humeur elle entretint Valère,
Pour ce rival, sans doute, elle quitte mon frère,
Son esprit ébranlé par les objets présents,
Ne trouve point d'absent aimable après deux ans
Mais excusez l'ardeur d'une amour fraternelle, 115
Le soin que j'ai de lui me fait craindre tout d'elle,
Je forme des soupçons d'un trop léger sujet ⁵
Près d'un jour si funeste on change peu d'objet
Les âmes rarement sont de nouveau blessées,
Et dans un si grand trouble on a d'autres pensées, 120
Mais on n'a pas aussi de si doux entretiens,
Ni de contentements qui soient pareils aux siens

JULIE.

Les causes, comme à vous, m'en semblent fort obscures,

1 *Var* Et garde, en attendant ses funestes rigueurs (1641-56)
2 *Var* Et qu'en ceci Camille agit bien autrement (1641-56)
3 *Var* Le sien irrésolu tremblotant, incertain (1641-56)
4. *Var* Une soudaine joie éclata sur son front (1641-56)
5 *Var* Je forme des soupçons d'un sujet trop léger
   Le jour d'une bataille est mal propre à changer,
   D'un nouveau trait alors peu d'âmes sont blessées
   [Et dans un si grand trouble on a d'autres pensées,]
   Mais on n'a pas aussi de si gais entretiens (1641-56)

Je ne me satisfais d'aucunes conjectures
C'est assez de constance en un si grand danger 125
Que de le voir, l'attendre, et ne point s'affliger,
Mais certes c'en est trop d'aller jusqu'a la joie.
SABINE.
Voyez qu'un bon génie a propos nous l'envoie
Essayez sur ce point a la faire parler
Elle vous aime assez pour ne vous rien celer. 130
Je vous laisse Ma sœur, entretenez Julie
J'ai honte de montrer tant de mélancolie
Et mon cœur, accable de mille deplaisirs,
Cherche la solitude a cacher ses soupirs

SCÈNE II

CAMILLE, JULIE

CAMILLE.
Qu'elle a tort de vouloir que je vous entretienne¹ ! 135
Croit elle ma douleur moins vive que la sienne,
Et que, plus insensible a de si grands malheurs,
A mes tristes discours je mêle moins de pleurs ?
De pareilles frayeurs mon âme est alarmée ;
Comme elle je perdrai dans l'une et l'autre armée. 140
Je verrai mon amant, mon plus unique bien,
Mourir pour son pays, ou détruire le mien,
Et cet objet d'amour devenir, pour ma peine,
Digne de mes soupirs, ou digne de ma haine°
Helas !
JULIE.
    Elle est pourtant plus a plaindre que vous 145
On peut changer d'amant mais non changer d'époux.
Oubliez Curiace, et recevez Valere,
Vous ne tremblerez plus pour le parti contraire ;
Vous serez toute nôtre, et votre esprit remis
N'aura plus rien a perdre au camp des ennemis 150
CAMILLE.
Donnez moi des conseils qui soient plus légitimes,
Et plaignez mes malheurs sans m'ordonner des crimes
Quoiqu'a peine a mes maux je puisse resister,

1. *Var.* Pourquoi fuir, et vouloir que je vous entretienne ?
(1641 56)
2. *Var* Ou digne de mes pleurs ou digne de ma haine (1641 56)

J'aime mieux les souffrir que de les mériter
             JULIE.
Quoi ! vous appelez crime un change raisonnable ?   155
             CAMILLE.
Quoi ! le manque de foi vous semble pardonnable
             JULIE.
Envers un ennemi qui peut nous obliger¹ ?
             CAMILLE.
D'un serment solennel qui peut nous dégager ?
             JULIE.
Vous déguisez en vain une chose trop claire
Je vous vis encore hier entretenir Valère,   160
Et l'accueil gracieux qu'il recevoit de vous
Lui permet de nourrir un espoir assez doux²
             CAMILLE
Si je l'entretins hier et lui fis bon visage,
N'en imaginez rien qu'à son desavantage :
De mon contentement un autre etoit l'objet   165
Mais pour sortir d'erreur sachez-en le sujet,
Je garde a Curiace une amitié trop pure
Pour souffrir plus longtemps qu'on m'estime parjure
    Il vous souvient qu'à peine on voyoit de sa sœur³
Par un heureux hymen mon frere possesseur,   170
Quand pour comble de joie, il obtint de mon pere
Que de ses chastes feux je serois le salaire
Ce jour nous fut propice et funeste a la fois
Unissant nos maisons, il désunit nos rois,
Un même instant conclut notre hymen et la guerre⁴, 175
Fit naître notre espoir et le jeta par terre,
Nous ôta tout, sitôt qu'il nous eut tout promis,
Et nous faisant amants, il nous fit ennemis
Combien nos deplaisirs parurent lors extrêmes !
Combien contre le ciel il vomit de blasphèmes !   180
Et combien de ruisseaux coulerent de mes yeux
Je ne vous le dis point, vous vîtes nos adieux,
Vous avez vu depuis les troubles de mon âme,
Vous savez pour la paix quels vœux a faits ma flamme,

1 *Var* Envers un ennemi qui nous peut obliger ?
  CAM D'un serment solennel qui nous peut dégager ? (1641-56)
2 *Var* Lui permet de nourrir un espoir bien plus doux.
                                                  (1641 56)
3 *Var* Quelques cinq ou six mois apres que de sa sœur
  L'hymenee eut rendu mon frere possesseur,
  Vous le savez Julie, il obtint de mon pere. (1641 56)
4 *Var.* En même instant conclut notre hymen et la guerre
                                              (1641 in 4°)

Et quels pleurs j'ai verses a chaque événement 185
Tantôt pour mon pays, tantôt pour mon amant.
Enfin mon désespoir parmi ces longs obstacles,
M'a fait avoir recours a la voix des oracles.
Ecoutez si celui qui me fut hier rendu
Eut droit de rassurer mon esprit éperdu. 190
Ce Grec si renommé qui depuis tant d'années
Au pied de l'Aventin prédit nos destinees,
Lui qu'Apollon jamais n'a fait parler a faux,
Me promit par ces vers la fin de mes travaux
« Albe et Rome demain prendront une autre face, 195
Tes vœux sont exaucés, elles auront la paix,
Et tu seras unie avec ton Curiace,
Sans qu'aucun mauvais sort t'en separe jamais »
Je pris sur cet oracle une entiere assurance,
Et comme le succes passoit mon esperance, 200
J'abandonnai mon âme à des ravissements
Qui passoient les transports des plus heureux amants
Jugez de leur excès je rencontrai Valère,
Et contre sa coutume, il ne put me deplaire¹,
Il me parla d'amour sans me donner d'ennui 205
Je ne m'aperçus pas que je parlois à lui,
Je ne lui pus montrer de mépris ni de glace
Tout ce que je voyois me sembloit Curiace,
Tout ce qu'on me disoit me parloit de ses feux ;
Tout ce que je disois l'assuroit de mes vœux 210
Le combat général aujourd hui se hasarde ;
J'en sus hier la nouvelle, et je n'y pris pas garde
Mon esprit rejetoit ces funestes objets,
Charme des doux pensers d'hymen et de la paix
La nuit a dissipé des erreurs si charmantes 215
Mille songes affreux, mille images sanglantes,
Ou plutôt mille amas de carnage et d'horreur,
M'ont arraché ma joie et rendu ma terreur.
J'ai vu du sang des morts, et n ai rien vu de suite,
Un spectre en paroissant prenoit soudain la fuite, 220
Ils s'effaçoient l un l'autre et chaque illusion
Redoubloit mon effroi par sa confusion

JULIE.
C'est en contraire sens qu un songe s interprète

CAMILLE
Je le dois croire ainsi, puisque je le souhaite ;
Mais je me trouve enfin, malgré tous mes souhaits 225
Au jour d'une bataille, et non pas d'une paix.

1 *Var* Et contre sa coutume il ne me put déplaire (1641 56

JULIE.
Par là finit la guerre, et la paix lui succede.
CAMILLE.
Dure à jamais le mal, s'il y faut ce remède !
Soit que Rome y succombe ou qu'Albe ait le dessous[1],
Cher amant, n'attends plus d'être un jour mon époux ; 230
Jamais, jamais ce nom ne sera pour un homme[2]
Qui soit ou le vainqueur ou l'esclave de Rome

    Mais quel objet nouveau se présente en ces lieux?
Est-ce toi Curiace ? en croirai je mes yeux[3] ?

SCÈNE III

CURIACE, CAMILLE, JULIE

CURIACE.
N'en doutez point, Camille, et revoyez un homme 235
Qui n'est ni le vainqueur ni l'esclave de Rome,
Cessez d'appréhender de voir rougir mes mains
Du poids honteux des fers ou du sang des Romains
J'ai cru que vous aimiez assez Rome et la gloire
Pour mépriser ma chaîne et haïr ma victoire, 240
Et comme également en cette extrémité
Je craignois la victoire et la captivité.
CAMILLE
Curiace, il suffit, je devine le reste
Tu fuis une bataille a tes vœux si funeste,
Et ton cœur, tout a moi, pour ne me perdre pas 245
Derobe a ton pays le secours de ton bras
Qu'un autre considère ici ta renommée,
Et te blâme, s'il veut, de m'avoir trop aimée,
Ce n'est point a Camille à t'en mesestimer
Plus ton amour paroît, plus elle doit t'aimer, 250
Et si tu dois beaucoup aux lieux qui t'ont vu naître,
Plus tu quittes pour moi, plus tu le fais paroître

---

1 Une faute d'impression a introduit dans l'édition de 1656 la singuliere leçon que voici

    Soit que Rome y succombe, ou qu'Albe *aille dessous*.

2 *Var* Mon cœur, quelque grand feu qui pour toi le consomme
Ne veut ni le vainqueur ni l'esclave de Rome (1641-48)

3 Voltaire avait transporté ce vers dans son *Œdipe* qui, dans l'édition de 1719, commençait ainsi

    Est ce vous, Philoctète ? En croirai je mes yeux ?

ACTE I, SCENE III

Mais as-tu vu mon père, et peut il endurer
Qu'ainsi dans sa maison tu t'oses retirer ? 255
Ne préfere t il point l'Etat à sa famille ?
Ne regarde t il point Rome plus que sa fille ?
Enfin notre bonheur est il bien affermi ?
T'a t il vu comme gendre, ou bien comme ennemi ?

CURIACE

Il m'a vu comme gendre, avec une tendresse
Qui témoignoit assez une entière allegresse, 260
Mais il ne m'a point vu, par une trahison,
Indigne de l'honneur d'entrer dans sa maison.
Je n'abandonne point l'intérêt de ma ville,
J'aime encor mon honneur en adorant Camille
Tant qu'a duré la guerre, on m'a vu constamment 265
Aussi bon citoyen que véritable amant[1].
D'Albe avec mon amour j'accordois la querelle
Je soupirois pour vous en combattant pour elle ;
Et s'il falloit encor que l'on en vînt aux coups,
Je combattrois pour elle en soupirant pour vous 270
Oui, malgré les desirs de mon ame charmée
Si la guerre duroit, je serois dans l'armée
C'est la paix qui chez vous me donne un libre accès,
La paix a qui nos feux doivent ce beau succès

CAMILLE

La paix ! Et le moyen de croire un tel miracle ? 275

JULIE

Camille pour le moins croyez-en votre oracle,
Et sachons pleinement par quels heureux effets
L'heure d'une bataille a produit cette paix

CURIACE.

L'auroit on jamais cru ? Déja les deux armees[2],
D'une égale chaleur au combat animées, 280
Se menaçoient des yeux, et marchant fièrement
N'attendoient, pour donner que le commandement
Quand notre dictateur devant les rangs s'avance,
Demande a votre prince un moment de silence,
Et l'ayant obtenu « Que faisons nous, Romains, 285
Dit il, et quel demon nous fait venir aux mains ?
Souffrons que la raison eclaire enfin nos âmes
Nous sommes vos voisins, nos filles sont vos femmes,
Et l'hymen nous a joints par tant et tant de nœuds,
Qu'il est peu de nos fils qui ne soient vos neveux 290

---

1 Var Aussi bon citoyen comme fidele amant (1641 56
2 Var Dieux ! qui l'eut jamais cru ? Déjà les deux armees
(1641 56)

Nous ne sommes qu'un sang et qu'un peuple en deux villes
Pourquoi nous déchirer par des guerres civiles,
Où la mort des vaincus affoiblit les vainqueurs,
Et le plus beau triomphe est arrosé de pleurs?
Nos ennemis communs attendent avec joie 295
Qu'un des partis défait leur donne l'autre en proie,
Lassé, demi rompu, vainqueur, mais, pour tout fruit,
Denué d'un secours par lui même détruit
Ils ont assez longtemps joui de nos divorces,
Contre eux dorénavant joignons toutes nos forces, 300
Et noyons dans l'oubli ces petits différends
Qui de si bons guerriers font de mauvais parents.
Que si l'ambition de commander aux autres
Fait marcher aujourd'hui vos troupes et les nôtres,
Pourvu qu'à moins de sang nous voulions l'apaiser, 305
Elle nous unira, loin de nous diviser.
Nommons des combattants pour la cause commune :
Que chaque peuple aux siens attache sa fortune,
Et suivant ce que d'eux ordonnera le sort,
Que le foible parti prenne loi du plus fort [1], 310
Mais sans indignité pour des guerriers si braves,
Qu'ils deviennent sujets sans devenir esclaves,
Sans honte, sans tribut, et sans autre rigueur
Que de suivre en tous lieux les drapeaux du vainqueur
Ainsi nos deux Etats ne feront qu'un empire. » 315
Il semble qu'à ces mots notre discorde expire [2]
Chacun, jetant les yeux dans un rang ennemi,
Reconnoît un beau frère, un cousin, un ami,
Ils s'étonnent comment leurs mains de sang avides,
Voloient, sans y penser, à tant de parricides, 320
Et font paroître un front couvert tout à la fois
D'horreur pour la bataille, et d'ardeur pour ce choix.
Enfin l'offre s'accepte, et la paix désirée
Sous ces conditions est aussitôt jurée
Trois combattront pour tous, mais pour les mieux choisir, 325
Nos chefs ont voulu prendre un peu plus de loisir.
Le vôtre est au sénat, le nôtre dans sa tente.

CAMILLE.

O Dieux, que ce discours rend mon âme contente !

CURIACE.

Dans deux heures au plus, par un commun accord,
Le sort de nos guerriers reglera notre sort. 330
Cependant tout est libre, attendant qu'on les nomme

1 *Var.* Que le parti plus foible obeisse au plus fort. (1641-56)
2. *Var* A ces mots il se tait : d'aise chacun soupire. (1648-64)

ACTE I, SCÈNE III.

Rome est dans notre camp, et notre camp dans Rome,
D'un et d'autre côté l'accès étant permis,
Chacun va renouer avec ses vieux amis
Pour moi, ma passion m'a fait suivre vos frères ; 535
Et mes desirs ont eu des succès si prosperes,
Que l'auteur de vos jours m'a promis à demain
Le bonheur sans pareil de vous donner la main
Vous ne deviendrez pas rebelle à sa puissance?
CAMILLE.
Le devoir d'une fille est en l'obeissance 540
CURIACE
Venez donc recevoir ce doux commandement[1],
Qui doit mettre le comble à mon contentement.
CAMILLE
Je vais suivre vos pas, mais pour revoir mes frères,
Et savoir d'eux encor la fin de nos misères
JULIE
Allez, et cependant au pied de nos autels 545
J'irai rendre pour vous grâces aux immortels.

[1] Ce vers et le précedent se retrouvent, à un mot près dans la comedie du *Menteur* (acte V, scène VII).

FIN DU PREMIER ACTE

ACTE SECOND

SCÈNE I

HORACE, CURIACE

CURIACE.
Ainsi Rome n'a point séparé son estime,
Elle eût cru faire ailleurs un choix illégitime
Cette superbe ville en vos frères et vous
Trouve les trois guerriers qu'elle préfère à tous, 350
Et son illustre ardeur d'oser plus que les autres [1]
D'une seule maison brave toutes les nôtres :
Nous croirons, a la voir toute entière en vos mains [2]
Que hors les fils d'Horace il n'est point de Romains
Ce choix pouvoit combler trois familles de gloire, 355
Consacrer hautement leurs noms à la mémoire :
Oui, l'honneur que reçoit la vôtre par ce choix,
En pouvoit à bon titre immortaliser trois,
Et puisque c'est chez vous que mon heur et ma flamme
M'ont fait placer ma sœur et choisir une femme, 360
Ce que je vais vous être et ce que je vous suis [3]
Me font y prendre part autant que je le puis,
Mais un autre intérêt tient ma joie en contrainte,
Et parmi ses douceurs mêle beaucoup de crainte
La guerre en tel éclat a mis votre valeur, 365
Que je tremble pour Albe et prévois son malheur
Puisque vous combattez, sa perte est assurée,
En vous faisant nommer, le destin l'a jurée
Je vois trop dans ce choix ses funestes projets
Et me compte déjà pour un de vos sujets. 370
HORACE
Loin de trembler pour Albe, il vous faut plaindre Rome
Voyant ceux qu'elle oublie, et les trois qu'elle nomme [4]

1 *Var.* Et ne nous opposant d'autre bras que les vôtres (1641 56)
2 *Var* Nous croirons, la voyant toute entière en vos mains
(1641 56)
3. *Var* Ce que je vous dois être et ce que je vous suis (1641-60)
4. *Var* Vu ceux qu'elle rejette, et les trois qu'elle nomme
(1641 56)

C'est un aveuglement pour elle bien fatal,
D'avoir tant a choisir et de choisir si mal
Ville de ses enfants beaucoup plus dignes d'elle   375
Pouvoient bien mieux que nous soutenir sa querelle;
Mais quoique ce combat me promette un cercueil,
La gloire de ce choix m'enfle d'un juste orgueil;
Mon esprit en conçoit une mâle assurance
J'ose espérer beaucoup de mon peu de vaillance,   380
Et du sort envieux quels que soient les projets,
Je ne me compte point pour un de vos sujets.
Rome a trop cru de moi, mais mon âme ravie
Remplira son attente, ou quittera la vie.
Qui veut mourir ou vaincre, est vaincu rarement   385
Ce noble désespoir périt malaisément
Rome, quoi qu'il en soit, ne sera point sujette,
Que mes derniers soupirs n'assurent ma défaite

CURIACE
Hélas! c'est bien ici que je dois être plaint.
Ce que veut mon pays, mon amitié le craint   390
Dures extrémités, de voir Albe asservie,
Ou sa victoire au prix d'une si chère vie,
Et que l'unique bien où tendent ses désirs
S'achète seulement par vos derniers soupirs
Quels vœux puis-je former, et quel bonheur attendre?   395
De tous les deux côtés j'ai des pleurs à répandre,
De tous les deux côtés mes désirs sont trahis

HORACE.
Quoi! vous me pleureriez mourant pour mon pays?
Pour un cœur généreux ce trepas a des charmes;
La gloire qui le suit ne souffre point de larmes,   400
Et je le recevrois en bénissant mon sort,
Si Rome et tout l'Etat perdoient moins en ma mort [1]

CURIACE.
A vos amis pourtant permettez de le craindre,
Dans un si beau trépas ils sont les seuls à plaindre
La gloire en est pour vous, et la perte pour eux,   405
Il vous fait immortel, et les rend malheureux
On perd tout quand on perd un ami si fidèle.
Mais Flavian m'apporte ici quelque nouvelle

---

[1] *Var.* Si Rome et tout l'État perdoient moins à ma mort
(1641-56)

SCÈNE II

HORACE, CURIACE, FLAVIAN

CURIACE.
Albe de trois guerriers a-t-elle fait le choix ?
FLAVIAN
Je viens pour vous l'apprendre.
CURIACE.
Eh bien qui sont les trois ? 410
FLAVIAN
Vos deux frères et vous
CURIACE
Qui ?
FLAVIAN
Vous et vos deux frères
Mais pourquoi ce front triste et ces regards sévères ?
Ce choix vous déplaît-il ?
CURIACE
Non, mais il me surprend
Je m'estimois trop peu pour un honneur si grand
FLAVIAN.
Dirai-je au dictateur, dont l'ordre ici m'envoie [1]   415
Que vous le recevez avec si peu de joie ?
Ce morne et froid accueil me surprend à mon tour.
CURIACE.
Dis-lui que l'amitié l'alliance et l'amour
Ne pourront empêcher que les trois Curiaces
Ne servent leur pays contre les trois Horaces.   420
FLAVIAN.
Contre eux ! Ah ! c'est beaucoup me dire en peu de mots
CURIACE
Porte-lui ma réponse, et nous laisse en repos

SCÈNE III

HORACE, CURIACE

CURIACE
Que désormais le ciel, les enfers et la terre
Unissent leurs fureurs à nous faire la guerre,

[1] *Var.* Dirai-je au dictateur, qui devers vous m'envoie. (1641 *?*)

Que les hommes, les Dieux, les démons et le sort 425
Préparent contre nous un général effort!
Je mets à faire pis, en l'état où nous sommes,
Le sort et les démons, et les Dieux, et les hommes
Ce qu'ils ont de cruel, et d'horrible et d'affreux,
L'est bien moins que l'honneur qu'on nous fait à tous deux 430

HORACE.

Le sort qui de l'honneur nous ouvre la barrière
Offre à notre constance une illustre matière;
Il épuise sa force à former un malheur
Pour mieux se mesurer avec notre valeur;
Et comme il voit en nous des âmes peu communes¹ 435
Hors de l'ordre commun il nous fait des fortunes.
   Combattre un ennemi pour le salut de tous,
Et contre un inconnu s'exposer seul aux coups,
D'une simple vertu c'est l'effet ordinaire
Mille déjà l'ont fait, mille pourroient le faire; 440
Mourir pour le pays est un si digne sort,
Qu'on brigueroit en foule une si belle mort;
Mais vouloir au public immoler ce qu'on aime,
S'attacher au combat contre un autre soi-même,
Attaquer un parti qui prend pour défenseur 445
Le frère d'une femme et l'amant d'une sœur,
Et rompant tous ces nœuds, s'armer pour la patrie
Contre un sang qu'on voudroit racheter de sa vie,
Une telle vertu n'appartenoit qu'à nous;
L'éclat de son grand nom lui fait peu de jaloux, 450
Et peu d'hommes au cœur l'ont assez imprimée
Pour oser aspirer à tant de renommée.

CURIACE.

Il est vrai que nos noms ne sauroient plus périr
L'occasion est belle, il nous la faut chérir
Nous serons les miroirs d'une vertu bien rare; 455
Mais votre fermeté tient un peu du barbare
Peu, même des grands cœurs, tireroient vanité
D'aller par ce chemin à l'immortalité.
À quelque prix qu'on mette une telle fumée,
L'obscurité vaut mieux que tant de renommée. 460
   Pour moi, je l'ose dire, et vous l'avez pu voir;
Je n'ai point consulté pour suivre mon devoir;
Notre longue amitié, l'amour, ni l'alliance
N'ont pu mettre un moment mon esprit en balance·
Et puisque par ce choix Albe montre en effet 465

---

1. Var Comme il ne nous prend pas pour des âmes communes.
(164156)

Qu'elle m'estime autant que Rome vous a fait,
Je crois faire pour elle autant que vous pour Rome
J'ai le cœur aussi bon, mais enfin je suis homme
Je vois que votre honneur demande tout mon sang ¹,
Que tout le mien consiste a vous percer le flanc   470
Pres d'épouser la sœur, qu'il faut tuer le frère
Et que pour mon pays j'ai le sort si contraire
Encor qu'a mon devoir je coure sans terreur,
Mon cœur s'en effarouche, et j'en fremis d'horreur
J'ai pitié de moi même, et jette un œil d'envie   475
Sur ceux dont notre guerre a consumé la vie ²,
Sans souhait toutefois de pouvoir reculer.
Ce triste et fier honneur m'émeut sans m'ébranler
J'aime ce qu'il me donne, et je plains ce qu'il m'ôte,
Et si Rome demande une vertu plus haute,   480
Je rends grâces aux Dieux de n'être pas Romain,
Pour conserver encor quelque chose d'humain ³.

HORACE

Si vous n'êtes Romain, soyez digne de l'être
Et si vous m'égalez, faites le mieux paroître.
  La solide vertu dont je fais vanité   485
N'admet point de foiblesse avec sa fermeté,
Et c'est mal de l'honneur entrer dans la carrière
Que dès le premier pas regarder en arrière.
Notre malheur est grand il est au plus haut point,
Je l'envisage entier, mais je n'en frémis point   490
Contre qui que ce soit que mon pays m'emploie,
J'accepte aveuglément cette gloire avec joie ;
Celle de recevoir de tels commandements
Doit étouffer en nous tous autres sentiments.
Qui, près de le servir, considère autre chose,   495
A faire ce qu'il doit lâchement se dispose,
Ce droit saint et sacré rompt tout autre lien.
Rome a choisi mon bras, je n'examine rien
Avec une allégresse aussi pleine et sincère
Que j'épousai la sœur, je combattrai le frère ;   500
Et pour trancher enfin ces discours superflus
Albe vous a nommé, je ne vous connois plus.

1. *Var.* Je vois que votre honneur gît à verser mon sang.
(1641-56)
2. *Var* Sur ceux dont notre guerre a consommé la vie
(1641-48)

3 « Cette tirade fit un effet surprenant sur tout le public, et les deux derniers vers sont devenus un proverbe ou plutôt une **maxime** admirable » (*Voltaire.*)

ACTE II, SCÈNE IV

CURIACE.

Je vous connois encore [1], et c'est ce qui me tue,
Mais cette âpre vertu ne m'etoit pas connue,
Comme notre malheur elle est au plus haut point   505
Souffrez que je l'admire et ne l'imite point

HORACE.

Non non, n'embrassez pas de vertu par contrainte,
Et puisque vous trouvez plus de charme a la plainte,
En toute liberté goûtez un bien si doux ;
Voici venir ma sœur pour se plaindre avec vous   510
Je vais revoir la vôtre, et résoudre son âme
A se bien souvenir qu'elle est toujours ma femme [2],
A vous aimer encor, si je meurs par vos mains,
Et prendre en son malheur des sentiments romains

SCENE IV

HORACE, CURIACE, CAMILLE

HORACE.

Avez vous su l'etat qu'on fait de Curiace,   515
Ma sœur ?

CAMILLE.

Helas mon sort a bien changé de face

HORACE.

Armez vous de constance et montrez vous ma sœur ;
Et si par mon trépas il retourne vainqueur,
Ne le recevez point en meurtrier d'un frere,
Mais en homme d'honneur qui fait ce qu'il doit faire   520
Qui sert bien son pays, et sait montrer a tous,
Par sa haute vertu, qu'il est digne de vous.
Comme si je vivois, achevez l'hyménée,
Mais si ce fer aussi tranche sa destinée,
Faites a ma victoire un pareil traitement :   525
Ne me reprochez point la mort de votre amant.
Vos larmes vont couler et votre cœur se presse.
Consumez avec lui toute cette foiblesse [3],

---

1 « A ces mots « Je ne vous connois plus Je vous connois
« encore, » on se récria d'admiration, on n'avait jamais rien vu de
sublime » (*Voltaire*)
2 *Var* A se ressouvenir qu'elle est toujours ma femme
(1641 60)
3 *Var* Consommez avec lui toute cette foiblesse (1641-48)

Querellez ciel et terre, et maudissez le sort,
Mais après le combat ne pensez plus au mort 530
(*A Curiace*)
Je ne vous laisserai qu'un moment avec elle,
Puis nous irons ensemble où l'honneur nous appelle.

SCENE V

CURIACE, CAMILLE

CAMILLE.

Iras-tu, Curiace, et ce funeste honneur ¹
Te plaît il aux dépens de tout notre bonheur ?
CURIACE.
Hélas je vois trop bien qu'il faut, quoi que je fasse 535
Mourir, ou de douleur, ou de la main d'Horace
Je vais comme au supplice a cet illustre emploi,
Je maudis mille fois l'état qu'on fait de moi,
Je hais cette valeur qui fait qu'Albe m'estime,
Ma flamme au desespoir passe jusques au crime, 540
Elle se prend au ciel, et l'ose quereller ²,
Je vous plains je me plains, mais il y faut aller.
CAMILLE
Non, je te connois mieux tu veux que je te prie
Et qu'ainsi mon pouvoir t'excuse a ta patrie
Tu n'es que trop fameux par tes autres exploits · 545
Albe a reçu par eux tout ce que tu lui dois
Autre n'a mieux que toi soutenu cette guerre,
Autre de plus de morts n'a couvert notre terre ³
Ton nom ne peut plus croître, il ne lui manque rien,
Souffre qu'un autre ici puisse ennoblir le sien 550
CURIACE
Que je souffre a mes yeux qu'on ceigne une autre tête
Des lauriers immortels que la gloire m'apprête,
Ou que tout mon pays reproche a ma vertu
Qu'il auroit triomphé si j'avois combattu,

1. *Var* Iras-tu, ma chere âme, et ce funeste honneur. (1641 56)
« *Chère âme*, dit Voltaire ne révoltait point en 1639, et ces expressions tendres rendaient encore la situation plus haute Depuis peu même une grande actrice (*Mlle Clairon*) a rétabli cette expression *ma chère âme* »
2. *Var* Elle se prend aux Dieux, qu'elle ose quereller (1641 56)
3. *Var* Autre de plus de morts n'a couvert cette terre (1641 56)

ACTE II, SCENE V.

Et que sous mon amour ma valeur endormie [1] 555
Couronne tant d'exploits d'une telle infamie
Non, Albe, après l'honneur que j'ai reçu de toi,
Tu ne succomberas ni vaincras que par moi,
Tu m'as commis ton sort, je t'en rendrai bon compte,
Et vivrai sans reproche, ou périrai sans honte [2] 560

CAMILLE.
Quoi! tu ne veux pas voir qu'ainsi tu me trahis?

CURIACE
Avant que d'être à vous, je suis à mon pays.

CAMILLE
Mais te priver pour lui toi même d'un beau-frère
Ta sœur de son mari!

CURIACE
    Telle est notre misère
Le choix d'Albe et de Rome ôte toute douceur 565
Aux noms jadis si doux de beau frère et de sœur.

CAMILLE
Tu pourras donc, cruel, me présenter sa tête [3],
Et demander ma main pour prix de ta conquête!

CURIACE
Il n'y faut plus penser en l'état ou je suis,
Vous aimer sans espoir, c'est tout ce que je puis 570
Vous en pleurez Camille [4]?

CAMILLE.
    Il faut bien que je pleure
Mon insensible amant ordonne que je meure,
Et quand l'hymen pour nous allume son flambeau [5],
Il l'éteint de sa main pour m'ouvrir le tombeau
Ce cœur impitoyable à ma perte s'obstine, 575
Et dit qu'il m'aime encore alors qu'il m'assassine

CURIACE
Que les pleurs d'une amante ont de puissants discours,
Et qu'un bel œil est fort avec un tel secours
Que mon cœur s'attendrit à cette triste vue
Ma constance contre elle à regret s'évertue 580

---

1 *Var.* Et que par mon amour ma valeur endormie (1641-56)
2 *Var.* Et vivrai sans reproche, ou finirai sans honte (1641-56)
3. *Var* Viendras-tu point encor me présenter sa tête (1641-56)
4 *Var* Vous pleurez, ma chère âme? (1641-56)
On a rapproché de ce passage, outre *Cinna*, acte III scene v *Bajazet*, acte III, scene I, et acte IV, scène v, *Iphigénie* acte IV, scène I, *Britannicus*, acte V scène I, *Zaïre* acte II, scene III, et acte IV, scène II.
5 *Var.* Et lorsque notre hymen allume son flambeau (1641-60)

N'attaquez plus ma gloire avec tant de douleurs[1]
Et laissez moi sauver ma vertu de vos pleurs ;
Je sens qu'elle chancelle et défend mal la place
Plus je suis votre amant, moins je suis Curiace
Foible d'avoir deja combattu l'amitié,   585
Vaincroit elle a la fois l'amour et la pitié ?
Allez, ne m'aimez plus, ne versez plus de larmes,
Ou j'oppose l'offense a de si fortes armes ;
Je me defendrai mieux contre votre courroux,
Et pour le meriter, je n'ai plus d'yeux pour vous   590
Vengez-vous d'un ingrat punissez un volage
Vous ne vous montrez point sensible a cet outrage !
Je n'ai plus d yeux pour vous, vous en avez pour moi !
En faut il plus encor ? je renonce à ma foi
   Rigoureuse vertu dont je suis la victime,   595
Ne peux tu résister sans le secours d'un crime ?

CAMILLE

Ne fais point d'autre crime, et j atteste les Dieux
Qu au lieu de t'en hair, je t en aimerai mieux,
Oui, je te chérirai, tout ingrat et perfide,
Et cesse d'aspirer au nom de fratricide   600
Pourquoi suis-je Romaine, ou que n'es-tu Romain
Je te préparerois des lauriers de ma main ;
Je t'encouragerois au lieu de te distraire,
Et je te traiterois comme j'ai fait mon frère
Hélas ! j étois aveugle en mes vœux aujourd'hui   605
J'en ai fait contre toi quand j'en ai fait pour lui.
   Il revient : quel malheur, si l amour de sa femme
Ne peut non plus sur lui que le mien sur ton âme !

SCÈNE VI

HORACE, CURIACE, SABINE, CAMILLE

CURIACE

Dieux Sabine le suit. Pour ébranler mon cœur,
Est ce peu de Camille ? y joignez vous ma sœur ?   610
Et laissant à ses pleurs vaincre ce grand courage,
L'amenez vous ici chercher même avantage ?

SABINE

Non, non, mon frère, non ; je ne viens en ce lieu
Que pour vous embrasser et pour vous dire adieu.

---

1 *Var* N attaquez plus ma gloire avecque vos douleurs (1641 56)

Votre sang est trop bon, n'en craignez rien de lâche, 615
Rien dont la fermeté de ces grands cœurs se fâche
Si ce malheur illustre ébranloit l'un de vous,
Je le desavouerois pour frère ou pour epoux
Pourrois je toutefois vous faire une prière
Digne d'un tel époux et digne d'un tel frère ? 620
Je veux d'un coup si noble ôter l'impiété,
A l'honneur qui l'attend rendre sa pureté,
La mettre en son eclat sans mélange de crimes,
Enfin je vous veux faire ennemis légitimes.
 Du saint nœud qui vous joint je suis le seul lien 625
Quand je ne serai plus, vous ne vous serez rien
Brisez votre alliance, et rompez-en la chaîne,
Et puisque votre honneur veut des effets de haine,
Achetez par ma mort le droit de vous hair
Albe le veut, et Rome, il faut leur obéir 630
Qu'un de vous deux me tue, et que l'autre me venge
Alors votre combat n'aura plus rien d'étrange,
Et du moins l'un des deux sera juste agresseur
Ou pour venger sa femme, ou pour venger sa sœur
Mais quoi ? vous souilleriez une gloire si belle, 635
Si vous vous animiez par quelque autre querelle
Le zèle du pays vous défend de tels soins[1],
Vous feriez peu pour lui si vous vous etiez moins :
Il lui faut, et sans haine, immoler un beau frere
Ne differez donc plus ce que vous devez faire 640
Commencez par sa sœur à répandre son sang,
Commencez par sa femme à lui percer le flanc.
Commencez par Sabine à faire de vos vies
Un digne sacrifice a vos cheres patries
Vous êtes ennemis en ce combat fameux, 645
Vous d'Albe, vous de Rome et moi de toutes deux
Quoi ? me réservez vous a voir une victoire
Ou. pour haut appareil d'une pompeuse gloire,
Je verrai les lauriers d'un frère ou d'un mari
Fumer encor d'un sang que j'aurai tant cheri? 650
Pourrai je entre vous deux regler alors mon âme,
Satisfaire aux devoirs et de sœur et de femme,
Embrasser le vainqueur en pleurant le vaincu ?
Non, non, avant ce coup Sabine aura vecu
Ma mort le préviendra, de qui que je l'obtienne, 655
Le refus de vos mains y condamne la mienne
Sus donc, qui vous retient? Allez, cœurs inhumains,
J'aurai trop de moyens pour y forcer vos mains

---

1 *Var* Votre zele au pays vous defend de tels soins (1641-60)

Vous ne les aurez point au combat occupées,
Que ce corps au milieu n'arrête vos épées, 660
Et malgré vos refus, il faudra que leurs coups
Se fassent jour ici pour aller jusqu'à vous

HORACE.

O ma femme

CURIACE.

O ma sœur!

CAMILLE

Courage! ils s'amollissent

SABINE.

Vous poussez des soupirs, vos visages pâlissent!
Quelle peur vous saisit? Sont ce là ces grands cœurs 665
Ces héros qu'Albe et Rome ont pris pour défenseurs?

HORACE

Que t'ai je fait, Sabine, et quelle est mon offense[1]
Qui t'oblige a chercher une telle vengeance?
Que t'a fait mon honneur, et par quel droit viens-tu[2]
Avec toute ta force attaquer ma vertu? 670
Du moins contente toi de l'avoir étonnée[3],
Et me laisse achever cette grande journée
Tu me viens de réduire en un étrange point,
Aime assez ton mari pour n'en triompher point
Va t'en, et ne rends plus la victoire douteuse, 675
La dispute déjà m'en est assez honteuse
Souffre qu'avec honneur je termine mes jours

SABINE.

Va cesse de me craindre. on vient a ton secours

SCÈNE VII

LE VIEIL HORACE, HORACE, CURIACE, SABINE, CAMILLE

LE VIEIL HORACE.

Qu'est-ce ci, mes enfants? écoutez vous vos flammes
Et perdez vous encor le temps avec des femmes? 680
Prêts à verser du sang, regardez-vous des pleurs?
Fuyez, et laissez les déplorer leurs malheurs
Leurs plaintes ont pour vous trop d'art et de tendresse

1 *Var.* Femme, que t'ai je fait, et quelle est mon offense
(1641 56)

2. *Var.* Que t'a fait mon honneur, femme, et pourquoi viens tu
(1641 56)

3 *Var* Du moins contente toi de l'avoir offensée (1641)

Elles vous feroient part enfin de leur foiblesse,
Et ce n'est qu'en fuyant qu'on pare de tels coups. 685
SABINE
N'apprehendez rien d'eux, ils sont dignes de vous.
Malgré tous nos efforts, vous en devez attendre
Ce que vous souhaitez et d'un fils et d'un gendre,
Et si notre foiblesse ebranloit leur honneur[1],
Nous vous laissons ici pour leur rendre du cœur 690
    Allons, ma sœur, allons, ne perdons plus de larmes[2]
Contre tant de vertus ce sont de foibles armes[3].
Ce n'est qu'au désespoir qu'il nous faut recourir
Tigres, allez combattre, et nous, allons mourir

SCÈNE VIII

LE VIEIL HORACE, HORACE, CURIACE

HORACE
Mon père, retenez des femmes qui s'emportent, 695
Et de grâce empêchez surtout qu'elles ne sortent
Leur amour importun viendroit avec eclat
Par des cris et des pleurs troubler notre combat,
Et ce qu'elles nous sont feroit qu'avec justice
On nous imputeroit ce mauvais artifice. 700
L'honneur d'un si beau choix seroit trop acheté,
Si l'on nous soupçonnoit de quelque lacheté
LE VIEIL HORACE
J'en aurai soin Allez, vos freres vous attendent,
Ne pensez qu'aux devoirs que vos pays demandent
CURIACE
Quel adieu vous dirai je ? et par quels compliments .. 705
LE VIEIL HORACE
Ah n'attendrissez point ici mes sentiments,
Pour vous encourager ma voix manque de termes,
Mon cœur ne forme point de pensers assez fermes,
Moi même en cet adieu j'ai les larmes aux yeux
Faites votre devoir, et laissez faire aux Dieux 710

  [1] *Var.* Et si notre foiblesse avoit pu les changer,
     Nous vous laissons ici pour les encourager (1641-64)
  [2] *Var* Allons, ma sœur, allons ne perdons point de larmes
                                    (1641-48)
  [3] *Var* Contre tant de vertu ce sont de foibles armes.
                            (1641, 48, 55 et 60)

FIN DU SECOND ACTE

ACTE TROISIÈME

SCÈNE I

SABINE[1]

Prenons parti, mon âme, en de telles disgraces,
Soyons femme d'Horace, ou sœur des Curiaces,
Cessons de partager nos inutiles soins,
Souhaitons quelque chose, et craignons un peu moins
Mais, las quel parti prendre en un sort si contraire ? 715
Quel ennemi choisir, d'un époux ou d'un frère ?
La nature ou l'amour parle pour chacun d'eux,
Et la loi du devoir m'attache à tous les deux
Sur leurs hauts sentiments réglons plutôt les nôtres,
Soyons femme de l'un ensemble et sœur des autres 720
Regardons leur honneur comme un souverain bien,
Imitons leur constance, et ne craignons plus rien
La mort qui les menace est une mort si belle,
Qu'il en faut sans frayeur attendre la nouvelle.
N'appelons point alors les destins inhumains, 725
Songeons pour quelle cause, et non par quelles mains,
Revoyons les vainqueurs, sans penser qu'à la gloire
Que toute leur maison reçoit de leur victoire,
Et sans considérer aux depens de quel sang
Leur vertu les élève en cet illustre rang, 730
Faisons nos interêts de ceux de leur famille
En l'une je suis femme en l'autre je suis fille,
Et tiens à toutes deux par de si forts liens,
Qu'on ne peut triompher que par les bras des miens.
Fortune, quelques maux que ta rigueur m'envoie, 735
J'ai trouvé les moyens d'en tirer de la joie,
Et puis voir aujourd'hui le combat sans terreur[2],
Les morts sans desespoir, les vainqueurs sans horreur.

---

1. Voltaire dit au sujet de cette première scène, qu'il juge absolument inutile « Les comédiens voulaient alors des monologues La declamation approchait du chant surtout celle des femmes les auteurs avaient cette complaisance pour elles »
2 Var Et puis voir maintenant le combat sans terreur (1641 56)

Flatteuse illusion, erreur douce et grossière,
Vain effort de mon âme, impuissante lumière, 740
De qui le faux brillant prend droit de m'éblouir,
Que tu sais peu durer, et tôt t'évanouir
Pareille a ces éclairs qui dans le fort des ombres
Poussent un jour qui fuit et rend les nuits plus sombres,
Tu n'as frappé mes yeux d'un moment de clarté 745
Que pour les abîmer dans plus d'obscurité
Tu charmois trop ma peine, et le ciel, qui s'en fâche,
Me vend déja bien cher ce moment de relâche
Je sens mon triste cœur percé de tous les coups
Qui m'ôtent maintenant un frère ou mon époux. 750
Quand je songe à leur mort, quoi que je me propose
Je songe par quels bras, et non pour quelle cause,
Et ne vois les vainqueurs en leur illustre rang
Que pour considérer aux depens de quel sang.
La maison des vaincus touche seule mon âme 755
En l'une je suis fille, en l'autre je suis femme,
Et tiens à toutes deux par de si forts liens,
Qu'on ne peut triompher que par la mort des miens.
C'est la donc cette paix que j'ai tant souhaitée !
Trop favorables Dieux, vous m'avez écoutée 760
Quels foudres lancez vous quand vous vous irritez,
Si même vos faveurs ont tant de cruautés ?
Et de quelle façon punissez vous l'offense,
Si vous traitez ainsi les vœux de l'innocence ?

SCÈNE II

SABINE JULIE

SABINE.

En est ce fait, Julie, et que m'apportez vous ? 765
Est-ce la mort d'un frère, ou celle d'un époux ?
Le funeste succès de leurs armes impies [1]
De tous les combattants a t il fait des hosties [2],
Et m'enviant l'horreur que j'aurois des vainqueurs,
Pour tous tant qu'ils étoient demande-t-il mes pleurs [3] ? 770

1. *Var* Ou si le triste sort de leurs armes impies
   De tous les combattants a fait autant d'hosties ? (1641-56)
2. *Var* De tous les combattants fait il autant d'hosties ? (1663 et 64)
   Voltaire regrette que la langue n'ait pas gardé ce mot d'*hostie*
   au sens de *victime*
3. *Var* Pour tous tant qu'ils étoient m'a condamnée aux pleurs
   (1641-56)

JULIE.

Quoi ! ce qui s'est passé, vous l'ignorez encore ?

SABINE

Vous faut il etonner de ce que je l'ignore,
Et ne savez vous point que de cette maison
Pour Camille et pour moi l'on fait une prison ?
Julie, on nous renferme, on a peur de nos larmes, 775
Sans cela nous serions au milieu de leurs armes
Et par les desespoirs d une chaste amitie
Nous aurions des deux camps tire quelque pitié

JULIE

Il n'etoit pas besoin d'un si tendre spectacle
Leur vue a leur combat apporte assez d'obstacle. 780
   Sitôt qu'ils ont paru prêts a se mesurer,
On a dans les deux camps entendu murmurer[1] :
A voir de tels amis des personnes si proches
Venir pour leur patrie aux mortelles approches,
L'un s'emeut de pitié, l'autre est saisi d'horreur, 785
L'autre d'un si grand zele admire la fureur,
Tel porte jusqu'aux cieux leur vertu sans egale,
Et tel l'ose nommer sacrilege et brutale.
Ces divers sentiments n ont pourtant qu une voix
Tous accusent leurs chefs, tous détestent leur choix. 790
Et ne pouvant souffrir un combat si barbare,
On s ecrie on s avance, enfin on les separe.

SABINE

Que je vous dois d'encens, grands Dieux, qui m'exaucez

JULIE.

Vous n'êtes pas, Sabine, encore ou vous pensez
Vous pouvez espérer, vous avez moins a craindre, 795
Mais il vous reste encore assez de quoi vous plaindre
   En vain d'un sort si triste on les veut garantir ;
Ces cruels généreux n y peuvent consentir
La gloire de ce choix leur est si precieuse,
Et charme tellement leur âme ambitieuse, 800
Qu'alors qu'on les deplore ils s'estiment heureux,
Et prennent pour affront a pitié qu'on a d'eux
Le trouble des deux camps souille leur renommee.
Ils combattront plutôt et l'une et l'autre armee,
Et mourront par les mains qui leur font d'autres lois[2], 805
Que pas un d'eux renonce aux honneurs d un tel choix.

   [1] *Var* Et l'un et l autre camp s'est mis à murmurer. (1641 56)
   [2] *Var* Et mourront par les mains qui les ont séparés
     Que quitter les honneurs qui leur sont déférés (1641 56)

ACTE III, SCÈNE III

SABINE

Quoi ! dans leur dureté ces cœurs d'acier s'obstinent [1] ?

JULIE.

Oui, mais d'autre côté les deux camps se mutinent [2],
Et leurs cris, des deux parts poussés en même temps,
Demandent la bataille, ou d'autres combattants   840
La présence des chefs à peine est respectée,
Leur pouvoir est douteux, leur voix mal écoutée,
Le roi même s'étonne, et pour dernier effort
« Puisque chacun, dit il, s'échauffe en ce discord,
Consultons des grands Dieux la majesté sacrée,   845
Et voyons si ce change à leurs bontés agrée
Quel impie osera se prendre à leur vouloir
Lorsqu'en un sacrifice ils nous l'auront fait voir ? »
Il se tait, et ces mots semblent être des charmes ;
Même aux six combattants ils arrachent les armes ;   820
Et ce désir d'honneur qui leur ferme les yeux,
Tout aveugle qu'il est, respecte encor les Dieux.
Leur plus bouillante ardeur cède à l'avis de Tulle,
Et soit par déférence, ou par un prompt scrupule,
Dans l'une et l'autre armée on s'en fait une loi   825
Comme si toutes deux le connoissoient pour roi
Le reste s'apprendra par la mort des victimes.

SABINE.

Les Dieux n'avoueront point un combat plein de crimes,
J'en espère beaucoup, puisqu'il est différé,
Et je commence à voir ce que j'ai desiré.   830

SCÈNE III

SABINE, CAMILLE, JULIE

SABINE

Ma sœur que je vous die une bonne nouvelle.

CAMILLE.

Je pense la savoir, s'il faut la nommer telle
On l'a dite à mon père, et j'étois avec lui,
Mais je n'en conçois rien qui flatte mon ennui.
Ce délai de nos maux rendra leurs coups plus rudes,   835

---

1 *Var* Quoi? dans leur dureté ces cœurs de fer s'obstinent?
(1641 60)
2 *Var* Ils le font, mais d'ailleurs ! deux camps se mutinent
(1641 64)

Ce n'est qu'un plus long terme a nos inquiétudes,
Et tout l'allégement qu'il en faut esperer,
C'est de pleurer plus tard ceux qu'il faudra pleurer

SABINE
Les Dieux n'ont pas en vain inspiré ce tumulte.

CAMILLE.
Disons plutôt, ma sœur, qu'en vain on les consulte 840
Ces mêmes Dieux a Tulle ont inspiré ce choix,
Et la voix du public n'est pas toujours leur voix
Ils descendent bien moins dans de si bas etages
Que dans l'âme des rois, leurs vivantes images,
De qui l'indépendante et sainte autorité[1] 845
Est un rayon secret de leur divinité.

JULIE.
C'est vouloir sans raison vous former des obstacles
Que de chercher leur voix ailleurs qu'en leurs oracles,
Et vous ne vous pouvez figurer tout perdu,
Sans démentir celui qui vous fut hier rendu 850

CAMILLE
Un oracle jamais ne se laisse comprendre
On l'entend d'autant moins que plus on croit l'entendre[2],
Et loin de s'assurer sur un pareil arrêt,
Qui n'y voit rien d'obscur doit croire que tout l'est.

SABINE.
Sur ce qui fait pour nous prenons plus d'assurance, 855
Et souffrons les douceurs d'une juste esperance.
Quand la faveur au ciel ouvre a demi ses bras,
Qui ne s'en promet rien ne la mérite pas,
Il empêche souvent qu'elle ne se deploie,
Et lorsqu'elle descend, son refus la renvoie. 860

CAMILLE
Le ciel agit sans nous en ces evénements,
Et ne les règle point dessus nos sentiments.

JULIE
Il ne vous a fait peur que pour vous faire grâce
Adieu je vais savoir comme enfin tout se passe
Modérez vos frayeurs, j'espère a mon retour 865
Ne vous entretenir que de propos d'amour,

---

1 *Var* Et de qui l'absolue et sainte autorité (1641-56)
2 Le même vers, avec un seul mot de changé, se lit dans *Psyché* (acte II scène III)

   Un oracle jamais n'est sans obscurité.
   On l'entend d'autant moins que mieux on croit l'entendre.

Et Racine a dit dans *Iphigénie*, acte II, scène I

   Un oracle toujours se plaît à se cacher

Et que nous n'emploierons la fin de la journée
Qu'aux doux préparatifs d'un heureux hyménée.
SABINE
J'ose encor l'espérer¹
CAMILLE
Moi, je n'espère rien
JULIE
L'effet vous fera voir que nous en jugeons bien.   870

SCÈNE IV

SABINE CAMILLE

SABINE
Parmi nos déplaisirs souffrez que je vous blâme.
Je ne puis approuver tant de trouble en votre âme,
Que feriez vous, ma sœur, au point où je me vois,
Si vous aviez à craindre autant que je le dois,
Et si vous attendiez de leurs armes fatales   875
Des maux pareils aux miens, et des pertes égales ?
CAMILLE
Parlez plus sainement de vos maux et des miens
Chacun voit ceux d'autrui d'un autre œil que les siens²
Mais à bien regarder ceux où le ciel me plonge,
Les vôtres auprès d'eux vous sembleront un songe   880
    La seule mort d'Horace est à craindre pour vous
Des frères ne sont rien à l'égal d'un époux,
L'hymen qui nous attache en une autre famille
Nous détache de celle où l'on a vécu fille,
On voit d'un œil divers des nœuds si différents³,   885
Et pour suivre un mari l'on quitte ses parents,
Mais si près d'un hymen, l'amant que donne un père
Nous est moins qu'un époux et non pas moins qu'un frère ;
Nos sentiments entre eux demeurent suspendus,
Notre choix impossible, et nos vœux confondus   890

---

1. *Var* Comme vous je l'espère CAM Et je n'ose y songer.
   JUL L'effet nous fera voir qui sait mieux en juger (1641-56)
2 Voyez ci-après, acte V, scène I.
   Je te vois d'un autre œil que tu ne me regardes.
Et dans la Fontaine (Livre I, fable VII).
   On se voit d'un autre œil qu'on ne voit son prochain
3 *Var* On ne compare point des nœuds si différents. (1641-56)

Ainsi, ma sœur, du moins vous avez dans vos plaintes
Ou porter vos souhaits et terminer vos craintes ;
Mais si le ciel s'obstine à nous persécuter,
Pour moi, j'ai tout à craindre, et rien à souhaiter.

SABINE.

Quand il faut que l'un meure et par les mains de l'autre, 895
C'est un raisonnement bien mauvais que le vôtre.
  Quoique ce soient, ma sœur, des nœuds bien différents,
C'est sans les oublier qu'on quitte ses parents
L'hymen n'efface point ces profonds caractères,
Pour aimer un mari, l'on ne hait pas ses frères 900
La nature en tout temps garde ses premiers droits,
Aux dépens de leur vie on ne fait point de choix
Aussi bien qu'un époux ils sont d'autres nous mêmes,
Et tous maux sont pareils alors qu'ils sont extrêmes
Mais l'amant qui vous charme et pour qui vous brûlez 905
Ne vous est, après tout, que ce que vous voulez ,
Une mauvaise humeur, un peu de jalousie,
En fait assez souvent passer la fantaisie¹,
Ce que peut le caprice osez le par raison,
Et laissez votre sang hors de comparaison 910
C'est crime qu'opposer des liens volontaires
A ceux que la naissance a rendus nécessaires
Si donc le ciel s'obstine à nous persécuter
Seule j'ai tout à craindre, et rien à souhaiter ;
Mais pour vous, le devoir vous donne, dans vos plaintes, 915
Ou porter vos souhaits et terminer vos craintes

CAMILLE.

Je le vois bien, ma sœur, vous n'aimâtes jamais ,
Vous ne connoissez point ni l'amour ni ses traits .
On peut lui résister quand il commence à naître
Mais non pas le bannir quand il s'est rendu maître, 920
Et que l'aveu d'un père, engageant notre foi,
A fait de ce tyran un légitime roi
Il entre avec douceur, mais il règne par force,
Et quand l'âme une fois a goûté son amorce
Vouloir ne plus aimer, c'est ce qu'elle ne peut, 925
Puisqu'elle ne peut plus vouloir que ce qu'il veut.
Ses chaînes sont pour nous aussi fortes que belles

1 *Var* Le peuvent mettre hors de votre fantaisie,
Ce qu'elles font souvent, faites le par raison (1641-56)

SCÈNE V

LE VIEIL HORACE, SABINE, CAMILLE

LE VIEIL HORACE.
Je viens vous apporter de fâcheuses nouvelles,
Mes filles, mais en vain je voudrais vous celer
Ce qu'on ne vous sauroit longtemps dissimuler   930
Vos freres sont aux mains, les Dieux ainsi l'ordonnent.

SABINE.
Je veux bien l'avouer, ces nouvelles m'étonnent,
Et je m'imaginois dans la divinité
Beaucoup moins d'injustice, et bien plus de bonté.
Ne nous consolez point contre tant d'infortune [1]   935
La pitié parle en vain, la raison importune.
Nous avons en nos mains la fin de nos douleurs,
Et qui veut bien mourir peut braver les malheurs [2].
Nous pourrions aisément faire en votre présence
De notre désespoir une fausse constance,   940
Mais quand on peut sans honte être sans fermeté,
L'affecter au dehors, c'est une lâcheté [3].
L'usage d'un tel art, nous le laissons aux hommes,
Et ne voulons passer que pour ce que nous sommes.
Nous ne demandons point qu'un courage si fort   945
S'abaisse à notre exemple à se plaindre du sort.
Recevez sans fremir ces mortelles alarmes;
Voyez couler nos pleurs sans y mêler vos larmes;
Enfin, pour toute grâce, en de tels déplaisirs,
Gardez votre constance, et souffrez nos soupirs.   950

LE VIEIL HORACE
Loin de blâmer les pleurs que je vous vois repandre,
Je crois faire beaucoup de m'en pouvoir défendre,
Et céderois peut être à de si rudes coups,
Si je prenois ici même intérêt que vous
Non qu'Albe par son choix m'ait fait haïr vos freres,   955
Tous trois me sont encor des personnes bien cheres;
Mais enfin l'amitié n'est pas du même rang,

---

1 *Var* Ne nous consolez point. la raison importune
       Quand elle ose combattre une telle infortune.
                                                  (1641-56)

2 *Var* Qui peut vouloir mourir peut braver les malheurs
                                                     (1641-56)

3 *Var* La vouloir contrefaire est une lâcheté. (1641 56).

Et n'a point les effets de l'amour ni du sang,
Je ne sens point pour eux la douleur qui tourmente
Sabine comme sœur, Camille comme amante 960
Je puis les regarder comme nos ennemis
Et donne sans regret mes souhaits à mes fils
Ils sont, grâces aux Dieux, dignes de leur patrie
Aucun étonnement n'a leur gloire flétrie,
Et j'ai vu leur honneur croître de la moitié, 965
Quand ils ont des deux camps refusé la pitié
Si par quelque foiblesse ils l'avoient mendiée.
Si leur haute vertu ne l'eût répudiée,
Ma main bientôt sur eux m'eût vengé hautement
De l'affront que m'eût fait ce mol consentement 970
Mais lorsqu'en dépit d'eux on en a voulu d'autres
Je ne le cele point, j'ai joint mes vœux aux vôtres
Si le ciel pitoyable eût écouté ma voix.
Albe seroit réduite à faire un autre choix,
Nous pourrions voir tantôt triompher les Horaces 975
Sans voir leurs bras souillés du sang des Curiaces,
Et de l'evenement d'un combat plus humain
Dépendroit maintenant l'honneur du nom romain.
La prudence des Dieux autrement en dispose,
Sur leur ordre éternel mon esprit se repose 980
Il s'arme en ce besoin de générosité,
Et du bonheur public fait sa félicité.
Tâchez d'en faire autant pour soulager vos peines,
Et songez toutes deux que vous êtes Romaines
Vous l'êtes devenue, et vous l'êtes encor, 985
Un si glorieux titre est un digne trésor
Un jour, un jour viendra que par toute la terre
Rome se fera craindre à l'égal du tonnerre,
Et que, tout l'univers tremblant dessous ses lois,
Ce grand nom deviendra l'ambition des rois. 990
Les Dieux à notre Enée ont promis cette gloire

SCÈNE VI

LE VIEIL HORACE, SABINE, CAMILLE, JULIE

LE VIEIL HORACE.
Nous venez-vous, Julie, apprendre la victoire ?
JULIE.
Mais plutôt du combat les funestes effets.
Rome est sujette d'Albe, et vos fils sont défaits,

ACTE III, SCÈNE VI.

Des trois les deux sont morts, son époux seul vous reste. 995
LE VIEIL HORACE
O d'un triste combat effet vraiment funeste!
Rome est sujette d'Albe, et pour l'en garantir
Il n'a pas employé jusqu'au dernier soupir!
Non, non, cela n'est point, on vous trompe, Julie,
Rome n'est point sujette ou mon fils est sans vie 1000
Je connois mieux mon sang, il sait mieux son devoir
JULIE
Mille, de nos remparts, comme moi l'ont pu voir
Il s'est fait admirer tant qu'ont duré ses frères,
Mais comme il s'est vu seul contre trois adversaires,
Pres d'être enfermé d'eux, sa fuite l'a sauvé. 1005
LE VIEIL HORACE.
Et nos soldats trahis ne l'ont point achevé¹?
Dans leurs rangs a ce lâche ils ont donné retraite?
JULIE.
Je n'ai rien voulu voir après cette défaite.
CAMILLE
O mes frères
LE VIEIL HORACE.
    Tout beau, ne les pleurez pas tous,
Deux jouissent d'un sort dont leur pere est jaloux. 1010
Que des plus nobles fleurs leur tombe soit couverte;
La gloire de leur mort m'a payé de leur perte
Ce bonheur a suivi leur courage invaincu,
Qu'ils ont vu Rome libre autant qu'ils ont vécu,
Et ne l'auront point vue obéir qu'a son prince, 1015
Ni d'un Etat voisin devenir la province
Pleurez l'autre, pleurez l'irréparable affront
Que sa fuite honteuse imprime a notre front;
Pleurez le deshonneur de toute notre race,
Et l'opprobre éternel qu'il laisse au nom d'Horace 1020
JULIE
Que vouliez-vous qu'il fît contre trois?
LE VIEIL HORACE.
                    Qu'il mourût²,

---

1 *Var* Et nos soldats trahis ne l ont pas achevé? (1641 60)
2 « Voilà dit Voltaire, ce fameux *qu'il mourût*, ce trait du plus grand sublime, ce mot auquel il n'en est aucun de comparable dans toute l antiquité Tout l'auditoire fut si transporté, qu'on n'entendit jamais le vers faible qui suit, et le morceau :

N'eût il que d'un moment retardé (*lisez* reculé) sa défaite,

etant plein de chaleur, augmente encore la force du *Qu'il mourût.* »

M. Marty-Laveaux dit au sujet de cette remarque de Voltaire:

Ou qu'un beau désespoir alors le secourût
N'eût il que d'un moment reculé sa défaite,
Rome eût été du moins un peu plus tard sujette ;
Il eût avec honneur laissé mes cheveux gris, 1025
Et c'étoit de sa vie un assez digne prix
 Il est de tout son sang comptable à sa patrie ;
Chaque goutte épargnée a sa gloire flétrie,
Chaque instant de sa vie, après ce lâche tour,
Met d'autant plus ma honte avec la sienne au jour. 1030
J'en romprai bien le cours, et ma juste colère,
Contre un indigne fils usant des droits d'un père,
Saura bien faire voir dans sa punition
L'éclatant désaveu d'une telle action.

SABINE.

Écoutez un peu moins ces ardeurs généreuses, 1035
Et ne nous rendez point tout à fait malheureuses

LE VIEIL HORACE.

Sabine, votre cœur se console aisément,
Nos malheurs jusqu'ici vous touchent foiblement
Vous n'avez point encor de part à nos misères
Le ciel vous a sauvé votre époux et vos frères, 1040
Si nous sommes sujets, c'est de votre pays ;
Vos frères sont vainqueurs quand nous sommes trahis,
Et voyant le haut point où leur gloire se monte,
Vous regardez fort peu ce qui nous vient de honte.
Mais votre trop d'amour pour cet infâme époux 1045
Vous donnera bientôt à plaindre comme à nous.

« Cela est vrai, et c'est en vain, nous le croyons, qu'on a cherché un mot semblable dans les auteurs anciens Le *moriamur*, de Calpurnius (voyez Tite Live, livre XXII chapitre XCIX) n'a aucun rapport avec la réponse sublime du vieil Horace, et nous ne comprenons pas qu'on l'en ait rapproché Le *moreretur inquies* de Cicéron, dans le *Discours pour C. Rabirius Postumus* (chapitre x, § 29) peut bien se traduire par « Que vouliez vous qu'il fît ? Qu'il mourût, direz vous, » mais la ressemblance est toute superficielle la pensée, le sentiment, la situation, tout est différent. Un rapprochement plus opportun, mais bien propre à faire ressortir quoiqu'au fond l'idée soit semblable, l'originalité de Corneille, ce serait peut être celui de ces vers de la tragédie des *Juives* (acte IV, vers 33 et suivants) de notre vieux poète Garnier :

 C'est vergogne à un roi de survivre vaincu.
 Un bon cœur n'eût jamais son malheur survécu.
  Et qu'eussiez vous pu faire ? Un acte magnanime
Qui malgré le destin m'eût acquis de l'estime,
Je fusse mort en roi, fièrement combattant,
Maint barbare adversaire à mes pieds abattant. »

ACTE III SCÈNE VI.

Vos pleurs en sa faveur sont de foibles défenses :
J'atteste des grands Dieux les suprêmes puissances
Qu'avant ce jour fini, ces mains, ces propres mains
Laveront dans son sang la honte des Romains 1050

SABINE.

Suivons-le promptement, la colère l'emporte
Dieux ! verrons nous toujours des malheurs de la sorte ?
Nous faudra t-il toujours en craindre de plus grands,
Et toujours redouter la main de nos parents ?

FIN DU TROISIÈME ACTE.

ACTE QUATRIÈME

SCÈNE I

LE VIEIL HORACE CAMILLE

LE VIEIL HORACE.
Ne me parlez jamais en faveur d'un infâme 1055
Qu'il me fuie à l'égal des freres de sa femme.
Pour conserver un sang qu'il tient si précieux,
Il n'a rien fait encor s'il n'évite mes yeux
Sabine y peut mettre ordre ou derechef j'atteste
Le souverain pouvoir de la troupe celeste.. 1060
CAMILLE.
Ah! mon père, prenez un plus doux sentiment,
Vous verrez Rome même en user autrement,
Et de quelque malheur que le ciel l'ait comblee,
Excuser la vertu sous le nombre accablée.
LE VIEIL HORACE
Le jugement de Rome est peu pour mon regard, 1065
Camille, je suis père, et j'ai mes droits à part.
Je sais trop comme agit la vertu véritable
C'est sans en triompher que le nombre l'accable.
Et sa mâle vigueur toujours en meme point,
Succombe sous la force, et ne lui cède point. 1070
Taisez vous, et sachons ce que nous veut Valère

SCÈNE II

LE VIEIL HORACE, VALERE CAMILLE

VALERE
Envoyé par le roi pour consoler un père,
Et pour lui temoigner.
LE VIEIL HORACE.
N'en prenez aucun soin:
C'est un soulagement dont je n'ai pas besoin,
Et j'aime mieux voir morts que couverts d'infamie 1075

Ceux que vient de m'ôter une main ennemie.
Tous deux pour leur pays sont morts en gens d'honneur,
Il me suffit.

VALÈRE.

Mais l'autre est un rare bonheur,
De tous les trois chez vous il doit tenir la place

LE VIEIL HORACE.

Que n'a t-on vu périr en lui le nom d'Horace[1] !   1680

VALÈRE.

Seul vous le maltraitez après ce qu'il a fait

LE VIEIL HORACE.

C'est à moi seul aussi de punir son forfait.

VALÈRE.

Quel forfait trouvez vous en sa bonne conduite ?

LE VIEIL HORACE.

Quel éclat de vertu trouvez vous en sa fuite ?

VALÈRE

La fuite est glorieuse en cette occasion   1085

LE VIEIL HORACE.

Vous redoublez ma honte et ma confusion.
Certes l'exemple est rare et digne de mémoire,
De trouver dans la fuite un chemin à la gloire.

VALÈRE.

Quelle confusion, et quelle honte à vous
D avoir produit un fils qui nous conserve tous,   1090
Qui fait triompher Rome, et lui gagne un empire ?
A quels plus grands honneurs faut il qu'un pere aspire ?

LE VIEIL HORACE

Quels honneurs, quel triomphe, et quel empire enfin,
Lorsqu'Albe sous ses lois range notre destin ?

VALÈRE

Que parlez vous ici d'Albe et de sa victoire ?   1095
Ignorez-vous encor la moitié de l'histoire ?

LE VIEIL HORACE

Je sais que par sa fuite il a trahi l'Etat[2]

VALÈRE

Oui, s'il eût en fuyant terminé le combat,
Mais on a bientôt vu qu'il ne fuyoit qu'en homme
Qui savoit menager l avantage de Rome.   1100

LE VIEIL HORACE

Quoi ? Rome donc triomphe ?

---

1. *Var* Eût il fait avec lui périr le nom d'Horace ! (1641 56)
2. *Var* Le combat par sa fuite est il pas terminé ?
  VAL Albe ainsi quelque temps se l'est imaginé,
  Mais elle a bientôt vu que c'étoit fuir en homme. (1641-56)

VALÈRE
                    Apprenez, apprenez
La valeur de ce fils qu'à tort vous condamnez.
   Resté seul contre trois, mais en cette aventure
Tous trois étant blessés, et lui seul sans blessure,
Trop foible pour eux tous, trop fort pour chacun d'eux   1105
Il sait bien se tirer d'un pas si dangereux [1],
Il fuit pour mieux combattre, et cette prompte ruse
Divise adroitement trois frères qu'elle abuse
Chacun le suit d'un pas ou plus ou moins pressé,
Selon qu'il se rencontre ou plus ou moins blessé,   1110
Leur ardeur est égale à poursuivre sa fuite,
Mais leurs coups inégaux séparent leur poursuite
   Horace, les voyant l'un de l'autre écartés,
Se retourne, et déja les croit demi domptés
Il attend le premier, et c'étoit votre gendre.   1115
L'autre, tout indigné qu'il ait osé l'attendre,
En vain en l'attaquant fait paroître un grand cœur
Le sang qu'il a perdu ralentit sa vigueur.
Albe a son tour commence à craindre un sort contraire,
Elle crie au second qu'il secoure son frère   1120
Il se hâte et s'épuise en efforts superflus,
Il trouve en les joignant que son frère n'est plus.

CAMILLE.
Hélas !

VALÈRE
                 Tout hors d'haleine il prend pourtant sa place,
Et redouble bientôt la victoire d'Horace
Son courage sans force est un débile appui,   1125
Voulant venger son frère, il tombe auprès de lui.
L'air resonne des cris qu'au ciel chacun envoie,
Albe en jette d'angoisse, et les Romains de joie
   Comme notre héros se voit près d'achever,
C'est peu pour lui de vaincre, il veut encor braver   1130
« J'en viens d'immoler deux aux mânes de mes frères ;
Rome aura le dernier de mes trois adversaires,
C'est à ses intérêts que je vais l'immoler, »
Dit il, et tout d'un temps on le voit y voler
La victoire entre eux deux n'étoit pas incertaine,   1135
L'Albain percé de coups ne se traînoit qu'à peine,
Et comme une victime aux marches de l'autel,
Il sembloit présenter sa gorge au coup mortel
Aussi le reçoit il, peu s'en faut, sans défense,
Et son trépas de Rome établit la puissance.   1140

1. *Var* Il sait bien se tirer d'un pas si hasardeux (1641-63)

ACTE IV, SCÈNE II.

LE VIEIL HORACE.
Ô mon fils ô ma joie ! ô l'honneur de nos jours
Ô d'un État penchant l'inespéré secours
Vertu digne de Rome, et sang digne d'Horace
Appui de ton pays, et gloire de ta race
Quand pourrai je étouffer dans tes embrassements   1145
L'erreur dont j'ai formé de si faux sentiments ?
Quand pourra mon amour baigner avec tendresse
Ton front victorieux de larmes d'allégresse ?

VALÈRE.
Vos caresses bientôt pourront se déployer
Le roi dans un moment vous le va renvoyer,   1150
Et remet à demain la pompe qu'il prépare¹
D'un sacrifice aux Dieux pour un bonheur si rare,
Aujourd'hui seulement on s'acquitte vers eux
Par des chants de victoire et par de simples vœux
C'est où le roi le mène, et tandis il m'envoie   1155
Faire office vers vous de douleur et de joie ;
Mais cet office encor n'est pas assez pour lui,
Il y viendra lui même, et peut-être aujourd'hui
Il croit mal reconnoître une vertu si pure²,
Si de sa propre bouche il ne vous en assure,   1160
S'il ne vous dit chez vous combien vous doit l'État

LE VIEIL HORACE.
De tels remerciments ont pour moi trop d'éclat,
Et je me tiens déjà trop payé par les vôtres
Du service d'un fils, et du sang des deux autres³

VALÈRE.
Il ne sait ce que c'est d'honorer à demi ,   1165
Et son sceptre arraché des mains de l'ennemi
Fait qu'il tient cet honneur qu'il lui plaît de vous faire⁴
Au dessous du mérite et du fils et du père
Je vais lui témoigner quels nobles sentiments
La vertu vous inspire en tous vos mouvements,   1170
Et combien vous montrez d'ardeur pour son service.

LE VIEIL HORACE
Je vous devrai beaucoup pour un si bon office

1 *Var* Et remet à demain le pompeux sacrifice
    Que nous devons aux Dieux pour un tel bénéfice (1641-56)
2. *Var* Cette belle action si puissamment le touche,
    Qu'il vous veut rendre grâce, et de sa propre bouche,
    D'avoir donné vos fils au bien de son État (1641-56)
3 *Var*. Du service de l'un, et du sang des deux autres
   VAL. Le roi ne sait que c'est d'honorer à demi (1641-56)
4. *Var*. Fait qu'il estime encor l'honneur qu'il vous veut faire
    (1641-60)

SCÈNE III

LE VIEIL HORACE, CAMILLE

LE VIEIL HORACE.
Ma fille, il n'est plus temps de répandre des pleurs :
Il sied mal d'en verser où l'on voit tant d'honneurs,
On pleure injustement des pertes domestiques, 1175
Quand on en voit sortir des victoires publiques.
Rome triomphe d'Albe et c'est assez pour nous,
Tous nos maux à ce prix doivent nous être doux[1]
En la mort d'un amant vous ne perdez qu'un homme
Dont la perte est aisée à réparer dans Rome, 1180
Après cette victoire, il n'est point de Romain
Qui ne soit glorieux de vous donner la main.
Il me faut à Sabine en porter la nouvelle[2]
Ce coup sera sans doute assez rude pour elle,
Et ses trois frères morts par la main d'un époux 1185
Lui donneront des pleurs bien plus justes qu'a vous ;
Mais j'espère aisement en dissiper l'orage,
Et qu'un peu de prudence aidant son grand courage
Fera bientôt régner sur un si noble cœur
Le généreux amour qu'elle doit au vainqueur 1190
Cependant étouffez cette lâche tristesse ;
Recevez le, s'il vient, avec moins de foiblesse,
Faites-vous voir sa sœur, et qu'en un même flanc
Le ciel vous a tous deux formés d'un même sang.

SCENE IV

CAMILLE

Oui, je lui ferai voir, par d'infaillibles marques, 1195
Qu'un véritable amour brave la main des Parques,
Et ne prend point de lois de ces cruels tyrans
Qu'un astre injurieux nous donne pour parents
Tu blâmes ma douleur, tu l'oses nommer lâche ;
Je l'aime d'autant plus que plus elle te fâche, 1200

---

1. *Var.* Tous nos maux a ce prix nous doivent être doux (1641 56)
2 *Var* Je m'en vais à Sabine en porter la nouvelle. (1641 56)

ACTE IV, SCÈNE IV

Impitoyable père, et par un juste effort
Je la veux rendre égale aux rigueurs de mon sort
En vit-on jamais un dont les rudes traverses
Prissent en moins de rien tant de faces diverses,
Qui fût doux tant de fois, et tant de fois cruel   1205
Et portât tant de coups avant le coup mortel ?
Vit on jamais une âme en un jour plus atteinte
De joie et de douleur, d'espérance et de crainte,
Asservie en esclave a plus d'événements,
Et le piteux jouet de plus de changements ?   1210
Un oracle m'assure, un songe me travaille [1],
La paix calme l'effroi que me fait la bataille,
Mon hymen se prépare, et presque en un moment
Pour combattre mon frère on choisit mon amant,
Ce choix me désespère, et tous le désavouent [2],   1215
La partie est rompue, et les Dieux la renouent,
Rome semble vaincue, et seul des trois Albains,
Curiace en mon sang n'a point trempé ses mains.
O Dieux ! sentois-je alors des douleurs trop légères [3]
Pour le malheur de Rome et la mort de deux frères,   1220
Et me flattois-je trop quand je croyois pouvoir [4]
L'aimer encor sans crime et nourrir quelque espoir ?
Sa mort m'en punit bien, et la façon cruelle
Dont mon âme éperdue en reçoit la nouvelle
Son rival me l'apprend, et faisant a mes yeux   1225
D'un si triste succès le récit odieux,
Il porte sur le front une allégresse ouverte,
Que le bonheur public fait bien moins que ma perte,
Et bâtissant en l'air sur le malheur d'autrui,
Aussi bien que mon frère il triomphe de lui.   1230
Mais ce n'est rien encore au prix de ce qui reste [5]
On demande ma joie en un jour si funeste [6],
Il me faut applaudir aux exploits du vainqueur,
Et baiser une main qui me perce le cœur.
En un sujet de pleurs si grand, si légitime,   1235

1. *Var.* Un oracle m'assure, un songe m'épouvante,
La bataille m'effraie, et la paix me contente (1641-56)
2. *Var.* Les deux camps mutinés un tel choix désavouent,
Ils rompent la partie, et les Dieux la renouent (1641-56)
3. *Var* Dieux ! sentois-je point lors des douleurs trop légères
(1641-56)
Var Ne sentois-je point lors des douleurs trop légères (1660)
4 *Var* Me flattois-je point trop quand je croyois pouvoir (1641-56)
Var Ne me flattois je point quand je croyois pouvoir (1660)
5 *Var* Mais ce n'est encor rien au prix de ce qui reste (1641-48)
6. *Var.* On demande ma joie en un coup si funeste (1641-56)

Se plaindre est une honte, et soupirer un crime,
Leur brutale vertu veut qu'on s'estime heureux,
Et si l'on n'est barbare, on n'est point généreux
    Dégénérons, mon cœur, d'un si vertueux père,
Soyons indigne sœur d'un si généreux frère. 1240
C'est gloire de passer pour un cœur abattu[1],
Quand la brutalité fait la haute vertu
Eclatez, mes douleurs a quoi bon vous contraindre?
Quand on a tout perdu que sauroit on plus craindre ?
Pour ce cruel vainqueur n'ayez point de respect, 1245
Loin d'éviter ses yeux croisez à son aspect,
Offensez sa victoire, irritez sa colère
Et prenez, s'il se peut plaisir a lui déplaire.
Il vient préparons-nous a montrer constamment
Ce que doit une amante a la mort d'un amant. 1250

SCÈNE V

HORACE, CAMILLE, PROCULE

(Procule porte en sa main les trois epées des Curiaces)

HORACE.
Ma sœur, voici le bras qui venge nos deux frères,
Le bras qui rompt le cours de nos destins contraires,
Qui nous rend maîtres d'Albe, enfin voici le bras
Qui seul fait aujourd'hui le sort de deux Etats ;
Vois ces marques d'honneur, ces témoins de ma gloire, 1255
Et rends ce que tu dois à l'heur de ma victoire
CAMILLE.
Recevez donc mes pleurs, c'est ce que je lui dois
HORACE
Rome n'en veut point voir après de tels exploits,
Et nos deux frères morts dans le malheur des armes
Sont trop payes de sang pour exiger des larmes 1260
Quand la perte est vengée, on n'a plus rien perdu
CAMILLE.
Puisqu'ils sont satisfaits par le sang épandu,
Je cesserai pour eux de paroître affligée,
Et j'oublierai leur mort que vous avez vengée,
Mais qui me vengera de celle d'un amant, 1265

---

1. *Var* C'est gloire de passer pour des cœurs abattus,
   Quand la brutalité fait les hautes vertus (1641-56)

ACTE IV, SCÈNE V.

Pour me faire oublier sa perte en un moment?
HORACE
Que dis tu, malheureuse?
CAMILLE.
O mon cher Curiace
HORACE.
O d'une indigne sœur insupportable audace [1] !
D'un ennemi public dont je reviens vainqueur
Le nom est dans ta bouche et l'amour dans ton cœur   1270
Ton ardeur criminelle a la vengeance aspire!
Ta bouche la demande, et ton cœur la respire!
Suis moins ta passion, règle mieux tes desirs,
Ne me fais plus rougir d'entendre tes soupirs,
Tes flammes desormais doivent être étouffees,   1275
Bannis les de ton âme, et songe a mes trophées
Qu'ils soient dorénavant ton unique entretien.
CAMILLE.
Donne-moi donc, barbare, un cœur comme le tien,
Et si tu veux enfin que je t'ouvre mon âme,
Rends moi mon Curiace, ou laisse agir ma flamme.   1280
Ma joie et mes douleurs dépendoient de son sort,
Je l'adorois vivant, et je le pleure mort.
Ne cherche plus ta sœur où tu l'avois laissee.
Tu ne revois en moi qu'une amante offensee,
Qui, comme une furie attachee à tes pas,   1285
Te veut incessamment reprocher son trepas.
Tigre altéré de sang, qui me défends les larmes [2],
Qui veux que dans sa mort je trouve encor des charmes,
Et que jusques au ciel élevant tes exploits,
Moi même je le tue une seconde fois !   1290
Puissent tant de malheurs accompagner ta vie [3],
Que tu tombes au point de me porter envie,
Et toi bientôt souiller par quelque lâchete
Cette gloire si chère a ta brutalité !
HORACE.
O ciel qui vit jamais une pareille rage ?   1295
Crois tu donc que je sois insensible a l'outrage,
Que je souffre en mon sang ce mortel déshonneur
Aime, aime cette mort qui fait notre bonheur,
Et préfere du moins au souvenir d'un homme
Ce que doit ta naissance aux intérêts de Rome   1300

---

1 *Var*. O d'une indigne sœur l'insupportable audace! (1641-60)
2 *Var* Tigre affamé de sang, qui me défends les larmes
(1641 48)
3. *Var* Puissent de tels malheurs accompagner ta vie (1641 56)

HORACE.

CAMILLE.

Rome, l'unique objet de mon ressentiment[1] !
Rome, à qui vient ton bras d'immoler mon amant
Rome qui t'a vu naître, et que ton cœur adore
Rome enfin que je hais parce qu'elle t'honore
Puissent tous ses voisins ensemble conjurés   1305
Saper ses fondements encor mal assurés !
Et si ce n'est assez de toute l'Italie,
Que l'Orient contre elle à l'Occident s'allie ,
Que cent peuples unis des bouts de l'univers
Passent pour la détruire et les monts et les mers   1310
Qu'elle-même sur soi renverse ses murailles,
Et de ses propres mains déchire ses entrailles
Que le courroux du ciel allumé par mes vœux
Fasse pleuvoir sur elle un déluge de feux !
Puissé-je de mes yeux y voir tomber ce foudre[2],   1315
Voir ses maisons en cendre, et tes lauriers en poudre,
Voir le dernier Romain à son dernier soupir,
Moi seule en être cause, et mourir de plaisir !

HORACE, *mettant la main à l'épée, et poursuivant sa sœur qui s'enfuit*[3]

C'est trop, ma patience à la raison fait place ;
Va dedans les enfers plaindre ton Curiace[4].   1320

CAMILLE, *blessée derrière le théâtre*

Ah ! traître !

HORACE, *revenant sur le théâtre*

Ainsi reçoive un châtiment soudain
Quiconque ose pleurer un ennemi romain

SCÈNE VI

HORACE, PROCULE

PROCULE.

Que venez vous de faire ?

HORACE.
Un acte de justice
Un semblable forfait veut un pareil supplice

---

1 « Ces imprécations de Camille, dit Voltaire, ont toujours été un beau morceau de déclamation, et ont fait valoir toutes les actrices qui ont joué ce rôle »
2 *Var* Puissé-je de mes yeux voir tomber cette foudre (1641-56)
3 *Var* Mettant l'épée à la main (1641-48)
4 *Var* Va dedans les enfers joindre ton Curiace (1641-56)

PROCULE.
Vous deviez la traiter avec moins de rigueur. 1325
HORACE.
Ne me dis point qu'elle est et mon sang et ma sœur.
Mon pere ne peut plus l'avouer pour sa fille
Qui maudit son pays renonce à sa famille,
Des noms si pleins d'amour ne lui sont plus permis,
De ses plus chers parents il fait ses ennemis 1330
Le sang même les arme en haine de son crime
La plus prompte vengeance en est plus légitime [1],
Et ce souhait impie, encore qu'impuissant,
Est un monstre qu'il faut étouffer en naissant

SCÈNE VII

HORACE, SABINE, PROCULE

SABINE
A quoi s'arrête ici ton illustre colere ? 1335
Viens voir mourir ta sœur dans les bras de ton père,
Viens repaître tes yeux d'un spectacle si doux
Ou si tu n'es point las de ces genereux coups,
Immole au cher pays des vertueux Horaces
Ce reste malheureux du sang des Curiaces 1340
Si prodigue du tien, n'epargne pas le leur ;
Joins Sabine a Camille, et ta femme a ta sœur,
Nos crimes sont pareils, ainsi que nos misères
Je soupire comme elle, et déplore mes freres
Plus coupable en ce point contre tes dures lois 1345
Qu'elle n'en pleuroit qu'un, et que j'en pleure trois,
Qu'apres son châtiment ma faute continue
HORACE.
Seche tes pleurs, Sabine, ou les cache a ma vue
Rends toi digne du nom de ma chaste moitié,
Et ne m'accable point d'une indigne pitie. 1350
Si l'absolu pouvoir d'une pudique flamme
Ne nous laisse a tous deux qu'un penser et qu'une âme,
C'est a toi d'élever tes sentiments aux miens,
Non a moi de descendre a la honte des tiens.
Je t'aime, et je connois la douleur qui te presse. 1355
Embrasse ma vertu pour vaincre ta foiblesse
Participe à ma gloire au lieu de la souiller.

1 *Var* La plus prompte vengeance est la plus légitime (1647)

Tâche à t'en revêtir, non à m'en dépouiller.
Es-tu de mon honneur si mortelle ennemie,
Que je te plaise mieux couvert d'une infamie¹?   1360
Sois plus femme que sœur, et te réglant sur moi,
Fais toi de mon exemple une immuable loi

SABINE.

Cherche pour t'imiter des âmes plus parfaites
Je ne t'impute point les pertes que j'ai faites,
J'en ai les sentiments que je dois en avoir,   1365
Et je m'en prends au sort plutôt qu'à ton devoir,
Mais enfin je renonce a la vertu romaine²,
Si pour la posseder je dois être inhumaine,
Et ne puis voir en moi la femme du vainqueur
Sans y voir des vaincus la deplorable sœur   1370
   Prenons part en public aux victoires publiques,
Pleurons dans la maison nos malheurs domestiques,
Et ne regardons point des biens communs à tous,
Quand nous voyons des maux qui ne sont que pour nous.
Pourquoi veux-tu, cruel, agir d'une autre sorte?   1375
Laisse en entrant ici tes lauriers à la porte,
Mêle tes pleurs aux miens Quoi? ces lâches discours
N'aiment point ta vertu contre mes tristes jours?
Mon crime redoublé n'émeut point ta colère?
Que Camille est heureuse elle a pu te déplaire,   1380
Elle a reçu de toi ce qu'elle a pretendu,
Et recouvre là bas tout ce qu'elle a perdu
Cher époux cher auteur du tourment qui me presse
Ecoute la pitié, si ta colère cesse,
Exerce l'une ou l'autre, après de tels malheurs,   1385
A punir ma foiblesse, ou finir mes douleurs·
Je demande la mort pour grâce ou pour supplice.
Qu'elle soit un effet d'amour ou de justice,
N'importe tous ses traits n'auront rien que de doux³,
Si je les vois partir de la main d'un époux.   1390

HORACE.

Quelle injustice aux dieux d'abandonner aux femmes
Un empire si grand sur les plus belles âmes
Et de se plaire à voir de si foibles vainqueurs
Régner si puissamment sur les plus nobles cœurs!
A quel point ma vertu devient-elle réduite   1395
Rien ne la sauroit plus garantir que la fuite

1 *Var* Que je te plaise mieux tombe dans l'infamie? (1641-56)
2 *Var* Mais aussi je renonce à la vertu romaine (1641-48)
3 *Var*. N'importe tous ses traits me sembleront fort doux
(1641-56)

ACTE IV, SCÈNE VII.

Adieu : ne me suis point, ou retiens tes soupirs
SABINE, *seule*
O colere, ô pitie, sourdes a mes desirs,
Vous negligez mon crime, et ma douleur vous lasse,
Et je n obtiens de vous ni supplice ni grâce   1400
Allons-y par nos pleurs faire encore un effort,
Et n employons apres que nous à notre mort.

FIN DU QUATRIEME ACTE.

ACTE CINQUIÈME

SCÈNE I

LE VIEIL HORACE, HORACE

LE VIEIL HORACE
Retirons nos regards de cet objet funeste,
Pour admirer ici le jugement céleste :
Quand la gloire nous enfle, il sait bien comme il faut
Confondre notre orgueil qui s'élève trop haut
Nos plaisirs les plus doux ne vont point sans tristesse
Il mêle à nos vertus des marques de foiblesse,
Et rarement accorde à notre ambition
L'entier et pur honneur d'une bonne action.
Je ne plains point Camille elle étoit criminelle ;
Je me tiens plus à plaindre, et je te plains plus qu'elle :
Moi, d'avoir mis au jour un cœur si peu romain
Toi, d'avoir par sa mort déshonoré ta main
Je ne la trouve point injuste ni trop prompte,
Mais tu pouvois, mon fils, t'en épargner la honte
Son crime, quoique énorme et digne du trépas,
Étoit mieux impuni que puni par ton bras

HORACE
Disposez de mon sang, les lois vous en font maître [1],
J'ai cru devoir le sien aux lieux qui m'ont vu naître.
Si dans vos sentiments mon zèle est criminel,
S'il m'en faut recevoir un reproche éternel,
Si ma main en devient honteuse et profanée,
Vous pouvez d'un seul mot trancher ma destinée
Reprenez tout ce sang de qui ma lâcheté [2]
A si brutalement souillé la pureté.
Ma main n'a pu souffrir de crime en votre face,
Ne souffrez point de tache en la maison d'Horace

---

1. *Var* Disposez de mon sort, les lois vous en font maître
J'ai cru devoir ce coup aux lieux qui m'ont vu naître
Si mon zèle au pays vous semble criminel (1641 56)
2 *Var* Reprenez votre sang, de qui ma lâcheté
mal à propos souillé la pureté (1641 56)

C'est en ces actions dont l'honneur est blessé,
Qu'un père tel que vous se montre intéressé : 1430
Son amour doit se taire où toute excuse est nulle,
Lui même il y prend part lorsqu'il les dissimule ;
Et de sa propre gloire il fait trop peu de cas,
Quand il ne punit point ce qu'il n'approuve pas

LE VIEIL HORACE

Il n'use pas toujours d'une rigueur extrême, 1435
Il épargne ses fils bien souvent pour soi même,
Sa vieillesse sur eux aime à se soutenir,
Et ne les punit point, de peur de se punir [1]
Je te vois d'un autre œil que tu ne te regardes,
Je sais. Mais le roi vient, je vois entrer ses gardes 1440

SCENE II

TULLE VALÈRE, LE VIEIL HORACE, HORACE, TROUPE DE GARDES

LE VIEIL HORACE.

Ah ! Sire, un tel honneur a trop d'excès pour moi ;
Ce n'est point en ce lieu que je dois voir mon roi :
Permettez qu'a genoux..

TULLE.

Non, levez-vous, mon père
Je fais ce qu'en ma place un bon prince doit faire.
Un si rare service et si fort important 1445
Veut l'honneur le plus rare et le plus éclatant.
Vous en aviez déjà sa parole [2] pour gage,
Je ne l'ai pas voulu différer davantage
J'ai su par son rapport, et je n'en doutois pas
Comme de vos deux fils vous portez le trépas, 1450
Et que déjà votre âme étant trop résolue,
Ma consolation vous seroit superflue ;
Mais je viens de savoir quel étrange malheur
D'un fils victorieux a suivi la valeur,
Et que son trop d'amour pour la cause publique 1455
Par ses mains à son père ôte une fille unique
Ce coup est un peu rude à l'esprit le plus fort [3],

[1] *Var*. Et ne les punit point pour ne se pas punir. (1641 60)
[2] La parole de Valère Voltaire, dans son édition, ajoute à propos le jeu de scène : *montrant Valère*
[3] *Var* Je sais que peut ce coup sur l'esprit le plus fort
(1641 56)

Et je doute comment vous portez cette mort
LE VIEIL HORACE
Sire, avec déplaisir, mais avec patience.
TULLE
C'est l'effet vertueux de votre expérience. 1460
Beaucoup par un long âge ont appris comme vous
Que le malheur succède au bonheur le plus doux
Peu savent comme vous s'appliquer ce remède,
Et dans leur intérêt toute leur vertu cède.
Si vous pouvez trouver dans ma compassion 1465
Quelque soulagement pour votre affliction [1],
Ainsi que votre mal sachez qu'elle est extrême,
Et que je vous en plains autant que je vous aime [2].
VALÈRE.
Sire, puisque le ciel entre les mains des rois
Dépose sa justice et la force des lois, 1470
Et que l'Etat demande aux princes légitimes
Des prix pour les vertus, des peines pour les crimes,
Souffrez qu'un bon sujet vous fasse souvenir
Que vous plaignez beaucoup ce qu'il vous faut punir,
Souffrez...
LE VIEIL HORACE
Quoi? qu'on envoie un vainqueur au supplice?
TULLE.
Permettez qu'il achève, et je ferai justice
J'aime à la rendre à tous, à toute heure, en tout lieu
C'est par elle qu'un roi se fait un demi dieu;
Et c'est dont je vous plains, qu'après un tel service
On puisse contre lui me demander justice. 1480
VALÈRE
Souffrez donc, ô grand roi, le plus juste des rois
Que tous les gens de bien vous parlent par ma voix
Non que nos cœurs jaloux de ses honneurs s'irritent,
S'il en reçoit beaucoup, ses hauts faits le méritent,
Ajoutez-y plutôt que d'en diminuer 1485
Nous sommes tous encor prêts d'y contribuer,
Mais puisque d'un tel crime il s'est montré capable,
Qu'il triomphe en vainqueur, et périsse en coupable
Arrêtez sa fureur, et sauvez de ses mains,
Si vous voulez régner, le reste des Romains 1490
Il y va de la perte ou du salut du reste

---

1. *Var* Quelque soulagement à votre affliction (1641 in 12 et 47
2. *Var.* Et que Tulle vous plaint autant comme il vous aime
(1641-56)

La guerre avait un cours si sanglant, si funeste [1],
Et les nœuds de l'hymen, durant nos bons destins,
Ont tant de fois uni des peuples si voisins,
Qu'il est peu de Romains que le parti contraire 1495
N'intéresse en la mort d'un gendre ou d'un beau frère,
Et qui ne soient forcés de donner quelques pleurs,
Dans le bonheur public, à leurs propres malheurs.
Si c'est offenser Rome, et que l'heur de ses armes
L'autorise à punir ce crime de nos larmes, 1500
Quel sang épargnera ce barbare vainqueur,
Qui ne pardonne pas à celui de sa sœur,
Et ne peut excuser cette douleur pressante [2]
Que la mort d'un amant jette au cœur d'une amante,
Quand, près d'être éclairés du nuptial flambeau, 1505
Elle voit avec lui son espoir au tombeau?
Faisant triompher Rome, il se l'est asservie
Il a sur nous un droit et de mort et de vie,
Et nos jours criminels ne pourront plus durer
Qu'autant qu'à sa clemence il plaira l'endurer. 1510
   Je pourrois ajouter aux intérêts de Rome
Combien un pareil coup est indigne d'un homme,
Je pourrois demander qu'on mît devant vos yeux
Ce grand et rare exploit d'un bras victorieux
Vous verriez un beau sang, pour accuser sa rage, 1515
D'un frère si cruel rejaillir au visage
Vous verriez des horreurs qu'on ne peut concevoir,
Son âge et sa beauté vous pourroient émouvoir,
Mais je hais ces moyens qui sentent l'artifice.
Vous avez a demain remis le sacrifice 1520
Pensez vous que les dieux, vengeurs des innocents,
D'une main parricide acceptent de l'encens?
Sur vous ce sacrilége attireroit sa peine,
Ne le considerez qu'en l'objet de leur haine,
Et croyez avec nous qu'en tous ses trois combats 1525
Le bon destin de Rome a plus fait que son bras,
Puisque ces mêmes dieux, auteurs de sa victoire,
Ont permis qu'aussitôt il en souillât la gloire,
Et qu'un si grand courage, après ce noble effort,
Fût digne en même jour de triomphe et de mort 1530

  1. *Var* Vu le sang qu'a versé cette guerre funeste,
    Et tant de nœuds d'hymen dont nos heureux destins
    Ont uni si souvent des peuples si voisins,
    Peu de nous ont joui d'un succès si prospère,
    Qu'ils n'aient perdu dans Albe un cousin, un beau frère,
    Un oncle, un gendre même, et ne donnent des pleurs (1641-56)
  2. *Var* Et ne peut excuser la douleur véhémente (1641-56)

Sire c'est ce qu'il faut que votre arrêt décide.
En ce lieu Rome a vu le premier parricide ;
La suite en est à craindre, et la haine des cieux
Sauvez nous de sa main, et redoutez les dieux

TULLE

Défendez vous, Horace

HORACE.

A quoi bon me défendre ?
Vous savez l'action, vous la venez d'entendre,
Ce que vous en croyez me doit être une loi
 Sire, on se défend mal contre l'avis d'un roi,
Et le plus innocent devient soudain coupable [1],
Quand aux yeux de son prince il paroît condamnable
C'est crime qu'envers lui se vouloir excuser .
Notre sang est son bien, il en peut disposer ;
Et c'est à nous de croire, alors qu'il en dispose,
Qu'il ne s'en prive point sans une juste cause
 Sire, prononcez donc, je suis prêt d'obéir ;
D'autres aiment la vie et je la dois haïr
Je ne reproche point à l'ardeur de Valere
Qu'en amant de la sœur il accuse le frère
Mes vœux avec les siens conspirent aujourd'hui
Il demande ma mort, je la veux comme lui
Un seul point entre nous met cette différence,
Que mon honneur par là cherche son assurance,
Et qu'à ce même but nous voulons arriver,
Lui pour flétrir ma gloire, et moi pour la sauver
 Sire, c'est rarement qu'il s'offre une matière
A montrer d'un grand cœur la vertu toute entière
Suivant l'occasion elle agit plus ou moins,
Et paroît forte ou foible aux yeux de ses témoins
Le peuple qui voit tout seulement par l'écorce,
S'attache à son effet pour juger de sa force [2] ;
Il veut que ses dehors gardent un même cours,
Qu'ayant fait un miracle, elle en fasse toujours
Après une action pleine, haute, éclatante,
Tout ce qui brille moins remplit mal son attente :
Il veut qu'on soit égal en tout temps, en tous lieux ,
Il n'examine point si lors on pouvoit mieux,
Ni que, s'il ne voit pas sans cesse une merveille,
L'occasion est moindre, et la vertu pareille

1 *Var* Et le plus innocent que le ciel ait vu naître
 Quand il le croit coupable il commence de l'être (1641-56)
2 *Var* Prend droit par ses effets de juger de sa force,
 Et s'ose imaginer, par un mauvais discours,
 Que qui fait un miracle en doit faire toujours (1641-56)

Son injustice accable et détruit les grands noms,
L'honneur des premiers faits se perd par les seconds, 1570
Et quand la renommée a passé l'ordinaire,
Si l'on n'en veut déchoir il faut ne plus rien faire¹
   Je ne vanterai point les exploits de mon bras,
Votre Majesté, Sire, a vu mes trois combats
Il est bien malaisé qu'un pareil les seconde, 1575
Qu'une autre occasion à celle ci réponde,
Et que tout mon courage, après de si grands coups,
Parvienne à des succès qui n'aillent au dessous,
Si bien que pour laisser une illustre mémoire,
La mort seule aujourd'hui peut conserver ma gloire 1580
Encor la falloit il sitôt que j'eus vaincu,
Puisque pour mon honneur j'ai déjà trop vécu.
Un homme tel que moi voit sa gloire ternie,
Quand il tombe en péril de quelque ignominie,
Et ma main auroit su déjà m'en garantir, 1585
Mais sans votre congé mon sang n'ose sortir
Comme il vous appartient, votre aveu doit se prendre,
C'est vous le dérober qu'autrement le répandre.
Rome ne manque point de généreux guerriers,
Assez d'autres sans moi soutiendront vos lauriers, 1590
Que Votre Majesté désormais m'en dispense,
Et si ce que j'ai fait vaut quelque récompense,
Permettez, ô grand roi, que de ce bras vainqueur
Je m'immole à ma gloire, et non pas à ma sœur.

SCÈNE III

TULLE VALERE LE VIEIL HORACE, HORACE, SABINE²

SABINE.

Sire, écoutez Sabine, et voyez dans son âme 1595
Les douleurs d'une sœur et celles d'une femme,
Qui toute désolée, à vos sacrés genoux,
Pleure pour sa famille et craint pour son époux.
Ce n'est pas que je veuille avec cet artifice
Dérober un coupable au bras de la justice 1600
Quoi qu'il ait fait pour vous, traitez le comme tel,

---

1 *Var* Si l'on n'en veut déchoir, il ne faut plus rien faire
(1641-56)

2 Les éditions de 1641-56 ajoutent JULIE aux personnages de cette scène

Et punissez en moi ce noble criminel,
De mon sang malheureux expiez tout son crime;
Vous ne changerez point pour cela de victime
Ce n'en sera point prendre une injuste pitié, 1605
Mais en sacrifier la plus chère moitié.
Les nœuds de l'hyménée et son amour extrême
Font qu'il vit plus en moi qu'il ne vit en lui même,
Et si vous m'accordez de mourir aujourd'hui,
Il mourra plus en moi qu'il ne mourroit en lui 1610
La mort que je demande, et qu'il faut que j'obtienne,
Augmentera sa peine et finira la mienne.
Sire, voyez l'excès de mes tristes ennuis,
Et l'effroyable état où mes jours sont réduits
Quelle horreur d'embrasser un homme dont l'épée 1615
De toute ma famille a la trame coupée
Et quelle impiété de hair un époux
Pour avoir bien servi les siens, l'État et vous !
Aimer un bras souillé du sang de tous mes freres !
N'aimer pas un mari qui finit nos miseres 1620
Sire, delivrez moi par un heureux trepas,
Des crimes de l'aimer et de ne l'aimer pas
J'en nommerai l'arrêt une faveur bien grande
Ma main peut me donner ce que je vous demande,
Mais ce trépas enfin me sera bien plus doux, 1625
Si je puis de sa honte affranchir mon epoux,
Si je puis par mon sang apaiser la colère
Des dieux qu'a pu fâcher sa vertu trop sévère,
Satisfaire en mourant aux mânes de sa sœur⁴,
Et conserver à Rome un si bon défenseur. 1630

LE VIEIL HORACE, *au roi*

Sire, c'est donc à moi de répondre à Valère
Mes enfants avec lui conspirent contre un père
Tous trois veulent me perdre, et s'arment sans raison
Contre si peu de sang qui reste en ma maison.

(*A Sabine.*)

Toi qui par des douleurs à ton devoir contrairies² 1635
Veux quitter un mari pour rejoindre tes frères,
Va plutôt consulter leurs mânes généreux,
Ils sont morts, mais pour Albe et s'en tiennent heureux
Puisque le ciel vouloit qu'elle fût asservie,
Si quelque sentiment demeure après la vie, 1640

1 Voltaire a imité ce vers dans *la Mort de César* (acte 1 scène III)
    Satisfaire en tombant aux mânes de Crassus.
2. *Var* Toi qui par des douleurs à tes devoirs contraires
(1641)

ACTE V SCÈNE III.

Ce mal leur semble moindre, et moins rudes ses coups,
Voyant que tout l'honneur en retombe sur nous
Tous trois désavoueront la douleur qui te touche,
Les larmes de tes yeux les soupirs de ta bouche,
L'horreur que tu fais voir d'un mari vertueux   1645
Sabine, sois leur sœur suis ton devoir comme eux
          (*Au roi.*)
   Contre ce cher époux Valère en vain s'anime
Un premier mouvement ne fut jamais un crime;
Et la louange est due, au lieu du châtiment,
Quand la vertu produit ce premier mouvement.   1650
Aimer nos ennemis avec idolâtrie,
De rage en leur trépas maudire la patrie,
Souhaiter à l'État un malheur infini,
C'est ce qu'on nomme crime, et ce qu'il a puni.
Le seul amour de Rome a sa main animée   1655
Il seroit innocent s'il l'avoit moins aimée.
Qu'ai je dit, Sire ? il l'est, et ce bras paternel
L'auroit déjà puni s'il étoit criminel
J'aurois su mieux user de l'entière puissance
Que me donnent sur lui les droits de la naissance,   1660
J'aime trop l'honneur, Sire, et ne suis point de rang
A souffrir ni d'affront ni de crime en mon sang.
C'est dont je ne veux point de témoin que Valère
Il a vu quel accueil lui gardoit ma colère,
Lorsque ignorant encor la moitié du combat,   1665
Je croyois que sa fuite avoit trahi l'Etat.
Qui le fait se charger des soins de ma famille ?
Qui le fait, malgré moi, vouloir venger ma fille ?
Et par quelle raison, dans son juste trépas,
Prend il un intérêt qu'un père ne prend pas ?   1670
On craint qu'après sa sœur il n'en maltraite d'autres.
Sire, nous n'avons part qu'à la honte des nôtres,
Et de quelque façon qu'un autre puisse agir,
Qui ne nous touche point ne nous fait point rougir
          (*A Valère*)
   Tu peux pleurer Valère, et même aux yeux d'Horace ;   1675
Il ne prend intérêt qu'aux crimes de sa race
Qui n'est point de son sang ne peut faire d'affront
Aux lauriers immortels qui lui ceignent le front
Lauriers, sacrés rameaux qu'on veut réduire en poudre,
Vous qui mettez sa tête à couvert de la foudre [1],   1680
L'abandonnerez vous à l'infâme couteau

---

[1] Ces mots rappellent le vers 390 du *Cid*
      Avec tous vos lauriers craignez encor le foudre

Qui fait choir les mechants sous la main d'un bourreau ?
Romains, souffrirez vous qu'on vous immole un homme[1]
Sans qui Rome aujourd'hui cesseroit d'être Rome,
Et qu'un Romain s'efforce à tacher le renom   168
D un guerrier a qui tous doivent un si beau nom ?
Dis, Valère, dis-nous, si tu veux qu'il périsse[2],
Ou tu penses choisir un lieu pour son supplice ?
Sera ce entre ces murs que mille et mille voix
Font résonner encor du bruit de ses exploits ?   1690
Sera ce hors des murs, au milieu de ces places
Qu'on voit fumer encor du sang des Curiaces,
Entre leurs trois tombeaux, et dans ce champ d'honneur
Temoin de sa vaillance et de notre bonheur ?
Tu ne saurois cacher sa peine a sa victoire   1695
Dans les murs hors des murs, tout parle de sa gloire,
Tout s'oppose à l'effort de ton injuste amour
Qui veut d'un si bon sang souiller un si beau jour.
Albe ne pourra pas souffrir un tel spectacle,
Et Rome par ses pleurs y mettra trop d'obstacle[3].   1700

(Au roi)

Vous les previendrez, Sire, et par un juste arrêt
Vous saurez embrasser bien mieux son intérêt
Ce qu'il a fait pour elle, il peut encor le faire[4]
Il peut la garantir encor d'un sort contraire
Sire, ne donnez rien a mes debiles ans   1705
Rome aujourd'hui m'a vu pere de quatre enfants,
Trois en ce même jour sont morts pour sa querelle,
Il m'en reste encore un, conservez le pour elle
N'ôtez pas à ses murs un si puissant appui ;
Et souffrez, pour finir, que je m'adresse à lui.   1710

(A Horace)

Horace, ne crois pas que le peuple stupide
Soit le maître absolu d'un renom bien solide
Sa voix tumultueuse assez souvent fait bruit ;
Mais un moment l'eleve, un moment le detruit ;
Et ce qu'il contribue a notre renommée   1715
Toujours en moins de rien se dissipe en fumee.

1 Voyez plus haut, p 99, le discours du vieil Horace, dans l ex
trait de Tite Live
2 *Var* Dis Valere dis nous, puisqu'il faut qu'il perisse
(1641-48)
3. *Var.* Et Rome avec ses pleurs y mettra trop d'obstacle (1641-60)
4 *Var* Ce qu'il a fait pour elle, il le peut encor faire
Il la peut garantir encor d'un sort contraire (1641-60)

C'est aux rois, c'est aux grands, c'est aux esprits bien faits,
A voir la vertu pleine en ses moindres effets ;
C'est d'eux seuls qu'on reçoit la véritable gloire,
Eux seuls des vrais héros assurent la mémoire. 1720
Vis toujours en Horace et toujours auprès d'eux
Ton nom demeurera grand, illustre fameux
Bien que l'occasion, moins haute ou moins brillante,
D'un vulgaire ignorant trompe l'injuste attente
Ne hais donc plus la vie, et du moins vis pour moi, 1725
Et pour servir encor ton pays et ton roi
   Sire, j'en ai trop dit ; mais l'affaire vous touche ;
Et Rome toute entière a parlé par ma bouche.

                VALERE.

Sire, permettez moi .

                TULLE.

     Valere, c'est assez :
Vos discours par les leurs ne sont pas effacés, 1730
J'en garde en mon esprit les forces plus pressantes,
Et toutes vos raisons me sont encor presentes.
   Cette enorme action faite presque a nos yeux
Outrage la nature, et blesse jusqu'aux dieux.
Un premier mouvement qui produit un tel crime 1735
Ne sauroit lui servir d'excuse légitime
Les moins severes lois en ce point sont d'accord,
Et si nous les suivons. il est digne de mort.
Si d'ailleurs nous voulons regarder le coupable,
Ce crime quoique grand, enorme, inexcusable, 1740
Vient de la même epee et part du même bras
Qui me fait aujourd'hui maître de deux Etats
Deux sceptres en ma main, Albe a Rome asservie,
Parlent bien hautement en faveur de sa vie
Sans lui j'obeirois ou je donne la loi, 1745
Et je serois sujet ou je suis deux fois roi
Assez de bons sujets dans toutes les provinces
Par des vœux impuissants s'acquittent vers leurs princes,
Tous les peuvent aimer, mais tous ne peuvent pas
Par d'illustres effets assurer leurs États, 1750
Et l'art et le pouvoir d'affermir des couronnes
Sont des dons que le ciel fait a peu de personnes.
De pareils serviteurs sont les forces des rois,
Et de pareils aussi sont au-dessus des lois
Qu'elles se taisent donc ; que Rome dissimule 1755
Ce que des sa naissance elle vit en Romule
Elle peut bien souffrir en son liberateur
Ce qu'elle a bien souffert en son premier auteur
   Vis donc, Horace, vis, guerrier trop magnanime

Ta vertu met ta gloire au-dessus de ton crime[1],
Sa chaleur généreuse a produit ton forfait,
D'une cause si belle il faut souffrir l'effet
Vis pour servir l'Etat, vis, mais aime Valere
Qu'il ne reste entre vous ni haine ni colère,
Et soit qu'il ait suivi l'amour ou le devoir,
Sans aucun sentiment resous-toi de le voir.

   Sabine, écoutez moins la douleur qui vous presse[2],
Chassez de ce grand cœur ces marques de foiblesse
C'est en séchant vos pleurs que vous vous montrerez
La véritable sœur de ceux que vous pleurez
Mais nous devons aux dieux demain un sacrifice,
Et nous aurions le ciel à nos vœux mal propice,
Si nos prêtres, avant que de sacrifier
Ne trouvoient les moyens de le purifier
Son pere en prendra soin, il lui sera facile
D'apaiser tout d'un temps les mânes de Camille
Je la plains ; et pour rendre a son sort rigoureux
Ce que peut souhaiter son esprit amoureux,
Puisqu'en un même jour l'ardeur d'un même zele
Achève le destin de son amant et d'elle,
Je veux qu'un même jour, témoin de leurs deux morts,
En un même tombeau voie enfermer leurs corps.

1 Souvenir de l'historien Florus (livre I, chap. III) *Abstulit virtus parricidam et facinus intra gloriam fuit* « la valeur emporta le parricide, et la gloire voila le crime »
2 *Var* Le roi se lève, et tous le suivent hormis Julie

SCÈNE IV

JULIE

Camille, ainsi le ciel t'avoit bien avertie
Des tragiques succès qu'il t'avoit préparés,
Mais toujours du secret il cache une partie
Aux esprits les plus nets et les mieux éclairés.

Il sembloit nous parler de ton proche hymenée,
Il sembloit tout promettre à tes vœux innocents,
Et nous cachant ainsi ta mort inopinée,
Sa voix n'est que trop vraie en trompant notre sens

   « Albe et Rome aujourd'hui prennent une autre face,
Tes vœux sont exaucés, elles goutent la paix,
Et tu vas être unie avec ton Curiace,
Sans qu'aucun mauvais sort t'en sépare jamais. » (1641-56)

« Ce commentaire de Julie sur le sens de l'oracle, dit Voltaire est visiblement imité de la fin du *Pastor fido*. »

FIN DU CINQUIÈME ET DERNIER ACTE

EXAMEN D'HORACE PAR CORNEILLE

C'est une croyance assez générale que cette pièce pourroit passer pour la plus belle des miennes si les derniers actes répondoient aux premiers. Tous veulent que la mort de Camille en gâte la fin, et j'en demeure d'accord; mais je ne sais si tous en savent la raison. On l'attribue communément à ce qu'on voit cette mort sur la scène, ce qui seroit plutôt la faute de l'actrice que la mienne, parce que, quand elle voit son frère mettre l'épée à la main, la frayeur, si naturelle au sexe, lui doit faire prendre la fuite, et recevoir le coup derrière le théâtre, comme je le marque dans cette impression[1]. D'ailleurs, si c'est une règle de ne le point ensanglanter, elle n'est pas du temps d'Aristote, qui nous apprend que pour émouvoir puissamment il faut de grands déplaisirs, des blessures et des morts en spectacle[2]. Horace ne veut pas que nous y hasardions les événements trop dénaturés, comme de Médée qui tue ses enfants[3], mais je ne vois pas qu'il en fasse une règle générale pour toutes sortes de morts, ni que l'emportement d'un homme passionné pour sa patrie contre une sœur qui la maudit en sa présence avec des imprécations horribles, soit de même nature que la cruauté de cette mère. Sénèque l'expose aux yeux du peuple en dépit d'Horace, et chez Sophocle, Ajax ne se cache point au spectateur lorsqu'il se tue. L'adoucissement que j'apporte[4] dans le second de ces *Discours* pour rectifier la mort de Clytemnestre[5] ne peut être propre ici à celle de Camille. Quand elle s'enferreroit d'elle-même par désespoir en voyant son frère l'épée à la main, ce frère ne laisseroit pas d'être criminel de l'avoir tirée contre elle, puisqu'il n'y a point de troisième personne sur le

1 Voyez les indications qui accompagnent le rôle des personnages à la fin de la scène v du IV° acte, p. 144.
2 Voyez la *Poétique*, fin du chapitre xi.
3 *Ne pueros coram populo Medea trucidet.*
(*Art poétique*, vers 185.)
4 Var. (édit. de 1660 et de 1663) L'adoucissement que j'ai apporté à rectifier, etc.
5 Corneille parle ici de ses trois discours *sur le Poëme dramatique, sur la Tragédie, sur les trois Unités.* Voici le passage auquel il fait allusion « Pour rectifier ce sujet à notre mode, il faudroit qu'Oreste n'eût dessein que contre Égisthe; qu'un reste de tendresse respectueuse pour sa mère lui en fît remettre la punition aux dieux, que cette reine s'opiniâtrât à la protection de son adultère, et qu'elle se mît entre son fils et lui, si malheureusement qu'elle reçût le coup que ce prince voudroit porter à cet assassin de son père; ainsi elle mourroit de la main de son fils sans que la barbarie d'Oreste nous fît horreur. »

théâtre à qui il pût adresser le coup qu'elle recevroit, comme peut faire Oreste à Égisthe. D'ailleurs l'histoire est trop connue pour retrancher le péril qu'il court d'une mort infâme après l'avoir tuée, et la défense que lui prête son père pour obtenir sa grâce n'auroit plus de lieu, s'il demeuroit innocent. Quoi qu'il en soit voyons si cette action n'a pu causer la chute[1] de ce poème que par là, et si elle n'a point d'autre irrégularité que de blesser les yeux.

Comme je n'ai point accoutumé de dissimuler mes défauts, j'en trouve ici deux ou trois assez considérables. Le premier est que cette action, qui devient la principale de la pièce, est momentanée et n'a point cette juste grandeur que lui demande Aristote, et qui consiste en un commencement, un milieu et une fin. Elle surprend tout d'un coup, et toute la préparation que j'y ai donnée par la peinture de la vertu farouche d'Horace, et par la défense qu'il fait à sa sœur de regretter qui que ce soit[2], de lui ou de son amant, qui meure au combat, n'est point suffisante pour faire attendre un emportement si extraordinaire, et servir de commencement à cette action.

Le second défaut est que cette mort fait une action double, par le second péril où tombe Horace après être sorti du premier. L'unité de péril d'un héros dans la tragédie fait l'unité d'action, et quand il en est garanti, la pièce est finie, si ce n'est que la sortie même de ce péril l'engage si nécessairement dans un autre, que la liaison et la continuité des deux n'en fasse qu'une action : ce qui n'arrive point ici, où Horace revient triomphant, sans aucun besoin de tuer sa sœur, ni même de parler à elle, et l'action se voit suffisamment terminée à sa victoire. Cette chute d'un péril en l'autre, sans nécessité, fait ici un effet d'autant plus mauvais, que d'un péril public, où il y va de tout l'État, il tombe en un péril particulier, où il n'y va que de sa vie, et pour dire encore plus, d'un péril illustre, où il ne peut succomber que glorieusement, en un péril infâme, dont il ne peut sortir sans tache. Ajoutez, pour troisième imperfection, que Camille, qui ne tient que le second rang dans les trois premiers actes et y laisse le premier à Sabine, prend le premier en ces deux derniers, où cette Sabine n'est plus considérable, et qu'ainsi, s'il y a égalité dans les mœurs, il n'y en

---

1. Ce mot *chute* paraît bien fort et ne s'accorde guère avec ce que nous lisons dans le reste de l'*Examen*. L'abbé d'Aubignac dans sa *Pratique du Théâtre* (p. 82), a dit, plus exactement sans doute : « La mort de Camille n'a pas été approuvée au théâtre », et Corneille lui-même, un peu plus loin (p. 163) : « Tout ce cinquième (acte) est encore une des causes du peu de satisfaction que laisse cette tragédie. »

2. Si par mon trépas il retourne vainqueur, etc.
  II scène IV, vers 518-530.

a point dans la dignité des personnages, ou se doit étendre ce précepte d'Horace[1]

Servetur ad imum
Qualis ab incepto processerit, et sibi constet

Ce défaut en Rodélinde a été une des principales causes du mauvais succès de *Pertharite*, et je n'ai point encore vu sur nos théâtres cette inégalité de rang en un même acteur, qui n'ait produit un très méchant effet. Il seroit bon d'en établir une règle inviolable

Du côté du temps, l'action n'est point trop pressée, et n'a rien qui ne me semble vraisemblable. Pour le lieu, bien que l'unité y soit exacte, elle n'est pas sans quelque contrainte. Il est constant[2] qu'Horace et Curiace n'ont point de raison de se séparer du reste de la famille pour commencer le second acte; et c'est une adresse de théâtre de n'en donner aucune, quand on n'en peut donner de bonnes. L'attachement de l'auditeur à l'action présente souvent ne lui permet pas de descendre à l'examen sévère de cette justesse, et ce n'est pas un crime que de s'en prévaloir pour l'éblouir, quand il est malaisé de le satisfaire.

Le personnage de Sabine est assez heureusement inventé et trouve sa vraisemblance aisée dans le rapport à l'histoire, qui marque assez d'amitié et d'égalité entre les deux familles pour avoir pu faire cette double alliance

Elle ne sert pas davantage à l'action que l'Infante à celle du *Cid*, et ne fait que se laisser toucher diversement, comme elle, à la diversité des événements. Néanmoins on a généralement approuvé celle-ci, et condamné l'autre. J'en ai cherché la raison, et j'en ai trouvé deux. L'une est la liaison des scènes qui semble, s'il m'est permis de parler ainsi, incorporer Sabine dans cette pièce, au lieu que, dans *le Cid*, toutes celles de l'Infante sont détachées et paroissent hors œuvre

Tantum series juncturaque pollet[3]

L'autre, qu'ayant une fois posé Sabine pour femme d'Horace, il est nécessaire que tous les incidents de ce poème lui donnent les sentiments qu'elle en témoigne avoir, par l'obligation qu'elle a de

---

1 *Art poétique*, vers 126 et 127

2 VAR (édit. de 1660) «Pour le lieu bien que l'unité y soit exacte, j'y ai fait voir quelque contrainte quand j'ai parlé de la réduction de la tragédie au roman (voyez le tome I du Corneille de M. Marty Laveaux, p 85 et 86) Il est constant etc.» Corneille fait remarquer dans le *Discours des trois unités* (*ibid*, p 122) qu'il n'a pu réduire que trois pièces à la stricte unité de lieu *Horace*, *Polyeucte* et *Pompée* mais dans son *Discours de la tragédie* (p 85) il dit finement que même dans *Horace*, l'unité de lieu est bien artificielle et que dans un roman on procéderait tout autrement

3 Horace, *Art poétique* vers 242

prend intérêt à ce qui regarde son mari et ses frères, mais l'Infante n'est point obligée d'en prendre aucun en ce qui touche le Cid : et si elle a quelque inclination secrète pour lui, il n'est point besoin qu'elle en fasse rien paroître, puisqu'elle ne produit aucun effet.

L'oracle qui est proposé au premier acte[1] trouve son vrai sens à la conclusion du cinquième. Il semble clair d'abord et porte l'imagination à un sens contraire, et je les aimerois mieux de cette sorte sur nos théâtres, que ceux qu'on fait entièrement obscurs, parce que la surprise de leur véritable effet en est plus belle. J'en ai usé ainsi encore dans l'*Andromède* et dans l'*Œdipe*[2]. Je ne dis pas la même chose des songes, qui peuvent faire encore un grand ornement dans la protase, pourvu qu'on ne s'en serve pas souvent. Je voudrois qu'ils eussent l'idée de la fin véritable de la pièce, mais avec quelque confusion qui n'en permît pas l'intelligence entière. C'est ainsi que je m'en suis servi deux fois, ici[3] et dans *Polyeucte*[4], mais avec plus d'éclat et d'artifice dans ce dernier poème, où il marque toutes les particularités de l'événement, qu'en celui-ci, où il ne fait qu'exprimer une ébauche tout à fait informe de ce qui doit arriver de funeste.

Il passe pour constant que le second acte est un des plus pathétiques qui soient sur la scène, et le troisième un des plus artificieux. Il est soutenu de la seule narration de la moitié du combat des trois frères, qui est coupée très heureusement pour laisser Horace le père dans la colère et le déplaisir, et lui donner ensuite un beau retour à la joie dans le quatrième. Il a été à propos pour le jeter dans cette erreur de se servir de l'impatience d'une femme qui suit brusquement sa première idée, et présume le combat achevé, parce qu'elle a vu deux des Horaces par terre et le troisième en fuite. Un homme, qui doit être plus posé et plus judicieux, n'eût pas été propre à donner cette fausse alarme : il eût dû prendre plus de patience afin d'avoir plus de certitude de l'événement, et n'eût pas été excusable de se laisser emporter si légèrement par les apparences à présumer le mauvais succès d'un combat dont il n'eût pas vu la fin.

Bien que le roi n'y paroisse qu'au cinquième, il y est mieux dans sa dignité que dans *le Cid*, parce qu'il a intérêt pour tout son État dans le reste de la pièce, et bien qu'il n'y parle point, il ne laisse pas d'y agir comme roi. Il vient aussi dans ce cinquième comme roi qui veut honorer par cette visite un père dont les fils lui ont conservé sa couronne et acquis celle d'Albe au prix de leur sang.

---

1. Voyez vers 187 et suivants.

2. Voyez la 1re scène du Ier acte d'*Andromède*, et la IIIe scène du IIe acte d'*Œdipe*.

3. Voyez vers 215 et suivants.

4. Voyez la IIIe scène du Ier acte de *Polyeucte*.

S'il y fait l'office de juge, ce n'est que par accident, et il le fait dans ce logis même d'Horace par la seule contrainte qu'impose la règle de l'unité de lieu. Tout ce cinquième est encore une des causes du peu de satisfaction que laisse cette tragédie: il est tout en plaidoyers, et ce n'est pas là la place des harangues ni des longs discours; ils peuvent être supportés en un commencement de pièce, où l'action n'est pas encore échauffée, mais le cinquième acte doit plus agir que discourir. L'attention de l'auditeur, déjà lassée, se rebute de ces conclusions qui traînent et tirent la fin en longueur.

Quelques-uns ne veulent pas que Valère y soit un digne accusateur d'Horace parce que dans la pièce il n'a pas fait voir assez de passion pour Camille: à quoi je réponds que ce n'est pas à dire qu'il n'en eut une très forte, mais qu'un amant mal voulu ne pouvoit se montrer de bonne grâce à sa maîtresse dans le jour qui la rejoignoit à un amant aimé. Il n'y avoit point de place pour lui au premier acte, et encore moins au second; il falloit qu'il tînt son rang à l'armée pendant le troisième, et il se montre au quatrième, sitôt que la mort de son rival fait quelque ouverture à son espérance: il tâche à gagner les bonnes grâces du père par la commission qu'il prend du roi de lui apporter les glorieuses nouvelles de l'honneur que ce prince lui veut faire, et par occasion il lui apprend la victoire de son fils qu'il ignoroit. Il ne manque pas d'amour durant les trois premiers actes, mais d'un temps propre à le témoigner, et dès la première scène de la pièce il paroît bien qu'il rendoit assez de soins à Camille, puisque Sabine s'en alarme pour son frère. S'il ne prend pas le procédé de France, il faut considérer qu'il est Romain, et dans Rome, où il n'auroit pu entreprendre un duel contre un autre Romain sans faire un crime d'État, et que j'en aurois fait un de théâtre si j'avois habillé un Romain à la françoise.

CINNA

TRAGEDIE DE P. CORNEILLE

REPRESENTEE POUR LA PREMIERE FOIS EN 1640 APRES HORACE
ET PUBLIEE EN JANVIER 1643

Quoique j'aie osé trouver des défauts dans *Cinna*, j oserai[s]
à Corneille. Je souscris a l avis de ceux qui mettent cette pi[èce]
au dessus de tous vos autres ouvrages, je suis frappé de la [no-]
blesse des sentiments vrais, de la force, de l'éloquence, des gra[nds]
traits de cette tragedie. Il y a peu de cette emphase et de c[ette]
enflure qui n'est qu'une grandeur fausse. Le récit que fait Cinna [au]
premier acte, la délibération d Auguste, plusieurs traits d Émi[lie]
et enfin la dernière scène, sont des beautés de tous les temps,
des beautés superieures. Quand je vous compare surtout aux c[on-]
temporains qui osaient alors produire leurs ouvrages à côte [des]
vôtres, je lève les epaules, et je vous admire comme un etr[e à]
part. Qui étaient ces hommes qui voulaient courir la même carri[ère]
que vous ? Tristan, la Case, Grenaille, Rosiers Boyer, Collet[et,]
Gaulmin, Gillet Provais, la Menardière, Magnon, Picou, de Bros[se,]
J en nommerais cinquante dont pas un n est connu, ou dont [les]
noms ne se prononcent qu en riant. C est au milieu de cette fo[ule]
que vous vous éleviez au delà des bornes connues de l'art. Vo[us]
deviez avoir autant d ennemis qu'il y avait de mauvais ecrivain[s,]
et tous les bons esprits devaient être vos admirateurs. Si j [ai]
trouvé des taches dans *Cinna*, ces défauts mêmes auraient été [de]
tres grandes beautes dans les écrits de vos pitoyables adversair[es.]
Je n'ai remarqué ces defauts que pour la perfection d un art do[nt]
je vous regarde comme le createur.

Voltaire Commentaire sur Corneille

ÉPITRE DE CORNEILLE

A MONSIEUR DE MONTORON [1]

Monsieur,

Je vous présente un tableau d'une des plus belles actions d'Auguste. Ce monarque étoit tout généreux, et sa générosité n'a jamais paru avec tant d'éclat que dans les effets de sa clémence et de sa libéralité. Ces deux rares vertus lui étoient si naturelles et si inséparables en lui qu'il semble qu'en cette histoire que j'ai mise sur notre théâtre, elles se soient tour à tour entre produites dans son âme. Il avoit été si libéral envers Cinna, que sa conjuration ayant fait voir une ingratitude extraordinaire, il eut besoin d'un extraordinaire effort de clémence pour lui pardonner, et le pardon qu'il lui donna fut la source des nouveaux bienfaits dont il lui fut prodigue pour vaincre tout à fait cet esprit qui n'avoit pu être gagné par les premiers; de sorte qu'il est vrai de dire qu'il eut été moins clément envers lui s'il eut été moins libéral, et qu'il eut été moins libéral s'il eut été moins clément. Cela étant, ne puis-je pas avec justice donner le portrait de l'une de ces héroïques vertus à celui qui[2] possède l'autre en un si haut degré, puisque, dans cette action, ce grand prince les a si bien attachées et comme unies l'une à l'autre, qu'elles ont été tout ensemble la cause et l'effet l'une de l'autre?[3] Je le puis certes d'autant plus justement que je vois votre générosité, comme voulant imiter ce grand empereur, prendre plaisir à s'étendre sur les gens de lettres en un temps où[3] beaucoup pensent avoir trop récompensé leurs travaux

---

1 Cette épitre dédicatoire, ainsi que l'extrait de Sénèque qui la suit, ne se trouve que dans l'édition originale (1643) et dans les recueils de 1648-1656. Pierre du Puget seigneur de Montauron ou Montoron, premier président des finances au bureau de Montauban, mourut à Paris le 23 juin 1664. Il avait d'abord servi dans le régiment des Gardes. Tallemant des Réaux raconte (tome II, p. 248) que « Montauron avoit donné deux cents pistoles à Corneille pour *Cinna*. Il étoit si magnifique en toute chose, qu'on l'appeloit *Son Éminence gasconne.* »

2 Van (édit. de 1645). Cela étant, a qui pourrois-je plus justement donner le portrait de l'une de ces héroïques vertus qu'à celui qui ?

3 Tel est le texte des recueils de 1648-1656. Celui de la première édition (1643) pousse plus loin la flatterie. On y lit ainsi ce passage : « la cause et l'effet l'une de l'autre. Vous avez des richesses, mais vous savez en jouir, et vous en jouissez d'une façon si noble, si relevée, et tellement illustre, que vous forcez la voix publique d'avouer que la fortune a consulté la raison quand elle a répandu ses faveurs sur vous, et qu'on a plus de sujet de vous en souhaiter le redoublement que de vous en envier l'abon-

quand ils les ont honorés d une louange stérile Vous avez trait
quelques unes de nos muses avec tant de magnanimité qu'en el
vous avez obligé toutes les autres, de sorte qu il n'en est point q
ne vous en doive un remerciment Trouvez bon, Monsieur, que
m'acquitte de celui que je reconnois vous en devoir par le prése
que je vous fais de ce poeme, que j'ai choisi comme le plus dura
des miens, pour apprendre plus longtemps à ceux qui le liro
que le généreux Monsieur de Montoron, par une libéralité inou
en ce siecle, s'est rendu toutes les muses redevables, et que
prends tant de part aux bienfaits dont vous avez surpris quelque
unes d'elles, que je m'en dirai toute ma vie,

   MONSIEUR,

    Votre tres humble et tres obligé serviteur,
              Corneille

dance J ai vecu si éloigné de la flatterie, que je pense être en possess
de me faire croire quand je dis du bien de quelqu'un , et lorsque je don
des louanges ce qui m arrive assez rarement c est avec tant de retenue q
je supprime toujours quantité de g orieuses vérités pour ne me rendre p
suspect d étaler de ces mensonges obligeants que beaucoup de nos modern
savent débiter de si bonne grâce Aussi je ne dirai rien des avantages de vot
naissance, ni de votre courage qui l a si dignement soutenue dans la profe
sion des armes à qui vous avez donné vos premières années ce sont des cho
trop connues de tout le monde Je ne dirai rien de ce prompt et puissant s
cours que reçoivent chaque jour de votre man tant de bonnes familles ru
nées par les désordres de nos guerres ce sont des choses que vous vou
tenir cachées Je dirai seulement un mot de ce que vous avez particulièreme
de commun avec Auguste c'est que cette générosité qui compose la meilleu
partie de votre âme et regne sur l'autre, et qu à juste titre on peut nomm
l'âme de votre âme puisqu'elle en fait mouvoir toutes les puissances, c es
dis-je, que cette générosité a l'exemple de ce grand empereur, prend p ais
à s'étendre sur les gens de lettres en un temps où »

1. Var (édit de 1643) Et certes, vous avez traite Plus loin cette éd
tion donne « et qu'il n en est point » juis à la phrase suivante « Trouv
donc bon

EXTRAIT DE SÉNÈQUE

(*de Clementia* livre I chap ix)

Divus Augustus mitis fuit princeps, si quis illum a principatu suo æstimare incipiat. In communi quidem republica[1], duodevicesimum egressus annum jam pugiones in sinu amicorum absconderat, jam insidiis M Antonii consulis latus petierat, jam fuerat collega proscriptionis, sed quum annum quadragesimum transisset et in Gallia moraretur[2], delatum est ad eum indicium, L Cinnam stolidi ingenii virum, insidias ei struere Dictum est et ubi, et quando, et quemadmodum aggredi vellet Unus ex consciis deferebat, statuit se ab eo vindicare Consilium amicorum advocari jussit Nox illi inquieta erat, quum cogitaret adolescentem nobilem hoc detracto integrum, Cn Pompeii nepotem, damnandum Jam unum hominem occidere non poterat, quum M Antonio proscriptionis edictum inter cœnam dictarat Gemens subinde voces varias emittebat et inter se contrarias « Quid ergo? ego percussorem meum securum ambulare patiar, me sollicito ? Ergo non dabit pœnas qui tot civilibus bellis frustra petitum caput, tot navalibus tot pedestribus prœliis incolume, postquam terra marique pax parta est, non occidere constituat, sed immolare ? » Nam sacrificantem placuerat adoriri Rursus silentio interposito, majore multo voce sibi quam Cinnæ irascebatur « Quid vivis, si perire te tam multorum interest ? Quis finis erit suppliciorum ? quis sanguinis? Ego sum nobilibus adolescentulis expositum caput, in quod mucrones acuant. Non est tanti vita, si, ut ego non peream, tam multa perdenda sunt » Interpellavit tandem illum Livia uxor et

---

1 Corneille a omis ici quelques mots Voici quel est le texte de Sénèque *In communi quidem republica gladium movit quum hoc ætatis esset quod tu nunc es* (il s'ad esse a Neron) *duodevicesimum* etc. Dans le reste du morceau l edition suivie par Corneille ne diffère que par un petit nombre de leçons, insignifiantes pour la plupart, du texte des impressions les plus modernes

2 L an de Rome 738 Auguste étoit alors âgé de quarante-huit ans Dion Cassius qui rapporte la même anecdote (liv LV chap xiv xxii), dit que la chose arriva dans Rome l an 757 Corneille a suivi Dion pour le lieu de la scène, mais pour la date il s'en rapporte plutôt à Sénèque, puisqu il donne pour père à Æmilie C Toranius qui fut proscrit par les triumvirs et perit par leur ordre l an de Rome 712

« Admittis, inquit, muliebre consilium? Fac quod medici solent, ubi usitata remedia non procedunt, tentant contraria. Severitate nihil adhuc profecisti Salvidienum [1] Lepidus secutus est, Lepidum Muræna, Murænam Cæpio, Cæpionem Egnatius ut alios taceam quos tantum ausos pudet, nunc tenta quomodo tibi cedat clementia. Ignosce L. Cinnæ, deprehensus est, jam nocere tibi non potest, prodesse famæ tuæ potest [2]. » Gavisus sibi quod advocatum invenerat, uxori quidem gratias egit renuntiari autem extemplo amicis quos in consilium rogaverat imperavit, et Cinnam unum ad se accersit, dimississque omnibus e cubiculo, quum alteram poni Cinnæ cathedram jussisset « Hoc, inquit, primum a te peto, ne me loquentem interpelles ne medio sermone meo proclames, dabitur tibi loquendi liberum tempus Ego te, Cinna, quum in hostium castris invenissem, non factum tantum mihi inimicum, sed natum, servavi, patrimonium tibi omne concessi, hodie tam felix es et tam dives, ut victo victores invideant sacerdotium tibi petenti, præteritis compluribus quorum parentes mecum militaverant, dedi Quum sic de te meruerim, occidere me constituisti » Quum ad hanc vocem exclamasset Cinna, procul hanc ab se abesse dementiam « Non præstas, inquit fidem Cinna, convenerat ne interloquereris Occidere, inquam, me paras » Adjecit locum, socios, diem, ordinem insidiarum, cui commissum esset ferrum, et quum defixum videret, nec ex conventione jam, sed ex conscientia tacentem « Quo inquit, hoc animo facis? Ut ipse sis princeps? Male mehercule, cum republica agitur si tibi ad imperandum nihil præter me obstat Domum tuam tueri non potes, nuper libertini hominis gratia in privato judicio superatus es Adeo nihil facilius putas quam contra Cæsarem advocare? Cedo, si spes tuas solus impedio [5], Paulusne te et Fabius Maximus et Cossi et Servilii ferent tantumque agmen nobilium, non inania nomina præferentium, sed eorum qui imaginibus suis decori sunt? » Ne totam ejus orationem repetendo magnam partem voluminis occupem, diutius enim quam duabus horis locutum esse constat, quum hanc poenam qua sola erat contentus futurus extenderet « Vitam tibi, inquit, Cinna, iterum do, prius hosti, nunc insidiatori ac parricidæ Ex hodierno die inter nos amicitia incipiat. Contendamus utrum ego meliore fide vitam tibi dederim, an tu debeas » Post hæc detulit ultro consulatum, questus quod non auderet petere,

---

1 L'edition originale de *Cinna* porte *Salvidientium* pour *Salvidienum*

2 L entretien d Auguste et de Livie est beaucoup plus long dans Dion Cassius, où il s étend depuis le chapitre xiv jusqu au chapitre xxii du livre LV

5 Nous suivons le texte de la première édition de *Cinna*, qui a une virgule après *impedio*, c est bien la ponctuation que veut le sens Dans l impression de 1648 au lieu de la virgule, il y a un point ce qui altère la pensée de Seneque mais est conforme a la traduction de Montaigne

amicissimum fidelissimumque habuit hæres solus fuit illi, nullis
amplius insidiis ab ullo petitus est[1].

EXTRAIT DE MONTAIGNE[2]

(Livre I de ses *Essais* chapitre XXIII)

L'EMPEREUR Auguste, estant en la Gaule, receut certain advertissement d'une coniuration que luy brassoit L. Cinna : il delibera de s'en venger et manda pour cet effect au lendemain le conseil de ses amis. Mais la nuict d'entre deux, il la passa avecques grande inquietude, considerant qu'il avoit à faire mourir un ieune homme de bonne maison et nepveu du grand Pompeius, et produisoit en se plaignant plusieurs divers discours « Quoy doncques disoit il, sera il vray que ie demeureray en crainte et en alarme, et que ie lairray mon meurtrier se promener ce pendant a son ayse ? S'en ira il quitte ayant assailly ma teste que i ay sauvee de tant de guerres civiles, de tant de battailles par mer et par terre, et aprez avoir estably la paix universelle du monde ? sera il absoult ayant delibere non de me meurtrir seulement, mais de me sacrifier ? » car la coniuration estoit faicte de le tuer comme il feroit quelque sacrifice. Aprez cela, s'estant tenu coy quelque espace de temps, il recommenceoit d'une voix plus forte, et s'en prenoit à soy mesme « Pourquoy vis-tu, s'il importe à tant de gents que tu meures ? N'y aura il point de fin a tes vengeances et à tes cruautez ? Ta vie vault elle que tant de dommage se face pour la conserver ? » Livia sa femme, le sentant en ces angoisses « Et les conseils des femmes y seront ils receus ? lui dict elle fay ce que font les medecins, quant les receptes accoustumees ne peuvent servir, ils en essayent de contraires Par severité, tu n as iusques à cette heure rien proufité Lepidus a suyvi Salvidienus, Murena Lepidus, Cæ

---

1 « L'aventure de Cinna, dit Voltaire, laisse quelque doute Il se peut que ce soit une fiction de Seneque ou du moins qu'il ait ajouté beaucoup a l'histoire C'est une chose bien etonnante que Suétone qui entre dans tous les details de la vie d'Auguste passe sous silence un acte de clemence qui serait tant d'honneur à cet empereur et qui serait la plus memorable de ses actions »

2 Cet extrait de Montaigne ne se trouve que dans l'édition originale Corneille ne l'a pas reproduit, a la suite de l'extrait latin dans ses recueils de 1648 1656

pio, Murena, Egnatius, Cæpio commence à experimenter co
ment te succederont la doulceur et la clemence Cinna est co
vaincu pardonne luy, de te nuire desormais, il ne pourra,
proufitera a ta gloire » Auguste feut bien ayse d avoir trouvé u
advocat de son humeur, et ayant remercié sa femme et contr
mandé ses amis qu'il avoit assignez au conseil commanda qu'o
feist venir à luy Cinna tout seul, et avant faict sortir tout le mond
de sa chambre et faict donner un siege a Cinna il luy parla e
cette maniere « En premier lieu ie te demande Cinna, paisibl
audience, n'interromps pas mon parler ie te donray temps et loi
sir d y respondre Tu sçais, Cinna que t'avant prins au camp d
mes ennemis, non seulement t'estant faict mon ennemy, mai
estant nay tel ie te sauvay, ie te meis entre mains touts te
biens, et t'ay enfin rendu si accommodé et si aysé, que les victo
rieux sont envieux de la condition du vaincu l'office du sacerdoc
que tu me demandas, ie te l octroyay l'ayant refusé a d'aultres
desquels les peres avoyent tousiours combattu avecques moy
T'ayant si fort obligé, tu as entreprins de me tuer » A quoy Cinn
s'estant escrié qu il estoit bien esloigné d une si meschante pen
see « Tu ne me tiens pas Cinna ce que tu m avois promis suy
vit Auguste, tu m avois asseuré que ie ne seroy pas interrompu
Ouy tu as entreprins de me tuer en tel lieu tel iour, en tell
compaignie, et de telle façon » Et le veoyant tra si de ces nou
velles, et en silence, non plus pour tenir le marche de se taire
mais de la presse de sa conscience « Pourquoy, adiousta il, le fai
tu ? Est ce pour estre empereur ? Vrayement il va bien mal à la
chose publicque, s il n y a que moy qui t empesche d ariver a l'em
pire Tu ne peux pas seulement deffendre ta maison, et perdis der
nierement un procez par la faveur d un simple libertin[1] Quoy ?
n as-tu pas moyen ny pouvoir en aultre chose qu a entreprendre
Cesar ? Ie le quitte s'il n y a que moy qui empesche tes esperan
ces Penses tu que Paulus, que Fabius, que les Cosseens et Ser
viliens te souffrent et une si grande troupe de nobles, non seu
lement nobles de nom, mais qui par leur vertu honnorent leur
noblesse ? » Aprez plusieurs aultres propos (car il parla à luy plus
de deux heures entieres) « Or ça luy dict il, ie te donne Cinna,
la vie à traistre et à parricide, que ie te donnay aultrefois à en
nemy, que l amitié commence de ce iourd huy entre nous, es
sayons qui de nous deux de meilleure foy, moi t'aye donné ta vie
ou tu l'ayes receue » Et se despartit d avecques luy en cette ma
niere Quelque temps aprez, il luy donna le consulat, se plaignant

---

[1] « Affranchi, du mot latin libertas ou libertinus, car ce dernier ne veut
pas dire comme on l a cru longtemps fils d affranchi » (Note de M le Cle
sur Montaigne)

dequoy il ne luy avoit ose demander Il l'eut depuis pour fort amy, et feut seul faict par lui heritier de ses biens Or depuis cet accident, qui adveint a Auguste au quarantiesme an de son aage il n'y eut iamais de coniuration ny d'entreprinse contre luy et receut une iuste recompense de cette sienne clemence [1]

[1] Quand Corneille fit imprimer *Cinna* dans la seconde partie de ses Œuvres en 1648 il plaça en tete une lettre de Balzac, du 17 janvier 1643 que donne aussi le recueil de 1656 On peut lire cette lettre dans l'edition complete de M Marty-Laveaux tome X, p 440-4

ACTEURS

OCTAVE CESAR AUGUSTE, empereur de Rome
LIVIE, impératrice
CINNA fils d'une fille de Pompée[1], chef de la conjuration contre Auguste
MAXIME, autre chef de la conjuration
EMILIE fille de C. Toranius, tuteur d'Auguste, et proscrit par lui durant le triumvirat[2]
FULVIE confidente d'Émilie
POLYCLETE affranchi d'Auguste
EVANDRE affranchi de Cinna
EUPHORBE, affranchi de Maxime

La scène est à Rome[3]

1. Sénèque dit simplement petit-fils ; c'est Dion (livre LV, chapitre xiv) qui nous apprend que Cinna, qu'il nomme *Cneius Cornelius*, et non *Lucius* comme Sénèque, était fils d'une fille de Pompée et de Cornelius Faustus, fils du dictateur Sylla.

2. Suétone rapporte dans sa *Vie d'Auguste* (chapitre xxvii) qu'Octavien proscrivit C. Toranius, son tuteur, qui avait été le collègue de son père dans l'édilité. Valère Maxime (livre IX, chapitre xi, 5) raconte qu'une fois proscrit Toranius fut livré par son propre fils, lequel indiqua aux centurions qui le cherchaient la retraite où il était caché, son âge et les marques auxquelles ils pourraient le reconnaître. Toranius avait été préteur.

3. Voyez ci-dessus, p. 169, note 2, et ci-après l'*Examen* (p. 236) où Corneille nous dit lui-même que la scène est dans le palais d'Auguste, et que la moitié de la pièce se passe chez Émilie et l'autre dans le cabinet de l'empereur.

CINNA[1]

TRAGEDIE

ACTE PREMIER

SCÈNE I

ÉMILIE[2]

Impatients desirs d'une illustre vengeance
Dont la mort de mon père a formé la naissance[3],
Enfants impétueux de mon ressentiment,
Que ma douleur séduite embrasse aveuglement
Vous prenez sur mon âme un trop puissant empire[4]
Durant quelques moments souffrez que je respire,
Et que je considère, en l'état ou je suis,
Et ce que je hasarde, et ce que je poursuis
Quand je regarde Auguste au milieu de sa gloire[5],

---

1 L'édition originale (1643) a le double titre CINNA, OU LA CLE-
MENCE D'AUGUSTE
2 « Plusieurs actrices, dit Voltaire, ont supprimé ce monologue
dans les representations Le public même paraissait souhaiter ce
retranchement on y trouvait de l'amplification Cependant j'étais
si touché des beautés répandues dans cette première scène, que
j'engageai l'actrice qui jouait Émilie à la remettre au théâtre, et
elle fut très bien reçue »
3 *Var* A qui la mort d'un père a donné la naissance (1643 56)
   Var Que d'un juste devoir soutient la violence (1660)
4 *Var* Vous régnez sur mon âme avecque trop d'empire
   Pour le moins un moment souffrez que je respire (1643 56)
5. *Var.* Quand je regarde Auguste en son trône de gloire
                                                    (1643 56)

Et que vous reprochez à ma triste mémoire 10
Que par sa propre main mon père massacré
Du trône où je le vois fait le premier degré,
Quand vous me présentez cette sanglante image
La cause de ma haine, et l'effet de sa rage,
Je m'abandonne toute à vos ardents transports, 15
Et crois, pour une mort, lui devoir mille morts.
Au milieu toutefois d'une fureur si juste,
J'aime encor plus Cinna que je ne hais Auguste,
Et je sens refroidir ce bouillant mouvement
Quand il faut, pour le suivre, exposer mon amant¹ 20
Oui, Cinna, contre moi moi même je m'irrite
Quand je songe aux dangers où je te précipite
Quoique pour me servir tu n'appréhendes rien,
Te demander du sang, c'est exposer le tien²
D'une si haute place on n'abat point de têtes 25
Sans attirer sur soi mille et mille tempêtes,
L'issue en est douteuse, et le péril certain
Un ami déloyal peut trahir ton dessein,
L'ordre mal concerté, l'occasion mal prise
Peuvent sur son auteur renverser l'entreprise³ 30
Tourner sur toi les coups dont tu le veux frapper,
Dans sa ruine même il peut t'envelopper,
Et quoi qu'en ma faveur ton amour exécute,
Il te peut, en tombant, écraser sous sa chute⁴
Ah! cesse de courir à ce mortel danger 35
Te perdre en me vengeant, ce n'est pas me venger
Un cœur est trop cruel quand il trouve des charmes
Aux douceurs que corrompt l'amertume des larmes,
Et l'on doit mettre au rang des plus cuisants malheurs⁵
La mort d'un ennemi qui coûte tant de pleurs 40
     Mais peut-on en verser alors qu'on venge un père?
Est il perte à ce prix qui ne semble légère?
Et quand son assassin tombe sous notre effort,
Doit on considérer ce que coûte sa mort?
Cessez, vaines frayeurs, cessez lâches tendresses, 45
De jeter dans mon cœur vos indignes foiblesses,

1 *Var* Quand il faut pour le perdre exposer mon amant
(1643-56)
2 *Var*. Te demander son sang, c'est exposer le tien (1643-56)
3 *Var* Peuvent dessus ton chef renverser l'entreprise,
Porter sur toi les coups dont tu le veux frapper. (1643-56)
4 *Var* Il te peut, en tombant, accabler sous sa chute (1643-56)
5 *Var*. Et je tiens qu'il faut mettre au rang des grands mal
(heurs
La mort d'un ennemi qui nous coûte des pleurs. (1643-56)

Et toi qui les produis par tes soins superflus,
Amour, sers mon devoir, et ne le combats plus
Lui céder, c'est ta gloire, et le vaincre, ta honte.
Montre toi généreux, souffrant qu'il te surmonte ; 50
Plus tu lui donneras, plus il te va donner,
Et ne triomphera que pour te couronner.

SCÈNE II

ÉMILIE FULVIE

ÉMILIE.

Je l'ai juré, Fulvie, et je le jure encore,
Quoique j'aime Cinna, quoiqu' mon cœur l'adore,
S'il me veut posséder, Auguste doit périr 55
Sa tête est le seul prix dont il peut m'acquérir.
Je lui prescris la loi que mon devoir m'impose.

FULVIE
Elle a pour la blâmer une trop juste cause :
Par un si grand dessein vous vous faites juger
Digne sang de celui que vous voulez venger ; 60
Mais encore une fois souffrez que je vous die
Qu'une si juste ardeur devroit être attiédie [1]
Auguste chaque jour, à force de bienfaits,
Semble assez réparer les maux qu'il vous a faits :
Sa faveur envers vous paroît si déclarée, 65
Que vous êtes chez lui la plus considérée,
Et de ses courtisans souvent les plus heureux
Vous pressent à genoux de lui parler pour eux [2]

ÉMILIE.
Toute cette faveur ne me rend pas mon père,
Et de quelque façon que l'on me considère, 70
Abondante en richesse, ou puissante en crédit,
Je demeure toujours la fille d'un proscrit.
Les bienfaits ne font pas toujours ce que tu penses
D'une main odieuse ils tiennent lieu d'offenses,
Plus nous en prodiguons à qui nous peut haïr, 75
Plus d'armes nous donnons à qui nous veut trahir.
Il m'en fait chaque jour sans changer mon courage ;
Je suis ce que j'étois, et je puis davantage,
Et des mêmes présents qu'il verse dans mes mains

---

[1] *Var* Que cette passion dut être refroidie (1643-56)
[2] *Var* Ont encore besoin que vous pailiez pour eux (1643-56)

J'achete contre lui les esprits des Romains,
Je recevrois de lui la place de Livie
Comme un moyen plus sûr d'attenter à sa vie
Pour qui venge son père il n'est point de forfaits,
Et c'est vendre son sang que se rendre aux bienfaits

FULVIE

Quel besoin toutefois de passer pour ingrate ? 8
Ne pouvez vous hair sans que la haine éclate ?
Assez d'autres sans vous n'ont pas mis en oubli
Par quelles cruautés son trône est établi
Tant de braves Romains, tant d'illustres victimes
Qu'à son ambition ont immolé ses crimes, 9.
Laissent à leurs enfants d'assez vives douleurs
Pour venger votre perte en vengeant leurs malheurs.
Beaucoup l'ont entrepris, mille autres vont les suivre
Qui vit haï de tous ne sauroit longtemps vivre
Remettez à leurs bras les communs intérêts, 95
Et n'aidez leurs desseins que par des vœux secrets.

EMILIE.

Quoi ? je le hairai sans tâcher de lui nuire ?
J'attendrai du hasard qu'il ose le détruire ?
Et je satisferai des devoirs si pressants
Par une haine obscure et des vœux impuissants ? 100
Sa perte, que je veux me deviendroit amère,
Si quelqu'un l'immoloit à d'autres qu'à mon père,
Et tu verrois mes pleurs couler pour son trepas
Qui, le faisant périr, ne me vengeroit pas [1]
C'est une lâcheté que de remettre à d'autres 105
Les intérêts publics qui s'attachent aux nôtres
Joignons à la douceur de venger nos parents
La gloire qu'on remporte à punir les tyrans
Et faisons publier par toute l'Italie
« La liberté de Rome est l'œuvre d'Émilie, 110
On a touché son âme, et son cœur s'est épris,
Mais elle n'a donné son amour qu'à ce prix. »

FULVIE

Votre amour à ce prix n'est qu'un présent funeste
Qui porte à votre amant sa perte manifeste
Pensez mieux, Emilie, à quoi vous l'exposez, 115
Combien à cet écueil se sont déjà brisés ;
Ne vous aveuglez point quand sa mort est visible.

---

1. « Le sentiment atroce et ces beaux vers ont été, dit Voltaire imités par Racine dans *Andromaque* (acte IV, scène IV)
Ma vengeance est perdue
S'il ignore en mourant que c'est moi qui le tue »

ACTE I, SCÈNE III

ÉMILIE.

Ah ! tu sais me frapper par où je suis sensible.
Quand je songe aux dangers que je lui fais courir [1],
La crainte de sa mort me fait déjà mourir ; 120
Mon esprit en désordre à soi même s'oppose ;
Je veux et ne veux pas, je m'emporte et je n'ose,
Et mon devoir confus, languissant, étonné,
Cède aux rebellions de mon cœur mutiné.
Tout beau, ma passion, deviens un peu moins forte, 125
Tu vois bien des hasards, ils sont grands, mais n'importe.
Cinna n'est pas perdu pour être hasardé.
De quelques légions qu'Auguste soit gardé,
Quelque soin qu'il se donne et quelque ordre qu'il tienne
Qui méprise sa vie est maître de la sienne [2]. 130
Plus le péril est grand, plus doux en est le fruit ;
La vertu nous y jette, et la gloire le suit.
Quoi qu'il en soit qu'Auguste ou que Cinna périsse,
Aux mânes paternels je dois ce sacrifice ;
Cinna me l'a promis en recevant ma foi, 135
Et ce coup seul aussi le rend digne de moi
Il est tard, après tout, de m'en vouloir dédire.
Aujourd'hui l'on s'assemble, aujourd'hui l'on conspire ;
L'heure, le lieu, le bras se choisit aujourd'hui
Et c'est à faire enfin à mourir après lui. 140

SCÈNE III

CINNA, ÉMILIE, FULVIE

ÉMILIE.

Mais le voici qui vient. Cinna, votre assemblée
Par l'effroi du péril n'est-elle point troublée [3] ?
Et reconnoissez-vous au front de vos amis
Qu'ils soient prêts à tenir ce qu'ils vous ont promis ?

CINNA.

Jamais contre un tyran entreprise conçue 145
Ne permit d'espérer une si belle issue ;
Jamais de telle ardeur on n'en jura la mort [4],

---

[1] *Var.* Quand je songe aux hasards que je lui fais courir.
(1643-56)

[2] *Quisquis vitam contempsit suæ dominus est* (Sénèque, Épître IV.)

[3] *Var.* Des grandeurs du péril n'est-elle point troublée ? (1643-56)

[4] *Var.* Jamais de telle ardeur on ne jura sa mort. (1643-56)

Et jamais conjurés ne furent mieux d'accord,
Tous s'y montrent portés avec tant d'allégresse,
Qu'ils semblent, comme moi, servir une maîtresse ¹,
Et tous font éclater un si puissant courroux,
Qu'ils semblent tous venger un père, comme vous.

ÉMILIE

Je l'avois bien prévu, que pour un tel ouvrage
Cinna sauroit choisir des hommes de courage,
Et ne remettroit pas en de mauvaises mains
L'intérêt d'Émilie et celui des Romains

CINNA

Plût aux Dieux que vous même eussiez vu de quel zèle
Cette troupe entreprend une action si belle
Au seul nom de César, d'Auguste, et d'empereur,
Vous eussiez vu leurs yeux s'enflammer de fureur ²,
Et dans un même instant, par un effet contraire,
Leur front pâlir d'horreur et rougir de colère.
« Amis, leur ai je dit, voici le jour heureux
Qui doit conclure enfin nos desseins généreux :
Le ciel entre nos mains a mis le sort de Rome,
Et son salut dépend de la perte d'un homme,
Si l'on doit le nom d'homme a qui n'a rien d'humain,
A ce tigre altéré de tout le sang romain
Combien pour le répandre a t il formé de brigues !
Combien de fois changé de partis et de ligues,
Tantôt ami d'Antoine, et tantôt ennemi,
Et jamais insolent ni cruel a demi »
Là, par un long récit de toutes les misères
Que durant notre enfance ont enduré nos pères,
Renouvelant leur haine avec leur souvenir,
Je redouble en leurs cœurs l'ardeur de le punir
Je leur fais des tableaux de ces tristes batailles
Où Rome par ses mains déchiroit ses entrailles,
Où l'aigle abattoit l'aigle, et de chaque côté
Nos légions s'armoient contre leur liberté,
Où les meilleurs soldats et les chefs les plus braves ³
Mettoient toute leur gloire a devenir esclaves,

1 *Var* Qu'ils semblent, comme moi, venger une maîtresse (1643)
2 *Var* Vous eussiez vu leurs yeux s'allumer de fureur. (1643-56)
3. *Var* Où le but des soldats et des chefs les plus braves
    Étoit d'être vainqueurs pour devenir esclaves,
    Où chacun trahissoit aux yeux de l'univers,
    Soi même et son pays, pour assurer ses fers,
    Et tâchant d'acquérir avec le nom de traître
    L'abominable honneur de lui donner un maître (1643-56)
Au second vers de cette variante l'édition de 1643 a *c'étoit*, et no *étoit*

ACTE I, SCÈNE III.

Où, pour mieux assurer la honte de leurs fers,
Tous vouloient à leur chaîne attacher l'univers ;
Et l'exécrable honneur de lui donner un maître 185
Faisant aimer à tous l'infâme nom de traître,
Romains contre Romains, parents contre parents
Combattoient seulement pour le choix des tyrans.
    J'ajoute à ces tableaux la peinture effroyable
De leur concorde impie, affreuse, inexorable [1], 190
Funeste aux gens de bien, aux riches, au sénat,
Et pour tout dire enfin, de leur triumvirat ;
Mais je ne trouve point de couleurs assez noires
Pour en représenter les tragiques histoires.
Je les peins dans le meurtre à l'envi triomphants, 195
Rome entière noyée au sang de ses enfants :
Les uns assassinés dans les places publiques,
Les autres dans le sein de leurs dieux domestiques ;
Le méchant par le prix au crime encouragé,
Le mari par sa femme en son lit égorgé ; 200
Le fils tout dégouttant du meurtre de son père,
Et sa tête à la main demandant son salaire,
Sans pouvoir exprimer par tant d'horribles traits [2]
Qu'un crayon imparfait de leur sanglante paix.
    Vous dirai-je les noms de ces grands personnages 205
Dont j'ai dépeint les morts pour aigrir les courages,
De ces fameux proscrits, ces demi-dieux mortels [3],
Qu'on a sacrifiés jusque sur les autels ?
Mais pourrois-je vous dire à quelle impatience,
A quels frémissements, à quelle violence, 210
Ces indignes trépas, quoique mal figurés,
Ont porté les esprits de tous nos conjurés ?
Je n'ai point perdu temps, et voyant leur colère
Au point de ne rien craindre en état de tout faire,
J'ajoute en peu de mots : « Toutes ces cruautés, 215
La perte de nos biens et de nos libertés,
Le ravage des champs, le pillage des villes,
Et les proscriptions, et les guerres civiles,
Sont les degrés sanglants dont Auguste a fait choix
Pour monter dans le trône [4] et nous donner des lois. 220
Mais nous pouvons changer un destin si funeste [5],

---

1 *Var* De leur concorde affreuse, horrible, impitoyable (1643-56)
2 *Var* Sans exprimer encore avecque tous ces traits (1643-56)
3 *Var* Ces illustres proscrits, ces demi-dieux mortels (1643-56)
4 Voltaire, dans son édition a remplacé « dans le trone » par « sur le trone ». Voyez le *Lexique de Corneille*, au mot TRÔNE.
5. *Var* Rendons toutefois grâce à la bonté céleste,
    Que de nos trois tyrans c'est le seul qui nous reste (1643-56)

Puisque de trois tyrans c'est le seul qui nous reste,
Et que juste une fois il s'est privé d'appui,
Perdant, pour régner seul, deux méchants comme lui[1]
Lui mort, nous n'avons point de vengeur ni de maître,
Avec la liberté Rome s'en va renaître,
Et nous mériterons le nom de vrais Romains,
Si le joug qui l'accable est brisé par nos mains
Prenons l'occasion tandis qu'elle est propice
Demain au Capitole il fait un sacrifice,
Qu'il en soit la victime, et faisons en ces lieux
Justice à tout le monde à la face des Dieux.
La presque pour sa suite il n'a que notre troupe,
C'est de ma main qu'il prend et l'encens et la coupe[2],
Et je veux, pour signal, que cette même main
Lui donne, au lieu d'encens, d'un poignard dans le sein.
Ainsi d'un coup mortel la victime frappée
Fera voir si je suis du sang du grand Pompée,
Faites voir après moi si vous vous souvenez
Des illustres aïeux[3] de qui vous êtes nés. »
A peine ai je achevé, que chacun renouvelle,
Par un noble serment, le vœu d'être fidèle
L'occasion leur plaît ; mais chacun veut pour soi
L'honneur du premier coup, que j'ai choisi pour moi
La raison règle enfin l'ardeur qui les emporte
Maxime et la moitié s'assurent de la porte,
L'autre moitié me suit, et doit l'environner,
Prête au moindre signal que je voudrai donner
 Voilà, belle Émilie, à quel point nous en sommes
Demain j'attends la haine ou la faveur des hommes,
Le nom de parricide ou de libérateur,
César celui de prince ou d'un usurpateur[4]
Du succès qu'on obtient contre la tyrannie
Dépend ou notre gloire ou notre ignominie,
Et le peuple, inégal à l'endroit des tyrans,
S'il les déteste morts, les adore vivants
Pour moi, soit que le ciel me soit dur ou propice,
Qu'il m'élève à la gloire ou me livre au supplice,
Que Rome se déclare ou pour ou contre nous,
Mourant pour vous servir, tout me semblera doux.

1. Antoine et Lépide
2 C'est une allusion à la dignité sacerdotale conférée à Cinna par Auguste voyez ci dessus, p 170 Sénèque nous apprend aussi (voyez p 169) que les conjurés voulaient attaquer Auguste pendant qu'il célèbrerait un sacrifice *Sacrificantem placuerat adoriri.*
3 On lit *ayeuls* dans l'édition de 1656
4. *Var* César celui de prince ou bien d'usurpateur (1643 56)

ÉMILIE.

Ne crains point de succès qui souille ta mémoire
Le bon et le mauvais sont égaux pour ta gloire ;
Et dans un tel dessein, le manque de bonheur
Met en péril ta vie et non pas ton honneur.
Regarde le malheur de Brute et de Cassie 265
La splendeur de leurs noms en est elle obscurcie ?
Sont ils morts tous entiers[1] avec leurs grands desseins[2] ?
Ne les compte-t on plus pour les derniers Romains ?
Leur mémoire dans Rome est encor précieuse,
Autant que de César la vie est odieuse ; 270
Si leur vainqueur y règne ils y sont regrettés,
Et par les vœux de tous leurs pareils souhaités
   Va marcher sur leurs pas où l'honneur te convie
Mais ne perds pas le soin de conserver ta vie,
Souviens toi du beau feu dont nous sommes épris, 275
Qu aussi bien que la gloire Émilie est ton prix,
Que tu me dois ton cœur, que mes faveurs t'attendent,
Que tes jours me sont chers, que les miens en dépendent
Mais quelle occasion mène Évandre vers nous[3] ?

SCÈNE IV

CINNA, ÉMILIE, ÉVANDRE, FULVIE

ÉVANDRE
Seigneur, César vous mande, et Maxime avec vous 280
CINNA.
Et Maxime avec moi ? Le sais-tu bien, Evandre ?

---

1. Telle etait, au sens de *tout entiers*, l'orthographe de Corneille
et de son temps   Voltaire rapproche de ces mots le *non omnis
moriar* d Horace (livre III, ode xxx, vers 6) et le vers 256 de l'*Iphi
génie* de Racine

   Ne laisser aucun nom, et mourir tout entier
Pompée dit de même dans *la Pharsale* de Lucain (livre VIIe, vers
266 et 267)

               Non omnis in arvis
   Emathiis cecidi,

Je n ai pas succombé tout entier dans les champs de l'Émathie. »
2 *Var* Ont ils perdu celui de derniers des Romains?
   Et sont ils morts entiers avecque leurs desseins? (1643-56)
3 *Var* Et que   Mais quel sujet mene Évandre vers nous?
                                     (1643-56

ÉVANDRE.

Polyclete est encor chez vous a vous attendre,
Et fût venu lui même avec moi vous chercher,
Si ma dexterite n eût su l'en empêcher,
Je vous en donne avis, de peur d une surprise.
Il presse fort

ÉMILIE.

Mander les chefs de l'entreprise !
Tous deux ! en même temps Vous êtes decouverts.

CINNA.

Espérons mieux, de grâce

EMILIE

Ah Cinna, je te perds
Et les Dieux, obstines a nous donner un maître,
Parmi tes vrais amis ont mêle quelque traître.
Il n'en faut point douter, Auguste a tout appris.
Quoi ? tous deux ! et sitôt que le conseil est pris !

CINNA

Je ne vous puis celer que son ordre m'etonne,
Mais souvent il m'appelle aupres de sa personne,
Maxime est comme moi de ses plus confidents,
Et nous nous alarmons peut être en imprudents.

EMILIE

Sois moins ingénieux a te tromper toi-même,
Cinna, ne porte point mes maux jusqu'a l'extrême,
Et puisque desormais tu ne peux me venger [1],
Derobe au moins ta tête a ce mortel danger,
Fuis d'Auguste irrite l'implacable colere.
Je verse assez de pleurs pour la mort de mon pere,
N'aigris point ma douleur par un nouveau tourment
Et ne me reduis point à pleurer mon amant [2].

CINNA

Quoi ? sur l'illusion d'une terreur panique,
Trahir vos intérêts et la cause publique !
Par cette lâcheté moi même m'accuser,
Et tout abandonner quand il faut tout oser
Que feront nos amis si vous êtes déçue ?

EMILIE.

Mais que deviendras tu si l'entreprise est sue ?

CINNA

S'il est pour me trahir des esprits assez bas,
Ma vertu pour le moins ne me trahira pas

---

1. *Var*. Et puisque désormais tu ne me peux venger (1643 56
2 *Var*. Et ne lui permets point de m'ôter mon amant. (1643-56

Vous la verrez, brillante au bord des précipices,
Se couronner de gloire en bravant les supplices,
Rendre Auguste jaloux du sang qu'il répandra.   315
Et le faire trembler alors qu'il me perdra.
  Je deviendrois suspect à tarder davantage.
Adieu, raffermissez ce géneréux courage
S'il faut subir le coup d'un destin rigoureux,
Je mourrai tout ensemble heureux et malheureux   320
Heureux pour vous servir de perdre ainsi la vie[1],
Malheureux de mourir sans vous avoir servie.

ÉMILIE
Oui, va, n'ecoute plus ma voix qui te retient
Mon trouble se dissipe, et ma raison revient.
Pardonne à mon amour cette indigne foiblesse   325
Tu voudrois fuir en vain, Cinna, je le confesse :
Si tout est découvert, Auguste a su pourvoir
A ne te laisser pas ta fuite en ton pouvoir.
Porte porte chez lui cette mâle assurance,
Digne de notre amour digne de ta naissance   330
Meurs, s'il y faut mourir, en citoyen romain,
Et par un beau trépas couronne un beau dessein
Ne crains pas qu'après toi rien ici me retienne
Ta mort emportera mon âme vers la tienne :
Et mon cœur, aussitôt percé des mêmes coups.   335

CINNA
Ah! souffrez que tout mort je vive encore en vous,
Et du moins en mourant permettez que j'espere
Que vous saurez venger l'amant avec le pere
Rien n'est pour vous à craindre aucun de nos amis[2]
Ne sait ni vos desseins, ni ce qui m'est promis,   340
Et leur parlant tantôt des miseres romaines,
Je leur ai tu la mort qui fait naître nos haines[3],
De peur que mon ardeur touchant vos intérêts[4]
D'un si parfait amour ne trahît les secrets
Il n'est su que d'Évandre et de votre Fulvie   345

ÉMILIE
Avec moins de frayeur je vais donc chez Livie,

---

1 *Var.* Heureux pour vous servir d'abandonner la vie (1643-53)
2 *Var* Dans un si grand péril vos jours sont assures :
  Vos desseins ne sont sus d'aucun des conjures,
  Et décrivant tantôt les miseres romaines (1643-56)
3 La mort de Toranius, pere d'Émilie
4 *Var.* De peur que trop d'ardeur touchant vos intérêts
  Sur mon visage emu ne peignît nos secrets :
  Notre amour n'est connu que d'Évandre et Fulvie (1643-56)

Puisque dans ton péril il me reste un moyen
De faire agir pour toi son crédit et le mien,
Mais si mon amitié par là ne te délivre,
N'espère pas qu'enfin je veuille te survivre.
Je fais de ton destin des regles à mon sort,
Et j'obtiendrai ta vie, ou je suivrai ta mort.

CINNA
Soyez en ma faveur moins cruelle à vous même

EMILIE
Va-t'en, et souviens-toi seulement que je t'aime

DU PREMIER ACTE

ACTE SECOND

SCÈNE I

AUGUSTE, CINNA, MAXIME, TROUPE DE COURTISANS

AUGUSTE

Que chacun se retire, et qu'aucun n'entre ici.   555
Vous, Cinna, demeurez, et vous, Maxime aussi.
   (Tous se retirent, à la réserve de Cinna et de Maxime[1]*)*
Cet empire absolu sur la terre et sur l'onde
Ce pouvoir souverain que j'ai sur tout le monde[2],

1. Ce jeu de scène manque dans les éditions de 1643-60.
2. « Fénelon dans sa *Lettre a l'Académie* sur l'éloquence, dit
« Il me semble qu'on a donné souvent aux Romains un discours
« fastueux, je ne trouve point de proportion entre l'emphase avec
« laquelle Auguste parle dans la tragédie de *Cinna* et la modeste
« simplicité avec laquelle Suétone le dépeint » Il est vrai, mais
ne faut il pas quelque chose de plus relevé sur le théâtre que dans
Suétone ? Il y a un milieu à garder entre l'enflure et la simplicité
Il faut avouer que Corneille a quelquefois passé les bornes L'ar
chevêque de Cambrai avait d'autant plus raison de reprendre cette
enflure vicieuse que de son temps les comédiens chargeaient en
core ce défaut par la plus ridicule affectation dans l'habillement,
dans la déclamation et dans les gestes On voyait Auguste arriver
avec la démarche d'un matamore, coiffé d'une perruque carrée
qui descendait par devant jusqu'à la ceinture, cette perruque était
farcie de feuilles de laurier et surmontée d'un large chapeau avec
deux rangs de plumes rouges Auguste, ainsi défiguré par des bate
leurs gaulois sur un theâtre de marionnettes, était quelque chose
de bien étrange Il se plaçait sur un énorme fauteuil à deux gra
dins, et Maxime et Cinna étaient sur deux petits tabourets La de
clamation ampoulée répondait parfaitement à cet étalage, et surtout
Auguste ne manquait pas de regarder Cinna et Maxime du haut er
bas avec un noble dédain, en prononçant ces vers

   Enfin tout ce qu'adore en ma haute fortune
   D'un courtisan flatteur la présence importune

Il faisait bien sentir que c'était eux qu'il regardait comme des
courtisans flatteurs En effet, il n'y a rien dans le commencement
de cette scène qui empêche que ces vers ne puissent être joués
ainsi Auguste n'a point encore parlé avec bonté avec amitié, à
Cinna et à Maxime il ne leur a encore parlé que de son pouvoir
absolu sur la terre et sur l'onde » (Voltaire

Cette grandeur sans borne et cet illustre rang [1]
Qui m'a jadis coûté tant de peine et de sang, 360
Enfin tout ce qu'adore en ma haute fortune
D'un courtisan flatteur la présence importune,
N'est que de ces beautés dont l'éclat éblouit,
Et qu'on cesse d'aimer sitôt qu'on en jouit
L'ambition déplaît quand elle est assouvie, 365
D'une contraire ardeur son ardeur est suivie ;
Et comme notre esprit, jusqu'au dernier soupir,
Toujours vers quelque objet pousse quelque désir,
Il se ramène en soi, n'ayant plus où se prendre,
Et monté sur le faîte il aspire à descendre [2] 370
J'ai souhaité l'empire, et j'y suis parvenu ;
Mais en le souhaitant, je ne l'ai pas connu
Dans sa possession j'ai trouvé pour tous charmes
D'effroyables soucis, d'éternelles alarmes
Mille ennemis secrets, la mort à tous propos, 375
Point de plaisir sans trouble, et jamais de repos
Sylla m'a précédé dans ce pouvoir suprême,
Le grand César mon père en a joui de même
D'un œil si différent tous deux l'ont regardé [3],
Que l'un s'en est démis, et l'autre l'a gardé, 380
Mais l'un, cruel, barbare, est mort aimé, tranquille,
Comme un bon citoyen dans le sein de sa ville,
L'autre, tout débonnaire, au milieu du sénat
A vu trancher ses jours par un assassinat.
Ces exemples récents suffiroient pour m'instruire, 385
Si par l'exemple seul on se devoit conduire
L'un m'invite à le suivre, et l'autre me fait peur,
Mais l'exemple souvent n'est qu'un miroir trompeur,
Et l'ordre du destin qui gêne nos pensées

1 *Var* Cette grandeur sans borne et ce superbe rang (1643-56)
2 « Quelque crainte que mon père eut de parler de vers à mon frère, quand il le vit en âge de pouvoir discerner le bon du mauvais, il lui fit apprendre par cœur des endroits de *Cinna*, et lorsqu'il lui entendoit réciter ce beau vers

Et monté sur le faîte, il aspire à descendre,

« Remarquez bien cette expression, lui disoit-il avec enthou-
« siasme On dit aspirer à monter, mais il faut connoître le
« cœur humain aussi bien que Corneille l'a connu, pour avoir su
« dire de l'ambitieux qu'il aspire à descendre » On ne croira point qu'il ait affecté la modestie lorsqu'il parloit ainsi en particulier à son fils il lui disoit ce qu'il pensoit » (*L Racine*)
3 *Var* Sylla s'en est démis, mon père l'a gardé,
Différents en leur fin comme en leur procédé
L'un, cruel et barbare, est mort aimé, tranquille (1643-56)

N'est pas toujours écrit dans les choses passées ; 390
Quelquefois l'un se brise ou l'autre s'est sauvé,
Et par où l'un périt un autre est conservé.
　　Voilà, mes chers amis, ce qui me met en peine.
Vous, qui me tenez lieu d'Agrippe et de Mécène¹,
Pour résoudre ce point avec eux débattu, 395
Prenez sur mon esprit le pouvoir qu'ils ont eu.
Ne considérez point cette grandeur suprême,
Odieuse aux Romains, et pesante à moi-même ;
Traitez-moi comme ami, non comme souverain :
Rome, Auguste, l'État, tout est en votre main ; 400
Vous mettrez et l'Europe, et l'Asie, et l'Afrique,
Sous les lois d'un monarque, ou d'une république ;
Votre avis est ma règle, et par ce seul moyen
Je veux être empereur, ou simple citoyen.

　　　　　　　　　　CINNA

Malgré notre surprise, et mon insuffisance, 405
Je vous obéirai, Seigneur, sans complaisance,
Et mets bas le respect qui pourroit m'empêcher
De combattre un avis où vous semblez pencher ;
Souffrez-le d'un esprit jaloux de votre gloire,
Que vous allez souiller d'une tache trop noire, 410
Si vous ouvrez votre âme à ces impressions²
Jusques à condamner toutes vos actions.
　　On ne renonce point aux grandeurs légitimes,
On garde sans remords ce qu'on acquiert sans crimes ;
Et plus le bien qu'on quitte est noble, grand, exquis, 415
Plus qui l'ose quitter le juge mal acquis.
N'imprimez pas, Seigneur, cette honteuse marque
A ces rares vertus qui vous ont fait monarque ;
Vous l'êtes justement, et c'est sans attentat
Que vous avez changé la forme de l'État. 420
Rome est dessous vos lois par le droit de la guerre,
Qui sous les lois de Rome a mis toute la terre ;
Vos armes l'ont conquise, et tous les conquérants
Pour être usurpateurs ne sont pas des tyrans ;
Quand ils ont sous leurs lois asservi des provinces³, 425
Gouvernant justement, ils s'en font justes princes.

1. On peut comparer à cette scène les chapitres XLI du livre LII de Dion Cassius, qui contiennent une délibération d'Auguste avec Agrippa et Mécène. Cinna ouvre ici le même avis que Mécène chez Dion, et Maxime, le même qu'Agrippa.
2. *Var.* Si vous laissant séduire à ces impressions,
　　Vous même condamnez toutes vos actions (1643-56).
3. *Var.* Lorsque notre valeur nous gagne une province
　　Gouvernant justement on devient juste prince (1643-56).

C'est ce que fit César, il vous faut aujourd'hui
Condamner sa memoire, ou faire comme lui
Si le pouvoir suprême est blâmé par Auguste,
César fut un tyran, et son trépas fut juste 4
Et vous devez aux Dieux compte de tout le sang
Dont vous l avez vengé pour monter a son rang
N'en craignez point, Seigneur, les tristes destinees[1],
Un plus puissant demon veille sur vos annees
On a dix fois sur vous attente sans effet, 4
Et qui l'a voulu perdre au même instant l a fait
On entreprend assez, mais aucun n exécute,
Il est des assassins mais il n'est plus de Brute
Enfin, s il faut attendre un semblable revers,
Il est beau de mourir maître de l univers 4
C'est ce qu en peu de mots j ose dire, et j'estime
Que ce peu que j'ai dit est l'avis de Maxime.

MAXIME

Oui, j'accorde qu Auguste a droit de conserver
L empire où sa vertu l'a fait seule arriver,
Et qu au prix de son sang, au péril de sa tête 44
Il a fait de l'Etat une juste conquête,
Mais que, sans se noircir, il ne puisse quitter
Le fardeau que sa main est lasse de porter,
Qu'il accuse par la Cesar de tyrannie,
Qu'il approuve sa mort, c'est ce que je dénie. 45

Rome est a vous, Seigneur, l empire est votre bien,
Chacun en liberté peut disposer du sien
Il le peut a son choix garder, ou s'en défaire,
Vous seul ne pourriez pas ce que peut le vulgaire,
Et seriez devenu, pour avoir tout dompté, 455
Esclave des grandeurs ou vous êtes monte !
Possedez les, Seigneur sans qu'elles vous possedent,
Loin de vous captiver souffrez qu'elles vous cedent,
Et faites hautement connoître enfin a tous
Que tout ce qu elles ont est au-dessous de vous 460
Votre Rome autrefois vous donna la naissance,
Vous lui voulez donner votre toute-puissance,
Et Cinna vous impute à crime capital
La liberalite vers le pays natal
Il appelle remords l'amour de la patrie ! 465
Par la haute vertu la gloire est donc flétrie[2] ?
Et ce n'est qu un objet digne de nos mepris,

---

1 *Var* Mais sa mort vous fait peur ? Seigneur les destinees
    D'un soin bien plus exact veillent sur vos annees (1643-56)
2 *Var.* Par la même vertu la gloire est donc flétrie. (1643-56)

ACTE II, SCÈNE I

Si de ses pleins effets l'infamie est le prix[1] !
Je veux bien avouer qu'une action si belle
Donne à Rome bien plus que vous ne tenez d'elle. 470
Mais commet on un crime indigne de pardon[2],
Quand la reconnoissance est au dessus du don ?
Suivez, suivez, Seigneur, le ciel qui vous inspire
Votre gloire redouble à mepriser l'empire,
Et vous serez fameux chez la posterité, 475
Moins pour l'avoir conquis que pour l'avoir quitté
Le bonheur peut conduire a la grandeur suprême,
Mais pour y renoncer il faut la vertu même,
Et peu de genereux vont jusqu'a dedaigner,
Après un sceptre acquis, la douceur de régner. 480
 Considérez d'ailleurs que vous regnez dans Rome,
Où, de quelque façon que votre cour vous nomme
On hait la monarchie, et le nom d'empereur,
Cachant celui de roi, ne fait pas moins d'horreur.
Ils passent[3] pour tyran quiconque s'y fait maître. 485
Qui le sert, pour esclave, et qui l'aime, pour traître,
Qui le souffre a le cœur lâche, mol, abattu
Et pour s'en affranchir tout s'appelle vertu.
Vous en avez, Seigneur, des preuves trop certaines
On a fait contre vous dix entreprises vaines, 490
Peut-être que l'onzième est prête d'eclater,
Et que ce mouvement qui vous vient agiter
N'est qu'un avis secret que le ciel vous envoie,
Qui pour vous conserver n'a plus que cette voie
Ne vous exposez plus à ces fameux revers 495
Il est beau de mourir maître de l'univers ;
Mais la plus belle mort souille notre memoire,
Quand nous avons pu vivre et croître notre gloire[4]

CINNA

Si l'amour du pays doit ici prevaloir,
C'est son bien seulement que vous devez vouloir, 500
Et cette liberté, qui lui semble si chère,
N'est pour Rome, Seigneur, qu'un bien imaginaire,

---

1. *Var* Si de ses plus hauts faits l'infamie est le prix (1643-56)
2. *Var* Mais ce n'est pas un crime indigne de pardon (1643-56)
3. C'est à dire « ils regardent, on regarde comme tyran. » Voyez le *Lexique de Corneille*, tome II, p 165 De toutes les editions publiées du vivant de notre poete, celle de 1655, qui n'a aucune trace de revision nouvelle est la seule qui ait *Il passe* au singulier. Toutes les autres, et même celle qui fut donnée par Thomas Corneille en 1692, portent *Ils passent*
4. *Var* Quand nous avons pu vivre avecque plus de gloire.
(1643-56)

CINNA.

Plus nuisible qu'utile, et qui n'approche pas
De celui qu'un bon prince apporte à ses États.
   Avec ordre et raison les honneurs il dispense,   510
Avec discernement punit et récompense [1].
Et dispose de tout en juste possesseur,
Sans rien précipiter de peur d'un successeur
Mais quand le peuple est maître, on n'agit qu'en tumulte
La voix de la raison jamais ne se consulte,   515
Les honneurs sont vendus aux plus ambitieux,
L'autorité livrée aux plus séditieux [2].
Ces petits souverains qu'il fait pour une année,
Voyant d'un temps si court leur puissance bornée,
Des plus heureux desseins font avorter le fruit,   515
De peur de le laisser à celui qui les suit
Comme ils ont peu de part au bien dont ils ordonnent,
Dans le champ du public largement ils moissonnent [3],
Assurés que chacun leur pardonne aisément,
Espérant à son tour un pareil traitement   520
Le pire des états, c'est [4] l'état populaire [5].

AUGUSTE.

Et toutefois le seul qui dans Rome peut plaire.
Cette haine des rois que depuis cinq cents ans
Avec le premier lait sucent tous ses enfants,
Pour l'arracher des cœurs, est trop enracinée   525

MAXIME

Oui, Seigneur, dans son mal Rome est trop obstinée,
Son peuple qui s'y plaît, en fuit la guérison
Sa coutume l'emporte, et non pas la raison,
Et cette vieille erreur que Cinna veut abattre,
Est une heureuse erreur dont il est idolâtre [6],   530
Par qui le monde entier, asservi sous ses lois,
L'a vu cent fois marcher sur la tête des rois,

---

  1 *Var* A ecque jugent ne punit rien se,
    Ne précipite rien de peur d'un successeur
    Et dispose de tout en juste possesseur] (1643 56)

  2 *Var* Les magistrats donnés aux plus séditieux (1643 56)

  3 *Var.* Dedans le champ d'autrui largement ils moissonnent
                                            (1643 56)

  4 *Est*, au lieu de *c'est*, dans l'édition de 1643

  5 « Quelle prodigieuse supériorité de la belle poésie sur la prose Tous les écrivains politiques ont délayé ces pensées, aucun a-t-il approché de la force, de la profondeur, de la netteté, de la précision de ces discours de Cinna et de Maxime ? Tous les corps de l'État auraient dû assister à cette pièce pour apprendre à penser et à parler » (*Voltaire*)

  6 *Var* Est une heureuse erreur dont elle est idolâtre,
    Par qui le monde entier, rangé dessous ses lois (1643 56)

Son épargne s'enfler du sac de leurs provinces.
Que lui pouvoient de plus donner les meilleurs princes ?
   J'ose dire, Seigneur, que par tous les climats 535
Ne sont pas bien reçus toutes sortes d'états
Chaque peuple a le sien conforme à sa nature
Qu'on ne sauroit changer sans lui faire une injure,
Telle est la loi du ciel, dont la sage équité
Seme dans l'univers cette diversité 540
Les Macédoniens aiment le monarchique,
Et le reste des Grecs la liberté publique,
Les Parthes, les Persans veulent des souverains,
Et le seul consulat est bon pour les Romains.

CINNA
Il est vrai que du ciel la prudence infinie [1] 545
Depart a chaque peuple un différent génie,
Mais il n'est pas moins vrai que cet ordre des cieux [2]
Change selon les temps comme selon les lieux.
Rome a reçu des rois ses murs et sa naissance ;
Elle tient des consuls sa gloire et sa puissance, 550
Et reçoit maintenant de vos rares bontés
Le comble souverain de ses prosperités
Sous vous, l'État n'est plus en pillage aux armees,
Les portes de Janus par vos mains sont fermees,
Ce que sous ses consuls on n'a vu qu'une fois [3], 555
Et qu'a fait voir comme eux le second de ses rois

MAXIME.
Les changements d'Etat que fait l'ordre céleste
Ne coûtent point de sang, n'ont rien qui soit funeste

CINNA
C'est un ordre des Dieux qui jamais ne se rompt,
De nous vendre un peu cher les grands biens qu'ils nous
L'exil des Tarquins même ensanglanta nos terres, {font [4]
Et nos premiers consuls nous ont coûté des guerres

MAXIME.
Donc votre aieul Pompee au ciel a résisté
Quand il a combattu pour notre liberté ?

CINNA.
Si le ciel n'eût voulu que Rome l'eût perdue, 565

1. *Var* S'il est vrai que du ciel la prudence infinie (1643-56)
2. *Var* Il est certain aussi que cet ordre des cieux (1643-56)
3. *Var* Ce que tous ses consuls n'ont pu faire deux fois
    Et qu'a fait avant eux le second de ses rois. (1643-56)
4. *Var* De nous vendre bien cher les grands biens qu'ils nous font
    (1643-64)

Par les mains de Pompée il l'auroit defendue[1]
Il a choisi sa mort pour servir dignement
D'une marque eternelle a ce grand changement,
Et devoit cette gloire aux mânes d'un tel homme[2],
D'emporter avec eux la liberté de Rome,   570
　Ce nom depuis longtemps ne sert qu'à l'éblouir
Et sa propre grandeur l'empêche d'en jouir.
Depuis qu'elle se voit la maîtresse du monde,
Depuis que la richesse entre ses murs abonde,
Et que son sein, fécond en glorieux exploits,   575
Produit des citoyens plus puissants que des rois
Les grands, pour s'affermir achetant les suffrages,
Tiennent pompeusement leurs maîtres a leurs gages,
Qui par des fers dorés se laissant enchaîner,
Reçoivent d'eux les lois qu'ils pensent leur donner   580
Envieux l'un de l'autre, ils mènent tout par brigues
Que leur ambition tourne en sanglantes ligues
Ainsi de Marius Sylla devint jaloux,
Cesar, de mon aïeul; Marc Antoine, de vous,
Ainsi la liberté ne peut plus être utile   585
Qu'a former les fureurs d'une guerre civile,
Lorsque, par un désordre a l'univers fatal,
L'un ne veut point de maître, et l'autre point d'égal[3]
　Seigneur, pour sauver Rome, il faut qu'elle s'unisse
En la main d'un bon chef à qui tout obéisse[4]   590
Si vous aimez encore à la favoriser[5],
Otez lui les moyens de se plus diviser
Sylla, quittant la place enfin bien usurpée,
N'a fait qu'ouvrir le champ a César et Pompée,
Que le malheur des temps ne nous eût pas fait voir[6] 595

　1. Comparez Virgile (*Enéide*, livre II, vers 291 et 292)
　　　　　　Si Pergama dextra
　Defendi possent, etiam hac defensa fuissent
　2 Var Et devoit cet honneur aux mânes d'un tel homme
　　　　　　　　　　　　　　　　(1643 56)
　3. *Nec quemquam jam ferre potest Cæsarve priorem,*
　Pompeiusve parem
　　　　　　　　(Lucain, *Pharsale*, livre I, vers 125 et 126)
　4 On a rapproché de ces vers ce passage de Tacite (*Annales*
livre I, chapitre IX). ... *Non aliud discordantis patriæ remedium
fuisse, quam ut ab uno regeretur*, et cet autre de Florus (livre IV,
chapitre III) *Aliter salvus esse non potuit* (populus romanus), *nisi
confugisset ad servitutem*
　5 Var Et si votre bonté la veut favoriser (1643 56)
　6 « Il semble que le malheur des temps ne nous eût pas fait
voir Cesar et Pompée. La phrase est louche et obscure. Il veut
dire Le malheur des temps ne nous eût pas fait voir le champ
ouvert a César et à Pompée » (Voltaire)

S'il eût dans sa famille assuré son pouvoir.
Qu'a fait du grand César le cruel parricide,
Qu'elever contre vous Antoine avec Lépide,
Qui n'eussent pas détruit Rome par les Romains,
Si César eût laissé l'empire entre vos mains ? 600
Vous la replongerez, en quittant cet empire,
Dans les maux dont à peine encore elle respire,
Et de ce peu, Seigneur, qui lui reste de sang
Une guerre nouvelle épuisera son flanc
   Que l'amour du pays, que la pitié vous touche; 605
Votre Rome à genoux vous parle par ma bouche
Considerez le prix que vous avez coûté ·
Non pas qu'elle vous croie avoir trop acheté,
Des maux qu'elle a soufferts elle est trop bien payée [1],
Mais une juste peur tient son âme effrayée 610
Si jaloux de son heur, et las de commander,
Vous lui rendez un bien qu'elle ne peut garder,
S'il lui faut à ce prix en acheter un autre,
Si vous ne preferez son intérêt au vôtre
Si ce funeste don la met au désespoir, 615
Je n'ose dire ici ce que j'ose prévoir.
Conservez-vous, Seigneur, en lui laissant un maître [2]
Sous qui son vrai bonheur commence de renaître,
Et pour mieux assurer le bien commun de tous [3],
Donnez un successeur qui soit digne de vous. 620

AUGUSTE.

N'en délibérons plus, cette pitié l'emporte.
Mon repos m'est bien cher, mais Rome est la plus forte,
Et quelque grand malheur qui m'en puisse arriver,
Je consens à me perdre afin de la sauver
Pour ma tranquillité mon cœur en vain soupire 625
Cinna, par vos conseils je retiendrai l'empire,
Mais je le retiendrai pour vous en faire part
Je vois trop que vos cœurs n'ont point pour moi de fard [4],

---

[1] Ceci rappelle la révoltante flatterie que Lucain (*Pharsale* livre I, vers 37 et 38) adresse à Néron

Jam nihil, o Superi, querimur scelera ipsa nefasque
Hac mercede placent.

« Nous ne nous plaignons plus de rien ô Dieux · les forfaits mêmes et le crime nous plaisent à ce prix »

[2] *Var* Conservez-vous Seigneur lui conservant un maître
(1643-56)

[3] *Var* Et daignez assurer le bien commun de tous,
   Laissant un successeur qui soit digne de vous (1643-56)

[4] *Var* Je sais bien que vos cœurs n'ont point pour moi de fard
(1643-56)

Et que chacun de vous, dans l'avis qu'il me donne,
Regarde seulement l'État et ma personne.   630
Votre amour en tous deux fait ce combat d'esprits¹,
Et vous allez tous deux en recevoir le prix².
  Maxime, je vous fais gouverneur de Sicile
Allez donner mes lois à ce terroir fertile ;
Songez que c'est pour moi que vous gouvernerez,   635
Et que je répondrai de ce que vous ferez
Pour épouse Cinna, je vous donne Émilie
Vous savez qu'elle tient la place de Julie,
Et que si nos malheurs et la nécessité
M'ont fait traiter son père avec sévérité,   640
Mon épargne depuis en sa faveur ouverte
Doit avoir adouci l'aigreur de cette perte
Voyez-la de ma part, tâchez de la gagner
Vous n'êtes point pour elle un homme à dédaigner³
De l'offre de vos vœux elle sera ravie⁴   645
Adieu j'en veux porter la nouvelle à Livie.

SCÈNE II

CINNA, MAXIME

MAXIME
Quel est votre dessein après ces beaux discours ?
CINNA
Le même que j'avois, et que j'aurai toujours.
MAXIME
Un chef de conjurés flatte la tyrannie !
CINNA
Un chef de conjurés la veut voir impunie !   650
MAXIME
Je veux voir Rome libre
CINNA
                  Et vous pouvez juger
Que je veux l'affranchir ensemble et la venger
Octave aura donc vu ses fureurs assouvies⁵,

1 *Var.* Votre amour pour tous deux fait ce combat d'esprits (1643-56
2 *Var* Et je veux que chacun en reçoive le prix (1643 60)
3 *Var* Vous n'êtes pas pour elle un homme à dédaigner (1643 60)
4 *Var* Je présume plutôt qu'elle en sera ravie (1643-56)
5 *Var* Auguste aura soûlé ses damnables envies (1643 56)

Pillé jusqu'aux autels, sacrifié nos vies,
Rempli les champs d'horreur, comblé Rome de morts, 655
Et sera quitte après pour l'effet d'un remords
Quand le ciel par nos mains à le punir s'apprête
Un lâche repentir garantira sa tête !
C'est trop semer d'appas¹, et c'est trop inviter
Par son impunité quelque autre à l'imiter. 660
Vengeons nos citoyens, et que sa peine étonne
Quiconque après sa mort aspire à la couronne
Que le peuple aux tyrans ne soit plus exposé
S'il eût puni Sylla, César eût moins osé

MAXIME
Mais la mort de César, que vous trouvez si juste 665
A servi de prétexte aux cruautés d'Auguste
Voulant nous affranchir, Brute s'est abusé
S'il n'eût puni César, Auguste eût moins osé

CINNA.
La faute de Cassie, et ses terreurs paniques,
Ont fait rentrer l'État sous des lois tyranniques ², 670
Mais nous ne verrons point de pareils accidents,
Lorsque Rome suivra des chefs moins imprudents

MAXIME
Nous sommes encor loin de mettre en évidence
Si nous nous conduirons avec plus de prudence,
Cependant c'en est peu que de n'accepter pas 675
Le bonheur qu'on recherche au péril du trépas.

CINNA
C'en est encor bien moins, alors qu'on s'imagine
Guérir un mal si grand sans couper la racine,
Employer la douceur à cette guérison,
C'est, en fermant la plaie, y verser du poison. 680

MAXIME.
Vous la voulez sanglante, et la rendez douteuse

CINNA
Vous la voulez sans peine, et la rendez honteuse

MAXIME
Pour sortir de ses fers jamais on ne rougit

CINNA.
On en sort lâchement, si la vertu n'agit.

MAXIME
Jamais la liberté ne cesse d'être aimable, 685

---

1 Nous écrivons *appâts* dans ce sens, mais, au dix septième siècle, on ne distinguait point l'un de l'autre par l'orthographe *appas* et *appâts* Voyez les *Lexiques de Corneille* et de *Racine*.
2 Var Ont fait tomber l'Etat sous des lois tyranniques (1643

198 CINNA

Et c'est toujours pour Rome un bien inestimable

CINNA.

Ce ne peut être un bien qu'elle daigne estimer,
Quand il vient d'une main lasse de l'opprimer
Elle a le cœur trop bon pour se voir avec joie
Le rebut du tyran dont elle fut la proie ; 690
Et tout ce que la gloire a de vrais partisans
Le hait trop puissamment pour aimer ses présents

MAXIME

Donc pour vous Émilie est un objet de haine[1] ?

CINNA.

La recevoir de lui me seroit une gêne
Mais quand j'aurai vengé Rome des maux soufferts, 695
Je saurai le braver jusque dans les enfers.
Oui, quand par son trépas je l'aurai méritée,
Je veux joindre a sa main ma main ensanglantée,
L'épouser sur sa cendre, et qu'après notre effort
Les présents du tyran soient le prix de sa mort. 700

MAXIME.

Mais l'apparence, ami, que vous puissiez lui plaire,
Teint du sang de celui qu'elle aime comme un père ?
Car vous n'êtes pas homme à la violenter

CINNA

Ami, dans ce palais on peut nous écouter,
Et nous parlons peut être avec trop d'imprudence 705
Dans un lieu si mal propre a notre confidence.
Sortons : qu'en sûreté j'examine avec vous,
Pour en venir à bout, les moyens les plus doux.

1 *Var.* [Donc pour vous Émilie est un objet de haine,]
Et cette récompense est pour vous une peine?
CINNA. Oui, mais pour le braver jusque dans les enfers,
Quand nous aurons vengé Rome des maux soufferts
Et que par son trépas je l'aurai méritée (1643-56)

FIN DU SECOND ACTE.

ACTE TROISIÈME

SCÈNE I

MAXIME, EUPHORBE

MAXIME
Lui même il m'a tout dit, leur flamme est mutuelle,
Il adore Émilie, il est adoré d'elle, 710
Mais sans venger son père il n'y peut aspirer,
Et c'est pour l'acquérir qu'il nous fait conspirer.
EUPHORBE.
Je ne m'étonne plus de cette violence
Dont il contraint Auguste à garder sa puissance
La ligue se romproit s'il s'en étoit démis¹, 715
Et tous vos conjurés deviendroient ses amis.
MAXIME.
Ils servent à l'envi la passion d'un homme²
Qui n'agit que pour soi, feignant d'agir pour Rome,
Et moi, par un malheur qui n'eut jamais d'égal,
Je pense servir Rome, et je sers mon rival. 720
EUPHORBE
Vous êtes son rival?
MAXIME.
         Oui, j'aime sa maîtresse,
Et l'ai caché toujours avec assez d'adresse,
Mon ardeur inconnue, avant que d'éclater³.
Par quelque grand exploit la vouloit mériter
Cependant par mes mains je vois qu'il me l'enlève, 725
Son dessein fait ma perte, et c'est moi qui l'achève,
J'avance des succès dont j'attends le trépas,
Et pour m'assassiner je lui prête mon bras.
Que l'amitié me plonge en un malheur extrême!

---

1 *Var* Sa ligue se romproit s'il en étoit démis (1643)
  Var Sa ligue se romproit s'il s'en étoit démis. (1648-56)
2 *Var* Ils servent, abusés, la passion d'un homme (1643-56)
3 *Var* Mon amour inconnue avant que d'éclater (1643-56)

EUPHORBE

L'issue en est aisée, agissez pour vous-même, 738
D'un dessein qui vous perd rompez le coup fatal,
Gagnez une maîtresse, accusant un rival.
Auguste, à qui par là vous sauverez la vie,
Ne vous pourra jamais refuser Émilie

MAXIME

Quoi ? trahir mon ami !

EUPHORBE

L'amour rend tout permis 735
Un véritable amant ne connoît point d'amis,
Et même avec justice on peut trahir un traître
Qui pour une maîtresse ose trahir son maître
Oubliez l'amitié comme lui les bienfaits.

MAXIME

C'est un exemple à fuir que celui des forfaits ¹ 740

EUPHORBE.

Contre un si noir dessein tout devient légitime
On n'est point criminel quand on punit un crime

MAXIME.

Un crime par qui Rome obtient sa liberté !

EUPHORBE.

Craignez tout d'un esprit si plein de lâcheté
L'intérêt du pays n'est point ce qui l'engage, 745
Le sien, et non la gloire, anime son courage.
Il aimeroit César, s'il n'étoit amoureux,
Et n'est enfin qu'ingrat, et non pas genereux.
Pensez vous avoir lu jusqu'au fond de son âme ?
Sous la cause publique il vous cachoit sa flamme, 750
Et peut cacher encor sous cette passion
Les detestables feux de son ambition.
Peut être qu'il prétend, après la mort d'Octave,
Au lieu d'affranchir Rome, en faire son esclave,
Qu'il vous compte déja pour un de ses sujets, 755
Ou que sur votre perte il fonde ses projets

MAXIME.

Mais comment l'accuser sans nommer tout le reste ?
A tous nos conjurés l'avis seroit funeste,
Et par là nous verrions indignement trahis
Ceux qu'engage avec nous le seul bien du pays 760
D'un si lâche dessein mon âme est incapable
Il perd trop d'innocents pour punir un coupable
J'ose tout contre lui, mais je crains tout pour eux.

¹ *Var* Un exemple à faillir n'autorise jamais
   EUPH Sa faute contre lui vous rend tout légitime (1643-56)

ACTE III, SCÈNE I.

EUPHORBE.
Auguste s'est lassé d'être si rigoureux
En ces occasions ennuyé de supplices, 765
Ayant puni les chefs, il pardonne aux complices
Si toutefois pour eux vous craignez son courroux,
Quand vous lui parlerez, parlez au nom de tous

MAXIME.
Nous disputons en vain, et ce n'est que folie
De vouloir par sa perte acquérir Émilie : 770
Ce n'est pas le moyen de plaire à ses beaux yeux
Que de priver du jour ce qu'elle aime le mieux
Pour moi j'estime peu qu'Auguste me la donne
Je veux gagner son cœur plutôt que sa personne,
Et ne fais point d'état de sa possession 775
Si je n'ai point de part à son affection.
Puis je la mériter par une triple offense ?
Je trahis son amant, je détruis sa vengeance,
Je conserve le sang qu'elle veut voir périr ;
Et j'aurois quelque espoir qu'elle me pût chérir ? 780

EUPHORBE
C'est ce qu'à dire vrai je vois fort difficile
L'artifice pourtant vous y peut être utile,
Il en faut trouver un qui la puisse abuser,
Et du reste le temps en pourra disposer.

MAXIME.
Mais si pour s'excuser il nomme sa complice, 785
S il arrive qu'Auguste avec lui la punisse,
Puis-je lui demander, pour prix de mon rapport,
Celle qui nous oblige a conspirer sa mort ?

EUPHORBE
Vous pourriez m'opposer tant et de tels obstacles
Que pour les surmonter il faudroit des miracles, 790
J'espere toutefois qu'a force d y rêver...

MAXIME.
Eloigne-toi, dans peu j'irai te retrouver [1] .
Cinna vient, et je veux en tirer quelque chose,
Pour mieux résoudre après ce que je me propose [2].

1. *Var* Va, devant qu'il soit peu, je t'irai retrouver. (1643 56)
2 *Var* Pour t'aller dire après ce que je me propose. (1643 64)

SCÈNE II

CINNA, MAXIME

MAXIME

Vous me semblez pensif.

CINNA.

Ce n'est pas sans sujet : 795

MAXIME.

Puis-je d'un tel chagrin savoir quel est l'objet¹ ?

CINNA.

Émilie et César l'un et l'autre me gêne :
L'un me semble trop bon, l'autre trop inhumaine.
Plût aux Dieux que César employât mieux ses soins²,
Et s'en fît plus aimer, ou m'aimât un peu moins ; 800
Que sa bonté touchât la beauté qui me charme,
Et la pût adoucir comme elle me désarme !
Je sens au fond du cœur mille remords cuisants³,
Qui rendent à mes yeux tous ses bienfaits présents ;
Cette faveur si pleine, et si mal reconnue, 805
Par un mortel reproche à tous moments me tue.
Il me semble surtout incessamment le voir
Déposer en nos mains son absolu pouvoir,
Écouter nos avis, m'applaudir, et me dire
« Cinna, par vos conseils je retiendrai l'empire ; 810
Mais je le retiendrai pour vous en faire part. »
Et je puis dans son sein enfoncer un poignard !
Ah ! plutôt... Mais, hélas ! j'idolâtre Émilie,
Un serment execrable à sa haine me lie,
L'horreur qu'elle a de lui me le rend odieux : 815
Des deux côtés j'offense et ma gloire et les Dieux ;
Je deviens sacrilège, ou je suis parricide,
Et vers l'un ou vers l'autre il faut être perfide.

MAXIME.

Vous n'aviez point tantôt ces agitations ;
Vous paroissiez plus ferme en vos intentions ; 820
Vous ne sentiez au cœur ni remords ni reproche,

---

1 *Var* D'un penser si profond quel est le triste objet ? (1643-56)
2 *Var* Plût aux Dieux que César, avecque tous ses soins
Ou s'en fît plus aimer, ou m'aimât un peu moins ! (1643-56)
3 *Var* Je sens dedans le cœur mille remords cuisants (1643-56)

ACTE III, SCÈNE II

CINNA

On ne les sent aussi que quand le coup approche [1],
Et l'on ne reconnoît de semblables forfaits
Que quand la main s'apprête à venir aux effets
L'âme, de son dessein jusque-là possedée, 825
S'attache aveuglément à sa première idée ;
Mais alors quel esprit n'en devient point troublé ?
Ou plutôt quel esprit n'en est point accable ?
Je crois que Brute même, à tel point qu'on le prise [2]
Voulut plus d'une fois rompre son entreprise, 830
Qu'avant que de frapper elle lui fit sentir [3]
Plus d un remords en l'ame, et plus d'un repentir

MAXIME.

Il eut trop de vertu pour tant d'inquiétude,
Il ne soupçonna point sa main d'ingratitude,
Et fut contre un tyran d'autant plus animé 835
Qu'il en reçut de biens et qu'il s'en vit aimé.
Comme vous l'imitez, faites la même chose,
Et formez vos remords d'une plus juste cause,
De vos lâches conseils, qui seuls ont arrêté
Le bonheur renaissant de notre liberté. 840
C'est vous seul aujourd'hui qui nous l'avez ôtée,
De la main de Cesar Brute l'eût acceptée,
Et n'eût jamais souffert qu'un interêt leger
De vengeance ou d amour l'eût remise en danger
N écoutez plus la voix d'un tyran qui vous aime, 845
Et vous veut faire part de son pouvoir suprême ;
Mais entendez crier Rome a votre côté
« Rends-moi, rends moi, Cinna, ce que tu m as ôté,
Et si tu m'as tantôt préféré ta maîtresse,
Ne me prefere pas le tyran qui m'oppresse » 850

---

1 « Il sera peut-etre utile de faire voir comment Shakspeare, soixante ans auparavant, exprima le même sentiment dans la même occasion. C est Brutus pret a assassiner César (*Mort de César*, acte II, scene 1) .

> *Between the acting of a dreadful thing*
> *And the first motion, all the interim is*
> *Like a phantasma, or a hideous dream, etc*

« Entre le dessein et l execution d une chose si terrible, tout l'in
« tervalle n est qu un rêve affreux Le génie de Rome et les instru
« ments mortels de sa ruine semblent tenir conseil dans notre
« âme bouleversée cet état funeste de l'âme tient de l horreur de
« nos guerres civiles » (*Voltaire*)

2 *Var*. Je crois que Brute même, a quel point qu'on le prise
(1643-56)

3. *Var* Et qu'avant que frapper elle lui fit sentir (1643 65)

CINNA

Ami, n'accable plus un esprit malheureux
Qui ne forme qu'en lâche un dessein genereux¹.
Envers nos citoyens je sais quelle est ma faute,
Et leur rendrai bientot tout ce que je leur ôte,
Mais pardonne aux abois d'une vieille amitie,   855
Qui ne peut expirer sans me faire pitié,
Et laisse moi, de grâce, attendant Emilie,
Donner un libre cours à ma mélancolie.
Mon chagrin t'importune, et le trouble ou je suis
Veut de la solitude a calmer tant d'ennuis   860

MAXIME

Vous voulez rendre compte a l'objet qui vous blesse
De la bonté d'Octave et de votre foiblesse,
L'entretien des amants veut un entier secret.
Adieu je me retire en confident discret.

SCÈNE III

CINNA

Donne un plus digne nom au glorieux empire²   865
Du noble sentiment que la vertu m'inspire,
Et que l'honneur oppose au coup précipité
De mon ingratitude et de ma lâcheté,
Mais plutôt continue à le nommer foiblesse³,
Puisqu'il devient si foible auprès d'une maîtresse,   870
Qu'il respecte un amour qu'il devroit étouffer,
Ou que s'il le combat il n'ose en triompher⁴
En ces extrémités quel conseil dois je prendre ?
De quel côte pencher ? à quel parti me rendre ?
Qu'une âme généreuse a de peine à faillir !   875
Quelque fruit que par la j'espère de cueillir,
Les douceurs de l'amour, celles de la vengeance,
La gloire d'affranchir le lieu de ma naissance,
N'ont point assez d'appas pour flatter ma raison,
S'il les faut acquérir par une trahison,   880

---

1 *Var* Qui même fait en lâche un acte genéreux (1643-64)
2 *Var* Que tu sais mal nommer le glorieux empire (1643-56)
3 *Var* Mais plutôt qu'à bon droit tu le nommes foiblesse
(1643-56)
4 *Var.* Ou s'il l'ose combattre, il n'ose en triompher (1643)
  Var Et que s'il le combat il n'ose en triompher (1648-64)

S'il faut percer le flanc d'un prince magnanime
Qui du peu que je suis fait une telle estime,
Qui me comble d'honneurs, qui m'accable de biens,
Qui ne prend pour régner de conseils que les miens
O coup ! ô trahison trop indigne d'un homme ! 885
Dure, dure à jamais l'esclavage de Rome
Périsse mon amour, périsse mon espoir,
Plutôt que de ma main parte un crime si noir
Quoi ? ne m'offre-t-il pas tout ce que je souhaite,
Et qu'au prix de son sang ma passion achète ? 890
Pour jouir de ses dons faut-il l'assassiner ?
Et faut-il lui ravir ce qu'il me veut donner ?
   Mais je dépends de vous, ô serment téméraire,
O haine d'Émilie, ô souvenir d'un père
Ma foi, mon cœur, mon bras, tout vous est engagé, 895
Et je ne puis plus rien que par votre congé
C'est à vous à régler ce qu'il faut que je fasse,
C'est à vous, Émilie, à lui donner sa grâce,
Vos seules volontés président à son sort,
Et tiennent en mes mains et sa vie et sa mort. 900
O Dieux, qui comme vous la rendez adorable,
Rendez la, comme vous, à mes vœux exorable[1],
Et puisque de ses lois je ne puis m'affranchir
Faites qu'à mes desirs je la puisse fléchir
Mais voici de retour cette aimable inhumaine[2] 905

SCÈNE IV

ÉMILIE, CINNA, FULVIE

ÉMILIE.

Grâces aux Dieux, Cinna, ma frayeur étoit vaine
Aucun de tes amis ne t'a manqué de foi[3],
Et je n'ai point eu lieu de m'employer pour toi.
Octave en ma présence a tout dit à Livie,
Et par cette nouvelle il m'a rendu la vie 910

---

1 « *Exorable* devroit se dire, c'est un terme sonore intelligible necessaire, et digne des beaux vers que débite Cinna Il est bien étrange qu'on dise *implacable* et non *placable*, ame *inaltérable* et non pas *âme altérable*, héros *indomptable*, et non *héros domptable*, etc » (*Voltaire*)
2 *Var* Mais voici de retour cette belle inhumaine (1647 56)
3 *Var* Tes amis genereux n'ont point manqué de foi,
   Et ne m'ont point reduite à m'employer pour toi (1643 56)

CINNA.
Le desavouerez-vous, et du don qu'il me fait
Voudrez vous retarder le bienheureux effet ?
ÉMILIE
L'effet est en ta main
CINNA
Mais plutôt en la vôtre
ÉMILIE.
Je suis toujours moi même et mon cœur n'est point autre
Me donner à Cinna, c'est ne lui donner rien, 911
C'est seulement lui faire un présent de son bien.
CINNA.
Vous pouvez toutefois .. O ciel ! l'osé je dire ?
ÉMILIE
Que puis-je ? et que crains tu ?
CINNA.
Je tremble, je soupire
Et vois que si nos cœurs avoient mêmes desirs¹,
Je n'aurois pas besoin d'expliquer mes soupirs. 920
Ainsi je suis trop sûr que je vais vous déplaire ;
Mais je n'ose parler, et je ne puis me taire ²
ÉMILIE
C est trop me gêner, parle
CINNA.
Il faut vous obéir
Je vais donc vous déplaire, et vous m'allez hair
Je vous aime, Émilie, et le ciel me foudroie 925
Si cette passion ne fait toute ma joie,
Et si je ne vous aime avec toute l'ardeur
Que peut un digne objet attendre d'un grand cœur ³ !
Mais voyez a quel prix vous me donnez votre âme
En me rendant heureux vous me rendez infâme, 930
Cette bonté d'Auguste .
ÉMILIE
Il suffit, je t'entends,
Je vois ton repentir et tes vœux inconstants :
Les faveurs du tyran emportent tes promesses;
Tes feux et tes serments cèdent à ses caresses,
Et ton esprit crédule ose s'imaginer 935
Qu'Auguste, pouvant tout, peut aussi me donner.
Tu me veux de sa main plutôt que de la mienne,

1. *Var* Et si nos cœurs etoient conformes en desirs (1643 56)
2 *Var*. Mais je n'ose parler, et je ne me puis taire (1643 56)
3 *Var* Que peut un bel objet attendre d'un grand cœur !
(1643-60)

ACTE III, SCÈNE IV.

Mais ne crois pas qu'ainsi jamais je t'appartienne
Il peut faire trembler la terre sous ses pas,
Mettre un roi hors du trône, et donner ses États¹,   940
De ses proscriptions rougir la terre et l'onde,
Et changer à son gré l'ordre de tout le monde;
Mais le cœur d'Émilie est hors de son pouvoir².

CINNA
Aussi n'est ce qu'a vous que je veux le devoir³.
Je suis toujours moi même, et ma foi toujours pure   945
La pitié que je sens ne me rend point parjure;
J'obéis sans reserve a tous vos sentiments⁴
Et prends vos intérêts par delà mes serments
  J'ai pu, vous le savez, sans parjure et sans crime,
Vous laisser échapper cette illustre victime   950
César se dépouillant du pouvoir souverain
Nous ôtoit tout prétexte à lui percer le sein,
La conjuration s'en alloit dissipée,
Vos desseins avortés, votre haine trompée
Moi seul j'ai raffermi son esprit étonné,   955
Et pour vous l'immoler ma main l'a couronné

ÉMILIE.
Pour me l'immoler, traître! et tu veux que moi même
Je retienne ta main qu'il vive, et que je l'aime!
Que je sois le butin de qui l'ose épargner,
Et le prix du conseil qui le force à régner!   960

CINNA
Ne me condamnez point quand je vous ai servie
Sans moi, vous n'auriez plus de pouvoir sur sa vie,
Et malgré ses bienfaits, je rends tout a l'amour,
Quand je veux qu'il périsse, ou vous doive le jour
Avec les premiers vœux de mon obéissance,   965
Souffrez ce foible effort de ma reconnoissance,
Que je tâche de vaincre un indigne courroux,
Et vous donner pour lui l'amour qu'il a pour vous.
Une âme genereuse, et que la vertu guide,
Fuit la honte des noms d'ingrate et de perfide,   970
Elle en hait l'infamie attachée au bonheur,

---

1 *Var.* Jeter un roi du trône, et donner ses États (1643-60)
2. « Voilà une imitation admirable de ces beaux vers d'Horace
(livre II, ode I, vers 23 et 24)

$$Et\ cuncta\ terrarum\ subacta,$$
$$Præter\ atrocem\ animum\ Catonis\ »$$
                             (*Voltaire*)

3 *Var.* Aussi n'est ce qu'a vous que je le veux devoir (1643-56)
4 *Var.* J'obéis sans reserve a tous vos mouvements (1643-56)

Et n'accepte aucun bien aux dépens de l'honneur.
ÉMILIE
Je fais gloire, pour moi, de cette ignominie
La perfidie est noble envers la tyrannie,
Et quand on rompt le cours d'un sort si malheureux ¹, 975
Les cœurs les plus ingrats sont les plus généreux
CINNA
Vous faites des vertus au gré de votre haine.
ÉMILIE
Je me fais des vertus dignes d'une Romaine.
CINNA.
Un cœur vraiment romain...
ÉMILIE.
     Ose tout pour ravir
Une odieuse vie à qui le fait servir ² 980
Il fuit plus que la mort la honte d'être esclave.
CINNA
C'est l'être avec honneur que de l'être d'Octave ;
Et nous voyons souvent des rois à nos genoux
Demander pour appui tels esclaves que nous ³.
Il abaisse à nos pieds l'orgueil des diadèmes, 985
Il nous fait souverains sur leurs grandeurs suprêmes ;
Il prend d'eux les tributs dont il nous enrichit,
Et leur impose un joug dont il nous affranchit.
ÉMILIE.
L'indigne ambition que ton cœur se propose !
Pour être plus qu'un roi, tu te crois quelque chose 990
Aux deux bouts de la terre en est il un si vain ⁴
Qu'il prétende égaler un citoyen romain?
Antoine sur sa tête attira notre haine
En se déshonorant par l'amour d'une reine ;
Attale, ce grand roi dans la pourpre blanchi, 995
Qui du peuple romain se nommait l'affranchi,
Quand de toute l'Asie il se fût vu l'arbitre,
Eût encor moins prisé son trône que ce titre.
Souviens-toi de ton nom, soutiens sa dignité,
Et prenant d'un Romain la générosité, 1000
Sache qu'il n'en est point que le ciel n'ait fait naître
Pour commander aux rois, et pour vivre sans maître

1. *Var.* Et quand il faut répandre un sang si malheureux
(1643-56
2 *Var* Et le sang et la vie à qui le fait servir (1643-56)
3 *Var* Implorer la faveur d'esclaves tels que nous (1643 56)
4 *Var.* Aux deux bouts de la terre en est il d'assez vain
Pour prétendre égaler un citoyen romain? (1643-56)

ACTE III, SCENE IV.

CINNA.

Le ciel a trop fait voir en de tels attentats
Qu'il hait les assassins et punit les ingrats,
Et quoi qu'on entreprenne et quoi qu'on exécute, 1005
Quand il élève un trône, il en venge la chute,
Il se met du parti de ceux qu'il fait régner,
Le coup dont on les tue est longtemps à saigner,
Et quand à les punir il a pu se résoudre,
De pareils châtiments n'appartiennent qu'au foudre. 1010

ÉMILIE

Dis que de leur parti toi même tu te rends,
De te remettre au foudre à punir les tyrans.
Je ne t'en parle plus, va, sers la tyrannie,
Abandonne ton âme a son lâche génie
Et pour rendre le calme a ton esprit flottant, 1015
Oublie et ta naissance et le prix qui t'attend
Sans emprunter ta main pour servir ma colère [1],
Je saurai bien venger mon pays et mon père.
J'aurois déja l'honneur d'un si fameux trépas,
Si l'amour jusqu'ici n'eût arrêté mon bras 1020
C'est lui qui, sous tes lois me tenant asservie,
M'a fait en ta faveur prendre soin de ma vie
Seule contre un tyran, en le faisant périr,
Par les mains de sa garde il me falloit mourir
Je t'eusse par ma mort derobé ta captive, 1025
Et comme pour toi seul l'amour veut que je vive,
J'ai voulu, mais en vain, me conserver pour toi,
Et te donner moyen d'être digne de moi
Pardonnez-moi, grands Dieux, si je me suis trompée
Quand j'ai pensé chérir un neveu de Pompée, 1030
Et si d'un faux semblant mon esprit abusé
A fait choix d'un esclave en son lieu supposé.
Je t'aime toutefois, quel que tu puisses être [2],
Et si pour me gagner il faut trahir ton maître [3]
Mille autres a l'envi recevroient cette loi, 1035
S'ils pouvoient m'acquérir a même prix que toi
Mais n'apprehende pas qu'un autre ainsi m'obtienne
Vis pour ton cher tyran, tandis que je meurs tienne
Mes jours avec les siens se vont précipiter,
Puisque ta lâcheté n'ose me mériter 1040

1 Var e saurai bien sans toi, dans ma noble colère
  Venger les fers de Rome et le sang de mon pere (1643-56)
2. Var Je t'aime toutefois, tel que tu puisses être (1643-60)
3. Var Tu te plains d'un amour qui te veut rendre traître
                                                    (1643-56)

Viens me voir, dans son sang et dans le mien baignée,
De ma seule vertu mourir accompagnée,
Et te dire en mourant d'un esprit satisfait
« N'accuse point mon sort, c'est toi seul qui l'as fait,
Je descends dans la tombe où tu m'as condamnée, 1045
Où la gloire me suit qui t'étoit destinée
Je meurs en détruisant un pouvoir absolu,
Mais je vivrois à toi, si tu l'avois voulu »

CINNA

Eh bien ! vous le voulez, il faut vous satisfaire,
Il faut affranchir Rome, il faut venger un père, 1050
Il faut sur un tyran porter de justes coups ;
Mais apprenez qu'Auguste est moins tyran que vous
S'il nous ôte à son gré nos biens, nos jours, nos femmes,
Il n'a point jusqu'ici tyrannisé nos âmes,
Mais l'empire inhumain qu'exercent vos beautés 1055
Force jusqu'aux esprits et jusqu'aux volontés.
Vous me faites priser ce qui me deshonore,
Vous me faites haïr ce que mon âme adore,
Vous me faites répandre un sang pour qui je dois
Exposer tout le mien et mille et mille fois 1060
Vous le voulez, j'y cours, ma parole est donnée[1],
Mais ma main, aussitôt contre mon sein tournée,
Aux mânes d'un tel prince immolant votre amant,
A mon crime forcé joindra mon châtiment[2],
Et par cette action dans l'autre confondue, 1065
Recouvrera ma gloire aussitôt que perdue[3]
Adieu.

SCÈNE V

ÉMILIE, FULVIE

FULVIE
Vous avez mis son âme au désespoir.

1. *Var.* Je l'ai juré, j'y cours et vous serez vengée,
   Mais ma main aussitôt dedans mon sein plongée (1643-56)
2. *Var.* A ce crime forcé joindra le châtiment (1643-56)
   On peut rapprocher de ce passage ces vers d'*Andromaque*
(acte IV, scène III)

   Et mes sanglantes mains, sur moi même tournées,
   Aussitôt, malgré lui, joindront nos destinées

3. *Var.* Recouvrera sa gloire aussitôt que perdue (1643-56)

ACTE III, SCENE V.

ÉMILIE.
Qu'il cesse de m'aimer, ou suive son devoir.

FULVIE
Il va vous obeir aux depens de sa vie
Vous en pleurez

EMILIE
Helas cours apres lui, Fulvie, 1070
Et si ton amitie daigne me secourir,
Arrache lui du cœur ce dessein de mourir
Dis lui

FULVIE.
Qu'en sa faveur vous laissez vivre Auguste ?

EMILIE
Ah c'est faire a ma haine une loi trop injuste

FULVIE.
Et quoi donc ?

EMILIE
Qu'il achève, et degage sa foi, 1075
Et qu'il choisisse apres de la mort, ou de moi

FIN DU TROISIEME ACTE

ACTE QUATRIÈME

SCÈNE I

AUGUSTE, EUPHORBE, POLYCLITE, Garde.

AUGUSTE
Tout ce que tu me dis, Euphorbe est incroyable
EUPHORBE
Seigneur, le récit même en paroît effroyable
On ne conçoit qu'à peine une telle fureur[1],
Et la seule pensée en fait frémir d'horreur   1080
AUGUSTE
Quoi? mes plus chers amis quoi? Cinna! quoi? Maxime!
Les deux que j'honorois d'une si haute estime,
A qui j'ouvrois mon cœur et dont j'avois fait choix
Pour les plus importants et plus nobles emplois!
Après qu'entre leurs mains j'ai remis mon empire   1085
Pour m'arracher le jour l'un et l'autre conspire
Maxime a vu sa faute, il m'en fait avertir[2],
Et montre un cœur touché d'un juste repentir,
Mais Cinna!
EUPHORBE
Cinna seul dans sa rage s'obstine,
Et contre vos bontés d'autant plus se mutine   1090
Lui seul combat encor les vertueux efforts
Que sur les conjurés fait ce juste remords[3],
Et malgré les frayeurs a leurs regrets mêlées,
Il tâche a raffermir leurs ames ébranlées
AUGUSTE
Lui seul les encourage et lui seul les séduit   1095
O le plus déloyal que la terre ait produit[4]

1 *Var* On ne conçoit qu'a force une telle fureur (1643-56)
2 *Var* Encore pour Maxime, il m'en fait avertir,
   Et s'est laissé toucher a quelque repentir (1643 56)

— *Unus ex consciis deferebat* dit Sénèque. voyez ci-dessus p 169.

3. *Var* Que sur les conjurés fait un juste remords (1643 56)
4 *Var* O le plus déloyal que l'enfer ait produit (1643-56)

ACTE IV. SCÈNE I.

O trahison conçue au sein d'une furie !
O trop sensible coup d'une main si chérie
Cinna, tu me trahis Polyclete, écoutez
(*Il lui parle a l'oreille*)
POLYCLETE
Tous vos ordres, Seigneur, seront exécutés 1100
AUGUSTE
Qu'Éraste en même temps aille dire a Maxime
Qu'il vienne recevoir le pardon de son crime.
(*Polyclète rentre*)
EUPHORBE.
Il l a trop jugé grand pour ne pas s'en punir [1]
A peine du palais il a pu revenir,
Que les yeux égarés et le regard farouche [2], 1105
Le cœur gros de soupirs, les sanglots a la bouche,
Il deteste sa vie et ce complot maudit,
M'en apprend l'ordre entier, tel que je vous l'ai dit,
Et m'ayant commande que je vous avertisse,
Il ajoute « Dis-lui que je me fais justice, 1110
Que je n'ignore point ce que j'ai merité [3]. »
Puis soudain dans le Tibre il s'est précipité ;
Et l eau grosse et rapide, et la nuit assez noire [4],
M'ont dérobé la fin de sa tragique histoire
AUGUSTE.
Sous ce pressant remords il a trop succombe [5], 1115
Et s'est a mes bontés lui même dérobe,
Il n'est crime envers moi qu'un repentir n'efface.
Mais puisqu'il a voulu renoncer a ma grâce,
Allez pourvoir au reste, et faites qu'on ait soin
De tenir en lieu sûr ce fidele témoin. 1120

1. *Var* Il l'a jugé trop grand pour se le pardonner :
A peine du palais il a pu retourner. (1643-60)
2. *Var.* Que de tous les côtés lançant un œil farouche (1643 56)
3 *Var* Que je n'ignore pas ce que j'ai mérité (1643-60).
4. *Var* Et l eau grosse et rapide, et la nuit survenue,
L'ont dérobé sur l'heure a ma débile vue.
AUG Sous ses justes remords il a trop succombé. (1643 56)
Var Dont l'eau grosse et rapide, et la nuit assez noire.
(1660-64)
5 *Var* Sous le pressant remords il a trop succombe. (1660)

SCÈNE II

AUGUSTE

Ciel, à qui voulez vous désormais que je fie
Les secrets de mon âme et le soin de ma vie ?
Reprenez le pouvoir que vous m'avez commis
Si donnant ces sujets il ôte les amis,
Si tel est le destin des grandeurs souveraines, 1125
Que leurs plus grands bienfaits n'attirent que des haines,
Et si votre rigueur les condamne à chérir
Ceux que vous animez à les faire périr
Pour elles rien n'est sûr, qui peut tout doit tout craindre.
Rentre en toi même, Octave, et cesse de te plaindre. 1130
Quoi ? tu veux qu'on t'épargne, et n'as rien épargné
Songe aux fleuves de sang où ton bras s'est baigné
De combien ont rougi les champs de Macédoine,
Combien en a versé la défaite d'Antoine,
Combien celle de Sexte¹, et revois tout d'un temps 1135
Pérouse au sien noyée, et tous ses habitants²,
Remets dans ton esprit, après tant de carnages
De tes proscriptions les sanglantes images,
Où toi même, des tiens devenu le bourreau,
Au sein de ton tuteur enfonças le couteau³ 1140
Et puis ose accuser le destin d'injustice⁴
Quand tu vois que les tiens s'arment pour ton supplice,
Et que, par ton exemple à ta perte guidés,
Ils violent des droits que tu n'as pas gardés⁵
Leur trahison est juste, et le ciel l'autorise 1145
Quitte ta dignité comme tu l'as acquise,
Rends un sang infidèle à l'infidélité,
Et souffre des ingrats après l'avoir été
  Mais que mon jugement au besoin m'abandonne
Quelle fureur, Cinna, m'accuse et te pardonne ? 1150
Toi, dont la trahison me force à retenir

---

1 Sextus Pompée
2 Dans la guerre entre Octave et les adhérents d'Antoine, après la bataille de Philippes
3. Voyez ci dessus à la liste des acteurs p 174, note 2
4 *Var* Et puis ose accuser ton destin d'injustice,
   Si les tiens maintenant s'arment pour ton supplice,
   Et si par ton exemple à ta perte guidés. (1643-56)
5. *Var* Ils violent les droits que tu n'as pas gardés ! (1643 64)

Ce pouvoir souverain dont tu me veux punir,
Me traite en criminel, et fait seule mon crime,
Relève pour l'abattre un trône illégitime,
Et d'un zèle effronté couvrant son attentat, 1155
S'oppose pour me perdre, au bonheur de l'État !
Donc jusqu'à l'oublier je pourrois me contraindre !
Tu vivrois en repos après m'avoir fait craindre¹ !
Non, non, je me trahis moi même d'y penser
Qui pardonne aisément invite à l'offenser, 1160
Punissons l'assassin, proscrivons les complices.
 Mais quoi ? toujours du sang, et toujours des supplices
Ma cruauté se lasse, et ne peut s'arrêter ;
Je veux me faire craindre, et ne fais qu'irriter
Rome a pour ma ruine une hydre trop fertile² 1165
Une tête coupée en fait renaître mille
Et le sang répandu de mille conjurés
Rend mes jours plus maudits, et non plus assurés
Octave, n'attends plus le coup d'un nouveau Brute,
Meurs et derobe lui la gloire de ta chute, 1170
Meurs tu ferois pour vivre un lâche et vain effort,
Si tant de gens de cœur font des vœux pour ta mort,
Et si tout ce que Rome a d'illustre jeunesse,
Pour te faire périr tour à tour s'intéresse,
Meurs, puisque c'est un mal que tu ne peux guerir, 1175
Meurs enfin, puisqu'il faut ou tout perdre, ou mourir
La vie est peu de chose, et le peu qui t'en reste
Ne vaut pas l'acheter par un prix si funeste,
Meurs, mais quitte du moins la vie avec éclat,
Eteins en le flambeau dans le sang de l'ingrat³ 1180
A toi même en mourant immole ce perfide,
Contentant ses désirs, punis son parricide,
Fais un tourment pour lui de ton propre trépas,
En faisant qu'il le voie et n'en jouisse pas
Mais jouissons plutôt nous même de sa peine, 1185
Et si Rome nous hait, triomphons de sa haine.
 O Romains, ô vengeance, ô pouvoir absolu
O rigoureux combat d'un cœur irrésolu

1. Corneille a fait passer dans ce discours avec une rare énergie,
divers traits de Sénèque *Quid ergo? ego percussorem meum
securum ambulare patiar me sollicito? Quis finis erit supplicio
rum? quis sanguinis? Ego sum nobilibus adolescentulis exposi
tum caput, in quod mucrones acuant Non est tanti vita si,
ut ego non peream, tum multa perdenda sunt* Voyez ci dessus
p 169.
 2 *Var.* Rome a pour ma ruine un hydre trop fertile. (1652-56)
 3 *Var* Eteins-en le flambeau dans le sang d'un ingrat (1643-60)

Qui fuit en même temps tout ce qu'il se propose !
D'un prince malheureux ordonnez quelque chose 1190
Qui des deux dois je suivre, et duquel m'éloigner ?
Ou laissez moi perir ou laissez moi régner.

SCÈNE III

AUGUSTE, LIVIE [1]

AUGUSTE.

Madame, on me trahit et la main qui me tue
Rend sous mes deplaisirs ma constance abattue.
Cinna, Cinna, le traître..

LIVIE.
                    Euphorbe m'a tout dit, 1195
Seigneur, et j'ai pâli cent fois a ce récit.
Mais écouteriez vous les conseils d'une femme [2] ?

AUGUSTE.
Hélas ! de quel conseil est capable mon âme ?

LIVIE.
Votre sévérité, sans produire aucun fruit [3],
Seigneur, jusqu'à présent a fait beaucoup de bruit 1200
Par les peines d'un autre aucun ne s'intimide
Salvidien à bas a soulevé Lépide,
Murène a succédé, Cépion [4] l'a suivi ;
Le jour à tous les deux dans les tourments ravi
N'a point mêlé de crainte à la fureur d'Egnace [5] 1205
Dont Cinna maintenant ose prendre la place ;
Et dans les plus bas rangs les noms les plus abjets
Ont voulu s'ennoblir par de si hauts projets
Après avoir en vain puni leur insolence,
Essayez sur Cinna ce que peut la clémence ; 1210

---

1 Les frères Parfait disent, au tome VI (p 94) de leur *Histoire du théâtre françois*, publiée en 1746 que d ordinaire on retranche a la scène le rôle de Livie, et Voltaire nous apprend, dans son edition de 1764, que cette suppression remonte à trente ans Ce n est qu'en 1860 qu on cessa de se permettre cette mutilation

2 Livie dit de même dans Senèque • *Admittis muliebre consilium ?*

3. *Var.* Seigneur, jusques ici votre sévérité
  A fait beaucoup de bruit et n'a rien profité (1643 56)

4. Tous ces noms propres enumeres par Livie sont empruntes a Sénèque voyez p. 170.

5 *Var* N a point mis de frayeur dedans l'esprit d'Égnace,
  Dont Cinna maintenant ose imiter l audace (1643 56)

Faites son châtiment de sa confusion ;
Cherchez le plus utile en cette occasion ·
Sa peine peut aigrir une ville animée
Son pardon peut servir a votre renommée [1],
Et ceux que vos rigueurs ne font qu'effaroucher, 1215
Peut-être a vos bontes se laisseront toucher.
AUGUSTE
Gagnons les tout à fait en quittant cet empire
Qui nous rend odieux, contre qui l'on conspire
J'ai trop par vos avis consulté la-dessus,
Ne m'en parlez jamais, je ne consulte plus. 1220
Cesse de soupirer Rome, pour ta franchise
Si je t'ai mise aux fers, moi même je les brise
Et te rends ton Etat apres l'avoir conquis,
Plus paisible et plus grand que je ne te l'ai pris ;
Si tu me veux hair, hais-moi sans plus rien feindre, 1225
Si tu me veux aimer, aime-moi sans me craindre
De tout ce qu'eut Sylla de puissance et d'honneur,
Lassé comme il en fut j'aspire a son bonheur
LIVIE.
Assez et trop longtemps son exemple vous flatte,
Mais gardez que sur vous le contraire n'eclate 1230
Ce bonheur sans pareil qui conserva ses jours
Ne seroit pas bonheur, s'il arrivoit toujours
AUGUSTE.
Eh bien s'il est trop grand, si j'ai tort d'y prétendre [2],
J'abandonne mon sang a qui voudra l'epandre.
Après un long orage il faut trouver un port, 1235
Et je n'en vois que deux, le repos, ou la mort.
LIVIE.
Quoi ? vous voulez quitter le fruit de tant de peines ?
AUGUSTE.
Quoi ? vous voulez garder l'objet de tant de haines ?
LIVIE.
Seigneur, vous emporter a cette extrémité,
C'est plutôt désespoir que generosite. 1240
AUGUSTE
Regner et caresser une main si traîtresse,
Au lieu de sa vertu, c'est montrer sa foiblesse
LIVIE
C'est régner sur vous-même, et par un noble choix.

---

1 *Nunc tenta quomodo tibi cedat clementia. Jam nocere tibi non potest prodesse famæ tuæ potest* (SENÈQUE)
2 *Var* Aussi dedans la place ou je m'en vais descendre
(1643 56)

Pratiquer la vertu la plus digne des rois.
####### AUGUSTE
Vous m'aviez bien promis des conseils d'une femme 1245
Vous me tenez parole, et c'en sont là, Madame.
Apres tant d'ennemis à mes pieds abattus
Depuis vingt ans je règne, et j'en sais les vertus,
Je sais leur divers ordre, et de quelle nature¹
Sont les devoirs d'un prince en cette conjoncture 1250
Tout son peuple est blessé par un tel attentat,
Et la seule pensée est un crime d'Etat
Une offense qu'on fait à toute sa province
Dont il faut qu'il la venge, ou cesse d'être prince
####### LIVIE
Donnez moins de croyance à votre passion 1255
####### AUGUSTE.
Ayez moins de foiblesse, ou moins d'ambition.
####### LIVIE
Ne traitez plus si mal un conseil salutaire
####### AUGUSTE.
Le ciel m'inspirera ce qu'ici je dois faire
Adieu nous perdons temps
####### LIVIE.
Je ne vous quitte point,
Seigneur, que mon amour n'aye obtenu ce point 1260
####### AUGUSTE
C'est l'amour des grandeurs qui vous rend importune.
####### LIVIE
J'aime votre personne, et non votre fortune
(Elle est seule.)
Il m'echappe suivons, et forçons le de voir ²
Qu'il peut, en faisant grâce, affermir son pouvoir,
Et qu'enfin la clémence est la plus belle marque 1265
Qui fasse à l'univers connoître un vrai monarque.

SCÈNE IV

EMILIE, FULVIE

####### EMILIE.
D'où me vient cette joie? et que mal à propos
Mon esprit malgré moi goûte un entier repos

1. *Var* Je sais les soins qu'un roi doit avoir de sa vie,
    A quoi le bien public en ce cas le convie (1643-56)
2 *Var* Il m'échappe suivons, et le forçons de voir (1643-56)

Cesar mande Cinna sans me donner d'alarmes !
Mon cœur est sans soupirs, mes yeux n'ont point de larmes,
Comme si j'apprenois d'un secret mouvement
Que tout doit succéder à mon contentement
Ai je bien entendu ? me l'as-tu dit Fulvie ?
FULVIE
J'avois gagné sur lui qu'il aimeroit la vie,
Et je vous l'amenois plus traitable et plus doux 1275
Faire un second effor contre votre courroux¹ ;
Je m'en applaudissois, quand soudain Polyclète
Des volontés d'Auguste ordinaire interprète,
Est venu l'aborder et sans suite et sans bruit
Et de sa part sur l heure au palais l a conduit 1280
Auguste est fort trouble, l'on ignore la cause
Chacun diversement soupçonne quelque chose
Tous presument qu'il aye un grand sujet d ennui
Et qu'il mande Cinna pour prendre avis de lui
Mais ce qui m'embarrasse, et que je viens d'apprendre², 1285
C'est que deux inconnus se sont saisis d'Evandre,
Qu'Euphorbe est arrête sans qu'on sache pourquoi,
Que même de son maître on dit je ne sais quoi ·
On lui veut imputer un désespoir funeste,
On parle d'eaux, de Tibre, et l'on se tait du reste 1290
EMILIE
Que de sujets de craindre et de désespérer,
Sans que mon triste cœur en daigne murmurer
A chaque occasion le ciel y fait descendre
Un sentiment contraire a celui qu'il doit prendre
Une vaine frayeur tantôt m'a pu troubler³, 1295
Et je suis insensible alors qu'il faut trembler
  Je vous entends, grands Dieux vos bontés que j'adore
Ne peuvent consentir que je me déshonore,
Et ne me permettant soupirs, sanglots ni pleurs,
Soutiennent ma vertu contre de tels malheurs 1300
Vous voulez que je meure avec ce grand courage
Qui m'a fait entreprendre un si fameux ouvrage ,
Et je veux bien perir comme vous l ordonnez
Et dans la même assiette où vous me retenez
  O Liberte de Rome ô mânes de mon père 1305
J ai fait de mon côte tout ce que j ai pu faire

¹ *Var* Faire un second effort contre ce grand courroux.
J en rendois grâce aux Dieux, quand soudain Polyclete.
(1643-56)
² *Var.* Mais ce qui plus m'étonne, et que je viens d'apprendre
(1643-56)
³ *Var* Une vaine frayeur m a pu tantot troubler (1643-56)

Contre votre tyran j'ai ligué ses amis,
Et plus osé pour vous qu'il ne m'étoit permis
Si l'effet a manqué, ma gloire n'est pas moindre ;
N'ayant pu vous venger, je vous irai rejoindre,   1340
Mais si fumante encor d'un genereux courroux
Par un trepas si noble et si digne de vous,
Qu'il vous fera sur l'heure aisement reconnoître [1]
Le sang des grands héros dont vous m'avez fait naître

SCÈNE V

MAXIME, ÉMILIE FULVIE

ÉMILIE
Mais je vous vois Maxime, et l'on vous faisoit mort   1315
        MAXIME.
Euphorbe trompe Auguste avec ce faux rapport
Se voyant arrêté, la trame decouverte,
Il a feint ce trepas pour empêcher ma perte
        ÉMILIE.
Que dit on de Cinna ?
        MAXIME.
            Que son plus grand regret,
C'est de voir que César sait tout votre secret [2],   1320
En vain il le denie et le veut meconnoître,
Evandre a tout conté pour excuser son maître ;
Et par l'ordre d'Auguste on vient vous arrêter
        ÉMILIE.
Celui qui l'a reçu tarde à l'executer
Je suis prête à le suivre et lasse de l'attendre   1325
        MAXIME
Il vous attend chez moi
        ÉMILIE.
    Chez vous !
        MAXIME
            C'est vous surprendre,
Mais apprenez le soin que le ciel a de vous
C'est un des conjurés qui va fuir avec nous.
Prenons notre avantage avant qu'on nous poursuive ;
Nous avons pour partir un vaisseau sur la rive [3].   1330

1 *Var* Que d'abord son éclat vous fera reconnoître (1643 56)
2 *Var* Est de voir que César sait tout votre secret (1643 56)
3 *Var* Nous avons un vaisseau tout prêt dessus la rive (1643-56)

ÉMILIE

Me connois-tu, Maxime, et sais-tu qui je suis ?

MAXIME.

En faveur de Cinna je fais ce que je puis,
Et tâche a garantir de ce malheur extrême
La plus belle moitié qui reste de lui-même.
    Sauvons-nous, Émilie, et conservons le jour,   1335
Afin de le venger par un heureux retour.

ÉMILIE.

Cinna dans son malheur est de ceux qu'il faut suivre,
Qu'il ne faut pas venger, de peur de leur survivre.
Quiconque après sa perte aspire a se sauver
Est indigne du jour qu'il tâche a conserver.   1340

MAXIME.

Quel désespoir aveugle a ces fureurs vous porte ?
O Dieux ! que de foiblesse en une âme si forte !
Ce cœur si généreux rend si peu de combat,
Et du premier revers la fortune l'abat !
Rappelez, rappelez cette vertu sublime,   1345
Ouvrez enfin les yeux, et connoissez Maxime
C'est un autre Cinna qu'en lui vous regardez,
Le ciel vous rend en lui l'amant que vous perdez
Et puisque l'amitié n'en faisoit plus qu'une âme,
Aimez en cet ami l'objet de votre flamme,   1350
Avec la même ardeur il saura vous chérir,
Que

ÉMILIE

    Tu m'oses aimer, et tu n'oses mourir !
Tu pretends un peu trop, mais quoi que tu pretendes,
Rends-toi digne du moins de ce que tu demandes.
Cesse de fuir en lâche un glorieux trépas,   1355
Ou de m'offrir un cœur que tu fais voir si bas,
Fais que je porte envie a ta vertu parfaite,
Ne te pouvant aimer, fais que je te regrette ;
Montre d'un vrai Romain la dernière vigueur,
Et merite mes pleurs au defaut de mon cœur.   1360
Quoi ? si ton amitié pour Cinna s'interesse[1],
Crois-tu qu'elle consiste a flatter sa maîtresse ?
Apprends, apprends de moi quel en est le devoir,
Et donne-m'en l'exemple, ou viens le recevoir.

MAXIME.

Votre juste douleur est trop impétueuse.   1365

ÉMILIE.

La tienne en ta faveur est trop ingenieuse.

1. *Var.* Quoi ? si ton amitié pour Cinna t'intéresse. (1643-63)

Tu me parles déja d'un bienheureux retour,
Et dans tes deplaisirs tu conçois de l'amour !
                    MAXIME
Cet amour en naissant est toutefois extrême
C'est votre amant en vous, c'est mon ami que j'aime,   1570
Et des mêmes ardeurs dont il fut embrase..
                    ÉMILIE.
Maxime, en voila trop pour un homme avisé
Ma perte m'a surprise, et ne m'a point troublee
Mon noble desespoir ne m'a point aveuglee.
Ma vertu toute entiere agit sans s'emouvoir,   1375
Et je vois malgre moi plus que je ne veux voir
                    MAXIME
Quoi ? vous suis-je suspect de quelque perfidie ?
                    ÉMILIE.
Oui, tu l'es, puisqu'enfin tu veux que je le die,
L'ordre de notre fuite est trop bien concerte
Pour ne te soupçonner d'aucune lâcheté   1380
Les Dieux seroient pour nous prodigues en miracles,
S'ils en avoient sans toi leve tous les obstacles
Fuis sans moi ; tes amours sont ici superflus
                    MAXIME
Ah ! vous m'en dites trop
                    ÉMILIE.
                          J'en présume encor plus
Ne crains pas toutefois que j'eclate en injures,   1385
Mais n'espere non plus m'éblouir de parjures.
Si c'est te faire tort que de m'en défier[1],
Viens mourir avec moi pour te justifier
                    MAXIME
Vivez, belle Emilie, et souffrez qu'un esclave ..
                    ÉMILIE.
Je ne t'ecoute plus qu'en présence d'Octave.   1390
Allons, Fulvie, allons

SCÈNE VI

MAXIME

Désesperé, confus,
Et digne, s'il se peut, d'un plus cruel refus,
Que résous-tu, Maxime ? et quel est le supplice

1. *Var.* Si c'est te faire tort que de me defier. (1643 56)

ACTE IV, SCÈNE VI

Que ta vertu prepare a ton vain artifice ?
Aucune illusion ne te doit plus flatter 1395
Émilie en mourant va tout faire éclater ·
Sur un même echafaud la perte de sa vie
Etalera sa gloire et ton ignominie,
Et sa mort va laisser a la postérité¹
L'infâme souvenir de ta deloyauté. 1400
Un même jour t'a vu, par une fausse adresse,
Trahir ton souverain, ton ami, ta maîtresse,
Sans que de tant de droits en un jour violes,
Sans que de deux amants au tyran immolés,
Il te reste aucun fruit que la honte et la rage² 1405
Qu'un remords inutile allume en ton courage
  Euphorbe, c'est l'effet de tes lâches conseils,
Mais que peut-on attendre enfin de tes pareils³ ?
Jamais un affranchi n'est qu'un esclave infâme,
Bien qu'il change d'état, il ne change point d'âme⁴, 1410
La tienne, encor servile, avec la liberte
N'a pu prendre un rayon de génerosité⁵
Tu m'as fait relever une injuste puissance,
Tu m'as fait démentir l'honneur de ma naissance,
Mon cœur te resistoit, et tu l'as combattu 1415
Jusqu'a ce que ta fourbe ait souille sa vertu.
Il m'en coûte la vie, il m'en coûte la gloire,
Et j'ai tout mérité pour t'avoir voulu croire,
Mais les Dieux permettront a mes ressentiments
De te sacrifier aux yeux des deux amants, 1420
Et j'ose m'assurer qu'en dépit de mon crime
Mon sang leur servira d'assez pure victime,
Si dans le tien mon bras, justement irrite,
Peut laver le forfait de t'avoir écoute

 1 *Var*. Et porte avec son nom à la postérité. (1643-56)
 2 *Var* Il te reste autre fruit que la honte et la rage (1643 et 48)
 3 *Var* Mais que peut on attendre aussi de tes pareils? (1643 56)
 4 *Var*. Et pour changer d'état, il ne change point d'âme (1643 56)
 5 *Var*. N'a su prendre un rayon de génerosité. (1660)

FIN DU QUATRIÈME ACTE.

ACTE CINQUIÈME

SCENE I

AUGUSTE, CINNA

AUGUSTE.

Prends un siege, Cinna, prends, et sur toute chose 1425
Observe exactement la loi que je t'impose
Prête, sans me troubler, l'oreille a mes discours,
D'aucun mot d'aucun cri, n'en interromps le cours,
Tiens ta langue captive, et si ce grand silence
A ton emotion fait quelque violence, 1430
Tu pourras me repondre apres tout a loisir [1]
Sur ce point seulement contente mon desir.

CINNA

Je vous obeirai, Seigneur

AUGUSTE.

Qu'il te souvienne
De garder ta parole, et je tiendrai la mienne
Tu vois le jour, Cinna, mais ceux dont tu le tiens 1435
Furent les ennemis de mon pere et les miens
Au milieu de leur camp tu reçus la naissance [2],
Et lorsqu'apiès leur mort tu vins en ma puissance
Leur haine enracinee au milieu de ton sein
T'avoit mis contre moi les armes a la main, 1440
Tu fus mon ennemi meme avant que de naître,

---

1 *Quum alteram poni Cinnæ cathedram jussisset* « *Hoc, in quit, primum a te peto ne me loquentem interpelles ne medio sermone meo proclames, dabitur tibi loquendi liberum tempus* » (SÉNÈQUE) Voyez ci dessus, p 170   Dans la suite de la scène on trouvera mainte autre traduction ou imitation de Sénèque.
 2. *Var* Ce fut dedans leur camp que tu pris la naissance,
   Et quand apres leur mort tu vins en ma puissance
   Leur haine héréditaire, ayant passé dans toi
   T'avoit mis a la main les armes contre moi (1643 56)

ACTE V, SCENE I.

Et tu le fus encor quand tu me pus connoître,
Et l'inclination jamais n'a démenti ¹
Ce sang qui t'avoit fait du contraire parti
Autant que tu l'as pu, les effets l'ont suivie.　　　　1445
Je ne m'en suis vengé qu'en te donnant la vie,
Je te fis prisonnier pour te combler de biens.
Ma cour fut ta prison, mes faveurs tes liens,
Je te restituai d'abord ton patrimoine,
Je t'enrichis après des dépouilles d'Antoine,　　　　1450
Et tu sais que depuis, à chaque occasion,
Je suis tombé pour toi dans la profusion.
Toutes les dignités que tu m'as demandées,
Je te les ai sur l'heure et sans peine accordées,
Je t'ai préféré même à ceux dont les parents　　　　1455
Ont jadis dans mon camp tenu les premiers rangs,
A ceux qui de leur sang m'ont acheté l'empire ²,
Et qui m'ont conservé le jour que je respire.
De la façon enfin qu'avec toi j'ai vécu,
Les vainqueurs sont jaloux du bonheur du vaincu　　　　1460
Quand le ciel me voulut, en rappelant Mécène,
Après tant de faveur montrer un peu de haine ³,
Je te donnai sa place en ce triste accident,
Et te fis, après lui, mon plus cher confident
Aujourd'hui même encor, mon âme irrésolue　　　　1465
Me pressant de quitter ma puissance absolue
De Maxime et de toi j'ai pris les seuls avis,
Et ce sont, malgré lui, les tiens que j'ai suivis
Bien plus, ce même jour je te donne Émilie,
Le digne objet des vœux de toute l'Italie,　　　　1470
Et qu'ont mise si haut mon amour et mes soins,
Qu'en te couronnant roi je t'aurois donné moins.
Tu t'en souviens, Cinna tant d'heur et tant de gloire
Ne peuvent pas sitôt sortir de ta mémoire,
Mais ce qu'on ne pourroit jamais s'imaginer,　　　　1475
Cinna, tu t'en souviens, et veux m'assassiner

CINNA

Moi, Seigneur! moi, que j'eusse une âme si traîtresse,
Qu'un si lâche dessein...

---

1. *Var* Et le sang t'ayant fait d'un contraire parti,
　Ton inclination ne l'a point démenti
　Comme elle l'a suivi, les effets l'ont suivie (1643-56)
2 *Var* M'ont conservé le jour qu'à présent je respire,
　Et m'ont de tout leur sang acheté cet empire. (1643-56)
3 *Var.* Après tant de faveurs montrer un peu de haine
　　　　　　　　　　(1643 in 1º et 48 56)

AUGUSTE

Tu tiens mal ta promesse
Sieds-toi, je n'ai pas dit encor ce que je veux,
Tu te justifieras après, si tu le peux. 1480
Écoute cependant, et tiens mieux ta parole
Tu veux m'assassiner demain, au Capitole,
Pendant le sacrifice, et ta main pour signal
Me doit, au lieu d'encens, donner le coup fatal,
La moitié de tes gens doit occuper la porte, 1485
L'autre moitié te suivre et te prêter main forte.
Ai-je de bons avis, ou de mauvais soupçons[1]?
De tous ces meurtriers te dirai-je les noms?
Procule, Glabrion, Virginian, Rutile,
Marcel, Plaute, Lénas, Pompone Albin. Icile, 1490
Maxime, qu'après toi j'avois le plus aimé[2],
Le reste ne vaut pas l'honneur d'être nommé
Un tas d'hommes perdus de dettes et de crimes
Que pressent de mes lois les ordres légitimes,
Et qui désespérant de les plus éviter, 1495
Si tout n'est renversé, ne sauroient subsister
Tu te tais maintenant et gardes le silence,
Plus par confusion que par obéissance.
Quel étoit ton dessein, et que prétendois-tu
Après m'avoir au temple à tes pieds abattu? 1500
Affranchir ton pays d'un pouvoir monarchique
Si j'ai bien entendu tantôt ta politique,
Son salut désormais dépend d'un souverain
Qui pour tout conserver tienne tout en sa main,
Et si sa liberté te faisoit entreprendre, 1505
Tu ne m'eusses jamais empêché de la rendre;
Tu l'aurois acceptée au nom de tout l'État,
Sans vouloir l'acquérir par un assassinat
Quel étoit donc ton but? D'y régner en ma place?
D'un étrange malheur son destin le menace, 1510
Si pour monter au trône et lui donner la loi

---

1 Var Assurée au besoin du secours des premiers
Te dirai-je les noms de tous ces meurtriers? (1643-56)
2 Monvel comptait ici les conjurés sur ses doigts, après le nom de Maxime il laissait retomber sa main en disant la fin du vers, puis il semblait s'apprêter à reprendre son compte, qu'il abandonnait définitivement en disant

Le reste ne vaut pas l'honneur d'être nommé.

Talma admirait fort ce jeu de scène très-familier, mais d'un effet saisissant, et il fut longtemps avant d'oser le pratiquer.

Tu ne trouves dans Rome autre obstacle que moi [1],
Si jusques a ce point son sort est déplorable,
Que tu sois après moi le plus considérable,
Et que ce grand fardeau de l'empire romain   1515
Ne puisse, après ma mort, tomber mieux qu'en ta main.
   Apprends à te connoître, et descends en toi même
On t'honore dans Rome, on te courtise, on t'aime,
Chacun tremble sous toi, chacun t'offre des vœux,
Ta fortune est bien haut, tu peux ce que tu veux, 1520
Mais tu ferois pitié même à ceux qu'elle irrite [2],
Si je t'abandonnois à ton peu de mérite [3].
Ose me dementir, dis-moi ce que tu vaux,
Conte moi tes vertus, tes glorieux travaux
Les rares qualités par ou tu m'as dû plaire,   1525
Et tout ce qui t'élève au dessus du vulgaire
Ma faveur fait ta gloire, et ton pouvoir en vient
Elle seule t'élève, et seule te soutient,
C'est elle qu'on adore, et non pas ta personne
Tu n'as credit ni rang qu'autant qu'elle t'en donne, 1530
Et pour te faire choir je n'aurois aujourd'hui
Qu'a retirer la main qui seule est ton appui.
J'aime mieux toutefois céder à ton envie
Regne, si tu le peux, aux dépens de ma vie,
Mais oses tu penser que les Serviliens,   1535
Les Cosses, les Métels, les Pauls, les Fabiens,
Et tant d'autres enfin de qui les grands courages
Des heros de leur sang sont les vives images,
Quittent le noble orgueil d'un sang si généreux,
Jusqu'à pouvoir souffrir que tu règnes sur eux ? 1540
Parle, parle, il est temps

CINNA
Je demeure stupide.

[1] Racine a exprimé la même pensée dans ces deux vers d'*Alexandre* (acte II, scene II):

   Si le monde penchant n'a plus que cet appui,
   Je le plains et vous plains vous même autant que lui.

[2] *Var.* Mais en un triste etat on la verroit reduite (1643-56.)
[3] « Ces vers et les suivants occasionnerent un jour une saillie singulière. Le dernier marechal de la Feuillade, étant sur le théâtre, dit tout haut à Auguste : « Ah ! tu me gâtes le *Soyons amis, Cinna.* » Le vieux comedien qui jouait Auguste se déconcerta et crut avoir mal joué. Le marechal, après la piece, lui dit : « Ce « n'est pas vous qui m'avez deplu, c'est Auguste, qui dit à Cinna « qu'il n'a aucun merite, qu'il n'est propre à rien, qu'il fait pitié, « et qui ensuite lui dit : « Soyons amis » Si le Roi m'en disait au-« tant, je le remercierais de son amitié » (*Voltaire.*)

Non que votre colère ou la mort m'intimide
Je vois qu'on m'a trahi, vous m'y voyez rêver,
Et j'en cherche l'auteur sans le pouvoir trouver.
    Mais c'est trop y tenir toute l'âme occupée[1]   1545
Seigneur, je suis Romain, et du sang de Pompée,
Le père et les deux fils lâchement égorgés,
Par la mort de César etoient trop peu vengés
C'est là d'un beau dessein l'illustre et seule cause,
Et puisqu'à vos rigueurs la trahison m'expose,   1550
N'attendez point de moi d'infâmes repentirs,
D'inutiles regrets, ni de honteux soupirs
Le sort vous est propice autant qu'il m'est contraire,
Je sais ce que j'ai fait, et ce qu'il vous faut faire
Vous devez un exemple à la postérité,   1555
Et mon trépas importe à votre sûreté

AUGUSTE.

Tu me braves, Cinna, tu fais le magnanime,
Et loin de t'excuser, tu couronnes ton crime
Voyons si ta constance ira jusques au bout
Tu sais ce qui t'est dû, tu vois que je sais tout   1560
Fais ton arrêt toi même, et choisis tes supplices.

SCÈNE II

AUGUSTE, LIVIE, CINNA, EMILIE, FULVIE

LIVIE

Vous ne connoissez pas encor tous les complices :
Votre Émilie en est, Seigneur, et la voici[2]

CINNA

C'est elle-même, ô Dieux !

AUGUSTE

Et toi, ma fille, aussi

ÉMILIE

Oui, tout ce qu'il a fait, il l'a fait pour me plaire[3],   1565

---

1 *Var* Cette stupidité s'est enfin dissipée (1643-56)
2 Par suite de la suppression du personnage de Livie, on faisait prononcer par Émilie ces deux premiers vers de la scène Mais comme le dit Voltaire, « ils lui sont peu convenables, elle ne doit pas dire à Auguste *Votre Émilie*, ce mot la condamne. Si elle veut s'accuser elle même, il faut qu'elle debute en disant *Je viens mourir avec Cinna* »
3 *Var* Oui, Seigneur, du dessein je suis la seule cause.
C'est pour moi qu'il conspire, et c'est pour moi qu'il ose.
(1643-56)

ACTE V, SCÈNE II.

Et j'en étois, Seigneur, la cause et le salaire

AUGUSTE

Quoi? l'amour qu'en ton cœur j'ai fait naître aujourd'hui
T'emporte t il déjà jusqu'à mourir pour lui?
Ton âme a ces transports un peu trop s'abandonne,
Et c'est trop tôt aimer l'amant que je te donne. 1570

ÉMILIE.

Cet amour qui m'expose à vos ressentiments
N'est point le prompt effet de vos commandements :
Ces flammes dans nos cœurs sans votre ordre étoient nees ¹,
Et ce sont des secrets de plus de quatre annees,
Mais quoique je l'aimasse et qu'il brûlât pour moi, 1575
Une haine plus forte à tous deux fit la loi :
Je ne voulus jamais lui donner d'espérance,
Qu'il ne m'eût de mon pere assuré la vengeance,
Je la lui fis jurer, il chercha des amis
Le ciel rompt le succes que je m'étois promis, 1580
Et je vous viens, Seigneur offrir une victime,
Non pour sauver sa vie en me chargeant du crime
Son trepas est trop juste apres son attentat,
Et toute excuse est vaine en un crime d'État
Mourir en sa présence, et rejoindre mon père, 1585
C'est tout ce qui m'amène, et tout ce que j'espère.

AUGUSTE

Jusques a quand, ô ciel, et par quelle raison
Prendrez vous contre moi des traits dans ma maison?
Pour ses debordements j en ai chasse Julie,
Mon amour en sa place a fait choix d'Émilie, 1590
Et je la vois comme elle indigne de ce rang.
L'une m'ôtoit l'honneur, l'autre a soif de mon sang,
Et prenant toutes deux leur passion pour guide,
L'une fut impudique, et l'autre est parricide
O ma fille! est-ce la le prix de mes bienfaits ? 1595

EMILIE

Ceux de mon père en vous firent mêmes effets ².

AUGUSTE.

Songe avec quel amour j'élevai ta jeunesse.

ÉMILIE

Il eleva la vôtre avec même tendresse;
Il fut votre tuteur, et vous son assassin;
Et vous m'avez au crime enseigne le chemin : 1600
Le mien d'avec le vôtre en ce point seul differe,

---

1. Var Ces flammes dans nos cœurs dès longtemps étoient nées.
(1643-56)

2 Var Mon père l'eut pareil de ceux qu il vous a faits (1643-64)

Que votre ambition s'est immolé mon père,
Et qu'un juste courroux, dont je me sens brûler,
A son sang innocent vouloit vous immoler.

LIVIE.

C'en est trop, Emilie : arrête, et considère   1605
Qu'il t'a trop bien payé les bienfaits de ton père
Sa mort, dont la mémoire allume ta fureur,
Fut un crime d'Octave, et non de l'empereur
Tous ces crimes d'Etat qu'on fait pour la couronne,
Le ciel nous en absout alors qu'il nous la donne,   1610
Et dans le sacré rang où sa faveur l'a mis,
Le passé devient juste et l'avenir permis.
Qui peut y parvenir ne peut être coupable,
Quoi qu'il ait fait ou fasse, il est inviolable
Nous lui devons nos biens nos jours sont en sa main,   1615
Et jamais on n'a droit sur ceux du souverain.

ÉMILIE.

Aussi dans le discours que vous venez d'entendre,
Je parlois pour l'aigrir et non pour me défendre
Punissez donc, Seigneur, ces criminels appas
Qui de vos favoris font d'illustres ingrats,   1620
Tranchez mes tristes jours pour assurer les vôtres
Si j'ai séduit Cinna, j'en seduirai bien d'autres¹,
Et je suis plus à craindre, et vous plus en danger,
Si j'ai l'amour ensemble et le sang à venger ²

CINNA

Que vous m'ayez séduit, et que je souffre encore   1625
D'être deshonoré par celle que j'adore
Seigneur, la vérité doit ici s'exprimer
J'avois fait ce dessein avant que de l'aimer.
A mes plus saints desirs la trouvant inflexible ³,
Je crus qu'à d'autres soins elle seroit sensible :   1630
Je parlai de son père et de votre rigueur
Et l'offre de mon bras suivit celle du cœur.
Que la vengeance est douce à l'esprit d'une femme!
Je l'attaquai par là je pris son âme,
Dans mon peu de mérite elle me négligeoit,   1635
Et ne put negliger le bras qui la vengeoit
Elle n'a conspiré que par mon artifice,
J'en suis le seul auteur, elle n'est que complice

ÉMILIE.

Cinna, qu'oses tu dire? est-ce là me chérir,

---

1 Voyez acte III, scène IV, vers 1035 et 1036
2 *Var* Ayant avec un père un amant à venger (1643-56)
3 *Var* A mes chastes desirs la trouvant inflexible (1643-60)

ACTE V, SCÈNE III.

Que de m'ôter l'honneur quand il me faut mourir? 1640
CINNA
Mourez, mais en mourant ne souillez point ma gloire.
ÉMILIE.
La mienne se flétrit si César te veut croire
CINNA,
Et la mienne se perd, si vous tirez à vous
Toute celle qui suit de si généreux coups.
ÉMILIE.
Eh bien! prends-en ta part, et me laisse la mienne, 1645
Ce seroit l'affoiblir que d'affoiblir la tienne
La gloire et le plaisir, la honte et les tourments,
Tout doit être commun entre de vrais amants
   Nos deux âmes, Seigneur, sont deux âmes romaines
Unissant nos desirs, nous unîmes nos haines, 1650
De nos parents perdus le vif ressentiment
Nous apprit nos devoirs en un même moment,
En ce noble dessein nos cœurs se rencontrèrent,
Nos esprits généreux ensemble le formèrent,
Ensemble nous cherchons l'honneur d'un beau trépas 1655
Vous vouliez nous unir, ne nous separez pas
AUGUSTE.
Oui, je vous unirai, couple ingrat et perfide
Et plus mon ennemi qu'Antoine ni Lépide,
Oui, je vous unirai, puisque vous le voulez
Il faut bien satisfaire aux feux dont vous brûlez 1660
Et que tout l'univers sachant ce qui m'anime
S'étonne du supplice aussi bien que du crime

SCÈNE III

AUGUSTE, LIVIE, CINNA, MAXIME EMILIE, FULVIE

AUGUSTE
Mais enfin le ciel m'aime, et ses bienfaits nouveaux [1]
Ont enlevé [2] Maxime à la fureur des eaux
Approche, seul ami que j'éprouve fidèle. 1665
MAXIME
Honorez moins, Seigneur, une âme criminelle

---

[1] *Var* Mais enfin le ciel m'aime, et parmi tant de maux
   Il m'a rendu Maxime, et l'a sauvé des eaux. (1643-56)
[2] Voltaire, dans l'edition de 1786 a remplacé *enlevé* par *arrache*

AUGUSTE.
Ne parlons plus de crime après ton repentir,
Apres que du péril tu m'as su garantir
C'est à toi que je dois et le jour et l'empire

MAXIME.
De tous vos ennemis connoissez mieux le pire   1670
Si vous régnez encor, Seigneur, si vous vivez,
C'est ma jalouse rage a qui vous le devez.
 Un vertueux remords n'a point touché mon âme,
Pour perdre mon rival j'ai découvert sa trame
Euphorbe vous a feint que je m'étois noyé,   1675
De crainte qu'après moi vous n eussiez envoyé
Je voulois avoir lieu d'abuser Émilie,
Effrayer son esprit, la tirer d'Italie,
Et pensois la resoudre à cet enlèvement
Sous l'espoir du retour pour venger son amant,   1680
Mais, au lieu de goûter ces grossières amorces,
Sa vertu combattue a redoublé ses forces.
Elle a lu dans mon cœur ; vous savez le surplus,
Et je vous en ferois des récits superflus
Vous voyez le succès de mon lâche artifice.   1685
Si pourtant quelque grâce est due a mon indice,
Faites perir Euphorbe au milieu des tourments[1],
Et souffrez que je meure aux yeux de ces amants
J'ai trahi mon ami, ma maîtresse, mon maître,
Ma gloire, mon pays, par l'avis de ce traître,   1690
Et croirai toutefois mon bonheur infini,
Si je puis m'en punir après l'avoir puni.

AUGUSTE
En est ce assez, ô ciel ! et le sort, pour me nuire,
A-t-il quelqu'un des miens qu'il veuille encor seduire ?
Qu'il joigne a ses efforts le secours des enfers   1695
Je suis maître de moi comme de l'univers,
Je le suis je veux l'être O siècles, ô mémoire,
Conservez à jamais ma dernière victoire !
Je triomphe aujourd'hui du plus juste courroux
De qui le souvenir puisse aller jusqu'à vous   1700
 Soyons amis, Cinna, c'est moi qui t'en convie[2]

1. *Var.* A vos bontés Seigneur, j en demanderai deux,
 Le supplice d'Euphorbe et ma mort a leurs yeux. (1645-56)
 2 On raconte que le grand Condé versa des larmes en entendant
ce vers, et que ce pardon magnanime émut aussi très-vivement
Louis XIV Le chevalier de Rohan avoit conspiré contre l'État, et le
roi refusa constamment sa grâce Cependant, la veille du jour ou
le chevalier devoit être executé, ce prince vit representer *Cinna*
et il en fut si touché, qu'il avoua depuis que, si l'on eût saisi cet

ACTE V SCÈNE III.

Comme a mon ennemi je t'ai donné la vie
Et malgré la fureur de ton lâche destin [1],
Je te la donne encor comme a mon assassin.
Commençons un combat qui montre par l'issue   1705
Qui l'aura mieux de nous ou donnée ou reçue [2]
Tu trahis mes bienfaits je les veux redoubler;
Je t'en avois comblé, je t'en veux accabler
Avec cette beauté que je t'avois donnée
Reçois le consulat pour la prochaine année [3].   1710
    Aime Cinna, ma fille, en cet illustre rang,
Préfères-en la pourpre a celle de mon sang,
Apprends sur mon exemple a vaincre ta colère [4]
Te rendant un époux, je te rends plus qu'un père

ÉMILIE

Et je me rends, Seigneur, a ces hautes bontés,   1715
Je recouvre la vue auprès de leurs clartés
Je connois mon forfait, qui me sembloit justice,
Et, ce que n'avoit pu la terreur du supplice,
Je sens naître en mon âme un repentir puissant,
Et mon cœur en secret me dit qu'il y consent   1720
    Le ciel a résolu votre grandeur suprême,
Et pour preuve, Seigneur, je n'en veux que moi même [5]
J'ose avec vanité me donner cet éclat,
Puisqu'il change mon cœur qu'il veut changer l'État
Ma haine va mourir, que j'ai crue immortelle,   1725
Elle est morte, et ce cœur devient sujet fidèle;
Et prenant désormais cette haine en horreur,
L'ardeur de vous servir succède a sa fureur.

CINNA

Seigneur, que vous dirai je après que nos offenses
Au lieu de châtiments trouvent des récompenses?   1730

---

instant pour lui parler de nouveau en faveur du condamné, il n'eut pu demeurer plus longtemps inflexible.

1 Il y a *destin* dans toutes les éditions de Corneille et même encore dans celle de 1692 Le mot paraît être pris dans un sens conforme à celui de *se proposer, résoudre*, qu'avait autrefois le verbe *destiner* Voltaire a substitué *dessein* a *destin*

2 *Vitam tibi, inquit, Cinna, iterum do, prius hosti, nunc insidiatori ac parricidæ Ex hodierno die inter nos amicitia incipiat Contendamus utrum ego meliore fide vitam tibi dederim, an tu debeas* (SENEQUE) Voyez ci dessus p 170

3 *Post hæc detulit ultro consulatum* (SENEQUE, ibidem) Cinna fut consul l'an de Rome 758 l an 5 avant Jesus-Christ.

4 *Var* Apprends, à mon exemple, a vaincre ta colere (1643-56)

5 *Var* Et pour preuve Seigneur je ne veux que moi-même
(1643-56)

O vertu sans exemple ô clémence qui rend
Votre pouvoir plus juste, et mon crime plus grand!

AUGUSTE.

Cesse d'en retarder un oubli magnanime,
Et tous deux avec moi faites grâce à Maxime
Il nous a trahis tous, mais ce qu'il a commis   1735
Vous conserve innocents, et me rend mes amis
 (A Maxime)
Reprends auprès de moi ta place accoutumée,
Rentre dans ton crédit et dans ta renommée,
Qu'Euphorbe de tous trois ait sa grâce à son tour
Et que demain l'hymen couronne leur amour   1740
Si tu l'aimes encor, ce sera ton supplice

MAXIME

Je n'en murmure point, il a trop de justice,
Et je suis plus confus, Seigneur de vos bontés
Que je ne suis jaloux du bien que vous m'ôtez.

CINNA

Souffrez que ma vertu dans mon cœur rappelée   1745
Vous consacre une foi lâchement violée,
Mais si ferme à présent, si loin de chanceler,
Que la chute du ciel ne pourroit l'ébranler
 Puisse le grand moteur des belles destinées,
Pour prolonger vos jours, retrancher nos années,   1750
Et moi, par un bonheur dont chacun soit jaloux,
Perdre pour vous cent fois ce que je tiens de vous

LIVIE.

Ce n'est pas tout, Seigneur une céleste flamme
D'un rayon prophétique illumine mon âme
Oyez ce que les Dieux vous font savoir par moi :   1755
De votre heureux destin c'est l'immuable loi
 Après cette action vous n'avez rien à craindre.
On portera le joug désormais sans se plaindre,
Et les plus indomptés, renversant leurs projets,
Mettront toute leur gloire à mourir vos sujets,   1760
Aucun lâche dessein, aucune ingrate envie
N'attaquera le cours d'une si belle vie;
Jamais plus d'assassins ni de conspirateurs¹.
Vous avez trouvé l'art d'être maître des cœurs.
Rome, avec une joie et sensible et profonde,   1765
Se remet en vos mains de l'empire du monde;
Vos royales vertus lui vont trop enseigner
Que son bonheur consiste à vous faire régner
D'une si longue erreur pleinement affranchie,

1 *Nullus amplius modus ab ullo petitus est* (SENEQUE, p 171.)

Elle n'a plus de vœux que pour la monarchie, 1770
Vous préparez déjà des temples, des autels,
Et le ciel une place entre les immortels,
Et la postérité, dans toutes les provinces,
Donnera votre exemple aux plus généreux princes.

AUGUSTE.

J'en accepte l'augure, et j'ose l'espérer 1775
Ainsi toujours les Dieux vous daignent inspirer !
Qu'on redouble demain les heureux sacrifices
Que nous leur offrirons sous de meilleurs auspices,
Et que vos conjurés entendent publier
Qu'Auguste a tout appris, et veut tout oublier [1] 1780

---

[1] On peut rapprocher des deux derniers actes de *Cinna* la fin de *la Clemenza di Tito*, drame lyrique de Métastase. C'est une élégante imitation de Corneille, où les sentiments héroïques sont, je ne dirai pas effacés, mais affoiblis et mollement tempérés par la douceur harmonieuse et les grâces insinuantes du langage. Voyez surtout le monologue de Titus, et le commencement de la scène du pardon (scènes VII et XIII du IIIe acte)

FIN DU CINQUIÈME ET DERNIER ACTE

EXAMEN DE CINNA PAR CORNEILLE

Ce poème a tant d'illustres suffrages qui lui donnent le premier rang parmi les miens que je me ferois trop d'importants ennemis si j'en disois du mal je ne le suis pas assez de moi même pour chercher des défauts où ils n'en ont point voulu voir, et accuser le jugement qu'ils en ont fait, pour obscurcir la gloire qu'ils m'en ont donnée Cette approbation si forte et si générale vient sans doute de ce que la vraisemblance s'y trouve si heureusement conservée aux endroits où la vérité lui manque, qu'il n'a jamais besoin de recourir au nécessaire[1] Rien n'y contredit l'histoire, bien que beaucoup de choses y soient ajoutées, rien n'y est violenté par les incommodités de la représentation, ni par l'unité de jour, ni par celle de lieu

Il est vrai qu'il s'y rencontre une duplicité de lieu particulier La moitié de la pièce se passe chez Émilie, et l'autre dans le cabinet d'Auguste J'aurois été ridicule si j'avois prétendu que cet empereur délibérât avec Maxime et Cinna s'il quitteroit l'empire ou non, précisément dans la même place où ce dernier vient de rendre compte à Émilie de la conspiration qu'il a formée contre lui C'est ce qui m'a fait rompre la liaison des scènes au quatrième acte, n'ayant pu me résoudre à faire que Maxime vînt donner l'alarme à Émilie de la conjuration découverte au lieu même où Auguste en venoit de recevoir l'avis par son ordre et dont il ne faisoit que de sortir avec tant d'inquiétude et d'irrésolution C'eût été une impudence extraordinaire et tout à fait hors du vraisemblable de se présenter dans son cabinet un moment après qu'il lui avoit fait révéler le secret de cette entreprise et porter la nouvelle de sa fausse mort Bien loin de pouvoir surprendre Émilie par la peur de se voir arrêter, c'eût été se faire arrêter lui même et se précipiter dans un obstacle invincible au dessein qu'il vouloit exécuter Émilie ne parle donc pas où parle Auguste à la réserve du cinquième acte ; mais cela n'empêche pas qu'à considérer tout le poème ensemble, il n'aye son unité de lieu, puisque tout s'y peut passer, non seulement dans Rome ou dans un quartier de Rome, mais dans le seul palais d'Auguste pourvu que vous y vouliez donner un appartement à Émilie qui soit éloigné du sien

Le compte que Cinna lui rend de sa conspiration justifie ce que j'ai dit ailleurs[2], que, pour faire souffrir une narration ornée, il faut

---

[1] Voyez le commencement du *Discours du poëme dramatique* tome I, p. 14 et suivantes du *Corneille* de M Marty Laveaux et le *Discours de la tragédie* p 81 et suivantes
[2] Dans l *Examen de Médée*

que celui qui la fait et celui qui l'écoute ayent l'esprit assez tranquille, et s'y plaisent assez pour lui prêter toute la patience qui lui est nécessaire. Émilie a de la joie d'apprendre [1] de la bouche de son amant avec quelle chaleur il a suivi ses intentions, et Cinna n'en a pas moins de lui pouvoir donner de si belles espérances de l'effet qu'elle en souhaite : c'est pourquoi, quelque longue que soit cette narration sans interruption aucune, elle n'ennuie point. Les ornements de rhétorique dont j'ai tâché de l'enrichir ne la font point condamner de trop d'artifice, et la diversité de ses figures ne fait point regretter le temps que j'y perds, mais si j'avois attendu à la commencer qu'Évandre eût troublé ces deux amants par la nouvelle qu'il leur apporte, Cinna eût été obligé de s'en taire ou de la conclure en six vers, et Émilie n'en eût pu supporter davantage.

Comme [2] les vers d'*Horace* ont quelque chose de plus net et de moins guindé pour les pensées que ceux du *Cid*, on peut dire que ceux de cette pièce ont quelque chose de plus achevé [3] que ceux d'*Horace* ; et qu'enfin la facilité de concevoir le sujet, qui n'est ni trop chargé d'incidents, ni trop embarrassé des récits de ce qui s'est passé avant le commencement de la pièce, est une des causes sans doute de la grande approbation qu'il a reçue. L'auditeur aime à s'abandonner à l'action présente, et à n'être point obligé, pour l'intelligence de ce qu'il voit, de réfléchir sur ce qu'il a déjà vu, et de fixer sa mémoire sur les premiers actes, cependant que les derniers sont devant ses yeux. C'est l'incommodité des pièces embarrassées qu'en termes de l'art on nomme *implexes* par un mot emprunté du latin, telles que sont *Rodogune* et *Heraclius*. Elle ne se rencontre pas dans les simples, mais comme celles-là ont sans doute besoin de plus d'esprit pour les imaginer et de plus d'art pour les conduire, celles-ci n'ayant pas le même secours du côté du sujet, demandent plus de force de vers, de raisonnement et de sentiments pour les soutenir.

1 Var. (édit. de 1660-1664) Émilie a joie d'apprendre.
2 L'édition de 1660 a de plus au commencement de ce paragraphe, la phrase suivante : « C'est ici la dernière pièce où je me suis pardonné de longs monologues : celui d'Émilie ouvre le théâtre ; Cinna en fait un au troisième acte, et Auguste et Maxime chacun un au quatrième. »
3 Var. (édit. de 1660) on peut dire que ceux-ci ont quelque chose de plus achevé.

POLYEUCTE
MARTYR
TRAGEDIE CHRETIENNE DE P. CORNEILLE

REPRESENTLE POUR LA PREMILRE FOIS VERS LA FIN DE 1640
ET PUBLIEE EN OCTOBRE 1643

J'ai lu quelque part que *Polyeucte* était celle des tragédies de Corneille que Boileau regardait comme la plus complètement belle ; mon opinion est fort peu de chose auprès de celle du législateur de notre Parnasse ; mais j'avoue qu'entre les chefs d'œuvre de cet illustre poète tragique, j'ai toujours eu pour cette pièce un sentiment de préférence.

ANDRIEUX, *Changements proposés pour* Polyeucte *et* Nicomède.

Le *Cid* aura élevé Corneille au dessus de ses rivaux ; les *Horaces*, *Cinna* l'auront élevé au dessus de ses modèles, *Polyeucte* au-dessus de lui même.

GAILLARD *Éloge de Corneille*, 1768.

ÉPITRE DE CORNEILLE
A LA REINE RÉGENTE[1]

MADAME

Quelque connoissance que j'aye de ma foiblesse, quelque profond respect qu'imprime Votre Majesté dans les ames de ceux qui l'approchent, j'avoue que je me jette à ses pieds sans timidité et sans defiance, et que je me tiens assuré de lui plaire, parce que je suis assuré de lui parler de ce qu'elle aime le mieux. Ce n'est qu'une piece de théâtre que je lui presente, mais une piece de theatre qui l'entretiendra de Dieu : la dignité de la matière est si haute, que l'impuissance de l'artisan ne la peut ravaler ; et votre âme royale se plait trop à cette sorte d'entretien pour s'offenser des defauts d'un ouvrage ou elle rencontrera les delices de son cœur. C'est par là, Madame, que j'espere obtenir de Votre Majesté le pardon du long temps que j'ai attendu à lui rendre cette sorte d'hommages. Toutes les fois que j'ai mis sur notre scene des vertus morales ou politiques, j'en ai toujours cru les tableaux trop peu dignes de paroître devant Elle, quand j'ai considéré qu'avec quelque soin que je les pusse choisir dans l'histoire, et quelques ornements dont l'artifice les pût enrichir, elle en voyoit de plus grands exemples dans elle même. Pour rendre les choses proportionnees, il falloit aller à la plus haute espèce et n'entreprendre pas de rien offrir de cette nature à une reine Très Chrétienne, et qui l'est beaucoup plus encore par ses actions que par son titre, a moins que de lui offrir un portrait des vertus chretiennes dont l'amour et la gloire de Dieu formassent les plus beaux traits, et qui rendit les plaisirs qu'elle y pourra prendre aussi propres à exercer sa pieté qu'à delasser son esprit. C'est à cette extraordinaire et admirable piété, Madame, que la France est redevable des benedic-

---

[1] Anne d'Autriche, fille ainée de Philippe III, roi d'Espagne, mariée a Louis XIII le 25 décembre 1615 devint regente du royaume en mai 1643 quatre jours apres la mort du roi. C'etait d'abord à Louis XIII que Corneille avait voulu dedier *Polyeucte*. Voici ce que Tallemant des Réaux raconte à ce sujet (tome II, p. 248) « Depuis la mort du cardinal M. de Schomberg lui dit (*au roi*) que Corneille vouloit lui dedier la tragedie de *Polyeucte*. Cela lui fit peur, parce que Montauron avoit donné deux cents pistoles a Corneille pour *Cinna*. « Il n'est pas necessaire, dit il. Ah ! Sire, reprit M. de Schomberg, ce n'est point par interêt. Bien donc, dit il, il me fera plaisir. » Ce fut à la reine qu'on la dédia, car le roi mourut entre deux. » Cette dédicace et l'*Abrégé du martyre* qui la suit n'ont été imprimés du vivant de Corneille que dans les éditions antérieures à 1660.

tions qu'elle voit tomber sur les premières armes de son roi, les heureux succès qu'elles ont obtenus en sont les rétributions éclatantes et des coups du ciel, qui répand abondamment sur tout le royaume les recompenses et les grâces que Votre Majesté a meritees. Notre perte sembloit infaillible après celle de notre grand monarque, toute l'Europe avoit deja pitié de nous, et s'imaginoit que nous nous allions precipiter dans un extrême désordre, parce qu'elle nous voyoit dans une extreme desolation. cependant la prudence et les soins de Votre Majeste, les bons conseils qu'elle a pris, les grands courages qu'elle a choisis pour les executer ont agi si puissamment dans tous les besoins de l'État que cette premiere annee de sa regence a non seulement egale les plus glorieuses de l'autre règne, mais a même efface, par la prise de Thionville¹, le souvenir du malheur qui, devant ses murs, avoit interrompu une si longue suite de victoires. Permettez que je me laisse emporter au ravissement que me donne cette pensée, et que je m'écrie dans ce transport

> Que vos soins grande Reine enfantent de miracles
> Bruxelles et Madrid en sont tous interdits
> Et si notre Apollon me les avoit prédits
> J'aurois moi même osé douter de ses oracles
>
> Sous vos commandements on force tous obstacles,
> On porte l'épouvante aux cœurs les plus hardis,
> Et par des coups d'essai vos États agrandis
> Des drapeaux ennemis font d'illustres spectacles
>
> La victoire elle-même accourant à mon roi,
> Et mettant a ses pieds Thionville et Rocroi
> Fait retentir ces vers sur le bord de la Seine
>
> « France, attends tout d'un regne ouvert en triomphant
> Puisque tu vois déjà les ordres de la Reine
> Faire un foudre en tes mains des armes d'un enfant »

Il ne faut point douter que des commencements si merveilleux ne soient soutenus par des progres encore plus etonnants. Dieu ne laisse point ses ouvrages imparfaits il les achevera, Madame, et rendra non-seulement la regence de Votre Majeste, mais encore toute sa vie, un enchaînement continuel de prosperites. Ce sont les vœux de toute la France, et ce sont ceux que fait avec plus de ele,

MADAME

    De Votre Majesté

        Le tres humble, très-obéissant et très-fidèle
          serviteur et sujet,

                          Corneille

1. Le 18 août 1643

ABRÉGÉ

DU MARTYRE DE SAINT POLYEUCTE

ÉCRIT PAR SIMEON MÉTAPHRASTE, ET RAPPORTÉ PAR SURIUS[1]

L'ingénieuse tissure des fictions avec la vérité, où consiste le plus beau secret de la poésie, produit d'ordinaire deux sortes d'effets, selon la diversité des esprits qui la voient. Les uns se laissent si bien persuader à cet enchaînement, qu'aussitôt qu'ils ont remarqué quelques événements véritables, ils s'imaginent la même chose des motifs qui les font naître et des circonstances qui les accompagnent; les autres, mieux avertis de notre artifice, soupçonnent de fausseté tout ce qui n'est pas de leur connaissance, si bien que quand nous traitons quelque histoire écartée dont ils ne trouvent rien dans leur souvenir, ils l'attribuent toute entière à l'effort de notre imagination, et la prennent pour une aventure de roman.

L'un et l'autre de ces effets seroit dangereux en cette rencontre; il y va de la gloire de Dieu, qui se plaît dans celle de ses saints, dont la mort si précieuse devant ses yeux ne doit pas passer pour fabuleuse devant ceux des hommes. Au lieu de sanctifier notre théâtre par sa représentation, nous y profanerions la sainteté de leurs souffrances, si nous permettions que la crédulité des uns et la défiance des autres, également abusées par ce mélange, se méprissent également en la vénération qui leur est due, et que les premiers la rendissent mal à propos à ceux qui ne la méritent pas, cependant que les autres la dénieroient à ceux à qui elle appartient.

Saint Polyeucte est un martyr dont, s'il m'est permis de parler ainsi, beaucoup ont plutôt appris le nom à la comédie qu'à l'église. Le *Martyrologe romain* en fait mention sur le 15ᵉ de février, mais en deux mots, suivant sa coutume[2]. Baronius, dans ses *Annales*, n'en dit qu'une ligne[3], le seul Surius ou plutôt Mosander, qui l'a augmenté dans les dernières impressions, en rapporte la

---

1 Siméon nommé *Métaphraste*, parce qu'il a paraphrasé les vies des saints, est né à Constantinople, dans le dixième siècle. Laurent Surius a publié en 1570 un recueil en 6 volumes in-folio intitulé *Vitæ sanctorum* qui fut ensuite augmenté par Mosander. On verra en lisant ce morceau que c'est une sorte de préface. Le titre que lui a donné Corneille *Abrégé du martyre de saint Polyeucte,* ne s'applique qu'aux deux paragraphes mis entre guillemets.

2 *Melitinæ in Armenia sancti Polyeucti martyris qui in persecutione ejusdem Decii multa passus martyrii coronam adeptus est.*

3 *Nicomediæ vero in Bithynia Quadratus est passus. Melitinæ in Armenia Polyeuctus.*

mort assez au long sur le 9º de janvier, et j'ai cru qu'il étoit de
mon devoir d'en mettre ici l'abrégé. Comme il a été à propos d'en
rendre la représentation agréable, afin que le plaisir pût insinuer
plus doucement l'utilité, et lui servir comme de véhicule pour la
porter dans l'âme du peuple, il est juste aussi de lui donner cette
lumière pour démêler la vérité d'avec ses ornements, et lui faire
reconnoître ce qui lui doit imprimer du respect comme saint, et
ce qui le doit seulement divertir comme industrieux. Voici donc
ce que ce dernier nous apprend.

« Polyeucte et Néarque étoient deux cavaliers étroitement liés
ensemble d'amitié, ils vivoient en l'an 250, sous l'empire de De-
cius, leur demeure étoit dans Mélitène, capitale d'Arménie, leur
religion différente : Néarque étoit chrétien, et Polyeucte suivoit
encore la secte des gentils, mais avec toutes les qualités [1] dignes
d'un chrétien, et une grande inclination à le devenir. L'empereur
ayant fait publier un édit très rigoureux contre les chrétiens, cette
publication donna un grand trouble à Néarque, non pour la crainte
des supplices dont il étoit menacé, mais pour l'appréhension qu'il
eut que leur amitié ne souffrît quelque séparation ou refroidisse-
ment par cet édit, vu les peines qui y étoient proposées à ceux de
sa religion, et les honneurs promis à ceux du parti contraire. Il en
conçut un si profond déplaisir, que son ami s'en aperçut, et l'ayant
obligé de lui en dire la cause, il prit de là occasion de lui ouvrir
son cœur. « Ne craignez point, lui dit Polyeucte, que l'édit de
« l'empereur nous désunisse, j'ai vu cette nuit le Christ que vous
« adorez, il m'a dépouillé d'une robe sale pour me revêtir d'une
« autre toute lumineuse, et m'a fait monter sur un cheval ailé
« pour le suivre. Cette vision m'a résolu entièrement à faire ce
« qu'il y a longtemps que je médite, le seul nom de chrétien me
« manque, et vous même, toutes les fois que vous m'avez parlé
« de votre Messie [2] vous avez pu remarquer que je vous ai tou-
« jours écouté avec respect, et quand vous m'avez lu sa vie et ses
« enseignements, j'ai toujours admiré la sainteté de ses actions et
« de ses discours. O Néarque! si je ne me croyois point indigne
« d'aller à lui sans être initié de ses mystères et avoir reçu la grâce
« de ses sacrements que vous verriez éclater l'ardeur que j'ai de
« mourir pour sa gloire et le soutien de ses éternelles vérités! »
Néarque l'ayant éclairci du scrupule où il étoit [3] par l'exemple
du bon larron, qui en un moment mérita le ciel, bien qu'il n'eût
pas reçu le baptême, aussitôt notre martyr, plein d'une sainte foi

1 VAR (édit. de 1643) Néarque étant chrétien, et Polyeucte suivant encore la secte des gentils, mais ayant toutes les qualités
2 VAR (édit. de 643) de votre grand Messie
3 Voltaire, choqué de ce tour qui n'était plus usité de son temps, s'est permis sans même en avertir de modifier ainsi ce passage dans son édition de
1764 « Néarque ayant éclairci sur l'illusion du scrupule où il était »

ABREGÉ DU MARTYRE DE SAINT POLYEUCTE. 245

veut, prend l'édit de l'empereur, crache dessus, et le déchire en morceaux qu'il jette au vent, et voyant des idoles que le peuple portoit sur les autels pour les adorer, il les arrache à ceux qui les portoient, les brise contre terre, et les foule aux pieds, étonnant tout le monde et son ami même, par la chaleur de ce zèle, qu'il n'avoit pas espéré.

« Son beau père Félix, qui avoit la commission de l'empereur pour persécuter les chrétiens, ayant vu lui même ce qu'avoit fait son gendre, saisi de douleur de voir l'espoir et l'appui de sa famille perdus, tâche d'ébranler sa constance, premièrement par de belles paroles, ensuite par des menaces, enfin par des coups qu'il lui fait donner par ses bourreaux sur tout le visage; mais n'en ayant pu venir à bout, pour dernier effort il lui envoie sa fille Pauline afin de voir si ses larmes n'auroient point plus de pouvoir sur l'esprit d'un mari que n'avoient eu ses artifices et ses rigueurs. Il n'avance rien davantage par là; au contraire, voyant que sa fermeté convertissoit beaucoup de païens, il le condamne à perdre la tête. Cet arrêt fut exécuté sur l'heure, et le saint martyr, sans autre baptême que de son sang, s'en alla prendre possession de la gloire que Dieu a promise à ceux qui renonceroient à eux mêmes pour l'amour de lui¹. »

Voilà en peu de mots ce qu'en dit Surius. Le songe de Pauline, l'amour de Sévère, le baptême effectif de Polyeucte, le sacrifice pour la victoire de l'empereur, la dignité de Félix, que je fais gouverneur d'Arménie, la mort de Néarque, la conversion de Félix et de Pauline, sont des inventions et des embellissements de théâtre. La seule victoire de l'Empereur contre les Perses a quelque fondement dans l'histoire, et sans chercher d'autres auteurs, elle est rapportée par M. Coëffeteau dans son *Histoire romaine*², mais il ne dit pas, ni qu'il leur imposa tribut, ni qu'il envoya faire des sacrifices de remercîment en Arménie.

Si j'ai ajouté ces incidents et ces particularités selon l'art ou non, les savants en jugeront. mon but ici n'est pas de les justifier mais seulement d'avertir le lecteur de ce qu'il en peut croire.

---

1 Il y avait à Mélitène dans le quatrième siècle une église de saint Polyeucte. Il y en avait aussi une magnifique à Constantinople, sous l'empereur Justinien, et nous apprenons de Grégoire de Tours (*de Gloria martyrum*, lib. I, cap. 103) que les hommes y faisaient leurs serments les plus solennels. Nous voyons encore dans le même auteur (*Historia Francorum*, lib. VII, cap. 6) que nos rois de la première race confirmaient leurs traités par le nom du saint martyr Polyeucte.

2 Publiée à Paris en 1621.

ACTEURS

FELIX, sénateur romain, gouverneur d'Arménie.
POLYEUCTE, seigneur arménien, gendre de Felix
SEVÈRE, chevalier romain, favori de l'empereur Decie[1].
NEARQUE, seigneur arménien, ami de Polyeucte
PAULINE fille de Félix, et femme de Polyeucte
STRATONICE confidente de Pauline
ALBIN, confident de Félix
FABIAN, domestique de Sévere
CLÉON domestique de Félix.
Trois Gardes.

La scène est à Mélitène[2], capitale d'Arménie dans le palais de Félix[3].

---

1 Le règne de Décius, qui fut un violent persécuteur du christianisme ne dura qu'un peu plus de deux ans (249 251)
2 Ville située dans la partie orientale de la Cappadoce, non loin de l'Euphrate et qui etait alors la capitale de la petite Arménie
3 « L'unité de lieu est assez exacte, dit Corneille dans son *Examen de Polyeucte* puisque tout se passe dans une salle ou anti chambre commune aux appartements de Félix et de sa fille. » Voyez ci apres, p 312

POLYEUCTE, MARTYR

TRAGÉDIE CHRÉTIENNE[1]

ACTE PREMIER

SCÈNE I

POLYEUCTE, NÉARQUE

NÉARQUE.
Quoi ? vous vous arrêtez aux songes d'une femme !
De si foibles sujets troublent cette grande âme !
Et ce cœur tant de fois dans la guerre éprouvé
S'alarme d'un péril qu'une femme a rêvé !

---

[1] « Quand on passe de *Cinna* à *Polyeucte*, dit Voltaire, on se trouve dans un monde tout différent, mais les grands poetes, ainsi que les grands peintres, savent traiter tous les sujets. C'est une chose assez connue que Corneille ayant lu sa tragédie de *Polyeucte* chez M⁻ᵉ de Rambouillet, où se rassemblaient alors les esprits les plus cultivés, cette pièce y fut condamnée d'une voix unanime, malgré l'intérêt qu'on prenait à l'auteur dans cette maison Voiture fut député de toute l'assemblée pour engager Corneille à ne pas faire représenter cet ouvrage Il est difficile de démêler ce qui put porter les hommes du royaume qui avaient le plus de goût et de lumières à juger si singulièrement furent-ils persuadés qu'un martyr ne pouvoit jamais réussir sur le théâtre? c'était ne pas connaître le peuple Croyaient-ils que les défauts que leur sagacité leur faisait remarquer révolteraient le public ? c'était tomber dans la même erreur qui avait trompé les censeurs du *Cid* ils examinaient *le Cid* par l'exacte raison et ils ne voyaient pas qu'au spectacle on juge par sentiment »

POLYEUCTE

Je sais ce qu'est un songe, et le peu de croyance 5
Qu'un homme doit donner à son extravagance,
Qui d'un amas confus des vapeurs de la nuit
Forme de vains objets que le reveil détruit,
Mais vous ne savez pas ce que c'est qu'une femme
Vous ignorez quels droits elle a sur toute l'âme [1], 10
Quand, après un long temps qu'elle a su nous charmer,
Les flambeaux de l'hymen viennent de s'allumer
Pauline, sans raison dans la douleur plongée,
Craint et croit deja voir ma mort qu'elle a songee ;
Elle oppose ses pleurs au dessein que je fais, 15
Et tâche a m'empêcher de sortir du palais
Je méprise sa crainte et je cède a ses larmes,
Elle me fait pitie sans me donner d'alarmes,
Et mon cœur, attendri sans être intimide,
N'ose deplaire aux yeux dont il est possede 20
L'occasion, Néarque, est-elle si pressante
Qu'il faille être insensible aux soupirs d'une amante [2]
Par un peu de remise epargnons son ennui,
Pour faire en plein repos ce qu'il trouble aujourd'hui

NEARQUE

Avez vous cependant une pleine assurance 25
D'avoir assez de vie ou de perseverance?
Et Dieu, qui tient votre âme et vos jours dans sa main [3],
Promet il a vos vœux de le pouvoir demain [4]?
Il est toujours tout juste et tout bon ; mais sa grâce
Ne descend pas toujours avec même efficace [5], 30
Apres certains moments que perdent nos longueurs,
Elle quitte ces traits qui penètrent les cœurs,
Le nôtre s'endurcit la repousse, l'egare [6]

---

1 *Var* Ni le juste pouvoir qu'elle prend sur une ame (1643-56)
2 *Var* Pour ne rien déferer aux soupirs d'une amante?
  Remettons ce dessein qui l'accable d'ennui,
  Nous le pourrons demain aussi bien qu'aujourd'hui
  NEARQUE Oui, mais où prenez vous l'infaillible assurance
  (1643 56
3 *Var* Ce Dieu, qui tient votre âme et vos jours dans sa main
  (1643-56)
4 *Var.* Vous a t il assuré du pouvoir de demain? (1645)
  Var Vous a t il assure de le pouvoir demain? (1648 56)
5 « Les maximes sur la grace divine, qui reviennent en plus d'un endroit de cette piece, pouvaient avoir un interêt particulier à cette époque ou les querelles du jansénisme commençaient à diviser la France » (LA HARPE)
6 *Var.* Le bras qui la versoit s'arrête et se courrouce
  Notre cœur s'endurcit, et sa pointe s'émousse

Le bras qui la versoit en devient plus avare
Et cette sainte ardeur qui doit porter au bien 35
Tombe plus rarement, ou n'opère plus rien
Celle qui vous pressoit de courir au baptême,
Languissante déja, cesse d'être la même,
Et pour quelques soupirs qu'on vous a fait ouir,
Sa flamme se dissipe et va s'évanouir 40

POLYEUCTE.

Vous me connoissez mal la même ardeur me brûle,
Et le desir s'accroît quand l'effet se recule¹.
Ces pleurs, que je regarde avec un œil d'epoux,
Me laissent dans le cœur aussi chretien que vous,
Mais pour en recevoir le sacré caractere, 45
Qui lave nos forfaits dans une eau salutaire,
Et qui, purgeant notre âme et dessillant nos yeux²,
Nous rend le premier droit que nous avions aux cieux
Bien que je le préfere aux grandeurs d'un empire³,
Comme le bien suprême et le seul ou j'aspire, 50
Je crois, pour satisfaire un juste et saint amour
Pouvoir un peu remettre, et differer d'un jour.

NEARQUE

Ainsi du genre humain l'ennemi vous abuse
Ce qu'il ne peut de force, il l'entreprend de ruse
Jaloux des bons desseins qu'il tâche d'ebranler, 55
Quand il ne les peut rompre, il pousse a reculer,
D'obstacle sur obstacle il va troubler le vôtre,
Aujourd'hui par des pleurs chaque jour par quelque autre,
Et ce songe rempli de noires visions⁴
N'est que le coup d'essai de ses illusions 60
Il met tout en usage, et prière, et menace,
Il attaque toujours, et jamais ne se lasse ;
Il croit pouvoir enfin ce qu'encore il n'a pu,
Et que ce qu'on differe est a demi rompu.
Rompez ses premiers coups, laissez pleurer Pauline. 65
Dieu ne veut point d'un cœur ou le monde domine⁵,

  Et cette sainte ardeur qui nous emporte au bien
  Tombe sur un rocher et n'opere plus rien (1643-56)
1. Malherbe, en un sujet profane, a exprimé la même pensee
dans ces deux vers (edit de M Lalanne tome I, page 257)
  A des cœurs bien touches tarder la jouissance,
  C'est infailliblement leur croitre le desir.
2 *Var* Et d'un rayon divin nous dessillant les yeux. (1645-56)
3 *Var* Quoique je le prefere aux grandeurs d'un empire
            (1643-56)
4 *Var* Ce songe si rempli de noires visions. (1643-56)
5. *Var* Dieu ne veut point d'un cœur que le monde donne.
            (1643-56)

Qui regarde en arrière et douteux en son choix
Lorsque sa voix l'appelle, écoute une autre voix

POLYEUCTE

Pour se donner à lui faut il n'aimer personne ?

NÉARQUE.

Nous pouvons tout aimer il le souffre, il l'ordonne 70
Mais à vous dire tout, ce seigneur des seigneurs [1]
Veut le premier amour et les premiers honneurs.
Comme rien n'est égal à sa grandeur suprême
Il faut ne rien aimer qu'après lui, qu'en lui même [2]
Negliger, pour lui plaire, et femme, et biens, et rang, 75
Exposer pour sa gloire et verser tout son sang.
Mais que vous êtes loin de cette ardeur parfaite [3]
Qui vous est nécessaire, et que je vous souhaite
Je ne puis vous parler que les larmes aux yeux [4].
Polyeucte, aujourd'hui qu'on nous hait en tous lieux, 80
Qu'on croit servir l'Etat quand on nous persécute,
Qu'aux plus âpres tourments un chrétien est en butte
Comment en pourrez vous surmonter les douleurs,
Si vous ne pouvez pas résister à des pleurs ?

POLYEUCTE

Vous ne m'étonnez point la pitié qui me blesse 85
Sied bien aux plus grands cœurs, et n'a point de foiblesse [5]
Sur mes pareils, Néarque. un bel œil est bien fort
Tel craint de le fâcher qui ne craint pas la mort ;
Et s'il faut affronter les plus cruels supplices
Y trouver des appas, en faire mes délices, 90
Votre Dieu, que je n'ose encor nommer le mien,
M'en donnera la force en me faisant chrétien

NÉARQUE.

Hâtez vous donc de l'être.

POLYEUCTE.

Oui j'y cours, cher Nearque
Je brûle d'en porter la glorieuse marque,
Mais Pauline s'afflige, et ne peut consentir, 95

1 *Var* Mais ce grand roi des rois, ce seigneur des seigneurs
(1643 56)
2 *Var*. Il ne faut rien aimer qu'après lui, qu'en lui-même
(1654 et 56)
3 *Var* Mais que vous êtes loin de cette amour parfaite
(1643 68)
4 *Var*. Je ne vous puis parler que les larmes aux yeux
(1643-56)
5 *Var* Est grandeur de courage aussitôt que foiblesse
(1643 et 48 in 4°)
Var Digne des plus grands cœurs, n'est rien moins que foi
blesse (1648 in 12 et 52-56)

ACTE I, SCÈNE II.

Tant ce songe la trouble ! a me laisser sortir

NÉARQUE

Votre retour pour elle en aura plus de charmes
Dans une heure au plus tard vous essuierez ses larmes,
Et l'heur de vous revoir lui semblera plus doux,
Plus elle aura pleuré pour un si cher époux.   100
Allons, on nous attend.

POLYEUCTE

Apaisez donc sa crainte,
Et calmez la douleur dont son âme est atteinte
Elle revient.

NÉARQUE.

Fuyez

POLYEUCTE.

Je ne puis

NÉARQUE

Il le faut
Fuyez un ennemi qui sait votre défaut,
Qui le trouve aisément, qui blesse par la vue,   105
Et dont le coup mortel vous plaît quand il vous tue

SCÈNE II

POLYEUCTE, NÉARQUE, PAULINE, STRATONICE

POLYEUCTE.

Fuyons, puisqu'il le faut Adieu, Pauline, adieu
Dans une heure au plus tard je reviens en ce lieu.

PAULINE

Quel sujet si pressant a sortir vous convie ?
Y va-t-il de l'honneur ? y va-t-il de la vie ?   110

POLYEUCTE

Il y va de bien plus

PAULINE.

Quel est donc ce secret ?

POLYEUCTE

Vous le saurez un jour. je vous quitte à regret ;
Mais enfin il le faut,

PAULINE.

Vous m'aimez ?

POLYEUCTE

Je vous aime,
Le ciel m'en soit témoin, cent fois plus que moi même.
Mais..

PAULINE.

Mais mon déplaisir ne vous peut émouvoir ! 115
Vous avez des secrets que je ne puis savoir !
Quelle preuve d'amour ! Au nom de l'hymenée,
Donnez à mes soupirs cette seule journée.

POLYEUCTE.

Un songe vous fait peur

PAULINE

Ses présages sont vains
Je le sais, mais enfin je vous aime, et je crains. 120

POLYEUCTE.

Ne craignez rien de mal pour une heure d'absence.
Adieu vos pleurs sur moi prennent trop de puissance
Je sens déjà mon cœur prêt à se révolter,
Et ce n'est qu'en fuyant que j'y puis résister

SCÈNE III

PAULINE STRATONICE

PAULINE.

Va, néglige mes pleurs, cours, et te précipite 125
Au devant de la mort que les Dieux m'ont prédite,
Suis cet agent fatal de tes mauvais destins,
Qui peut être te livre aux mains des assassins.
Tu vois, ma Stratonice, en quel siècle nous sommes [1]
Voilà notre pouvoir sur les esprits des hommes · 130
Voilà ce qui nous reste, et l'ordinaire effet
De l'amour qu'on nous offre, et des vœux qu'on nous fait
Tant qu'ils ne sont qu'amants, nous sommes souveraines,
Et jusqu'à la conquête ils nous traitent de reines [2] ;
Mais après l'hymenée ils sont rois à leur tour 135

STRATONICE.

Polyeucte pour vous ne manque point d'amour,
S'il ne vous traite ici d'entière confidence,
S'il part, malgré vos pleurs, c'est un trait de prudence,
Sans vous en affliger, présumez avec moi
Qu'il est plus à propos qu'il vous cele pourquoi, 140
Assurez vous sur lui qu'il en a juste cause
Il est bon qu'un mari nous cache quelque chose,

[1] *Var.* Voilà, ma Stratonice, en ce siècle où nous sommes,
Notre empire absolu sur les esprits des hommes (1643-56)
[2] *Var* Et jusqu'à la conquête ils nous traitent en reines
(1643-60)

Qu'il soit quelquefois libre, et ne s'abaisse pas
A nous rendre toujours compte de tous ses pas.
On n'a tous deux qu'un cœur qui sent mêmes traverses, 145
Mais ce cœur a pourtant ses fonctions diverses,
Et la loi de l'hymen qui vous tient assemblés
N'ordonne pas qu'il tremble alors que vous tremblez
Ce qui fait vos frayeurs ne peut le mettre en peine
Il est Armenien et vous êtes Romaine, 150
Et vous pouvez savoir que nos deux nations
N ont pas sur ce sujet mêmes impressions
Un songe en notre esprit passe pour ridicule,
Il ne nous laisse espoir, ni crainte, ni scrupule,
Mais il passe dans Rome avec autorite 155
Pour fidele miroir de la fatalite.

PAULINE.
Quelque peu de crédit que chez vous il obtienne [1],
Je crois que ta frayeur egaleroit la mienne,
Si de telles horreurs t'avoient frappé l esprit,
Si je t'en avois fait seulement le recit 160

STRATONICE.
A raconter ses maux souvent on les soulage.

PAULINE
Ecoute, mais il faut te dire davantage,
Et que pour mieux comprendre un si triste discours,
Tu saches ma foiblesse et mes autres amours
Une femme d honneur peut avouer sans honte 165
Ces surprises des sens que la raison surmonte ;
Ce n'est qu'en ces assauts qu eclate la vertu,
Et l'on doute d'un cœur qui n'a point combattu.
 Dans Rome, où je naquis ce malheureux visage
D un chevalier romain captiva le courage, 170
Il s appeloit Severe : excuse les soupirs
Qu'arrache encore un nom trop cher a mes desirs.

STRATONICE
Est-ce lui qui naguere aux depens de sa vie
Sauva des ennemis votre empereur Decie,
Qui leur tira mourant la victoire des mains, 175
Et fit tourner le sort des Perses aux Romains?
Lui qu'entre tant de morts immoles a son maître,
On ne put rencontrer, ou du moins reconnoître,
A qui Decie enfin, pour des exploits si beaux

[1] *Var* Le mien est bien étrange, et quoique Armenienne
(1643 56)
Var Quelque peu de credit qu'entre vous il obtienne.
(1660-64)

Fit si pompeusement dresser de vains tombeaux ? 180
PAULINE
Hélas! c'étoit lui même, et jamais notre Rome
N'a produit plus grand cœur, ni vu plus honnête homme
Puisque tu le connois, je ne t'en dirai rien
Je l'aimai Stratonice il le meritoit bien
Mais que sert le mérite ou manque la fortune ? 185
L'un étoit grand en lui, l'autre foible et commune
Trop invincible obstacle, et dont trop rarement
Triomphe auprès d'un père un vertueux amant
STRATONICE
La digne occasion d'une rare constance.
PAULINE
Dis plutôt d'une indigne et folle résistance 190
Quelque fruit qu'une fille en puisse recueillir,
Ce n'est une vertu que pour qui veut faillir

Parmi ce grand amour que j'avois pour Severe,
J'attendois un epoux de la main de mon pere,
Toujours prête à le prendre, et jamais ma raison 195
N'avoua de mes yeux l'aimable trahison
Il possedoit mon cœur, mes desirs, ma pensee,
Je ne lui cachois point combien j'etois blessee
Nous soupirions ensemble, et pleurions nos malheurs,
Mais, au lieu d'esperance, il n'avoit que des pleurs, 200
Et malgré des soupirs si doux, si favorables,
Mon pere et mon devoir etoient inexorables
Enfin je quittai Rome et ce parfait amant,
Pour suivre ici mon pere en son gouvernement;
Et lui, désespere, s'en alla dans l'armée 205
Chercher d'un beau trepas l'illustre renommée.
Le reste, tu le sais mon abord en ces lieux
Me fit voir Polyeucte, et je plus à ses yeux
Et comme il est ici le chef de la noblesse,
Mon pere fut ravi qu'il me prît pour maîtresse 210
Et par son alliance il se crut assure
D'être plus redoutable et plus considere
Il approuva sa flamme, et conclut l'hyménée,
Et moi, comme à son lit je me vis destinée,
Je donnai par devoir à son affection 215
Tout ce que l'autre avoit par inclination.
Si tu peux en douter, juge le par la crainte
Dont en ce triste jour tu me vois l'âme atteinte [1]

---

[1] *Var* Dont encore pour lui tu me vois l'âme atteinte,
STRAT. Je crois que vous l'aimez autant qu'on peut aimer
Mais quel songe, après tout, a pu vous alarmer ? (1643-56)

STRATONICE.

Elle fait assez voir à quel point vous l'aimez.
Mais quel songe, après tout, tient vos sens alarmés ? 220

PAULINE.

Je l'ai vu cette nuit, ce malheureux Sévère,
La vengeance à la main, l'œil ardent de colère :
Il n'étoit point couvert de ces tristes lambeaux
Qu'une ombre désolée emporte des tombeaux,
Il n'étoit point percé de ces coups pleins de gloire 225
Qui, retranchant sa vie, assurent sa mémoire,
Il sembloit triomphant, et tel que sur son char
Victorieux dans Rome entre notre César.
Après un peu d'effroi que m'a donné sa vue :
« Porte à qui tu voudras la faveur qui m'est due, 230
Ingrate, m'a-t-il dit, et ce jour expire,
Pleure à loisir l'époux que tu m'as préféré. »
A ces mots j'ai frémi, mon âme s'est troublée ;
Ensuite des chrétiens une impie assemblée,
Pour avancer l'effet de ce discours fatal, 235
A jeté Polyeucte aux pieds de son rival.
Soudain à son secours j'ai réclamé mon père ;
Hélas ! c'est de tout point ce qui me désespère.
J'ai vu mon père même, un poignard à la main,
Entrer le bras levé pour lui percer le sein : 240
Là ma douleur trop forte a brouillé ces images,
Le sang de Polyeucte a satisfait leurs rages :
Je ne sais ni comment ni quand ils l'ont tué,
Mais je sais qu'à sa mort tous ont contribué.
Voilà quel est mon songe.

STRATONICE.

Il est vrai qu'il est triste, 245
Mais il faut que votre âme à ces frayeurs résiste :
La vision, de soi, peut faire quelque horreur,
Mais non pas vous donner une juste terreur.
Pouvez-vous craindre un mort ? pouvez-vous craindre un père
Qui chérit votre époux, que votre époux révère, 250
Et dont le juste choix vous a donnée à lui,
Pour s'en faire en ces lieux un ferme et sûr appui ?

PAULINE.

Il m'en a dit autant, et rit de mes alarmes,
Mais je crains des chrétiens les complots et les charmes,
Et que sur mon époux leur troupeau ramassé 255
Ne venge tant de sang que mon père a versé.

STRATONICE.

Leur secte est insensée, impie et sacrilège [1],

---

1. Si nous en croyons l'abbé d'Aubignac dans sa *Pratique du*

Et dans son sacrifice use de sortilege,
Mais sa fureur ne va qu'à briser nos autels
Elle n en veut qu aux Dieux, et non pas aux mortels   260
Quelque severité que sur eux on déploie,
Ils souffrent sans murmure et meurent avec joie,
Et depuis qu'on les traite en criminels d'État,
On ne peut les charger d'aucun assassinat
                    PAULINE
Tais toi, mon père vient

SCÈNE IV

FELIX ALBIN, PAULINE, STRATONICE

                    FELIX
             Ma fille, que ton songe [1]   265
En d'etranges frayeurs ainsi que toi me plonge [2]
Que j'en crains les effets, qui semblent s'approcher !
                    PAULINE.
Quelle subite alarme ainsi vous peut toucher [3] ?
                    FELIX
Severe n est point mort
                    PAULINE
             Quel mal nous fait sa vie?
                    FELIX.
Il est le favori de l empereur Decie   270
                    PAULINE
Apres l'avoir sauvé des mains des ennemis,
L'espoir d'un si haut rang lui devenoit permis
Le destin, aux grands cœurs si souvent mal propice,
Se resout quelquefois a leur faire justice
                    FELIX
Il vient ici lui même.

---

théâtre, le cardinal de Richelieu desapprouvait ces injures contre
le christianisme (voyez ci apres vers 780 et suivants), et repro
chait à l auteur de les laisser sans reponse comme si la piece en
tière et son puissant effet n'etait pas de toutes les reponses la
meilleure et la plus triomphante
  1 *Var*.   Que depuis peu ton songe (1648 in 12 et 52-56)
  2 *Var* En d etranges frayeurs depuis un peu me plonge
                                (1643 et 48 in-4°)
  3. *Var* De grace, apprenez-moi ce qui vous peut toucher.
                                (1643 et 48 in-4°

ACTE I, SCÈNE IV

PAULINE
Il vient !

FÉLIX
Tu le vas voir 275

PAULINE.
C'en est trop, mais comment le pouvez vous savoir ?

FÉLIX
Albin l'a rencontré dans la proche campagne,
Un gros de courtisans en foule l'accompagne,
Et montre assez quel est son rang et son crédit,
Mais, Albin, redis lui ce que ses gens t'ont dit. 280

ALBIN.
Vous savez quelle fut cette grande journée,
Que sa perte pour nous rendit si fortunée,
Où l'Empereur captif, par sa main dégagé,
Rassura son parti déjà découragé,
Tandis que sa vertu succomba sous le nombre, 285
Vous savez les honneurs qu'on fit faire à son ombre.
Après qu'entre les morts on ne le put trouver
Le roi de Perse aussi l'avoit fait enlever
Témoin de ses hauts faits et de son grand courage[1],
Ce monarque en voulut connoître le visage, 290
On le mit dans sa tente, où tout percé de coups,
Tout mort qu'il paroissoit, il fit mille jaloux[2],
Là bientôt il montra quelque signe de vie
Ce prince genereux en eut l'âme ravie[3],
Et sa joie, en dépit de son dernier malheur, 295
Du bras qui le causoit honora la valeur,
Il en fit prendre soin, la cure en fut secrete,
Et comme au bout d'un mois sa santé fut parfaite[4],
Il offrit dignités alliance, tresors,
Et pour gagner Severe il fit cent vains efforts 300
Apres avoir comblé ses refus de louange,
Il envoie à Décie en proposer l'echange,
Et soudain l'empereur, transporté de plaisir,
Offre au Perse son frère et cent chefs à choisir
Ainsi revint au camp le valeureux Sévère

---

1 *Var* Témoin de ses hauts faits, encor qu'à son dommage
   Il en voulut tout mort connoitre le visage (1643-56)
2 *Var* Chacun plaignit son sort, bien qu'il en fut jaloux
                                              (1643-56)
3 *Var* Ce généreux monarque en eut l'âme ravie.
   Et vaincu qu'il étoit oublia son malheur,
   Pour dans son auteur même honorer la valeur (1643-56)
4 *Var* Et comme au bout du mois sa santé fut parfaite
                                              (1664 in 8°)

De sa haute vertu recevoir le salaire,
La faveur de Décie en fut le digne prix
De nouveau l'on combat, et nous sommes surpris
Ce malheur toutefois sert à croître sa gloire
Lui seul rétablit l'ordre, et gagne la victoire,   310
Mais si belle, et si pleine, et par tant de beaux faits,
Qu'on nous offre tribut, et nous faisons la paix.
L'empereur, qui lui montre une amour infinie [1],
Après ce grand succès l'envoie en Arménie,
Il vient en apporter la nouvelle en ces lieux,   315
Et par un sacrifice en rendre hommage aux Dieux [2].

FÉLIX.

O ciel! en quel état ma fortune est réduite!

ALBIN.

Voilà ce que j'ai su d'un homme de sa suite,
Et j'ai couru, Seigneur, pour vous y disposer.

FÉLIX.

Ah sans doute, ma fille, il vient pour t'épouser.   320
L'ordre d'un sacrifice est pour lui peu de chose,
C'est un prétexte faux dont l'amour est la cause

PAULINE.

Cela pourroit bien être il m'aimoit chèrement.

FÉLIX.

Que ne permettra-t-il à son ressentiment?
Et jusques à quel point ne porte sa vengeance   325
Une juste colère avec tant de puissance?
Il nous perdra, ma fille.

PAULINE

Il est trop généreux

FÉLIX.

Tu veux flatter en vain un père malheureux
Il nous perdra, ma fille. Ah regret qui me tue
De n'avoir pas aimé la vertu toute nue!   330
Ah! Pauline, en effet, tu m'as trop obéi,
Ton courage étoit bon, ton devoir l'a trahi
Que ta rébellion m'eût été favorable!
Qu'elle m'eût garanti d'un état déplorable
Si quelque espoir me reste, il n'est plus aujourd'hui   335
Qu'en l'absolu pouvoir qu'il te donnoit sur lui,
Ménage en ma faveur l'amour qui le possède,
Et d'où provient mon mal fais sortir le remède.

PAULINE.

Moi, moi que je revoie un si puissant vainqueur,

---

1 *Var.* L'empereur lui témoigne une amour infinie
Et ravi du succès, l'envoie en Arménie. (1643-56)
2. *Var.* Et par un sacrifice en rendre grâce aux Dieux. (1643-56)

ACTE I, SCÈNE IV

Et m'expose à des yeux qui me percent le cœur 340
Mon père, je suis femme, et je sais ma foiblesse,
Je sens déjà mon cœur qui pour lui s'intéresse,
Et poussera sans doute, en dépit de ma foi,
Quelque soupir indigne et de vous et de moi.
Je ne le verrai point

FÉLIX.
    Rassure un peu ton âme. 345

PAULINE
Il est toujours aimable, et je suis toujours femme.
Dans le pouvoir sur moi que ses regards ont eu,
Je n'ose m'assurer de toute ma vertu [1]
Je ne le verrai point

FÉLIX
    Il faut le voir, ma fille,
Ou tu trahis ton père et toute ta famille 350

PAULINE.
C'est à moi d'obéir, puisque vous commandez;
Mais voyez les périls où vous me hasardez

FÉLIX.
Ta vertu m'est connue.

PAULINE.
    Elle vaincra sans doute,
Ce n'est pas le succès que mon âme redoute
Je crains ce dur combat et ces troubles puissants 355
Que fait déjà chez moi la révolte des sens,
Mais puisqu'il faut combattre un ennemi que j'aime,
Souffrez que je me puisse armer contre moi même,
Et qu'un peu de loisir me prépare à le voir

FÉLIX
Jusqu'au devant des murs je vais le recevoir, 360
Rappelle cependant tes forces étonnées,
Et songe qu'en tes mains tu tiens nos destinées.

PAULINE,
Oui, je vais de nouveau dompter mes sentiments,
Pour servir de victime à vos commandements.

---

1. *Var.* Je ne me réponds pas de toute ma vertu (1643-60)

FIN DU PREMIER ACTE

ACTE SECOND

SCÈNE I

SÉVÈRE FABIAN

SÉVÈRE.

Cependant que Félix donne ordre au sacrifice, 365
Pourrai je prendre un temps a mes vœux si propice?
Pourrai je voir Pauline, et rendre a ses beaux yeux
L'hommage souverain que l'on va rendre aux Dieux?
Je ne t'ai point celé que c'est ce qui m'amène
Le reste est un pretexte a soulager ma peine [1], 370
Je viens sacrifier, mais c'est a ses beautés
Que je viens immoler toutes mes volontés

FABIAN
Vous la verrez, Seigneur

SÉVÈRE
      Ah! quel comble de joie!
Cette chere beauté consent que je la voie [2]
Mais ai je sur son âme encor quelque pouvoir? 375
Quelque reste d'amour s'y fait il encor voir [3]?
Quel trouble, quel transport lui cause ma venue?
Puis je tout esperer de cette heureuse vue?
Car je voudrois mourir plutôt que d'abuser
Des lettres de faveur que j'ai pour l epouser, 380
Elles sont pour Félix, non pour triompher d elle
Jamais a ses desirs mon cœur ne fut rebelle,
Et si mon mauvais sort avoit change le sien,
Je me vaincrois moi même, et ne pretendrois rien.

FABIAN.
Vous la verrez, c'est tout ce que je vous puis dire. 385

---

1. *Var* Du reste mon esprit ne s en met guere en peine
(1645-56)
2 *Var.* Cet adorable objet consent que je le voie! (1645-56)
3 *Var* En lui parlant d amour, l as tu vu s'emouvoir? (1645)
Var En lui parlant de moi, l as tu vu s'émouvoir? (1648-60)

ACTE II, SCÈNE I

SÉVÈRE
D'où vient que tu frémis, et que ton cœur soupire ?
Ne m'aime-t-elle plus ? éclaircis-moi ce point

FABIAN
M'en croirez vous Seigneur ? ne la revoyez point[1],
Portez en lieu plus haut l'honneur de vos caresses
Vous trouverez à Rome assez d'autres maîtresses ;   390
Et dans ce haut degré de puissance et d'honneur,
Les plus grands y tiendront votre amour à bonheur

SÉVÈRE
Qu'à des pensers si bas mon âme se ravale !
Que je tienne Pauline a mon sort inegale !
Elle en a mieux usé, je la dois imiter,   395
Je n'aime mon bonheur que pour la mériter
Voyons la, Fabian, ton discours m'importune,
Allons mettre à ses pieds cette haute fortune
Je l'ai dans les combats trouvée heureusement,
En cherchant une mort digne de son amant ;   400
Ainsi ce rang est sien, cette faveur est sienne,
Et je n'ai rien enfin que d'elle je ne tienne.

FABIAN
Non, mais encore un coup ne la revoyez point

SÉVÈRE
Ah c'en est trop, enfin eclaircis moi ce point,
As tu vu des froideurs quand tu l'en as priée ?   405

FABIAN
Je tremble à vous le dire, elle est.

SÉVÈRE
                    Quoi ?

FABIAN.
                    Mariee.

SÉVÈRE.
Soutiens moi, Fabian, ce coup de foudre est grand,
Et frappe d'autant plus que plus il me surprend.

FABIAN
Seigneur, qu'est devenu ce généreux courage ?

SÉVÈRE
La constance est ici d'un difficile usage   410
De pareils déplaisirs accablent un grand cœur ;
La vertu la plus mâle en perd toute vigueur ;
Et quand d'un feu si beau les âmes sont eprises,
La mort les trouble moins que de telles surprises
Je ne suis plus à moi quand j'entends ce discours[2].   415

---

1. *Var* Me croyez vous, Seigneur ? ne la revoyez point (1655)
2 *Var* J'ai de la peine encore à croire tes discours (1643-60)

Pauline est mariée

FABIAN

Oui, depuis quinze jours,
Polyeucte un seigneur des premiers d'Arménie
Goûte de son hymen la douceur infinie

SÉVÈRE

Je ne la puis du moins blâmer d'un mauvais choix ·
Polyeucte a du nom, et sort du sang des rois   420
Foibles soulagements d'un malheur sans remede
Pauline, je verrai qu'un autre vous possède
 O ciel, qui malgré moi me renvoyez au jour,
O sort, qui redonniez l'espoir à mon amour,
Reprenez la faveur que vous m'avez prêtée,   425
Et rendez moi la mort que vous m'avez ôtée.
 Voyons la toutefois, et dans ce triste lieu
Achevons de mourir en lui disant adieu,
Que mon cœur, chez les morts emportant son image
De son dernier soupir puisse lui faire hommage[1] !   430

FABIAN

Seigneur, considerez ..

SÉVÈRE

Tout est considéré
Quel désordre peut craindre un cœur désespéré ?
N'y consent elle pas ?

FABIAN.

Oui, Seigneur, mais ..

SÉVÈRE

N'importe

FABIAN.

Cette vive douleur en deviendra plus forte

SÉVÈRE.

Et ce n'est pas un mal que je veuille guérir,   435
Je ne veux que la voir, soupirer, et mourir.

FABIAN

Vous vous échapperez sans doute en sa présence
Un amant qui perd tout n'a plus de complaisance,
Dans un tel entretien il suit sa passion [2],
Et ne pousse qu'injure et qu'imprécation   440

SÉVÈRE.

Juge autrement de moi mon respect dure encore,
Tout violent qu'il est, mon desespoir l'adore
Quels reproches aussi peuvent m'être permis ?

---

1 *Var*. De son dernier soupir lui puisse faire hommage!
(1643 56 et 68)
2 *Var* Dans un tel désespoir il suit sa passion (1643 et 48 in 4)

De quoi puis-je accuser qui ne m'a rien promis?
Elle n'est point parjure, elle n'est point légère   445
Son devoir m'a trahi, mon malheur, et son père
Mais son devoir fut juste, et son père eut raison
J'impute à mon malheur toute la trahison,
Un peu moins de fortune, et plus tôt arrivée,
Eût gagné l'un par l'autre, et me l'eût conservée,   450
Trop heureux, mais trop tard, je n'ai pu l'acquérir
Laisse-la moi donc voir, soupirer, et mourir.

FABIAN.
Oui je vais l'assurer qu'en ce malheur extrême
Vous êtes assez fort pour vous vaincre vous même.
Elle a craint comme moi ces premiers mouvements   455
Qu'une perte imprévue arrache aux vrais amants
Et dont la violence excite assez de trouble,
Sans que l'objet present l'irrite et le redouble¹

SÉVÈRE.
Fabian, je la vois.

FABIAN
Seigneur, souvenez-vous...

SÉVÈRE
Hélas! elle aime un autre, un autre est son époux   460

SCÈNE II

SÉVÈRE PAULINE, STRATONICE, FABIAN

PAULINE
Oui, je l'aime, Seigneur, et n'en fais point d'excuse²,
Que tout autre que moi vous flatte et vous abuse,
Pauline a l'âme noble, et parle à cœur ouvert
Le bruit de votre mort n'est point ce qui vous perd
Si le ciel en mon choix eût mis mon hyménée   465
A vos seules vertus je me serois donnée,
Et toute la rigueur de votre premier sort
Contre votre merite eût fait un vain effort.
Je découvrois en vous d'assez illustres marques
Pour vous preferer même aux plus heureux monarques;   470
Mais puisque mon devoir m'imposoit d'autres lois,
De quelque amant pour moi que mon père eût fait choix,

1. *Var.* Sans que l'objet present l'irrite et la redouble (1643-60)
2. *Var.* Oui je l'aime, Sévère et n en fais point d'excuse
(1643-64)

Quand à ce grand pouvoir que la valeur vous donne
Vous auriez ajouté l'éclat d'une couronne,
Quand je vous aurois vu, quand je l'aurois haï, 475
J'en aurois soupiré, mais j'aurois obéi,
Et sur mes passions ma raison souveraine
Eût blamé mes soupirs et dissipe ma haine.

SÉVÈRE.

Que vous êtes heureuse, et qu'un peu de soupirs
Fait un aisé remède à tous vos deplaisirs [1]! 480
Ainsi de vos desirs toujours reine absolue
Les plus grands changements vous trouvent resolue,
De la plus forte ardeur vous portez vos esprits [2]
Jusqu'à l'indifference et peut être au mepris;
Et votre fermete fait succéder sans peine 485
La faveur au dédain et l'amour à la haine [3]
  Qu'un peu de votre humeur ou de votre vertu
Soulageroit les maux de ce cœur abattu!
Un soupir, une larme à regret epandue
M'auroit deja gueri de vous avoir perdue, 490
Ma raison pourroit tout sur l'amour affoibli,
Et de l'indifference iroit jusqu'à l'oubli,
Et mon feu desormais se réglant sur le vôtre,
Je me tiendrois heureux entre les bras d'une autre.
O trop aimable objet, qui m'avez trop charmé, 495
Est ce la comme on aime, et m'avez vous aimé?

PAULINE.

Je vous l'ai trop fait voir, Seigneur, et si mon âme [4]
Pouvoit bien etouffer les restes de sa flamme,
Dieux, que j'éviterois de rigoureux tourments
Ma raison, il est vrai, dompte mes sentiments [5], 500
Mais quelque autorité que sur eux elle ait prise,
Elle n'y regne pas, elle les tyrannise,
Et quoique le dehors soit sans emotion,
Le dedans n'est que trouble et que sédition
Un je ne sais quel charme encor vers vous m emporte, 505
Votre mérite est grand, si ma raison est forte
Je le vois encor tel qu'il alluma mes feux,
D'autant plus puissamment solliciter mes vœux,
Qu'il est environné de puissance et de gloire,

---

1 *Var.* Vous acquitte aisément de tous vos déplaisirs! (1643 56
2 *Var.* De la plus forte amour vous portez vos esprits (1643 56)
3 *Var* La faveur au mepris, et l'amour à la haine (1643-56)
4 *Var.* Je vous aimai, Severe, et si dedans mon ame
   Je pouvois étouffer les restes de ma flamme (1643-56)
5. *Var* Ma raison, il est vrai dompte mes mouvements
                                                    (1643 56)

ACTE II SCÈNE II. 265

Qu'en tous lieux après vous il traîne la victoire, 510
Que j'en sais mieux le prix, et qu'il n'a point déçu
Le généreux espoir que j'en avois conçu
Mais ce même devoir qui le vainquit dans Rome,
Et qui me range ici dessous les lois d'un homme,
Repousse encor si bien l'effort de tant d'appas, 515
Qu'il déchire mon âme et ne l'ébranle pas
C'est cette vertu même, a nos desirs cruelle,
Que vous louez alors en blasphémant contre elle.
Plaignez vous en encor ; mais louez sa rigueur,
Qui triomphe a la fois de vous et de mon cœur, 520
Et voyez qu'un devoir moins ferme et moins sincere [1]
N'auroit pas mérité l'amour du grand Sévère

SÉVÈRE.
Ah Madame, excusez une aveugle douleur [2],
Qui ne connoît plus rien que l'exces du malheur
Je nommois inconstance et prenois pour un crime [3] 525
De ce juste devoir l'effort le plus sublime.
De grâce, montrez moins a mes sens desolés
La grandeur de ma perte et ce que vous valez,
Et cachant par pitié cette vertu si rare,
Qui redouble mes feux lorsqu'elle nous separe, 530
Faites voir des défauts qui puissent a leur tour
Affoiblir ma douleur avecque mon amour

PAULINE
Hélas cette vertu, quoique enfin invincible,
Ne laisse que trop voir une âme trop sensible
Ces pleurs en sont témoins, et ces lâches soupirs 535
Qu'arrachent de nos feux les cruels souvenirs
Trop rigoureux effets d'une aimable presence
Contre qui mon devoir a trop peu de defense
Mais si vous estimez ce vertueux devoir,
Conservez m'en la gloire, et cessez de me voir. 540
Epargnez moi des pleurs qui coulent a ma honte,
Epargnez moi des feux qu'a regret je surmonte;
Enfin epargnez moi ces tristes entretiens
Qui ne font qu'irriter vos tourments et les miens.

SÉVÈRE
Que je me prive ainsi du seul bien qui me reste! 545

---

1 *Var* De plus bas sentiments n'auroient pas meritée
   Cette parfaite amour que vous m'avez portée (1643 et 48 in-4°)
   Var De plus bas sentiments d'une ardeur moins discrete
   N'auroient pas mérité cette amour si parfaite (1648 in 12-56)
2. *Var* Ah! Pauline excusez une aveugle douleur (1643-60)
3 *Var* Je nommois inconstance et prenois pour des crimes
   D'un vertueux devoir les efforts légitimes (1643 56)

PAULINE.
Sauvez vous d'une vue à tous les deux funeste.
SÉVERE.
Quel prix de mon amour! quel fruit de mes travaux!
PAULINE.
C'est le remède seul qui peut guérir nos maux.
SÉVERE.
Je veux mourir des miens, aimez en la mémoire.
PAULINE.
Je veux guérir des miens, ils souilleroient ma gloire. 550
SÉVÈRE.
Ah! puisque votre gloire en prononce l'arrêt,
Il faut que ma douleur cède a son intérêt
Est il rien que sur moi cette gloire n'obtienne [1]?
Elle me rend les soins que je dois a la mienne
Adieu, je vais chercher au milieu des combats 555
Cette immortalité que donne un beau trepas,
Et remplir dignement, par une mort pompeuse,
De mes premiers exploits l'attente avantageuse.
Si toutefois, apres ce coup mortel du sort,
J'ai de la vie assez pour chercher une mort. 560
PAULINE
Et moi, dont votre vue augmente le supplice,
Je l'éviterai même en votre sacrifice [2];
Et seule dans ma chambre enfermant mes regrets,
Je vais pour vous aux Dieux faire des vœux secrets.
SÉVÈRE.
Puisse le juste ciel, content de ma ruine, 565
Combler d'heur et de jours Polyeucte et Pauline
PAULINE.
Puisse trouver Sévère, après tant de malheur,
Une félicité digne de sa valeur
SÉVÈRE.
Il la trouvoit en vous.
PAULINE.
Je dependois d'un père.
SÉVERE
O devoir qui me perd et qui me désespere! 570
Adieu, trop vertueux objet, et trop charmant
PAULINE.
Adieu, trop malheureux et trop parfait amant.

1 *Var.* D'un cœur comme le mien qu'est ce qu'elle n'obtienne?
Vous réveillez les soins que je dois a la mienne (1643-56)
Var. Il n'est rien que sur moi cette gloire n'obtienne.
(1660-64)

2 *Var* Je la veux éviter, mêmes au sacrifice. (1643-56)

SCÈNE III

PAULINE, STRATONICE

STRATONICE
Je vous ai plaints tous deux, j'en verse encor des larmes,
Mais du moins votre esprit est hors de ses alarmes
Vous voyez clairement que votre songe est vain, 575
Sévère ne vient pas la vengeance a la main
PAULINE.
Laisse-moi respirer du moins, si tu m'as plainte :
Au fort de ma douleur tu rappelles ma crainte,
Souffre un peu de relâche a mes esprits troubles,
Et ne m'accable point par des maux redoubles. 580
STRATONICE.
Quoi? vous craignez encor!
PAULINE.
Je tremble, Stratonice,
Et bien que je m'effraye avec peu de justice[1],
Cette injuste frayeur sans cesse reproduit
L image des malheurs que j'ai vus cette nuit.
STRATONICE
Sévère est généreux.
PAULINE.
Malgré sa retenue, 585
Polyeucte sanglant frappe toujours ma vue
STRATONICE.
Vous voyez ce rival faire des vœux pour lui[2].
PAULINE.
Je crois même au besoin qu'il seroit son appui,
Mais soit cette croyance ou fausse ou véritable,
Son séjour en ce lieu m'est toujours redoutable, 590
A quoi que sa vertu puisse le disposer[3],
Il est puissant, il m'aime et vient pour m'épouser.

1 *Var* Et quoique je m'effraye avec peu de justice. (1643-56)
2 *Var* Vous même êtes témoin des vœux qu'il fait pour lui (1643-56)
3. *Var* A quoi que sa vertu le puisse disposer (1643-64)

SCÈNE IV

POLYEUCTE, NÉARQUE, PAULINE, STRATONICE

POLYEUCTE.

C'est trop verser de pleurs, il est temps qu'ils tarissent,
Que votre douleur cesse, et vos craintes finissent,
Malgré les faux avis par vos Dieux envoyés, 595
Je suis vivant, Madame, et vous me revoyez

PAULINE

Le jour est encor long, et ce qui plus m'effraie,
La moitié de l'avis se trouve déja vraie
J'ai cru Sévere mort, et je le vois ici

POLYEUCTE

Je le sais, mais enfin j'en prends peu de souci 600
Je suis dans Mélitène, et quel que soit Severe,
Votre père y commande, et l'on m'y considère,
Et je ne pense pas qu'on puisse avec raison
D'un cœur tel que le sien craindre une trahison
On m'avoit assuré qu'il vous faisoit visite, 605
Et je venois lui rendre un honneur qu'il merite

PAULINE

Il vient de me quitter assez triste et confus,
Mais j'ai gagné sur lui qu'il ne me verra plus

POLYEUCTE.

Quoi? vous me soupçonnez déjà de quelque ombrage?

PAULINE

Je ferois à tous trois un trop sensible outrage. 610
J'assure mon repos, que troublent ses regards
La vertu la plus ferme evite les hasards
Qui s'expose au péril veut bien trouver sa perte,
Et pour vous en parler avec une âme ouverte,
Depuis qu'un vrai merite a pu nous enflammer, 615
Sa presence toujours a droit de nous charmer
Outre qu'on doit rougir de s'en laisser surprendre,
On souffre à résister, on souffre à s'en defendre,
Et bien que la vertu triomphe de ces feux,
La victoire est penible, et le combat honteux 620

POLYEUCTE

O vertu trop parfaite, et devoir trop sincère
Que vous devez coûter de regrets à Sévère!
Qu'aux dépens d'un beau feu vous me rendez heureux,
Et que vous êtes doux à mon cœur amoureux!

Plus je vois mes defauts et plus je vous contemple, 625
Plus j'admire...

SCÈNE V

POLYEUCTE, PAULINE, NÉARQUE, STRATONICE, CLÉON

CLEON
   Seigneur, Félix vous mande au temple
La victime est choisie, et le peuple à genoux,
Et pour sacrifier on n'attend plus que vous
     POLYEUCTE
Va, nous allons te suivre Y venez vous, Madame?
     PAULINE
Severe craint ma vue, elle irrite sa flamme 630
Je lui tiendrai parole, et ne veux plus le voir.
Adieu vous l'y verrez, pensez a son pouvoir,
Et ressouvenez vous que sa faveur est grande[1]
     POLYEUCTE
Allez, tout son credit n'a rien que j'appréhende,
Et comme je connois sa generosite, 635
Nous ne nous combattrons que de civilite

SCÈNE VI

POLYEUCTE, NÉARQUE

NÉARQUE.
Ou pensez-vous aller?
     POLYEUCTE
   Au temple, ou l'on m'appelle
     NEARQUE.
Quoi? vous mêler aux vœux d'une troupe infidele
Oubliez vous deja que vous êtes chrétien?
     POLYEUCTE
Vous par qui je le suis, vous en souvient-il bien? 640
     NEARQUE.
J'abhorre les faux Dieux.
     POLYEUCTE
   Et moi, je les déteste
     NEARQUE
Je tiens leur culte impie
     POLYEUCTE.
   Et je le tiens funeste

---

1 *Var* Et vous ressouvenez que sa faveur est grande (1643-56)

NÉARQUE

Fuyez donc leurs autels.

POLYEUCTE

Je les veux renverser [1],
Et mourir dans leur temple, ou les y terrasser [2].
Allons, mon cher Néarque, allons aux yeux des hommes 645
Braver l'idolâtrie, et montrer qui nous sommes
C'est l'attente du ciel, il nous la faut remplir,
Je viens de le promettre, et je vais l'accomplir [3].
Je rends grâces au Dieu que tu m'as fait connoître
De cette occasion qu'il a sitôt fait naître, 650
Où déja sa bonté, prête à me couronner,
Daigne éprouver la foi qu'il vient de me donner.

NÉARQUE.

Ce zèle est trop ardent, souffrez qu'il se modère.

POLYEUCTE

On n'en peut avoir trop pour le Dieu qu'on révère

NÉARQUE

Vous trouverez la mort.

POLYEUCTE.

Je la cherche pour lui. 655

NÉARQUE.

Et si ce cœur s'ébranle?

POLYEUCTE.

Il sera mon appui.

NÉARQUE.

Il ne commande point que l'on s'y précipite.

POLYEUCTE.

Plus elle est volontaire, et plus elle mérite

NÉARQUE

Il suffit, sans chercher, d'attendre et souffrir

---

1 « C'est une tradition, dit Voltaire, que tout l'hôtel de Rambouillet et particulièrement l'évêque de Vence Godeau, condamnèrent cette entreprise de Polyeucte On disait que c'est un zèle imprudent, que plusieurs évêques et plusieurs synodes avaient expressément défendu ces attentats contre l'ordre et contre les lois, qu'on refusait même la communion aux chrétiens qui par des te merites pareilles avaient exposé l'Église entière aux persecutions On ajoutait que Polyeucte et même Pauline auraient intéressé bien davantage si Polyeucte avait simplement refusé d'assister à un sacrifice idolâtre fait en l'honneur de la victoire de Sévère. »
Corneille a suivi la légende du martyre de saint Polyeucte et nous croyons que personne aujourd'hui ne songe à l'en blâmer

2. *Var.* Et mourir dans leur temple, ou bien les en chasser
(1643-56)

3. *Var.* Je le viens de promettre et je vais l'accomplir (1643 60)

ACTE II, SCÈNE VI.

POLYEUCTE.
On souffre avec regret quand on n'ose s'offrir 660
NÉARQUE.
Mais dans ce temple enfin la mort est assurée
POLYEUCTE.
Mais dans le ciel déjà la palme est préparée
NÉARQUE.
Par une sainte vie il faut la mériter[1].
POLYEUCTE
Mes crimes, en vivant, me la pourroient ôter.
Pourquoi mettre au hasard ce que la mort assure? 665
Quand elle ouvre le ciel, peut elle sembler dure?
Je suis chrétien, Nearque, et le suis tout à fait
La foi que j'ai reçue aspire à son effet.
Qui fuit croit lâchement et n'a qu'une foi morte.
NÉARQUE
Menagez votre vie, à Dieu même elle importe[2]. 670
Vivez pour proteger les chrétiens en ces lieux
POLYEUCTE
L'exemple de ma mort les fortifiera mieux
NÉARQUE
Vous voulez donc mourir?
POLYEUCTE.
        Vous aimez donc à vivre?
NÉARQUE.
Je ne puis deguiser que j'ai peine à vous suivre
Sous l'horreur des tourments je crains de succomber. 675
POLYEUCTE.
Qui marche assurément n'a point peur de tomber.
Dieu fait part, au besoin, de sa force infinie
Qui craint de le nier, dans son âme le nie
Il croit le pouvoir faire, et doute de sa foi.
NÉARQUE
Qui n'appréhende rien présume trop de soi 680
POLYEUCTE
J'attends tout de sa grâce, et rien de ma foiblesse.
Mais, loin de me presser, il faut que je vous presse!
D'ou vient cette froideur?
NÉARQUE.
        Dieu même a craint la mort.
POLYEUCTE.
Il s'est offert pourtant suivons ce saint effort,

---

1 *Var.* Par une sainte vie il la faut mériter (1643-56)
2 *Var* Voyez que votre vie à Dieu mêmes importe (1643-56)
  Voyez ci après p. 277, note 1.

Dressons lui des autels sur des monceaux d'idoles. 685
Il faut (je me souviens encor de vos paroles¹)
Negliger, pour lui plaire, et femme, et biens, et rang,
Exposer pour sa gloire et verser tout son sang
Hélas! qu'avez-vous fait de cette amour parfaite
Que vous me souhaitiez, et que je vous souhaite ? 690
S'il vous en reste encor n'êtes vous point jaloux
Qu'a grand'peine chrétien, j'en montre plus que vous ?

NÉARQUE.

Vous sortez du baptême, et ce qui vous anime,
C'est sa grâce qu'en vous n'affoiblit aucun crime ;
Comme encor toute entière, elle agit pleinement, 695
Et tout semble possible à son feu vehement,
Mais cette même grâce, en moi diminuée,
Et par mille péchés sans cesse exténuée,
Agit aux grands effets avec tant de langueur,
Que tout semble impossible à son peu de vigueur 700
Cette indigne mollesse et ces lâches defenses
Sont des punitions qu'attirent mes offenses,
Mais Dieu, dont on ne doit jamais se defier,
Me donne votre exemple à me fortifier.
Allons, cher Polyeucte, allons aux yeux des hommes 705
Braver l'idolâtrie, et montrer qui nous sommes,
Puisse je vous donner l'exemple de souffrir,
Comme vous me donnez celui de vous offrir

POLYEUCTE.

A cet heureux transport que le ciel vous envoie
Je reconnois Nearque, et j'en pleure de joie. 710
Ne perdons plus de temps le sacrifice est prêt,
Allons y du vrai Dieu soutenir l'intérêt,
Allons fouler aux pieds ce foudre ridicule
Dont arme un bois pourri ce peuple trop credule;
Allons en éclairer l'aveuglement fatal, 715
Allons briser ces Dieux de pierre et de metal
Abandonnons nos jours à cette ardeur celeste,
Faisons triompher Dieu qu'il dispose du reste !

NÉARQUE.

Allons faire éclater sa gloire aux yeux de tous,
Et repondre avec zele à ce qu'il veut de nous². 720

1. Voyez ci dessus, vers 75 et 76.
2 *Var.* Allons mourir pour lui, comme il est mort pour nous
(1645 et 48 in 4°)
Voltaire dit qu'il a vu souvent supprimer à la representation
ces deux derniers vers de l'acte II

FIN DU SECOND ACTE

ACTE TROISIÈME

SCÈNE I

PAULINE

Que de soucis flottants, que de confus nuages
Présentent à mes yeux d'inconstantes images !
Douce tranquillité, que je n'ose espérer,
Que ton divin rayon tarde a les éclairer !
Mille agitations, que mes troubles produisent¹   725
Dans mon cœur ébranlé tour à tour se détruisent
Aucun espoir n'y coule où j'ose persister,
Aucun effroi n'y règne où j'ose m'arrêter
Mon esprit, embrassant tout ce qu'il s'imagine,
Voit tantôt mon bonheur, et tantôt ma ruine²,   730
Et suit leur vaine idée avec si peu d'effet³,
Qu'il ne peut espérer ni craindre tout à fait
Sévère incessamment brouille ma fantaisie
J'espère en sa vertu, je crains sa jalousie.
Et je n'ose penser que d'un œil bien égal   735
Polyeucte en ces lieux puisse voir son rival
Comme entre deux rivaux la haine est naturelle,
L'entrevue aisément se termine en querelle
L'un voit aux mains d'autrui ce qu'il croit mériter,
L'autre un désespéré qui peut trop attenter⁴.   740
Quelque haute raison qui règle leur courage,
L'un conçoit de l'envie, et l'autre de l'ombrage,
La honte d'un affront, que chacun d'eux croit voir
Ou de nouveau reçue ou prête à recevoir,
Consumant dès l'abord toute leur patience,   745

1 *Var.* Mille pensers divers, que mes troubles produisent
   Dans mon cœur incertain à l'envi se détruisent·
   Nul espoir ne me flatte où j'ose persister
   Nulle peur ne m'effraye où j'ose m'arrêter (1643-56)
2. *Var* Veut tantôt mon bonheur, et tantôt ma ruine
                 (1643 et 48 in 4°)
3 *Var* L'un et l'autre le frappe avec si peu d'effet (1643-56)
4 *Var* L'autre un désespéré qui le lui veut ôter. (1643-56)

Forme de la colère et de la defiance,
Et saisissant ensemble et l'époux et l'amant
En depit d'eux les livre a leur ressentiment
Mais que je me figure une étrange chimere,
Et que je traite mal Polyeucte et Sévère   750
Comme si la vertu de ces fameux rivaux
Ne pouvoit s'affranchir de ces communs defauts
Leurs âmes a tous deux, d'elles mêmes maîtresses
Sont d un ordre trop haut pour de telles bassesses
Ils se verront au temple en hommes genereux,   755
Mais las! ils se verront, et c'est beaucoup pour eux
Que sert à mon époux d'être dans Mélitène,
Si contre lui Sévère arme l'aigle romaine,
Si mon père y commande, et craint ce favori,
Et se repent deja du choix de mon mari ?   760
Si peu que j'ai d'espoir ne luit qu'avec contrainte,
En naissant il avorte, et fait place a la crainte,
Ce qui doit l'affermir sert a le dissiper
Dieux, faites que ma peur puisse enfin se tromper

SCÈNE II

PAULINE, STRATONICE

PAULINE

Mais sachons en l'issue. Eh bien ma Stratonice,   765
Comment s'est termine ce pompeux sacrifice ?
Ces rivaux genereux au temple se sont vus ?

STRATONICE.

Ah Pauline

PAULINE.

Mes vœux ont ils ete deçus?
J'en vois sur ton visage une mauvaise marque.
Se sont ils querelles ?

STRATONICE.

Polyeucte, Nearque,   770
Les chretiens

PAULINE.

Parle donc les chretiens..

STRATONICE.

Je ne puis

PAULINE.

Tu **prépares** mon âme à d'étranges ennuis.

####### STRATONICE
Vous n'en sauriez avoir une plus juste cause.
####### PAULINE
L'ont ils assassiné ?
####### STRATONICE.
Ce seroit peu de chose
Tout votre songe est vrai, Polyeucte n'est plus. 775
####### PAULINE.
Il est mort!
####### STRATONICE
Non, il vit, mais, ô pleurs superflus
Ce courage si grand, cette âme si divine,
N'est plus digne du jour, ni digne de Pauline
Ce n'est plus cet époux si charmant à vos yeux,
C'est l'ennemi commun de l'Etat et des Dieux, 780
Un mechant un infâme, un rebelle, un perfide,
Un traître, un scélerat, un lâche un parricide,
Une peste exécrable à tous les gens de bien
Un sacrilege impie en un mot, un chrétien.
####### PAULINE.
Ce mot auroit suffi sans ce torrent d'injures 785
####### STRATONICE,
Ces titres aux chrétiens sont ce des impostures?
####### PAULINE
Il est ce que tu dis s'il embrasse leur foi,
Mais il est mon époux, et tu parles a moi
####### STRATONICE
Ne considerez plus que le Dieu qu'il adore
####### PAULINE
Je l'aimai par devoir ce devoir dure encore 790
####### STRATONICE
Il vous donne à présent sujet de le hair
Qui trahit tous nos Dieux auroit pu vous trahir ¹
####### PAULINE
Je l'aimerois encor, quand il m'auroit trahie,
Et si de tant d'amour tu peux être ébahie ²
Apprends que mon devoir ne dépend point du sien 795
Qu'il y manque, s'il veut ; je dois faire le mien.
Quoi ? s'il aimoit ailleurs, serois je dispensée ³
A suivre, a son exemple, une ardeur insensee
Quelque chrétien qu'il soit je n'en ai point d'horreur ;

---

1 *Var* Qui trahit bien les Dieux auroit pu vous trahir (1643-56)
2 *Var* Et si de cette amour tu peux être ébahie. (1643-56)
3 *Dispensée à* dans le sens d'*autorisée à* voyez le *Lexique de Corneille*, t I, p 309 et 310

Je chéris sa personne et je hais son erreur. 800
Mais quel ressentiment en témoigne mon père?
STRATONICE
Une secrète rage, un excès de colère,
Malgré qui toutefois un reste d'amitié
Montre pour Polyeucte encor quelque pitié
Il ne veut point sur lui faire agir sa justice, 805
Que du traître Néarque il n'ait vu le supplice.
PAULINE
Quoi? Néarque en est donc?
STRATONICE.
Néarque l'a séduit
De leur vieille amitié c'est la l'indigne fruit
Ce perfide tantôt, en dépit de lui même,
L arrachant de vos bras, le traînoit au baptême 810
Voilà ce grand secret et si mystérieux
Que n'en pouvoit tirer votre amour curieux.
PAULINE.
Tu me blâmois alors d'être trop importune
STRATONICE.
Je ne prévoyois pas une telle infortune
PAULINE.
Avant qu'abandonner mon âme a mes douleurs, 815
Il me faut essayer la force de mes pleurs
En qualité de femme ou de fille, j'espère
Qu'ils vaincront un époux, ou fléchiront un père
Que si sur l un et l'autre ils manquent de pouvoir,
Je ne prendrai conseil que de mon desespoir 820
Apprends-moi cependant ce qu'ils ont fait au temple.
STRATONICE
C'est une impiété qui n'eut jamais d'exemple,
Je ne puis y penser sans frémir a l'instant,
Et crains de faire un crime en vous la racontant
Apprenez en deux mots leur brutale insolence 825
Le prêtre avoit à peine obtenu du silence,
Et devers l'orient assuré son aspect,
Qu'ils ont fait éclater leur manque de respect[1].
A chaque occasion de la cérémonie,
A l'envi l'un et l'autre étaloit sa manie, 830
Des mystères sacrés hautement se moquoit,
Et traitoit de mépris les Dieux qu'on invoquoit.
Tout le peuple en murmure, et Félix s'en offense,
Mais tous deux s'emportant à plus d'irrévérence
« Quoi? lui dit Polyeucte en élevant sa voix, 835

---

1 *Var.* Que l on s'est aperçu de leur peu de respect. (1643-56)

Adorez-vous des Dieux ou de pierre ou de bois ? »
Ici dispensez moi du récit des blasphèmes
Qu'ils ont vomis tous deux contre Jupiter mêmes ¹.
L'adultere et l'inceste en étoient les plus doux.
« Oyez, dit il ensuite, oyez, peuple, oyez, tous ²   840
Le Dieu de Polyeucte et celui de Néarque
De la terre et du ciel est l'absolu monarque,
Seul être indépendant, seul maître du destin ³,
Seul principe eternel, et souveraine fin
C'est ce Dieu des chretiens qu'il faut qu'on remercie   845
Des victoires qu'il donne a l'empereur Décie ;
Lui seul tient en sa main le succès des combats ;
Il le veut élever, il le peut mettre a bas ⁴,
Sa bonte, son pouvoir, sa justice est immense ,
C'est lui seul qui punit, lui seul qui récompense.   850
Vous adorez en vain des monstres impuissants. »
Se jetant a ces mots sur le vin et l'encens,
Après en avoir mis les saints vases par terre,
Sans crainte de Felix, sans crainte du tonnerre,
D une fureur pareille ils courent à l'autel.   855
Cieux ! a t on vu jamais, a t on rien vu de tel ?
Du plus puissant des Dieux nous voyons la statue
Par une main impie à leurs pieds abattue,
Les mysteres troublés, le temple profané
La fuite et les clameurs d'un peuple mutiné,   860
Qui craint d'être accable sous le courroux céleste
Felix . Mais le voici qui vous dira le reste

PAULINE

Que son visage est sombre et plein d'emotion !
Qu'il montre de tristesse et d'indignation

---

1 « Corneille emploie indifferemment cet adverbe *même* avec une *s* et sans *s* Les poetes, tant gênés d'ailleurs, peuvent avoir la liberte d ôter et d'ajouter une *s* à ce mot » (VOLTAIRE.) Voyez le *Lexique de Corneille*, t II, p 81 et 82
2 *Var.* Oyez, Félix, suit il, oyez, peuple, oyez, tous (1643-56)
3 *Var* Seul maître du destin, seul être independant,
   Substance qui jamais ne reçoit d accident (1643-56)
4 *Var* Il le veut elever, il le peut mettre bas. (1643-63)

SCÈNE III

FÉLIX, PAULINE, STRATONICE

FELIX
Une telle insolence avoir osé paroître ! 865
En public a ma vue il en mourra, le traître.
PAULINE
Souffrez que votre fille embrasse vos genoux
FÉLIX
Je parle de Néarque, et non de votre époux
Quelque indigne qu'il soit de ce doux nom de gendre,
Mon âme lui conserve un sentiment plus tendre 870
La grandeur de son crime et de mon déplaisir
N'a pas eteint l'amour qui me l'a fait choisir
PAULINE
Je n'attendois pas moins de la bonte d'un père.
FÉLIX.
Je pouvois l'immoler a ma juste colère ;
Car vous n'ignorez pas a quel comble d'horreur 875
De son audace impie a monté la fureur,
Vous l'avez pu savoir du moins de Stratonice.
PAULINE
Je sais que de Néarque il doit voir le supplice
FELIX
Du conseil qu'il doit prendre il sera mieux instruit,
Quand il verra punir celui qui l'a séduit 880
Au spectacle sanglant d'un ami qu'il faut suivre,
La crainte de mourir et le desir de vivre
Ressaisissent une âme avec tant de pouvoir,
Que qui voit le trepas cesse de le vouloir
L'exemple touche plus que ne fait la menace 885
Cette indiscrète ardeur tourne bientôt en glace,
Et nous verrons bientôt son cœur inquiété [1]
Me demander pardon de tant d'impiété
PAULINE
Vous pouvez esperer qu'il change de courage ?
FÉLIX
Aux dépens de Nearque il doit se rendre sage 890

1. *Var* N'en ayez plus l'esprit si fort inquiété :
   Il se repentira de son impiété
   PAUL Quoi ? vous espérez donc qu'il change de courage ?
   (1643 56)

PAULINE.

Il le doit, mais, hélas où me renvoyez vous,
Et quels tristes hasards ne court point mon époux,
Si de son inconstance il faut qu'enfin j'espère
Le bien que j'espérois de la bonté d'un père ?

FELIX.

Je vous en fais trop voir, Pauline, a consentir [1] 895
Qu'il evite la mort par un prompt repentir
Je devois même peine a des crimes semblables [2],
Et mettant différence entre ces deux coupables,
J'ai trahi la justice a l'amour paternel,
Je me suis fait pour lui moi même criminel, 900
Et j'attendois de vous, au milieu de vos craintes,
Plus de remercîments que je n'entends de plaintes

PAULINE

De quoi remercier qui ne me donne rien ?
Je sais quelle est l'humeur et l'esprit d'un chretien
Dans l'obstination jusqu'au bout il demeure, 905
Vouloir son repentir, c'est ordonner qu'il meure

FÉLIX

Sa grâce est en sa main, c'est a lui d'y rêver

PAULINE

Faites la toute entière

FÉLIX.

Il la peut achever

PAULINE.

Ne l'abandonnez pas aux fureurs de sa secte

FELIX

Je l'abandonne aux lois qu'il faut que je respecte 910

PAULINE

Est ce ainsi que d'un gendre un beau père est l'appui ?

FÉLIX

Qu'il fasse autant pour soi comme je fais pour lui.

PAULINE

Mais il est aveuglé

FELIX

Mais il se plaît a l'être
Qui chérit son erreur ne la veut pas connoître

PAULINE

Mon pere, au nom des Dieux..

FELIX

Ne les reclamez pas, 915
Ces Dieux dont l'intérêt demande son trépas.

1 *Var* Je lui fais trop de grace encor de consentir (1643-56)
2 *Var* La même peine est due à des crimes semblables (1643-56)

PAULINE.

Ils écoutent nos vœux.

FÉLIX

Eh bien ! qu'il leur en fasse.

PAULINE.

Au nom de l'empereur, dont vous tenez la place...

FÉLIX

J'ai son pouvoir en main, mais s'il me l'a commis
C'est pour le deployer contre ses ennemis   920

PAULINE.

Polyeucte l'est-il?

FÉLIX.

Tous chretiens sont rebelles.

PAULINE.

N'écoutez point pour lui ces maximes cruelles
En epousant Pauline, il s'est fait votre sang

FÉLIX

Je regarde sa faute, et ne vois plus son rang.
Quand le crime d'Etat se mêle au sacrilége ¹   925
Le sang ni l'amitie n'ont plus de privilége.

PAULINE.

Quel exces de rigueur !

FÉLIX

Moindre que son forfait

PAULINE.

O de mon songe affreux trop véritable effet
Voyez vous qu'avec lui vous perdez votre fille ² ?

FÉLIX.

Les Dieux et l'empereur sont plus que ma famille   930

PAULINE

La perte de tous deux ne vous peut arrêter!

FÉLIX.

J'ai les Dieux et Décie ensemble a redouter
Mais nous n'avons encore a craindre rien de triste
Dans son aveuglement pensez vous qu'il persiste?
S'il nous sembloit tantôt courir a son malheur,   935
C'est d'un nouveau chrétien la première chaleur

PAULINE.

Si vous l'aimez encor, quittez cette esperance,
Que deux fois en un jour il change de croyance
Outre que les chrétiens ont plus de dureté,
Vous attendez de lui trop de legèrete.   940

1 *Var* Ou le crime d'État se mêle au sacrilège (1643 56)
2. *Var.* Voyez qu'avecque lui vous perdez votre fille. (1643 56)

ACTE III, SCENE IV

Ce n'est point une erreur avec le lait succeée[1],
Que sans l'examiner son âme ait embrassée[2]
Polyeucte est chretien, parce qu'il l'a voulu,
Et vous portoit au temple un esprit résolu.
Vous devez présumer de lui comme du reste ·   945
Le trepas n'est pour eux ni honteux ni funeste ;
Ils cherchent de la gloire à mépriser nos Dieux[3] ;
Aveugles pour la terre ils aspirent aux cieux,
Et croyant que la mort leur en ouvre la porte
Tourmentés, dechires, assassinés, n'importe,   950
Les supplices leur sont ce qu'à nous les plaisirs,
Et les menent au but ou tendent leurs desirs.
La mort la plus infâme, ils l'appellent martyre.

FÉLIX.

Eh bien donc ! Polyeucte aura ce qu'il desire
N'en parlons plus

PAULINE

Mon père..

SCÈNE IV

FÉLIX, ALBIN, PAULINE, STRATONIC

FÉLIX.

Albin, en est-ce fait ?   955

ALBIN.

Oui, Seigneur, et Nearque a payé son forfait

FÉLIX

Et notre Polyeucte a vu trancher sa vie ?

ALBIN.

Il l'a vu, mais hélas avec un œil d'envie.
Il brûle de le suivre, au lieu de reculer,
Et son cœur s'affermit, au lieu de s'ebranler   960

PAULINE

Je vous le disois bien Encore un coup, mon pere,
Si jamais mon respect a pu vous satisfaire,
Si vous l'avez prise, si vous l'avez chéri..

---

1 Toutes les éditions anciennes portent ainsi *succée*
2 *Var* Que sans examiner son âme ait embrassée. (1643-64)
3 *Var* Ils cherchent de la gloire à mepriser les Dieux
(1643 64 in-8°

FÉLIX
Vous aimez trop Pauline, un indigne mari
PAULINE
Je l'ai de votre main . mon amour est sans crime,   965
Il est de votre choix la glorieuse estime,
Et j'ai, pour l'accepter, éteint le plus beau feu¹
Qui d'une âme bien née ait merité l'aveu
   Au nom de cette aveugle et prompte obeissance
Que j'ai toujours rendue aux lois de la naissance,   970
Si vous avez pu tout sur moi sur mon amour,
Que je puisse sur vous quelque chose a mon tour
Par ce juste pouvoir a present trop à craindre,
Par ces beaux sentiments qu'il m'a fallu contraindre,
Ne m'ôtez pas vos dons ils sont chers a mes yeux,   975
Et m'ont assez coûté pour m'être précieux.
FELIX
Vous m'importunez trop bien que j'aye un cœur tendre²,
Je n'aime la pitie qu'au prix que j'en veux prendre,
Emp oyez mieux l'effort de vos justes douleurs
Malgre moi m en toucher, c'est perdre et temps et pleurs,   980
J'en veux être le maître, et je veux bien qu'on sache
Que je la desavoue alors qu'on me l'arrache.
Preparez vous a voir ce malheureux chrétien,
Et faites votre effort quand j'aurai fait le mien.
Allez, n'irritez plus un pere qui vous aime,   985
Et tâchez d'obtenir votre epoux de lui même
Tantôt jusqu'en ce lieu je le ferai venir³.
Cependant quittez nous, je veux l'entretenir.
PAULINE
De grâce, permettez .
FÉLIX.
          Laissez nous seuls, vous dis je
Votre douleur m'offense autant qu'elle m'afflige.   990
A gagner Polyeucte appliquez tous vos soins,
Vous avancerez plus en m'importunant moins.

1 *Var* Et j'ai pour l'accepter, éteint les plus beaux feux
   Qui d'une âme bien née aient merité les vœux (1643-56)
2. *Var* Vous m'importunez trop
                PAUL Dieux! que viens je d'entendre?
   FEL. [Je n'aime la pitie qu'au prix que j'en veux prendre]
   Par tant de vains efforts malgré moi m en toucher,
   C est perdre avec le temps des pleurs à me fâcher.
   Vous m'en avez donné, mais je veux bien qu'on sache
                                              (1643-56)
3 *Var* Tantôt jusques ici je le ferai venir (1643-56)

SCÈNE V

FELIX ALBIN

FELIX

Albin, comme est il mort ?

ALBIN
     En brutal, en impie,
En bravant les tourments, en dédaignant la vie,
Sans regret sans murmure, et sans étonnement   995
Dans l'obstination et l'endurcissement,
Comme un chrétien enfin, le blasphème à la bouche

FÉLIX

Et l'autre ?

ALBIN.
   Je l'ai dit deja, rien ne le touche
Loin d'en être abattu, son cœur en est plus haut :
On l'a violente pour quitter l'échafaud.   1000
Il est dans la prison, ou je l'ai vu conduire,
Mais vous êtes bien loin encor de le reduire [1]

FELIX

Que je suis malheureux !

ALBIN
    Tout le monde vous plaint

FELIX

On ne sait pas les maux dont mon cœur est atteint
De pensers sur pensers mon âme est agitée,   1005
De soucis sur soucis elle est inquiétée,
Je sens l'amour la haine, et la crainte, et l'espoir,
La joie et la douleur tour a tour l'émouvoir,
J'entre en des sentiments qui ne sont pas croyables
J'en ai de violents, j'en ai de pitoyables,   1010
J'en ai de genereux qui n'oseroient agir,
J'en ai même de bas, et qui me font rougir.
J'aime ce malheureux que j'ai choisi pour gendre,
Je hais l'aveugle erreur qui le vient de surprendre,
Je déplore sa perte, et le voulant sauver,   1015
J'ai la gloire des Dieux ensemble a conserver,
Je redoute leur foudre et celui de Décie,

---

1 *Var.* Mais vous n êtes pas prêt encor de le réduire (1643 56)
  Pour *prêt de*, au sens ou nous disons *près de* voyez le *Lexique de Corneille* t II, p. 222 et 223

Il y va de ma charge, il y va de ma vie
Ainsi tantôt pour lui je m'expose au trépas,
Et tantôt je le perds pour ne me perdre pas 1020
ALBIN.
Décie excusera l'amitié d'un beau père ;
Et d'ailleurs Polyeucte est d'un sang qu'on révere
FÉLIX
A punir les chrétiens son ordre est rigoureux,
Et plus l'exemple est grand, plus il est dangereux
On ne distingue point quand l'offense est publique, 1025
Et lorsqu'on dissimule un crime domestique,
Par quelle autorité peut on, par quelle loi,
Châtier en autrui ce qu'on souffre chez soi ?
ALBIN
Si vous n'osez avoir d'égard à sa personne,
Ecrivez à Décie afin qu'il en ordonne. 1030
FÉLIX.
Sévère me perdroit, si j'en usois ainsi
Sa haine et son pouvoir font mon plus grand souci.
Si j'avois différé de punir un tel crime,
Quoiqu'il soit génereux, quoiqu'il soit magnanime,
Il est homme, et sensible, et je l'ai dédaigné, 1035
Et de tant de mépris son esprit indigné[1],
Que met au desespoir cet hymen de Pauline,
Du courroux de Décie obtiendroit ma ruine
Pour venger un affront tout semble être permis,
Et les occasions tentent les plus remis 1040
Peut être, et ce soupçon n'est pas sans apparence,
Il rallume en son cœur déja quelque espérance ;
Et croyant bientôt voir Polyeucte puni,
Il rappelle un amour à grand peine banni.
Juge si sa colere en ce cas implacable, 1045
Me feroit innocent de sauver un coupable,
Et s'il m'epargneroit, voyant par mes bontés
Une seconde fois ses desseins avortés
Te dirai je un penser indigne, bas et lâche ?
Je l'etouffe, il renaît ; il me flatte, et me fâche 1050
L'ambition toujours me le vient présenter,
Et tout ce que je puis, c'est de le detester.
Polyeucte est ici l'appui de ma famille ;
Mais si, par son trepas, l'autre épousoit ma fille,
J'acquerrois bien par là de plus puissants appuis, 1055
Qui me mettroient plus haut cent fois que je ne suis.
Mon cœur en prend par force une maligne joie,

---

1 *Var.* Et des mepris reçus son esprit indigné (1643-56)

Mais que plutôt le ciel à tes yeux me foudroie,
Qu'à des pensers si bas je puisse consentir,
Que jusque-là ma gloire ose se démentir ! 1060

ALBIN
Votre cœur est trop bon, et votre âme trop haute.
Mais vous resolvez vous à punir cette faute ?

FELIX.
Je vais dans la prison faire tout mon effort
A vaincre cet esprit par l'effroi de la mort,
Et nous verrons après ce que pourra Pauline¹. 1065

ALBIN.
Que ferez-vous enfin si toujours il s'obstine ?

FÉLIX
Ne me presse point tant dans un tel déplaisir
Je ne puis que résoudre, et ne sais que choisir

ALBIN.
Je dois vous avertir, en serviteur fidèle,
Qu'en sa faveur déjà la ville se rebelle, 1070
Et ne peut voir passer par la rigueur des lois
Sa dernière espérance et le sang de ses rois.
Je tiens sa prison même assez mal assurée²
J'ai laissé tout autour une troupe éplorée,
Je crains qu'on ne la force.

FELIX
              Il faut donc l'en tirer, 1075
Et l'amener ici pour nous en assurer.

ALBIN.
Tirez l'en donc vous même, et d'un espoir de grâce
Apaisez la fureur de cette populace.

FELIX
Allons, et s'il persiste à demeurer chrétien,
Nous en disposerons sans qu'elle en sache rien. 1080

¹ *Var* J'emploierai puis après le pouvoir de Pauline (1643-56)
² *Var* Et même sa prison n'est pas fort assurée (1643-56)

FIN DU TROISIÈME ACTE

ACTE QUATRIÈME

SCÈNE I

POLYEUCTE, CLEON, TROIS AUTRES GARDES

POLYEUCTE
Gardes, que me veut-on ?
     CLEON.
     Pauline vous demande
    POLYEUCTE.
O presence, o combat que surtout j apprehende
Felix, dans la prison j'ai triomphé de toi,
J'ai ri de ta menace, et t'ai vu sans effroi
Tu prends pour t'en venger de plus puissantes armes, 1085
Je craignois beaucoup moins tes bourreaux que ses larmes
 Seigneur, qui vois ici les périls que je cours,
En ce pressant besoin redouble ton secours,
Et toi qui, tout sortant encor de la victoire
Regardes mes travaux du sejour de la gloire, 1090
Cher Néarque, pour vaincre un si fort ennemi.
Prête du haut du ciel la main a ton ami
 Gardes, oseriez vous me rendre un bon office[1] ?
Non pour me derober aux rigueurs du supplice
Ce n est pas mon dessein qu'on me fasse evader, 1095
Mais comme il suffira de trois a me garder,
L autre m'obligeroit d aller querir Severe,
Je crois que sans peril on peut me satisfaire[2]
Si j'avois pu lui dire un secret important
Il vivroit plus heureux, et je mourrois content 1100
    CLEON.
Si vous me l'ordonnez, j'y cours en diligence[3]

1. *Var.* [Gardes, oseriez vous me rendre un bon office ?]
 CLEON Nous n'osons plus, Seigneur, vous rendre aucun service
 POL Je ne vous parle pas de me faire évader (1643 56)
2. *Var.* Je crois que sans péril cela se peut bien faire. (1643 56)
3. *Var* Puisque c est pour Sévère, à tout je me dispense.
 POL Lui même, à mon défaut fera ta récompense.
 Le plus tôt vaut le mieux, va donc, et promptement
 CLEON J'y cours, et vous m aurez ici dans un moment
           (1643 56)

POLYEUCTE
Sévère, à mon défaut, fera ta recompense,
Va, ne perds point de temps, et reviens promptement.
CLÉON
Je serai de retour, Seigneur, dans un moment.

SCÈNE II

POLYEUCTE

Les gardes se retirent aux coins du théâtre)

Source délicieuse, en misères féconde, 1105
Que voulez vous de moi, flatteuses voluptés ?
Honteux attachements de la chair et du monde
Que ne me quittez vous, quand je vous ai quittés ?
Allez, honneurs, plaisirs, qui me livrez la guerre
  Toute votre félicité, 1110
  Sujette a l'instabilité,
  En moins de rien tombe par terre,
  Et comme elle a l'éclat du verre,
  Elle en a la fragilité¹.

Ainsi n'espérez pas qu'après vous je soupire 1115
Vous étalez en vain vos charmes impuissants,
Vous me montrez en vain par tout ce vaste empire
Les ennemis de Dieu pompeux et florissants.
Il étale a son tour des revers équitables
  Par qui les grands sont confondus, 1120
  Et les glaives qu'il tient pendus
  Sur les plus fortunés coupables²
  Sont d'autant plus inévitables,
  Que leurs coups sont moins attendus

---

1 *Fortuna vitrea est, tum quum splendet frangitur* (P Syrus)
Ménage, dans ses *Observations sur Malherbe*, rapporte qu'il avait souvent ouï dire a Corneille qu'il avait fait les deux derniers vers de cette première strophe sans savoir que Godeau, evêque de Vence, avait, quinze ans auparavant, dans une ode au Roi employé la même comparaison rendue dans les mêmes termes
2 *Var.*   Dessus ces illustres coupables (1643 56)
— On a rapproché de cet endroit ces vers d'Horace (livre III ode 1 vers 17 et 18)

  Destrictus ensis cui super impia
  Cervice pendet..

Tigre alteré de sang, Décie impitoyable [1], 1125
Ce Dieu t'a trop longtemps abandonné les siens,
De ton heureux destin vois la suite effroyable
Le Scythe va venger la Perse et les chretiens [2];
Encore un peu plus outre, et ton heure est venue :
    Rien ne t'en sauroit garantir, 1130
    Et la foudre qui va partir,
    Toute prête a crever la nue,
    Ne peut plus être retenue
    Par l'attente du repentir

Que cependant Felix m'immole a ta colere, 1135
Qu'un rival plus puissant éblouisse ses yeux [3],
Qu'aux depens de ma vie il s'en fasse beau-pere,
Et qu'a titre d'esclave il commande en ces lieux
Je consens, ou plutôt j'aspire a ma ruine
    Monde, pour moi tu n'as plus rien [4] 1140
    Je porte en un cœur tout chretien
    Une flamme toute divine,
    Et je ne regarde Pauline
    Que comme un obstacle a mon bien

Saintes douceurs du ciel, adorables idees, 1145
Vous remplissez un cœur qui vous peut recevoir
De vos sacrés attraits les âmes possedees
Ne conçoivent plus rien qui les puisse émouvoir
Vous promettez beaucoup, et donnez davantage
    Vos biens ne sont point inconstants, 1150
    Et l'heureux trepas que j'attends
    Ne vous sert que d'un doux passage
    Pour nous introduire au partage
    Qui nous rend a jamais contents.

C'est vous, ô feu divin que rien ne peut eteindre, 1155
Qui m'allez faire voir Pauline sans la craindre
  Je la vois, mais mon cœur, d'un saint zele enflamme,
N'en goûte plus l'appas dont il etait charme,
Et mes yeux, eclaires des célestes lumieres,
Ne trouvent plus aux siens leurs graces coutumieres. 1160

1. *Var.* Tigre affamé de sang, Decie impitoyable (1643-48 in 4°)
2. L'empereur Décius perit dans une guerre contre les Goths
3. *Var.* Qu'un rival plus puissant lui donne dans les yeux
                                                             (1643-56
4. *Var*   Vains appas, vous ne m'êtes rien (1643-56)

SCÈNE III

POLYEUCTE, PAULINE, Gardes

POLYEUCTE.
Madame, quel dessein vous fait me demander?
Est-ce pour me combattre, ou pour me seconder?
Cet effort généreux de votre amour parfaite [1]
Vient-il à mon secours, vient-il à ma défaite?
Apportez-vous ici la haine, ou l'amitié, 1165
Comme mon ennemie, ou ma chère moitié?
PAULINE
Vous n'avez point ici d'ennemi que vous même ·
Seul vous vous haïssez, lorsque chacun vous aime [2],
Seul vous exécutez tout ce que j'ai rêvé
Ne veuillez pas vous perdre, et vous êtes sauvé 1170
A quelque extrémité que votre crime passe
Vous êtes innocent si vous vous faites grâce
Daignez considérer le sang dont vous sortez,
Vos grandes actions, vos rares qualités
Chéri de tout le peuple, estimé chez le prince, 1175
Gendre du gouverneur de toute la province,
Je ne vous compte à rien le nom de mon époux
C'est un bonheur pour moi qui n'est pas grand pour vous,
Mais après vos exploits, après votre naissance,
Après votre pouvoir, voyez notre espérance, 1180
Et n'abandonnez pas à la main d'un bourreau
Ce qu'à nos justes vœux promet un sort si beau.
POLYEUCTE
Je considère plus, je sais mes avantages,
Et l'espoir que sur eux forment les grands courages
Ils n'aspirent enfin qu'à des biens passagers, 1185
Que troublent les soucis, que suivent les dangers.
La mort nous les ravit, la fortune s'en joue,
Aujourd'hui dans le trône, et demain dans la boue,
Et leur plus haut éclat fait tant de mécontents,
Que peu de vos Césars en ont joui longtemps 1190
J'ai de l'ambition, mais plus noble et plus belle
Cette grandeur périt, j'en veux une immortelle,

1 *Var* Et l'effort genereux de cette amour parfaite
  Vient-il à mon secours ou bien à ma défaite? (1643-56)
2. *Var* Vous seul vous haïssez lorsque chacun vous aime,
  Vous seul exécutez tout ce que j'ai rêvé (1643-56)

Un bonheur assuré, sans mesure et sans fin
Au dessus de l'envie, au dessus du destin
Est ce trop l'acheter que d'une triste vie
Qui tantôt, qui soudain me peut être ravie,
Qui ne me fait jouir que d'un instant qui fuit,
Et ne peut m'assurer de celui qui le suit?

PAULINE.

Voila de vos chrétiens les ridicules songes ;
Voila jusqu'a quel point vous charment leurs mensonges
Tout votre sang est peu pour un bonheur si doux
Mais pour en disposer, ce sang est il a vous ?
Vous n'avez pas la vie ainsi qu'un heritage,
Le jour qui vous la donne en même temps l'engage
Vous la devez au prince, au public, a l'Etat.

POLYEUCTE.

Je la voudrois pour eux perdre dans un combat ;
Je sais quel en est l'heur, et quelle en est la gloire
Des aieux de Décie on vante la memoire,
Et ce nom, precieux encore a vos Romains,
Au bout de six cents ans lui met l'empire aux mains.
Je dois ma vie au peuple, au prince, a sa couronne,
Mais je la dois bien plus au Dieu qui me la donne
Si mourir pour son prince est un illustre sort,
Quand on meurt pour son Dieu, quelle sera la mort

PAULINE.

Quel Dieu ?

POLYEUCTE

Tout beau, Pauline il entend vos paroles,
Et ce n'est pas un Dieu comme vos Dieux frivoles,
Insensibles et sourds, impuissants, mutilés,
De bois de marbre ou d'or, comme vous les voulez
C'est le Dieu des chrétiens, c'est le mien, c'est le vôtre,
Et la terre et le ciel n'en connoissent point d'autre

PAULINE

Adorez le dans l'âme, et n'en témoignez rien

POLYEUCTE

Que je sois tout ensemble idolâtre et chretien !

PAULINE.

Ne feignez qu'un moment, laissez partir Severe,
Et donnez lieu d'agir aux bontés de mon pere.

POLYEUCTE.

Les bontés de mon Dieu sont bien plus a cherir
Il m'ôte des perils que j'aurois pu courir,
Et sans me laisser lieu de tourner en arrière,
Sa faveur me couronne entrant dans la carrière,
Du premier coup de vent il me conduit au port,

ACTE IV, SCÈNE III.

Et sortant du baptême, il m'envoie à la mort. 1230
Si vous pouviez comprendre et le peu qu'est la vie
Et de quelles douceurs cette mort est suivie !
Mais que sert de parler de ces trésors cachés
A des esprits que Dieu n'a pas encor touchés ?

PAULINE.

Cruel, car il est temps que ma douleur éclate, 1235
Et qu'un juste reproche accable une âme ingrate,
Est-ce là ce beau feu ? sont-ce là tes serments ?
Témoignes-tu pour moi les moindres sentiments ?
Je ne te parlois point de l'état deplorable
Où ta mort va laisser ta femme inconsolable ; 1240
Je croyois que l'amour t'en parleroit assez,
Et je ne voulois pas de sentiments forcés,
Mais cette amour si ferme et si bien méritée
Que tu m'avois promise, et que je t'ai portée,
Quand tu me veux quitter, quand tu me fais mourir, 1245
Te peut-elle arracher une larme, un soupir ?
Tu me quittes, ingrat, et le fais avec joie[1],
Tu ne la caches pas, tu veux que je la voie,
Et ton cœur, insensible à ces tristes appas,
Se figure un bonheur où je ne serai pas ! 1250
C'est donc là le dégoût qu'apporte l'hyménée
Je te suis odieuse après m'être donnée !

POLYEUCTE.

Hélas !

PAULINE.

Que cet hélas a de peine à sortir
Encor s'il commençoit un heureux repentir[2]
Que, tout forcé qu'il est, j'y trouverois de charmes ! 1255
Mais courage, il s'émeut, je vois couler des larmes

POLYEUCTE

J'en verse et plût à Dieu qu'à force d'en verser
Ce cœur trop endurci se pût enfin percer
Le deplorable etat où je vous abandonne
Est bien digne des pleurs que mon amour vous donne, 1260
Et si l'on peut au ciel sentir quelques douleurs[3],
J'y pleurerai pour vous l'excès de vos malheurs ;
Mais si, dans ce séjour de gloire et de lumière,
Ce Dieu tout juste et bon peut souffrir ma prière,
S'il y daigne écouter un conjugal amour, 1265
Sur votre aveuglement il répandra le jour

1. *Var* Tu me quittes, ingrat, et mêmes avec joie (1643-56)
2. *Var* Encore s'il marquait un heureux repentir (1643-56)
3. *Var* Et si l'on peut au ciel emporter des douleurs,
J'en emporte de voir l'excès de vos malheurs (1643-56)

Seigneur, de vos bontés il faut que je l'obtienne
Elle a trop de vertus pour n'être pas chrétienne ;
Avec trop de mérite il vous plut la former,
Pour ne vous pas connoître et ne vous pas aimer, 1270
Pour vivre des enfers esclave infortunée,
Et sous leur triste joug mourir comme elle est née

PAULINE
Que dis-tu, malheureux ? qu'oses-tu souhaiter ?

POLYEUCTE.
Ce que de tout mon sang je voudrois acheter

PAULINE.
Que plutôt

POLYEUCTE.
C'est en vain qu'on se met en defense 1275
Ce Dieu touche les cœurs lorsque moins on y pense
Ce bienheureux moment n'est pas encor venu,
Il viendra, mais le temps ne m'en est pas connu.

PAULINE
Quittez cette chimère, et m'aimez

POLYEUCTE
Je vous aime,
Beaucoup moins que mon Dieu, mais bien plus que moi même

PAULINE
Au nom de cet amour ne m'abandonnez pas.

POLYEUCTE
Au nom de cet amour, daignez suivre mes pas

PAULINE
C'est peu de me quitter, tu veux donc me séduire ?

POLYEUCTE.
C'est peu d'aller au ciel, je vous y veux conduire

PAULINE
Imaginations

POLYEUCTE
Célestes vérités ! 1285

PAULINE
Étrange aveuglement !

POLYEUCTE
Eternelles clartes

PAULINE.
Tu préfères la mort a l'amour de Pauline !

POLYEUCTE
Vous préférez le monde a la bonté divine !

PAULINE
Va, cruel, va mourir tu ne m'aimas jamais

Var Au nom de cet amour venez suivre mes pas. (1643 56)

ACTE IV SCÈNE IV

POLYEUCTE
Vivez heureuse au monde, et me laissez en paix. 1290
PAULINE
Oui, je t'y vais laisser, ne t'en mets plus en peine,
Je vais¹

SCÈNE IV

POLYEUCTE, PAULINE, SÉVÈRE FABIAN, Gardes

PAULINE
Mais quel dessein en ce lieu vous amène,
Sévère ? auroit-on cru qu'un cœur si généreux²
Pût venir jusqu'ici braver un malheureux ?
POLYEUCTE
Vous traitez mal, Pauline, un si rare mérite : 1295
A ma seule prière il rend cette visite
Je vous ai fait, Seigneur une incivilité³,
Que vous pardonnerez a ma captivité.
Possesseur d'un trésor dont je n'étois pas digne,
Souffrez avant ma mort que je vous le résigne⁴, 1300
Et laisse la vertu la plus rare à nos yeux
Qu'une femme jamais pût recevoir des cieux
Aux mains du plus vaillant et du plus honnête homme
Qu'ait adoré la terre et qu'ait vu naître Rome.
Vous êtes digne d'elle, elle est digne de vous, 1305
Ne la refusez pas de la main d'un époux
S il vous a desunis, sa mort vous va rejoindre
Qu'un feu jadis si beau n'en devienne pas moindre
Rendez-lui votre cœur, et recevez sa foi,
Vivez heureux ensemble, et mourez comme moi, 1310
C'est le bien qu'a tous deux Polyeucte desire.
Qu'on me mene a la mort, je n'ai plus rien a dire.
Allons, gardes, c'est fait.

1 « Voilà dit Chateaubriand dans le *Génie du christianisme*, ces admirables dialogues a la manière de Corneille, ou la franchise de la repartie, la rapidité du tour et la hauteur des sentiments ne manquent jamais de ravir le spectateur Que Polyeucte est sublime dans cette scene ! quelle grandeur d ame, quel divin enthousiasme, quelle dignité La gravité et la noblesse du caractere chretien sont marquées jusque dans ces *vous* opposés aux *tu* de la fille de Felix cela seul met déja tout un monde entre le martyr Polyeucte et la paienne Pauline. »
2 *Var* Sévère ? est-ce le fait d'un homme généreux,
   De venir jusqu'ici braver un malheureux ? (1643-56)
3 *Var* Je vous ai fait, Sévère, une incivilité (1643 56)
4 *Var* Souffrez, avant mourir que je vous le résigne (1643-56)

SCÈNE V

SÉVÈRE PAULINE, FABIAN

SÉVÈRE.
Dans mon etonnement,
Je suis confus pour lui de son aveuglement ;
Sa résolution a si peu de pareilles, 1315
Qu'à peine je me fie encore à mes oreilles
Un cœur qui vous chérit (mais quel cœur assez bas
Auroit pu vous connoître, et ne vous chérir pas ?),
Un homme aimé de vous, sitôt qu'il vous possede,
Sans regret il vous quitte ; il fait plus, il vous cede, 1320
Et comme si vos feux étoient un don fatal,
Il en fait un présent lui même à son rival
Certes ou les chrétiens ont d'étranges manies
Ou leurs félicités doivent être infinies,
Puisque, pour y pretendre, ils osent rejeter 1325
Ce que de tout l'Empire il faudroit acheter.
Pour moi, si mes destins, un peu plus tôt propices
Eussent de votre hymen honoré mes services,
Je n'aurois adoré que l'éclat de vos yeux,
J'en aurois fait mes rois, j'en aurois fait mes Dieux, 1330
On m'auroit mis en poudre, on m'auroit mis en cendre,
Avant que

PAULINE
Brisons la je crains de trop entendre
Et que cette chaleur, qui sent vos premiers feux
Ne pousse quelque suite indigne de tous deux
Severe, connoissez Pauline toute entière. 1335
Mon Polyeucte touche à son heure dernière,
Pour achever de vivre il n'a plus qu'un moment
Vous en êtes la cause encor qu'innocemment
Je ne sais si votre âme, à vos desirs ouverte,
Auroit osé former quelque espoir sur sa perte, 1340
Mais sachez qu'il n'est point de si cruels trepas
Ou d'un front assuré je ne porte mes pas,
Qu'il n'est point aux enfers d'horreurs que je n'endure¹
Plutôt que de souiller une gloire si pure,
Que d'épouser un homme, après son triste sort, 1345
Qui de quelque façon soit cause de sa mort,

1 *Var* Qu'il n'est point aux enfers d'horreur que je n'endure
(1664)

Et si vous me croyiez d'une âme si peu saine,
L'amour que j'eus pour vous tourneroit toute en haine.
Vous êtes généreux; soyez le jusqu'au bout
Mon pere est en etat de vous accorder tout, 1350
Il vous craint, et j'avance encor cette parole,
Que s'il perd mon epoux, c'est à vous qu'il l'immole :
Sauvez ce malheureux, employez vous pour lui,
Faites vous un effort pour lui servir d'appui.
Je sais que c'est beaucoup que ce que je demande, 1355
Mais plus l'effort est grand, plus la gloire en est grande
Conserver un rival dont vous êtes jaloux,
C'est un trait de vertu qui n'appartient qu'à vous ;
Et si ce n'est assez de votre renommée,
C'est beaucoup qu'une femme autrefois tant aimee, 1360
Et dont l'amour peut être encor vous peut toucher,
Doive a votre grand cœur ce qu'elle a de plus cher
Souvenez vous enfin que vous êtes Sévère
Adieu. resolvez seul ce que vous voulez faire [1]
Si vous n'êtes pas tel que je l'ose espérer, 1365
Pour vous priser encor je le veux ignorer

SCÈNE VI

SEVÈRE, FABIAN

SÉVÈRE.

Qu'est ceci, Fabian? quel nouveau coup de foudre
Tombe sur mon bonheur, et le reduit en poudre ?
Plus je l'estime pres, plus il est eloigné,
Je trouve tout perdu quand je crois tout gagné, 1370
Et toujours la fortune, à me nuire obstinee,
Tranche mon esperance aussitôt qu'elle est née :
Avant qu'offrir des vœux je reçois des refus,
Toujours triste, toujours et honteux et confus
De voir que lâchement elle ait ose renaître, 1375
Qu'encor plus lâchement elle ait osé paroître,
Et qu'une femme enfin dans la calamité [2]
Me fasse des leçons de generosite.
   Votre belle âme est haute autant que malheureuse,

---

1. *Var* Je m'en vais sans reponse apres cette prière,
   Et si vous n'etes tel que je l'ose esperer. (1643 56)
   Var Adieu resolvez seul ce que vous devez faire (1660 64)
2. *Var* Et qu'une femme enfin dans l'infélicité (1643 64)

Mais elle est inhumaine autant que généreuse 1380
Pauline, et vos douleurs avec trop de rigueur
D'un amant tout à vous tyrannisent le cœur,
C'est donc peu de vous perdre, il faut que je vous donne,
Que je serve un rival lorsqu'il vous abandonne,
Et que par un cruel et généreux effort, 1385
Pour vous rendre en ses mains, je l'arrache à la mort.
FABIAN
Laissez à son destin cette ingrate famille,
Qu'il accorde, s'il veut, le père avec la fille,
Polyeucte et Félix, l'épouse avec l'époux
D'un si cruel effort quel prix esperez vous? 1390
SÉVÈRE
La gloire de montrer à cette âme si belle
Que Severe l'égale, et qu'il est digne d'elle;
Qu'elle m'étoit bien due, et que l'ordre des cieux
En me la refusant m'est trop injurieux.
FABIAN.
Sans accuser le sort ni le ciel d'injustice, 1395
Prenez garde au péril qui suit un tel service
Vous hasardez beaucoup, Seigneur, pensez y bien
Quoi? vous entreprenez de sauver un chretien !
Pouvez vous ignorer pour cette secte impie
Quelle est et fut toujours la haine de Décie? 1400
C'est un crime vers lui si grand, si capital,
Qu'à votre faveur même il peut être fatal.
SÉVÈRE.
Cet avis seroit bon pour quelque âme commune
S'il tient entre ses mains ma vie et ma fortune,
Je suis encor Severe, et tout ce grand pouvoir 1405
Ne peut rien sur ma gloire, et rien sur mon devoir
Ici l'honneur m'oblige, et j'y veux satisfaire;
Qu'après le sort se montre ou propice ou contraire,
Comme son naturel est toujours inconstant,
Perissant glorieux, je perirai content. 1410
 Je te dirai bien plus, mais avec confidence
La secte des chretiens n'est pas ce que l'on pense,
On les hait, la raison, je ne la connois point,
Et je ne vois Decie injuste qu'en ce point
Par curiosité j'ai voulu les connoître 1415
On les tient pour sorciers dont l'enfer est le maître,
Et sur cette croyance on punit du trépas
Des mysteres secrets que nous n'entendons pas,
Mais Cerès Éleusine et la Bonne Deesse
Ont leurs secrets, comme eux, à Rome et dans la Grèce, 1420
Encore impunément nous souffrons en tous lieux,

ACTE IV, SCÈNE VI

Leur Dieu seul excepté toutes sortes de Dieux
Tous les monstres d'Égypte ont leurs temples dans Rome,
Nos aïeux à leur gré faisoient un Dieu d'un homme,
Et leur sang parmi nous conservant leurs erreurs, 1425
Nous remplissons le ciel de tous nos empereurs,
Mais à parler sans fard de tant d'apothéoses.
L'effet est bien douteux de ces métamorphoses.
Les chrétiens n'ont qu'un Dieu, maître absolu de tout
De qui le seul vouloir fait tout ce qu'il résout · 1430
Mais si j'ose entre nous dire ce qui me semble,
Les nôtres bien souvent s'accordent mal ensemble;
Et me dût leur colère écraser à tes yeux,
Nous en avons beaucoup pour être de vrais Dieux [1]
Enfin chez les chrétiens les mœurs sont innocentes, 1435
Les vices détestés, les vertus florissantes;
Ils font des vœux pour nous qui les persécutons [2],
Et depuis tant de temps que nous les tourmentons,
Les a t on vus mutins? les a t on vus rebelles?
Nos princes ont ils eu des soldats plus fidèles? 1440
Furieux dans la guerre, ils souffrent nos bourreaux,
Et lions au combat, ils meurent en agneaux.
J'ai trop de pitié d'eux pour ne les pas défendre.
Allons trouver Félix; commençons par son gendre,
Et contentons ainsi d'une seule action, 1445
Et Pauline, et ma gloire, et ma compassion.

1. *Var.* [Nous en avons beaucoup pour être de vrais Dieux]
   Peut être qu'après tout ces croyances publiques
   Ne sont qu'inventions de sages politiques,
   Pour contenir un peuple ou bien pour l'émouvoir,
   Et dessus sa foiblesse affermir leur pouvoir
   [Enfin chez les chrétiens les mœurs sont innocentes
   Les vices détestés les vertus florissantes,]
   Jamais un adultère, un traître, un assassin
   Jamais d'ivrognerie, et jamais de larcin
   Ce n'est qu'amour entre eux, que charité sincère;
   Chacun y chérit l'autre, et le secourt en frère,
   [Ils font des vœux pour nous qui les persécutons] (1643 56)

— Au sujet des quatre premiers de ces vers supprimés par Corneille en 1660 nous lisons dans l'avertissement placé par Joly en tête de l'édition de 1738 des *Œuvres de Corneille* « Quoique ces vers n'expriment que le doute vague d'un païen à qui les extravagances de sa religion rendoient suspectes toutes les autres religions, et qui n'avoit aucune connoissance des preuves évidentes de la nôtre M Corneille s'est reproché plusieurs fois de les avoir fait imprimer »

2 Voyez les vers 1109 1113 de l'*Esther* de Racine.

FIN DU QUATRIÈME ACTE

ACTE CINQUIÈME

SCÈNE I

FELIX, ALBIN, CLEON

FÉLIX.
Albin, as-tu bien vu la fourbe de Severe ?
As tu bien vu sa haine ? et vois tu ma misere ?
ALBIN
Je n'ai vu rien en lui qu'un rival généreux
Et ne vois rien en vous qu'un père rigoureux. 1450
FÉLIX.
Que tu discernes mal le cœur d'avec la mine [1]
Dans l'âme il hait Felix et dédaigne Pauline,
Et s'il l'aima jadis, il estime aujourd'hui
Les restes d'un rival trop indignes de lui
Il parle en sa faveur, il me prie, il menace 1455
Et me perdra, dit il, si je ne lui fais grâce,
Tranchant du genereux, il croit m'epouvanter
L'artifice est trop lourd pour ne pas l'eventer
Je sais des gens de cour quelle est la politique [2],
J'en connois mieux que lui la plus fine pratique 1460
C'est en vain qu'il tempête et feint d'être en fureur
Je vois ce qu'il pretend auprès de l'empereur.
De ce qu'il me demande il m'y feroit un crime
Épargnant son rival je serois sa victime,
Et s'il avait affaire a quelque maladroit, 1465
Le piege est bien tendu, sans doute il le perdroit,
Mais un vieux courtisan est un peu moins credule [3]
Il voit quand on le joue et quand on dissimule,
Et moi j'en ai tant vu de toutes les façons,
Qu'a lui même au besoin j'en ferois des leçons 1470

1. *Var.* Que tu le connois mal! tout son fait n'est que mine
(1643-56)
2. *Var.* Je connois avant lui la cour et ses intrigues,
 J'en connois les détours, j'en connois les pratiques (1643-56)
3. *Var.* Mais un vieux courtisan n'est pas si fort crédule (1643-56)

ALBIN.
Dieux ! que vous vous gênez par cette défiance !
FÉLIX.
Pour subsister en cour c'est la haute science.
Quand un homme une fois a droit de nous haïr,
Nous devons présumer qu'il cherche à nous trahir, 1475
Toute son amitié nous doit être suspecte.
Si Polyeucte enfin n'abandonne sa secte,
Quoi que son protecteur ait pour lui dans l'esprit,
Je suivrai hautement l'ordre qui m'est prescrit.
ALBIN.
Grâce, grâce, Seigneur ! que Pauline l'obtienne !
FÉLIX.
Celle de l'empereur ne suivroit pas la mienne, 1480
Et loin de le tirer de ce pas dangereux [1],
Ma bonté ne feroit que nous perdre tous deux.
ALBIN.
Mais Sévère promet...
FÉLIX.
Albin, je m'en défie,
Et connois mieux que lui la haine de Décie.
En faveur des chrétiens s'il choquoit son courroux, 1485
Lui-même assurément se perdroit avec nous.
Je veux tenter pourtant encore une autre voie :
Amenez Polyeucte, et si je le renvoie,
S'il demeure insensible à ce dernier effort,
Au sortir de ce lieu qu'on lui donne la mort. 1490
ALBIN.
Votre ordre est rigoureux.
FÉLIX.
Il faut que je le suive,
Si je veux empêcher qu'un désordre n'arrive.
Je vois le peuple ému pour prendre son parti,
Et toi-même tantôt tu m'en as averti
Dans ce zèle pour lui qu'il fait déjà paroître, 1495
Je ne sais si longtemps j'en pourrois être maître,
Peut-être dès demain, dès la nuit, dès ce soir,
J'en verrois des effets que je ne veux pas voir,
Et Sévère aussitôt, courant à sa vengeance,
M'iroit calomnier de quelque intelligence. 1500
Il faut rompre ce coup, qui me seroit fatal.
ALBIN.
Que tant de prévoyance est un étrange mal ! [2]

1. *Var.* Et loin de le tirer de ce pas hasardeux (1643-63).
2. *Var.* Que votre défiance est un étrange mal ! (1643-56).

Tout vous nuit, tout vous perd, tout vous fait de l'ombrage,
Mais voyez que sa mort mettra ce peuple en rage
Que c'est mal le guérir que le desespérer. 1505
FÉLIX
En vain apres sa mort il voudra murmurer,
Et s'il ose venir a quelque violence,
C'est a faire a céder deux jours a l'insolence
J'aurai fait mon devoir, quoi qu'il puisse arriver¹. 1510
Mais Polyeucte vient tâchons a le sauver
Soldats, retirez vous et gardez bien la porte.

SCÈNE II

FÉLIX, POLYEUCTE, ALBIN

FÉLIX.
As tu donc pour la vie une haine si forte,
Malheureux Polyeucte ? et la loi des chrétiens
T'ordonne t-elle ainsi d'abandonner les tiens
POLYEUCTE.
Je ne hais point la vie et j'en aime l'usage, 1515
Mais sans attachement qui sente l'esclavage,
Toujours prêt a la rendre au Dieu dont je la tiens.
La raison me l'ordonne, et la loi des chrétiens,
Et je vous montre a tous par la comme il faut vivre,
Si vous avez le cœur assez bon pour me suivre 1520
FÉLIX.
Te suivre dans l'abîme où tu te veux jeter ?
POLYEUCTE
Mais plutôt dans la gloire ou je m'en vais monter.
FÉLIX.
Donne-moi pour le moins le temps de la connoître
Pour me faire chretien, sers moi de guide a l'être,
Et ne dedaigne pas de m'instruire en ta foi, 1525
Ou toi même a ton Dieu tu répondras de moi.
POLYEUCTE
N'en riez point, Félix, il sera votre juge,
Vous ne trouverez point devant lui de refuge
Les rois et les bergers y sont d'un même rang
De tous les siens sur vous il vengera le sang. 1530
FÉLIX.
Je n'en répandrai plus, et quoi qu'il en arrive,

1 *Var* J'aurai fait mon devoir quoi qui puisse arriver (1660-64

ACTE V, SCÈNE II

Dans la foi des chrétiens je souffrirai qu'on vive
J'en serai protecteur.

POLYEUCTE
Non, non persécutez,
Et soyez l'instrument de nos félicités
Celle d'un vrai chrétien n'est que dans les souffrances[1]; 1535
Les plus cruels tourments lui sont des récompenses
Dieu, qui rend le centuple aux bonnes actions,
Pour comble donne encor les persécutions
Mais ces secrets pour vous sont fâcheux a comprendre
Ce n'est qu'a ses élus que Dieu les fait entendre 1540

FÉLIX
Je te parle sans fard, et veux être chrétien.

POLYEUCTE
Qui peut donc retarder l'effet d'un si grand bien ?

FÉLIX
La présence importune..

POLYEUCTE.
Et de qui ? de Sévère ?

FÉLIX.
Pour lui seul contre toi j'ai feint tant de colère
Dissimule un moment jusques a son départ 1545

POLYEUCTE
Félix, c'est donc ainsi que vous parlez sans fard?
Portez a vos païens, portez a vos idoles
Le sucre empoisonné que sement vos paroles[2].
Un chrétien ne craint rien, ne dissimule rien
Aux yeux de tout le monde il est toujours chrétien. 1550

FÉLIX
Ce zèle de ta foi ne sert qu'a te séduire,
Si tu cours a la mort plutôt que de m'instruire

POLYEUCTE
Je vous en parlerois ici hors de saison
Elle est un don du ciel, et non de la raison,
Et c'est la que bientôt, voyant Dieu face a face 1555
Plus aisément pour vous j'obtiendrai cette grâce

FÉLIX
Ta perte cependant me va désespérer

POLYEUCTE.
Vous avez en vos mains de quoi la reparer
En vous ôtant un gendre, on vous en donne un autre,

---

1 *Var.* Aussi bien un chrétien n'est rien sans les souffrances
  Les plus cruels tourments nous sont des récompenses
  (1643-56)

2 *Var* Le sucre empoisonné que versent vos paroles (1643-56)

Dont la condition répond mieux à la vôtre ; 1560
Ma perte n'est pour vous qu'un change avantageux.

FÉLIX.

Cesse de me tenir ce discours outrageux.
Je t'ai considéré plus que tu ne mérites ;
Mais malgré ma bonté, qui croit plus tu l'irrites [1],
Cette insolence enfin te rendroit odieux, 1565
Et je me vengerois aussi bien que nos Dieux.

POLYEUCTE.

Quoi ? vous changez bientôt d'humeur et de langage !
Le zèle de vos Dieux rentre en votre courage
Celui d'être chrétien s'échappe et par hasard
Je vous viens d'obliger a me parler sans fard ! 1570

FÉLIX.

Va, ne présume pas que, quoi que je te jure,
De tes nouveaux docteurs je suive l'imposture
Je flattois ta manie, afin de t'arracher
Du honteux précipice où tu vas trébucher,
Je voulois gagner temps pour ménager ta vie 1575
Après l'éloignement d'un flatteur de Décie,
Mais j'ai fait trop d'injure à nos Dieux tout puissants
Choisis de leur donner ton sang, ou de l'encens

POLYEUCTE.

Mon choix n'est point douteux Mais j'aperçois Pauline.
O ciel

SCÈNE III

FELIX, POLYEUCTE, PAULINE ALBIN

PAULINE

Qui de vous deux aujourd'hui m'assassine ? 1580
Sont-ce tous deux ensemble, ou chacun a son tour ?
Ne pourrai-je fléchir la nature ou l'amour ?
Et n'obtiendrai-je rien d'un époux ni d'un père ?

FELIX

Parlez à votre époux.

POLYEUCTE

Vivez avec Sévère

PAULINE

Tigre, assassine-moi du moins sans m'outrager 1585

---

1 *Var.* Mais malgré ma bonté qui croit quand tu l'irrites
(1643-56)

ACTE V. SCENE III

POLYEUCTE.

Mon amour, par pitié, cherche à vous soulager [1]
Il voit quelle douleur dans l'âme vous possede,
Et sait qu'un autre amour en est le seul remede.
Puisqu'un si grand merite a pu vous enflammer,
Sa presence toujours a droit de vous charmer :   1590
Vous l'aimiez, il vous aime, et sa gloire augmentee.

PAULINE.

Que t'ai je fait, cruel, pour être ainsi traitee,
Et pour me reprocher, au mepris de ma foi,
Un amour si puissant que j'ai vaincu pour toi ?
Vois, pour te faire vaincre un si fort adversaire,   1595
Quels efforts a moi même il a fallu me faire,
Quels combats j'ai donnes pour te donner un cœur
Si justement acquis a son premier vainqueur,
Et si l'ingratitude en ton cœur ne domine,
Fais quelque effort sur toi pour te rendre a Pauline 1600
Apprends d'elle a forcer ton propre sentiment,
Prends sa vertu pour guide en ton aveuglement,
Souffre que de toi même elle obtienne ta vie,
Pour vivre sous tes lois a jamais asservie.
Si tu peux rejeter de si justes desirs,   1605
Regarde au moins ses pleurs, écoute ses soupirs;
Ne desespere pas une âme qui t'adore.

POLYEUCTE.

Je vous l'ai deja dit, et vous le dis encore,
Vivez avec Severe, ou mourez avec moi
Je ne méprise point vos pleurs ni votre foi,   1610
Mais de quoi que pour vous notre amour m'entretienne,
Je ne vous connois plus, si vous n'êtes chretienne.
C'en est assez Felix reprenez ce courroux,
Et sur cet insolent vengez vos Dieux et vous.

PAULINE

Ah mon père, son crime à peine est pardonnable;   1615
Mais s'il est insense vous êtes raisonnable
La nature est trop forte, et ses aimables traits
Imprimes dans le sang ne s'effacent jamais
Un père est toujours père, et sur cette assurance
J'ose appuyer encore un reste d'espérance.   1620
Jetez sur votre fille un regard paternel
Ma mort suivra la mort de ce cher criminel,
Et les Dieux trouveront sa peine illegitime

---

[1] *Var* Ma pitié, tant s'en faut, cherche à vous soulager
Notre amour vous emporte à des douleurs si vraies
Que rien qu'un autre amour ne peut guerir ses plaies (1648 56)

Puisqu'elle confondra l'innocence et le crime
Et qu'elle changera, par ce redoublement, 1625
En injuste rigueur un juste châtiment
Nos destins, par vos mains rendus inséparables
Nous doivent rendre heureux ensemble ou misérables ;
Et vous seriez cruel jusques au dernier point, 1630
Si vous desunissiez ce que vous avez joint.
Un cœur a l'autre uni jamais ne se retire,
Et pour l'en separer il faut qu'on le dechire
Mais vous êtes sensible a mes justes douleurs,
Et d'un œil paternel vous regardez mes pleurs
FELIX
Oui, ma fille, il est vrai qu'un pere est toujours pere, 1635
Rien n'en peut effacer le sacré caractere
Je porte un cœur sensible, et vous l'avez percé,
Je me joins avec vous contre cet insensé
  Malheureux Polyeucte, es tu seul insensible ?
Et veux tu rendre seul ton crime irremissible ? 1640
Peux tu voir tant de pleurs d'un œil si détaché [1] ?
Peux tu voir tant d'amour sans en être touché ?
Ne reconnois tu plus ni beau pere, ni femme,
Sans amitié pour l'un, et pour l'autre sans flamme ?
Pour reprendre les noms et de gendre et d'epoux, 1645
Veux tu nous voir tous deux embrasser tes genoux ?
POLYEUCTE.
Que tout cet artifice est de mauvaise grâce
Apres avoir deux fois essayé la menace,
Apres m'avoir fait voir Nearque dans la mort,
Apres avoir tenté l'amour et son effort, 1650
Apres m'avoir montré cette soif du baptême,
Pour opposer a Dieu l'interêt de Dieu même,
Vous vous joignez ensemble Ah ! ruses de l'enfer
Faut il tant de fois vaincre avant que triompher ?
Vos resolutions usent trop de remise . 1655
Prenez la vôtre enfin, puisque la mienne est prise.
  Je n'adore qu'un Dieu, maître de l'univers,
Sous qui tremblent le ciel, la terre, et les enfers,
Un Dieu qui, nous aimant d'une amour infinie,
Voulut mourir pour nous avec ignominie, 1660
Et qui par un effort de cet exces d'amour [2],
Veut pour nous en victime être offert chaque jour
Mais j'ai tort d'en parler a qui ne peut m'entendre.

1 *Var.* Peux tu voir tant de pleurs d'un cœur si détaché ?
(1643 56)
2 *Var* Et qui par un exces de cette meme amour (1643 56)

Voyez l'aveugle erreur que vous osez defendre
Des crimes les plus noirs vous souillez tous vos Dieux ; 1665
Vous n'en punissez point qui n'ait son maître aux cieux
La prostitution, l'adultère, l'inceste,
Le vol, l'assassinat, et tout ce qu'on déteste,
C'est l'exemple qu'a suivre offrent vos immortels.
J'ai profané leur temple, et brisé leurs autels ; 1670
Je le ferois encor, si j'avois a le faire¹,
Même aux yeux de Félix, même aux yeux de Sévere,
Même aux yeux du sénat, aux yeux de l'Empereur

FÉLIX.
Enfin ma bonté cede à ma juste fureur.
Adore les, ou meurs

POLYEUCTE.
Je suis chrétien.

FÉLIX.
Impie ! 1675
Adore les, te dis je, ou renonce a la vie

POLYEUCTE.
Je suis chrétien².

FÉLIX.
Tu l es? O cœur trop obstiné !
Soldats, exécutez l'ordre que j'ai donné

PAULINE
Ou le conduisez vous ?

FÉLIX.
A la mort.

POLYEUCTE.
A la gloire,
Chère Pauline, adieu conservez ma memoire 1680

PAULINE
Je te suivrai partout, et mourrai si tu meurs³

POLYEUCTE.
Ne suivez point mes pas, ou quittez vos erreurs

FÉLIX.
Qu'on l'ôte de mes yeux et que l'on m'obeisse.
Puisqu'il aime a périr, je consens qu'il perisse.

1 « Ce vers est dans *le Cid* (vers 878), et est à sa place dans les deux pieces » (*Voltaire*)
2 « Ce mot *Je suis chrétien*, deux fois répété, égale les plus beaux mots d'*Horace* Corneille, qui se connoissoit si bien en sublime, a senti que l'amour pour la religion pouvoit s'élever au dernier degre d'enthousiasme, puisque le chrétien aime Dieu comme la souveraine beauté, et le ciel comme sa patrie. » (*De Chateaubriand*)
3 *Var* Je te suivrai partout et memes au trepas.
POL Sortez de votre erreur, ou ne me suivez pas. (1643-56)

SCÈNE IV

FÉLIX, ALBIN

FÉLIX.

Je me fais violence, Albin, mais je l'ai dû 1685
Ma bonté naturelle aisément m'eût perdu
Que la rage du peuple a présent se déploie¹,
Que Sévère en fureur tonne, éclate, foudroie,
M'étant fait cet effort j'ai fait ma sûreté.
Mais n'es tu point surpris de cette dureté ? 1690
Vois tu comme le sien des cœurs impénétrables,
Ou des impiétés à ce point exécrables ?
Du moins j'ai satisfait mon esprit affligé² ·
Pour amollir son cœur je n'ai rien negligé ;
J'ai feint même à tes yeux des lâchetés extrêmes, 1695
Et certes sans l'horreur de ses derniers blasphèmes,
Qui m'ont rempli soudain de colere et d'effroi
J'aurois eu de la peine à triompher de moi.

ALBIN

Vous maudirez peut être un jour cette victoire,
Qui tient je ne sais quoi d'une action trop noire, 1700
Indigne de Félix, indigne d'un Romain,
Répandant votre sang par votre propre main

FÉLIX

Ainsi l'ont autrefois versé Brute et Manlie ;
Mais leur gloire en a crû, loin d'en être affoiblie³,
Et quand nos vieux héros avoient de mauvais sang, 1705
Ils eussent, pour le perdre ouvert leur propre flanc.

ALBIN.

Votre ardeur vous seduit ; mais quoi qu'elle vous die,
Quand vous la sentirez une fois refroidie,
Quand vous verrez Pauline et que son desespoir
Par ses pleurs et ses cris saura vous emouvoir⁴. 1710

FÉLIX.

Tu me fais souvenir qu'elle a suivi ce traître,

---

1. *Var.* Que la rage d'un peuple a présent se déploie (1643 60)
2. *Var* Du moins j ai satisfait à mon cœur affligé
   Pour amollir le sien je n'ai rien négligé (1643 56)
3. *Var.* Et leur gloire en a crû, loin d'en être affoiblie
   Jamais nos vieux héros n'ont eu de mauvais sang,
   Qu'ils n'eussent, pour le perdre, ouvert leur propre flanc.
   (1643-56)
4. *Var.* Par ses pleurs et ses cris pourra vous émouvoir ..
   (1643-60)

ACTE V, SCÈNE IV.

Et que ce désespoir qu'elle fera paroître
De mes commandements pourra troubler l'effet.
Va donc ; cours y mettre ordre et voir ce qu'elle fait[1] ;
Romps ce que ses douleurs y donneroient d'obstacle, 1715
Tire-la, si tu peux, de ce triste spectacle ;
Tâche à la consoler Va donc qui te retient ?

ALBIN.
Il n'en est pas besoin, Seigneur e le revient

SCÈNE V

FELIX, PAULINE, ALBIN

PAULINE.
Pere barbare, achève achève ton ouvrage.
Cette seconde hostie est digne de ta rage ; 1720
Joins ta fille a ton gendre, ose que tardes tu ?
Tu vois le même crime, ou la même vertu
Ta barbarie en elle a les mêmes matières
Mon époux en mourant m'a laissé ses lumieres,
Son sang, dont tes bourreaux viennent de me couvrir, 1725
M'a dessillé les yeux et me les vient d'ouvrir
  Je vois, je sais, je crois, je suis désabusée
De ce bienheureux sang tu me vois baptisée ;
Je suis chretienne enfin, n'est ce point assez dit ?
Conserve en me perdant ton rang et ton credit, 1730
Redoute l'Empereur, apprehende Sévère
Si tu ne veux perir, ma perte est nécessaire ;
Polyeucte m'appelle a cet heureux trépas,
Je vois Nearque et lui qui me tendent les bras
Mene, mene-moi voir tes Dieux que je déteste. 1735
Ils n'en ont brisé qu'un je briserai le reste,
On m'y verra braver tout ce que vous craignez,
Ces foudres impuissants qu'en leurs mains vous peignez,
Et saintement rebelle aux lois de la naissance,
Une fois envers toi manquer d'obéissance. 1740
Ce n'est point ma douleur que par la je fais voir
C'est la grâce qui parle, et non le desespoir.
Le faut il dire encor, Félix ? je suis chrétienne !
Affermis par ma mort ta fortune et la mienne
Le coup a l'un et l'autre en sera précieux, 1745
Puisqu'il t'assure en terre en m'elevant aux cieux.

1 *Var* Va donc y donner ordre et voir ce qu'elle fait (1643-63)

SCÈNE VI

FELIX, SÉVÈRE, PAULINE, ALBIN FABIAN

SÉVÈRE

Père dénaturé, malheureux politique,
Esclave ambitieux d'une peur chimérique,
Polyeucte est donc mort et par vos cruautés
Vous pensez conserver vos tristes dignités   1750
La faveur que pour lui je vous avois offerte,
Au lieu de le sauver, précipite sa perte
J'ai prié, menacé, mais sans vous émouvoir,
Et vous m'avez cru fourbe ou de peu de pouvoir
Eh bien à vos depens vous verrez que Sévère[1]   1755
Ne se vante jamais que de ce qu'il peut faire,
Et par votre ruine il vous fera juger
Que qui peut bien vous perdre eût pu vous proteger
Continuez aux Dieux ce service fidèle
Par de telles horreurs montrez leur votre zèle. 1760
Adieu, mais quand l'orage éclatera sur vous,
Ne doutez point du bras dont partiront les coups.

FÉLIX

Arrêtez vous, Seigneur, et d'une âme apaisée[2]
Souffrez que je vous livre une vengeance aisée.
Ne me reprochez plus que par mes cruautés   1765
Je tâche à conserver mes tristes dignités
Je dépose à vos pieds l'éclat de leur faux lustre
Celle où j'ose aspirer est d'un rang plus illustre,
Je m'y trouve forcé par un secret appas ;
Je cède à des transports que je ne connois pas ; 1770
Et par un mouvement que je ne puis entendre,
De ma fureur je passe au zèle de mon gendre.
C'est lui, n'en doutez point, dont le sang innocent
Pour son persécuteur prie un Dieu tout puissant.
Son amour épandu sur toute la famille   1775
Tire après lui le père, aussi bien que la fille
J'en ai fait un martyr, sa mort me fait chrétien.
J'ai fait tout son bonheur, il veut faire le mien
C'est ainsi qu'un chrétien se venge et se courrouce.
Heureuse cruauté dont la suite est si douce !   1780
Donne la main, Pauline. Apportez des liens ;

[1] *Var* Eh bien ! a vos dépens vous saurez que Sévère (1643 60)
[2] *Var* Arrêtez-vous, Sévère, et d'une ame apaisée (1643 56)

Immolez à vos Dieux ces deux nouveaux chrétiens
Je le suis, elle l'est, suivez votre colère
PAULINE
Qu'heureusement enfin je retrouve mon père
Cet heureux changement rend mon bonheur parfait.   1785
FÉLIX
Ma fille, il n'appartient qu'à la main qui le fait
SÉVÈRE.
Qui ne seroit touché d'un si tendre spectacle?
De pareils changements ne vont point sans miracle
Sans doute vos chrétiens, qu'on persécute en vain,
Ont quelque chose en eux qui surpasse l'humain   1790
Ils mènent une vie avec tant d'innocence,
Que le ciel leur en doit quelque reconnoissance
Se relever plus forts, plus ils sont abattus,
N'est pas aussi l'effet des communes vertus
Je les aimai toujours, quoi qu'on m'en ait pu dire,   1795
Je n'en vois point mourir que mon cœur n'en soupire[1],
Et peut être qu'un jour je les connoîtrai mieux
J'approuve cependant que chacun ait ses Dieux,
Qu'il les serve à sa mode, et sans peur de la peine
Si vous êtes chrétien, ne craignez plus ma haine;   1800
Je les aime, Felix, et de leur protecteur
Je n'en veux pas sur vous faire un persécuteur[2]
  Gardez votre pouvoir, reprenez en la marque,
Servez bien votre Dieu, servez notre monarque
Je perdrai mon crédit envers Sa Majesté,   1805
Ou vous verrez finir cette sévérité[3];
Par cette injuste haine il se fait trop d'outrage.
FÉLIX.
Daigne le ciel en vous achever son ouvrage,
Et pour vous rendre un jour ce que vous méritez,
Vous inspirer bientôt toutes ses vérités   1810
  Nous autres, bénissons notre heureuse aventure
Allons à nos martyrs donner la sépulture,
Baiser leurs corps sacres, les mettre en digne lieu,
Et faire retentir partout le nom de Dieu.

1 *Var* Je n'en vois point mourir que ce cœur n'en soupire.
(1643 56)
2 *Var* Je n'en veux pas en vous faire un persécuteur. (1643 63)
3 *Var* Ou bien il quittera cette sévérité. (1643 56)

FIN DU CINQUIÈME ET DERNIER ACTE

EXAMEN DE POLYEUCTE PAR CORNEILLE

Ce martyre est rapporté par Surius sur le neuvième de janvier. Polyeucte vivoit en l'année 250, sous l'empereur Décius. Il étoit Arménien, ami de Néarque, et gendre de Félix, qui avoit la commission de l'Empereur pour faire executer ses édits contre les chrétiens. Cet ami l'ayant resolu a se faire chrétien, il dechira ces édits qu'on publioit, arracha les idoles des mains de ceux qui les portoient sur les autels pour les adorer, les brisa contre terre, résista aux larmes de sa femme Pauline, que Félix employa auprès de lui pour le ramener a leur culte, et perdit la vie par l'ordre de son beau père, sans autre baptême que celui de son sang. Voilà ce que m'a prêté l'histoire; le reste est de mon invention.

Pour donner plus de dignité à l'action j'ai fait Félix gouverneur d'Armenie, et ai pratiqué un sacrifice public, afin de rendre l'occasion plus illustre, et donner un prétexte à Severe de venir en cette province, sans faire eclater son amour avant qu'il en eut l'aveu de Pauline. Ceux qui veulent arrêter nos héros dans une médiocre bonté, ou quelques interpretes d'Aristote bornent leur vertu, ne trouveront pas ici leur compte, puisque celle de Polyeucte va jusqu'a la sainteté et n'a aucun mélange de foiblesse. J'en ai déjà parlé ailleurs[1], et pour confirmer ce que j'en ai dit par quelques autorités j'ajouterai ici que Minturnus[2], dans son traité *du Poète*, agite cette question, *si la Passion de Jesus Christ et les martyres des saints doivent etre exclus du théâtre, a cause qu'ils passent cette médiocre bonté*, et resout en ma faveur le célèbre Heinsius, qui non seulement a traduit la *Poétique* de notre philosophe, mais a fait un traité *de la Constitution de la tragédie* selon sa pensée nous en a donné une sur le martyre des Innocents. L'illustre Grotius a mis sur la scene la Passion même de Jésus Christ et l'histoire de Joseph, et le savant Buchanan a fait la même chose de celle de Jephté, et de la mort de saint Jean Baptiste. C'est sur ces exemples que j'ai hasardé ce poeme ou je me suis donné des licences qu'ils n'ont pas prises, de changer l'histoire en quelque chose et d'y mêler des épisodes d'invention; aussi m'étoit il plus permis sur cette matière qu'a eux sur celle qu'ils ont choisie. Nous ne devons qu'une croyance pieuse à la vie des saints, et nous avons le même droit sur ce que nous en tirons

[1] Dans le *Discours de la tragédie* voyez le *Corneille* de M. Marty Laveaux t. I, p. 59
[2] Intitulé en latin *de Poeta* et publié à Venise en 1559

pour le porter sur le théâtre, que sur ce que nous empruntons des autres histoires, mais nous devons une foi chrétienne et indispensable à tout ce qui est dans la Bible, qui ne nous laisse aucune liberté d'y rien changer. J'estime toutefois qu'il ne nous est pas défendu d'y ajouter quelque chose, pourvu qu'il ne détruise rien de ces vérités dictées par le Saint Esprit. Buchanan ni Grotius ne l'ont pas fait dans leurs poëmes, mais aussi ne les ont ils pas rendus assez fournis pour notre théâtre, et ne s'y sont proposé pour exemple que la constitution la plus simple des anciens. Heinsius a plus osé qu'eux dans celui que j'ai nommé : les anges qui bercent l'enfant Jésus, et l'ombre de Mariane avec les furies qui agitent l'esprit d'Hérode, sont des agréments qu'il n'a pas trouvés dans l'Evangile. Je crois même qu'on en peut supprimer quelque chose, quand il y a apparence qu'il ne plairoit pas sur le théâtre, pourvu qu'on ne mette rien en la place, car alors ce seroit changer l'histoire, ce que le respect que nous devons à l'Ecriture ne permet point. Si j'avois à y exposer celle de David et de Bersabée[1], je ne décrirois pas comme il en devint amoureux en la voyant se baigner dans une fontaine, de peur que l'image de cette nudité ne fît une impression trop chatouilleuse dans l'esprit de l'auditeur; mais je me contenterois de le peindre avec de l'amour pour elle, sans parler aucunement de quelle manière cet amour se seroit emparé de son cœur.

Je reviens à *Polyeucte* dont le succès a été très heureux. Le style n'en est pas si fort ni si majestueux que celui de *Cinna* et de *Pompée*[2], mais il a quelque chose de plus touchant, et les tendresses de l'amour humain y font un si agréable mélange avec la fermeté du divin, que sa représentation a satisfait tout ensemble les dévots et les gens du monde. A mon gré, je n'ai point fait de pièce où l'ordre du théâtre soit plus beau et l'enchaînement des scènes mieux ménagé. L'unité d'action, et celles de jour et de lieu, y ont leur justesse, et les scrupules qui peuvent naître touchant ces deux dernières se dissiperont aisément, pour peu qu'on me veuille prêter de cette faveur que l'auditeur nous doit toujours, quand l'occasion s'en offre, en reconnoissance de la peine que nous avons prise à le divertir.

Il est hors de doute que si nous appliquons ce poëme à nos coutumes, le sacrifice se fait trop tôt après la venue de Sévère, et cette précipitation sortira du vraisemblable par la nécessité d'obéir à la règle. Quand le Roi envoie ses ordres dans les villes pour y faire rendre des actions de grâces pour ses victoires, ou pour

---

1 Il y a *Bersabee* et non, comme dans la Vulgate, *Bethsabée*, dans toutes les éditions publiées du vivant de Corneille.
2 *Polyeucte* ne fut imprimé qu'après la représentation de *Pompée*, qui avait eu lieu en 1641.

d'autres bénédictions qu'il reçoit du ciel, on ne les exécute pas dès le jour même, mais aussi il faut du temps pour assembler le clergé, les magistrats et les corps de ville, et c'est ce qui en fait différer l'exécution. Nos acteurs n'avoient ici aucune de ces assemblées à faire.

Il suffisoit de la présence de Sévère et de Félix, et du ministère du grand prêtre, ainsi nous n'avons eu aucun besoin de remettre ce sacrifice en un autre jour. D'ailleurs, comme Félix craignoit ce favori, qu'il croyoit irrité du mariage de sa fille, il étoit bien aise de lui donner le moins d'occasion de tarder qu'il lui étoit possible, et de tâcher, durant son peu de séjour, à gagner son esprit par une prompte complaisance, et montrer tout ensemble une impatience d'obéir aux volontés de l'Empereur.

L'autre scrupule regarde l'unité de lieu, qui est assez exacte, puisque tout s'y passe dans une salle ou antichambre commune aux appartements de Félix et de sa fille. Il semble que la bienséance y soit un peu forcée pour conserver cette unité au second acte, en ce que Pauline vient jusque dans cette antichambre pour trouver Sévère, dont elle devroit attendre la visite dans son cabinet. A quoi je réponds qu'elle a eu deux raisons de venir au-devant de lui : l'une pour faire plus d'honneur à un homme dont son père redoutoit l'indignation, et qu'il lui avoit commandé d'adoucir en sa faveur; l'autre, pour rompre plus aisément la conversation avec lui, en se retirant dans ce cabinet, s'il ne vouloit pas la quitter à sa prière, et se délivrer, par cette retraite, d'un entretien dangereux pour elle : ce qu'elle n'eût pu faire si elle eût reçu sa visite dans son appartement.

Sa confidence avec Stratonice, touchant l'amour qu'elle avoit eu pour ce cavalier[1], me fait faire une réflexion sur le temps qu'elle prend pour cela. Il s'en fait beaucoup sur nos théâtres, d'affections qui ont déjà duré deux ou trois ans, dont on attend à révéler le secret justement au jour de l'action qui se présente, et non seulement sans aucune raison de choisir ce jour-là plutôt qu'un autre pour le déclarer, mais lors même que vraisemblablement on s'en est dû ouvrir beaucoup auparavant avec la personne à qui on en fait confidence. Ce sont choses dont il faut instruire le spectateur en les faisant apprendre par un des acteurs à l'autre; mais il faut prendre garde avec soin que celui à qui on les apprend ait eu lieu de les ignorer jusque là aussi bien que le spectateur, et que quelque occasion tirée du sujet oblige celui qui les récite à rompre enfin un silence qu'il a gardé si longtemps. L'Infante, dans *le Cid*, avoue à Léonor l'amour secret qu'elle a pour lui[2], et l'au roit pu faire un an ou six mois plus tôt. Cléopatre, dans *Pompée*

---

1. Voyez acte I, scène III.
2. Voyez *le Cid*, acte I, scène II.

ne prend pas des mesures plus justes avec Charmio ; elle lui conte la passion de César pour elle, et comme

> Chaque jour ses courriers
> Lui portent en tribut ses vœux et ses lauriers[1]

Cependant, comme il ne paroît personne avec qui elle aye plus d'ouverture de cœur qu'avec cette Charmion, il y a grande apparence que c'étoit elle même dont cette reine se servoit pour introduire ces courriers, et qu'ainsi elle devoit savoir déjà tout ce commerce entre César et sa maîtresse. Du moins il falloit marquer quelque raison qui lui eût laissé ignorer[2] jusque là tout ce qu'elle lui apprend, et de quel autre ministère cette princesse s'étoit servie pour recevoir ces courriers. Il n'en va pas de même ici. Pauline ne s'ouvre avec Stratonice que pour lui faire entendre le songe qui la trouble, et les sujets qu'elle a de s'en alarmer ; et comme elle n'a fait ce songe que la nuit d'auparavant, et qu'elle ne lui eût jamais révélé son secret sans cette occasion qui l'y oblige, on peut dire qu'elle n'a point eu lieu de lui faire cette confidence plus tôt qu'elle ne l'a faite[3].

Je n'ai point fait de narration de la mort de Polyeucte, parce que je n'avois personne pour la faire ni pour l'écouter, que des païens qui ne la pouvoient ni écouter ni faire, que comme ils avoient fait et écouté celle de Néarque, ce qui auroit été une répétition et marque de stérilité, et en outre n'auroit pas répondu à la dignité de l'action principale, qui est terminée par là. Ainsi j'ai mieux aimé la faire connoître par un saint emportement de Pauline[4], que cette mort a convertie, que par un récit qui n'eût point eu de grâce dans une bouche indigne de le prononcer[5]. Félix, son père, se convertit après elle ; et ces deux conversions, quoique miraculeuses, sont si ordinaires dans les martyres, qu'elles ne sortent point de la vraisemblance parce qu'elles ne sont pas de ces événements rares et singuliers qu'on ne peut tirer en exemple, et elles servent à remettre le calme dans les esprits de Félix, de Sévère et de Pauline, que sans cela j'aurois eu bien de la peine à retirer du théâtre dans un état qui rendît la pièce complète, en ne laissant rien à souhaiter à la curiosité de l'auditeur.

1 Voyez *la mort de Pompée*, acte II, scène i, vers 591 et 592.
2 Var (édit. de 1660 et de 1663) qui l'eut laissée ignorer.
3 Var (édit. de 1660-1664) plus tôt qu'elle ne la fait.
4 Voyez acte V, scène v.
5 Var (édit. de 1660-1664) indigne de le faire.

BRITANNICUS

TRAGEDIE DE J. RACINE

REPRESENTEE POUR LA PREMIERE FOIS LE 13 DECEMBRE 1669
ET PUBLIE EN 1670

On a lu nii a (dans *Britannicus*) toute l'éneigie de Tacite exprimée dans des vers dignes de Virgile.

                    Voltaire *Commentaires sur Corneille,*
                          Remarques sur Berenice.

ÉPITRE DE RACINE :

A MONSEIGNEUR LE DUC DE CHEVREUSE[2]

MONSEIGNEUR,

Vous serez peut être étonné de voir votre nom à la tete de cet ouvrage, et si je vous avois demandé la permission de vous l'offrir je doute si je l'aurois obtenue. Mais ce seroit etre en quelque sorte ingrat que de cacher plus longtemps au monde les bontés dont vous m'avez toujours honoré. Quelle apparence qu'un homme qui ne travaille que pour la gloire se puisse taire d'une protection aussi glorieuse que la votre? Non, MONSEIGNEUR, il m'est trop avantageux que l'on sache que mes amis mêmes ne vous sont pas indifferents, que vous prenez part à tous mes ouvrages, et que vous m'avez procuré l'honneur de lire celui-ci devant un homme dont toutes les heures sont precieuses[3]. Vous fûtes temoin avec quelle penetration d'esprit il jugea de l'economie de la pièce, et combien l'idée qu'il s'est formée d'une excellente tragedie est au dela de tout ce que j'en ai pu concevoir. Ne craignez pas, MONSEIGNEUR, que je m'engage plus avant, et que n'osant le louer en face je m'adresse à vous pour le louer avec plus de liberté. Je sais qu'il seroit dangereux de le fatiguer de ses louanges, et j'ose dire que cette meme modestie, qui vous est commune avec lui, n'est pas un des moindres liens qui vous attachent l'un a l'autre. La moderation n'est qu'une vertu ordinaire quand elle ne se rencontre qu'avec des qualites ordinaires. Mais qu'avec toutes les qualites et du cœur et de l'esprit, qu'avec un jugement qui, ce semble, ne devroit

---

[1] Cette dedicace n'a été inseree du vivant de Racine que dans l'edition originale de 1670.

[2] Charles-Honoré d'Albert, duc de Luynes, de Chevreuse et de Chaulnes, était né le 7 octobre 1646. Il mourut le 5 novembre 1712. Racine l'avait connu tres-jeune à l'hôtel de Luynes. Il avait été comme Racine, mais plus tard que lui, elève de Lancelot. Saint-Simon, dans ses *Memoires*, a dit du duc de Chevreuse qu'il était « né avec beaucoup d'esprit naturel, d'agrement dans l'esprit, de facilite pour le travail et pour toutes sortes de sciences » Mais ce qu'en lui il a loué surtout, ce sont ses vertus, « sa douceur, sa mesure, sa modestie, la droiture de son cœur »

[3] Il s'agit de Colbert, dont le duc de Chevreuse avait épousé la fille ainee en 1667.

être le fruit que de l'expérience de plusieurs années, qu'avec mille belles connoissances que vous ne sauriez cacher à vos amis particuliers, vous ayez encore cette sage retenue que tout le monde admire en vous : c'est sans doute une vertu rare en un siècle où l'on fait vanité des moindres choses. Mais je me laisse emporter insensiblement à la tentation de parler de vous. Il faut qu'elle soit bien violente, puisque je n'ai pu y résister dans une lettre où je n'avois autre dessein que de vous témoigner avec combien de respect je suis

MONSEIGNEUR,

Votre très humble et très obéissant
serviteur

RACINE.

PREMIÈRE PRÉFACE DE RACINE [1]

De tous les ouvrages que j'ai donnés au public, il n'y en a point qui m'ait attiré plus d'applaudissements ni plus de censeurs que celui-ci. Quelque soin que j'aie pris pour travailler cette tragédie, il semble qu'autant que je me suis efforcé de la rendre bonne, autant de certaines gens se sont efforcés de la décrier. Il n'y a point de cabale qu'ils n'aient faite, point de critique dont ils ne se soient avisés [2]. Il y en a qui ont pris même le parti de Néron contre moi. Ils ont dit que je le faisois trop cruel. Pour moi, je croyois que le nom seul de Néron faisoit entendre quelque chose de plus que cruel. Mais peut-être qu'ils raffinent sur son histoire, et veulent dire qu'il étoit honnête homme dans ses premières années. Il ne faut qu'avoir lu Tacite pour savoir que s'il a été quelque temps un bon empereur, il a toujours été un très méchant homme. Il ne s'agit point dans ma tragédie des affaires du dehors. Néron est ici dans son particulier et dans sa famille. Et ils me dispenseront de

---

[1] Cette préface est celle de l'édition de 1670.

[2] *Britannicus* fut d'abord reçu froidement et n'eut au début qu'un petit nombre de représentations. « Ce n'est qu'avec le temps, dit Voltaire, que les connaisseurs firent revenir le public. » Voyez la *Notice* de M. Mesnard au tome II de son édition des *Œuvres de Racine* p. 225-258.

leur rapporter tous les passages qui pourroient bien aisement leur prouver que je n'ai point de réparation a lui faire

D'autres ont dit, au contraire, que je l'avois fait trop bon. J'avoue que je ne m'étois pas formé l'idée d'un bon homme en la personne de Neron. Je l'ai toujours regardé comme un monstre. Mais c'est ici un monstre naissant. Il n'a pas encore mis le feu a Rome. Il n'a pas tué sa mère, sa femme, ses gouverneurs. A cela pres, il me semble qu'il lui échappe assez de cruautés pour empêcher que personne ne le meconnoisse.

Quelques uns ont pris l'intérêt de Narcisse, et se sont plaints que j'en eusse fait un tres méchant homme et le confident de Neron. Il suffit d'un passage pour leur répondre « Néron, dit Tacite, porta impatiemment la mort de Narcisse, parce que cet affranchi avoit une conformité merveilleuse avec les vices du prince encore cachés. *Cujus abditis adhuc vitiis mire congruebat*[1]. »

Les autres se sont scandalisés que j'eusse choisi un homme aussi jeune que Britannicus pour le héros d'une tragédie. Je leur ai déclaré dans la préface d'*Andromaque*[2], les sentiments d'Aristote sur le heros de la tragédie, et que bien loin d'être parfait, il faut toujours qu'il ait quelque imperfection. Mais je leur dirai encore ici qu'un jeune prince de dix sept ans, qui a beaucoup de cœur, beaucoup d'amour, beaucoup de franchise et beaucoup de crédulité, qualités ordinaires d'un jeune homme, m'a semblé tres-capable d'exciter la compassion. Je n'en veux pas davantage.

Mais, disent ils, ce prince n'entroit que dans sa quinzieme année lorsqu'il mourut. On le fait vivre, lui et Narcisse, deux ans plus qu'ils n'ont vécu[3]. Je n'aurois point parlé de cette objection, si elle n'avoit été faite avec chaleur par un homme qui s'est donné la liberté de faire regner vingt ans un empereur qui n'en a regné que huit[4], quoique ce changement soit bien plus considérable dans la chronologie, où l'on suppute les temps par les annees des Empereurs

1 *Annales* livre XIII, chapitre i

2 Voici le passage dont Racine veut parler, c'est la fin de la preface d'*Andromaque* « Aristote bien éloigné de nous demander des heros parfaits veut au contraire que les personnages tragiques, c'est a dire ceux dont le malheur fait la catastrophe de la tragédie, ne soient ni tout a fait bons ni tout a fait méchants Il ne veut pas qu'ils soient extremement bons parce que la punition d'un homme de bien exciteroit plutôt l'indignation que la pitié du spectateur, ni qu'ils soient méchants avec exces, parce qu'on n'a point pitié d'un scélerat Il faut donc qu'ils aient une bonté médiocre, c'est-à-dire une vertu capable de foiblesse et qu'ils tombent dans le malheur par quelque faute qui les fasse plaindre sans les faire détester »

3 Narcisse se tua au commencement du règne de Néron

4 Corneille reconnaît lui même dans l'*Examen* de son *Héraclius*, qu'il a prolongé de douze ans la durée de l'empire de Phocas

Junie ne manque pas non plus de censeurs. Ils disent que d'une vieille coquette, nommée Junia Silana, j'en ai fait une jeune fille très sage. Qu'auroient-ils à me répondre si je leur disois que cette Junie est un personnage inventé, comme l'Émilie de *Cinna*, comme la Sabine d'*Horace*? Mais j'ai à leur dire que s'ils avoient bien lu l'histoire, ils auroient trouvé une Junia Calvina, de la famille d'Auguste, sœur de Silanus, à qui Claudius avoit promis Octavie. Cette Junie étoit jeune, belle et, comme dit Sénèque, *festivissima omnium puellarum*[1]. Elle aimoit tendrement son frère, « et leurs ennemis, dit Tacite, les accusèrent tous deux d'inceste, quoiqu'ils ne fussent coupables que d'un peu d'indiscrétion[2]. » Si je la représente plus retenue qu'elle n'étoit, je n'ai pas ouï dire qu'il nous fut défendu de rectifier les mœurs d'un personnage, surtout lorsqu'il n'est pas connu.

L'on trouve étrange qu'elle paroisse sur le théâtre après la mort de Britannicus. Certainement la délicatesse est grande de ne pas vouloir qu'elle dise en quatre vers assez touchants qu'elle passe chez Octavie[3]. Mais, disent-ils, cela ne valoit pas la peine de la faire revenir. Un autre l'auroit pu raconter pour elle. Ils ne savent pas qu'une des règles du théâtre est de ne mettre en récit que les choses qui ne se peuvent passer en action, et que tous les anciens font venir souvent sur la scène des acteurs qui n'ont autre chose à dire, sinon qu'ils viennent d'un endroit, et qu'ils s'en retournent en un autre.

Tout cela est inutile, disent mes censeurs. La pièce est finie au récit de la mort de Britannicus, et l'on ne devroit point écouter le reste. On l'écoute pourtant, et même avec autant d'attention qu'aucune fin de tragédie. Pour moi, j'ai toujours compris que la tragédie étant l'imitation d'une action complète, où plusieurs personnes concourent, cette action n'est point finie que l'on ne sache en quelle situation elle laisse ces mêmes personnes. C'est ainsi que Sophocle en use presque partout. C'est ainsi que dans l'*Antigone* il emploie autant de vers à représenter la fureur d'Hémon et la punition de Créon après la mort de cette princesse, que j'en ai employé aux imprécations d'Agrippine, à la retraite de Junie, à la punition de Narcisse et au désespoir de Néron après la mort de Britannicus.

Que faudroit-il faire pour contenter des juges si difficiles? La chose seroit aisée, pour peu qu'on voulût trahir le bon sens. Il ne

---

[1] « La plus charmante des jeunes femmes. » Ce passage est extrait de l'*Apocolokyntosis, seu de morte Claudii Cæsaris ludus*, chap. VIII.

[2] « Fratrum, non incestum, sed incustoditum amorem ad infamiam traxit (*Vitellius*). » (*Annales*, livre XII, chapitre IV.)

[3] Plus tard, Racine supprima la scène où se lisaient ces quatre vers, et qui ne se trouve que dans l'édition de 1670 où elle est la vi⁰ de l'acte V. Voyez ci-après la variante du vers 1647.

PREMIERE PRÉFACE DE RACINE

faudroit que s'écarter du naturel pour se jeter dans l'extraordinaire. Au lieu d'une action simple, chargée de peu de matière, telle que doit être une action qui se passe en un seul jour et qui, s'avançant par degrés vers sa fin, n'est soutenue que par les intérêts, les sentiments et les passions des personnages, il faudroit remplir cette même action de quantité d'incidents qui ne se pourroient passer qu'en un mois, d'un grand nombre de jeux de théâtre, d'autant plus surprenants qu'ils seroient moins vraisemblables, d'une infinité de déclamations où l'on feroit dire aux acteurs tout le contraire de ce qu'ils devroient dire. Il faudroit, par exemple, représenter quelque héros ivre, qui se voudroit faire haïr de sa maîtresse de gaieté de cœur, un Lacédémonien grand parleur, un conquérant qui ne débiteroit que des maximes d'amour, une femme qui donneroit des leçons de fierté à des conquérants[1]. Voilà sans doute de quoi faire récrier tous ces Messieurs. Mais que diroit cependant le petit nombre de gens sages auxquels je m'efforce de plaire? De quel front oserois-je me montrer, pour ainsi dire, aux yeux de ces grands hommes de l'antiquité que j'ai choisis pour modèles? Car, pour me servir de la pensée d'un ancien[2], voilà les véritables spectateurs que nous devons nous proposer, et nous devons sans cesse nous demander: « Que diroient Homère et Virgile, s'ils lisoient ces vers? que diroit Sophocle, s'il voyoit représenter cette scène? » Quoi qu'il en soit, je n'ai point prétendu empêcher qu'on ne parlât contre mes ouvrages. Je l'aurois prétendu inutilement. *Quid de te alii loquantur ipsi videant*, dit Cicéron, *sed loquentur tamen*[3].

Je prie seulement le lecteur de me pardonner cette petite préface que j'ai faite pour lui rendre raison de ma tragédie. Il n'y a rien de plus naturel que de se défendre quand on se croit injustement attaqué. Je vois que Térence même semble n'avoir fait des prologues que pour se justifier contre les critiques d'un vieux poète malintentionné, *malevoli veteris poetæ*[4], et qui venoit bri-

1. Les personnages de Corneille auxquels Racine fait ici allusion sont Attila, dans la pièce de ce nom, Agésilas ou Lysander, dans l'*Agésilas*, César et Cornélie dans *Pompée*.

2. Longin, au chapitre XII du *Traité du Sublime* (traduction de Boileau): « Ces grands hommes nous élèvent l'âme presque aussi haut que l'idée que nous avons conçue de leur génie, surtout si nous nous imprimons bien ceci en nous-mêmes: Que penseroient Homère ou Démosthène de ce que je dis, s'ils m'écoutoient? et quel jugement feroient-ils de moi? » En effet, nous ne croirons pas avoir un médiocre prix à disputer si nous pouvons nous figurer que nous allons, mais sérieusement rendre compte de nos écrits devant un si célèbre tribunal et sur un théâtre où nous avons de tels héros pour juges et pour témoins. »

3. « C'est aux autres à voir comment ils voudront parler de vous, mais à coup sûr ils parleront » (*République*, livre VI, chap. XVI.)

4. Prologue de l'*Andrienne*, vers 6 et 7.

guer des voix contre lui jusqu'aux heures où l'on représentoit ses comédies

> . . . . *Occepta est agi,*
> *Exclamat* etc.[1]

On me pouvoit faire une difficulté qu'on ne m'a point faite. Mais ce qui est échappé aux spectateurs pourra être remarqué par les lecteurs. C'est que je fais entrer Junie dans les Vestales, où selon Aulu Gelle[2], on ne recevoit personne au-dessous de six ans ni au dessus de dix. Mais le peuple prend ici Junie sous sa protection, et j'ai cru qu'en considération de sa naissance, de sa vertu et de son malheur, il pouvoit la dispenser de l'âge prescrit par les lois, comme il a dispensé de l'âge pour le consulat tant de grands hommes qui avoient mérité ce privilége.

Enfin je suis très persuadé qu'on me peut faire bien d'autres critiques, sur lesquelles je n'aurois d'autre parti à prendre que celui d'en profiter à l'avenir. Mais je plains fort le malheur d'un homme qui travaille pour le public. Ceux qui voient le mieux nos défauts sont ceux qui les dissimulent le plus volontiers. Ils nous pardonnent les endroits qui leur ont déplu, en faveur de ceux qui leur ont donné du plaisir. Il n'y a rien, au contraire, de plus injuste qu'un ignorant. Il croit toujours que l'admiration est le partage des gens qui ne savent rien. Il condamne toute une pièce pour une scène qu'il n'approuve pas. Il s'attaque même aux endroits les plus éclatants, pour faire croire qu'il a de l'esprit, et pour peu que nous résistions à ses sentiments, il nous traite de présomptueux qui ne veulent croire personne, et ne songe pas qu'il tire quelquefois plus de vanité d'une critique fort mauvaise, que nous n'en tirons d'une assez bonne pièce de théâtre.

> *Homine imperito nunquam quidquam injustius*[3]

---

[1] « On commence à jouer la pièce, il s'écrie etc. » (*L'Eunuque*, prologue, vers 22 et 23.)

[2] *Nuits attiques*, livre I, chap. XII.

[3] Térence, *les Adelphes*, vers 99. — Racine a traduit ce vers un peu plus haut : « Il n'y a rien de plus injuste qu'un ignorant. »

SECONDE PRÉFACE DE RACINE[1]

Voici celle de mes tragédies que je puis dire que j'ai le plus travaillée. Cependant j'avoue que le succès ne répondit pas d'abord à mes espérances. A peine elle parut sur le théâtre, qu'il s'éleva quantité de critiques qui sembloient la devoir détruire. Je crus moi-même que sa destinée seroit à l'avenir moins heureuse que celle de mes autres tragédies. Mais enfin il est arrivé de cette pièce ce qui arrivera toujours des ouvrages qui auront quelque bonté. Les critiques se sont évanouies, la pièce est demeurée. C'est maintenant celle des miennes que la cour et le public revoient le plus volontiers, et si j'ai fait quelque chose de solide et qui mérite quelque louange, la plupart des connoisseurs demeurent d'accord que c'est ce même *Britannicus*.

A la vérité j'avois travaillé sur des modèles qui m'avoient extrêmement soutenu dans la peinture que je voulois faire de la cour d'Agrippine et de Néron. J'avois copié mes personnages d'après le plus grand peintre de l'antiquité, je veux dire d'après Tacite. Et j'étois alors si rempli de la lecture de cet excellent historien, qu'il n'y a presque pas un trait éclatant dans ma tragédie dont il ne m'ait donné l'idée. J'avois voulu mettre dans ce recueil un extrait des plus beaux endroits que j'ai tâché d'imiter[2]; mais j'ai trouvé que cet extrait tiendroit presque autant de place que la tragédie. Ainsi le lecteur trouvera bon que je le renvoie à cet auteur, qui aussi bien est entre les mains de tout le monde, et je me contenterai de rapporter ici quelques-uns de ses passages sur chacun des personnages que j'introduis sur la scène.

Pour commencer par Néron, il faut se souvenir qu'il est ici dans les premières années de son règne, qui ont été heureuses, comme l'on sait. Ainsi il ne m'a pas été permis de le représenter aussi méchant qu'il a été depuis. Je ne le représente pas non plus comme un homme vertueux, car il ne l'a jamais été. Il n'a pas encore tué sa mère, sa femme, ses gouverneurs, mais il a en lui les semences de tous ces crimes. Il commence à vouloir secouer le joug. Il les hait les uns et les autres, et il leur cache sa haine sous de fausses caresses. *Factus natura velare odium fallacibus blanditiis*[3]. En

---

[1] C'est la préface de 1676 et des éditions suivantes.
[2] Comme avait fait Corneille dans une de ses éditions du *Cid*, et plus tard de la *Mort de Pompée*.
[3] « Formée par la nature à voiler sa haine sous de fausses caresses » (Tacite, *Annales*, livre XIV, chap. LVI.)

un mot, c'est ici un monstre naissant, mais qui n'ose encore se déclarer, et qui cherche des couleurs à ses méchantes actions *Hactenus Nero flagitiis et sceleribus velamenta quæsivit*[1]. Il ne pouvoit souffrir Octavie princesse d'une bonté et d'une vertu exemplaire *Fato quodam, an quia prævalent illicita, metuebatur que ne in stupra feminarum illustrium prorumperet*[2].

Je lui donne Narcisse pour confident. J'ai suivi en cela Tacite qui dit que Néron porta impatiemment la mort de Narcisse, parce que cet affranchi avoit une conformité merveilleuse avec les vices du prince encore cachés *Cujus abditis adhuc vitiis mire congruebat*[3]. Ce passage prouve deux choses 1° prouve et que Néron étoit déjà vicieux, mais qu'il dissimuloit ses vices et que Narcisse l'entretenoit dans ses mauvaises inclinations.

J'ai choisi Burrhus pour opposer un honnête homme à cette peste de cour, et je l'ai choisi plutôt que Sénèque. En voici la raison : ils étoient tous deux gouverneurs de la jeunesse de Néron, l'un pour les armes l'autre pour les lettres, et ils étoient fameux, Burrhus pour son expérience dans les armes et pour la sévérité de ses mœurs, *militaribus curis et severitate morum*, Sénèque pour son éloquence et le tour agréable de son esprit, *Seneca præceptis eloquentiæ et comitate honesta*[4]. Burrhus, après sa mort, fut extrêmement regretté à cause de sa vertu. *Civitati grande desiderium ejus mansit per memoriam virtutis*[5].

Toute leur peine étoit de résister à l'orgueil et à la férocité d'Agrippine, *quæ cunctis malæ dominationis cupidinibus flagrans, habebat in partibus Pallantem*[6]. Je ne dis que ce mot d'Agrippine, car il y auroit trop de choses à en dire. C'est elle que je me suis surtout efforcé de bien exprimer, et ma tragédie n'est pas moins la disgrâce d'Agrippine que la mort de Britannicus Cette mort fut un coup de foudre pour elle et il parut, dit Tacite par sa frayeur et par sa consternation, qu'elle étoit aussi innocente de cette mort qu'Octavie. Agrippine perdoit en lui sa dernière espérance, et ce crime lui en faisoit craindre un plus grand *Sibi supremum auxilium ereptum, et parricidii exemplum intelligebat*[7].

1. « Néron jusque là chercha à voiler ses vices et ses crimes. » (Tacite Annales, livre XIII, chap XLVII.)
2. « Soit fatalité, soit attrait des plaisirs défendus, et l'on craignait que dans l'emportement de ses passions il ne déshonorât les femmes de la plus illustre naissance. (*Ibidem*, livre XIII, chap XLI.)
3. *Annales* livre XIII chap 1 Racine vient de traduire cette phrase
4. Tacite, *Annales*, livre XIII chap 2
5. « Sa mort laissa de longs et grands regrets à Rome qui se souvenait de ses vertus » (*Ibidem*, livre XIV, chap LI)
6. « Qui brûlant de toutes les passions d'une tyrannie malfaisante avait Pallas dans son parti » (*Ibidem*, livre XIII, chap II)
7. « Elle comprenait que sa dernière ressource venait de lui être enlevée »

L'âge de Britannicus étoit si connu, qu'il ne m'a pas été permis de le représenter autrement que comme un jeune prince qui avoit beaucoup de cœur, beaucoup d'amour et beaucoup de franchise, qualités ordinaires d'un jeune homme. Il avoit quinze ans, et on dit qu'il avoit beaucoup d'esprit, soit qu'on dise vrai, ou que ses malheurs aient fait croire cela de lui, sans qu'il ait pu en donner des marques. *Neque segnem ei fuisse indolem ferunt, sive verum, seu periculis commendatus retinuit famam sine experimento*[1].

Il ne faut pas s'étonner s'il n'a auprès de lui qu'un aussi méchant homme que Narcisse; car il y avoit longtemps qu'on avoit donné ordre qu'il n'y eût auprès de Britannicus que des gens qui n'eussent ni foi ni honneur. *Nam ut proximus quisque Britannico neque fas neque fidem pensi haberet olim provisum erat*[2].

Il me reste à parler de Junie. Il ne la faut pas confondre avec une vieille coquette qui s'appeloit *Junia Silana*. C'est ici une autre Junie, que Tacite appelle *Junia Calvina*, de la famille d'Auguste, sœur de Silanus, à qui Claudius avoit promis Octavie. Cette Junie étoit jeune, belle, et, comme dit Sénèque *festivissima omnium puellarum*. Son frère et elle s'aimoient tendrement, « et leurs ennemis, dit Tacite, les accusèrent tous deux d'inceste, quoiqu'ils ne fussent coupables que d'un peu d'indiscrétion[3]. » Elle vécut jusqu'au règne de Vespasien.

Je la fais entrer dans les Vestales, quoique, selon Aulu-Gelle, on n'y reçût jamais personne au-dessous de six ans, ni au-dessus de dix. Mais le peuple prend ici Junie sous sa protection. Et j'ai cru qu'en considération de sa naissance, de sa vertu et de son malheur, il pouvoit la dispenser de l'âge prescrit par les lois, comme il a dispensé de l'âge pour le consulat tant de grands hommes qui avoient mérité ce privilège.

qu'il y avait là un exemple de parricide » (Tacite, *Annales*, livre XIII, chap. XVI.)

1 *Ibidem*, livre XII, chap. XXVI. La phrase qui précède cette citation en est une traduction.

2 *Ibidem*, livre XIII, chap. XV.

3 Pour ce passage et la citation précédente de Sénèque, voyez ci-dessus p. 320 et notes 1 et 2.

ACTEURS

NÉRON, empereur, fils d'Agrippine
BRITANNICUS, fils de l'empereur Claudius[1].
AGRIPPINE, veuve de Domitius Énobarbus, père de Néron,
    et, en secondes noces, veuve de l'empereur Claudius
JUNIE, amante de Britannicus.
BURRHUS, gouverneur de Néron.
NARCISSE, gouverneur de Britannicus
ALBINE, confidente d'Agrippine
GARDES.

La scène est à Rome, dans une chambre du palais de Néron

---

1. Dans aucune des anciennes éditions on ne lit, comme dans des éditions plus récentes *fils de l'empereur Claudius et de Messaline*

BRITANNICUS

TRAGÉDIE

ACTE PREMIER

SCÈNE I

AGRIPPINE, ALBINE

ALBINE.
Quoi? tandis que Néron s'abandonne au sommeil,
Faut-il que vous veniez attendre son réveil [1]?
Qu'errant dans le palais sans suite et sans escorte,
La mère de César veille seule à sa porte?
Madame, retournez dans votre appartement.   5
AGRIPPINE
Albine, il ne faut pas s'éloigner un moment.
Je veux l'attendre ici. Les chagrins qu'il me cause
M'occuperont assez tout le temps qu'il repose.
Tout ce que j'ai prédit n'est que trop assuré:
Contre Britannicus Néron s'est déclaré :   10
L'impatient Néron cesse de se contraindre;
Las de se faire aimer, il veut se faire craindre.
Britannicus le gêne, Albine; et chaque jour
Je sens que je deviens importune à mon tour.

---

1. On a rapproché de ce début de *Britannicus* les vers suivants de Juvénal.
   .... *Sedet ad prætoria Regis,*
   Donec Bithyno libeat vigilare tyranno
                           (*Satire* X, vers 160 et 161.)

ALBINE.

Quoi? vous à qui Néron doit le jour qu'il respire, 15
Qui l'avez appelé de si loin à l'Empire?
Vous qui, deshéritant le fils de Claudius,
Avez nommé César l'heureux Domitius [1]?
Tout lui parle, Madame, en faveur d'Agrippine
Il vous doit son amour

AGRIPPINE.

Il me le doit, Albine : 20
Tout, s'il est généreux, lui prescrit cette loi,
Mais tout, s'il est ingrat, lui parle contre moi

ALBINE.

S'il est ingrat, Madame! Ah! toute sa conduite
Marque dans son devoir une âme trop instruite
Depuis trois ans entiers, qu'a-t-il dit, qu'a-t-il fait 25
Qui ne promette à Rome un empereur parfait?
Rome, depuis deux ans, par ses soins gouvernée [2]
Au temps de ses consuls croit être retournée :
Il la gouverne en père Enfin Néron naissant
A toutes les vertus d'Auguste vieillissant [3]. 30

AGRIPPINE

Non, non, mon intérêt ne me rend point injuste
Il commence il est vrai, par où finit Auguste,
Mais crains que, l'avenir détruisant le passé,
Il ne finisse ainsi qu'Auguste a commencé.
Il se déguise en vain ; je lis sur son visage 35
Des fiers Domitius l'humeur triste et sauvage [4]

---

1 C'était, comme l'on sait, le nom de Néron avant son adoption par Claude.

2 *Var.* Rome, depuis trois ans par ses soins gouvernée.
(1670 et 76)
M Mesnard fait, au sujet du changement de *trois* en *deux* la remarque suivante . « Le changement de *trois ans* en *deux ans*, fait par Racine dans son édition de 1687 et conservé dans celle de 1697 lui a paru nécessaire comme s'éloignant beaucoup moins de la date exacte. Néron était monté sur le trône au milieu d'octobre de l'an 54 après Jésus-Christ, et il empoisonna Britannicus avant le printemps de l'an 55.

3 Sénèque va plus loin et dit, dans son traité *de Clementia* adressé à Néron (livre I, chapitre XI) : « Comparare nemo mansuetudini tuae audebit Civam Augustum, etiam si in certamen juvenilium annorum deduxerit senectutem plus quam maturam. »

4 « Suétone (*Néron*, chapitres II-V) peint sous les mêmes traits, dit M Mesnard, les Domitius Il remonte jusqu'au quatrième aïeul de Neron, Cneius Domitius Ænobarbus, tribun du peuple l'an de Rome 650, dont l'orateur Crassus disait qu'il ne fallait pas s'étonner s'il avait une barbe d'airain, parce qu'il avait un visage de fer et un cœur de plomb, c'est à dire l'impudence et l'insensibilité

Il mêle avec l'orgueil qu'il a pris dans leur sang
La fierté des Nérons qu'il puisa dans mon flanc.
Toujours la tyrannie a d'heureuses prémices
De Rome, pour un temps, Caïus° fut les délices, 40
Mais sa feinte bonté se tournant en fureur,
Les délices de Rome en devinrent l'horreur.
Que m'importe, après tout, que Néron plus fidèle,
D'une longue vertu laisse un jour le modèle ?
Ai-je mis dans sa main le timon de l'État 45
Pour le conduire au gré du peuple et du sénat ?
Ah! que de la patrie il soit, s'il veut, le père ;
Mais qu'il songe un peu plus qu'Agrippine est sa mère.
De quel nom cependant pouvons-nous appeler
L'attentat que le jour vient de nous révéler ? 50
Il sait, car leur amour ne peut être ignorée,
Que de Britannicus Junie est adorée ;
Et ce même Néron, que la vertu conduit,
Fait enlever Junie au milieu de la nuit.
Que veut-il ? Est-ce haine, est-ce amour qui l'inspire ? 55
Cherche-t-il seulement le plaisir de leur nuire ?
Ou plutôt n'est-ce point que sa malignité
Punit sur eux l'appui que je leur ai prêté ?

ALBINE.

Vous leur appui, Madame ?

AGRIPPINE.

Arrête, chère Albine.
Je sais que j'ai moi seule avancé leur ruine ; 60
Que du trône où le sang l'a dû faire monter,
Britannicus par moi s'est vu précipiter.
Par moi seule éloigné de l'hymen d'Octavie³,

Le même historien représente le trisaïeul de Néron, Lucius Domitius, tué à Pharsale, comme un homme d'humeur farouche, *vir ingenio trucí.* Le moins mauvais de la famille fut, suivant lui, le bisaïeul, qui changea souvent de parti dans les guerres civiles. Quant au grand-père, orgueilleux, prodigue, cruel, il montra, dans les jeux de gladiateurs qu'il donna, une telle férocité qu'Auguste dut la réprimer. Le plus méchant de tous ces Domitius fut le père de Néron, Cneius Domitius Ænobarbus. Suétone rapporte de lui des traits révoltants de barbarie.

1 Agrippine était fille de l'illustre Germanicus, petite-fille de Claudius Drusus Néron, arrière-petite-fille de Tibérius Claudius Néron, premier mari de Livie.

2 Caïus, surnommé Caligula, qui, comme Agrippine, avait pour père Germanicus.

3 L'empereur Claude avait fiancé sa fille Octavie à Lucius Silanus. Agrippine, pour empêcher cette union et marier Octavie à son propre fils, Néron, fit accuser d'inceste Silanus et sa sœur Junia

Le frère de Junie abandonna la vie,
Silanus, sur qui Claude avoit jeté les yeux, 65
Et qui comptoit Auguste au rang de ses aïeux¹
Néron jouit de tout; et moi, pour récompense,
Il faut qu'entre eux et lui je tienne la balance
Afin que quelque jour, par une même loi,
Britannicus la tienne entre mon fils et moi 70

ALBINE.

Quel dessein !

AGRIPPINE.

Je m'assure un port dans la tempête.
Néron m'échappera, si ce frein ne l'arrête

ALBINE.

Mais prendre contre un fils tant de soins superflus

AGRIPPINE.

Je le craindrois bientôt, s'il ne me craignoit plus

ALBINE

Une injuste frayeur vous alarme peut-être. 75
Mais si Néron pour vous n'est plus ce qu'il doit être,
Du moins son changement ne vient pas jusqu'à nous,
Et ce sont des secrets entre César et vous.
Quelques titres nouveaux que Rome lui défère
Néron n'en reçoit point qu'il ne donne à sa mère 80
Sa prodigue amitié ne se réserve rien.
Votre nom est dans Rome aussi saint que le sien
A peine parle t-on de la triste Octavie.
Auguste votre aïeul honora moins Livie
Néron devant sa mère a permis le premier 85
Qu'on portât les faisceaux couronnes de laurier².
Quels effets voulez-vous de sa reconnoissance ?

AGRIPPINE

Un peu moins de respect, et plus de confiance
Tous ces présents, Albine irritent mon dépit
Je vois mes honneurs croître, et tomber mon crédit. 90
Non, non, le temps n'est plus que Néron, jeune encore
Me renvoyoit les vœux d'une cour qui l'adore
Lorsqu'il se reposoit sur moi de tout l'État,
Que mon ordre au palais assembloit le sénat

Calvina. Le jour même du mariage d'Agrippine et de Claude, Silanus se donna la mort. Voyez Tacite, *Annales*, livre XII, chapitres III, IV et VIII.

1. Lucius Silanus était fils d'Émilia Lépida, petite fille de la fille d'Auguste, Julie

2 « Omnes in eam honores cumulabantur, signumque more militiæ petenti tribuno dedit *optimæ matris* Decreti et a senatu duo lictores » (Tacite, *Annales*, livre XII, chap. II)

Et que derrière un voile invisible et présente, 95
J'étois de ce grand corps l'âme toute-puissante¹
Des volontés de Rome alors mal assuré
Néron de sa grandeur n'étoit point enivré
Ce jour, ce triste jour frappe encor ma mémoire
Où Néron fut lui même ébloui de sa gloire, 100
Quand les ambassadeurs de tant de rois divers
Vinrent le reconnoître au nom de l'univers.
Sur son trône avec lui j'allois prendre ma place
J'ignore quel conseil prépara ma disgrâce
Quoi qu'il en soit, Néron d'aussi loin qu'il me vit, 105
Laissa sur son visage éclater son dépit.
Mon cœur même en conçut un malheureux augure
L'ingrat, d'un faux respect colorant son injure,
Se leva par avance et courant m'embrasser,
Il m'écarta du trône où je m'allois placer². 110
Depuis ce coup fatal, le pouvoir d'Agrippine
Vers sa chute, à grands pas, chaque jour s'achemine³
L'ombre seule m'en reste, et l'on n'implore plus
Que le nom de Sénèque et l'appui de Burrhus.

ALBINE.

Ah! si de ce soupçon votre âme est prévenue, 115
Pourquoi nourrissez-vous le venin qui vous tue°
Daignez avec César vous éclaircir du moins⁴

AGRIPPINE

César ne me voit plus, Albine, sans témoins
En public, à mon heure, on me donne audience.
Sa réponse est dictée, et même son silence. 120
Je vois deux surveillants, ses maîtres et les miens,
Présider l'un ou l'autre à tous nos entretiens.
Mais je le poursuivrai d'autant plus qu'il m'évite
De son désordre, Albine, il faut que je profite

---

1. « In palatium ob id vocabantur (patres), ut (Agrippina) adstaret abditis a tergo foribus velo discreta, quod visum arceret, auditum non adimeret » (Tacite *Annales*, livre XIII, chap. v.)

2 Cette scène que Racine a un peu arrangée se passa en présence des ambassadeurs arméniens. « Legatis Armeniorum, causam gentis apud Neronem orantibus, escendere suggestum Imperatoris et præsidere simul parabat (*Agrippina*), nisi, ceteris pavore defixis, Seneca admonuisset venienti matri occurreret Ita, specie pietatis, obviam itum dedecori. » (*Annales, ibidem*)

3 Corneille a employé la même figure dans *Nicomède*, acte V scène 1, vers 1511 et 1512

Je sais par quels moyens sa sagesse profonde
S achemine à grands pas à l empire du monde

4 *Var* Allez avec César vous éclaircir du moins (1670 et 76)

J'entends du bruit ; on ouvre. Allons subitement   125
Lui demander raison de cet enlèvement,
Surprenons, s'il se peut, les secrets de son âme.
Mais quoi ? déjà Burrhus sort de chez lui.

SCÈNE II

AGRIPPINE, BURRHUS, ALBINE

BURRHUS

       Madame,
Au nom de l'Empereur j'allois vous informer
D'un ordre qui d'abord a pu vous alarmer,   130
Mais qui n'est que l'effet d'une sage conduite,
Dont César a voulu que vous soyez instruite.

AGRIPPINE
Puisqu'il le veut, entrons : il m'en instruira mieux.

BURRHUS.
César pour quelque temps s'est soustrait à nos yeux.
Déjà par une porte au public moins connue   135
L'un et l'autre consul vous avoient prévenue,
Madame. Mais souffrez que je retourne exprès...

AGRIPPINE.
Non, je ne trouble point ses augustes secrets.
Cependant voulez-vous qu'avec moins de contrainte
L'un et l'autre une fois nous nous parlions sans feinte ?   140

BURRHUS.
Burrhus pour le mensonge eut toujours trop d'horreur.

AGRIPPINE.
Prétendez-vous longtemps me cacher l'Empereur ?
Ne le verrai-je plus qu'à titre d'importune ?
Ai-je donc élevé si haut votre fortune
Pour mettre une barrière entre mon fils et moi ?   145
Ne l'osez-vous laisser un moment sur sa foi ?
Entre Séneque et vous disputez-vous la gloire
A qui m'effacera plutôt de sa mémoire ?
Vous l'ai-je confié pour en faire un ingrat ?
Pour être, sous son nom, les maîtres de l'État ?   150
Certes plus je médite, et moins je me figure
Que vous m'osiez compter pour votre créature,
Vous dont j'ai pu laisser vieillir l'ambition
Dans les honneurs obscurs de quelque légion,
Et moi, qui sur le trône ai suivi mes ancêtres,   155

Moi, fille, femme, sœur, et mère de vos maîtres¹ !
Que prétendez-vous donc ? Pensez-vous que ma voix
Ait fait un empereur pour m'en imposer trois ?
Néron n'est plus enfant : n'est-il pas temps qu'il règne ?
Jusqu'à quand voulez-vous que l'Empereur vous craigne ? 160
Ne sauroit-il rien voir qu'il n'emprunte vos yeux ?
Pour se conduire, enfin, n'a-t-il pas ses aïeux² ?
Qu'il choisisse, s'il veut, d'Auguste ou de Tibère ;
Qu'il imite, s'il peut, Germanicus, mon père.
Parmi tant de héros je n'ose me placer ; 165
Mais il est des vertus que je lui puis tracer :
Je puis l'instruire au moins combien sa confidence
Entre un sujet et lui doit laisser de distance.

BURRHUS.

Je ne m'étois chargé dans cette occasion
Que d'excuser César d'une seule action. 170
Mais puisque sans vouloir que je le justifie
Vous me rendez garant du reste de sa vie,
Je répondrai, Madame, avec la liberté
D'un soldat qui sait mal farder la vérité.

Vous m'avez de César confié la jeunesse, 175
Je l'avoue, et je dois m'en souvenir sans cesse.
Mais vous avois-je fait serment de le trahir,
D'en faire un empereur qui ne sût qu'obéir ?
Non. Ce n'est plus à vous qu'il faut que j'en réponde.
Ce n'est plus votre fils, c'est le maître du monde. 180

1. Agrippine étoit, nous l'avons dit, fille de Germanicus qui avoit été salué *imperator* par son armée victorieuse, sœur de Caligula, femme de Claude, mère de Néron. « ... Feminæ imperatore genitam sororem ejus qui rerum potitus sit et conjugem et matrem fuisse, unicum ad hunc diem exemplum est. » (*Annales*, livre XII, chap. XLII.)

Ce vers rappelle et ces mots de Junon dans Virgile (*Énéide*, livre I, vers 50)

Ast ego quæ Divum incedo regina Jovisque
Et soror et conjux,

et cet autre passage de Racine, dans *Athalie* (vers 447) :

Hé quoi ? vous de nos rois et la femme et la mère.

et cet endroit de l'*Oraison funèbre de la reine Henriette*, prononcée en novembre 1669 un mois avant la première représentation de *Britannicus* « Une grande reine fille, femme, mère de rois si puissants »

2. C'est le langage que Tacite fait tenir aux ennemis de Sénèque « Quem ad finem nihil in republica clarum fore, quod non ab illo reperiri credatur ? Certe finitam Neronis pueritiam, et robur juventæ adesse : exueret magistrum, satis amplis doctoribus instructus majoribus suis » (*Annales*, livre XII, chap. LII.)

J'en dois compte, Madame, à l'empire romain,
Qui croit voir son salut ou sa perte en ma main,
Ah si dans l'ignorance il le falloit instruire,
N'avoit-on que Sénèque et moi pour le séduire ?
Pourquoi de sa conduite éloigner les flatteurs ? 185
Falloit-il dans l'exil chercher des corrupteurs ?
La cour de Claudius en esclaves fertile,
Pour deux que l'on cherchoit en eût presenté mille,
Qui tous auroient brigué l'honneur de l'avilir
Dans une longue enfance ils l'auroient fait vieillir 190
De quoi vous plaignez-vous, Madame ? On vous révère,
Ainsi que par César, on jure par sa mère [1]
L'Empereur, il est vrai, ne vient plus chaque jour
Mettre à vos pieds l'Empire, et grossir votre cour ;
Mais le doit-il, Madame ? et sa reconnoissance 195
Ne peut-t-elle éclater que dans sa dépendance ?
Toujours humble, toujours le timide Néron
N'ose-t-il être Auguste et César que de nom ?
Vous le dirai-je enfin ? Rome le justifie.
Rome, à trois affranchis si longtemps asservie [2] 200
À peine respirant du joug qu'elle a porté,
Du regne de Néron compte sa liberté.
Que dis-je ? la vertu semble même renaître.
Tout l'Empire n'est plus la dépouille d'un maître.
Le peuple au champ de Mars nomme ses magistrats, 205
Cesar nomme les chefs sur la foi des soldats ;
Thraséas au senat, Corbulon dans l'armée [3]
Sont encore innocents malgré leur renommée,
Les déserts, autrefois peuplés de sénateurs,
Ne sont plus habités que par leurs délateurs [4]. 210
Qu'importe que César continue à nous croire,
Pourvu que nos conseils ne tendent qu'a sa gloire,

1. Dans Tacite nous lisons seulement, parmi les accusations dirigées contre Agrippine après sa mort, qu'elle avait espéré que les cohortes prétoriennes jureraient par son nom : « Quod consortium imperii, juraturasque in feminæ verba prætorias cohortes... spe ravisset. » (*Annales*, livre XIV, chap. xi)

2. Les trois principaux affranchis de Claude étaient Narcisse Pallas et Caliste Suétone et Sénèque en nomment plusieurs autres.

3 Le stoïcien Pétus Thraseas fut une des dernières victimes de Néron. Cneius Domitius Corbulon, qu'il fit aussi périr, était le plus illustre général de ce temps.

4. C'est un souvenir de Pline le Jeune (*Panégyrique de Trajan*, chap. xxxv): « Quantum diversitas temporum posset, tum maxime cognitum est, .. quum . insulas omnes quas modo senatorum am delatorum turba compleret »

Pourvu que dans le cours d'un regne florissant
Rome soit toujours libre, et César tout puissant ¹ ?
   Mais, Madame, Néron suffit pour se conduire. 215
J'obéis, sans prétendre à l'honneur de l'instruire.
Sur ses aieux sans doute il n'a qu'à se régler,
Pour bien faire, Néron n'a qu'a se ressembler
Heureux si ses vertus, l'une à l'autre enchaînées,
Ramènent tous les ans ses premières années 220

              AGRIPPINE

Ainsi, sur l'avenir n'osant vous assurer,
Vous croyez que sans vous Néron va s'égarer.
Mais vous qui jusqu'ici content de votre ouvrage
Venez de ses vertus nous rendre témoignage,
Expliquez nous pourquoi, devenu ravisseur, 225
Néron de Silanus fait enlever la sœur.
Ne tient il qu'à marquer de cette ignominie
Le sang de mes aieux qui brille dans Junie ² ?
De quoi l'accuse-t il ? et par quel attentat
Devient elle en un jour criminelle d'État 230
Elle qui, sans orgueil jusqu'alors elevée,
N'auroit point vu Néron s'il ne l'eût enlevée,
Et qui même auroit mis au rang de ses bienfaits
L'heureuse liberté de ne le voir jamais?

              BURRHUS

Je sais que d'aucun crime elle n'est soupçonnee ; 235
Mais jusqu'ici César ne l'a point condamnée,
Madame. Aucun objet ne blesse ici ses yeux
Elle est dans un palais tout plein de ses aieux.
Vous savez que les droits qu'elle porte avec elle
Peuvent de son époux faire un prince rebelle, 240
Que le sang de César ne se doit allier
Qu'a ceux a qui César le veut bien confier,
Et vous même avoûrez qu'il ne seroit pas juste
Qu'on disposât sans lui de la nièce d'Auguste ³

              AGRIPPINE.

Je vous entends Néron m'apprend par votre voix 245
Qu'en vain Britannicus s'assure sur mon choix
En vain, pour détourner ses yeux de sa misère,
J'ai flatté son amour d'un hymen qu'il espere

   1. Comparez ce beau passage de la *Vie d'Agricola* (chapitre III),
ou Tacite félicite Nerva d'avoir réuni deux choses autrefois incompatibles, la liberté et la monarchie. « Res olim dissociabiles..
principatum ac libertatem »
   2. *Var.* Le sang de nos aieux qui brille dans Junie ? (1670-87)
   3. *Nièce*, poétiquement *descendante*. Voyez ci dessus la note
du vers 66

A ma confusion, Néron veut faire voir
Qu'Agrippine promet par delà son pouvoir. 250
Rome de ma faveur est trop préoccupée ;
Il veut par cet affront qu'elle soit détrompée,
Et que tout l'univers apprenne avec terreur
A ne confondre plus mon fils et l'Empereur.
Il le peut. Toutefois j'ose encore lui dire 255
Qu'il doit avant ce coup affermir son empire,
Et qu'en me réduisant à la nécessité
D'éprouver contre lui ma faible autorité,
Il expose la sienne, et que dans la balance
Mon nom peut-être aura plus de poids qu'il ne pense. 260

BURRHUS.

Quoi? Madame, toujours soupçonner son respect?
Ne peut-il faire un pas qui ne vous soit suspect?
L'Empereur vous croit-il du parti de Junie?
Avec Britannicus vous croit-il réunie?
Quoi? de vos ennemis devenez-vous l'appui 265
Pour trouver un prétexte à vous plaindre de lui?
Sur le moindre discours qu'on pourra vous redire,
Serez-vous toujours prête à partager l'Empire?
Vous craindrez vous sans cesse, et vos embrassements
Ne se passeront-ils qu'en éclaircissements? 270
Ah! quittez d'un censeur la triste diligence;
D'une mère facile affectez l'indulgence;
Souffrez quelques froideurs sans les faire éclater,
Et n'avertissez point la cour de vous quitter ¹.

AGRIPPINE.

Et qui s'honorerait de l'appui d'Agrippine² 275
Lorsque Néron lui-même annonce ma ruine³?
Lorsque de sa présence il semble me bannir?
Quand Burrhus à sa porte ose me retenir?

BURRHUS.

Madame, je vois bien qu'il est temps de me taire,
Et que ma liberté commence à vous déplaire. 280
La douleur est injuste, et toutes les raisons
Qui ne la flattent point aigrissent ses soupçons.

---

1. Nous voyons dans Tacite (*Annales*, livre XIII, chap. XIV) la menace de Burrhus s'accomplir : « Statim relictum Agrippinæ limen. Nemo solari, nemo adire. »
2. Junon dit de même dans Virgile (*Énéide*, livre I, vers 48 et 49) :
   Et quisquam numen Junonis adoret
   Præterea ?
3. *Var.* Lorsque Néron lui-même annonce sa ruine. (1670)

Voici Britannicus : je lui cède ma place,
Je vous laisse écouter et plaindre sa disgrâce,
Et peut-être, Madame, en accuser les soins   285
De ceux que l'Empereur a consultés le moins

SCÈNE III

AGRIPPINE, BRITANNICUS, NARCISSE, ALBINE

AGRIPPINE.
Ah Prince, où courez vous ? Quelle ardeur inquiete
Parmi vos ennemis en aveugle vous jette ?
Que venez-vous chercher ?

BRITANNICUS
Ce que je cherche ? Ah Dieux
Tout ce que j'ai perdu, Madame, est en ces lieux   290
De mille affreux soldats Junie environnée
S'est vue en ce palais indignement traînée
Hélas ! de quelle horreur ses timides esprits
A ce nouveau spectacle auront été surpris !
Enfin on me l'enlève Une loi trop sévère   295
Va séparer deux cœurs qu'assembloit leur misère
Sans doute on ne veut pas que, mêlant nos douleurs,
Nous nous aidions l'un l'autre à porter nos malheurs.

AGRIPPINE.
Il suffit Comme vous je ressens vos injures .
Mes plaintes ont déjà precede vos murmures ;   300
Mais je ne prétends pas qu'un impuissant courroux
Degage ma parole et m'acquitte envers vous
Je ne m'explique point Si vous voulez m'entendre,
Suivez moi chez Pallas[1]. où je vais vous attendre

SCÈNE IV

BRITANNICUS, NARCISSE

BRITANNICUS
La croirai je, Narcisse ? et dois je sur sa foi   305
La prendre pour arbitre entre son fils et moi ?

---

[1]. Tacite compte l'affranchi Pallas parmi ceux sur qui s'appuyait l'orgueil d'Agrippine. *quibus superbia muliebris innitebatur* (*Annales* livre XIII, chapitre xiv.)

Qu'en dis-tu? N'est-ce pas cette même Agrippine
Que mon père épousa jadis pour ma ruine,
Et qui, si je t'en crois, a de ses derniers jours,
Trop lents pour ses desseins, précipité le cours? 310

NARCISSE

N'importe. Elle se sent comme vous outragée;
A vous donner Junie elle s'est engagée.
Unissez vos chagrins; liez vos intérêts.
Ce palais retentit en vain de vos regrets:
Tandis qu'on vous verra d'une voix suppliante¹ 315
Semer ici la plainte et non pas l'épouvante,
Que vos ressentiments se perdront en discours,
Il n'en faut point douter, vous vous plaindrez toujours.

BRITANNICUS.

Ah! Narcisse, tu sais si de la servitude
Je prétends faire encore une longue habitude; 320
Tu sais si pour jamais, de ma chute étonné,
Je renonce à l'Empire où j'étois destiné².
Mais je suis seul encor. Les amis de mon père
Sont autant d'inconnus que glace ma misère³.
Et ma jeunesse même écarte loin de moi 325
Tous ceux qui dans le cœur me réservent leur foi.
Pour moi, depuis un an qu'un peu d'expérience
M'a donné de mon sort la triste connoissance,
Que vois-je autour de moi, que des amis vendus
Qui sont de tous mes pas les témoins assidus, 330
Qui, choisis par Néron pour ce commerce infâme,
Trafiquent avec lui des secrets de mon âme?
Quoi qu'il en soit, Narcisse, on me vend tous les jours:
Il prévoit mes desseins, il entend mes discours.
Comme toi, dans mon cœur il sait ce qui se passe. 335
Que t'en semble, Narcisse?

NARCISSE

Ah! quelle âme assez basse..
C'est à vous de choisir des confidents discrets,
Seigneur, et de ne pas prodiguer vos secrets.

BRITANNICUS

Narcisse, tu dis vrai. Mais cette défiance
Est toujours d'un grand cœur la dernière science⁴. 340

1. *Var.* Tant que l'on vous verra d'une voix suppliante (1670-87)
2. *Var.* Je renonce aux grandeurs où j'étois destiné (1670 et 76)
3. *Var.* Sont autant d'inconnus qu'écarte ma misère.
   Et ma jeunesse même éloigne loin de moi (1670)
4. Comparez les vers 1218-1220 d'*Esther*. Voltaire a dit dans la *Henriade*, chant III:
   Rarement un héros connaît la défiance.

On le trompe longtemps. Mais enfin je te croi,
Ou plutôt je fais vœu de ne croire que toi.
Mon père, il m'en souvient, m'assura de ton zèle,
Seul de ses affranchis tu m'es toujours fidèle ;
Tes yeux, sur ma conduite incessamment ouverts,   345
M'ont sauvé jusqu'ici de mille écueils couverts
Va donc voir si le bruit de ce nouvel orage
Aura de nos amis excité le courage.
Examine leurs yeux, observe leurs discours,
Vois si j'en puis attendre un fidèle secours   350
Surtout dans ce palais remarque avec adresse
Avec quel soin Néron fait garder la princesse
Sache si du péril ses beaux yeux sont remis,
Et si son entretien m'est encore permis
Cependant de Néron je vais trouver la mere   355
Chez Pallas, comme toi l'affranchi de mon pere.
Je vais la voir, l'aigrir, la suivre, et, s'il se peut,
M'engager sous son nom plus loin qu'elle ne veut

FIN DU PREMIER ACTE

ACTE SECOND

SCÈNE I

NÉRON, BURRHUS, NARCISSE, Gardes

NÉRON

N'en doutez point, Burrhus : malgré ses injustices,
C'est ma mère, et je veux ignorer ses caprices [1].   360
Mais je ne prétends plus ignorer ni souffrir
Le ministre insolent qui les ose nourrir
Pallas de ses conseils empoisonne ma mère,
Il séduit chaque jour Britannicus mon frère.
Ils l'écoutent tout seul ; et qui suivroit leurs pas [2],   365
Les trouveroit peut être assemblés chez Pallas
C'en est trop. De tous deux il faut que je l'écarte
Pour la dernière fois qu'il s'éloigne, qu'il parte
Je le veux, je l'ordonne, et que la fin du jour
Ne le retrouve pas dans Rome ou dans ma cour   370
Allez cet ordre importe au salut de l'Empire.
Vous, Narcisse, approchez Et vous, qu'on se retire

SCÈNE II

NÉRON, NARCISSE

NARCISSE

Grâces aux Dieux, Seigneur, Junie entre vos mains
Vous assure aujourd'hui du reste des Romains.
Vos ennemis, déchus de leur vaine espérance,   375
Sont allés chez Pallas pleurer leur impuissance
Mais que vois-je ? Vous-même, inquiet étonné,

---

1. Tacite fait dire à Néron qu'il faut supporter les emportements d'une mère « Ferendas parentum iracundias, et placandum animum dictitans. » (*Annales*, livre XIV, chap. IV.)

2 *Var* Ils l'écoutent lui seul ; et qui suivroit leurs pas. (1670)

Plus que Britannicus paroissez consterné.
Que présage à mes yeux cette tristesse obscure,
Et ces sombres regards errants à l'aventure ? 380
Tout vous rit : la fortune obéit à vos vœux

NÉRON.
Narcisse, c'en est fait, Néron est amoureux.

NARCISSE.
Vous ?

NÉRON.
Depuis un moment, mais pour toute ma vie
J'aime, que dis-je aimer ? j'idolâtre Junie

NARCISSE.
Vous l'aimez ?

NÉRON.
Excité d'un désir curieux, 385
Cette nuit je l'ai vue arriver en ces lieux
Triste, levant au ciel ses yeux mouillés de larmes,
Qui brilloient au travers des flambeaux et des armes
Belle, sans ornements[1], dans le simple appareil
D'une beauté qu'on vient d'arracher au sommeil 390
Que veux-tu ? Je ne sais si cette négligence,
Les ombres, les flambeaux, les cris et le silence,
Et le farouche aspect de ses fiers ravisseurs
Relevoient de ses yeux les timides douceurs :
Quoi qu'il en soit, ravi d'une si belle vue, 395
J'ai voulu lui parler, et ma voix s'est perdue.
Immobile, saisi d'un long étonnement,
Je l'ai laissé passer dans son appartement
J'ai passé dans le mien. C'est là que solitaire
De son image en vain j'ai voulu me distraire. 400
Trop présente à mes yeux, je croyois lui parler,
J'aimois jusqu'à ses pleurs que je faisois couler.
Quelquefois, mais trop tard, je lui demandois grâce,
J'employois les soupirs, et même la menace
Voilà comme, occupé de mon nouvel amour, 405
Mes yeux, sans se fermer, ont attendu le jour.
Mais je m'en fais peut-être une trop belle image ;
Elle m'est apparue avec trop d'avantage
Narcisse, qu'en dis-tu ?

NARCISSE.
Quoi, Seigneur ? croira-t-on
Qu'elle ait pu si longtemps se cacher à Néron ? 410

---

[1] *Sans ornement*, au singulier, dans les éditions de 1670 et de 76

NÉRON

Tu le sais bien, Narcisse; et soit que sa colère
M'imputât le malheur qui lui ravit son frère,
Soit que son cœur, jaloux d'une austère fierté,
Enviât à nos yeux sa naissante beauté,
Fidèle à sa douleur, et dans l'ombre enfermée, 415
Elle se déroboit même à sa renommée.
Et c'est cette vertu, si nouvelle à la cour,
Dont la persévérance irrite mon amour.
Quoi, Narcisse? tandis qu'il n'est point de Romaine
Que mon amour n'honore et ne rende plus vaine 420
Qui dès qu'à ses regards elle ose se fier
Sur le cœur de César ne les vienne essayer
Seule dans son palais la modeste Junie
Regarde leurs honneurs comme une ignominie,
Fuit, et ne daigne pas peut-être s'informer 425
Si César est aimable, ou bien s'il sait aimer?
Dis moi Britannicus l'aime-t-il?

NARCISSE.
Quoi? s'il l'aime,
Seigneur?

NÉRON
Si jeune encor, se connoît il lui même?
D'un regard enchanteur connoît il le poison?

NARCISSE.
Seigneur, l'amour toujours n'attend pas la raison 430
N'en doutez point, il l'aime Instruits par tant de charmes
Ses yeux sont déjà faits à l'usage des larmes.
A ses moindres desirs il sait s'accommoder;
Et peut être déjà sait il persuader.

NÉRON
Que dis tu? Sur son cœur il auroit quelque empire? 435

NARCISSE
Je ne sais; mais, Seigneur, ce que je puis vous dire,
Je l'ai vu quelquefois s'arracher de ces lieux,
Le cœur plein d'un courroux qu'il cachoit à vos yeux
D'une cour qui le fuit pleurant l'ingratitude
Las de votre grandeur et de sa servitude, 440
Entre l'impatience et la crainte flottant
Il alloit voir Junie, et revenoit content

NÉRON
D'autant plus malheureux qu'il aura su lui plaire
Narcisse, il doit plutôt souhaiter sa colère
Néron impunément ne sera pas jaloux. 445

NARCISSE
Vous? Et de quoi, Seigneur, vous inquiétez-vous?

ACTE II, SCÈNE II

Junie a pu le plaindre et partager ses peines
Elle n'a vu couler de larmes que les siennes.
Mais, aujourd'hui, Seigneur, que ses yeux dessillés,
Regardant de plus près l'éclat dont vous brillez, 450
Verront autour de vous les rois sans diadème,
Inconnus dans la foule, et son amant lui même,
Attachés sur vos yeux s'honorer d'un regard
Que vous aurez sur eux fait tomber au hasard,
Quand elle vous verra, de ce degré de gloire, 455
Venir en soupirant avouer sa victoire
Maître, n'en doutez point, d'un cœur déjà charmé
Commandez qu'on vous aime, et vous serez aimé.

NÉRON,

A combien de chagrins il faut que je m'apprête!
Que d'importunités!

NARCISSE

Quoi donc? qui vous arrête, 460
Seigneur?

NÉRON

Tout Octavie Agrippine Burrhus,
Sénèque, Rome entière, et trois ans de vertus
Non que pour Octavie un reste de tendresse
M'attache à son hymen et plaigne sa jeunesse
Mes yeux, depuis longtemps fatigués de ses soins, 465
Rarement de ses pleurs daignent être témoins.
Trop heureux si bientôt la faveur d'un divorce
Me soulageoit d'un joug qu'on m'imposa par force!
Le ciel même en secret semble la condamner
Ses vœux depuis quatre ans ont beau l'importuner, 470
Les Dieux ne montrent point que sa vertu les touche.
D'aucun gage, Narcisse, ils n'honorent sa couche;
L'Empire vainement demande un héritier [1]

NARCISSE

Que tardez vous, Seigneur, à la répudier?
L'Empire, votre cœur, tout condamne Octavie 475
Auguste, votre aïeul, soupiroit pour Livie
Par un double divorce ils s'unirent tous deux [2],
Et vous devez l'Empire à ce divorce heureux.
Tibère, que l'hymen plaça dans sa famille,

---

1 « Exturbat Octaviam, sterilem dictitans » (Tacite, *Annales* livre XIV, chap. LX) C'est seulement après la mort d'Agrippine que Néron répudia Octavie.

2 Auguste, pour épouser Livie, répudia Scribonie et Livie, de son côté, se sépara de Tibérius Claudius Néron dont elle avait déjà un fils (l'empereur Tibère), et dont elle portait dans son sein un autre fils (Drusus Néron).

Osa bien à ses yeux répudier sa fille¹. 480
Vous seul, jusques ici contraint à vos désirs²,
N'osez par un divorce assurer vos plaisirs.

NÉRON

Et ne connois-tu pas l'implacable Agrippine?
Mon amour inquiet déjà se l'imagine
Qui m'amène Octavie, et d'un œil enflammé 485
Atteste les saints droits d'un nœud qu'elle a formé,
Et portant à mon cœur des atteintes plus rudes,
Me fait un long récit de mes ingratitudes
De quel front soutenir ce fâcheux entretien?

NARCISSE

N'êtes-vous pas, Seigneur, votre maître et le sien? 490
Vous verrons-nous toujours trembler sous sa tutelle?
Vivez, régnez pour vous : c'est trop régner pour elle.
Craignez-vous? Mais, Seigneur, vous ne la craignez pas
Vous venez de bannir le superbe Pallas,
Pallas dont vous savez qu'elle soutient l'audace 495

NÉRON.

Eloigné de ses yeux, j'ordonne, je menace,
J'écoute vos conseils, j'ose les approuver;
Je m'excite contre elle, et tâche à la braver.
Mais (je t'expose ici mon âme toute nue)
Sitôt que mon malheur me ramène à sa vue 500
Soit que je n'ose encor démentir le pouvoir
De ces yeux où j'ai lu si longtemps mon devoir,
Soit qu'à tant de bienfaits ma mémoire fidèle
Lui soumette en secret tout ce que je tiens d'elle,
Mais enfin mes efforts ne me servent de rien 505
Mon Génie étonné tremble devant le sien³.
Et c'est pour m'affranchir de cette dépendance,
Que je la fuis partout, que même je l'offense,
Et que de temps en temps j'irrite ses ennuis,
Afin qu'elle m'évite autant que je la fuis. 510

1 Tibère avait répudié Julie, fille d'Auguste et de Scribonie
2 *Prohibebor unus facere quod cunctis licet?* dit Néron dans la tragédie latine d'*Octavie*, attribuée mal à propos à Sénèque (vers 574).
3 Plutarque rapporte qu'Antoine, perdant toujours au jeu contre Octave, consulta un devin d'Égypte, qui lui conseilla de s'éloigner le plus qu'il pourroit de ce jeune homme « Car, lui dit-il, votre Génie redoute le sien; il est fier et hardi quand il est seul; mais a l'approche de l'autre, il devient bas et timide » (*Vie d'Antoine* ch xxiii) Shakspeare a traduit ce conseil dans sa tragédie d'*Antoine et Cléopâtre* (acte II, scène III), où il met sur la scène ce devin.

ACTE II, SCÈNE III

Mais je t'arrête trop. Retire-toi, Narcisse ;
Britannicus pourroit t'accuser d'artifice

NARCISSE.

Non, non. Britannicus s'abandonne à ma foi
Par son ordre, Seigneur, il croit que je vous vois 515
Que je m'informe ici de tout ce qui le touche,
Et veut de vos secrets être instruit par ma bouche
Impatient surtout de revoir ses amours,
Il attend de mes soins ce fidèle secours

NÉRON.

J'y consens, porte lui cette douce nouvelle :
Il la verra.

NARCISSE.

Seigneur, bannissez le loin d'elle. 520

NÉRON

J'ai mes raisons, Narcisse ; et tu peux concevoir
Que je lui vendrai cher le plaisir de la voir.
Cependant vante lui ton heureux stratagème :
Dis lui qu'en sa faveur on me trompe moi même,
Qu'il la voit sans mon ordre. On ouvre : la voici.
Va retrouver ton maître et l'amener ici.

SCÈNE III

NÉRON, JUNIE.

NÉRON

Vous vous troublez, Madame, et changez de visage.
Lisez vous dans mes yeux quelque triste présage ?

JUNIE.

Seigneur, je ne puis vous déguiser mon erreur :
J'allois voir Octavie, et non pas l'Empereur. 530

NÉRON

Je le sais bien, Madame, et n'ai pu sans envie
Apprendre vos bontés pour l'heureuse Octavie

JUNIE.

Vous, Seigneur ?

NÉRON

Pensez-vous, Madame, qu'en ces lieux
Seule pour vous connoître Octavie ait des yeux ?

JUNIE.

Et quel autre, Seigneur, voulez vous que j'implore ? 535
A qui demanderai je un crime que j'ignore ?
Vous qui le punissez vous ne l'ignorez pas

De grâce, apprenez-moi, Seigneur, mes attentats
NÉRON
Quoi? Madame, est-ce donc une légère offense
De m'avoir si longtemps caché votre présence ? 540
Ces trésors dont le ciel voulut vous embellir,
Les avez-vous reçus pour les ensevelir ?
L'heureux Britannicus verra-t-il sans alarmes
Croître, loin de nos yeux, son amour et vos charmes?
Pourquoi, de cette gloire exclus jusqu'a ce jour, 545
M'avez-vous, sans pitié, relégué dans ma cour?
On dit plus, vous souffrez sans en être offensée,
Qu'il vous ose, Madame, expliquer sa pensée
Car je ne croirai point que sans me consulter
La sévère Junie ait voulu le flatter, 550
Ni qu'elle ait consenti d'aimer et d'être aimée,
Sans que j'en sois instruit que par la renommée
JUNIE.
Je ne vous nirai point, Seigneur, que ses soupirs
M'ont daigné quelquefois expliquer ses désirs
Il n'a point détourné ses regards d'une fille 555
Seul reste du débris d'une illustre famille.
Peut-être il se souvient qu'en un temps plus heureux
Son père me nomma pour l'objet de ses vœux
Il m'aime, il obeit à l'Empereur son père,
Et j'ose dire encore à vous, à votre mère 560
Vos désirs sont toujours si conformes aux siens...
NÉRON
Ma mère a ses desseins, Madame, et j'ai les miens
Ne parlons plus ici de Claude et d'Agrippine
Ce n'est point par leur choix que je me détermine.
C'est à moi seul, Madame, a répondre de vous; 565
Et je veux de ma main vous choisir un époux
JUNIE
Ah! Seigneur, songez-vous que toute autre alliance
Fera honte aux Césars, auteurs de ma naissance?
NÉRON.
Non, Madame, l'époux dont je vous entretiens
Peut sans honte assembler vos aïeux et les siens 570
Vous pouvez sans rougir, consentir à sa flamme.
JUNIE
Et quel est donc, Seigneur, cet époux?
NÉRON
Moi, Madame
JUNIE
Vous ?

NÉRON.

Je vous nommerois, Madame, un autre nom,
Si j'en savois quelque autre au dessus de Néron
Oui, pour vous faire un choix où vous puissiez souscrire, 575
J'ai parcouru des yeux la cour, Rome et l'Empire
Plus j'ai cherché, Madame, et plus je cherche encor
En quelles mains je dois confier ce trésor,
Plus je vois que César, digne seul de vous plaire
En doit être lui seul l'heureux dépositaire, 580
Et ne peut dignement vous confier qu'aux mains
A qui Rome a commis l'empire des humains.
Vous même, consultez vos premières années
Claudius à son fils les avoit destinées,
Mais c'étoit en un temps où de l'Empire entier 585
Il croyoit quelque jour le nommer l'héritier.
Les Dieux ont prononcé Loin de leur contredire,
C'est à vous de passer du côté de l'Empire
En vain de ce présent ils m'auroient honoré
Si votre cœur devoit en être séparé, 590
Si tant de soins ne sont adoucis par vos charmes,
Si tandis que je donne aux veilles, aux alarmes
Des jours toujours à plaindre et toujours enviés,
Je ne vais quelquefois respirer à vos pieds
Qu'Octavie à vos yeux ne fasse point d'ombrage. 595
Rome, aussi bien que moi, vous donne son suffrage,
Répudie Octavie, et me fait dénouer
Un hymen que le ciel ne veut point avouer
Songez y donc, Madame, et pesez en vous-même
Ce choix digne des soins d'un prince qui vous aime, 600
Digne de vos beaux yeux trop longtemps captivés[1],
Digne de l'univers à qui vous vous devez[2]

JUNIE

Seigneur, avec raison je demeure étonnée
Je me vois, dans le cours d'une même journée
Comme une criminelle amenée en ces lieux, 605
Et lorsque avec frayeur je parois à vos yeux,
Que sur mon innocence à peine je me fie,
Vous m'offrez tout d'un coup la place d'Octavie
J'ose dire pourtant que je n'ai mérité
Ni cet excès d'honneur, ni cette indignité 610
Et pouvez vous Seigneur, souhaiter qu'une fille
Qui vit presque en naissant éteindre sa famille,

---

1. *Captivés* c'est à dire tenus captifs, tenus dans l'ombre Un peu plus loin, au vers 716, *qu'on le captive* a un sens analogue qu'on le tienne captif qu'on lui ôte sa liberté
2 *Var* Digne de l'univers à qui vous les devez (1670 et 76)

Qui, dans l'obscurité nourrissant sa douleur
S'est fait une vertu conforme à son malheur,
Passe subitement de cette nuit profonde   615
Dans un rang qui l'expose aux yeux de tout le monde,
Dont je n'ai pu de loin soutenir la clarté,
Et dont une autre enfin remplit la majesté ?

NÉRON.

Je vous ai déja dit que je la répudie.
Ayez moins de frayeur, ou moins de modestie   620
N'accusez point ici mon choix d'aveuglement ;
Je vous réponds de vous : consentez seulement.
Du sang dont vous sortez rappelez la mémoire
Et ne préférez point à la solide gloire
Des honneurs dont César prétend vous revêtir,   625
La gloire d'un refus, sujet au repentir

JUNIE.

Le ciel connoît Seigneur, le fond de ma pensée
Je ne me flatte point d'une gloire insensée
Je sais de vos présents mesurer la grandeur,
Mais plus ce rang sur moi répandroit de splendeur,   630
Plus il me feroit honte, et mettroit en lumière[1]
Le crime d'en avoir dépouillé l'héritière

NÉRON.

C'est de ses intérêts prendre beaucoup de soin,
Madame, et l'amitié ne peut aller plus loin
Mais ne nous flattons point, et laissons le mystere   635
La sœur vous touche ici beaucoup moins que le frère
Et pour Britannicus...

JUNIE.

Il a su me toucher,
Seigneur, et je n'ai point prétendu m'en cacher.
Cette sincérité sans doute est peu discrète,
Mais toujours de mon cœur ma bouche est l'interprète.   640
Absente de la cour, je n'ai pas dû penser,
Seigneur, qu'en l'art de feindre il fallût m'exercer
J'aime Britannicus. Je lui fus destinée
Quand l'Empire devoit suivre son hyménée[2]
Mais ces mêmes malheurs qui l'en ont écarté,   645
Ses honneurs abolis, son palais déserté,

1. C'est la belle pensée de Juvénal et presque la figure par laquelle il l'exprime

> *Incipit ipsorum contra te stare parentum*
> *Nobilitas, claramque facem præferre pudendis.*
> (*Satire* VIII, vers 138)

2. *Var* Quand l'Empire sembloit suivre son hyménée (1670 et 76)

La fuite d'une cour que sa chute a bannie,
Sont autant de liens qui retiennent Junie
Tout ce que vous voyez conspire à vos désirs ;
Vos jours toujours sereins coulent dans les plaisirs, 650
L'Empire en est pour vous l'inépuisable source ;
Ou si quelque chagrin en interrompt la course,
Tout l'univers, soigneux de les entretenir
S'empresse à l'effacer de votre souvenir.
Britannicus est seul Quelque ennui qui le presse, 655
Il ne voit dans son sort que moi qui s'intéresse,
Et n'a pour tous plaisirs, Seigneur, que quelques pleurs
Qui lui font quelquefois oublier ses malheurs.

NERON.

Et ce sont ces plaisirs et ces pleurs que j'envie,
Que tout autre que lui me pairoit de sa vie. 660
Mais je garde à ce prince un traitement plus doux
Madame, il va bientôt paroître devant vous.

JUNIE.

Ah! Seigneur, vos vertus m'ont toujours rassurée.

NERON

Je pouvois de ces lieux lui défendre l'entrée ;
Mais, Madame, je veux prevenir le danger 665
Où son ressentiment le pourroit engager
Je ne veux point le perdre. Il vaut mieux que lui même
Entende son arrêt de la bouche qu'il aime.
Si ses jours vous sont chers, éloignez le de vous,
Sans qu'il ait aucun lieu de me croire jaloux. 670
De son bannissement prenez sur vous l'offense ;
Et soit par vos discours, soit par votre silence,
Du moins par vos froideurs, faites lui concevoir
Qu'il doit porter ailleurs ses vœux et son espoir.

JUNIE.

Moi! que je lui prononce un arrêt si sévère! 675
Ma bouche mille fois lui jura le contraire.
Quand même jusque là je pourrois me trahir
Mes yeux lui defendront, Seigneur, de m'obéir.

NERON.

Caché près de ces lieux, je vous verrai, Madame
Renfermez votre amour dans le fond de votre âme. 680
Vous n'aurez point pour moi de langages secrets :
J'entendrai des regards que vous croirez muets ;
Et sa perte sera l'infaillible salaire
D'un geste ou d'un soupir échappé pour lui plaire

JUNIE.

Hélas! si j'ose encore former quelques souhaits, 685
Seigneur, permettez moi de ne le voir jamais.

SCÈNE IV

NÉRON, JUNIE, NARCISSE

NARCISSE.
Britannicus, Seigneur, demande la princesse
Il approche.

NÉRON
Qu'il vienne.

JUNIE.
Ah Seigneur.

NÉRON
Je vous laisse.
Sa fortune dépend de vous plus que de moi.
Madame, en le voyant, songez que je vous voi. 690

SCÈNE V

JUNIE NARCISSE

JUNIE
Ah! cher Narcisse, cours au-devant de ton maître
Dis-lui... Je suis perdue, et je le vois paraître

SCÈNE VI

JUNIE BRITANNICUS, NARCISSE

BRITANNICUS.
Madame, quel bonheur me rapproche de vous?
Quoi? je puis donc jouir d'un entretien si doux?
Mais parmi ce plaisir quel chagrin me devore! 695
Hélas! puis-je espérer de vous revoir encore?
Faut-il que je derobe, avec mille détours,
Un bonheur que vos yeux m'accordoient tous les jours?
Quelle nuit! Quel réveil! Vos pleurs, votre présence
N'ont point de ces cruels desarmé l'insolence? 700
Que faisoit votre amant? Quel démon envieux
M a refusé l'honneur de mourir à vos yeux?

ACTE II, SCENE VI

Hélas dans la frayeur dont vous étiez atteinte,
M'avez-vous en secret adressé quelque plainte?
Ma princesse, avez vous daigné me souhaiter? 705
Songiez vous aux douleurs que vous m'alliez coûter?
Vous ne me dites rien? Quel accueil Quelle glace!
Est ce ainsi que vos yeux consolent ma disgrâce?
Parlez Nous sommes seuls notre ennemi trompé,
Tandis que je vous parle, est ailleurs occupé. 710
Ménageons les moments de cette heureuse absence

JUNIE.

Vous êtes en des lieux tout pleins de sa puissance
Ces murs mêmes, Seigneur, peuvent avoir des yeux,
Et jamais l'Empereur n'est absent de ces lieux

BRITANNICUS.

Et depuis quand, Madame, êtes-vous si craintive? 715
Quoi? déjà votre amour souffre qu'on le captive?
Qu'est devenu ce cœur qui me juroit toujours
De faire à Néron même envier nos amours?
Mais bannissez, Madame, une inutile crainte.
La foi dans tous les cœurs n'est pas encore éteinte, 720
Chacun semble des yeux approuver mon courroux,
La mère de Néron se déclare pour nous.
Rome, de sa conduite elle-même offensée....

JUNIE.

Ah Seigneur, vous parlez contre votre pensée
Vous même, vous m'avez avoué mille fois 725
Que Rome le louoit d'une commune voix
Toujours à sa vertu vous rendiez quelque hommage
Sans doute la douleur vous dicte ce langage.

BRITANNICUS

Ce discours me surprend, il le faut avouer
Je ne vous cherchois pas pour l'entendre louer 730
Quoi? pour vous confier la douleur qui m'accable,
A peine je dérobe un moment favorable,
Et ce moment si cher, Madame, est consumé
A louer l'ennemi dont je suis opprimé?
Qui vous rend à vous-même, en un jour, si contraire? 735
Quoi? même vos regards ont appris à se taire[1]?
Que vois je? Vous craignez de rencontre mes yeux?
Néron vous plairoit il? Vous serois je odieux?
Ah si je le croyois.... Au nom des Dieux, Madame,
Éclaircissez le trouble où vous jetez mon âme 740
Parlez Ne suis-je plus dans votre souvenir?

---

1. Comparez ci-dessus le vers 682

BRITANNICUS.

JUNIE
Retirez-vous, Seigneur, l'Empereur va venir.
BRITANNICUS
Après ce coup, Narcisse, à qui dois-je m'attendre¹?

SCÈNE VII

NÉRON, JUNIE NARCISSE

NÉRON
Madame..
JUNIE.
Non, Seigneur, je ne puis rien entendre 145
Vous êtes obéi. Laissez couler du moins
Des larmes dont ses yeux ne seront pas témoins

SCÈNE VIII

NÉRON, NARCISSE

NÉRON
Hé bien ! de leur amour tu vois la violence,
Narcisse elle a paru jusque dans son silence
Elle aime mon rival, je ne puis l'ignorer,
Mais je mettrai ma joie à le desespérer 750
Je me fais de sa peine une image charmante,
Et je l'ai vu douter du cœur de son amante.
Je la suis Mon rival t'attend pour éclater
Par de nouveaux soupçons, va, cours le tourmenter,
Et tandis qu'à mes yeux on le pleure, on l'adore, 755
Fais lui payer bien cher un bonheur qu'il ignore
NARCISSE, seul ²
La fortune t'appelle une seconde fois,

---

1. Et non *à quoi* leçon empruntée à des impressions du dix huitième siècle par quelques éditions recentes La Fontaine dit dans la fable de *l'Alouette et ses petits* (livre IV, fable XXII)
   Ne t'attends qu'à toi seul c'est un commun proverbe

2. Louis Racine dit, dans ses *Remarques sur Britannicus* que très souvent l'acteur chargé du rôle de Narcisse ne pouvait prononcer les quatre vers qui suivent à cause du murmure qu'excitait l'indignation des spectateurs

Narcisse   voudrois tu résister a sa voix?
Suivons jusques au bout ses ordres favorables,
Et pour nous rendre heureux, perdons les miserables [1].   760

[1] Dans *la Mort de Pompée* (acte I, scène I, vers 80-84), Photin tient à peu près le même langage :

Rangez vous du parti des destins et des Dieux.
Quels que soient leurs décrets, declarez vous pour eux
Et pour leur obéir, perdez le malheureux

FIN DU SECOND ACTE.

ACTE TROISIÈME

SCÈNE I[1]

NÉRON, BURRHUS

BURRHUS.
Pallas obéira, Seigneur

NÉRON
Et de quel œil
Ma mère a-t-elle vu confondre son orgueil

BURRHUS
Ne doutez point, Seigneur, que ce coup ne la frappe
Qu'en reproches bientôt sa douleur ne s'echappe,
Ses transports des longtemps commencent d'eclater 765
A d'inutiles cris puissent ils s arrêter

NÉRON.
Quoi? de quelque dessein la croyez vous capable ?

BURRHUS
Agrippine, Seigneur, est toujours redoutable
Rome et tous vos soldats revèrent ses aïeux [2];
Germanicus son père est present à leurs yeux 770
Elle sait son pouvoir, vous savez son courage,
Et ce qui me la fait redouter davantage,
C'est que vous appuyez vous même son courroux
Et que vous lui donnez des armes contre vous.

NÉRON.
Moi, Burrhus ?

BURRHUS
Cet amour, Seigneur, qui vous possède. . 775

NÉRON
Je vous entends, Burrhus : le mal est sans remède.
Mon cœur s'en est plus dit que vous ne m'en direz.
Il faut que j'aime enfin

BURRHUS.
Vous vous le figurez,

---

1 Voyez ci après, p 392 et 393, une scène première du troisième
acte supprimée par Racine d'après le conseil de Boileau
2 *Var* Rome et tous vos soldats honorent ses aïeux (1670)

Seigneur, et satisfait de quelque résistance,
Vous redoutez un mal foible dans sa naissance.   780
Mais si dans son devoir votre cœur affermi [1]
Vouloit ne point s'entendre avec son ennemi,
Si de vos premiers ans vous consultiez la gloire;
Si vous daigniez, Seigneur, rappeler la mémoire
Des vertus d'Octavie, indignes de ce prix,   785
Et de son chaste amour vainqueur de vos mépris,
Surtout si, de Junie évitant la présence,
Vous condamniez vos yeux a quelques jours d'absence
Croyez-moi quelque amour qui semble vous charmer,
On n'aime point, Seigneur, si l'on ne veut aimer [2]   790

NÉRON

Je vous croirai, Burrhus, lorsque dans les alarmes
Il faudra soutenir la gloire de nos armes,
Ou lorsque plus tranquille, assis dans le sénat,
Il faudra décider du destin de l'Etat
Je m'en reposerai sur votre expérience   795
Mais, croyez-moi, l'amour est une autre science
Burrhus, et je ferois quelque difficulté
D'abaisser jusque là votre sévérité
Adieu Je souffre trop éloigné de Junie

SCÈNE II

BURRHUS seul

BURRHUS.

Enfin, Burrhus, Néron découvre son génie [3]   800
Cette férocité que tu croyois fléchir
De tes foibles liens est prête à s'affranchir.
En quels excès peut-être elle va se répandre!
O Dieux en ce malheur quel conseil dois-je prendre?
Seneque dont les soins me devroient soulager [4],   805

---

1 *Var* Mais si dans sa fierté votre cœur affermi. (167(et 76)

2 On a rapproché de cet endroit ces mots que Sénèque dans la tragédie latine d'*Octavie* (vers 564 et 565), adresse à Néron pour le détourner de l'amour de Poppée :

> *Quem si fovere atque alere desistas, cadit,*
> *Brevique vires perdit exstinctus suae*

3 *Var* Hé bien, Burrhus, Néron découvre son génie (1670)

4 Ce vers et le suivant sont les seuls que Racine ait conservés de la scène supprimée que nous donnons ci-après en appendice.

Occupé loin de Rome, ignore ce danger.
Mais quoi? si, d'Agrippine excitant la tendresse
Je pouvois... La voici : mon bonheur me l'adresse

SCÈNE III

AGRIPPINE, BURRHUS, ALBINE

AGRIPPINE.

He bien je me trompois, Burrhus, dans mes soupçons
Et vous vous signalez par d illustres leçons ! 810
On exile Pallas, dont le crime peut être
Est d'avoir a l'Empire élevé votre maître
Vous le savez trop bien Jamais sans ses avis
Claude, qu'il gouvernoit, n'eût adopté mon fils.
Que dis je? A son épouse on donne une rivale, 815
On affranchit Neron de la foi conjugale.
Digne emploi d'un ministre, ennemi des flatteurs
Choisi pour mettre un frein a ses jeunes ardeurs,
De les flatter lui-même, et nourrir dans son âme
Le mépris de sa mère et l'oubli de sa femme ! 820

BURRHUS.

Madame, jusqu'ici c'est trop tôt m'accuser.
L'Empereur n a rien fait qu'on ne puisse excuser
N'imputez qu'a Pallas un exil nécessaire .
Son orgueil des longtemps exigeoit ce salaire;
Et l'Empereur ne fait qu'accomplir a regret 825
Ce que toute la cour demandoit en secret.
Le reste est un malheur qui n'est point sans ressource
Des larmes d'Octavie on peut tarir la source.
Mais calmez vos transports Par un chemin plus doux,
Vous lui pourrez plutôt ramener son epoux 830
Les menaces, les cris le rendront plus farouche

AGRIPPINE

Ah! l on s'efforce en vain de me fermer la bouche
Je vois que mon silence irrite vos dédains,
Et c'est trop respecter l'ouvrage de mes mains.
Pallas n emporte pas tout l'appui d'Agrippine 835
Le ciel m'en laisse assez pour venger ma ruine
Le fils de Claudius commence à ressentir
Des crimes dont je n'ai que le seul repentir.
J'irai, n'en doutez point, le montrer à l'armée,
Plaindre aux yeux des soldats son enfance opprimée, 840
Leur faire, à mon exemple, expier leur erreur.

On verra d'un côté le fils d un empereur
Redemandant la foi jurée à sa famille,
Et de Germanicus on entendra la fille,
De l'autre, l'on verra le fils d'Énobarbus [1],   845
Appuyé de Sénèque et du tribun Burrhus,
Qui, tous deux de l'exil rappelés par moi même,
Partagent à mes yeux l'autorité suprême.
De nos crimes communs je veux qu'on soit instruit
On saura les chemins par où je l'ai conduit   850
Pour rendre sa puissance et la vôtre odieuses,
J avoûrai les rumeurs les plus injurieuses
Je confesserai tout, exils assassinats
Poison même [2]....

BURRHUS
    Madame, ils ne vous croiront pas
Ils sauront récuser l'injuste stratagème   855
D'un temoin irrité qui s'accuse lui même.
Pour moi, qui le premier secondai vos desseins,
Qui fis même jurer l'armée entre ses mains,
Je ne me repens point de ce zèle sincère
Madame, c'est un fils qui succède à son père   860
En adoptant Néron, Claudius par son choix
De son fils et du vôtre a confondu les droits
Rome l'a pu choisir Ainsi, sans être injuste,
Elle choisit Tibère adopté par Auguste [3],
Et le jeune Agrippa de son sang descendu [4],   865

 1 Néron, comme il a été dit plus haut à la note du vers 36, était fils de Cneius Domitius Ænobarbus

 2 Ce discours d'Agrippine est une imitation de Tacite « Præceps post hæc Agrippina ruere ad terrorem et minas neque principis auribus abstinere quominus testaretur adultum jam esse Britannicum, veram dignamque stirpem suscipiendo patris imperio quod insitus et adoptivus, per injurias matris, exerceret Non abnuere se quin cuncta infelicis domus mala patefierent, suæ in primis nuptiæ, suum veneficium Id solum Diis et sibi provisum quod viveret privignus Ituram cum illo in castra Audiretur hinc Germanici filia debilis rursus Burrhus et exsul Seneca, trunca scilicet manu et professoria lingua generis humani regimen expostulantes Simul intendere manus aggerere probra, consecratum Claudium, infernos Silanorum manes invocare, et tot irrita facinora » (*Annales*, liv XIII, chapitre XIV)

 3 « Burrhus qui doit s exprimer ici dans le style de la cour, dit M Mesnard, feint de prendre pour un libre choix que Rome aurait fait de Néron et de Tibère l'adhésion tacite du sénat et du peuple au fait accompli de l'élévation de ces princes. »

 4. Marcus Julius Agrippa Postumus fils d'Agrippa et de Julie, fille d'Auguste, avait été relégué par Auguste dans l'île de Planasie, où Tibère, au commencement de son règne le fit périr.

Se vit exclus du rang vainement pretendu[1].
Sur tant de fondements sa puissance établie
Par vous même aujourd'hui ne peut être affoiblie,
Et s'il m'écoute encor, Madame, sa bonté
Vous en fera bientôt perdre la volonté 870
J'ai commencé, je vais poursuivre mon ouvrage

SCÈNE IV

AGRIPPINE ALBINE

ALBINE.
Dans quel emportement la douleur vous engage,
Madame ! L'Empereur puisse-t-il l'ignorer !
AGRIPPINE.
Ah lui-même à mes yeux puisse-t-il se montrer !
ALBINE
Madame, au nom des Dieux, cachez votre colère. 875
Quoi ? pour les intérêts de la sœur ou du frere,
Faut-il sacrifier le repos de vos jours ?
Contraindrez-vous César jusque dans ses amours ?
AGRIPPINE.
Quoi ? tu ne vois donc pas jusqu'où l'on me ravale,
Albine ? C'est à moi qu'on donne une rivale 880
Bientôt, si je ne romps ce funeste lien,
Ma place est occupée, et je ne suis plus rien
Jusqu'ici d'un vain titre Octavie honorée,
Inutile à la cour, en étoit ignorée.
Les grâces, les honneurs par moi seule versés 885
M'attiroient des mortels les vœux intéressés
Une autre de César a surpris la tendresse ·
Elle aura le pouvoir d'épouse et de maîtresse
Le fruit de tant de soins, la pompe des Césars,
Tout deviendra le prix d'un seul de ses regards. 890
Que dis-je ? l'on m'évite, et déjà délaissée...
Ah je ne puis, Albine, en souffrir la pensée.
Quand je devrois du ciel hâter l'arrêt fatal[2],
Néron, l'ingrat Néron... Mais voici son rival

1. *Var.* Se vit exclus d'un rang vainement pretendu (1670 et 76).
2 Des Chaldéens avaient annoncé à Agrippine que Néron seroit empereur, mais qu'il tuerait sa mère. « Hunc sui finem multos ante annos crediderat Agrippina contempseratque; nam consulenti super Nerone responderunt Chaldæi fore ut imperaret, matremque occideret, atque illa « Occidat, inquit dum imperet » (Tacite *Annales*, livre XIV, chapitre ix.)

SCÈNE V

BRITANNICUS, AGRIPPINE, NARCISSE, ALBINE

BRITANNICUS
Nos ennemis communs ne sont pas invincibles, 895
Madame nos malheurs trouvent des cœurs sensibles.
Vos amis et les miens jusqu'alors si secrets
Tandis que nous perdions le temps en vains regrets,
Animés du courroux qu'allume l'injustice,
Viennent de confier leur douleur à Narcisse. 900
Néron n'est pas encor tranquille possesseur
De l'ingrate qu'il aime au mépris de ma sœur.
Si vous êtes toujours sensible à son injure,
On peut dans son devoir ramener le parjure.
La moitié du sénat s'intéresse pour nous 905
Sylla, Pison, Plautus[1]...

AGRIPPINE.
    Prince, que dites vous ?
Sylla, Pison, Plautus ! les chefs de la noblesse !

BRITANNICUS.
Madame, je vois bien que ce discours vous blesse,
Et que votre courroux, tremblant, irrésolu,
Craint déjà d'obtenir tout ce qu'il a voulu. 910
Non, vous avez trop bien établi ma disgrâce :
D'aucun ami pour moi ne redoutez l'audace
Il ne m'en reste plus ; et vos soins trop prudents
Les ont tous écartés ou séduits dès longtemps

AGRIPPINE
Seigneur, à vos soupçons donnez moins de créance 915
Notre salut dépend de notre intelligence.
J'ai promis, il suffit Malgré vos ennemis,
Je ne revoque rien de ce que j'ai promis.
Le coupable Néron fuit en vain ma colère
Tôt ou tard il faudra qu'il entende sa mère. 920
J'essaîrai tour à tour la force et la douceur ;
Ou moi même avec moi conduisant votre sœur,

---

1. Néron fit tuer Cornélius Sylla et Rubellius Plautus après la chute de Sénèque Il redoutait le premier comme gendre de Claude, le second comme descendant d'Auguste par les femmes au même degré que lui même. C Pison fut le chef de la grande conjuration formée contre Néron vers la fin de son règne Voyez les *Annales* de Tacite, livre XIII, chapitre xxiii et lix ; livre XIV, chapitre lvii et livre XV, chapitres xlviii lix.

J'irai semer partout ma crainte et ses alarmes,
Et ranger tous les cœurs du parti de ses larmes.
Adieu. J'assiégerai Néron de toutes parts. 925
Vous, si vous m'en croyez, évitez ses regards.

SCÈNE VI

BRITANNICUS, NARCISSE

BRITANNICUS
Ne m'as-tu point flatté d'une fausse espérance ?
Puis-je sur ton récit fonder quelque assurance,
Narcisse ?

NARCISSE
Oui. Mais Seigneur, ce n'est pas en ces lieux
Qu'il faut développer ce mystère à vos yeux. 930
Sortons. Qu'attendez-vous ?

BRITANNICUS.
Ce que j'attends, Narcisse ?
Hélas !

NARCISSE
Expliquez-vous.

BRITANNICUS.
Si par ton artifice
Je pouvois revoir ...

NARCISSE
Qui ?

BRITANNICUS.
J'en rougis. Mais enfin
D'un cœur moins agité j'attendrois mon destin.

NARCISSE.
Après tous mes discours, vous la croyez fidèle ? 935

BRITANNICUS
Non, je la crois, Narcisse, ingrate, criminelle,
Digne de mon courroux ; mais je sens, malgré moi,
Que je ne le crois pas autant que je le doi.
Dans ses égarements mon cœur opiniâtre
Lui prête des raisons, l'excuse, l'idolâtre. 940
Je voudrois vaincre enfin mon incrédulité :
Je la voudrois haïr avec tranquillité.
Et qui croira qu'un cœur si grand en apparence,
D'une infidèle cour ennemi dès l'enfance,
Renonce à tant de gloire, et dès le premier jour 945
Trame une perfidie inouïe à la cour ?

NARCISSE.

Et qui sait si l'ingrate, en sa longue retraite,
N'a point de l'Empereur médité la défaite?
Trop sûre que ses yeux ne pouvoient se cacher,
Peut être elle fuyoit pour se faire chercher, 950
Pour exciter Neron par la gloire pénible [1]
De vaincre une fierté jusqu'alors invincible [2]

BRITANNICUS.

Je ne la puis donc voir?

NARCISSE.

Seigneur, en ce moment
Elle reçoit les vœux de son nouvel amant

BRITANNICUS

He bien! Narcisse, allons. Mais que vois je? C'est elle 955

NARCISSE

Ah, Dieux! A l'Empereur portons cette nouvelle.

SCÈNE VII

BRITANNICUS, JUNIE

JUNIE

Retirez vous, Seigneur, et fuyez un courroux
Que ma persévérance allume contre vous
Neron est irrité. Je me suis échappée,
Tandis qu'à l'arrêter sa mère est occupée 960
Adieu réservez vous, sans blesser mon amour,
Au plaisir de me voir justifier un jour.
Votre image sans cesse est présente à mon âme ;
Rien ne l'en peut bannir.

BRITANNICUS.

Je vous entends, Madame.
Vous voulez que ma fuite assure vos desirs, 965
Que je laisse un champ libre à vos nouveaux soupirs
Sans doute, en me voyant, une pudeur secrète
Ne vous laisse goûter qu'une joie inquiète.
Hé bien il faut partir.

JUNIE

Seigneur, sans m'imputer....

---

1 Var Pour exciter César par la gloire pénible (1670 et 76)
2 Racine a éloquemment développé l'idée de cette gloire à la fin de la première scène du second acte de *Phèdre*.

BRITANNICUS.
Ah, vous deviez du moins plus longtemps disputer 970
Je ne murmure point qu'une amitié commune
Se range du parti que flatte la fortune,
Que l'éclat d'un empire ait pu vous éblouir,
Qu'aux dépens de ma sœur vous en vouliez jouir ;
Mais que, de ces grandeurs comme une autre occupée. 975
Vous m'en ayez paru si longtemps détrompée :
Non, je l'avoue encor, mon cœur désespéré
Contre ce seul malheur n'étoit point préparé
J'ai vu sur ma ruine élever l'injustice,
De mes persécuteurs j'ai vu le ciel complice 980
Tant d'horreurs n'avoient point épuisé son courroux,
Madame, il me restoit d'être oublié de vous.

JUNIE
Dans un temps plus heureux ma juste impatience
Vous feroit repentir de votre defiance
Mais Néron vous menace : en ce pressant danger, 985
Seigneur, j'ai d'autres soins que de vous affliger.
Allez, rassurez vous, et cessez de vous plaindre
Néron nous écoutoit, et m'ordonnoit de feindre.

BRITANNICUS
Quoi ? le cruel...

JUNIE
               Témoin de tout notre entretien,
D'un visage sévère examinoit le mien, 990
Prêt à faire sur vous éclater la vengeance
D'un geste confident de notre intelligence.

BRITANNICUS
Néron nous écoutoit, Madame ! Mais, hélas
Vos yeux auroient pu feindre, et ne m'abuser pas.
Ils pouvoient me nommer l'auteur de cet outrage. 995
L'amour est il muet, ou n'a t il qu'un langage ?
De quel trouble un regard pouvoit me préserver !
Il falloit...

JUNIE.
          Il falloit me taire et vous sauver.
Combien de fois, hélas ! puisqu'il faut vous le dire
Mon cœur de son désordre alloit il vous instruire ! 1000
De combien de soupirs interrompant le cours,
Ai je évité vos yeux que je cherchois toujours !
Quel tourment de se taire en voyant ce qu'on aime !
De l'entendre gémir, de l'affliger soi-même,
Lorsque par un regard on peut le consoler 1005
Mais quels pleurs ce regard auroit il fait couler
Ah, dans ce souvenir, inquiète, troublée

Je ne me sentois pas assez dissimulée
De mon front effrayé je craignois la pâleur,
Je trouvois mes regards trop pleins de ma douleur   1010
Sans cesse il me sembloit que Néron en colère
Me venoit reprocher trop de soin de vous plaire.
Je craignois mon amour vainement renfermé,
Enfin j'aurois voulu n'avoir jamais aimé
Hélas ! pour son bonheur, Seigneur, et pour le nôtre,   1015
Il n'est que trop instruit de mon cœur et du vôtre
Allez, encore un coup, cachez vous à ses yeux
Mon cœur plus à loisir vous éclaircira mieux
De mille autres secrets j'aurois compte à vous rendre
     BRITANNICUS.
Ah ! n'en voilà que trop c'est trop me faire entendre¹   1020
Madame, mon bonheur, mon crime, vos bontés.
Et savez vous pour moi tout ce que vous quittez ?
Quand pourrai je à vos pieds expier ce reproche ?
     JUNIE
Que faites vous ? Hélas votre rival s'approche

SCENE VIII

NERON BRITANNICUS JUNIE

NERON

Prince, continuez des transports si charmants   1025
Je conçois vos bontés par ses remercîments,
Madame, à vos genoux je viens de le surprendre
Mais il auroit aussi quelque grâce à me rendre
Ce lieu le favorise, et je vous y retiens
Pour lui faciliter de si doux entretiens   1030
     BRITANNICUS.
Je puis mettre à ses pieds ma douleur ou ma joie
Partout où sa bonté consent que je la voie,
Et l'aspect de ces lieux où vous la retenez
N'a rien dont mes regards doivent être étonnés
     NÉRON
Et que vous montrent ils qui ne vous avertisse   1035
Qu'il faut qu'on me respecte et que l'on m'obéisse ?
     BRITANNICUS.
Ils ne nous ont pas vu l'un et l'autre élever,
Moi pour vous obéir, et vous pour me braver,

 1 *Var* Ah n'en voilà que trop pour me faire comprendre. (1670)

Et ne s'attendoient pas, lorsqu'ils nous virent naître,
Qu'un jour Domitius me dût parler en maître[1].

NÉRON.

Ainsi par le destin nos vœux sont traversés
J'obéissois alors, et vous obéissez
Si vous n'avez appris à vous laisser conduire,
Vous êtes jeune encore et l'on peut vous instruire.

BRITANNICUS

Et qui m'en instruira?

NÉRON.

Tout l'Empire à la fois,
Rome.

BRITANNICUS

Rome met-elle au nombre de vos droits
Tout ce qu'a de cruel l'injustice et la force,
Les emprisonnements, le rapt et le divorce?

NÉRON

Rome ne porte point ses regards curieux
Jusque dans des secrets que je cache à ses yeux
Imitez son respect.

BRITANNICUS.

On sait ce qu'elle en pense

NÉRON

Elle se tait du moins imitez son silence

BRITANNICUS.

Ainsi Néron commence à ne se plus forcer

NÉRON

Néron de vos discours commence à se lasser

BRITANNICUS.

Chacun devoit bénir le bonheur de son règne.

NÉRON

Heureux ou malheureux, il suffit qu'on me craigne[2]

---

1. Ce vers rappelle cet endroit des *Annales* (livre XII, chapitre XLI) où Tacite rapporte qu'un jour, avant la mort de Claude, Néron ayant rencontré Britannicus, le salua de son nom, et que celui-ci répondit en donnant à Néron le nom de Domitius « Obvii inter se Nero Britannicum nomine, ille Domitium salutavere »

2 On peut comparer à ce passage le mot abominable cité par Séneque (*de Ira*, livre I, chapitre xvi) « Dira et abominanda (*vox*) « Oderint, dum metuant. » Sullano scias sæculo scriptam, » et dans la tragédie d'*Octavie*, ces traits d'un dialogue entre Néron Sénèque

NERO *Decet timeri Cæsarem* SENECA *At plus diligi*
NERO *Metuant necesse est.* . . . .
Jussisque nostris pareant..

BRITANNICUS.
Je connois mal Junie, ou de tels sentiments
Ne mériteront pas ses applaudissements
NÉRON.
Du moins, si je ne sais le secret de lui plaire,
Je sais l'art de punir un rival téméraire 1060
BRITANNICUS.
Pour moi, quelque péril qui me puisse accabler,
Sa seule inimitié peut me faire trembler.
NÉRON.
Souhaitez la c'est tout ce que je vous puis dire¹
BRITANNICUS
Le bonheur de lui plaire est le seul où j'aspire
NÉRON
Elle vous l'a promis, vous lui plairez toujours 1065
BRITANNICUS.
Je ne sais pas du moins épier ses discours
Je la laisse expliquer sur tout ce qui me touche,
Et ne me cache point pour lui fermer la bouche.
NÉRON.
Je vous entends. Hé bien, gardes
JUNIE.
Que faites-vous?
C'est votre frère. Hélas c'est un amant jaloux. 1070
Seigneur, mille malheurs persécutent sa vie
Ah! son bonheur peut il exciter votre envie?
Souffrez que, de vos cœurs rapprochant les liens,
Je me cache a vos yeux, et me derobe aux siens
Ma fuite arrêtera vos discordes fatales, 1075
Seigneur, j'irai remplir le nombre des Vestales.
Ne lui disputez plus mes vœux infortunés
Souffrez que les Dieux seuls en soient importunés
NÉRON.
L'entreprise, Madame, est étrange et soudaine.
Dans son appartement, gardes, qu'on la remène 1080
Gardez Britannicus dans celui de sa sœur.
BRITANNICUS
C'est ainsi que Néron sait disputer un cœur.
JUNIE.
Prince, sans l'irriter cédons a cet orage
NÉRON
Gardes, obéissez sans tarder davantage.

1. Dans le *Pompée* de Corneille (acte III, scène II vers 927 et 928)
César dit à Ptolémée :
    Vous craigniez ma clémence! ah! n'ayez plus ce soin
    Souhaitez-la plutôt, vous en avez besoin.

SCÈNE IX

NÉRON, BURRHUS

BURRHUS
Que vois-je ? O ciel

NÉRON *sans voir Burrhus.*
　　　　　　　　　　Ainsi leurs feux sont redoublés 1085
Je reconnois la main qui les a rassemblés.
Agrippine ne s'est présentée à ma vue,
Ne s'est dans ses discours si longtemps étendue,
Que pour faire jouer ce ressort odieux.
Qu'on sache si ma mère est encore en ces lieux 1090
Burrhus, dans ce palais je veux qu'on la retienne,
Et qu'au lieu de sa garde on lui donne la mienne.

BURRHUS.
Quoi Seigneur ? sans l'ouïr ? Une mère ?

NÉRON
　　　　　　　　　　　　　　Arrêtez
J'ignore quel projet Burrhus, vous méditez ;
Mais depuis quelques jours, tout ce que je desire 1095
Trouve en vous un censeur prêt à me contredire[1]
Répondez-m'en, vous dis-je, ou sur votre refus,
D'autres me repondront et d'elle et de Burrhus.

---

1 Dans *Octavie* (vers 588 et 589), Néron, s'emportant de même contre Séneque, l'arrête par ces mots :

Desiste tandem, jam gravis nimium mihi
Instare liceat facere quod Seneca improbat

FIN DU TROISIÈME ACTE.

ACTE QUATRIÈME

SCÈNE I

AGRIPPINE, BURRHUS

BURRHUS
Oui, Madame, a loisir vous pourrez vous defendre
Cesar lui même ici consent de vous entendre   1100
Si son ordre au palais vous a fait retenir,
C'est peut être a dessein de vous entretenir.
Quoi qu'il en soit, si j'ose expliquer ma pensée,
Ne vous souvenez plus qu'il vous ait offensée
Préparez vous plutôt à lui tendre les bras,   1105
Defendez vous, Madame, et ne l'accusez pas
Vous voyez, c'est lui seul que la cour envisage[1]
Quoiqu'il soit votre fils, et même votre ouvrage,
Il est votre empereur. Vous êtes, comme nous,
Sujette à ce pouvoir qu'il a reçu de vous.   1110
Selon qu'il vous menace, ou bien qu'il vous caresse,
La cour autour de vous ou s'écarte, ou s'empresse
C'est son appui qu'on cherche, en cherchant votre appui.
Mais voici l'Empereur

AGRIPPINE.
Qu'on me laisse avec lui

SCÈNE II

AGRIPPINE NÉRON

AGRIPPINE.
Approchez vous, Néron, et prenez votre place [2]   1115

1. *Var.* Vous le voyez, c'est lui que la cour envisage (1670)
2 On peut rapprocher ce discours d'Agrippine à Neron de celui
que Cléopatre, dans *Rodogune* (acte II, scene III) adresse à ses fils
« pour leur remettre devant les yeux, comme dit Corneille lui même
dans l'*Examen* de cette tragédie, combien ils lui ont d'obligation. »

On veut sur vos soupçons que je vous satisfasse
J'ignore de quel crime on a pu me noircir
De tous ceux que j'ai faits je vais vous éclaircir
  Vous régnez. Vous savez combien votre naissance
Entre l'Empire et vous avoit mis de distance. 1120
Les droits de mes aïeux, que Rome a consacrés,
Etoient même, sans moi, d'inutiles degrés
Quand de Britannicus la mère condamnée [1]
Laissa de Claudius disputer l'hyménée,
Parmi tant de beautés qui briguèrent son choix, 1125
Qui de ses affranchis mendièrent les voix,
Je souhaitai son lit, dans la seule pensée
De vous laisser au trône où je serois placée
Je fléchis mon orgueil, j'allai prier Pallas
Son maître, chaque jour caressé dans mes bras, 1130
Prit insensiblement dans les yeux de sa nièce
L'amour où je voulois amener sa tendresse.
Mais ce lien du sang qui nous joignoit tous deux
Ecartoit Claudius d'un lit incestueux.
Il n'osoit épouser la fille de son frère. 1135
Le sénat fut séduit une loi moins sévère
Mit Claude dans mon lit, et Rome à mes genoux.
C'étoit beaucoup pour moi, ce n'étoit rien pour vous.
Je vous fis sur mes pas entrer dans sa famille
Je vous nommai son gendre, et vous donnai sa fille 1140
Silanus qui l'aimoit, s'en vit abandonné
Et marqua de son sang ce jour infortuné [2].
Ce n'étoit rien encore. Eussiez vous pu prétendre
Qu'un jour Claude à son fils dût préférer son gendre?
De ce même Pallas j'implorai le secours 1145
Claude vous adopta, vaincu par ses discours,
Vous appela Néron ; et du pouvoir suprême
Voulut, avant le temps, vous faire part lui même
C'est alors que chacun, rappelant le passé,
Découvrit mon dessein, déjà trop avancé, 1150
Que de Britannicus la disgrâce future
Des amis de son père excita le murmure [3].
Mes promesses aux uns éblouirent les yeux,
L'exil me délivra des plus séditieux,
Claude même, lassé de ma plainte éternelle, 1155

1. Messaline.
2 Voyez ci-dessus la note du vers 63.
3 « Rogata... lex qua in familiam Claudiam et nomen Neronis transiret (*Domitius*)... Quibus patratis, nemo adeo expers misericordiæ fuit, quem non Britannici fortunæ mœror afficeret » (Tacite, *Annales*, livre XII, chapitre xxvi.)

Eloigna de son fils tous ceux de qui le zèle,
Engage dès longtemps a suivre son destin,
Pouvoit du trône encor lui rouvrir le chemin
Je fis plus : je choisis moi même dans ma suite
Ceux a qui je voulois qu'on livrât sa conduite¹, 1160
J'eus soin de vous nommer, par un contraire choix,
Des gouverneurs que Rome honoroit de sa voix
Je fus sourde a la brigue, et crus la renommée
J appelai de l'exil, je tirai de l'armée,
Et ce même Seneque, et ce même Burrhus², 1165
Qui depuis ... Rome alors estimoit leurs vertus³
De Claude en même temps epuisant les richesses,
Ma main, sous votre nom, répandoit ses largesses.
Les spectacles, les dons, invincibles appas⁴,
Vous attiroient les cœurs du peuple et des soldats, 1170
Qui d'ailleurs, réveillant leur tendresse premiere,
Favorisoient en vous Germanicus mon père
Cependant Claudius penchoit vers son déclin.
Ses yeux, longtemps fermés, s ouvrirent à la fin
Il connut son erreur Occupé de sa crainte 1175
Il laissa pour son fils échapper quelque plainte
Et voulut, mais trop tard, assembler ses amis
Ses gardes, son palais, son lit m'étoient soumis
Je lui laissai sans fruit consumer sa tendresse,
De ses derniers soupirs je me rendis maîtresse. 1180
Mes soins, en apparence épargnant ses douleurs,
De son fils, en mourant, lui cachèrent les pleurs.
Il mourut Mille bruits en courent à ma honte⁵.
J arrêtai de sa mort la nouvelle trop prompte,
Et tandis que Burrhus alloit secrètement 1185
De l'armée en vos mains exiger le serment,
Que vous marchiez au camp, conduit sous mes auspices,
Dans Rome les autels fumoient de sacrifices,
Par mes ordres trompeurs tout le peuple excité
Du prince deja mort demandoit la santé⁶. 1190

1 « Claudius optimum quemque educatorem filii exsilio ac morte afficit datosque a noverca custodiæ ejus imponit » (Tacite, *Annales*, livre XII, chapitre XLI)
2 Voyez Tacite, *Annales*, livre XII, chapitres VIII et XLII.
3 Voltaire a imité ce vers dans *la Henriade* (chant VIII) en parlant du maréchal de Biron

    Qui depuis .. Mais alors il était vertueux.

4 Voyez ci dessus, p. 197, note 1.
5. Voyez encore Tacite, *Annales*, livre XII, chapitres LXVI et LXVII
6 « Vota pro incolumitate principis consules et sacerdotes

Enfin des légions l'entière obéissance
Ayant de votre empire affermi la puissance,
On vit Claude, et le peuple, étonné de son sort,
Apprit en même temps votre règne et sa mort.
C'est le sincère aveu que je voulois vous faire 1195
Voilà tous mes forfaits. En voici le salaire.
Du fruit de tant de soins à peine jouissant,
En avez vous six mois paru reconnoissant,
Que, lassé d'un respect qui vous gênoit peut-être,
Vous avez affecté de ne me plus connoître. 1200
J'ai vu Burrhus, Séneque, aigrissant vos soupçons,
De l'infidélité vous tracer des leçons,
Ravis d'être vaincus dans leur propre science.
J'ai vu favoriser de votre confiance [1]
Othon, Senécion, jeunes voluptueux [2], 1205
Et de tous vos plaisirs flatteurs respectueux,
Et lorsque, vos mépris excitant mes murmures,
Je vous ai demandé raison de tant d'injures,
(Seul recours d'un ingrat qui se voit confondu)
Par de nouveaux affronts vous m'avez répondu. 1210
Aujourd'hui je promets Junie à votre frère,
Ils se flattent tous deux du choix de votre mère.
Que faites vous ? Junie, enlevée à la cour,
Devient en une nuit l'objet de votre amour,
Je vois de votre cœur Octavie effacée, 1215
Prête à sortir du lit où je l'avois placée,
Je vois Pallas banni, votre frère arrêté,
Vous attentez enfin jusqu'à ma liberté,
Burrhus ose sur moi porter ses mains hardies.
Et lorsque, convaincu de tant de perfidies, 1220
Vous devez ne me voir que pour les expier,

nuncupabant quum jam exanimis vestibus et fomentis obtegeretur.. Cunctos aditus custodiis clauserat (Agrippina), crebroque vulgabat ire in melius valetudinem principis. Comitante Burro Nero egreditur ad cohortem quæ more militiæ excubiis adest. Ibi monente præfecto, festis vocibus exceptus. » (*Annales*, livre XII chapitres LXVIII et LXIX.)

[1] Tel est le texte de Racine et nous ne voyons aucune raison de changer, comme le veut Louis Racine *favoriser* en *favorisés*. Après *voir entendre*, l'infinitif est très correct.

[2] « Infracta paulatim potentia matris, delapso Nerone in amorem libertæ cui vocabulum Acte fuit, simul assumptis in conscientiam Othone et Claudio Senecione, adolescentulis decoris quorum Otho familia consulari, Senecio liberto Cæsaris patre genitus, ignara matre, dein frustra obnitente, penitus irrepserant per luxum et ambigua secreta » (*Annales*, livre XIII, chapitre XII.) Othon est le futur empereur.

est vous qui m'ordonnez de me justifier
              NÉRON.
Je me souviens toujours que je vous dois l'Empire,
Et sans vous fatiguer du soin de le redire,
Votre bonté, Madame, avec tranquillité   1225
Pouvoit se reposer sur ma fidélité.
Aussi bien ces soupçons, ces plaintes assidues
Ont fait croire à tous ceux qui les ont entendues
Que jadis, j'ose ici vous le dire entre nous,
Vous n'aviez, sous mon nom, travaillé que pour vous. 1230
  « Tant d'honneurs, disoient-ils, et tant de déférences
Sont-ce de ses bienfaits de foibles recompenses?
Quel crime a donc commis ce fils tant condamné?
Est-ce pour obeir qu'elle l'a couronné?
N'est-il de son pouvoir que le dépositaire? »   1235
Non que si jusque-là j'avois pu vous complaire,
Je n'eusse pris plaisir, Madame, à vous céder
Ce pouvoir que vos cris sembloient redemander.
Mais Rome veut un maître et non une maîtresse.
Vous entendiez les bruits qu'excitoit ma foiblesse. 1240
Le sénat chaque jour et le peuple, irrités
De s'ouir par ma voix dicter vos volontés,
Publioient qu'en mourant Claude avec sa puissance
M'avoit encor laissé sa simple obéissance.
Vous avez vu cent fois nos soldats en courroux   1245
Porter en murmurant leurs aigles devant vous,
Honteux de rabaisser par cet indigne usage
Les héros dont encore elles portent l'image.
Toute autre se seroit rendue à leurs discours.
Mais si vous ne régnez, vous vous plaignez toujours¹. 1250
Avec Britannicus contre moi réunie,
Vous le fortifiez du parti de Junie,
Et la main de Pallas trame tous ces complots;
Et lorsque, malgré moi, j'assure mon repos
On vous voit de colère et de haine animée   1255
Vous voulez presenter mon rival à l'armée.
Déjà jusques au camp le bruit en a couru
              AGRIPPINE
Moi, le faire empereur, ingrat? L'avez-vous cru?
Quel seroit mon dessein? qu'aurois-je pu prétendre?
Quels honneurs dans sa cour, quel rang pourrois-je attendre?
Ah! si sous votre empire on ne m'épargne pas,

¹ Tibère adressa un reproche semblable à la première Agrippine, veuve de Germanicus et mère de la veuve de Claude. « Cor reptam græco versu admonuit *non ideo lædi quia non regnaret* » (*Annales* livre IV, chapitre LII.)

Si mes accusateurs observent tous mes pas,
Si de leur empereur ils poursuivent la mère,
Que ferois-je au milieu d'une cour étrangère ?
Ils me reprocheroient, non des cris impuissants, 1265
Des desseins étouffés aussitôt que naissants,
Mais des crimes pour vous commis à votre vue,
Et dont je ne serois que trop tôt convaincue¹.
Vous ne me trompez point, je vois tous vos détours
Vous êtes un ingrat, vous le fûtes toujours. 1270
Dès vos plus jeunes ans, mes soins et mes tendresses
N'ont arraché de vous que de feintes caresses.
Rien ne vous a pu vaincre ; et votre dureté
Auroit dû dans son cours arrêter ma bonté.
Que je suis malheureuse ! Et par quelle infortune ² 1275
Faut-il que tous mes soins me rendent importune ?
Je n'ai qu'un fils. O Ciel, qui m'entends aujourd'hui,
T'ai-je fait quelques vœux qui ne fussent pour lui ?
Remords, crainte, périls, rien ne m'a retenue,
J'ai vaincu ses mépris ; j'ai détourné ma vue 1280
Des malheurs qui dès lors me furent annoncés,
J'ai fait ce que j'ai pu : vous régnez, c'est assez.
Avec ma liberté, que vous m'avez ravie,
Si vous le souhaitez, prenez encor ma vie,
Pourvu que par ma mort tout le peuple irrité 1285
Ne vous ravisse pas ce qui m'a tant coûté.

NÉRON.

Hé bien donc ! prononcez. Que voulez-vous qu'on fasse ?

AGRIPPINE

De mes accusateurs qu'on punisse l'audace³,
Que de Britannicus on calme le courroux,
Que Junie à son choix puisse prendre un époux, 1290
Qu'ils soient libres tous deux, et que Pallas demeure,
Que vous me permettiez de vous voir à toute heure,
Que ce même Burrhus, qui nous vient écouter⁴,

---

1. « Vivere ego Britannico potiente rerum, poteram ? Desunt scilicet mihi accusatores, qui non verba, impatientia caritatis aliquando incauta sed ea crimina objiciant quibus, nisi a filio, absolvi non possim. » (*Annales*, livre XIII, chapitre XXI.)

2. *Var* Que je suis malheureuse ! Et par quelle fortune.
(1681 et 89)

C'est probablement une faute d'impression.

3. Tacite parlant de l'entrevue d'Agrippine avec son fils, dit qu'elle obtint de lui la punition de ses accusateurs, et des recompenses pour ses amis : « Ultionem in delatores et præmia amicis obtinuit » (*Annales*, livre XIII, chapitre XXI)

4. Avant ce vers, l'édition de 1670 donne, en note, l'indication « *Burrhus rentre* »

A votre porte enfin n'ose plus m'arrêter.
NÉRON.
Oui Madame, je veux que ma reconnoissance 1295
Désormais dans les cœurs grave votre puissance
Et je bénis déja cette heureuse froideur
Qui de notre amitié va rallumer l'ardeur.
Quoi que Pallas ait fait, il suffit, je l'oublie,
Avec Britannicus je me réconcilie ; 1300
Et quant à cet amour qui nous a séparés
Je vous fais notre arbitre, et vous nous jugerez
Allez donc, et portez cette joie à mon frère.
Gardes, qu'on obéisse aux ordres de ma mère

SCÈNE III

NERON, BURRHUS

BURRHUS.
Que cette paix, Seigneur, et ces embrassements 1305
Vont offrir à mes yeux des spectacles charmants!
Vous savez si jamais ma voix lui fut contraire,
Si de son amitié j'ai voulu vous distraire,
Et si j'ai mérité cet injuste courroux.
NÉRON.
Je ne vous flatte point, je me plaignois de vous, 1310
Burrhus : je vous ai crus tous deux d'intelligence,
Mais son inimitié vous rend ma confiance
Elle se hâte trop, Burrhus de triompher.
J'embrasse mon rival, mais c'est pour l'étouffer
BURRHUS
Quoi, Seigneur ?
NÉRON.
C'en est trop : il faut que sa ruine 1315
Me délivre à jamais des fureurs d'Agrippine.
Tant qu'il respirera, je ne vis qu'à demi.
Elle m'a fatigué de ce nom ennemi ;
Et je ne prétends pas que sa coupable audace
Une seconde fois lui promette ma place 1320
BURRHUS.
Elle va donc bientôt pleurer Britannicus.
NÉRON.
Avant la fin du jour je ne le craindrai plus
BURRHUS.
Et qui de ce dessein vous inspire l'envie ?

NÉRON
Ma gloire, mon amour, ma sûreté, ma vie
BURRHUS
Non, quoi que vous disiez, cet horrible dessein   1325
Ne fut jamais, Seigneur, conçu dans votre sein.
NÉRON.
Burrhus!
BURRHUS
De votre bouche, ô Ciel! puis-je l'apprendre?
Vous même sans frémir avez vous pu l'entendre?
Songez vous dans quel sang vous allez vous baigner?
Néron dans tous les cœurs est-il las de régner?   1330
Que dira-t-on de vous? Quelle est votre pensée?
NÉRON.
Quoi? toujours enchaîné de ma gloire passée,
J'aurai devant les yeux je ne sais quel amour
Que le hasard nous donne et nous ôte en un jour?
Soumis à tous leurs vœux, à mes desirs contraire,   1335
Suis-je leur empereur seulement pour leur plaire?
BURRHUS
Et ne suffit il pas, Seigneur, à vos souhaits
Que le bonheur public soit un de vos bienfaits?
C'est à vous à choisir vous êtes encor maître
Vertueux jusqu'ici, vous pouvez toujours l'être   1340
Le chemin est tracé, rien ne vous retient plus,
Vous n'avez qu'à marcher de vertus en vertus
Mais si de vos flatteurs vous suivez la maxime,
Il vous faudra Seigneur, courir de crime en crime,
Soutenir vos rigueurs par d'autres cruautés,   1345
Et laver dans le sang vos bras ensanglantés¹
Britannicus mourant excitera le zèle
De ses amis tout prêts à prendre sa querelle.
Ces vengeurs trouveront de nouveaux défenseurs
Qui, même après leur mort, auront des successeurs²,   1350

1 « Hoc . inter cetera vel pessimum habet crudelitas, quod perseverandum est, nec ad meliora patet regressus, scelera enim sceleribus tuenda sunt » (Sénèque *de Clementia*, livre I chapitre XIII)
2 « Regia crudelitas auget inimicorum numerum tollendo. Parentes enim liberique eorum qui interfecti sunt, et propinqui, et amici, in locum singulorum succedunt » (*Ibidem*, livre I, chapitre VIII) Corneille a exprimé la même idée

> Ma cruauté se lasse, et ne peut s'arrêter,
> Je veux me faire craindre, et ne fais qu'irriter.
> Rome a pour ma ruine une hydre trop fertile
> Une tête coupée en fait renaître mille,

Vous allumez un feu qui ne pourra s'éteindre.
Craint de tout l'univers, il vous faudra tout craindre,
Toujours punir, toujours trembler dans vos projets,
Et pour vos ennemis compter tous vos sujets
Ah de vos premiers ans l'heureuse expérience 1355
Vous fait elle, Seigneur, hair votre innocence?
Songez vous au bonheur qui les a signalés?
Dans quel repos, ô Ciel! les avez vous coulés¹
Quel plaisir de penser et de dire en vous même ·
« Partout, en ce moment on me bénit, on m'aime², 1360
On ne voit point le peuple à mon nom s'alarmer,
Le Ciel dans tous leurs pleurs ne m'entend point nommer,
Leur sombre inimitié ne fuit point mon visage,
Je vois voler partout les cœurs à mon passage° »
Tels étoient vos plaisirs Quel changement, ô Dieux! 1365
Le sang le plus abject vous étoit précieux³
Un jour, il m'en souvient, le sénat équitable
Vous pressoit de souscrire a la mort d'un coupable,
Vous resistiez, Seigneur, a leur sévérité
Votre cœur s'accusoit de trop de cruauté, 1370
Et plaignant les malheurs attachés à l'Empire,
« Je voudrois, disiez-vous ne savoir pas écrire⁴. »
Non, ou vous me croirez, ou bien de ce malheur
Ma mort m'épargnera la vue et la douleur
On ne me verra point survivre à votre gloire 1375
Si vous allez commettre une action si noire

(Il se jette à genoux)

Me voila prêt, Seigneur avant que de partir,
Faites percer ce cœur qui n'y peut consentir;
Appelez les cruels qui vous l'ont inspirée,
Qu'ils viennent essayer leur main mal assurée. 1380

Et le sang répandu de mille conjurés
Rend mes jours plus maudits, et non plus assurés
(*Cinna*, acte IV, scene II, vers 1165-1168)

1. Juvat . ita loqui secum : « .. Ex nostro responso lætitiæ
« causas populi urbesque concipiunt, etc. » (Sénèque, *de Clemen
tia*, livre I, chapitre I.)

2 « Illius demum magnitudo stabilis fundataque est. . quo pro
cedente non tanquam malum aliquid aut noxium animal e cubili
prosilierit diffugiunt, sed tanquam ad clarum ac beneficum sidus
certatim advolant » (*Ibidem* livre I chapitre III.)

3 « Summa parcimonia etiam vilissimi sanguinis » (*Ibidem*,
livre I, chapitre I)

4 « Quum de supplicio cujusdam capite damnati ut ex more
subscriberet admoneretur: « Quam vellem, inquit, nescire litte
« ras » (Suétone, *Néron*, chapitre x.) Voyez aussi Sénèque, *de
Clementia* livre II, chapitre I

Mais je vois que mes pleurs touchent mon empereur
Je vois que sa vertu frémit de leur fureur
Ne perdez point de temps, nommez moi les perfides
Qui vous osent donner ces conseils parricides
Appelez votre frère, oubliez dans ses bras.... 1385
     NÉRON.
Ah que demandez vous ?
     BURRHUS
       Non, il ne vous hait pas,
Seigneur ; on le trahit je sais son innocence,
Je vous réponds pour lui de son obéissance
J'y cours. Je vais presser un entretien si doux
     NÉRON
Dans mon appartement qu'il m'attende avec vous, 1390

SCÈNE IV

NÉRON, NARCISSE

     NARCISSE.
Seigneur, j'ai tout prévu pour une mort si juste
Le poison est tout prêt. La fameuse Locuste[1]
A redoublé pour moi ses soins officieux.
Elle a fait expirer un esclave a mes yeux ;
Et le fer est moins prompt, pour trancher une vie, 1395
Que le nouveau poison que sa main me confie.
     NÉRON
Narcisse, c'est assez, je reconnois ce soin,
Et ne souhaite pas que vous alliez plus loin
     NARCISSE.
Quoi ? pour Britannicus votre haine affoiblie
Me defend....
     NÉRON.
    Oui, Narcisse, on nous réconcilie 1400
     NARCISSE.
Je me garderai bien de vous en detourner,
Seigneur, mais il s'est vu tantôt emprisonner
Cette offense en son cœur sera longtemps nouvelle.
Il n'est point de secrets que le temps ne révèle
Il saura que ma main lui devoit présenter 1405

---

1. « Britannicum... veneno aggressus est (*Nero*) Quod acceptum a quadam Locusta, venenariorum inclyta, quum opinione tardius cederet,.. coegit se coram in cubiculo quam posset velocissimum ac præsentaneum coquere. » (Suétone *Néron*, chapitre XXXIII)

ACTE IV, SCÈNE IV

Un poison que votre ordre avoit fait apprêter
Les Dieux de ce dessein puissent-ils le distraire
Mais peut être il fera ce que vous n'osez faire.
NÉRON.
On répond de son cœur, et je vaincrai le mien 1440
NARCISSE.
Et l'hymen de Junie en est-ille lien ?
Seigneur, lui faites-vous encor ce sacrifice ?
NÉRON.
C'est prendre trop de soin Quoi qu'il en soit, Narcisse
Je ne le compte plus parmi mes ennemis
NARCISSE
Agrippine Seigneur, se l'etoit bien promis
Elle a repris sur vous son souverain empire 1415
NÉRON
Quoi donc ? Qu'a t-elle dit ? Et que voulez-vous dire ?
NARCISSE.
Elle s'en est vantée assez publiquement.
NÉRON.
De quoi ?
NARCISSE.
Qu'elle n'avoit qu'à vous voir un moment
Qu'à tout ce grand éclat, à ce courroux funeste
On verroit succéder un silence modeste ; 1420
Que vous même à la paix souscririez le premier,
Heureux que sa bonté daignât tout oublier.
NÉRON.
Mais, Narcisse, dis moi, que veux tu que je fasse ?
Je n'ai que trop de pente à punir son audace,
Et si je m'en croyois, ce triomphe indiscret 1425
Seroit bientôt suivi d'un éternel regret.
Mais de tout l'univers quel sera le langage ?
Sur les pas des tyrans veux tu que je m'engage,
Et que Rome, effaçant tant de titres d'honneur,
Me laisse pour tous noms celui d'empoisonneur ? 1430
Ils mettront ma vengeance au rang des parricides
NARCISSE.
Et prenez-vous, Seigneur, leurs caprices pour guides
Avez vous prétendu qu'ils se tairoient toujours ?
Est ce à vous de prêter l'oreille a leurs discours ?
De vos propres désirs perdrez vous la mémoire ? 1435
Et serez vous le seul que vous n'oserez croire ?
Mais, Seigneur, les Romains ne vous sont pas connus
Non, non, dans leurs discours ils sont plus retenus.
Tant de précaution affoiblit votre regne
Ils croiront, en effet mériter qu'on les craigne. 1440

Au joug depuis longtemps ils se sont façonnés
Ils adorent la main qui les tient enchaînés.
Vous les verrez toujours ardents à vous complaire
Leur prompte servitude a fatigué Tibère ¹ 1445
Moi-même, revêtu d'un pouvoir emprunté.
Que je reçus de Claude avec la liberté,
J'ai cent fois, dans le cours de ma gloire passée,
Tenté leur patience, et ne l'ai point lassée
D'un empoisonnement vous craignez la noirceur? 1450
Faites périr le frère, abandonnez la sœur
Rome sur ses autels prodiguant les victimes ²,
Fussent-ils innocents, leur trouvera des crimes,
Vous verrez mettre au rang des jours infortunés
Ceux où jadis la sœur et le frère sont nés ³.

NÉRON.

Narcisse, encore un coup, je ne puis l'entreprendre 1455
J'ai promis à Burrhus, il a fallu me rendre
Je ne veux point encore, en lui manquant de foi
Donner à sa vertu des armes contre moi
J'oppose à ses raisons un courage inutile
Je ne l'écoute point avec un cœur tranquille. 1460

NARCISSE

Burrhus ne pense pas, Seigneur, tout ce qu'il dit
Son adroite vertu ménage son crédit,
Ou plutôt ils n'ont tous qu'une même pensée
Ils verroient par ce coup leur puissance abaissée,
Vous seriez libre alors, Seigneur, et devant vous 1465
Ces maîtres orgueilleux fléchiroient comme nous
Quoi donc? ignorez-vous tout ce qu'ils osent dire?
« Néron, s'ils en sont crus, n'est point né pour l'Empire
Il ne dit, il ne fait que ce qu'on lui prescrit
Burrhus conduit son cœur, Sénèque son esprit 1470
Pour toute ambition, pour vertu singulière,
Il excelle à conduire un char dans la carrière,
A disputer des prix indignes de ses mains,

---

1 « Memoriæ proditur Tiberium, quoties curia egrederetur, græcis verbis in hunc modum eloqui solitum : « O homines ad servitutem paratos » Scilicet etiam illum qui libertatem publicam nollet tam projectæ servientium patientiæ tædebat. (Tacite, Annales, livre III, chapitre LXV)

2 *Var.* Rome sur les autels, prodiguant les victimes
(1670 et 76)

3 Voyez dans Tacite (*Annales*, livre XIV chapitres XII et XIII) le récit des honteuses adulations que l'on prodigua à Néron après le meurtre de sa mere Le jour de la naissance d'Agrippine fut mis au nombre des jours néfastes

A se donner lui-même en spectacle aux Romains
A venir prodiguer sa voix sur un théâtre, 1475
A reciter des chants qu'il veut qu'on idolâtre,
Tandis que des soldats, de moments en moments,
Vont arracher pour lui les applaudissements »
Ah! ne voulez vous pas les forcer a se taire?
NÉRON.
Viens Narcisse Allons voir ce que nous devons faire 1480

FIN DU QUATRIEME ACTE

ACTE CINQUIÈME

SCÈNE I

BRITANNICUS, JUNIE

BRITANNICUS.
Oui, Madame, Neron, qui l'auroit pu penser?
Dans son appartement m'attend pour m'embrasser
Il y fait de sa cour inviter la jeunesse,
Il veut que d'un festin la pompe et l'allégresse
Confirment à leurs yeux la foi de nos serments,   1485
Et réchauffent l'ardeur de nos embrassements;
Il éteint cet amour, source de tant de haine,
Il vous fait de mon sort arbitre souveraine
Pour moi, quoique banni du rang de mes aieux,
Quoique de leur dépouille il se paie a mes yeux   1490
Depuis qu'à mon amour cessant d'être contraire,
Il semble me céder la gloire de vous plaire,
Mon cœur je l'avoûrai lui pardonne en secret,
Et lui laisse le reste avec moins de regret
Quoi? je ne serai plus séparé de vos charmes?   1495
Quoi? même en ce moment je puis voir sans alarme
Ces yeux que n'ont émus ni soupirs ni terreur,
Qui m'ont sacrifié l'Empire et l'Empereur?
Ah Madame Mais quoi? Quelle nouvelle crainte
Tient parmi mes transports votre joie en contrainte?   1500
D'où vient qu'en m'écoutant, vos yeux, vos tristes yeux
Avec de longs regards se tournent vers les cieux?
Qu'est ce que vous craignez?

JUNIE.
　　　　　　　Je l'ignore moi même,
Mais je crains

BRITANNICUS.
　　　Vous m'aimez?

JUNIE.
　　　　　Hélas' si je vous aime

BRITANNICUS.
Néron ne trouble plus notre félicité   1505

ACTE V, SCÈNE 1.

JUNIE.
Mais me répondez-vous de sa sincérité ?
BRITANNICUS.
Quoi ? vous le soupçonnez d'une haine couverte ?
JUNIE.
Néron m'aimoit tantôt, il juroit votre perte ;
Il me fuit, il vous cherche : un si grand changement
Peut-il être, Seigneur, l'ouvrage d'un moment ?   1510
BRITANNICUS.
Cet ouvrage, Madame, est un coup d'Agrippine :
Elle a cru que ma perte entraînoit sa ruine.
Grâce aux préventions de son esprit jaloux,
Nos plus grands ennemis ont combattu pour nous.
Je m'en fie aux transports qu'elle m'a fait paraître,   1515
Je m'en fie à Burrhus, j'en crois même son maître.
Je crois qu'à mon exemple, impuissant à trahir,
Il hait à cœur ouvert, ou cesse de haïr.
JUNIE.
Seigneur, ne jugez pas de son cœur par le vôtre :
Sur des pas différents vous marchez l'un et l'autre.   1520
Je ne connois Néron et la cour que d'un jour,
Mais, si je l'ose dire, hélas ! dans cette cour
Combien tout ce qu'on dit est loin de ce qu'on pense !
Que la bouche et le cœur sont peu d'intelligence !
Avec combien de joie on y trahit sa foi !   1525
Quel séjour étranger et pour vous et pour moi !
BRITANNICUS.
Mais que son amitié soit véritable ou feinte,
Si vous craignez Néron, lui-même est-il sans crainte ?
Non, non, il n'ira point, par un lâche attentat,
Soulever contre lui le peuple et le sénat.   1530
Que dis-je ? il reconnoît sa dernière injustice.
Ses remords ont paru, même aux yeux de Narcisse.
Ah ! s'il vous avoit dit, ma princesse, à quel point...
JUNIE.
Mais Narcisse, Seigneur, ne vous trahit-il point ?
BRITANNICUS.
Et pourquoi voulez-vous que mon cœur s'en défie[1] ?   1535

1 *Var.* Lui, me trahir ? Hé quoi ? vous voulez donc, Madame,
Qu'à d'éternels soupçons j'abandonne mon âme ?
Seul de tous mes amis Narcisse m'est resté.
L'a-t-on vu de mon père oublier la bonté ?
S'est-il rendu, Madame, indigne de la mienne.
Néron de temps en temps souffre qu'il l'entretienne.
Je le sais. Mais il peut, sans violer sa foi,

JUNIE
Et que sais-je? Il y va, Seigneur, de votre vie.
Tout m'est suspect : je crains que tout ne soit séduit,
Je crains Néron; je crains le malheur qui me suit.
D'un noir pressentiment malgré moi prévenue
Je vous laisse à regret éloigner¹ de ma vue 1540
Hélas si cette paix dont vous vous repaissez
Couvroit contre vos jours quelques pièges dressés,
Si Néron, irrité de notre intelligence,
Avoit choisi la nuit pour cacher sa vengeance!
S'il préparoit ses coups, tandis que je vous vois 1545
Et si je vous parlois pour la dernière fois!
Ah Prince

BRITANNICUS
Vous pleurez! Ah! ma chère princesse!
Et pour moi jusque là votre cœur s'intéresse?
Quoi? Madame, en un jour où, plein de sa grandeur,
Néron croit éblouir vos yeux de sa splendeur, 1550
Dans des lieux où chacun me fuit et le révère,
Aux pompes de sa cour préférer ma misère!
Quoi? dans ce même jour et dans ces mêmes lieux,
Refuser un empire, et pleurer à mes yeux
Mais, Madame, arrêtez ces précieuses larmes 1555
Mon retour va bientôt dissiper vos alarmes
Je me rendrois suspect par un plus long séjour
Adieu Je vais le cœur tout plein de mon amour.
Au milieu des transports d'une aveugle jeunesse
Ne voir, n'entretenir que ma belle princesse. 1560
Adieu

JUNIE.
Prince

BRITANNICUS
On m'attend, Madame, il faut partir
JUNIE.
Mais du moins attendez qu'on vous vienne avertir.

Tenir lieu d'interprète entre Néron et moi
[Et pourquoi voulez vous que mon cœur s'en défie?] (1670)

1 *Vous éloigner* C'était un tour fort usité que l'omission du pronom personnel devant l'infinitif d'un verbe réfléchi dépendant de *laisser, voir, penser*, etc

SCÈNE II

AGRIPPINE, BRITANNICUS, JUNIE

AGRIPPINE
Prince que tardez vous ? Partez en diligence
Neron impatient se plaint de votre absence.
La joie et le plaisir de tous les conviés 1565
Attend pour eclater que vous vous embrassiez.
Ne faites point languir une si juste envie :
Allez. Et nous Madame, allons chez Octavie
BRITANNICUS.
Allez, belle Junie et d'un esprit content
Hâtez vous d'embrasser ma sœur qui vous attend¹ 1570
Des que je le pourrai, je reviens sur vos traces,
Madame et de vos soins j'irai vous rendre grâces

SCÈNE III

AGRIPPINE, JUNIE

AGRIPPINE
Madame, ou je me trompe, ou durant vos adieux
Quelques pleurs répandus ont obscurci vos yeux
Puis je savoir quel trouble a formé ce nuage ? 1575
Doutez vous d'une paix dont je fais mon ouvrage ?
JUNIE.
Apres tous les ennuis que ce jour m'a coûtés
Ai je pu rassurer mes esprits agites ?
Helas a peine encor je conçois ce miracle
Quand même a vos bontés je craindrois quelque obstacle, 1580
Le changement, Madame est commun a la cour,
Et toujours quelque crainte accompagne l'amour.
AGRIPPINE
Il suffit j ai parlé, tout a change de face
Mes soins a vos soupçons ne laissent point de place.
Je réponds d'une paix jurée entre mes mains 1585

1 L'*Héraclius* de Corneille se termine par ces deux vers.
Allons lui rendre hommage, et d un esprit content
Montrer Héraclius au peuple qui l attend

Néron m'en a donné des gages trop certains.
Ah ! si vous aviez vu par combien de caresses
Il m'a renouvelé la foi de ses promesses !
Par quels embrassements il vient de m'arrêter !
Ses bras, dans nos adieux, ne pouvoient me quitter, 1590
Sa facile bonté, sur son front répandue,
Jusqu'aux moindres secrets est d'abord descendue
Il s'épanchoit en fils, qui vient en liberté
Dans le sein de sa mère oublier sa fierté.
Mais bientôt reprenant un visage sévère, 1595
Tel que d'un empereur qui consulte sa mère,
Sa confidence auguste a mis entre mes mains
Des secrets d'où dépend le destin des humains [1]
Non, il le faut ici confesser à sa gloire,
Son cœur n'enferme point une malice noire ; 1600
Et nos seuls ennemis, altérant sa bonté,
Abusoient contre nous de sa facilité.
Mais enfin, à son tour, leur puissance décline,
Rome encore une fois va connoître Agrippine
Déjà de ma faveur on adore le bruit. 1605
Cependant en ces lieux n'attendons pas la nuit.
Passons chez Octavie, et donnons lui le reste
D'un jour autant heureux que je l'ai cru funeste.
Mais qu'est-ce que j'entends ? Quel tumulte confus ?
Que peut-on faire ?

JUNIE.
O ciel, sauvez Britannicus ! 1610

SCÈNE IV

AGRIPPINE, JUNIE, BURRHUS

AGRIPPINE
Burrhus, où courez-vous ? Arrêtez. Que veut dire..
BURRHUS
Madame, c'en est fait, Britannicus expire
JUNIE.
Ah ! mon prince !

1 La dissimulation qu'Agrippine prête ici à son fils, il l'eut en effet plus tard avec elle à Baies, dans le temps où il avait déjà préparé la mort de sa mère « Pluribus sermonibus, modo familiaritate juvenili Nero, et rursus adductus, quasi seria consociaret tracto in longum convictu prosequitur abeuntem, artius oculis et pectori hærens » (Tacite *Annales* livre XIV, chapitre IV)

ACTE V, SCENE V.

AGRIPPINE
Il expire ?
BURRHUS
Ou plutôt il est mort,
Madame.
JUNIE
Pardonnez Madame, a ce transport.
Je vais le secourir si je puis, ou le suivre. 1615

SCENE V

AGRIPPINE, BURRHUS

AGRIPPINE
Quel a tenté, Burrhus
BURRHUS
Je n'y pourrai survivre,
Madame il faut quitter la cour et l'Empereur
AGRIPPINE
Quoi ? du sang de son frère il n'a point eu d'horreur ?
BURRHUS
Ce dessein s'est conduit avec plus de mystère
A peine l'Empereur a vu venir son frère, 1620
Il se lève, il l'embrasse, on se tait, et soudain
Cesar prend le premier une coupe a la main
« Pour achever ce jour sous de meilleurs auspices,
Ma main de cette coupe epanche les premices,
Dit il, Dieux, que j'appelle a cette effusion, 1625
Venez favoriser notre reunion »
Par les mêmes serments Britannicus se lie,
La coupe dans ses mains par Narcisse est remplie
Mais ses lèvres a peine en ont touché les bords,
Le fer ne produit point de si puissants efforts¹ 1630
Madame la lumière a ses yeux est ravie,
Il tombe sur son lit sans chaleur et sans vie
Jugez combien ce coup frappe tous les esprits
A moitié s'épouvante et sort avec des cris,
Mais ceux qui de la cour ont le plus long usage 1635
Sur les yeux de Cesar composent leur visage²

1 « Iam præcipitem necem quam si ferro urgeretur » (*Annales* livre XIII chapitre XV)

2 « Trepidatur a circumsedentibus diffugiunt imprudentes, at quibus altior intellectus, resistunt defixi, et Neronem intuentes » (*Ibidem*, livre XIII, chapitre XVI)

Cependant sur son lit il demeure penché,
D'aucun étonnement il ne paroît touché :
« Ce mal, dont vous craignez, dit-il, la violence,
A souvent sans péril attaqué son enfance [1]. »   1640
Narcisse veut en vain affecter quelque ennui,
Et sa perfide joie éclate malgré lui.
Pour moi, dût l'Empereur punir ma hardiesse,
D'une odieuse cour j'ai traversé la presse,
Et j'allois, accablé de cet assassinat,   1645
Pleurer Britannicus, César et tout l'État.

AGRIPPINE

Le voici. Vous verrez si c'est moi qui l'inspire [2].

1. « Ille, ut erat reclinis et nescio similis, solitum ita ait per comitialem morbum, quo primum ab infantia adflictaretur Britannicus, et redituros paulatim visus sensusque » (*Annales*, livre XIII, chapitre XVI).
2. *Var.* Le voici. Vous verrez si je suis sa complice. Demeurez (1670).

Ces mots étaient suivis, dans la même édition de 1670, d'une scène sixième, que Racine supprima depuis. La voici, avec le commencement de la scène suivante :

SCÈNE VI

NÉRON, AGRIPPINE, JUNIE, BURRHUS

NÉRON, *à Junie.* De vos pleurs j'approuve la justice ;
Mais, Madame, évitez ce spectacle odieux ;
Moi-même en frémissant j'en détourne les yeux.
Il est mort. Tôt ou tard il faut qu'on vous l'avoue.
Ainsi de nos desseins la fortune se joue :
Quand nous nous rapprochons, le Ciel nous désunit.
J'aimois Britannicus, Seigneur, je vous l'ai dit.
Si de quelque pitié ma misère est suivie,
Qu'on me laisse chercher dans le sein d'Octavie
Un entretien conforme à l'état où je suis.
Nér. Belle Junie, allez, moi-même je vous suis ;
Je vais, par tous les soins que la tendresse inspire,
Vous

SCÈNE VII

AGRIPPINE, NÉRON, BURRHUS, NARCISSE

AGRIPP. Arrêtez, Néron ; j'ai deux mots à vous dire.]

SCÈNE VI

AGRIPPINE, NÉRON, BURRHUS, NARCISSE

NÉRON
Dieux !
AGRIPPINE
Arrêtez, Néron ; j'ai deux mots à vous dire.
Britannicus est mort, je reconnois les coups ;
Je connois l'assassin.
NÉRON
    Et qui, Madame ?
AGRIPPINE
         Vous. 1650
NÉRON.
Moi ! Voilà les soupçons dont vous êtes capable.
Il n'est point de malheurs dont je ne sois coupable ;
Et si l'on veut, Madame, écouter vos discours,
Ma main de Claude même aura tranché les jours.
Son fils vous étoit cher, sa mort peut vous confondre ; 1655
Mais des coups du destin je ne puis pas répondre.
AGRIPPINE
Non, non, Britannicus est mort empoisonné,
Narcisse a fait le coup, vous l'avez ordonné.
NÉRON
Madame ! mais qui peut vous tenir ce langage ?
NARCISSE
Hé ! Seigneur, ce soupçon vous fait-il tant d'outrage ? 1660
Britannicus, Madame, eut des desseins secrets
Qui vous auroient coûté de plus justes regrets.
Il aspiroit plus loin qu'à l'hymen de Junie :
De vos propres bontés il vous auroit punie.
Il vous trompoit vous même, et son cœur offensé[1] 1665
Pretendoit tôt ou tard rappeler le passé.
Soit donc que malgré vous le sort vous ait servie,
Soit qu'instruit des complots qui menaçoient sa vie,
Sur ma fidélité César s'en soit remis,
Laissez les pleurs, Madame, à vos seuls ennemis. 1670

---

1 *Var* Madame, il vous trompoit, et son cœur offensé
         (1670 et 75)

Qu'ils mettent ce malheur au rang des plus sinistres,
Mais vous.

AGRIPPINE.

Poursuis, Neron, avec de tels ministres
Par des faits glorieux tu te vas signaler,
Poursuis. Tu n'as pas fait ce pas pour reculer.
Ta main a commencé par le sang de ton frère, 1675
Je prévois que tes coups viendront jusqu'à ta mère².
Dans le fond de ton cœur je sais que tu me hais³,
Tu voudras t'affranchir du joug de mes bienfaits
Mais je veux que ma mort te soit même inutile
Ne crois pas qu'en mourant je te laisse tranquille 1680
Rome, ce ciel, ce jour que tu reçus de moi,
Partout, à tout moment m'offriront devant toi ⁴
Tes remords te suivront comme autant de furies,
Tu croiras les calmer par d'autres barbaries,
Ta fureur, s'irritant soi même dans son cours, 1685
D'un sang toujours nouveau marque à tous les jours
Mais j'espère qu'enfin le Ciel, las de tes crimes
Ajoutera ta perte à tant d'autres victimes,
Qu'après t'être couvert de leur sang et du mien
Tu te verras forcé de répandre le tien, 1690
Et ton nom paroîtra, dans la race future,
Aux plus cruels tyrans une cruelle injure
Voilà ce que mon cœur se présage de toi
Adieu, tu peux sortir

NERON

Narcisse, suivez moi

---

1. Ces vers sont ainsi ponctués dans plusieurs éditions récentes

Poursuis, Neron avec de tels ministres,
Par des faits glorieux, etc

Nous avons suivi la ponctuation des éditions imprimées du vivant de Racine

2. « Parricidii exemplum intelligebat (*Agrippina*) » (Tacite, *Annales* livre XIII, chapitre xvi) Racine cite lui-même ce passage dans sa seconde préface.

3. *Var* Tu te fatigueras d'entendre tes forfaits (1670 et 76)

4. *Et quum frigida mors anima seduxerit artus,*
Omnibus umbra locis adero dabis improbe pœnas
(Virgile *Énéide*, livre IV vers 385 et 386

Voyez aussi Tacite *Annales* livre XIV, chapitre x

SCÈNE VII

AGRIPPINE, BURRHUS

AGRIPPINE
Ah Ciel, de mes soupçons quelle étoit l'injustice ! 1695
Je condamnois Burrhus, pour écouter Narcisse.
Burrhus, avez-vous vu quels regards furieux
Néron en me quittant m'a laissés pour adieux ?
C'en est fait, le cruel n'a plus rien qui l'arrête,
Le coup qu'on m'a prédit va tomber sur ma tête. 1700
Il vous accablera vous-même à votre tour.

BURRHUS
Ah Madame, pour moi, j'ai vécu trop d'un jour.
Pût au ciel que sa main, heureusement cruelle,
Eût fait sur moi l'essai de sa fureur nouvelle !
Qu'il ne m'eût pas donné, par ce triste attentat, 1705
Un gage trop certain des malheurs de l'Etat.
Son crime seul n'est pas ce qui me désespère,
Sa jalousie a pu l'armer contre son frere,
Mais s'il vous faut, Madame, expliquer ma douleur,
Néron l'a vu mourir sans changer de couleur. 1710
Ses yeux indifferents ont deja la constance
D'un tyran dans le crime endurci dès l'enfance.
Qu'il acheve, Madame, et qu'il fasse perir
Un ministre importun, qui ne le peut souffrir.
Hélas ! loin de vouloir éviter sa colère, 1715
La plus soudaine mort me sera la plus chère.

SCÈNE VIII

AGRIPPINE, BURRHUS, ALBINE

ALBINE
Ah Madame, ah Seigneur, courez vers l'Empereur,
Venez sauver César de sa propre fureur.
Il se voit pour jamais separé de Junie.

AGRIPPINE
Quoi ? Junie elle-même a terminé sa vie ? 1720

ALBINE
Pour accabler César d'un éternel ennui,

Madame, sans mourir, elle est morte pour lui
Vous savez de ces lieux comme elle s'est ravie
Elle a feint de passer chez la triste Octavie :
Mais bientôt elle a pris des chemins écartés, 1725
Ou mes yeux ont suivi ses pas précipités.
Des portes du palais elle sort éperdue
D'abord elle a d'Auguste aperçu la statue
Et mouillant de ses pleurs le marbre de ses pieds,
Que de ses bras pressants elle tenoit liés 1730
« Prince, par ces genoux, dit-elle, que j'embrasse
Protége en ce moment le reste de ta race
Rome dans ton palais vient de voir immoler
Le seul de tes neveux qui te pût ressembler
On veut apres sa mort que je lui sois parjure, 1735
Mais pour lui conserver une foi toujours pure
Prince, je me dévoue à ces dieux immortels
Dont ta vertu t'a fait partager les autels »
Le peuple cependant, que ce spectacle étonne,
Vole de toutes parts, se presse, l'environne, 1740
S'attendrit à ses pleurs ; et plaignant son ennui,
D'une commune voix la prend sous son appui
Ils la mènent au temple ou, depuis tant d'années,
Au culte des autels nos vierges destinées
Gardent fidèlement le dépôt précieux 1745
Du feu toujours ardent qui brûle pour nos dieux [1].
César les voit partir sans oser les distraire.
Narcisse, plus hardi, s'empresse pour lui plaire
Il vole vers Junie, et sans s'épouvanter,
D'une profane main commence à l'arrêter 1750
De mille coups mortels son audace est punie,
Son infidèle sang rejaillit sur Junie
César de tant d'objets en même temps frappé,
Le laisse entre les mains qui l'ont enveloppé
Il rentre. Chacun fuit son silence farouche, 1755
Le seul nom de Junie échappe de sa bouche
Il marche sans dessein ; ses yeux mal assurés
N'osent lever au ciel leurs regards égarés ;
Et l'on craint, si la nuit jointe à la solitude
Vient de son desespoir aigrir l'inquiétude, 1760
Si vous l'abandonnez plus longtemps sans secours,
Que sa douleur bientôt n'attente sur ses jours.
Le temps presse courez. Il ne faut qu'un caprice

---

1 Voyez ce que Racine dit lui même dans ses deux préfaces (p 322 et 325) de cette admission de Junie parmi les Vestales irrégulière quant à l'âge.

Il se perdroit Madame
AGRIPPINE.
Il se feroit justice
Mais, Burrhus, allons voir jusqu'ou vont ses transports 1765
Voyons quel changement produiront ses remords
S'il voudra désormais suivre d'autres maximes
BURRHUS
Plût aux Dieux que ce fût le dernier de ses crimes !

FIN DU CINQUIEME ET DERNIER ACTE

APPENDICE A BRITANNICUS

« Je sais dit Louis Racine dans ses *Mémoires* sur la vie de son père, que Boileau engagea mon père a supprimer une scène entière de *Britannicus* avant que de la donner aux comédiens. Voici cette scene, que Boileau avoit conservée et qu'il nous a remise elle étoit la premiere du troisieme acte

BURRHUS, NARCISSE

BURRHUS.

Quoi? Narcisse, au palais obsédant l'Empereur,
Laisse Britannicus en proie a sa fureur !
Narcisse qui devroit d une amitié sincère
Sacrifier au fils tout ce qu'il tient du père,
Qui devroit, en plaignant avec lui son malheur,
Loin des yeux de Cesar detourner sa douleur !
Voulez vous qu accablé d horreur d'inquiétude
Pressé du désespoir qui suit la solitude
Il avance sa perte en voulant l'éloigner,
Et force l'Empereur a ne plus l'épargner ?
Lorsque de Claudius l'impuissante vieillesse
Laissa de tout l'Empire Agrippine maitresse
Qu'instruit du successeur que lui gardoient les Dieux
Il vit déjà son nom ecrit dans tous les yeux,
Ce prince, à ses bienfaits mesurant votre zèle,
Crut laisser à son fils un gouverneur fidele,
Et qui, sans s ebranler, verroit passer un jour
Du coté de Néron la fortune et la cour
Cependant aujourd hui, sur la moindre menace
Qui de Britannicus présage la disgrace,
Narcisse, qui devoit le quitter le dernier,
Semble dans le malheur le plonger le premier.
César vous voit partout attendre son passage

NARCISSE

Avec tout l'univers je viens lui rendre hommage,
Seigneur c'est le dessein qui m'amène en ces lieux

BURRHUS.

Pres de Britannicus vous le servirez mieux
Craignez vous que César n'accuse votre absence?
Sa grandeur lui répond de votre obéissance.
C est a Britannicus qu'il faut justifier
Un soin dont ses malheurs se doivent defier.
Vous pouvez sans peril respecter sa misère,
Neron n'a point juré la perte de son frère,
Quelque froideur qui semble alterer leurs esprits,
Votre maitre n'est point au nombre des proscrits

Néron même en son cœur touché de votre zèle,
Vous en tiendroit peut être un compte plus fidèle
Que de tous ces respects vainement assidus,
Oubliés dans la foule aussitôt que rendus

NARCISSE
Ce langage Seigneur est facile à comprendre
Avec quelque bonté César daigne m'entendre,
Mes soins trop bien reçus pourroient vous irriter
A l'avenir, Seigneur, je saurai l'eviter

BURRHUS
Narcisse, vous réglez mes desseins sur les vôtres
Ce que vous avez fait vous l'imputez aux autres
Ainsi lorsqu'inutile au reste des humains,
Claude laissoit gémir l'Empire entre vos mains,
Le reproche eternel de votre conscience
Condamnoit devant lui Rome entière au silence
Vous lui laissiez à peine écouter vos flatteurs,
Le reste vous sembloit autant d'accusateurs
Qui, prêts à s'elever contre votre conduite,
Alloient de nos malheurs developper la suite,
Et, lui portant les cris du peuple et du sénat
Lui demander justice au nom de tout l'État
Toutefois pour Cesar je crains votre presence
Je crains puisqu'il vous faut parler sans complaisance
Tous ceux qui, comme vous, flattant tous ses désirs,
Sont toujours dans son cœur du parti des plaisirs
Jadis à nos conseils l'Empereur plus docile
Affectoit pour son frère une bonté facile,
Et de son rang pour lui moderant la splendeur,
De sa chute à ses yeux cachoit la profondeur
Quel soupçon aujourd'hui, quel desir de vengeance
Rompt du sang des Césars l'heureuse intelligence?
Junie est enlevée Agrippine frémit,
Jaloux et sans espoir Britannicus gémit
Du cœur de l'Empereur son épouse bannie
D'un divorce à toute heure attend l'ignominie
Elle pleure, et voilà ce que leur a couté
L'entretien d'un flatteur qui veut être ecouté

NARCISSE
Seigneur, c'est un peu loin pousser la violence,
Vous pouvez tout, j'écoute, et gardé le silence
Mes actions un jour pourront vous repartir
Jusque-là.

BURRHUS
Puissiez vous bientot me démentir!
Plût aux Dieux qu'en effet ce reproche vous touche
Je vous aiderai même à me fermer la bouche
Sénèque, dont les soins devroient me soulager,
Occupé loin de Rome, ignore ce danger
Réparons vous et moi, cette absence funeste
Du sang de nos Césars réunissons le reste
Rapprochons les, Narcisse au plus tôt dès ce jour
Tandis qu'ils ne sont point separés sans retour

« On ne trouve rien dans cette scène, ajoute Louis Racine, qui ne réponde au reste de la pièce pour la versification, mais son ami craignit qu'elle ne produisît un mauvais effet sur les spectateurs « Vous les indisposerez lui dit-il, en leur montrant ces deux « hommes ensemble Pleins d'admiration pour l'un, et d'horreur « pour l'autre, ils souffriront pendant leur entretien Et d'ailleurs « quel fruit Burrhus espère-t-il de ses remontrances ? Est-il assez « simple pour croire qu'elles feront naître quelques remords dans « le cœur de Narcisse ? Lorsqu'il lui fait connoître l'intérêt qu'il « prend à Britannicus, il découvre son secret à un traître, et, au « lieu de servir Britannicus il en précipite la perte » Ces réflexions parurent justes et la scène fut supprimée. »

Comme elle n'a été imprimée dans aucune des éditions publiées du vivant de Racine, nous ignorons l'étendue du remaniement au quel cette suppression a pu donner lieu Telle que Louis Racine la cite, elle ne pouvait venir immédiatement avant la première du présent, n'y eût-il à cela que cette petite raison qu'elle finit comme la nouvelle première commence par deux rimes masculines

ESTHER

TRAGEDIE TIREE DE L'ECRITURE SAINTE
PAR J. RACINE

REPRESENTE POUR LA PREMIERE FOIS A SAINT CYR LE 26 JANVIER 1689

POUR LA PREMIERE FOIS A PARIS

AU THEATRE FRANCAIS LE 8 MAI 1721

ET PUBLIE EN 1689

Racine n'a rien fait de plus beau ni de plus touchant.
Racine s'est surpassé. La Sainte Écriture est suivie exactement dans cette pièce, tout est beau tout est grand tout est dit avec dignité

    Madame de Sévigné, *Lettres des 28 janvier et 7 février* 1689

Trente vers d'*Esther* valent mieux que beaucoup de tragédies qui ont eu de grands succès
                          Voltaire *Siècle de Louis XIV*

EXTRAIT

DES SOUVENIRS DE MADAME DE CAYLUS

« M™· de Maintenon pria Racine de lui faire dans ses moments de loisir, quelque espece de poeme moral ou historique dont l'amour fut entierement banni, et dans lequel il ne crut pas que sa reputation fut interessee, parce que la piece resteroit ensevelie à Saint Cyr, ajoutant qu'il lui importoit peu que cet ouvrage fut contre les regles, pourvu qu'il contribuât aux vues qu'elle avoit de divertir les demoiselles de Saint Cyr en les instruisant. Cette lettre jeta Racine dans une grande agitation. Il vouloit plaire à M™· de Maintenon, le refus etoit impossible à un courtisan, et la commission delicate pour un homme qui, comme lui, avoit une grande reputation à soutenir, et qui, s'il avoit renoncé à travailler pour les comediens, ne vouloit pas du moins detruire l'opinion que ses ouvrages avoient donnée de lui. Despreaux, qu'il alla consulter, decida brusquement pour la négative. Ce n'etoit pas le compte de Racine. Enfin, apres un peu de réflexion il trouva dans le sujet d'Esther tout ce qu'il falloit pour plaire à la cour. Despreaux lui meme en fut enchanté et l'exhorta à travailler avec autant de zele qu'il en avoit eu pour l'en detourner.

« Racine ne fut pas longtemps sans porter à M™· de Maintenon, non seulement le plan de sa pièce (car il avoit accoutumé de les faire en prose, scene pour scene avant que d'en faire les vers) il porta le premier acte tout fait. M™· de Maintenon en fut charmee, et sa modestie ne put l'empecher de trouver dans le caractere d'Esther, et dans quelques circonstances de ce sujet, des choses flatteuses pour elle. La Vasthi avoit ses applications[1], à ne des traits de ressemblance[2], et, independamment de ces idées, l'histoire d'Esther convenoit parfaitement à Saint Cyr. Les chœurs

---

1. « M™· de Maintenon etoit flattee, dit M™· de la Fayette, de l'invention et de l'execution. La comedie representoit en quelque sorte la chute de M™· de Montespan, et l'élévation de M™· de Maintenon. Toute la difference fut qu'Esther étoit un peu plus jeune et moins precieuse en fait de pieté. L'application qu'on lui faisoit du caractere d'Esther et celle de Vasthi à M™· de Montespan fit qu'elle ne fut pas fâchee de rendre public un divertissement qui n'avoit ete fait que pour la communauté et pour quelques unes de ses amies particulieres. »

2. M™· de Caylus veut sans doute parler de Louvois. Mais voyons au sujet des allusions cherchées dans *Esther* la *Notice* de M. Mesnard dans son edition des *Œuvres de Racine* (tome III, p. 419-424).

que Racine, à l'imitation des Grecs, avoit toujours en vue de le mettre sur la scene, se trouvoient placés naturellement dans *Esther*, et il etoit ravi d'avoir eu cette occasion de les faire connoître et d'en donner le gout. Enfin je crois que, si l'on fait attention au lieu, au temps et aux circonstances, on trouvera que Racine n'a pas moins marqué d'esprit en cette occasion que dans d'autres ouvrages plus beaux en eux mêmes.

« *Esther* fut representée un an après la résolution que Mme de Maintenon avoit prise de ne plus laisser jouer de pieces profanes à Saint-Cyr. Elle eu un si grand succes que le souvenir n'en es pas encore effacé.

« On representa *Esther* tout l'hiver, et cette piece, qui devoit être renfermée dans Saint-Cyr, fut vue plusieurs fois du Roi et de toute la cour, toujours avec le même applaudissement. »

PRÉFACE DE RACINE

La célèbre maison de Saint-Cyr ayant été principalement établie pour élever dans la piété un fort grand nombre de jeunes demoiselles rassemblées de tous les endroits du Royaume, on n'y a rien oublié de tout ce qui pouvoit contribuer à les rendre capables de servir Dieu dans les différents états où il lui plaira de les appeler. Mais en leur montrant les choses essentielles et nécessaires, on ne néglige pas de leur apprendre celles qui peuvent servir à leur polir l'esprit et à leur former le jugement. On a imaginé pour cela plusieurs moyens, qui, sans les détourner de leur travail et de leurs exercices ordinaires, les instruisent en les divertissant. On leur met, pour ainsi dire, à profit leurs heures de récréation. On leur fait faire entre elles, sur leurs principaux devoirs, des conversations ingénieuses, qu'on leur a composées exprès, ou qu'elles mêmes composent sur le champ. On les fait parler sur les histoires qu'on leur a lues, ou sur les importantes vérités qu'on leur a enseignées. On leur fait réciter par cœur et déclamer les plus beaux endroits des meilleurs poètes. Et cela leur sert surtout à les défaire de quantité de mauvaises prononciations qu'elles pourroient avoir apportées de leurs provinces. On a soin aussi de faire apprendre à chanter à celles qui ont de la voix, et on ne leur laisse pas perdre un talent qui les peut amuser innocemment, et qu'elles peuvent employer un jour à chanter les louanges de Dieu.

Mais la plupart des plus excellents vers de notre langue ayant été composés sur des matières fort profanes, et nos plus beaux airs étant sur des paroles extrêmement molles et efféminées, capables de faire des impressions dangereuses sur de jeunes esprits, les personnes illustres qui ont bien voulu prendre la principale direction de cette maison ont souhaité qu'il y eût quelque ouvrage qui, sans avoir tous ces défauts, pût produire une partie de ces bons effets. Elles me firent l'honneur de me communiquer leur dessein, et même de me demander si je ne pourrois pas faire, sur quelque sujet de piété et de morale, une espèce de poème où le chant fût mêlé avec le récit, le tout lié par une action qui rendît la chose plus vive et moins capable d'ennuyer.

Je leur proposai le sujet d'Esther, qui les frappa d'abord, cette histoire leur paroissant pleine de grandes leçons d'amour de Dieu et de détachement du monde au milieu du monde même. Et je crus de mon côté que je trouverois assez de facilité à traiter ce sujet, d'autant plus qu'il me sembla que sans altérer aucune des circonstances tant soit peu considérables de l'Ecriture sainte, ce qui seroit à mon avis, une espèce de sacrilége, je pourrois remplir toute mon action avec les seules scènes que Dieu lui même pour ainsi dire, a preparées.

J'entrepris donc la chose et je m'apercus qu'en travaillant sur le plan qu'on m'avoit donné, j'executois en quelque sorte un dessein qui m'avoit souvent passé dans l'esprit qui etoit de lier, comme dans les anciennes tragedies grecques, le chœur et le chant avec l'action, et d'employer à chanter les louanges du vrai Dieu cette partie du chœur que les païens employoient à chanter les louanges de leurs fausses divinités.

A dire vrai, je ne pensois guere que la chose dût être aussi publique qu'elle l'a éte. Mais les grandes verites de l'Ecriture, et la maniere sublime dont elles y sont enoncées, pour peu qu'on les presente, même imparfaitement, aux yeux des hommes, sont si propres à les frapper, et d'ailleurs ces jeunes demoiselles ont declamé et chanté cet ouvrage avec tant de grâce, tant de modestie et tant de pieté qu'il n'a pas ete possible qu'il demeurât renfermé dans le secret de leur maison; de sorte qu'un divertissement d'enfants est devenu le sujet de l'empressement de toute la cour, le Roi lui même qui en avoit ete touché, n'ayant pu refuser à tout ce qu'il y a de plus grands seigneurs de les y mener, et ayant eu la satisfaction de voir, par le plaisir qu'ils y ont pris, qu'on se peut aussi bien divertir aux choses de pieté qu'à tous les spectacles profanes.

Au reste quoique j'aie évité soigneusement de mêler le profane avec le sacré, j'ai cru neanmoins que je pouvois emprunter deux ou trois traits d'Herodote[1], pour mieux peindre Assuerus. Car j'ai suivi le sentiment de plusieurs savants interpretes de l'Ecriture qui tiennent que ce roi est le même que le fameux Darius, fils d'Hystaspe dont parle cet historien. En effet, ils en rapportent quantité de preuves dont quelques unes me paroissent des demonstrations[2]. Mais je n'ai pas jugé à propos de croire ce même Herodote sur sa parole, lorsqu'il dit[3] que les Perses n'elevoient ni temples ni autels ni statues à leurs dieux, et qu'ils ne se servoient point de libations dans leurs sacrifices. Son temoignage est expressement detruit par l'Ecriture, aussi bien que par Xenophon beaucoup mieux instruit que lui des mœurs et des affaires de la Perse, et enfin par Quinte Curce[4].

On peut dire que l'unité de lieu est observee dans cette piece

---

1 Voyez ci apres les notes des vers 404 et 1116.

2 Plusieurs erudits pensent aujourd'hui que l'Assuerus du *Livre d'Esther* n'est ni Darius, ni, ce qui etait autrefois l'avis le plus commun Artaxerxes Longue-Main mais Xerxès.

3 Au livre I chapitre CXXXI.

4 Voyez la *Cyropédie*, livre VII chapitre 5 livre VIII chapitre III et Quinte Curce livre V chapitre II.

en ce que toute l'action se passe dans le palais d'Assuérus. Cependant, comme on vouloit rendre ce divertissement plus agreable à des enfants, en jetant quelque varieté dans les décorations cela a été cause que je n'ai pas gardé cette unité avec la même rigueur que j'ai fait autrefois dans mes tragédies.

Je crois qu'il est bon d'avertir ici que, bien qu'il y ait dans *Esther* des personnages d'hommes, ces personnages n'ont pas laissé d'être représentés par des filles avec toute la bienséance de leur sexe. La chose leur a été d'autant plus aisée qu'anciennement les habits des Persans et des Juifs étoient de longues robes qui tomboient jusqu'à terre.

Je ne puis me resoudre à finir cette preface sans rendre à celui qui a fait la musique la justice qui lui est due, et sans confesser franchement que ses chants ont fait un des plus grands agrements de la piece[1]. Tous les connoisseurs demeurent d'accord que depuis longtemps on n'a point entendu d'airs plus touchants ni plus convenables aux paroles. Quelques personnes ont trouvé la musique du dernier chœur un peu longue, quoique très belle. Mais qu'auroit on dit de ces jeunes Israëlites qui avoient tant fait de vœux à Dieu pour être délivrées de l'horrible peril où elles étoient, si, ce péril étant passé, elles lui en avoient rendu de mediocres actions de grâces? Elles auroient directement peché contre la louable coutume de leur nation, où l'on ne recevoit de Dieu aucun bienfait signalé qu'on ne l'en remerciât sur le champ par de fort longs cantiques: témoin ceux de Marie sœur de Moyse, de Debora et de Judith, et tant d'autres dont l'Ecriture est pleine. On dit même que les Juifs, encore aujourd'hui, celebrent par de grandes actions de grâces le jour où leurs ancêtres furent délivrés par Esther de la cruauté d'Aman[2].

[1] La musique d'*Esther* avait été composée par Jean Baptiste Moreau, maître de musique de la chambre du Roi, et musicien de la maison de Saint-Cyr; ce fut lui aussi qui composa celle des chœurs d'*Athalie* et des trois premiers *Cantiques spirituels* de Racine.

[2] C'est la fête de *Phurim* ou *fête des Sorts* que les Juifs célèbrent encore la date du 28 fevrier.

NOMS DES PERSONNAGES[1]

ASSUÉRUS, roi de Perse
ESTHER, reine de Perse
MARDOCHÉE, oncle d'Esther
AMAN, favori d'Assuérus
ZARÈS, femme d'Aman
HYDASPE[2], officier du palais intérieur d'Assuérus.
ASAPH, autre officier d'Assuérus
ÉLISE, confidente d'Esther
THAMAR, Israélite de la suite d'Esther
GARDES DU ROI ASSUÉRUS
CHŒUR DE JEUNES FILLES ISRAÉLITES

La scène est à Suse[3], dans le palais d'Assuérus

LA PIÉTÉ fait le prologue

---

[1] Telle est dans les anciennes éditions le titre de cette liste. Dans les pièces de Corneille et dans les tragédies profanes de Racine le mot placé en tête est partout *Acteurs*

[2] Les cinq premiers personnages sont tirés du *Livre d'Esther*. Racine a inventé les quatre suivants, mais il a pris dans l'Écriture trois de leurs noms, ceux d'*Asaph* d'*Élise* (*Elisa* nom d'homme et non de femme dans la *Bible* et de *Thamar*

[3] Le *Livre d'Esther* place également la scène de cette histoire dans Suse, ville située sur le Choaspe affluent du Tigre. Les rois de Perse séjournaient alternativement à Suse à Babylone et a Echatane

PROLOGUE[1]

LA PIÉTÉ

Du séjour bienheureux de la Divinité
Je descends dans ce lieu, par la grâce habité[2].
L'Innocence s'y plaît, ma compagne éternelle,
Et n'a point sous les cieux d'asile plus fidèle.
Ici, loin du tumulte, aux devoirs les plus saints   5
Tout un peuple naissant est formé par mes mains
Je nourris dans son cœur la semence féconde
Des vertus dont il doit sanctifier le monde
Un roi qui me protège, un roi victorieux
A commis à mes soins ce dépôt précieux   10
C'est lui qui rassembla ces colombes timides,
Éparses en cent lieux, sans secours et sans guides
Pour elles à sa porte[3] élevant ce palais,
Il leur y fit trouver l'abondance et la paix
  Grand Dieu, que cet ouvrage ait place en ta mémoire 15
Que tous les soins qu'il prend pour soutenir ta gloire
Soient gravés de ta main au livre où sont écrits
Les noms prédestinés des rois que tu chéris
Tu m'écoutes. Ma voix ne t'est point étrangère
Je suis la Piété, cette fille si chère,
Qui t'offre de ce roi les plus tendres soupirs   20
Du feu de ton amour j'allume ses désirs
Du zèle qui pour toi l'enflamme et le dévore
La chaleur se répand du couchant à l'aurore[4]

1. « Tous les rôles de cette pièce, dit Louis Racine dans ses *Mémoires*, étoient distribués aux demoiselles de Saint-Cyr, lorsque la jeune Mlle de Caylus, qui avoit été élevée dans cette maison et n'en étoit sortie que depuis peu de temps, témoigna une grande envie de faire quelque personnage, ce qui engagea l'auteur à faire pour elle ce prologue très heureusement imaginé Il ne ressemble point à ces prologues d'Euripide, où tout ce qui doit arriver dans la pièce est froidement annoncé. C'est un cadre où Racine a su renfermer délicatement les plus magnifiques éloges du Roi, de Mme de Maintenon et de la communauté de Saint-Cyr »
2. La maison de Saint-Cyr. (*Note de Racine.*)
3. Saint-Cyr est, comme l'on sait, dans le voisinage de Versailles.
4. Il s'agit ici des missions étrangères et des travaux apostoliques dans l'Orient et dans le Nouveau Monde, que Louis XIV encourageait par ses bienfaits

Tu le vois tous les jours, devant toi prosterné, 25
Humilier ce front de splendeur couronné,
Et confondant l'orgueil par d'augustes exemples
Baiser avec respect le pavé de tes temples
De ta gloire animé, lui seul de tant de rois
S'arme pour ta querelle, et combat pour tes droits 30
Le perfide intérêt, l'aveugle jalousie
S'unissent contre toi pour l'affreuse hérésie [1],
La discorde en fureur frémit de toutes parts,
Tout semble abandonner tes sacrés étendards,
Et l'enfer, couvrant tout de ses vapeurs funèbres, 35
Sur les yeux les plus saints a jeté ses ténèbres [2].
Lui seul invariable et fondé sur la foi,
Ne cherche ne regarde et n'écoute que toi ;
Et bravant du démon l'impuissant artifice,
De la religion soutient tout l'édifice 40
Grand Dieu juge ta cause, et déploie aujourd'hui
Ce bras, ce même bras qui combattoit pour lui,
Lorsque des nations à sa perte animées
Le Rhin vit tant de fois disperser les armées
Des mêmes ennemis je reconnois l'orgueil ; 45
Ils viennent se briser contre le même écueil
Déja, rompant partout leurs plus fermes barrières
Du débris de leurs forts il couvre [3] ses frontières
    Tu lui donnes un fils prompt à le seconder,
Qui sait combattre, plaire, obéir, commander, 50
Un fils qui, comme lui, suivi de la victoire
Semble à gagner son cœur borner toute sa gloire,
Un fils à tous ses vœux avec amour soumis,
L'éternel désespoir de tous ses ennemis.
Pareil à ces esprits que ta Justice envoie, 55

1 Allusion à la ligue d'Augsbourg (conclue en 1687), qui devait tourner au profit du prince d'Orange défenseur de la religion protestante
2 La cour de France était alors brouillée avec la cour de Rome et on appliqua ce vers au pape Innocent XI, que Louis XIV, quelques mois avant la représentation d'*Esther*, dans une lettre destinée à être mise sous ses yeux, accusait de tenir une conduite qui aidait aux desseins formés par le prince d'Orange pour « le maintien de la religion protestante ou plutôt l'extirpation de la catholique » Il est difficile de croire que cette application fut quoi que dise Louis Racine, « contraire aux intentions de l'auteur. »
3 « Il couvre » est bien le texte et non « ils couvrent » comme on lit dans la plupart des éditions récentes Le pronom *il* se rapporte au Roi comparé à un écueil Dans la campagne de 1688, son fils, le grand Dauphin, dont parlent les vers suivants avait pris successivement Philisbourg, Manheim Frankenthal.

PROLOGUE.

Quand son roi lui dit : « Pars, » il s'éiance avec joie,
Du tonnerre vengeur s'en va tout embraser,
Et tranquille à ses pieds revient le déposer.
   Mais tandis qu'un grand roi venge ainsi mes injures,
Vous qui goûtez ici des délices si pures, 60
S'il permet à son cœur un moment de repos,
A vos jeux innocents appelez ce héros
Retracez lui d'Esther l'histoire glorieuse,
Et sur l'impiété la foi victorieuse
   Et vous, qui vous plaisez aux folles passions 65
Qu'allument dans vos cœurs les vaines fictions
Profanes amateurs de spectacles frivoles
Dont l'oreille s'ennuie au son de mes paroles,
Fuyez de mes plaisirs la sainte austérité
Tout respire ici Dieu, la paix la vérité 70

ESTHER

TRAGÉDIE

ACTE PREMIER

(Le théâtre représente l'appartement d'Esther.)

SCÈNE I

ESTHER, ELISE

ESTHER.

Est-ce toi, chère Elise? O jour trois fois heureux !
Que béni soit le Ciel qui te rend à mes vœux,
Toi qui de Benjamin comme moi descendue[1],
Fus de mes premiers ans la compagne assidue,
Et qui, d'un même joug souffrant l'oppression, 5
M'aidois à soupirer les malheurs de Sion
Combien ce temps encore est cher à ma mémoire
Mais toi, de ton Esther ignorois-tu la gloire?
Depuis plus de six mois que je te fais chercher,
Quel climat, quel desert a donc pu te cacher? 10

ÉLISE

Au bruit de votre mort justement éplorée
Du reste des humains je vivois séparée,
Et de mes tristes jours n'attendois que la fin,
Quand tout à coup, Madame un prophète divin

---

1. Il est dit dans les *Additions* au *Livre d'Esther* (chap xi ver set 2), que Mardochée oncle paternel d'Esther, étoit de la tribu de Benjamin

« C'est pleurer trop longtemps une mort qui t'abuse, 15
Lève-toi, m'a-t-il dit, prends ton chemin vers Suse
Là tu verras d'Esther la pompe et les honneurs,
Et sur le trône assis le sujet de tes pleurs.
Rassure, ajouta-t-il, tes tribus alarmées,
Sion, le jour approche où le Dieu des armées 20
Va de son bras puissant faire éclater l'appui,
Et le cri de son peuple est monté jusqu'à lui[1] »
Il dit ; et moi, de joie et d'horreur pénétrée,
Je cours. De ce palais j'ai su trouver l'entrée
O spectacle ! ô triomphe admirable à mes yeux 25
Digne en effet du bras qui sauva nos aïeux
Le fier Assuérus couronne sa captive,
Et le Persan superbe est aux pieds d'une Juive.
Par quels secrets ressorts, par quel enchaînement
Le Ciel a-t-il conduit ce grand événement ? 30

ESTHER

Peut-être on t'a conté la fameuse disgrâce
De l'altière Vasthi, dont j'occupe la place,
Lorsque le Roi, contre elle enflammé de dépit,
La chassa de son trône, ainsi que de son lit
Mais il ne put sitôt en bannir la pensée. 35
Vasthi régna longtemps dans son âme offensée[2]
Dans ses nombreux États il fallut donc chercher
Quelque nouvel objet qui l'en pût détacher[3]
De l'Inde à l'Hellespont ses esclaves coururent,
Les filles de l'Égypte à Suse comparurent[4], 40
Celles même du Parthe et du Scythe indompté
Y briguèrent le sceptre offert à la beauté
On m'élevoit alors, solitaire et cachée,

1 « Ingemiscentes filii Israel propter opera vociferati sunt, ascenditque clamor eorum ab operibus » (*Exode*, chap. ii, verset 23.) Luxit Judæa et clamor Jerusalem ascendit » (*Jérémie* chapitre xiv, verset 2.)

2 « Postquam regis Assueri indignatio deferbuerat, recordatus est Vasthi, et quæ fecisset vel quæ passa esset » (*Esther* chapitre ii, verset 1.)

3 « Dixeruntque pueri Regis ac ministri ejus « Quærantur Regi « puellæ virgines ac speciosæ, et mittantur qui considerent per uni « versas provincias puellas speciosas et virgines et adducant eas « ad civitatem Susan, et tradant eas in domum feminarum, .. et « quæcumque inter omnes oculis Regis placuerit, ipsa regnet pro « Vasthi » Placuit sermo Regi et ita ut suggesserant jussit fieri. » (*Ibidem*, ii, 2-4.)

4 L'empire des Perses s'étendait du côté de l'Europe jusqu'à l'Hellespont L'Inde en était la limite orientale Il est dit, au chapitre i, verset 1, d'*Esther* « In diebus Assueri, qui regnavit ab India usque Æthiopiam »

Sous les yeux vigilants du sage Mardochée
Tu sais combien je dois a ses heureux secours 45
La mort m'avoit ravi les auteurs de mes jours,
Mais lui, voyant en moi la fille de son frère,
Me tint lieu, chere Élise et de père et de mère [1]
Du triste état des Juifs jour et nuit agité,
Il me tira du sein de mon obscurité, 50
Et sur mes foibles mains fondant leur délivrance
Il me fit d'un empire accepter l'espérance
A ses desseins secrets tremblante j'obéis
Je vins Mais je cachai ma race et mon pays [2].
Qui pourroit cependant t'exprimer les cabales 55
Que formoit en ces lieux ce peuple de rivales,
Qui, toutes disputant un si grand intérêt,
Des yeux d'Assuérus attendoient leur arrêt ?
Chacun avoit sa brigue et de puissants suffrages
L'une d'un sang fameux vantoit les avantages, 60
L'autre, pour se parer de superbes atours,
Des plus adroites mains empruntoit le secours [3] ;
Et moi pour toute brigue et pour tout artifice [4],
De mes larmes au ciel j'offrois le sacrifice.
Enfin on m'annonça l'ordre d'Assuérus. 65
Devant ce fier monarque, Élise, je parus
Dieu tient le cœur des rois entre ses mains puissantes [5],
Il fait que tout prospère aux âmes innocentes,
Tandis qu'en ses projets l'orgueilleux est trompé.
De mes foibles attraits le Roi parut frappé 70
Il m'observa longtemps dans un sombre silence,
Et le Ciel, qui pour moi fit pencher la balance,
Dans ce temps la sans doute agissoit sur son cœur.

1 « Erat vir Judæus in Susan civitate vocabulo Mardochæus qui fuit nutricius filiæ fratris suæ Edissæ, quæ altero nomine vocabatur Esther, et utrumque parente amiserat. Mortuisque patre ejus ac matre, Mardochæus sibi eam adoptavit in filiam » (*Esther*, ii, 5 et 7)

2 « Quumque percrebruisset Regis imperium, et juxta mandatum illius multæ pulchræ virgines adducerentur Susan, et Egeo traderentur eunucho, Esther quoque inter ceteras puellas ei tradita est, ut servaretur in numero feminarum . Quæ noluit indicare ei populum et patriam suam : Mardochæus enim præceperat ei ut de hac re omnino reticeret » (*Ibidem*, i, 10).

3. Comparez Tacite *Annales*, livre XII, chapitre i « Nec minore ambitu feminæ exarserant suam quæque nobilitatem, formam opes contendere, ac digna tanto matrimonio ostentare »

4 « Quæ non quæsivit muliebrem cultum » (*Esther*, ii, 15)

5. « Sicut divisiones aquarum, ita cor Regis in manu Domini quocumque voluerit inclinabit illud » (*Proverbes* xxi, 1) Voyez ci-après, acte I, scene ix, vers 729 734

Enfin, avec des yeux où régnoit la douceur
« Soyez reine, » dit il, et des ce moment meme 75
De sa main sur mon front posa son diademe [1].
Pour mieux faire eclater sa joie et son amour,
Il combla de presents tous les grands de sa cour,
Et même ses bienfaits, dans toutes ses provinces,
Inviterent le peuple aux noces de leurs princes [2]. 80
  Helas ! durant ces jours de joie et de festins,
Quelle étoit en secret ma honte et mes chagrins !
« Esther, disois je, Esther dans la pourpre est assise,
La moitié de la terre a son sceptre est soumise,
Et de Jerusalem l herbe cache les murs 85
Sion repaire affreux de reptiles impurs [3],
Voit de son temple saint les pierres dispersees,
Et du Dieu d Israel les fêtes sont cessees ! »
              ÉLISE
N'avez vous point au Roi confie vos ennuis ?
              ESTHER
Le Roi jusqu'a ce jour, ignore qui je suis. 90
Celui par qui le ciel regle ma destinée
Sur ce secret encor tient ma langue enchaînee [4]
              ELISE
Mardochée ? Hé peut il approcher de ces lieux ?
              ESTHER
Son amitie pour moi le rend ingenieux.
Absent, je le consulte, et ses reponses sages 95
Pour venir jusqu'a moi trouvent mille passages
Un pere a moins de soin du salut de son fils
Deja même, déja, par ses secrets avis,
J ai découvert au Roi les sanglantes pratiques
Que formoient contre lui deux ingrats domestiques [5] 100

---

1. « Et adamavit eam Rex plus quam omnes mulieres, et posuit diadema regni in capite ejus, fecitque eam regnare in loco Vasthi » (*Esther* II.17)
2 « Et jussit convivium præparari permagnificum cunctis principibus et servis suis, pro conjunctione et nuptiis Esther Et dedit requiem universis provincus, ac dona largitus est juxta magnificentiam principalem » (*Ibidem*, II, 18.)
3 « Et dabo Jerusalem in acervos arenæ et cubilia draconum. » (*Jérémie* IX 11) « Ut ponat civitates Juda solitudinem et habitaculum draconum » (*Ibidem*, x, 22)
4 « Necdum prodiderat Esther patriam et populum suum, juxta mandatum ejus Quidquid enim ille præcipiebat, observabat Esther ; et ita cuncta faciebat, ut eo tempore solita erat quo eam parvulam nutriebat » (*Esther*, II 20)
5 « Eo igitur tempore quo Mardochæus ad Regis januam morabatur irati sunt Bagathan et Thares duo eunuchi Regis, ve

Cependant mon amour pour notre nation
A rempli ce palais de filles de Sion,
Jeunes et tendres fleurs, par le sort agitées,
Sous un ciel étranger comme moi transplantées   105
Dans un lieu séparé de profanes témoins,
Je mets à les former mon étude et mes soins¹
Et c'est là que, fuyant l'orgueil du diadème,
Lasse de vains honneurs, et me cherchant moi-même,
Aux pieds de l'Éternel je viens m'humilier
Et goûter le plaisir de me faire oublier²   110
Mais à tous les Persans je cache leurs familles
Il faut les appeler Venez, venez mes filles,
Compagnes autrefois de ma captivité
De l'antique Jacob jeune postérité³

SCÈNE II

ESTHER ELISE, LE CHŒUR

UNE DES ISRAÉLITES *chante derrière le théâtre*
Ma sœur, quelle voix nous appelle ?   115

UNE AUTRE
J'en reconnois les agréables sons
C'est la Reine

TOUTES DEUX
Courons, mes sœurs, obéissons
La Reine nous appelle
Allons, rangeons-nous auprès d'elle

luei untque insurgere in Regem et occidere eum Quod Mardochæum non latuit statimque nuntiavit reginæ Esther, et illa Regi, ex nomine Mardochæi, qui ad se rem detulerat » (*Esther*, II, 21 et 22)

1 Le *Livre d'Esther* (II, 9) parle de jeunes filles attachées au service de la Reine . « Septem puellas speciosissimas de domo Regis » On peut supposer qu'elles étaient Juives Esther jeune avec elles « Ego cum ancillis meis jejunabo » (*Esther* IV 16)

2 Nulle part l'allusion à Mme de Maintenon n'est plus claire et l'on peut lui appliquer ce passage plus affirmativement que ne le fait Louis Racine, qui dit dans ses *Remarques sur Esther* « Ces quatre vers sont conformes à ce que l'Écriture sainte rapporte d'Esther (voyez particulièrement le chapitre XIV du *Livre d'Esther* versets 15-18) On croyoit cependant que le poète y avoit voulu peindre Mme de Maintenon »

3 Ce vers est la traduction du premier vers de *Œdipe Roi* de Sophocle, avec le seul changement du nom propre

Ὦ τέκνα, Κάδμου τοῦ πάλαι νέα τροφή

ACTE I, SCÈNE II

TOUT LE CHŒUR *entrant sur la scène par plusieurs endroits différents.*

La Reine nous appelle 120
Allons, rangeons nous auprès d'elle.

ÉLISE

Ciel ! quel nombreux essaim d'innocentes beautés
S'offre à mes yeux en foule et sort de tous côtés !
Quelle aimable pudeur sur leur visage est peinte !
Prospérez, cher espoir d'une nation sainte 125
Puissent jusques au ciel vos soupirs innocents
Monter comme l'odeur d'un agréable encens [1]
Que Dieu jette sur vous des regards pacifiques

ESTHER

Mes filles, chantez-nous quelqu'un de ces cantiques [2]
Où vos voix si souvent se mêlant a mes pleurs 130
De la triste Sion célèbrent les malheurs

UNE ISRAÉLITE *seule chante*

Déplorable Sion qu'as tu fait de ta gloire ?
Tout l'univers admiroit ta splendeur
Tu n'es plus que poussière, et de cette grandeur
Il ne nous reste plus que la triste mémoire 135
Sion, jusques au ciel élevée autrefois,
Jusqu'aux enfers maintenant abaissée,
Puissé-je demeurer sans voix
Si dans mes chants ta douleur retracée
Jusqu'au dernier soupir n'occupe ma pensée ? 140

TOUT LE CHŒUR

O rives du Jourdain ô champs aimés des Cieux
Sacrés monts, fertiles vallées,
Par cent miracles signalées !
Du doux pays de nos aïeux
Serons-nous toujours exilées ? 145

UNE ISRAÉLITE *seule*

Quand verrai je, ô Sion relever tes remparts,
Et de tes tours les magnifiques faîtes ?
Quand verrai je de toutes parts

---

1 « Dirigatur oratio mea sicut incensum in conspectu tuo » (*Psaume* CXL, verset 2.) « Et ascendit fumus incensorum de orationibus sanctorum de manu angeli coram Deo » (*Apocalypse* chapitre VIII verset 4.)

2 Racine met dans la bouche d'Esther les paroles qu'adressaient aux Juifs ceux qui les avaient conduits captifs à Babylone « Et qui abduxerunt nos « Hymnum cantate nobis de canticis « Sion » (*Psaume* CXXXVI verset 3.)

3 « Adhæreat lingua mea faucibus meis, si non meminero tui si non proposuero Jerusalem in principio lætitiæ meæ » (*Psaume* CXXXVI verset 3.)

les peuples en chantant accourir à tes fêtes?
           TOUT LE CHŒUR
Ô rives du Jourdain! ô champs aimés des Cieux   150
    Sacrés monts, fertiles vallées,
    Par cent miracles signalées
    Du doux pays de nos aieux
    Serons-nous toujours exilées?

SCÈNE III

ESTHER, MARDOCHÉE, ÉLISE, LE CHŒUR

           ESTHER.
Quel profane en ce lieu s'ose avancer vers nous?   155
Que vois-je? Mardochée? Ô mon père, est-ce vous?
Un ange du Seigneur, sous son aile sacrée,
A donc conduit vos pas et caché votre entrée?
Mais d'où vient cet air sombre, et ce cilice affreux
Et cette cendre enfin qui couvre vos cheveux[1]?   160
Que nous annoncez-vous?
           MARDOCHÉE
                     Ô Reine infortunée!
Ô d'un peuple innocent barbare destinée!
Lisez, lisez l'arrêt detestable, cruel.
Nous sommes tous perdus, et c'est fait d'Israel.
           ESTHER.
Juste Ciel! tout mon sang dans mes veines se glace[2].   165
           MARDOCHÉE.
On doit de tous les Juifs exterminer la race.
Au sanguinaire Aman nous sommes tous livrés
Les glaives, les couteaux sont déjà préparés.
Toute la nation à la fois est proscrite.
Aman, l'impie Aman, race d'Amalecite[3],   170
A pour ce coup funeste armé tout son crédit,
Et le Roi, trop credule, a signé cet edit
Prévenu contre nous par cette bouche impure,
Il nous croit en horreur à toute la nature[4].

1. « Quæ cum audisset Mardochæus scidit vestimenta sua et indutus est sacco, spargens cinerem capiti. » (*Esther* IV 1.)
2 Racine avait déjà mis ce vers dans la bouche d'Œnone voyez *Phèdre*, acte I, scène III, vers 265
3 L'historien Josèphe (livre XI des *Antiquités judaïques*, chapitre VI, 5) dit qu'Aman était de race amalecite
4. « Unam gentem rebellem adversus omne hominum genus » di

Ses ordres sont donnés, et dans tous ses États, 175
Le jour fatal est pris pour tant d'assassinats
Cieux, éclairerez vous cet horrible carnage?
Le fer ne connoitra ni le sexe ni l'âge[1],
Tout doit servir de proie aux tigres, aux vautours
Et ce jour effroyable arrive dans dix jours. 180

ESTHER.

O Dieu, qui vois former des desseins si funestes,
As tu donc de Jacob abandonné les restes?

UNE DES PLUS JEUNES ISRAÉLITES

Ciel! qui nous défendra, si tu ne nous defends?

MARDOCHÉE

Laissez les pleurs, Esther, à ces jeunes enfants
En vous est tout l'espoir de vos malheureux freres. 185
Il faut les secourir Mais les heures sont cheres
Le temps vole, et bientôt amenera le jour
Où le nom des Hebreux doit perir sans retour.
Toute pleine du feu de tant de saints prophètes,
Allez, osez au Roi declarer qui vous êtes[2] 190

ESTHER

Helas ignorez vous quelles séveres lois
Aux timides mortels cachent ici les rois?
Au fond de leur palais leur majesté terrible
Affecte à leurs sujets de se rendre invisible,
Et la mort est le prix de tout audacieux 195
Qui, sans être appelé, se presente à leurs yeux,
Si le Roi dans l'instant pour sauver le coupable,
Ne lui donne à baiser son sceptre redoutable
Rien ne met à l'abri de cet ordre fatal,
Ni le rang, ni le sexe; et le crime est egal. 200
Moi même sur son trône à ses côtes assise,
Je suis à cette loi comme une autre soumise,
Et sans le prevenir, il faut, pour lui parler,
Qu'il me cherche, ou du moins qu'il me fasse appeler

---

la lettre d'Assuérus envoyée par Aman aux gouverneurs des provinces (*Esther*, XIII 9)

1 « Jussimus ut quoscumque Aman monstraverit, cum conjugibus ac liberis deleantur » (*Ibidem* XIII, 6). « Missæ sunt (*litteræ*) per cursores Regis ad universas provincias, ut occiderent atque delerent omnes Judæos, a puero usque ad senem parvulos et mulieres, uno die » (*Ibidem*, III, 13)

2 Mardochée, dans le *Livre d'Esther*, IV, 8, fait dire à Esther d'aller trouver le Roi et d'interceder auprès de lui pour son peuple « Ut intraret ad Regem et deprecaretur eum pro populo suo. »

3 « Quæ respondit ei, et jussit ut diceret Mardochæo « Omnes « servi Regis, et cunctæ quæ sub ditione ejus sunt norunt provinciæ quod sive vir sive mulier non vocatus interius atrium

MARDOCHÉE

Quoi ? lorsque vous voyez périr votre patrie, 205
Pour quelque chose Esther, vous comptez votre vie
Dieu parle, et d'un mortel vous craignez le courroux !
Que dis-je ? votre vie, Esther, est-elle à vous ?
N'est-elle pas au sang dont vous êtes issue ?
N'est-elle pas à Dieu dont vous l'avez reçue ? 210
Et qui sait, lorsqu'au trône il conduisit vos pas,
Si pour sauver son peuple il ne vous gardoit pas [1] ?
  Songez y bien ce Dieu ne vous a pas choisie
Pour être un vain spectacle aux peuples de l'Asie,
Ni pour charmer les yeux des profanes humains 215
Pour un plus noble usage il réserve ses saints
S'immoler pour son nom et pour son héritage,
D'un enfant d'Israël voilà le vrai partage
Trop heureuse pour lui de hasarder vos jours !
Et quel besoin son bras a-t-il de nos secours ? 220
Que peuvent contre lui tous les rois de la terre ?
En vain ils s'uniroient pour lui faire la guerre
Pour dissiper leur ligue il n'a qu'à se montrer,
Il parle, et dans la poudre il les fait tous rentrer [2]
Au seul son de sa voix la mer fuit, le ciel tremble [3], 225
Il voit comme un néant tout l'univers ensemble,
Et les foibles mortels, vains jouets du trépas,
Sont tous devant ses yeux comme s'ils n'étoient pas [4]
  S'il a permis d'Aman l'audace criminelle
Sans doute qu'il vouloit éprouver votre zèle 230
C'est lui qui, m'excitant à vous oser chercher
Devant moi, chère Esther, a bien voulu marcher,
Et s'il faut que sa voix frappe en vain vos oreilles,
Nous n'en verrons pas moins éclater ses merveilles
Il peut confondre Aman il peut briser nos fers 235
Par la plus foible main qui soit dans l'univers.
Et vous, qui n'aurez point accepté cette grâce,

«Regis intraverit absque ulla cunctatione statim interficiatur nisi
«forte Rex auream virgam eum tetenderit pro signo clementiæ
«atque ita possit vivere Ego igitur quomodo ad Regem intrare
«tero quæ triginta jam diebus non sum vocata ad eum ? » (Esther
IV 10 et 11)
  1 « Et quis novit utrum idcirco ad regnum veneris ut in tali
tempore parareris ? » (Esther IV 14)
  2. « Avertente autem te faciem, turbabuntur, et in pulverem
suum revertentur » (Psaume CIII, 29)
  3 « Dedit vocem suam, mota est terra » (Psaume XLV, 7)
« Mare vidit et fugit » (Psaume CXIII, 3)
  4 « Omnes gentes quasi non sint sic sunt coram eo, et quasi
nihilum et inane reputatæ sunt ei » (Isaïe, XL, 17)

ACTE I, SCÉNE IV

Vous périrez peut être, et toute votre race[1]

ESTHER

Allez Que tous les Juifs dans Suse répandus,
À prier avec vous jour et nuit assidus, 240
Me prêtent de leurs vœux le secours salutaire,
Et pendant ces trois jours gardent un jeûne austère[2]
Déja la sombre nuit a commencé son tour
Demain, quand le soleil rallumera le jour,
Contente de périr, s'il faut que je périsse, 245
J'irai pour mon pays m'offrir en sacrifice
Qu'on s'éloigne un moment

(*Le Chœur se retire vers le fond du théâtre.*)

SCÈNE IV

ESTHER, ÉLISE LE CHŒUR

ESTHER.

O mon souverain Roi[3]

---

[1] « Ne putes quod animam tuam tantum liberes quia in domo Regis es præ cunctis Judæis. Si enim nunc silueris per aliam occasionem liberabuntur Judæi, et tu, et domus patris tui peribitis » (*Esther* IV 13 et 14)

[2] « Vade et congrega omnes Judæos quos in Susan reperieris et orate pro me Non comedatis et non bibatis tribus diebus et tribus noctibus, et ego cum ancillis meis similiter jejunabo et tunc ingrediar ad Regem contra legem faciens, non vocata tradensque me morti et periculo » (*Esther*, IV, 16)

[3] La plupart des idées de cette belle prière se trouvent dans les *Additions* au *Livre d'Esther* (XIV, 3 19) « Domine mi qui rex noster es solus, adjuva me solitariam et cujus præter te nullus est auxiliator alius Periculum meum in manibus meis est Audivi a patre meo quod tu Domine, tulisses Israel de cunctis gentibus, et patres nostros ex omnibus retro majoribus suis ut possideres hereditatem sempiternam, fecistique eis sicut locutus es Peccavimus in conspectu tuo, et idcirco tradidisti nos in manus inimicorum nostrorum colimus enim Deos eorum Justus es Domine Et nunc non eis sufficit quod durissima nos opprimunt servitute, sed robur manuum suarum idolorum potentiæ deputantes, volunt tua mutare promissa et delere hereditatem tuam, et claudere ora laudantium te, atque exsanguere gloriam templi et altaris tui, ut aperiant ora gentium, et laudent idolorum fortitudinem, et prædicent carnalem regem in sempiternum Ne tradas Domine, sceptrum tuum his qui non sunt, ne rideant ad ruinam nostram sed converte consilium eorum super eos et eum qui in nos cœpit sævire diperde Memento, Domine et ostende te nobis in tem

Me voici donc tremblante et seule devant toi.
'Ion pere mille fois m'a dit dans mon enfance
Qu'avec nous tu juras une sainte alliance, 250
Quand pour te faire un peuple agréable a tes yeux,
Il plut a toi amour de choisir nos aieux
Même tu leur promis de ta bouche sacrée
Une postérié d'eternelle durée
Helas. ce peuple ingrat a meprise ta loi, 255
La nation chérie a violé sa foi,
Elle a repudié son époux et son pere,
Pour rendre a d'autres dieux un honneur adultere.
Maintenant elle sert sous un maître étranger.
Mais c'est peu d'être esclave, on la veut egorger. 260
Nos superbes vainqueurs insultant a nos larmes,
Imputent a leurs dieux le bonheur de leurs armes
Et veulent aujourd'hui qu'un même coup mortel
Abolisse ton nom, ton peuple et ton autel
Ainsi donc un perfide, apres tant de miracles, 265
Pourroit aneantir la foi de tes oracles,
Ravuoit aux mortels le plus cher de tes dons,
Le saint que tu promets et que nous attendons?
Non non, ne souffre pas que ces peuples farouches,
Ivres de notre sang, ferment les seules bouches 270
Qui dans tout l'univers célèbrent tes bienfaits,
Et confonds tous ces dieux qui ne furent jamais.

  Pour moi, que tu retiens parmi ces infideles,
Tu sais combien je hais leurs fêtes criminelles,
Et que je mets au rang des profanations 275
Leur table, leurs festins et leurs libations,
Que même cette pompe ou je suis condamnée,
Ce bandeau, dont il faut que je paroisse ornee

tribulationis nostræ, et la mihi fiduciam Domine rex Deorum e
universæ potestatis · tribue sermonem compositum in ore meo in
conspectu leonis, et transfe cor illius in odium hostis nostri ut
et ipse pereat, et ceteri qui ei consentiunt Nos autem libera manu
tua, et adjuva me, nullum aliud auxilium habentem, nisi te, Do
mine, qui habes omnium scientiam, et nosti quia oderim gloriam
iniquorum, et detester cubile incircumcisorum, et omnis alieni
genæ Tu scis necessitatem meam, quod abomirer signum super
biæ et gloriæ meæ, quod est super caput meum in diebus ostenta
tionis meæ, et detester illud , et non portem in diebus silen u
mei, et quod non comederim in mensa Aman, nec mihi placuerit
convivium Regis, et non biberim virum libaminum et nunquam
lætata sit ancilla tua, ex quo huc translata sum usque in præ
sentem diem, nisi in te, Domine Deus Abraham, Deus fortis super
omnes, exaudi vocem eorum qui nullam aliam spem habent et
libera nos de manu iniquorum, et erue me a timore meo »

ACTE I, SCÈNE IV.

Dans ces jours solennels à l'orgueil dédiés,
Seule et dans le secret je le foule à mes pieds ; 280
Qu'à ces vains ornements je préfère la cendre,
Et n'ai de goût qu'aux pleurs que tu me vois répandre.
J'attendois le moment marqué dans ton arrêt,
Pour oser de ton peuple embrasser l'intérêt.
Ce moment est venu : ma prompte obéissance 285
Va d'un roi redoutable affronter la présence.
C'est pour toi que je marche. Accompagne mes pas
Devant ce fier lion qui ne te connoît pas,
Commande en me voyant que son courroux s'apaise,
Et prête à mes discours un charme qui lui plaise. 290
Les orages, les vents, les cieux te sont soumis :
Tourne enfin sa fureur contre nos ennemis.

SCÈNE V

(Toute cette scène est chantée.)

LE CHŒUR

UNE ISRAÉLITE *seule*

Pleurons et gémissons, mes fidèles compagnes.
À nos sanglots donnons un libre cours.
Levons les yeux vers les saintes montagnes 295
D'où l'innocence attend tout son secours[1]
    O mortelles alarmes
Tout Israël périt. Pleurez, mes tristes yeux
   Il ne fut jamais sous les cieux
   Un si juste sujet de larmes 300

TOUT LE CHŒUR

   O mortelles alarmes

UNE AUTRE ISRAELITE.

N'étoit-ce pas assez qu'un vainqueur odieux
De l'auguste Sion eût détruit tous les charmes,
Et traîné ses enfants captifs en mille lieux ?

TOUT LE CHŒUR.

   O mortelles alarmes 305

LA MÊME ISRAELITE.

Foibles agneaux livrés à des loups furieux,
   Nos soupirs sont nos seules armes.

---

1 « Levavi oculos meos in montes, unde veniet auxilium mihi. »
Psaume CXX, 1.)

TOUT LE CHŒUR
O mortelles alarmes
UNE DES ISRAÉLITES
Arrachons, déchirons tous ces vains ornements 340
Qui parent notre tête.
UNE AUTRE.
Revêtons nous d'habillements
Conformes à l'horrible fête
Que l'impie Aman nous apprête¹.
TOUT LE CHŒUR.
Arrachons, déchirons tous ces vains ornements 345
Qui parent notre tête
UNE ISRAÉLITE *seule*
Quel carnage de toutes parts
On égorge à la fois les enfants, les vieillards
Et la sœur et le frère,
Et la fille et la mère,
Le fils dans les bras de son père 320
Que de corps entassés, que de membres épars
Privés de sépulture !
Grand Dieu ! tes saints sont la pâture
Des tigres et des léopards.
UNE DES PLUS JEUNES ISRAÉLITES
Hélas si jeune encore, 325
Par quel crime ai-je pu mériter mon malheur?
Ma vie a peine a commencé d'éclore
Je tomberai comme une fleur ²
Qui n'a vu qu'une aurore.
Hélas ! si jeune encore, 330
Par quel crime ai-je pu mériter mon malheur?
UNE AUTRE
Des offenses d'autrui malheureuses victimes,
Que nous servent, hélas ces regrets superflus?
Nos pères ont péché, nos pères ne sont plus,
Et nous portons la peine de leurs crimes 335
TOUT LE CHŒUR.
Le Dieu que nous servons est le Dieu des combats
Non, non, il ne souffrira pas
Qu'on égorge ainsi l'innocence
UNE ISRAÉLITE *seule*.
Eh quoi? diroit l'impiété,
Où donc est-il ce Dieu si redouté 340

---

1 « Cumque deposuisset (Esther) vestes regias, fletibus et luctu apta indumenta suscepit. » (*Esther*, XIV, 2)
2 « Tanquam flos agri sic efflorebit » (*Psaume* CII, 15)

Dont Israël nous vantoit la puissance[1]
####### UNE AUTRE.
Le Dieu jaloux, ce Dieu victorieux
Frémissez peuples de la terre,
Ce Dieu jaloux, ce Dieu victorieux
Est le seul qui commande aux cieux.   345
Ni les éclairs ni le tonnerre
N'obéissent point à vos Dieux
####### UNE AUTRE
Il renverse l'audacieux.
####### UNE AUTRE.
Il prend l'humble sous sa défense.
####### TOUT LE CHŒUR.
Le Dieu que nous servons est le Dieu des combats   350
Non, non, il ne souffrira pas
Qu'on egorge ainsi l'innocence
####### DEUX ISRAÉLITES
O Dieu, que la gloire couronne,
Dieu, que la lumière environne,
Qui voles sur l'aile des vents,   355
Et dont le trône est porté par les anges[2]
####### DEUX AUTRES DES PLUS JEUNES
Dieu, qui veux bien que de simples enfants
Avec eux chantent tes louanges[3] !
####### TOUT LE CHŒUR
Tu vois nos pressants dangers
Donne a ton nom la victoire,   360
Ne souffre point que ta gloire
Passe à des dieux étrangers
####### UNE ISRAELITE seule
Arme toi, viens nous défendre
Descends tel qu'autrefois la mer te vit descendre[4]
Que les méchants apprennent aujourd'hui   365
A craindre ta colère

---

1 « Ne forte dicant in gentibus Ubi est Deus eorum ? » (*Psaume* LXXVIII, 10) « Dicitur mihi quotidie Ubi est Deus tuus ? » (*Psaume* XLI 4)

2 « Amictus lumine sicut vestimento Qui ambulas super pennas ventorum Qui facis angelos tuos spiritus » (*Psaume* CIII 2 3 et 4) « Et ascendit super Cherubim et volavit, volavit super pennas ventorum » (*Psaume* XLII, 11) Comparez le livre II des *Rois*, XXII 11

3 « Ex ore infantium et lactentium perfecisti laudem » (*Psaume* 1 3)

4 « Descendi ut liberem eum de manibus Ægyptorum » *Exode*, III, 8)

Qu'ils soient comme la poudre et la paille légère
   Que le vent chasse devant lui[1].

TOUT LE CHŒUR.

Tu vois nos pressants dangers
Donne à ton nom la victoire ;
Ne souffre point que ta gloire
Passe à des dieux étrangers.

---

[1] « Et disseminabo eos quasi stipulam, quæ vento raptatur in deserto » (*Jérémie*, XIII, 24.) « Dabit quasi pulverem gladio ejus sicut stipulam vento raptam arcui ejus » (*Isaïe*, XLI, 2.) « Et comminuam eos, ut pulverem ante faciem venti » (*Psaume* XVII, 43.) Voyez aussi les *Psaumes* I, 4, XXXIV, 5, LXXXII, 14.

FIN DU PREMIER ACTE.

ACTE SECOND

(Le théatre représente la chambre ou est le trône d'Assuerus)

SCÈNE I

AMAN, HYDASPE

AMAN
Hé quoi ? lorsque le jour ne commence qu'a luire,
Dans ce lieu redoutable oses tu m'introduire ?
HYDASPE
Vous savez qu'on s'en peut reposer sur ma foi, 375
Que ces portes, Seigneur, n'obéissent qu'à moi.
Venez Partout ailleurs on pourroit nous entendre
AMAN
Quel est donc le secret que tu me veux apprendre ?
HYDASPE
Seigneur de vos bienfaits mille fois honore,
Je me souviens toujours que je vous ai juré 380
D exposer a vos yeux par des avis sincères
Tout ce que ce palais renferme de mystères.
Le Roi d'un noir chagrin paroît enveloppé.
Quelque songe effrayant cette nuit l a frappe.
Pendant que tout gardoit un silence paisible, 385
Sa voix s'est fait entendre avec un cri terrible
J ai couru Le désordre étoit dans ses discours
Il s'est plaint d'un péril qui menaçoit ses jours
Il parloit d'ennemi, de ravisseur farouche,
Même le nom d'Esther est sorti de sa bouche 390
Il a dans ces horreurs passé toute la nuit
Enfin, las d'appeler un sommeil qui le fuit
Pour écarter de lui ces images funèbres,
Il s est fait apporter ces annales célèbres[1]
Ou les faits de son règne, avec soin amassés, 395
Par de fidèles mains chaque jour sont traces

---

[1] « Noctem illam duxit Rex insomnem, jussitque sibi afferri historias et annales priorum temporum » (*Esther* vi 1)

On y conserve écrits le service et l'offense,
Monuments éternels d'amour et de vengeance
Le Roi que j'ai laissé plus calme dans son lit,
D'une oreille attentive écoute ce récit 400

AMAN
De quel temps de sa vie a-t-il choisi l'histoire ?

HYDASPE
Il revoit tous ces temps si remplis de sa gloire,
Depuis le fameux jour qu'au trône de Cyrus
Le choix du sort plaça l'heureux Assuérus [1]

AMAN.
Ce songe, Hydaspe, est donc sorti de son idée ? 405

HYDASPE
Entre tous les devins fameux dans la Chaldée,
Il a fait assembler ceux qui savent le mieux
Lire en un songe obscur les volontés des cieux.
Mais quel trouble vous même aujourd'hui vous agite ?
Votre âme, en m'écoutant, paroît toute interdite 410
L'heureux Aman a-t-il quelques secrets ennuis ?

AMAN
Peux-tu le demander dans la place où je suis,
Haï, craint, envié, souvent plus misérable
Que tous les malheureux que mon pouvoir accable ?

HYDASPE
Hé! qui jamais du Ciel eut des regards plus doux ? 415
Vous voyez l'univers prosterné devant vous

AMAN.
L'univers ? Tous les jours un homme..., un vil esclave,
D'un front audacieux me dédaigne et me brave

HYDASPE
Quel est cet ennemi de l'État et du Roi ?

AMAN
Le nom de Mardochée est-il connu de toi ? 420

HYDASPE.
Qui? ce chef d'une race abominable impie ?

AMAN.
Oui, lui même

HYDASPE
Hé, Seigneur d'une si belle vie
Un si foible ennemi peut-il troubler la paix?

---

[1] Racine nous a dit dans sa préface qu'il suivait l'opinion de ceux qui dans Assuérus veulent reconnaître Darius, fils d'Hystaspe On sait comment, suivant Hérodote (livre III, chapitres LXXXV LXXXVIII) le sort plaça Darius sur le trône

ACTE II, SCÈNE I.

AMAN.

L'insolent devant moi ne se courba jamais[1]
En vain de la faveur du plus grand des monarques   425
Tout révèle à genoux les glorieuses marques.
Lorsque d'un saint respect tous les Persans touchés
N'osent lever leurs fronts à la terre attachés[2],
Lui, fierement assis, et la tête immobile
Traite tous ces honneurs d'impiété servile   430
Presente à mes regards un front seditieux,
Et ne daignerait pas au moins baisser les yeux
Du palais cependant il assiege la porte[3].
A quelque heure que j'entre, Hydaspe ou que je sorte
Son visage odieux m'afflige et me poursuit,   435
Et mon esprit troublé le voit encor la nuit
Ce matin j'ai voulu devancer la lumière
Je l'ai trouvé couvert d'une affreuse poussière,
Revetu de lambeaux, tout pâle, mais son œil
Conservait sous la cendre encor le même orgueil   440
D'où lui vient cher ami, cette impudente audace?
Toi, qui dans ce palais vois tout ce qui se passe
Crois tu que quelque voix ose parler pour lui?
Sur quel roseau fragile a-t-il mis son appui?

HYDASPE

Seigneur, vous le savez son avis salutaire   445
Decouvrit de Thares le complot sanguinaire[4].
Le Roi promit alors de le recompenser.
Le Roi, depuis ce temps, parait n'y plus penser.

---

1 « Cunctique servi Regis qui in foribus palatii versabantur flectebant genua et adorabant Aman Solus Mardochæus non flectebat genu neque adorabat eum » (*Esther*, III, 2)

2   Et je verrais leurs fronts attachés à la terre
                    (Voltaire *Mahomet* acte II, scène v.)

3 Comparez un peu plus loin les vers 459 et 560-562. On lit dans le Livre d'*Esther*, II, 19 « Mardochæus manebat ad januam Regis » et II 21 « Mardochæus ad Regis januam morabatur, » et enfin v, 9 « Cumque vidisset Mardochæum *sedentem ante fores palatii*, et non solum non assurrexisse sibi, sed nec motum quidem de loco sessionis suæ, indignatus est valde » Au verset 19 du chapitre II d'*Esther*, où la *Vulgate* dit « Mardochæus manebat ad januam Regis, » on trouve dans la version des Septante Ὁ δὲ Μαρδοχαῖος ἐθεράπευεν ἐν τῇ αὐλῇ « Mardochée servait à la cour » Ces mots *demeurer à la porte du Roi*, que Racine prend dans leur sens littéral signifiaient que Mardochée avait un office à la cour, comme le dit clairement ce passage des *Additions* au Livre d'*Esther* (chapitre XI, verset 3) : « (Mardochæus) inter primos aulæ regiæ »

4 Le Livre d'*Esther* (II, 21 et 22) nomme deux auteurs de ce complot, Bagathan et Thares eunuques du Roi, et rapporte qu'en effet ils furent dénoncés par Mardochée

AMAN.

Non, il faut à tes yeux depouiller l'artifice
J'ai su de mon destin corriger l'injustice. 450
Dans les mains des Persans jeune enfant apporté,
Je gouverne l'empire où je fus acheté [1]
Mes richesses des rois égalent l'opulence
Environné d'enfants, soutiens de ma puissance,
Il ne manque a mon front que le bandeau royal 455
Cependant, des mortels aveuglement fatal
De cet amas d'honneurs la douceur passagère
Fait sur mon cœur à peine une atteinte legere
Mais Mardochee, assis aux portes du palais,
Dans ce cœur malheureux enfonce mille traits, 460
Et toute ma grandeur me devient insipide
Tandis que le soleil eclaire ce perfide.

HYDASPE.

Vous serez de sa vue affranchi dans dix jours
La nation entière est promise aux vautours

AMAN.

Ah ! que ce temps est long a mon impatience 465
C'est lui, je te veux bien confier ma vengeance,
C'est lui qui, devant moi refusant de ployer,
Les a livrés au bras qui les va foudroyer.
C'étoit trop peu pour moi d'une telle victime [3]
La vengeance trop foible attire un second crime 470
Un homme tel qu'Aman, lorsqu'on l'ose irriter,
Dans sa juste fureur ne peut trop éclater.
Il faut des châtiments dont l'univers fremisse,
Qu'on tremble en comparant l'offense et le supplice
Que les peuples entiers dans le sang soient noyes 475
Je veux qu'on dise un jour aux siècles effrayes
« Il fut des Juifs, il fut une insolente race,
Repandus sur la terre, ils en couvroient la face;
Un seul osa d'Aman attirer le courroux,
Aussitôt de la terre ils disparurent tous. » 480

1 Ce trait est emprunté à l'histoire ordinaire de l'Orient, mais le livre d'*Esther* ne dit point qu'Aman eût commencé par l'esclavage.

2 « Et exposuit illis magnitudinem divitiarum suarum, filiorumque turbam, et quanta eum gloria super omnes principes et servos suos Rex elevasset Et post hæc ait . .. Cum æc omnia habeam, nihil me habere puto, quamdiu videro Mardochæum Judæum sedentem ante fores regias » (*Esther*, v, 11 13)

3. « Et pro nihilo duxit in unum Mardochæum mittere manus suas . audierat enim quod esset gentis Judææ magisque voluit omnem Judæorum, qui erant in regno Assueri perdere nationem (*Ibidem* III, 6)

ACTE II, SCÈNE I.

HYDASPE.
Ce n'est donc pas, Seigneur, le sang amalécite
Dont la voix à les perdre en secret vous excite ?

AMAN
Je sais que, descendu de ce sang malheureux,
Une éternelle haine a dû m'armer contre eux,
Qu'ils firent d'Amalec un indigne carnage, 485
Que jusqu'aux vils troupeaux tout éprouva leur rage,
Qu'un déplorable reste à peine fut sauvé [1]
Mais, crois-moi, dans le rang où je suis élevé,
Mon âme, à ma grandeur toute entière attachée,
Des intérêts du sang est foiblement touchée 490
Mardochée est coupable, et que faut-il de plus ?
Je prévins donc contre eux l'esprit d'Assuerus
J'inventai des couleurs, j'armai la calomnie,
J'intéressai sa gloire ; il trembla pour sa vie
Je les peignis puissants, riches, séditieux, 495
Leur dieu même ennemi de tous les autres dieux.
« Jusqu'à quand souffre-t-on que ce peuple respire,
Et d'un culte profane infecte votre empire ?
Étrangers dans la Perse, à nos lois opposés [2]
Du reste des humains ils semblent divisés, 500
N'aspirent qu'à troubler le repos où nous sommes,
Et détestés partout détestent tous les hommes [3]
Prévenez, punissez leurs insolents efforts,
De leur dépouille enfin grossissez vos trésors »
Je dis, et l'on me crut Le Roi, dès l'heure même, 505
Mit dans ma main le sceau de son pouvoir suprême [4]
« Assure, me dit-il, le repos de ton roi,
Va, perds ces malheureux leur dépouille est à toi [5] »

---

[1] Voyez le livre I des *Rois*, xv, 7 9

[2] « Dixitque Aman regi Assuero Est populus per omnes provincias regni tui dispersus, et a se mutuo separatus, novis utens legibus et ceremoniis, insuper et Regis scita contemnens Et optime nosti quod non expediat regno tuo ut insolescat per licentiam » (*Esther*, iii 8)

[3] « Tacite (*Histoires* livre V, chapitre v) a fait un portrait des Juifs dont Racine a pu se souvenir, dit M Mesnard Il les a aussi représentés comme une race qui *déteste tous les hommes* « Apud ipsos fides obstinata, misericordia in promptu, sed adversus omnes alios hostile odium » Il a parlé de même des chrétiens qu'on ne distinguait guère alors des Juifs « Haud perinde in crimine incendii quam odio generis humani, convicti sunt.» (*Annales*, livre XV, chapitre xliv)

[4] « Tulit ergo Rex annulum quo utebatur de manu sua, et dedit eum Aman.., hosti Judæorum » (*Esther*, iii, 10)

[5] Dans le Livre d'*Esther*, Aman dit au Roi « Si tibi placet decerne ut pereat, et decem millia talentorum appendam arcariis

Toute la nation fut ainsi condamnée
Du carnage avec lui je réglai la journée 510
Mais de ce traître enfin le trépas différé
Fait trop souffrir mon cœur de son sang altéré.
Un je ne sais quel trouble empoisonne ma joie
Pourquoi dix jours encor faut-il que je le voie ?

HYDASPE.

Et ne pouvez-vous pas d'un mot l'exterminer ? 515
Dites au Roi Seigneur, de vous l'abandonner

AMAN.

Je viens pour épier le moment favorable
Tu connois comme moi ce prince inexorable
Tu sais combien terrible en ses soudains transports
De nos desseins souvent il rompt tous les ressorts 520
Mais à me tourmenter ma crainte est trop subtile
Mardochée à ses yeux est une âme trop vile

HYDASPE

Que tardez-vous ? Allez, et faites promptement
Elever de sa mort le honteux instrument[1].

AMAN.

J'entends du bruit, je sors. Toi, si le Roi m'appelle 525

HYDASPE

Il suffit

SCÈNE II

ASSUÉRUS, HYDASPE, ASAPH, SUITE D'ASSUÉRUS

ASSUÉRUS.

Ainsi donc, sans cet avis fidèle,
Deux traîtres dans son lit assassinoient leur roi ?
Qu'on me laisse, et qu'Asaph seul demeure avec moi

---

gazæ tuæ » Assuerus repond a Aman de garder l'argent pour lui et de faire de ce peuple tout ce qu'il lui plairait « Argentum quod tu polliceris tuum sit, de populo age quod tibi placet » (*Esther* III 11)

1 « Responderuntque ei Zares uxor ejus et ceteri amici Jube parari excelsam trabem habentem altitudinis quinquaginta cubitos et dic mane Regi ut appendatur super eam Mardochæus » (*Ibidem* v 14)

SCÈNE III

ASSUÉRUS, ASAPH

ASSUÉRUS *assis sur son trône*
Je veux bien l'avouer, de ce couple perfide
J'avois presque oublié l'attentat parricide, 530
Et j'ai pâli deux fois au terrible récit
Qui vient d'en retracer l'image à mon esprit.
Je vois de quel succes leur fureur fut suivie,
Et que dans les tourments ils laissèrent la vie.
Mais ce sujet zélé qui, d'un œil si subtil, 535
Sut de leur noir complot développer le fil,
Qui me montra sur moi leur main déja levée,
Enfin par qui la Perse avec moi fut sauvée,
Quel honneur pour sa foi, quel prix a-t-il reçu ?

ASAPH
On lui promit beaucoup, c'est tout ce que j'ai su[1]. 540

ASSUÉRUS
O d'un si grand service oubli trop condamnable
Des embarras du trône effet inévitable !
De soins tumultueux un prince environné
Vers de nouveaux objets est sans cesse entraîné
L'avenir l'inquiete, et le présent le frappe, 545
Mais plus prompt que l'éclair, le passé nous échappe,
Et de tant de mortels, à toute heure empressés
A nous faire valoir leurs soins intéressés,
Il ne s'en trouve point qui, touchés d'un vrai zèle
Prennent à notre gloire un intérêt fidèle, 550
Du mérite oublié nous fassent souvenir
Trop prompts à nous parler de ce qu'il faut punir
Ah ! que plutôt l'injure échappe à ma vengeance,
Qu'un si rare bienfait à ma reconnoissance
Et qui voudroit jamais s'exposer pour son roi ? 555
Ce mortel qui montra tant de zèle pour moi,
Vit-il encore ?

ASAPH
Il voit l'astre qui vous éclaire

ASSUÉRUS.
Et que n'a-t-il plus tôt demandé son salaire ?

---

1. « Rex ait Quid pro hac fide honoris ac præmii Mardochæus consecutus est ? Dixerunt ei servi illius ac ministri Nihil omnino mercedis accepit » (*Esther* VI, 3)

Quel pays reculé le cache à mes bienfaits ?

ASAPH.

Assis le plus souvent aux portes du palais 560
Sans se plaindre de vous ni de sa destinée
Il y traîne, Seigneur, sa vie infortunée

ASSUÉRUS

Et je dois d'autant moins oublier la vertu,
Qu'elle même s'oublie. Il se nomme, dis tu ?

ASAPH

Mardochée est le nom que je viens de vous lire 565

ASSUÉRUS.

Et son pays ?

ASAPH.

Seigneur, puisqu'il faut vous le dire,
C'est un de ces captifs à périr destinés,
Des rives du Jourdain sur l'Euphrate amenés[1]

ASSUÉRUS

Il est donc Juif ? O ciel ! Sur le point que la vie
Par mes propres sujets m'alloit être ravie, 570
Un Juif rend par ses soins leurs efforts impuissants
Un Juif m'a préservé du glaive des Persans ?
Mais puisqu'il m'a sauvé, quel qu'il soit il n'importe
Holà ! quelqu'un

SCÈNE IV

ASSUÉRUS, HYDASPE ASAPH

HYDASPE.

Seigneur.

ASSUÉRUS

Regarde à cette porte
Vois s'il s'offre à tes yeux quelque grand de ma cour 575

HYDASPE.

Aman a votre porte a devancé le jour

ASSUÉRUS

Qu'il entre[2] Ses avis m'éclaireront peut être

---

1. « Qui translatus fuerat de Jerusalem eo tempore quo Jechoniam, regem Juda, Nabuchodonosor, rex Babylonis, transtulerat. » (*Esther*, II, 6)

2 « Statimque Rex Quis est, inquit, in atrio ? Responderunt pueri · Aman stat in atrio. Dixitque Rex Ingrediatur » (*Ibidem* VI, 4 et 5)

SCÈNE V

ASSUERUS, AMAN, HYDASPE ASAPH

ASSUERUS.
Approche, heureux appui du trône de ton maître,
Ame de mes conseils, et qui seul tant de fois
Du sceptre dans ma main as soulagé le poids ; 580
Un reproche secret embarrasse mon âme
Je sais combien est pur le zele qui t'enflamme :
Le mensonge jamais n'entra dans tes discours,
Et mon interêt seul est le but ou tu cours
Dis-moi donc que doit faire un prince magnanime 585
Qui veut combler d'honneurs un sujet qu'il estime ? [1]
Par quel gage eclatant et digne d'un grand roi
Puis-je recompenser le merite et la foi ?
Ne donne point de borne à ma reconnoissance ;
Mesure tes conseils sur ma vaste puissance 590

AMAN, *tout bas.*
C'est pour toi même, Aman, que tu vas prononcer [2],
Et quel autre que toi peut on recompenser ?

ASSUÉRUS.
Que penses-tu ?

AMAN.
Seigneur, je cherche, j'envisage
Des monarques persans la conduite et l'usage
Mais à mes yeux en vain je les rappelle tous 595
Pour vous regler sur eux que sont ils près de vous ?
Votre regne aux neveux doit servir de modele
Vous voulez d'un sujet reconnoître le zele,
L'honneur seul peut flatter un esprit genereux
Je voudrois donc, Seigneur, que ce mortel heureux 600
De la pourpre aujourd'hui paré comme vous même,
Et portant sur le front le sacre diadème,
Sur un de vos coursiers pompeusement orné,
Aux yeux de vos sujets dans Suse fût mené,
Que pour comble de gloire et de magnificence, 605
Un seigneur éminent en richesse, en puissance,
Enfin de votre empire apres vous le premier,

---

1. « Cumque esset ingressus, ait illi : Quid debet fieri viro quem Rex honorare desiderat ? » (*Esther*, vi, 6)
2 « Cogitans autem in corde suo Aman et reputans quod nullum alium Rex, nisi se vellet honorare, respondit » (*Ibidem* vi 6 et 7)

Par la bride guidait son superbe coursier,
Et lui-même, marchant en habits magnifiques,
Criât à haute voix dans les places publiques   610
« Mortels, prosternez-vous : c'est ainsi que le Roi
Honore le mérite et couronne la foi¹. »

ASSUÉRUS

Je vois que la sagesse elle-même t'inspire
Avec mes volontés ton sentiment conspire.
Va, ne perds point de temps. Ce que tu m'as dicté   615
Je veux de point en point qu'il soit exécuté².
La veuve dans l'oubli ne sera plus cachée
Aux portes du palais : prends le Juif Mardochée.
C'est lui que je prétends honorer aujourd'hui
Ordonne son triomphe, et marche devant lui   620
Que Suse par ta voix de son nom retentisse,
Et fais à son aspect que tout genou fléchisse
Sortez tous.

AMAN

Dieux³

SCÈNE VI

ASSUÉRUS, seul

Le prix est sans doute inouï
Jamais d'un tel honneur un sujet n'a joui
Mais plus la récompense est grande et glorieuse,   625
Plus même de ce Juif la race est odieuse,
Plus j'assure ma vie, et montre avec éclat
Combien Assuérus redoute d'être ingrat.
On verra l'innocent discerné du coupable
Je n'en perdrai pas moins ce peuple abominable   630
Leurs crimes..

---

1 « Debet indui vestibus regiis, et imponi super equum qui de sella Regis est et accipere regium diadema super caput suum et primus de regiis principibus ac tyrannis teneat equum ejus et per plateam civitatis incedens clamet, et dicat Sic honorabitur quemcumque voluerit Rex honorare » (*Esther*, v 8 et 9.)

2 « Dixitque ei Rex Festina, et sumpta stola et equo, fac at locutus es Mardochæo Judæo qui sedet ante fores palatii Cave n quidquam de his quæ locutus es prætermittas » (*Ibidem* vi 10.)

3 On peut comparer à cette scène la scène correspondante de l'*Esther* de du Ryer, antérieure de trente ans à celle de Racine « Du Ryer est bien loin, dit M Mesnard, de l'élégance de Racine mais sa langue qui rappelle le temps de Corneille, ne manque pas de force en quelques endroits.» Voyez ci-après l'*Appendice à Esther*

SCÈNE VII

ASSUÉRUS, ESTHER, ÉLISE, THAMAR, PARTIE DU CHŒUR

(Esther entre, s'appuyant sur Élise, quatre Israélites soutiennent sa robe[1].)

ASSUERUS

Sans mon ordre on porte ici ses pas ?
Quel mortel insolent vient chercher le trepas ?
Gardes... C'est vous, Esther ? Quoi ? sans être attendue ?

ESTHER.

Mes filles, soutenez votre reine éperdue
Je me meurs[2]

(Elle tombe évanouie)

ASSUÉRUS.

Dieux puissants, quelle étrange pâleur 635
De son teint tout a coup efface la couleur ?
Esther, que craignez vous ? Suis-je pas votre frère
Est-ce pour vous qu'est fait un ordre si sévère ?
Vivez, le sceptre d'or, que vous tend cette main,
Pour vous de ma clémence est un gage certain[3] 640

ESTHER.

Quelle voix salutaire ordonne que je vive
Et rappelle en mon sein mon âme fugitive ?

ASSUÉRUS.

Ne connoissez vous pas la voix de votre époux
Encore un coup, vivez, et revenez a vous.

ESTHER

Seigneur, je n'ai jamais contemplé qu'avec crainte 645
L'auguste majesté sur votre front empreinte[4]
Jugez combien ce front irrité contre moi
Dans mon âme troublée a dû jeter d'effroi

---

1. « Assumpsit duas famulas et super unam quidem innitebatur,.. altera autem famularum sequebatur dominam, defluentia in humum indumenta sustentans » (*Esther*, xv 5 7)

2 « Regina corruit, et in pallorem colore mutato, lassum super ancillulam reclinavit caput » (*Ibidem* xv, 10)

3 « Quid habes, Esther ? Ego sum frater tuus, noli metuere Non morieris ; non enim pro te, sed pro omnibus hæc lex constituta est Accede igitur et tange sceptrum » (*Ibidem*, 12 14)

4 « Quæ respondit Vidi te Domine, quasi angelum Dei, et conturbatum est cor meum præ timore gloriæ tuæ Valde enim mirabilis es, Domine, et facies tua plena est gratiarum » (*Ibidem* 16 et 17.)

Sur ce trône sacré, qu'environne la foudre,
J'ai cru vous voir tout prêt à me réduire en poudre.   650
Hélas sans frissonner, quel cœur audacieux
Soutiendroit les éclairs qui partoient de vos yeux [1]?
Ainsi du Dieu vivant la colere étincelle [2]....

ASSUÉRUS.

O soleil! ô flambeaux [3] de lumiere immortelle!
Je me trouble moi même, et sans fremissement   655
Je ne puis voir sa peine et son saisissement
Calmez, Reine, calmez la frayeur qui vous presse
Du cœur d'Assuerus souveraine maîtresse,
Eprouvez seulement son ardente amitié,
Faut il de mes Etats vous donner la moitié [4]?   660

ESTHER.

Hé! se peut il qu'un roi craint de la terre entiere,
Devant qui tout flechit et baise la poussiere,
Jette sur son esclave un regard si serein,
Et m'offre sur son cœur un pouvoir souverain?

ASSUÉRUS.

Croyez moi, chère Esther, ce sceptre, cet empire,   665
Et ces profonds respects que la terreur inspire,
A leur pompeux éclat mêlent peu de douceur,
Et fatiguent souvent leur triste possesseur
Je ne trouve qu'en vous je ne sais quelle grâce
Qui me charme toujours et jamais ne me lasse   670
De l'aimable vertu doux et puissants attraits!
Tout respire en Esther l'innocence et la paix
Du chagrin le plus noir elle écarte les ombres,
Et fait des jours sereins de mes jours les plus sombres
Que dis je? sur ce trône assis aupres de vous,   675
Des astres ennemis j'en crains moins le courroux,
Et crois que votre front prête à mon diademe
Un éclat qui le rend respectable aux dieux même
Osez donc me repondre, et ne me cachez pas
Quel sujet important conduit ici vos pas.   680
Quel intérêt, quels soins vous agitent, vous pressent?
Je vois qu'en m'écoutant vos yeux au Ciel s'adressent

---

1 « Cumque.... ardentibus oculis furorem pectoris indicasset (*Esther* xv, 10)

2 « Exardescet sicut ignis ira tua? » (*Psaume* LXXXVIII, 47.) — Virgile a dit dans l'*Énéide*, livre IX, vers 66. « Ignescunt iræ »

3 Et non *flambeau*, comme ont imprimé plusieurs editeurs

4. « Dixitque ad eam Rex Quid vis, Esther regina? Quæ est petitio tua? Etiam si dimidiam partem regni petieris, dabitur tibi. » (*Esther* v, 5) Assuérus repete deux autres fois cette promesse (v, 6 et vi, 2)

Parlez de vos desirs le succès est certain
Si ce succes depend d une mortelle main
ESTHER
O bonte qui m'assure autant qu'elle m honore 685
Un intérêt pressant veut que je vous implore
J attends ou mon malheur ou ma félicité,
Et tout dépend, Seigneur, de votre volonte
Un mot de votre bouche, en terminant mes peines,
Peut rendre Esther heureuse entre toutes les reines 690
ASSUÉRUS
Ah! que vous enflammez mon desir curieux
ESTHER
Seigneur, si j'ai trouve grâce devant vos yeux,
Si jamais a mes vœux vous fûtes favorable,
Permettez, avant tout, qu'Esther puisse à sa table
Recevoir aujourd hui son souverain Seigneur, 695
Et qu'Aman soit admis a cet exces d'honneur
J'oserai devant lui rompre ce grand silence,
Et j ai, pour m expliquer, besoin de sa presence [1]
ASSUÉRUS.
Dans quelle inquietude, Esther, vous me jetez
Toutefois qu'il soit fait comme vous souhaitez 700
(A ceux de sa suite)
Vous, que l on cherche Aman, et qu'on lui fasse entendre
Qu'invite chez la Reine, il ait soin de s y rendre [2].
HYDASPE.
Les savants Chaldeens, par votre ordre appeles
Dans cet appartement, Seigneur, sont assembles.
ASSUÉRUS
Princesse, un songe etrange occupe ma pensee 705
Vous même en leur reponse êtes interessee
Venez, derriere un voile ecoutant leurs discours,
De vos propres clartes me prêter le secours
Je crains pour vous, pour moi, quelque ennemi perfide
ESTHER.
Suis moi, Thamar Et vous, troupe jeune et timide, 710
Sans craindre ici les yeux d'une profane cour,
A l'abri de ce trône attendez mon retour.

1. « Si inveni in conspectu Regis gratiam et si Regi placet ut det mihi quod postulo, et meam impleat petitionem, veniat Rex et Aman ad convivium quod paravi eis, et cras aperiam Regi voluntatem meam » (*Esther* v, 8)
2 « Statimque Rex vocate, inquit cito Aman, ut Esther obediat voluntati » (*Ibidem* v 5)

SCÈNE VIII

Cette scène est partie déclamée sans chant et partie chantée.

ELISE, PARTIE DU CŒUR

ÉLISE
Que vous semble, mes sœurs, de l'état où nous sommes ?
　D'Esther, d'Aman, qui le doit emporter ?
　　Est-ce Dieu, sont ce les hommes　　　　　　715
　　Dont les œuvres vont éclater ?
　Vous avez vu quelle ardente colère
　Allumoit de ce roi le visage sevère
UNE DES ISRAÉLITES
Des eclairs de ses yeux l'œil etoit ebloui
UNE AUTRE
Et sa voix m'a paru comme un tonnerre horrible　720
ÉLISE
　Comment ce courroux si terrible
　En un moment s'est il évanoui ?
UNE DES ISRAELITES *chante*
Un moment a changé ce courage inflexible
Le lion rugissant est un agneau paisible
Dieu notre Dieu sans doute a verse dans son cœur　725
　Cet esprit de douceur [1]
LE CHŒUR *chante*
Dieu, notre Dieu sans doute a verse dans son cœur
　Cet esprit de douceur.
LA MÊME ISRAÉLITE *chante*
　Tel qu'un ruisseau docile
Obeit a la main qui detourne son cours,　　　　730
Et laissant de ses eaux partager le secours,
　Va rendre tout un champ fertile.
Dieu, de nos volontes arbitre souverain,
　Le cœur des rois est ainsi dans ta main [2]
ÉLISE.
Ah ! que je crains, mes sœurs les funestes nuages　735
　Qui de ce prince obscurcissent les yeux !

---

[1] « Convertitque Deus spiritum Regis in mansuetudinem » (*Esther* xv, 11)

[2] Voyez ci dessus la note sur le vers 67, p. 408

ACTE II, SCENE VIII.

Comme il est aveugle du culte de ses dieux !
UNE DES ISRAÉLITES
Il n'atteste jamais que leurs noms odieux
UNE AUTRE
Aux feux inanimes¹ dont se parent les cieux
Il rend de profanes hommages. 740
UNE AUTRE
Tout son palais est plein de leurs images
LE CHŒUR *chante*
Malheureux ! vous quittez le maître des humains
Pour adorer l'ouvrage de vos mains².
UNE ISRAÉLITE *chante.*
Dieu d'Israel, dissipe enfin cette ombre
Des larmes de tes saints quand seras-tu touché ? 745
Quand sera le voile arraché³
Qui sur tout l'univers jette une nuit si sombre ?
Dieu d'Israel, dissipe enfin cette ombre
Jusqu'à quand seras tu caché ?
UNE DES PLUS JEUNES ISRAÉLITES
Parlons plus bas, mes sœurs Ciel ! si quelque infidele, 750
Ecoutant nos discours, nous alloit deceler⁴
ÉLISE
Quoi ? fille d'Abraham, une crainte mortelle
Semble déjà vous faire chanceler ?
Hé si l'impie Aman, dans sa main homicide
Faisant luire à vos yeux un glaive menaçant, 755
A blasphémer le nom du Tout Puissant
Vouloit forcer votre bouche timide ?
UNE AUTRE ISRAELITE
Peut être Assuerus, fremissant de courroux
Si nous ne courbons les genoux
Devant une muette idole 760
Commandera qu'on nous immole

1 Louis Racine s'est approprié cette belle expression dans son poeme de *la Religion* (chant III).
Aux feux inanimés qui roulent sur leurs têtes

2 « Et miserunt deos eorum in ignem non enim erant dii, sed opera manuum hominum » (Livre IV des *Rois*, XIX, 18)
pus manuum suarum adoraverunt quod fecerunt digiti eorum » *Isaïe*, II, 8)

3 « Cum autem conversus fuerit ad Dominum auferetur velamen » (*Épitre II aux Corinthiens*, III, 16)

4 On a rapproche de ces vers une recommandation semblable adressée par le Chœur à Oreste et à Électre, dans les *Choephores* d'Eschyle (vers 259 261)

Chère sœur, que choisirez-vous ?

UNE JEUNE ISRAELITE.

Moi je pourrois trahir le Dieu que j'aime ?
J'adorerois un Dieu sans force et sans vertu,
   Reste d'un tronc par les vents abattu,   765
   Qui ne peut se sauver lui même ?

LE CHOEUR *chante*

Dieux impuissants, dieux sourds[1], tous ceux qui vous im
[plorent
   Ne seront jamais entendus
Que les demons, et ceux qui les adorent,
Soient à jamais détruits et confondus[2]   770

UNE ISRAÉLITE *chante*

Que ma bouche et mon cœur, et tout ce que je suis,
Rendent honneur au Dieu qui m'a donné la vie,
   Dans les craintes, dans les ennuis
   En ses hontes mon ame se confie
Veut il par mon trépas que je le glorifie ?   775
Que ma bouche et mon cœur, et tout ce que je suis,
Rendent honneur au Dieu qui m'a donné la vie.

ÉLISE.

Je n'admirai jamais la gloire de l'impie

UNE AUTRE ISRAÉLITE

Au bonheur du mechant qu'une autre porte envie

ELISE.

   Tous ses jours paroissent charmants   780
   L'or eclate en ses vetements,
Son orgueil est sans borne ainsi que sa richesse,
Jamais l'air n'est trouble de ses gemissements,
Il s'endort, il s'eveille au son des instruments ;
   Son cœur nage dans la mollesse[3]   785

UNE AUTRE ISRAELITE

   Pour comble de prosperité,
Il espere revivre en sa posterité ;
Et d'enfants à sa table une riante troupe

---

1. « Aures habent (*simulacra gentium*) et non audient » (*Psaum* CXIII, *Non nobis Domine*, 6.) « Omnia idola nationum, quibus neque oculorum usus est ad videndum, neque aures ad audiendum. » (*Sagesse*, XV, 15.)

2. « Confundantur omnes qui adorant sculptilia, et qui gloriantur in simulacris suis » (*Psaume* XCVI 7.)

3. « Væ qui consurgitis mane ad ebrietatem sectandam et potandum usque ad vesperam, ut vino æstuetis Cithara, et lyra e tympanum, et tibia, et vinum, in conviviis vestris, et opus Domini non respicitis, nec opera manuum ejus consideratis » (*Isaie* V 11 et 12.)

Semble boire avec lui la joie à pleine coupe[1].
(Tout ce reste[2] est chanté.)

LE CHŒUR

Heureux, dit-on, le peuple florissant
Sur qui ces biens coulent en abondance!
Plus heureux le peuple innocent
Qui dans le Dieu du ciel a mis sa confiance[3]!

UNE ISRAELITE *seule*,

Pour contenter ses frivoles desirs,
L'homme insensé vainement se consume
Il trouve l'amertume
Au milieu des plaisirs

UNE AUTRE *seule*.

Le bonheur de l'impie est toujours agité;
Il erre à la merci de sa propre inconstance[4]
Ne cherchons la félicité
Que dans la paix de l'innocence.

LA MÊME *avec une autre*

O douce paix!
O lumière éternelle!
Beauté toujours nouvelle
Heureux le cœur épris de tes attraits!
O douce paix,
O lumière éternelle!
Heureux le cœur qui ne te perd jamais!

LE CHŒUR

O douce paix
O lumière éternelle
Beauté toujours nouvelle!
O douce paix
Heureux le cœur qui ne te perd jamais!

LA MÊME *seule*

Nulle paix pour l'impie[5] Il la cherche, elle fuit,

1 J. B. Rousseau a dit dans sa cantate de *Bacchus*

La céleste troupe
Dans ce jus vanté
Boit à pleine coupe
L'immortalité

et Virgile dans l'*Énéide* (livre I, vers 749):

Longumque bibebat amorem

2 Et non *le reste*, comme on a le plus souvent imprimé.

3. « Beatum dixerunt populum cui hæc sunt : beatus populus cujus Dominus Deus ejus » (*Psaume* CXLIII 15)

4 « Impii autem quasi mare fervens, quod quiescere non potest » (*Isaïe*, LVII, 20)

5 « Non est pax impiis, dicit Dominus Deus » (*Ibidem*, LVII, 21, et XLVIII 22)

Et le calme en son cœur ne trouve point de place 815
    Le glaive au dehors le poursuit ;
    Le remords au dedans le glace [1].

             UNE AUTRE

La gloire des méchants en un moment s'éteint.
  L'affreux tombeau pour jamais les dévore.
Il n'en est pas ainsi de celui qui te craint 820
Il renaîtra, mon Dieu, plus brillant que l'aurore

             LE CHŒUR

    O douce paix
Heureux le cœur qui ne te perd jamais !

           ELISE, *sans chanter*.

Mes sœurs, j'entends du bruit dans la chambre prochaine
On nous appelle allons rejoindre notre reine. 825

---

1. « Foris vastabit eos gladius et intus pavor. » (*Deutéronome* XXXII, 25.)

FIN DU SECOND ACTE

ACTE TROISIÈME

Le théâtre représente les jardins d'Esther, et un des côtés du salon
où se fait le festin

SCÈNE I

AMAN ZARÈS

ZARÈS.
C'est donc ici d'Esther le superbe jardin ;
Et ce salon pompeux est le lieu du festin.
Mais tandis que la porte en est encor fermée,
Écoutez les conseils d'une épouse alarmée.
Au nom du sacré nœud qui me lie avec vous, 830
Dissimulez Seigneur, cet aveugle courroux ;
Eclaircissez ce front où la tristesse est peinte
Les rois craignent surtout le reproche et la plainte
Seul entre tous les grands par la Reine invité,
Ressentez donc aussi cette félicité. 835
Si le mal vous aigrit, que le bienfait vous touche
Je l'ai cent fois appris de votre propre bouche :
Quiconque ne sait pas dévorer un affront,
Ni de fausses couleurs se déguiser le front,
Loin de l'aspect des rois qu'il s'écarte, qu'il fuie 840
Il est des contre temps qu'il faut qu'un sage essuie
Souvent avec prudence un outrage enduré
Aux honneurs les plus hauts a servi de degré

AMAN
O douleur ô supplice affreux a la pensée !
O honte, qui jamais ne peut être effacee ! 845
Un exécrable Juif, l'opprobre des humains,
S'est donc vu de la pourpre habillé par mes mains ?
C'est peu qu'il ait sur moi remporté la victoire ;
Malheureux, j'ai servi de heraut a sa gloire.
Le traître ! Il insultoit à ma confusion ; 850
Et tout le peuple même avec dérision,
Observant la rougeur qui couvroit mon visage,
De ma chute certaine en tiroit le presage

Roi cruel ce sont là les jeux où tu te plais
Tu ne m'as prodigué tes perfides bienfaits 855
Que pour me faire mieux sentir ta tyrannie
Et m accabler enfin de plus d'ignominie

ZARES

Pourquoi juger si mal de son intention ?
Il croit recompenser une bonne action
Ne faut il pas, Seigneur, s'étonner au contraire 860
Qu'il en ait si longtemps différé le salaire ?
Du reste, il n a rien fait que par votre conseil
Vous-même avez dicté tout ce triste appareil
Vous êtes après lui le premier de l Empire
Sait il toute l horreur que ce Juif vous inspire ? 865

AMAN

I sait qu'il me doit tout[1], et que pour sa grandeur
J ai foulé sous les pieds remords crainte pudeur,
Qu'avec un cœur d airain exerçant sa puissance,
J'ai fait taire les lois et gemir l'innocence ;
Que pour lui, des Persans bravant l aversion, 870
J'ai cheri, j ai cherché la malediction,
Et pour prix de ma vie à leur haine exposée,
Le barbare aujourd'hui m'expose a leur risée !

ZARES.

Seigneur, nous sommes seuls Que sert de se flatter ?
Ce zèle que pour lui vous fîtes eclater, 875
Ce soin d'immoler tout à son pouvoir suprême,
Entre nous, avoient ils d'autre objet que vous-même?
Et sans chercher plus loin tous ces Juifs desoles,
N est-ce pas à vous seul que vous les immolez ?
Et ne craignez vous point que quelque avis funeste 880
Enfin la cour nous hait, le peuple nous déteste.
Ce Juif même, il le faut confesser malgré moi,
Ce Juif, comble d honneurs me cause quelque effroi[2]
Les malheurs sont souvent enchaînes l un a l'autre
Et sa race toujours fut fatale a la votre 885
De ce leger affront songez a profiter
Peut être la fortune est prête a vous quitter,

1 « On assure dit Louis Racine dans ses *Remarques sur Esther*
qu'un ministre qui etoit encore en place alors, mais qui n étoi
plus en faveur (*Louvois*) avoit donné lieu à ce vers parce que
dans un mouvement de colère il avoit dit quelque chose de sem
blable »

2 « Cui responderunt sapientes quos habebat in consilio, et uxor
ejus Si de semine Judæorum est Mardochæus ante quem cadere
cœpisti, non poteris ei resistere, sed cades in conspectu ejus »
(*Esther* vi, 13)

ACTE III, SCÈNE I

Aux plus affreux excès son inconstance passe.
Prévenez son caprice avant qu'elle se lasse.
Où tendez-vous plus haut ? Je frémis quand je voi
Les abîmes profonds qui s'offrent devant moi.
La chute désormais ne peut être qu'horrible.
Osez chercher ailleurs un destin plus paisible.
Regagnez l'Hellespont, et ces bords écartés
Où vos aïeux errants jadis furent jetés[1],
Lorsque des Juifs contre eux la vengeance allumée
Chassa tout Amalec[2] de la triste Idumée[3].
Aux malices du sort enfin dérobez-vous.
Nos plus riches trésors marcheront devant nous.
Vous pouvez du départ me laisser la conduite,
Surtout de vos enfants j'assurerai la fuite.
N'ayez soin cependant que de dissimuler.
Contente, sur vos pas vous me verrez voler.
La mer la plus terrible et la plus orageuse
Est plus sûre pour nous que cette cour trompeuse.
Mais à grands pas vers vous je vois quelqu'un marcher.
C'est Hydaspe.

SCÈNE II

AMAN, ZARÈS, HYDASPE

HYDASPE.
Seigneur, je courois vous chercher[4].
Votre absence en ces lieux suspend toute la joie,
Et pour vous y conduire Assuérus m'envoie.

AMAN
Et Mardochée est-il aussi de ce festin ?

---

1. M. Mesnard a ainsi annoté ce passage : « Dans son explication du chapitre III (verset 1) du Livre d'*Esther*, Saci dit qu'il peut être arrivé fort aisément que les restes des Amalécites après cette défaite générale et ce grand carnage qui en fut fait sous le règne de Saül s'étant enfuis et dispersés de toutes parts dans les provinces, ceux qui étaient les ancêtres d'Aman soient venus s'établir dans la Macédoine. Racine admettait sans doute cette conjecture qu'avaient suggérée à Saci les versets 10 et 14 du chapitre XVI du Livre d'*Esther*. »

2. Tous les Amalécites.

3. Contrée située entre la Judée et l'Arabie.

4. « Adhuc illis loquentibus venerunt eunuchi Regis, et cito eum ad convivium quod Regina paraverat pergere compulerunt » *Esther*, VI, 14.)

HYDASPE
A la table d'Esther portez vous ce chagrin ?
Quoi ? toujours de ce Juif l'image vous désole ?
Laissez le s'applaudir d'un triomphe frivole
Croit il d'Assuérus éviter la rigueur ?
Ne possedez vous pas son oreille et son cœur ?   915
On a payé le zele, on punira le crime,
Et l'on vous a, Seigneur, orné votre victime.
Je me trompe, ou vos vœux, par Esther secondes,
Obtiendront plus encor que vous ne demandez
                AMAN.
Croirai-je le bonheur que ta bouche m'annonce ?   920
                HYDASPE.
J'ai des savants devins entendu la réponse
Ils disent que la main d'un perfide etranger
Dans le sang de la Reine est prête à se plonger,
Et le Roi, qui ne sait ou trouver le coupable,
N'impute qu'aux seuls Juifs ce projet detestable.   925
                AMAN.
Oui, ce sont, cher ami, des monstres furieux ;
Il faut craindre surtout leur chef audacieux.
La terre avec horreur dès longtemps les endure,
Et l'on n'en peut trop tôt delivrer la nature.
Ah ! je respire enfin Chère Zarès, adieu   930
                YDASPE
Les compagnes d'Esther s'avancent vers ce lieu
Sans doute leur concert va commencer la fête
Entrez, et recevez l'honneur qu'on vous apprete.

SCENE III

ELISE, LE CHŒUR

(Ceci se recite sans chant)

UNE DES ISRAÉLITES.

C'est Aman

                UNE AUTRE.
      C'est lui même, et j'en fremis, ma sœur
                LA PREMIÈRE
Mon cœur de crainte et d'horreur se resserre.   935
                L'AUTRE
C'est d'Israel le superbe oppresseur
                LA PREMIERE.
    C'est celui qui trouble la terre.

ÉLISE.
Peut-on, en le voyant, ne le connoître pas ?
L'orgueil et le dédain sont peints sur son visage
UNE ISRAELITE
On lit dans ses regards sa fureur et sa rage
UNE AUTRE
Je croyois voir marcher la Mort devant ses pas
UNE DES PLUS JEUNES.
Je ne sais si ce tigre a reconnu sa proie,
Mais en nous regardant, mes sœurs, il m'a semblé
Qu'il avoit dans les yeux une barbare joie,
Dont tout mon sang est encore troublé.
ÉLISE
Que ce nouvel honneur va croître son audace !
Je le vois, mes sœurs, je le voi
A la table d'Esther l'insolent près du Roi
A déjà pris sa place.
UNE DES ISRAÉLITES.
Ministres du festin, de grâce dites-nous,
Quels mets a ce cruel, quel vin préparez-vous ?
UNE AUTRE
Le sang de l'orphelin,
UNE TROISIÈME.
Les pleurs des misérables,
LA SECONDE
Sont ses mets les plus agreables[1]
LA TROISIÈME
C'est son breuvage le plus doux.
ÉLISE
Chères sœurs, suspendez la douleur qui vous presse,
Chantons, on nous l'ordonne, et que puissent nos chants
Du cœur d'Assuérus adoucir la rudesse,
Comme autrefois David par ses accords touchants
Calmoit d'un roi jaloux la sauvage tristesse[2]
(*Tout le reste de cette scène est chanté.*)
UNE ISRAÉLITE
Que le peuple est heureux,
Lorsqu'un roi généreux,
Craint dans tout l'univers, veut encore qu'on l'aime !
Heureux le peuple ! heureux le roi lui même !

1. C'est une image analogue à celle-ci : « Fuerunt mihi lacrymæ meæ panes die ac nocte » (*Psaume* XLI, 4.)
2. « Quandocunque spiritus malus arripiebat Saul, David tollebat citharam, et percutiebat manu sua, et refocillabatur Saul, et levius habebat, recedebat enim ab eo spiritus malus » (Livre I des *Rois*, XVI, 23.)

CŒUR

Ô repos, ô tranquillité!
Ô d'un parfait bonheur assurance éternelle, 965
Quand la suprême autorité
Dans ses conseils a toujours auprès d'elle
La justice et la vérité.

*(Ces quatre stances sont chantées alternativement par
une voix seule et par tout le chœur.)*

UNE ISRAÉLITE.

Rois, chassez la calomnie[1]
Ses criminels attentats 970
Des plus paisibles États
Troublent l'heureuse harmonie.

Sa fureur, de sang avide,
Poursuit partout l'innocent
Rois, prenez soin de l'absent 975
Contre sa langue homicide.

De ce monstre si farouche
Craignez la feinte douceur,
La vengeance est dans son cœur,
Et la pitié dans sa bouche. 980

La fraude adroite et subtile
Sème de fleurs son chemin,
Mais sur ses pas vient enfin
Le repentir inutile.

UNE ISRAÉLITE *seule*

D'un souffle l'aquilon écarte les nuages, 985
Et chasse au loin la foudre et les orages.
Un roi sage, ennemi du langage menteur,
Écarte d'un regard le perfide imposteur.

UNE AUTRE

J'admire un roi victorieux,
Que sa valeur conduit triomphant en tous lieux 990
Mais un roi sage et qui hait l'injustice,
Qui sous la loi du riche impérieux,
Ne souffre point que le pauvre gémisse[2]
Est le plus beau présent des cieux.

UNE AUTRE.

La veuve en sa défense espère. 995

---

1 « L'auteur se félicitoit de ces quatre stances qui contiennent des vérités si utiles aux rois » *(Note de Louis Racine, dans ses Remarques sur Esther)*

2 « Rex qui judicat in veritate pauperes, thronus ejus in æternum firmabitur » *(Proverbes* xxix 14)

ACTE III. SCÈNE III

UNE AUTRE.

De l'orphelin tu est le père,

TOUTES ENSEMBLE

Et les larmes du juste implorant son appui
Sont précieuses devant lui¹

UNE ISRAELITE *seule*

Détourne, Roi puissant, détourne tes oreilles
   De tout conseil barbare et mensonger   1000
      Il est temps que tu t'éveilles
Dans le sang innocent ta main va se plonger,
      Pendant que tu sommeilles
De oui nc, Roi puissant, détourne tes oreilles
   De tout conseil barbare et mensonger   1005

UNE AUTRE

Ainsi puisse sous toi trembler la terre entière
Ainsi puisse à jamais contre tes ennemis
Le bruit de ta valeur te servir de barrière !
S'ils t'attaquent, qu'ils soient en un moment soumis

   Que de ton bras la force les renverse,   1010
   Que de ton nom la terreur les disperse,
Que tout leur camp nombreux soit devant tes soldats
    Comme d'enfants une troupe inutile,
Et si par un chemin il entre en tes États,
   Qu'il en sorte par plus de mille   1015

SCÈNE IV

ASSUÉRUS, ESTHER AMAN, ÉLISE LE CHŒUR

ASSUÉRUS, *à Esther*

Oui, vos moindres discours ont des grâces secrètes.
Une noble pudeur à tout ce que vous faites
Donne un prix que n'ont point ni la pourpre ni l'or
Quel climat renfermoit un si rare trésor ?
Dans quel sein vertueux avez vous pris naissance ?   1020
Et quelle main si sage éleva votre enfance ?
   Mais dites promptement ce que vous demandez
Tous vos desirs, Esther vous seront accordés
Dussiez vous, je l'ai dit et veux bien le redire,

    J B Rousseau a copié ce dernier vers
      E les larmes de l'innocence
    Sont précieuses devant lui
         (Livre 1 ode VI)

Demandez la moitié de ce puissant empire¹ 1025

ESTHER

Je ne m'egare point dans ces vastes desirs
Mais puisqu'il faut enfin expliquer mes soupirs
Puisque mon roi lui même a parler me convie,
(*Elle se jette aux pieds du Roi*)
J'ose vous implorer, et pour ma propre vie,
Et pour les tristes jours d'un peuple infortuné. 1030
Qu'a perir avec moi vous avez condamné²

ASSUERUS, *la relevant*

A perir? Vous? Quel peuple? Et quel est ce mystere³?

AMAN *tout bas*

Je tremble

ESTHER

Esther, Seigneur, eut un Juif pour son père
De vos ordres sanglants vous savez la rigueur

AMAN.

Ah! Dieux

ASSUÉRUS

Ah! de quel coup me percez vous le cœur? 1035
Vous la fille d'un Juif? He quoi? tout ce que j'aime,
Cette Esther l'innocence et la sagesse même,
Que je croyois du ciel les plus chères amours,
Dans cette source impure auroit puisé ses jours?
Malheureux

ESTHER

Vous pourrez rejeter ma priere. 1040
Mais je demande au moins que, pour grâce derniere,
Jusqu'à la fin, Seigneur, vous m'entendiez parler,
Et que surtout Aman n'ose point me troubler

ASSUERUS

Parlez

ESTHER

O Dieu confonds l'audace et l'imposture
Ces Juifs, dont vous voulez delivrer a nature, 1045
Que vous croyez, Seigneur, le rebut des humains,
D'une riche contree autrefois souverains,

---

1 Voyez ci dessus p 452, la note du vers 660
2 « Ad quem illa respondit Si inveni gratiam in oculis tuis
o Rex, et si tibi placet, dona mihi animam meam pro qua rogo
et populum meum pro quo obsecro Traditi enim sumus ego e
populus meus, ut conteramur, jugulemur, pereamus Atque
utinam in servos et famulas venderemur esset tolerabile malum,
et gemens tacerem, nunc autem hostis noster est, cujus crude
litas redundat in Regem » (*Esther*, VII, 3 et 4)
3 « Respondensque rex Assuerus ait Quis est iste, et cujus
potentiæ, ut hæc audeat facere? » (*Ibidem* VII, 5.)

ACTE III, SCÈNE IV. 447

Pendant qu'ils n'adoroient que le Dieu de leurs peres,
Ont vu benir le cours de leurs destins prosperes.
Ce Dieu, maître absolu de la terre et des cieux, 1050
N'est point tel que l'erreur le figure à vos yeux.
L'Éternel est son nom. Le monde est son ouvrage,
Il entend les soupirs de l'humble qu'on outrage,
Juge tous les mortels avec d'egales lois,
Et du haut de son trône interroge les rois¹ 1055
Des plus fermes États la chute epouvantable,
Quand il veut, n'est qu'un jeu de sa main redoutable
Les Juifs à d'autres dieux osèrent s'adresser
Roi, peuples, en un jour tout se vit disperser
Sous les Assyriens leur triste servitude 1060
Devint le juste prix de leur ingratitude.
Mais pour punir enfin nos maîtres à leur tour,
Dieu fit choix de Cyrus, avant qu'il vît le jour,
L'appela par son nom, le promit à la terre,
Le fit naître et soudain l'arma de son tonnerre 1065
Brisa les fiers remparts et les portes d'airain,
Mit des superbes rois la depouille en sa main²,
De son temple detruit vengea sur eux l'injure
Babylone paya nos pleurs avec usure.
Cyrus, par lui vainqueur, publia ses bienfaits, 1070
Regarda notre peuple avec des yeux de paix,
Nous rendit et nos lois et nos fêtes divines,
Et le temple deja sortoit de ses ruines,
Mais de ce roi si sage heritier insense,
Son fils interrompit l'ouvrage commencé³, 1075
Fut sourd à nos douleurs Dieu rejeta sa race,
Le retrancha lui-même, et vous mit en sa place
Que n'espérions nous point d'un roi si genereux?
« Dieu regarde en pitié son peuple malheureux,
Disions nous un roi regne, ami de l'innocence » 1080
Partout du nouveau prince on vantoit la clemence

1 C'est à la lecture de ces vers admirables que Voltaire enthou
siasme s'ecriait « On a honte de faire des vers quand on en lit de
pareils. »
2 « Hæc dicit Dominus christo meo Cyro, cujus apprehendi
dexteram ut subjiciam ante faciem ejus gentes Ego ante te
ibo, et gloriosos terræ humiliabo, portas æreas conteram, et vec
tes ferreos confringam Et vocavi te nomine tuo » (Isaie
XLV, 1 4) Bossuet a imité cet endroit d'Isaie dans l'Oraison fu
nebre du prince de Condé « Tu n'es pas encore ., mais je te
vois, et je t'ai nommé par ton nom, tu t'appelleras Cyrus Je
marcherai devant toi dans les combats, à ton approche, je met
trai les rois en fuite, je briserai les portes d'airain »
3 Voyez le livre I d'Esdras chapitre IV verset 6

Les Juifs partout de joie en poussèrent des cris.
Ciel ! verra-t-on toujours par de cruels esprits
Des princes les plus doux l'oreille environnée,
Et du bonheur public la source empoisonnée ? 1085
Dans le fond de la Thrace un barbare enfanté
Est venu dans ces lieux souffler la cruauté
Un ministre ennemi de votre propre gloire
AMAN.
De votre gloire ? Moi ? Ciel ! Le pourriez vous croire ?
Moi, qui n'ai d'autre objet ni d'autre Dieu
ASSUERUS
         Tais toi 1090
Oses tu donc parler sans l'ordre de ton roi ?
ESTHER
Notre ennemi cruel devant vous se déclare
C'est lui¹ C'est ce ministre infidèle et barbare,
Qui, d'un zèle trompeur a vos yeux revêtu,
Contre notre innocence arma votre vertu. 1095
Et quel autre, grand Dieu qu'un Scythe impitoyable
Auroit de tant d'horreurs dicté l'ordre effroyable ?
Partout l'affreux signal en même temps donné
De meurtres remplira l'univers étonné
On verra, sous le nom du plus juste des princes, 1100
Un perfide étranger désoler vos provinces,
Et dans ce palais même, en proie a son courroux,
Le sang de vos sujets regorger jusqu'à vous
 Et que reproche aux Juifs sa haine envenimée ?
Quelle guerre intestine avons nous allumée ? 1105
Les a-t-on vu² marcher parmi vos ennemis ?
Fut il jamais au joug esclaves plus soumis ?
Adorant dans leurs fers le Dieu qui les châtie,
Pendant que votre main sur eux appesantie
A leurs persécuteurs les livroit sans secours, 1110
Ils conjuroient ce Dieu de veiller sur vos jours³
De rompre des méchants les trames criminelles,
De mettre votre trône à l'ombre de ses ailes⁴
N'en doutez point, Seigneur, il fut votre soutien

 1. « Dixitque Esther Hostis et inimicus noster pessimus iste est Aman. » (*Esther*, vii 6)
 2 Dans les éditions publiées du vivant de Racine, il y a ainsi *vu* sans accord conformément à l'usage de son temps pour l'emploi du participe passé accompagné d'un infinitif Voyez l'*Introduction grammaticale du Lexique de Racine* de M Marty Laveaux, a l'article *Participe passé*
 3 Voyez le vers 1437 de *Polyeucte*
 4 « Sub umbra alarum tuarum protege me » (*Psaume* xvi 8) Voyez aussi les Psaumes xxxv, 8. lvi 2, lxii, 8

Lui seul mit à vos pieds le Parthe et l'Indien, 1115
Dissipa devant vous les innombrables Scythes,
Et renferma les mers dans vos vastes limites.
Lui seul aux yeux d'un Juif découvrit le dessein
De deux traîtres tout prêts à vous percer le sein.
Hélas! ce Juif jadis m'adopta pour sa fille 1120

ASSUÉRUS

Mardochée?

ESTHER.

　　Il restoit seul de notre famille.
Mon père étoit son frère. Il descend comme moi
Du sang infortuné de notre premier roi [1]
Plein d'une juste horreur pour un Amalécite,
Race que notre Dieu de sa bouche a maudite, 1125
Il n'a devant Aman pu fléchir les genoux,
Ni lui rendre un honneur qu'il ne croit dû qu'à vous [2]
De là contre les Juifs et contre Mardochée
Cette haine, Seigneur, sous d'autres noms cachée
En vain de vos bienfaits Mardochée est paré 1130
A la porte d'Aman est déjà préparé
D'un infâme trépas l'instrument exécrable,
Dans une heure au plus tard ce vieillard vénérable,
Des portes du palais par son ordre arraché,
Couvert de votre pourpre y doit être attaché 1135

ASSUERUS.

Quel jour mêlé d'horreur vient effrayer mon âme?
Tout mon sang de colère et de honte s'enflamme
J'étois donc le jouet. Ciel, daigne m'éclairer
Un moment sans témoins cherchons à respirer.
Appelez Mardochée, il faut aussi l'entendre. 1140

(Le Roi s'éloigne [3]

UNE ISRAELITE

Verité, que j'implore, achève de descendre.

---

1 Saul etait de la tribu de Benjamin. « Il se peut bien faire dit Saci dans son explication du chapitre II du Livre d'*Esther*, que Mardochée fut descendu de la race de Saul, dont le père se nommoit Cis »

2 Mardochée dit dans la prière qu'il adresse à Dieu « Cuncta nosti et scis quia non pro superbia et contumelia et aliqua gloriæ cupiditate fecerim hoc, ut non adorarem Aman superbissimum.. Sed timui ne honorem Dei mei transferrem ad hominem, et ne quemquam adorarem, excepto Deo meo » (*Esther*, XIII, 12 et 14.)

3 « Rex autem iratus surrexit et de loco convivii intravit in hortum arboribus consitum. » (*Ibidem* VII, 7.)

SCÈNE V

ESTHER AMAN, LE CHŒUR

AMAN, *à Esther*.
D'un juste étonnement je demeure frappé[1].
Les ennemis des Juifs m'ont trahi, m'ont trompé
J'en atteste du Ciel la puissance suprême,
En les perdant j'ai cru vous assurer vous même. 1145
Princesse, en leur faveur employez mon crédit
Le Roi, vous le voyez, flotte encore interdit
Je sais par quels ressorts on le pousse, on l'arrête,
Et fais comme il me plaît, le calme et la tempête
Les intérêts des Juifs déjà me sont sacrés 1150
Parlez vos ennemis aussitôt massacrés,
Victimes de la foi que ma bouche vous jure,
De ma fatale erreur répareront l'injure.
Quel sang demandez vous ?

ESTHER
                Va traître, laisse moi.
Les Juifs n'attendent rien d'un méchant tel que toi 1155
Misérable, le Dieu vengeur de l'innocence,
Tout prêt à te juger, tient déjà sa balance
Bientôt son juste arrêt te sera prononcé,
Tremble. Son jour approche, et ton règne est passé

AMAN.
Oui, ce Dieu, je l'avoue, est un Dieu redoutable 1160
Mais veut-il que l'on garde une haine implacable ?
C'en est fait. mon orgueil est forcé de plier,
L'inexorable Aman est réduit à prier[2]
(*Il se jette à ses pieds.*)
Par le salut des Juifs, par ces pieds que j'embrasse,
Par ce sage vieillard l'honneur de votre race, 1165
Daignez d'un roi terrible apaiser le courroux
Sauvez Aman, qui tremble à vos sacrés genoux

---

1. « Quod ille audiens illico obstupuit vultum Regis ac Reginæ ferre non sustinens » (*Esther*, VII, 6)
2. « Aman quoque surrexit ut rogaret Esther reginam pro anima sua, intellexit enim a Rege sibi paratum malum » (*Ibidem*, VII, 7)

SCÈNE VI

ASSUÉRUS ESTHER, AMAN, ÉLISE Gardes, le Chœur

ASSUÉRUS
Quoi ? le traître sur vous porte ses mains hardies[1] ?
Ah dans ses yeux confus je lis ses perfidies,
Et son trouble, appuyant la foi de vos discours   1170
De tous ses attentats me rappelle le cours
Qu'a ce monstre à l'instant l'ame soit arrachee,
Et que devant sa porte, au lieu de Mardochee,
Apaisant par sa mort et la terre et les Cieux,
De mes peuples venges il repaisse les yeux[2]   1175
   (Aman est emmené par les Gardes.)

SCÈNE VII

ASSUERUS ESTHER, MARDOCHEE ELISE, le Chœur

  ASSUERUS *continue en s'adressant à Mardochée*
Mortel chéri du ciel, mon salut et ma joie,
Aux conseils des méchants ton roi n'est plus en proie
Mes yeux sont dessillés, le crime est confondu.
Viens briller près de moi dans le rang qui t'est dû
Je te donne d'Aman les biens et la puissance[3].   1180
Possede justement son injuste opulence
Je romps le joug funeste ou les Juifs sont soumis,
Je leur livre le sang de tous leurs ennemis,
A l'egal des Persans je veux qu'on les honore,

---

1 « Qui quum reversus esset de horto nemoribus consito et intrasset convivii locum, reperit Aman super lectulum corruisse in quo jacebat Esther, et ait Etiam Reginam vult opprimere, me præsente, in domo mea Necdum verbum de ore Regis exierat, et statim operuerunt faciem ejus » (*Esther* vii, 8)

2 « Dixitque Harbona, unus de eunuchis. En lignum quod paraverat Mardochæo, qui locutus est pro Rege, stat in domo Aman, habens altitudinis quinquaginta cubitos. Cui dixit Rex Appendite eum in eo » (*Ibidem*, vii 9)

3 « Die illo dedit rex Assuerus Esther reginæ domum Aman, adversarii Judæorum Tulitque Rex annulum, quem ab Aman recipi jusserat, et tradidit Mardochæo. Esther autem constituit Mardochæum super domum suam » (*Ibidem*, vii 2)

Et que tout tremble au nom du Dieu qu'Esther adore
Rebâtissez son temple, et peuplez vos cités[1].
Que vos heureux enfans dans leurs solennités
Consacrent de ce jour le triomphe et la gloire[2],
Et qu'à jamais mon nom vive dans leur mémoire

SCÈNE VIII

ASSUÉRUS, ESTHER, MARDOCHÉE, ASAPH, ÉLISE, LE CHŒUR

ASSUÉRUS

Que veut Asaph ?

ASAPH

Seigneur, le traître est expiré 1190
Par le peuple en fureur à moitié déchiré,
On traîne, on va donner en spectacle funeste
De son corps tout sanglant le misérable reste

MARDOCHÉE.

Roi, qu'à jamais le Ciel prenne soin de vos jours
Le péril des Juifs presse, et veut un prompt secours[3]. 1195

ASSUÉRUS

Oui, je t'entends. Allons, par des ordres contraires,
Révoquer des méchants les ordres sanguinaires[4]

ESTHER.

O Dieu, par quelle route inconnue aux mortels
Ta sagesse conduit ses desseins eternels[5] !

1. La reconstruction du temple, qui avait été longtemps interrompue, fut reprise, d'après le livre I d'*Esdras* iv, 24, la seconde année du règne de Darius, qui est l'Assuerus de Racine, et, d'après le même livre d'*Esdras*, vi, 15, achevée la sixième année de ce règne

2 « Scripsit itaque Mardochæus omnia hæc, et litteris comprehensa misit ad Judæos .., ut quartamdecimam et quintamdecimam diem mensis Adar pro festis susciperent et revertente semper anno solemni celebrarent honore.... Atque ex illo tempore dies isti appellati sunt Phurim, id est sortium. » (*Esther*, ix 20, 21 et 26.)

3 Dans le Livre d'*Esther* viii, 5, c'est la Reine qui adresse cette prière au Roi . « Obsecro ut novis epistolis veteres Aman litteræ insidiatoris et hostis Judæorum, quibus eos in cunctis Regis provinciis perire præceperat, corrigantur »

4. « Responditque rex Assuerus Esther reginæ et Mardochæo Judæo... Scribite ergo Judæis, sicut vobis placet Regis nomine signantes litteras annulo meo Hæc enim consuetudo erat, ut epistolis quæ ex Regis nomine mittebantur et illius annulo signatæ erant nemo auderet contradicere » (*Esther*, viii, 8)

5 Comparez les quatre derniers vers d'*Athalie*.

SCÈNE IX

LE CHŒUR

TOUT LE CHŒUR.
Dieu fait triompher l'innocence : 1200
Chantons, célébrons sa puissance.
UNE ISRAÉLITE.
Il a vu contre nous les méchants s'assembler,
Et notre sang prêt à couler.
Comme l'eau sur la terre ils alloient le répandre[1].
Du haut du ciel sa voix s'est fait entendre, 1205
L'homme superbe est renversé
Ses propres flèches l'ont percé[2].
UNE AUTRE.
J'ai vu l'impie adoré sur la terre
Pareil au cèdre, il cachoit dans les cieux
Son front audacieux. 1210
Il sembloit à son gré gouverner le tonnerre,
Fouloit aux pieds ses ennemis vaincus.
Je n'ai fait que passer il n'étoit déjà plus[3].
UNE AUTRE.
On peut des plus grands rois surprendre la justice
Incapables de tromper, 1215
Ils ont peine à s'échapper
Des pièges de l'artifice.
Un cœur noble ne peut soupçonner en autrui
La bassesse et la malice
Qu'il ne sent point en lui[4]. 1220

---

1. « Effuderunt sanguinem eorum tanquam aquam in circuitu Jerusalem » (*Psaume* LXXVIII, 3.)
2. « Gladium evaginaverunt peccatores, intenderunt arcum suum, ut dejiciant pauperem et inopem, ut trucident rectos corde Gladius eorum intret in corda ipsorum, et arcus eorum confringatur » (*Psaume* XXXVI, 14 et 15.)
3. « Boileau disoit que la sublimité des psaumes étoit l'écueil de tous les traducteurs, que leur majestueuse tranquillité ne pouvoit être rendue que bien difficilement par la plume des plus grands maîtres, qu'elle avoit souvent désespéré M. Racine, qu'il étoit venu pourtant à bout de traduire admirablement cet endroit du Psalmiste (*Psaume* XXXVI, 35 et 36). « Vidi impium superexaltatum, et elevatum sicut cedros Libani, et transivi, et ecce non erat » (Note de Luneau de Boisjermain.)
4. Voyez les vers 339 et 340 de *Britannicus*.

UNE AUTRE.
Comment s'est calmé l'orage?
UNE AUTRE.
Quelle main salutaire a chassé le nuage?
TOUT LE CHŒUR.
L'aimable Esther a fait ce grand ouvrage.
De l'amour de son Dieu son cœur s'est embrasé.
    Au péril d'une mort funeste   1225
    Son zèle ardent s'est exposé
Elle a parlé. Le Ciel a fait le reste
DEUX ISRAÉLITES.
Esther a triomphé des filles des Persans.
La nature et le Ciel à l'envi l'ont ornée
L'UNE DES DEUX.
Tout ressent de ses yeux les charmes innocents   1230
Jamais tant de beauté fut-elle couronnée?
L'AUTRE.
Les charmes de son cœur sont encor plus puissants
Jamais tant de vertu fut elle couronnée?
TOUTES DEUX *ensemble*.
Esther a triomphé des filles des Persans
La nature et le Ciel à l'envi l'ont ornée   1235
UNE ISRAÉLITE *seule*
    Ton Dieu n'est plus irrité
Réjouis toi, Sion, et sors de la poussière
Quitte les vêtements de ta captivité,
    Et reprends ta splendeur première [1].

Les chemins de Sion à la fin sont ouverts.   1240
    Rompez vos fers,
    Tribus captives.
    Troupes fugitives,
Repassez les monts et les mers.
Rassemblez-vous des bouts de l'univers   1245
TOUT LE CHŒUR
    Rompez vos fers,
    Tribus captives.
    Troupes fugitives,
Repassez les monts et les mers.
Rassemblez-vous des bouts de l'univers   1250
UNE ISRAÉLITE *seule*
Je reverrai ces campagnes si chères.

[1] « Consurge, consurge, induere fortitudine tua, Sion, induere vestimentis gloriæ tuæ, Jerusalem. Excutere de pulvere, consurge, sede Jerusalem : solve vincula colli tui, captiva filia Sion » (*Isaïe* LII 1 et 2).

####### UNE AUTRE.
J'irai pleurer au tombeau de mes pères.
####### TOUT LE CHŒUR.
Repassez les monts et les mers
Rassemblez-vous des bouts de l'univers
####### UNE ISRAÉLITE *seule*.
Relevez, relevez les superbes portiques 1255
Du temple où notre Dieu se plaît d'être adoré,
Que de l'or le plus pur son autel soit paré,
Et que du sein des monts le marbre soit tiré
Liban, dépouille-toi de tes cèdres antiques.
Prêtres sacrés, préparez vos cantiques 1260
####### UNE AUTRE
Dieu descend et revient habiter parmi nous.
Terre frémis d'allégresse et de crainte[1];
Et vous, sous sa majesté sainte
Cieux, abaissez-vous[2]
####### UNE AUTRE.
Que le Seigneur est bon, que son joug est aimable ! 1265
Heureux qui dès l'enfance en connoît la douceur
Jeune peuple, courez à ce maître adorable.
Les biens les plus charmants n'ont rien de comparable
Aux torrents de plaisirs qu'il répand dans un cœur
Que le Seigneur est bon ! que son joug est aimable ! 1270
Heureux qui dès l'enfance en connoît la douceur
####### UNE AUTRE
Il s'apaise, il pardonne
Du cœur ingrat qui l'abandonne
Il attend le retour.
Il excuse notre foiblesse 1275
A nous chercher même il s'empresse
Pour l'enfant qu'elle a mis au jour
Une mère a moins de tendresse
Ah qui peut avec lui partager notre amour ?
####### TROIS ISRAÉLITES.
Il nous fait remporter une illustre victoire. 1280

---

1 « Dominus regnavit . exsultet terra. (*Psaume* XCVI, 1)
2 « Inclinavit cœlos et descendit, et caligo sub pedibus ejus »
(Livre II des *Rois* XXII, 10, et *Psaume* XVII, 10)   Voltaire a dit
dans *la Henriade* chant V

> Vois des cieux enflammés abaisser la hauteur

et J.-B Rousseau dans sa VIIIᵉ ode sacrée :

> Lève ton bras lance ta flamme
> Abaisse la hauteur des cieux

L'UNE DES TROIS
« nous a révélé sa gloire.
TOUTES TROIS *ensemble*.
Ah ! qui peut avec lui partager notre amour ?
TOUT LE CHŒUR
Que son nom soit béni que son nom soit chanté !
   Que l'on célèbre ses ouvrages
   Au dela des temps et des âges,   1285
   Au delà de l'éternité [1] !

---

1. « Dominus regnabit in æternum et ultra » *Exode*, xv, 18.

FIN DU TROISIEME ET DERNIER ACTE

APPENDICE A ESTHER

(Voyez ci dessus p. 430, note 3

Scène II du Ve acte de l'*Esther* de du Ryer

Assuerus vient de former la résolution de récompenser avec éclat Mardochée Aman venant à paroître, il le consulte :

LE ROI.
Haman, j'aime un sujet génereux et fidele
De qui de grands effets m'ont temoigné le zele,
Je l'estime, je l'aime, et lui dois tant de biens
Que c'est trop peu pour lui du haut rang que tu tiens
Dis moi de quels honneurs ma puissance royale
Doit envers sa vertu se montrer liberale
Dis moi, que dois je faire afin de l'honorer
Autant que ma grandeur le peut faire esperer ?

HAMAN.
Comme, mieux qu'un sujet, un prince magnanime
D un fidèle sujet sait le prix et l estime,
Il n appartient aussi qu'aux princes génereux
De savoir honorer les sujets valeureux.

LE ROI
Parle, je le souhaite et je te le commande

HAMAN
A vos commandements il faut que je me rende
Puisqu un sujet fidele et prudent à la fois
Est le plus grand trésor que possèdent les rois,
Jugeant en sa faveur, Sire, j'oserai croire
Qu'on ne peut le combler d'une trop haute gloire
Et qu'un prince régnant ne doit rien reserver
Ou pour se l'acquérir ou pour le conserver
Si donc de vos faveurs la splendeur immortelle
Doit luire abondamment sur un sujet fidèle,
Si vous lui destinez des honneurs sans égaux,
Faites le revetir des ornements royaux,
Faites dessus son front briller le diademe,
Faites le voir au peuple en ce degre suprême,
Et que quelqu un des grands publie à haute voix
Qu'ainsi soient honorés ceux qu'honorent les rois
Que si quelque envieux ose attaquer sa vie,
Immolez à son bien l'envieux et l'envie

LE ROI

. . . . .   Pour tirer Mardochée
De cette obscurité dont sa gloire est cachée,
Pour rendre avec usure à sa fidélité
Le bien que je lui dois et qu'elle a mérité,
Je veux en sa faveur, avant que tu sommeilles
Te voir exécuter ce que tu me conseilles,
Je veux rendre par toi ses honneurs sans égaux
Fais le donc revêtir des ornements royaux,
Fais briller sur son front l'éclat du diademe,
Fais le voir à mon peuple en ce degré suprême,
Toi même en sa faveur publie à haute voix
Qu'ainsi soient honorés ceux qu'honorent les rois
Que si quelque envieux ose noircir sa vie,
Immole à son repos l'envieux et l'envie
Enfin quelques grands biens qu'il puisse demander,
A qui m'a tout sauvé je dois tout accorder
Va m'obéir, Haman, va t'en me satisfaire,
Execute cet ordre, ou crains de me déplaire,
Et montre par l'ardeur que j'espere de toi
Que tu cheris les cœurs qui cherissent leur roi

Le Roi sort à ces mots, et abandonne l'orgueilleux ministre à sa stupeur et à sa rage.

ATHALIE

TRAGEDIE TIREE DE L'ECRITURE SAINTE
PAR J. RACINE

RECITEE D ABORD PLUTÔT QUE REPRESENTEE

A SAINT CYR, LE 5 JANVIER 1691

PUIS DANS LA CHAMBRE DE MADAME DE MAINTENON A VERSAILLES,

JOUEE ENSUITE

POUR LA PREMIERE FOIS SUR LE THEATRE FRANCAIS, LE 3 MARS 1716

PUBLIEE EN MARS 1691

Cette pièce... est regardée comme le modèle le plus parfait de la tragédie. On est étonné de ce que son mérite a été reconnu si tard. On peut s'étonner aussi de ce qu'il a été enfin si généralement reconnu, que quand nous parlons des défauts communs aux tragédies, nous exceptons toujours *Athalie* et que les étrangers en parlent comme nous. Par où une pièce sans amour, sans intrigue, sans aucun de ces événements extraordinaires qu'un poète invente pour jeter du merveilleux, intéresse-t-elle ignorants et connoisseurs, spectateurs de tout âge, si ce n'est par le vrai d'une imitation où se trouvent réunies toutes les perfections, celle du style, celle de la versification, celle des caractères, celle de la conduite? Cette conduite est si simple, que cette pièce est en poésie ce qu'est en peinture ce tableau de Raphael qui n'offre que deux figures, un ange qui, sans colère et sans émotion, écrase le démon.

LOUIS RACINE. *Remarques sur les tragédies de Racine*

Athalie est peut-être le chef d'œuvre de l'esprit humain. Trouver le secret de faire en France une tragédie intéressante sans amour, oser faire parler un enfant sur le théâtre, et lui prêter des réponses dont la candeur et la simplicité nous tirent des larmes..., remuer le cœur pendant cinq actes..., se soutenir surtout (et c'est là le grand art) par une diction toujours pure, toujours naturelle et auguste, souvent sublime : c'est là ce qui n'a été donné qu'à Racine et qu'on ne reverra probablement jamais.

VOLTAIRE. *Discours a l'occasion de la tragédie des* Guèbres

PRÉFACE DE RACINE

Tout le monde sait que le royaume de Juda étoit composé des deux tribus de Juda et de Benjamin, et que les dix autres tribus qui se révoltèrent contre Roboam composoient le royaume d'Israël. Comme les rois de Juda étoient de la maison de David, et qu'ils avoient dans leur partage la ville et le temple de Jérusalem, tout ce qu'il y avoit de prêtres et de Lévites se retirèrent auprès d'eux, et leur demeurèrent toujours attachés. Car depuis que le temple de Salomon fut bâti, il n'étoit plus permis de sacrifier ailleurs ; et tous ces autres autels qu'on élevoit à Dieu sur des montagnes, appelés par cette raison dans l'Écriture les hauts lieux, ne lui étoient point agréables. Ainsi le culte légitime ne subsistoit plus que dans Juda. Les dix tribus, excepté un très-petit nombre de personnes, étoient ou idolâtres ou schismatiques.

Au reste, ces prêtres et ces Lévites faisoient eux-mêmes une tribu fort nombreuse. Ils furent partagés en diverses classes pour servir tour à tour dans le temple, d'un jour de sabbath à l'autre. Les prêtres étoient de la famille d'Aaron, et il n'y avoit que ceux de cette famille lesquels pussent exercer la sacrificature. Les Lévites leur étoient subordonnés, et avoient soin, entre autres choses, du chant, de la préparation des victimes, et de la garde du temple. Ce nom de Lévite ne laisse pas d'être donné quelquefois indifféremment à tous ceux de la tribu. Ceux qui étoient en semaine avoient, ainsi que le grand prêtre, leur logement dans les portiques ou galeries dont le temple étoit environné, et qui faisoient partie du temple même. Tout l'édifice s'appeloit en général le lieu saint. Mais on appeloit plus particulièrement de ce nom cette partie du temple intérieur où étoit[a] le chandelier d'or, l'autel des parfums, et les tables des pains de proposition. Et cette partie étoit encore distinguée du Saint des Saints, où étoit l'arche, et où le grand prêtre seul avoit droit d'entrer une fois l'année. C'étoit une tradition assez constante, que la montagne sur laquelle le temple fut bâti étoit la même montagne où Abraham avoit autrefois offert en sacrifice son fils Isaac[1].

[1] Voyez le livre IV des *Rois*, chapitre xi, verset 9, et le livre II des *Paralipomènes*, chapitre xxiii, verset 8.

[a] *Étoit*, au singulier, est l'orthographe des éditions imprimées du vivant de Racine. Voyez le vers 82 d'*Esther*.

J'ai cru devoir expliquer ici ces particularités, afin que ceux à qui l'histoire de l'Ancien Testament ne sera pas assez presente n'en soient point arrêtés en lisant cette tragédie. Elle a pour sujet Joas reconnu et mis sur le trone, et j'aurois dû dans les regles l'intituler *Joas*. Mais la plupart du monde n'en ayant entendu parler que sous le nom d'*Athalie*, je n'ai pas jugé à propos de la leur presenter sous un autre titre, puisque d'ailleurs Athalie y joue un personnage si considerable, et que c'est sa mort qui termine la piece. Voici une partie des principaux evenements qui devancent cette grande action.

Joram, roi de Juda, fils de Josaphat, et le septieme roi de la race de David, épousa Athalie, fille d'Achab et de Jézabel, qui regnoient en Israel, fameux l'un et l'autre, mais principalement Jezabel, par leurs sanglantes persécutions contre les prophetes. Athalie, non moins impie que sa mère, entraîna bientot le Roi son mari dans l'idolâtrie, et fit meme construire dans Jerusalem un temple à Baal, qui etoit le dieu du pays de Tyr et de Sidon, où Jezabel avoit pris naissance. Joram, après avoir vu perir par les mains des Arabes et des Philistins tous les princes ses enfants, à la reserve d'Okosias, mourut lui même miserablement d'une longue maladie qui lui consuma les entrailles. Sa mort funeste n'empecha pas Okosias d'imiter son impiété et celle d'Athalie sa mère. Mais ce prince, apres avoir regne seulement un an, etant allé rendre visite au roi d'Israël, frere d'Athalie, fut enveloppé dans la ruine de la maison d'Achab, et tué par l'ordre de Jéhu, que Dieu avoit fait sacrer par ses prophetes pour regner sur Israel et pour être le ministre de ses vengeances. Jéhu extermina toute la posterité d'Achab et fit jeter par les fenêtres Jezabel qui, selon la prediction d'Elie, fut mangée des chiens dans la vigne de ce même Naboth qu'elle avoit fait mourir autrefois pour s'emparer de son héritage. Athalie, ayant appris à Jérusalem tous ces massacres, entreprit de son côté d'eteindre entierement la race royale de David en faisant mourir tous les enfants d'Okosias, ses petits-fils. Mais heureusement Josabet, sœur d'Okosias et fille de Joram, mais d'une autre mere qu'Athalie, etant arrivée lorsqu'on egorgeoit les princes ses neveux, elle trouva moyen de derober du milieu des morts le petit Joas encore à la mamelle, et le confia avec sa nourrice au grand prêtre, son mari qui les cacha tous deux dans le temple, où l'enfant fut élevé secretement jusqu'au jour qu'il fut proclamé roi de Juda. L'histoire des *Rois* dit que ce fut la septieme année d'après[1]. Mais le texte grec des *Paralipomènes* que

[1] « Anno autem septimo Joiada produxit filium Regis et posuit super eum diadema » (Livre IV des *Rois* xii, 4 et 12 voyez l'Extrait du livre II des *Paralipomènes* que nous donnons à la suite de cette preface.) Le texte grec des Septante dont Racine parle dans la phrase suivante est Καὶ ἐν τῷ ἔτει τῷ ὀγδόῳ ἐκραταίωσεν Ἰωδαε, κ. τ. λ.

Severe Sulpice[1] a suivi, dit que ce fut la huitième. C'est ce qui m'a autorisé à donner à ce prince neuf à dix ans, pour le mettre déjà en état de répondre aux questions qu'on lui fait.

Je crois ne lui avoir rien fait dire qui soit au dessus de la portée d'un enfant de cet âge qui a de l'esprit et de la mémoire. Mais quand j'aurois été un peu au delà, il faut considérer que c'est ici un enfant tout extraordinaire, élevé dans le temple par un grand prêtre, qui, le regardant comme l'unique esperance de sa nation, l'avoit instruit de bonne heure dans tous les devoirs de la religion et de la royauté. Il n'en étoit pas de même des enfants des Juifs, que de la plupart des nôtres. On leur apprenoit les saintes lettres, non seulement dès qu'ils avoient atteint l'usage de la raison, mais, pour me servir de l'expression de saint Paul, dès la mamelle[2]. Chaque Juif etoit oblige d'écrire une fois en sa vie de sa propre main le volume de la loi tout entier. Les rois étoient même obligés de l'écrire deux fois[3], et il leur étoit enjoint de l'avoir continuellement devant les yeux. Je puis dire ici que la France voit en la personne d'un prince de huit ans et demi[4], qui fait aujourd'hui ses plus chères délices, un exemple illustre de ce que peut dans un enfant un heureux naturel aidé d'une excellente éducation ; et que si j'avois donné au petit Joas la même vivacité et le même discernement qui brillent dans les reparties de ce jeune prince on m'auroit accusé avec raison d'avoir péché contre les règles de la vraisemblance.

L'âge de Zacharie, fils du grand prêtre, n'étant point marqué on peut lui supposer, si l'on veut, deux ou trois ans de plus qu'à Joas.

J'ai suivi l'explication de plusieurs commentateurs fort habiles, qui prouvent par le texte même de l'Ecriture, que tous ces sol-

---

1 On dit plus ordinairement *Sulpice Sévère*, mais l'ordre adopté par Racine est préférable ; *Sulpice* était le surnom. On lit au livre I de l'*Histoire sacrée* de cet auteur : « Gotholia (*Gotholia* est le même nom qu'*Athalia*, et se trouve aussi dans les Septante et dans Josèphe) imperium post occupavit adempto nepoti imperio etiam tum parvo puero, cui *Joas* nomen fuit. Sed huic ab avia præreptum imperium *post octo fere annos*, per sacerdotem et populum, depulsa avia, redditum »

2 « Et quia ab infantia (en grec ἀπὸ βρέφους) sacras litteras nosti » (II⁰ Épître à Timothée, III, 15.)

3 L'Académie a eu, croyons nous, raison de dire dans ses *Sentiments sur Athalie* que ce que Racine avance ici, tant au sujet de tous les Juifs qu'au sujet des rois n'est point exact ; mais elle aurait dû ajouter que son opinion tout invraisemblable qu'elle est, s'appuyait sur de graves autorités. Voyez a note de M. Mesnard sur ce passage.

4 Il s'agit du duc de Bourgogne, né le 6 août 1682, et, par conséquent, âgé comme il est dit ici, de huit ans et demi au commencement de l'année 1691. Le duc de Beauvilliers et Fenelon dirigeaient, depuis près de deux ans l'*excellente éducation* à laquelle Racine rend hommage.

dats à qui Joiada, ou Joad, comme il est appelé dans Josèphe[1], fit prendre les armes consacrées à Dieu par David, étoient autant de prêtres et de Lévites, aussi bien que les cinq centeniers qui les commandoient. En effet, disent ces interprètes, tout devoit être saint dans une si sainte action, et aucun profane n'y devoit être employé. Il s'y agissoit non seulement de conserver le sceptre dans la maison de David, mais encore de conserver à ce grand roi cette suite de descendants dont devoit naître le Messie « Car ce Messie, tant de fois promis comme fils d'Abraham, devoit aussi être le fils de David et de tous les rois de Juda » De là vient que l'illustre et savant prélat[2] de qui j'ai emprunté ces paroles, appelle Joas le précieux reste de la maison de David[3]. Josèphe en parle dans les mêmes termes[4] Et l'Écriture dit expressément que Dieu n'extermina pas toute la famille de Joram, voulant conserver à David la lampe qu'il lui avoit promise[5]. Or cette lampe, qu'étoit-ce autre chose que la lumière qui devoit être un jour revelée aux nations?

L'histoire ne spécifie point le jour où Joas fut proclamé Quelques interprètes veulent que ce fût un jour de fête J'ai choisi celle de la Pentecôte, qui étoit l'une des trois grandes fêtes des Juifs[6]. On y célébroit la mémoire de la publication de la loi sur le mont de Sinaï, et on y offroit aussi à Dieu les premiers pains de la nouvelle moisson, ce qui faisoit qu'on la nommoit encore la fête des prémices J'ai songé que ces circonstances me fourniroient quelque variété pour les chants du chœur

Ce chœur est composé de jeunes filles de la tribu de Levi[7] et

1 La Vulgate nomme le grand prêtre *Joiada* les Septante Ἰωδαε et Josèphe Ιωδαος, mais Arnauld d'Andilly, dans sa traduction publiée en 1667-68 rend Ιωδαος par *Joad*

2 M. de Meaux (*Note de Racine*) La phrase citée par Racine est tirée de *Histoire universelle*, IIᵉ partie, section iv La première édition du livre de Bossuet est de 1681

3 Voyez encore l'*Histoire universelle*, Iʳᵉ partie, vIᵉ époque

4 Dans les *Antiquités judaïques*, livre IX, chapitre vii

5 « Noluit autem Dominus disperdere Judam propter David servum suum sicut promiserat ei, ut daret illi lucernam et filiis ejus cunctis diebus » (Livre IV des *Rois*, viii, 19) Voyez plus bas, au vers 282

6 Ces trois grandes fêtes étaient celle des *Azymes* (la Pâque) celle des *Semaines* (la Pentecôte), et celle des *Tabernacles*. Voyez le *Deutéronome*, chap xvi

7 « On s'est étonné, dit M A Coquerel, que Racine ait introduit dans les parvis du temple, et comme y résidant une troupe de jeunes filles, on a pensé qu'il avait songé plutôt à l'institution de Saint Cyr qu'au sanctuaire de Jérusalem C'est une erreur Les chants sacrés exécutés par les femmes d'Israël etaient dans les mœurs de la nation comme on le voit par les exemples du retour de Jephté (*Juges* xi 34) et de David après une victoire (livre I des *Rois* xviii 6) » Dom Calmet dit, dans le *Dictionnaire de la Bible*, au mot *Musique* « Dans le temple même et dans les cérémonies de religion, on voyoit des musiciennes aussi bien que des musiciens C'étoient pour l'ordinaire des filles des Lévites »

je mets à leur tête une fille que je donne pour sœur à Zacharie. C'est elle qui introduit le chœur chez sa mère. Elle chante avec lui, porte la parole pour lui, et fait enfin les fonctions de ce personnage des anciens chœurs qu'on appeloit le coryphée. J'ai aussi essayé d'imiter des anciens cette continuité d'action qui fait que leur théâtre ne demeure jamais vide, les intervalles des actes n'étant marqués que par des hymnes et par des moralités du chœur, qui ont rapport à ce qui se passe.

On me trouvera peut-être un peu hardi d'avoir osé mettre sur la scène un prophète inspiré de Dieu, et qui prédit l'avenir. Mais j'ai eu la précaution de ne mettre dans sa bouche que des expressions tirées des prophètes mêmes. Quoique l'Écriture ne dise pas en termes exprès que Joïada ait eu l'esprit de prophétie, comme elle le dit de son fils[1], elle le représente comme un homme tout plein de l'esprit de Dieu. Et d'ailleurs ne paroît-il pas par l'Évangile qu'il a pu prophétiser en qualité de souverain pontife[2] ? Je suppose donc qu'il voit en esprit le funeste changement de Joas, qui, après trente années d'un règne fort pieux, s'abandonna aux mauvais conseils des flatteurs, et se souilla du meurtre de Zacharie, fils et successeur de ce grand prêtre[3]. Ce meurtre, commis dans le temple[4], fut une des principales causes de la colère de Dieu contre les Juifs, et de tous les malheurs qui leur arrivèrent dans la suite. On prétend même que depuis ce jour-là les réponses de Dieu cessèrent entièrement dans le sanctuaire. C'est ce qui m'a donné lieu de faire prédire tout de suite[5] à Joad et la destruction du temple et la ruine de Jérusalem. Mais comme les prophètes joignent d'ordinaire les consolations aux menaces, et que d'ailleurs il s'agit de mettre sur le trône un des ancêtres du Messie, j'ai pris occasion de faire entrevoir la venue de ce consolateur après lequel tous les anciens justes soupiroient. Cette scène, qui est une espèce d'épisode, amène très naturellement la musique, par la coutume qu'avoient plusieurs prophètes d'entrer dans leurs saints transports au

---

1 « Spiritus itaque Dei induit Zachariam filium Joïadæ sacerdotem » (Livre II des *Paralipomènes*, xxiv, 20.)

2 Racine a en vue ce passage de l'*Évangile de saint Jean*, xi, 51, où il est dit au sujet de Caïphe : « Hoc autem a semetipso non dixit, sed cum esset pontifex anni illius, prophetavit. »

3 « Postquam autem obiit Joïada, ingressi sunt principes Juda et adoraverunt Regem, qui delinitus obsequiis eorum, acquievit eis. Et non est recordatus Joas rex misericordiæ quam fecerat Joïada pater illius secum, sed interfecit filium ejus. Qui quum moreretur, ait : Videat Dominus, et requirat. » (Livre II des *Paralipomènes*, xxiv, 17 et 22.)

4 « Zachariæ filii Barachiæ, quem occidistis inter templum et altare » (*Évangile de saint Matthieu*, xxiii, 35.) Sur la difficulté qu'offrent les mots *filii Barachiæ*, voyez la note de M. Mesnard.

5 *Tout de suite* est le texte de toutes les anciennes éditions ; quelques impressions modernes donnent la leçon fautive *de suite*.

son des instruments. Témoin cette troupe de prophètes qui vinrent au-devant de Saül avec des harpes et des lyres qu'on portoit devant eux [1], et témoin Élisée lui-même, qui, étant consulté sur l'avenir par le roi de Juda et par le roi d'Israël, dit, comme fait ici Joad : *Adducite mihi psaltem* [2]. Ajoutez à cela que cette prophétie sert beaucoup à augmenter le trouble dans la pièce, par la consternation et par les différents mouvements où elle jette le chœur et les principaux acteurs.

EXTRAIT

DU LIVRE SECOND DES PARALIPOMÈNES

(Chapitre XXII, versets 10-12, et chapitre XXIII)

Athalia, mater ejus (*Ochoziæ*), videns quod mortuus esset filius suus, surrexit, et interfecit omnem stirpem regiam domus Joram. Porro Josabeth, filia Regis, tulit Joas filium Ochoziæ, et furata est eum de medio filiorum Regis, quum interficerentur ; absconditque eum cum nutrice sua in cubiculo lectulorum. Josabeth autem, quæ absconderat eum, erat filia regis Joram, uxor Joïadæ pontificis, soror Ochoziæ ; et idcirco Athalia non interfecit eum. Fuit ergo cum eis in domo Dei absconditus sex annis, quibus regnavit Athalia super terram.

Anno autem septimo, confortatus est Joïada, assumpsit centuriones, Azariam videlicet filium Jeroham, et Ismahel filium Johanan, Azariam quoque filium Obed, et Maasiam filium Adaiæ, et Élizaphat filium Zechri ; et iniit cum eis fœdus. Qui circumeuntes Judam, congregaverunt Levitas de cunctis urbibus Juda, et principes familiarum Israel, veneruntque in Jerusalem. Iniit ergo omnis multitudo pactum in domo Dei cum Rege ; dixitque ad eos Joïada : « Ecce filius Regis regnabit, sicut locutus est Dominus super filios David. Iste est ergo sermo quem facietis. Tertia pars vestrum qui veniunt ad sabbatum, sacerdotum, et Levitarum, et janitorum, erit in portis ; tertia vero pars ad domum Regis ; et tertia ad portam quæ appellatur Fundamenti ; omne vero reliquum vulgus sit in atriis domus Domini. Nec quispiam alius ingrediatur domum Domini, nisi sacerdotes, et qui ministrant de Levitis : ipsi

---

1. Au livre I des *Rois* (x, 5), Samuel dit à Saül : « Obvium habebis gregem prophetarum descendentium de excelso, et ante eos psalterium et tympanum, et tibiam, et citharam, ipsosque prophetantes. »
2. « Amenez-moi un joueur de harpe. (Livre IV des *Rois*, III, 15.)

tantummodo ingrediantur, quia sanctificati sunt; et omne reliquum vulgus observet custodias Domini. Levitæ autem circumdent Regem, habentes singuli arma sua (et si quis alius ingressus fuerit templum, interficiatur); sintque cum Rege et intrante et egrediente. » Fecerunt ergo Levitæ et universus Juda juxta omnia quæ præceperat Joïada pontifex; et assumpserunt singuli viros qui sub se erant et veniebant per ordinem sabbati, cum his qui impleverant sabbatum et egressuri erant; siquidem Joïada pontifex non dimiserat abire turmas, quæ sibi per singulas hebdomadas succedere consueverant. Deditque Joïada sacerdos centurionibus lanceas, clypeosque et peltas regis David quas consecraverat in domo Domini. Constituitque omnem populum tenentium pugiones, a parte templi dextra, usque ad partem templi sinistram, coram altari et templo, per circuitum Regis. Et eduxerunt filium Regis, et imposuerunt ei diadema, et testimonium, dederuntque in manu ejus tenendam legem, et constituerunt eum regem; unxit quoque illum Joïada pontifex, et filii ejus, imprecatique sunt ei, atque dixerunt : « Vivat rex ! » Quod quum audisset Athalia, vocem scilicet currentium atque laudantium Regem, ingressa est ad populum in templum Domini. Quumque vidisset Regem stantem super gradum in introitu, et principes turmasque circa eum, omnemque populum terræ gaudentem, atque clangentem tubis, et diversi generis organis concinentem, vocemque laudantium, scidit vestimenta sua, et ait : « Insidiæ, insidiæ. » Egressus autem Joïada pontifex ad centuriones et principes exercitus, dixit eis : « Educite illam extra septa templi; et interficiatur foris gladio. » Præcepitque sacerdos ne occideretur in domo Domini. Et imposuerunt cervicibus ejus manus; quumque intrasset portam equorum domus Regis, interfecerunt eam ibi. Pepigit autem Joïada fœdus inter se universumque populum et Regem, ut esset populus Domini. Itaque ingressus est omnis populus domum Baal, et destruxerunt eam; et altaria ac simulacra illius confregerunt; Mathan quoque sacerdotem Baal interfecerunt ante aras. Constituit autem Joïada præpositos in domo Domini, sub manibus sacerdotum et Levitarum, quos distribuit David in domo Domini, ut offerrent holocausta Domino, sicut scriptum est in lege Moysi, in gaudio et canticis, juxta dispositionem David. Constituit quoque janitores in portis domus Domini, ut non ingrederetur eam immundus in omni re. Assumpsitque centuriones, et fortissimos viros ac principes populi, et omne vulgus terræ, et fecerunt descendere Regem de domo Domini, et introire per medium portæ superioris in domum Regis, et collocaverunt eum in solio regali. Lætatusque est omnis populus terræ, et urbs quievit : porro Athalia interfecta est gladio.

(Voyez aussi le chapitre xi du livre IV des *Rois*, et le chapitre vii du livre IX des *Antiquités judaïques* de Josèphe.)

LES NOMS DES PERSONNAGES[a]

JOAS, roi de Juda, fils d'Okosias.
ATHALIE, veuve de Joram, aïeule de Joas.
JOAD, autrement JOÏADA, grand prêtre.
JOSABET, tante de Joas[2], femme du grand prêtre.
ZACHARIE, fils de Joad et de Josabet.
SALOMITH[3], sœur de Zacharie.
ABNER, l'un des principaux officiers des rois de Juda.
AZARIAS, ISMAËL, ET LES TROIS AUTRES CHEFS DES PRÊTRES ET DES LÉVITES.
MATHAN, prêtre apostat, sacrificateur de Baal.
NABAL, confident de Mathan.
AGAR, femme de la suite d'Athalie.
TROUPE DE PRÊTRES ET DE LÉVITES. SUITE D'ATHALIE. LA NOURRICE DE JOAS. CHŒUR DE JEUNES FILLES DE LA TRIBU DE LÉVI.

La scène est dans le temple de Jérusalem, dans un vestibule de l'appartement du grand prêtre.

---

1. Tel est le texte de Racine : voyez plus haut, p. 402, note 1.
2. Voyez ci-dessus la *Préface* de Racine, p. 462.
3. Le nom de Salomith et les suivants sont pris dans la *Bible* mais les personnages qu'ils désignent sont, sauf Mathan, d'invention. Le nom d'Abner est au Livre II des *Rois*, chapitres II et III. Pour Mathan qui est nommé dans l'Écriture sainte comme prêtre de Baal (voyez le livre IV des *Rois*, XI, 18 et le livre II des *Paralipomènes*, XXIII, 17), le caractère de prêtre apostat est seul une supposition du poète.

ATHALIE

TRAGÉDIE

ACTE PREMIER

SCÈNE I

JOAD, ABNER

ABNER.
Oui, je viens dans son temple adorer l'Éternel.
Je viens, selon l'usage antique et solennel,
Célébrer avec vous la fameuse journée
Où sur le mont Sina la loi nous fut donnée.
Que les temps sont changés ! Sitôt que de ce jour   5
La trompette sacrée[1] annonçoit le retour,
Du temple, orné partout de festons magnifiques,
Le peuple saint en foule inondoit les portiques[2],
Et tous devant l'autel avec ordre introduits,   [fruits[3],
De leurs champs dans leurs mains portant les nouveaux   10
Au Dieu de l'univers consacroient ces prémices[4].
Les prêtres ne pouvoient suffire au sacrifices.
L'audace d'une femme, arrêtant ce concours,

---

1 « Filii autem Aaron sacerdotes cl gent tubis » (*Nombres.* x 8.)

2 C'est rendue par le verbe, l'image que Virgile a exprimée par le substantif dans ce vers des *Géorgiques* (livre II vers 462)

Mane salutantum totis vomit ædibus undam

3 *Var* De leur champ dans leurs mains portant les nouveaux fruits
(1691 et 92)

4 Voyez ci-dessus la *Préface* de Racine p 464.

En des jours ténébreux a changé ces beaux jours
D'adorateurs zélés à peine un petit nombre 15
Ose des premiers temps nous retracer quelque ombre
Le reste pour son Dieu montre un oubli fatal,
Ou même, s'empressant aux autels de Baal
Se fait initier à ses honteux mystères,
Et blaspheme le nom qu'ont invoqué leurs pères. 20
Je tremble qu'Athalie à ne vous rien cacher,
Vous même de l'autel vous faisant arracher,
N'acheve enfin sur vous ses vengeances funestes,
Et d'un respect forcé ne depouille les restes

JOAD

D'où vous vient aujourd'hui ce noir pressentiment? 25

ABNER.

Pensez vous être saint et juste impunément?
Des longtemps elle hait cette fermete rare
Qui rehausse en Joad l'eclat de la tiare[1].
Des longtemps votre amour pour la religion
Est traité de révolte et de sédition 30
Du merite eclatant cette reine jalouse
Hait surtout Josabet, votre fidèle épouse
Si du grand prêtre Aaron Joad est successeur,
De notre dernier roi Josabet est la sœur
Mathan d'ailleurs Mathan, ce prêtre sacrilege, 35
Plus méchant qu'Athalie, a toute heure l'assiége,
Mathan, de nos autels infâme deserteur,
Et de toute vertu zélé persecuteur.
C'est peu que, le front ceint d'une mitre étrangere,
Ce lévite à Baal prête son ministère[2] 40
Ce temple l'importune, et son impiété
Voudroit aneantir le Dieu qu'il a quitté
Pour vous perdre il n'est point de ressorts qu'il n'invente
Quelquefois il vous plaint, souvent même il vous vante[3],
Il affecte pour vous une fausse douceur, 45
Et par là de son fiel colorant la noirceur,
Tantôt a cette reine il vous peint redoutable,
Tantôt, voyant pour l'or sa soif insatiable,

---

1 « Le bonnet du grand prêtre, dit Louis Racine est appelé dans la *Vulgate* tantôt *mitre* (voyez ci après le vers 39) et tantot *tiare* »
2 Voyez la note 3 de la liste des personnages

3 *Var* Pour vous perdre il n'est point de ressorts qu'il ne joue
Quelquefois il vous plaint souvent même il vous loue (1691)

« Les amis de Racine lui representerent qu'on ne dit point *jouer* mais *faire jouer des ressorts* L'auteur changea ce vers dans la seconde édition, faite peu de temps après la premiere » (L RACINE)

Il lui feint qu'en un lieu que vous seul connoissez
Vous cachez des tresors par David amasses. 50
Enfin, depuis deux jours, la superbe Athalie
Dans un sombre chagrin paroit ensevelie
Je l'observois hier, et je voyois ses yeux
Lancer sur le lieu saint des regards furieux, 55
Comme si dans le fond de ce vaste edifice
Dieu cachoit un vengeur arme pour son supplice.
Croyez moi plus j y pense, et moins je puis douter
Que sur vous son courroux ne soit pres d'eclater,
Et que de Jezabel la fille sanguinaire[1]
Ne vienne attaquer Dieu jusqu'en son sanctuaire. 60

JOAD

Celui qui met un frein a la fureur des flots
Sait aussi des méchants arrêter les complots
Soumis avec respect a sa volonte sainte,
Je crains Dieu, cher Abner, et n'ai point d'autre crainte[2].
Cependant je rends grâce au zele officieux 65

[1] Au livre IV des *Rois*, v 11, 26, on lit qu'Athalie était fille d'Amri roi d Israël, mais la *fille* est pour *petite-fille* au verset 18 du même chapitre, il est dit qu'elle était fille d'Achab (fils d'Amri). Jézabel femme d Achab etait fille d Ethbaal, roi de Sidon (livre III des *Rois* xvi, 31)

[2] « Tout ce qu il peut y avoir de sublime paroit rassemblé dans ces quatre vers la grandeur de la pensée, la noblesse du senti ment, la magnificence des paroles, et l harmonie de l'expression, si heureusement terminee par ce dernier vers *Je crains Dieu, cher Abner*, etc D'ou je conclus que c'est avec très peu de fonde ment que les admirateurs outres de Corneille veulent insinuer que M Racine lui est beaucoup inférieur pour le sublime, puisque sans apporter ici quantité d autres preuves que je pourrois donner du contraire, il ne me paroit pas que toute cette grandeur de vertu romaine tant vantee, que ce premier a si bien exprimee dans plusieurs de ses pieces, et qui a fait son excessive réputation, soit au dessus de l'intrépidite plus qu heroique, et de la parfaite confiance en Dieu de ce veritablement pieux, grand, sage et courageux Is raelite » (BOILEAU, *Reflexions critiques*, xii)

Voltaire dit dans le *Dictionnaire philosophique* à l article *Art dramatique* « On a imprime avec quelque fondement que Racine avait imité dans cette piece plusieurs endroits de la tragedie de *la Ligue* faite par le conseiller d'État Matthieu, historiographe de France sous Henri IV Constance dit dans la tragédie de Matthieu

Je redoute mon Dieu, c est lui seul que je crains »

La tragédie du *Triomphe de la Ligue*, que Voltaire attribue a tort à Matthieu, auteur de *la Guisiade* est de Nerée et a été imprimée en 1607. Il cite le vers de memoire et inexactement Le voici, tel qu il se lit à la scène 1 de l acte II, nous en donnons a

Qui sur tous mes périls vous fait ouvrir les yeux[1].
Je vois que l'injustice en secret vous irrite,
Que vous avez encor le cœur israélite.
Le ciel en soit béni ! Mais ce secret courroux,
Cette oisive vertu, vous en contentez-vous ?
La foi qui n'agit point, est-ce une foi sincère ?
Huit ans déjà passés[2], une impie étrangère[3]

la suite quelques autres, auxquels nous renverrons pour les vers
646-648 d'*Athalie* :

> Je ne crains que mon Dieu, lui tout seul je redoute..
> Celui n'est délaissé qui a Dieu pour son père
> Il ouvre à tous la main, il nourrit les corbeaux,
> Il donne la viande (*la nourriture*) aux petits passereaux
> Aux bêtes des forêts, des prés et des montagnes
> Tout vit de sa bonté Hé l'homme qu'il a fait,
> De tous les animaux l'homme le plus parfait,
> L homme qu'il a formé en sa sainte semblance
> Seroit il seul privé de sa riche abondance ?

1 Boyer dans son *Jephté* (acte III, scene 1) a dit par un plagiat maladroit :

> Hé ! quels noms donnez-vous au zèle officieux
> Qui veut régler le vôtre et vous ouvrir les yeux ?

2 L'Académie a repris ce tour, mais en avouant qu'il est vif, et peut-être préférable à la construction régulière, et en le rapprochant de ce tour semblable de Malherbe dans la *Prosopopée d'Ostende*

> Trois ans déjà passés, théâtre de la guerre etc

3. La qualité d'étrangère excluait Athalie du trône « Non poteris alterius gentis hominem regem facere » (*Deutéronome*, xvii, 15.)
   Aimé Martin dit au sujet de ce vers « Ainsi, dès la première scene, Athalie est présentée comme n'ayant aucun droit au trône de Juda Voltaire dans les dernières années de sa vie, a prétendu qu'*Athalie* est un ouvrage de très mauvais exemple que Joad est un fanatique et un séditieux, qui fait égorger sa souveraine, à laquelle il a fait serment de fidélité Mais ces points, sur lesquels il appuie sa censure, sont formellement démentis par l'histoire Athalie n'est point la souveraine de Joad, puisqu'elle est *usurpatrice et étrangère*. Le légitime souverain de Juda, c'est Joas Joad est donc le sujet de Joas seulement En second lieu, Joad n'a fait aucun serment à Athalie, et jamais, dans la piece, elle ne lui parle comme à son sujet, comme jamais il ne lui parle comme à sa souveraine Enfin il est impossible, selon la remarque de Laharpe, que Joad, à ne considerer même que son caractere et sa place ait fait serment de fidélité à une étrangère impie, à qui il ne parle jamais qu'avec horreur, lui qui est le dépositaire des destinées du jeune roi depuis sa naissance, lui qui est inspiré de Dieu comme Samuel, et l'organe des prophéties qui annoncent la perpétuité du sceptre dans la race de David Un tel homme ne saurait être un sacrilége cela implique contradiction ; et Voltaire a non seulement dit ce qui n'était pas, mais a supposé ce qui ne peut pas être Au reste on peut appeler du jugement de Voltaire vieux au

Du sceptre de David usurpe tous les droits,
Se baigne impunément dans le sang de nos rois,
Des enfants de son fils détestable homicide,   75
Et même contre Dieu lève son bras perfide.
Et vous, l'un des soutiens de ce tremblant Etat,
Vous, nourri dans les camps du saint roi Josaphat
Qui sous son fils Joram commandiez nos armées,
Qui rassurâtes seul nos villes alarmées,   80
Lorsque d'Okosias le trépas imprévu
Dispersa tout son camp à l'aspect de Jéhu[1]
« Je crains Dieu, dites vous, sa vérité me touche. »
Voici comme ce Dieu vous répond par ma bouche
« Du zèle de ma loi que sert de vous parer?   85
Par de stériles vœux pensez vous m'honorer?
Quel fruit me revient il de tous vos sacrifices?
Ai-je besoin du sang des boucs et des génisses [2]?
Le sang de vos rois crie[3] et n'est point écouté
Rompez, rompez tout pacte avec l'impiété.   90
Du milieu de mon peuple exterminez les crimes,
Et vous viendrez alors m'immoler vos victimes[4]. »

jugement de Voltaire   la force de l'âge, lorsqu'il écrivait :
« La France se glorifie d'Athalie « c'est le chef d'œuvre de notre
« théâtre, c'est celui de la poésie; c'est de toutes les pièces qu'on
« joue la seule où l'amour ne soit pas introduit, mais aussi elle est
« soutenue par la pompe de la religion, et par cette majesté de l'é
« loquence des prophètes »

1 Le pieux Josaphat, quatrième roi de Juda, eut pour successeur
son fils Joram Après Joram, Ochosias, le plus jeune et le seul sur
vivant de ses fils, régna un an Étant allé trouver le roi d'Israel,
nommé aussi Joram, il mourut de la main soit de Jéhu, qu'Elisée
avait fait sacrer roi afin qu'il détruisît la maison d'Achab soit des
soldats de Jéhu

2. « Numquid manducabo carnes taurorum aut sanguinem hir
corum potabo? Immola Deo sacrificium laudis » (*Psaume* XLIX,
13 et 14) J B. Rousseau a aussi traduit ce verset (livre I, ode IV).

> Que m'importent vos sacrifices
> Vos offrandes et vos troupeaux ?
> Dieu boit il le sang des génisses?
> Mange t il la chair des taureaux ?

3. « Vox sanguinis fratris tui clamat ad me de terra » (*Genèse*, IV,
10)

4. « Quo mihi multitudinem victimarum vestrarum ? dicit Domi
nus. Plenus sum Holocausta arietum, et adipem pinguium et san
guinem vitulorum et agnorum et hircorum nolui Quum veniretis
ante conspectum meum, quis quæsivit hæc de manibus vestris, ut
ambularetis in atriis meis? Ne offeratis ultra sacrificium frustra
Discite benefacere, quærite judicium, subvenite oppresso judicate
pupillo defendite viduam » (*Isaïe* I, 11 12, 13 et 17)

ATHALIE.

ABNER.

Hé que puis-je au milieu de ce peuple abattu
Benjamin est sans force, et Juda sans vertu [1]
Le jour qui de leurs rois vit éteindre la race   95
Éteignit tout le feu de leur antique audace
« Dieu même, disent ils, s'est retiré de nous [2]
De l'honneur des Hébreux autrefois si jaloux,
Il voit sans intérêt leur grandeur terrassée ;
Et sa miséricorde à la fin s'est lassée   100
On ne voit plus pour nous ses redoutables mains
De merveilles sans nombre effrayer les humains,
L'arche sainte est muette, et ne rend plus d'oracles

JOAD.

Et quel temps fut jamais si fertile en miracles?
Quand Dieu par plus d'effets montra-t-il son pouvoir?   105
Auras-tu donc toujours des yeux pour ne point voir,
Peuple ingrat? Quoi? toujours les plus grandes merveilles
Sans ébranler ton cœur frapperont tes oreilles [3]?
Faut-il, Abner, faut-il vous rappeler le cours
Des prodiges fameux accomplis en nos jours?   110
Des tyrans d'Israël les célèbres disgrâces,
Et Dieu trouvé fidèle en toutes ses menaces,
L'impie Achab détruit, et de son sang trempé
Le champ que par le meurtre il avoit usurpé [4],
Près de ce champ fatal Jézabel immolée,   115
Sous les pieds des chevaux cette reine foulée,
Dans son sang inhumain les chiens désaltérés,
Et de son corps hideux les membres déchirés [5],
Des prophètes menteurs la troupe confondue,

---

1. Le royaume de Juda s'était formé, comme l'on sait, des deux tribus de Juda et de Benjamin (Livre III des *Rois*, XII 21.)

2 Locution biblique voyez par exemple, le livre des *Juges*, XVI 20. Rapprochez des vers 101 et suivants le verset 9 du *Psaume* LXXIII « Signa nostra non vidimus, jam non est propheta » Pour les oracles de l'arche voyez les *Nombres* VII 89

3. « Auditu audietis, et non intelligetis, et videntes videbitis et non videbitis » (*Évangile de saint Matthieu*, XIII 14) Voyez aussi *Isaïe*, XLII, 20.

4 La vigne de Naboth Pour tous les faits rappelés ici par Joad voyez les chapitres IX XI, XIV, XVII, XVIII, XX XXI, XXII et XXIII du livre III des *Rois*, et les chapitres IV et IX du livre IV

5 « At ille (*Jehu*) dixit eis Præcipitate eam deorsum. Et præcipitaverunt eam .., et equorum ungulæ conculcaverunt eam Quumque issent ut sepelirent eam, non invenerunt nisi calvariam et pedes et summas manus. Et ait Jehu. Sermo Domini est, quem locutus est per servum suum Eliam Thesbiten, dicens In agro Jezrael comedent canes carnes Jezabel » (Livre IV des *Rois*, IX 33, 35 et 36)

Et la flamme du ciel sur l'autel descendue, 120
Elie aux elements parlant en souverain[1]
Les cieux par lui fermés et devenus d'airain
Et la terre trois ans sans pluie et sans rosée,
Les morts se ranimant à la voix d'Elisée[3]
Reconnoissez, Abner, a ces traits eclatants, 125
Un Dieu tel aujourd'hui qu'il fut dans tous les temps
Il sait, quand il lui plait, faire eclater sa gloire,
Et son peuple est toujours present à sa memoire.

ABNER

Mais ou sont ces honneurs a David tant promis[4],
Et prédits même encore à Salomon son fils? 130
Helas nous espérions que de leur race heureuse
Devoit sortir de rois une suite nombreuse,
Que sur toute tribu, sur toute nation,
L un d'eux établiroit sa domination,
Feroit cesser partout la discorde et la guerre, 135
Et verroit à ses pieds tous les rois de la terre[5].

JOAD.

Aux promesses du ciel pourquoi renoncez vous?

ABNER

Le roi fils de David, où le chercherons nous?
Le ciel même peut il réparer les ruines
De cet arbre seché jusque dans ses racines[6]? 140
Athalie étouffa l'enfant même au berceau
Les morts, apres huit ans, sortent ils du tombeau?
Ah si dans sa fureur elle s'etoit trompee,
Si du sang de nos rois quelque goutte échappée.

1. « Et dixit Elias. Vivit Dominus Deus Israel in cujus conspectu sto, si erit annis his ros et pluvia, nisi juxta oris mei verba. » (Livre III des *Rois*, xvii, 1.)
2 « In diebus Eliæ in Israel quando clausum est cœlum annis tribus et mensibus sex » (*Évangile de saint Luc*, iv, 25.)
3 La resurrection du fils de la Sunamite obtenue par les prières d'Elisée, est racontee au livre IV des *Rois*, iv 20 36
4 « Ubi sunt misericordiæ tuæ antiquæ, Domine, sicut jurasti David in veritate tua? » (*Psaume* LXXXVIII 50.)
5. Ces prophéties sont souvent repetees dans l'Écriture sainte et particulierement dans les *Psaumes* « Dabo tibi gentes hæreditatem tuam, et possessionem tuam terminos terræ » (*Psaume* ii 8.) « Orietur in diebus ejus justitia, et abundantia pacis Et adorabunt eum omnes reges terræ, omnes gentes servient ei » (*Psaume* LXXI 11 et 17.)
6 Voltaire s'est souvenu de ces deux vers dans sa *Henriade* (chant VII)

Un faible rejeton sort entre les ruines
De cet arbre fecond coupé dans ses racines

JOAD.

Hé bien ! que feriez vous ?

ABNER.

O jour heureux pour moi 145
De quelle ardeur j'irois reconnoître mon roi
Doutez vous qu'a ses pieds nos tribus empressées....
Mais pourquoi me flatter de ces vaines pensées ?
Deplorable héritier de ces rois triomphants,
Ohosias restoit seul avec ses enfants 150
Par les traits de Jehu je vis percer le père,
Vous avez vu les fils massacrés par la mère.

JOAD.

Je ne m'explique point. Mais quand l'astre du jour
Aura sur l'horizon fait le tiers de son tour [1],
Lorsque la troisieme heure aux prieres rappelle, 155
Retrouvez vous au temple avec ce même zèle
Dieu pourra vous montrer par d'importants bienfaits
Que sa parole est stable et ne trompe jamais.
Allez pour ce grand jour il faut que je m'apprête,
Et du temple déja l'aube blanchit le faîte 160

ABNER

Quel sera ce bienfait que je ne comprends pas ?
L'illustre Josabet porte vers vous ses pas.
Je sors, et vais me joindre à la troupe fidèle
Qu'attire de ce jour la pompe solennelle.

SCÈNE II

JOAD JOSABET

JOAD.

Les temps sont accomplis, Princesse il faut parler, 165
Et votre heureux larcin ne se peut plus celer.
Des ennemis de Dieu la coupable insolence,
Abusant contre lui de ce profond silence,
Accuse trop longtemps ses promesses d'erreur.
Que dis je ? Le succès animant leur fureur, 170

---

1. La troisième heure répond, suivant notre manière de distribuer le temps, à neuf heures du matin C'était l'heure où l'on offrait le sacrifice du matin Au sujet des divisions du jour chez les Juifs et du reproche fait à Racine d'avoir dit au vers 154 *tiers* et non *quart*, voyez les notes de M. Mesnard et les citations qu'elle contient de Louis Racine et du P. Lamy.

ACTE I, SCÈNE II.

Jusque sur notre autel votre injuste marâtre [1]
Veut offrir à Baal un encens idolâtre
Montrons ce jeune roi que vos mains ont sauvé,
Sous l'aile du Seigneur dans le temple élevé
De nos princes hébreux il aura le courage   175
Et déjà son esprit a devancé son âge
Avant que son destin s'explique par ma voix,
Je vais l'offrir au Dieu par qui règnent les rois [2]
Aussitôt assemblant nos Lévites, nos prêtres,
Je leur déclarerai l'héritier de leurs maîtres.   180

JOSABET
Sait il déjà son nom et son noble destin ?

JOAD.
Il ne repond encor qu'au nom d'Eliacin [3],
Et se croit quelque enfant rejeté par sa mère,
A qui j'ai par pitié daigné servir de père.

JOSABET.
Hélas. de quel peril je l'avois su tirer !   185
Dans quel peril encore est il prêt de rentrer [4]

JOAD.
Quoi ? déjà votre foi s'affoiblit et s'étonne ?

JOSABET.
A vos sages conseils, Seigneur, je m'abandonne.
Du jour où j'arrachai cet enfant à la mort,
Je remis en vos mains tout le soin de son sort   190
Même, de mon amour craignant la violence
Autant que je le puis j'évite sa présence,
De peur qu'en le voyant, quelque trouble indiscret
Ne fasse avec mes pleurs échapper mon secret.
Surtout j'ai cru devoir aux larmes, aux prières   195
Consacrer ces trois jours et ces trois nuits entières [5].
Cependant aujourd'hui puis-je vous demander
Quels amis vous avez prêts à vous seconder ?
Abner, le brave Abner viendra-t-il nous défendre ?
A-t-il pres de son roi fait serment de se rendre ?   200

JOAD
Abner, quoiqu'on se pût assurer sur sa foi,
Ne sait pas même encor si nous avons un roi.

---

1. Voyez la *Préface* de Racine, ci dessus, p. 462
2. « Per me reges regnant. » (*Proverbes*, VIII, 15.)
3. Le nom d'*Éliacin* ou *Eliacim* se rencontre plusieurs fois dans la *Bible*, mais nulle part il n'y désigne Joas
4. *Var.* Dans quel peril encore il est prêt de rentrer (1691 et 92)
5. Nous voyons de même Esther (IV, 16) prescrire et observer un jeune de trois jours et de trois nuits

JOSABET
Mais a qui de Joas confiez-vous la garde ?
Est-ce Obed est ce Amnon[1] que cet honneur regarde ?
De mon père sur eux les bienfaits répandus . .   205

JOAD
A l'injuste Athalie ils se sont tous vendus

JOSABET
Qui donc opposez vous contre ses satellites ?

JOAD
Ne vous l'ai je pas dit ? Nos prêtres, nos Lévites.

JOSABET
Je sais que près de vous en secret assemblé[2]
Par vos soins prévoyants leur nombre est redoublé,   210
Que pleins d'amour pour vous d'horreur pour Athalie
Un serment solennel par avance les lie[3]
A ce fils de David qu'on leur doit révéler
Mais quelque noble ardeur dont ils puissent brûler
Peuvent ils de leur roi venger seuls la querelle ?   215
Pour un si grand ouvrage est ce assez de leur zèle ?
Doutez vous qu'Athalie, au premier bruit semé
Qu'un fils d'Okosias est ici renfermé,
De ses fiers étrangers assemblant les cohortes,
N'environne le temple, et n'en brise les portes ?   220
Suffira t il contre eux de vos ministres saints,
Qui, levant au Seigneur leurs innocentes mains,
Ne savent que gémir et prier pour nos crimes,
Et n'ont jamais versé que le sang des victimes ?
Peut être dans leurs bras Joas percé de coups...   225

JOAD.
Et comptez vous pour rien Dieu qui combat pour nous ?
Dieu, qui de l'orphelin protège l'innocence[4],
Et fait dans la foiblesse éclater sa puissance,
Dieu, qui hait les tyrans, et qui dans Jezrael[5]
Jura d'exterminer Achab et Jezabel,   230
Dieu, qui frappant Joram, le mari de leur fille,
A jusque sur son fils[6] poursuivi leur famille,

---

1. Noms pris dans la *Bible* où *Obed* est un Lévite
2. V r Je sais que près de vous en secret rassemble. (1691 et 92)
3. « Pepigitque (Joiada) cum eis fœdus » (Livre VI des *Rois* xi 4)
4. « Facit judicium pupillo et viduæ » (*Deutéronome* x 18)
« Patris orphanorum et judicis viduarum (Dei) » (*Psaume* LXVII, 6)
5 Ville voisine de Samarie C'est à Jezrael qu'était la vigne de Naboth
6 Ochozias fils de Joram et d Athalie

Dieu, dont le bras vengeur, pour un temps suspendu
Sur cette race impie est toujours étendu?
JOSABET
Et c'est sur tous ces rois sa justice sévère 235
Que je crains pour le fils de mon malheureux frère.
Qui sait si cet enfant, par leur crime entraîné,
Avec eux en naissant ne fut pas condamné?
Si Dieu, le séparant d'une odieuse race,
En faveur de David voudra lui faire grâce? 240
Hélas! l'état horrible où le ciel me l'offrit
Revient à tout moment effrayer mon esprit
De princes égorgés la chambre étoit remplie.
Un poignard à la main, l'implacable Athalie
Au carnage animoit ses barbares soldats, 245
Et poursuivoit le cours de ses assassinats
Joas, laissé pour mort frappa soudain ma vue
Je me figure encor sa nourrice éperdue,
Qui devant les bourreaux s'étoit jetée en vain,
Et foible le tenoit renversé sur son sein. 250
Je le pris tout sanglant. En baignant son visage
Mes pleurs du sentiment lui rendirent l'usage,
Et soit frayeur encore, ou pour me caresser,
De ses bras innocents je me sentis presser [1]
Grand Dieu, que mon amour ne lui soit point funeste 255
Du fidèle David c'est le précieux reste [2]
Nourri dans ta maison, en l'amour de ta loi,
Il ne connoît encor d'autre père que toi.
Sur le point d'attaquer une reine homicide,
A l'aspect du péril si ma foi s'intimide, 260
Si la chair et le sang [3], se troublant aujourd'hui,
Ont trop de part aux pleurs que je répands pour lui,
Conserve l'héritier de tes saintes promesses
Et ne punis que moi de toutes mes foiblesses
JOAD.
Vos larmes, Josabet n'ont rien de criminel, 265
Mais Dieu veut qu'on espère en son soin paternel
Il ne recherche point, aveugle en sa colère,

---

1 Ce tableau est de l'invention du poete L'Ecriture dit seulement qu'Athalie mère d'Ochozias, voyant son fils mort, se leva et fit périr toute la race royale, et que Josabeth, fille du Roi, emporta Joas, fils d'Ochozias et le déroba du milieu des fils du Roi, tandis qu'on les tuait, et le cacha avec sa nourrice.

2. Voyez la *Préface*, p. 464

3 Cette expression *la chair et le sang* se trouve plusieurs fois dans le Nouveau Testament Voyez l'*Évangile de saint Matthieu* xvi, 17, l'*Épître aux Galates*, 1, 16, l'*Épître aux Éphesiens* vi 12

Sur le fils qui le craint l'impiété du père[1].
Tout ce qui reste encor de fidèles Hébreux
Lui viendront aujourd'hui renouveler leurs vœux. 270
Autant que de David la race est respectée
Autant de Jézabel la fille est detestée.
Joas les touchera par sa noble pudeur,
Ou semble de son sang reluire la splendeur ;
Et Dieu, par sa voix même appuyant notre exemple 275
De plus près à leur cœur parlera dans son temple.
Deux infidèles rois tour à tour l'ont bravé
Il faut que sur le trône un roi soit élevé
Qui se souvienne un jour qu'au rang de ses ancêtres
Dieu l'a fait remonter par la main de ses prêtres, 280
L'a tiré par leurs mains de l'oubli du tombeau,
Et de David éteint rallume le flambeau[2]

    Grand Dieu, si tu prévois qu'indigne de sa race,
Il doive de David abandonner la trace,
Qu'il soit comme le fruit en naissant arraché, 285
Ou qu'un souffle ennemi dans sa fleur à séché
Mais si ce même enfant, à tes ordres docile,
Doit être à tes desseins un instrument utile,
Fais qu'au juste héritier le sceptre soit remis,
Livre en mes foibles mains ses puissants ennemis, 290
Confonds dans ses conseils une reine cruelle.
Daigne, daigne, mon Dieu, sur Nathan et sur elle
Répandre cet esprit d'imprudence et d'erreur,
De la chute des rois funeste avant coureur[3].

    L'heure me presse : adieu Des plus saintes familles 295
Votre fils et sa sœur vous amènent les filles

SCÈNE III

JOSABET, ZACHARIE, SALOMITH LE Chœur

JOSABET

Cher Zacharie, allez, ne vous arrêtez pas,

---

1. « Filius non portabit iniquitatem patris » (*Ézéchiel*, xviii, 20)
2. Massillon dans une brillante apostrophe, applique cette même figure au jeune roi Louis XV « Vous qu'il a rallumé comme une étincelle précieuse dans le sein même des ombres de la mort où il venoit d'éteindre toute votre auguste race, et où vous étiez sur le point de vous éteindre vous même . » (*Petit Carême*, sermon pour la fête de la Purification.)
3. C'est la prière de David contre Achitophel (Livre II des Rois

De votre auguste père accompagnez les pas.
O filles de Lévi, troupe jeune et fidele,
Que déja le Seigneur embrase de son zele, 300
Qui venez si souvent partager mes soupirs,
Enfants, ma seule joie en mes longs déplaisirs,
Ces festons dans vos mains et ces fleurs sur vos tête
Autrefois convenoient à nos pompeuses fêtes
Mais, helas ! en ce temps d'opprobre et de douleurs, 305
Quelle offrande sied mieux que celle de nos pleurs ?
J'entends déja, j'entends la trompette sacrée,
Et du temple bientôt on permettra l'entrée.
Tandis que je me vais préparer à marcher,
Chantez louez le Dieu que vous venez chercher 310

SCÈNE IV

LE CHŒUR

TOUT LE CHŒUR *chante*
Tout l'univers est plein de sa magnificence.
Qu'on l'adore ce Dieu, qu'on l'invoque à jamais
Son empire a des temps précéde la naissance
Chantons, publions ses bienfaits
UNE VOIX *seule*
En vain l'injuste violence 315
Au peuple qui le loue imposeroit silence :
Son nom ne périra jamais.
Le jour annonce au jour sa gloire et sa puissance [1]
Tout l'univers est plein de sa magnificence
Chantons, publions ses bienfaits.
TOUT LE CHŒUR *repète*.
Tout l'univers est plein de sa magnificence :
Chantons, publions ses bienfaits 320

---

xv, 31) « Infatua quæso, Domine, consilium Achitophel, » et un souvenir du vieil adage, d'origine inconnue « Perdere quos vult Deus, dementat »

1 « Cœli enarrant gloriam Dei Dies diei eructat verbum » (*Psaume* XVIII, 1 et 2) J B Rousseau a imité le même passage (livre I ode II)

Le jour au jour la révèle
La nuit l'annonce à a nuit

UNE VOIX *seule*
Il donne aux fleurs leur aimable peinture¹,
Il fait naître et mûrir les fruits,
Il leur dispense avec mesure 525
Et la chaleur des jours et la fraîcheur des nuits
Le champ qui les reçut les rend avec usure.
UNE AUTRE.
Il commande au soleil d'animer la nature,
Et la lumière est un don de ses mains;
Mais sa loi sainte, sa loi pure² 330
Est le plus riche don qu'il ait fait aux humains
UNE AUTRE.
O mont de Sinaï, conserve la mémoire
De ce jour a jamais auguste et renommé,
Quand, sur ton sommet enflammé,
Dans un nuage épais le Seigneur enfermé 335
Fit luire aux yeux mortels un rayon de sa gloire
Dis nous pourquoi ces feux et ces éclairs,
Ces torrents de fumée, et ce bruit dans les airs
Ces trompettes et ce tonnerre
Venoit-il renverser l'ordre des éléments? 340
Sur ses antiques fondements
Venoit il ébranler la terre?
UNE AUTRE.
Il venoit révéler aux enfants des Hebreux
De ses préceptes saints la lumière immortelle
Il venoit à ce peuple heureux 345
Ordonner de l'aimer d'une amour éternelle.
TOUT LE CHŒUR.
O divine, ô charmante loi !
O justice ô bonté suprême !
Que de raisons, quelle douceur extrême
D'engager a ce Dieu son amour et sa foi ! 350
UNE VOIX *seule*.
D'un joug cruel il sauva nos aieux,
Les nourrit au désert d'un pain delicieux.
Il nous donne ses lois, il se donne lui même.

1. Régnier a dit dans sa *satire* IX :

Sçachez qui donne aux fleurs ceste aimable peinture,
Quelle main sur la terre en broye la couleur

2. Cette strophe encore peut se rapprocher du *Psaume* XVIII, deja cité : « In sole posuit tabernaculum suum Lex Domini immaculata, convertens animas » (Versets 6 et 8) De meme plus loin les vers 349 et 350 rappellent le verset 11 « Desiderabilia super aurum et lapidem pretiosum multum, et dulciora super mel et favum »

ACTE I, SCENE IV

Pour tant de biens, il commande qu'on l'aime

LE CHŒUR.

O justice ô bonté suprême 355

LA MÊME VOIX

Des mers pour eux il entr'ouvrit les eaux,
D'un aride rocher fit sortir des ruisseaux
Il nous donne ses lois, il se donne lui même
    Pour tant de biens, il commande qu'on l'aime

LE CHŒUR.

    O divine, ô charmante loi 360
Que de raisons, quelle douceur extrême
D'engager à ce Dieu son amour et sa foi !

UNE AUTRE VOIX seule.

Vous qui ne connoissez qu'une crainte servile,
Ingrats, un Dieu si bon ne peut il vous charmer ?
Est il donc à vos cœurs, est il si difficile 365
    Et si pénible de l'aimer ?
    L'esclave craint le tyran qui l'outrage,
    Mais des enfants l'amour est le partage
Vous voulez que ce Dieu vous comble de bienfaits,
    Et ne l'aimer jamais[1] ? 370

TOUT LE CHŒUR

    O divine, ô charmante loi
    O justice ô bonté suprême !
Que de raisons, quelle douceur extrême
D'engager à ce Dieu son amour et sa foi

---

1. Racine a ajouté ces deux vers dans l'édition de 1697, ils ne se trouvent pas dans les deux premières (1691 et 1692).

FIN DU PREMIER ACTE

ACTE SECOND

SCÈNE I

JOSABET, SALOMITH, LE CHŒUR

JOSABET.

Mes filles, c'est assez, suspendez vos cantiques 375
Il est temps de nous joindre aux prieres publiques
Voici notre heure. Allons célébrer ce grand jour,
Et devant le Seigneur paroître a notre tour

SCÈNE II

ZACHARIE JOSABET SALOMITH, LE CHŒUR

JOSABET.

Mais que vois je? Mon fils, quel sujet vous ramene?
Ou courez vous ainsi tout pâle et hors d'haleine? 380

ZACHARIE

O ma mere

JOSABET

Hé bien, quoi?

ZACHARIE

Le temple est profané

JOSABET

Comment?

ZACHARIE.

Et du Seigneur l'autel abandonné

JOSABET.

Je tremble. Hâtez vous d'eclaircir votre mere

ZACHARIE.

Dejà, selon la loi, le grand prêtre mon père
Apres avoir au Dieu qui nourrit les humains 385
De la moisson nouvelle offert les premiers pains,
Lui présentoit encore entre ses mains sanglantes

Des victimes de paix les entrailles fumantes
Debout à ses côtés le jeune Éliacin
Comme moi le servoit en long habit de lin ; 390
Et cependant du sang de la chair immolée
Les prêtres arrosoient l'autel et l'assemblée [1].
Un bruit confus s'élève, et du peuple surpris
Détourne tout à coup les yeux et les esprits.
Une femme... Peut-on la nommer sans blasphème ? 395
Une femme.... C'étoit Athalie elle-même.

JOSABET.
Ciel !

ZACHARIE.
Dans un des parvis aux hommes réservé
Cette femme superbe entre, le front levé,
Et se préparoit même à passer les limites
De l'enceinte sacrée ouverte aux seuls Lévites. 400
Le peuple s'épouvante, et fuit de toutes parts.
Mon père.... Ah, quel courroux animoit ses regards
Moïse à Pharaon parut moins formidable.
« Reine, sors, a-t-il dit, de ce lieu redoutable,
D'où te bannit ton sexe et ton impiété 405
Viens-tu du Dieu vivant braver la majesté ? »
La Reine alors, sur lui jetant un œil farouche,
Pour blasphémer sans doute ouvroit déjà la bouche.
J'ignore si de Dieu l'ange se dévoilant
Est venu lui montrer un glaive étincelant [2], 410
Mais sa langue en sa bouche à l'instant s'est glacée,
Et toute son audace a paru terrassée.
Ses yeux, comme effrayés, n'osoient se détourner ;
Surtout Éliacin paroissoit l'étonner

JOSABET.
Quoi donc ? Éliacin a paru devant elle ? 415

ZACHARIE.
Nous regardions tous deux cette reine cruelle,
Et d'une égale horreur nos cœurs étoient frappés
Mais les prêtres bientôt nous ont enveloppés

---

1 « Racine s'est trompé ici sur les rites. On n'arrosoit point l'assemblée du sang de la victime. Le prêtre trempoit simplement un doigt dans le sang, et en faisoit sept aspersions devant le voile du sanctuaire, il en frottoit les cornes de l'autel, et répandoit le reste au pied du même autel. L'auteur a confondu avec le rite judaïque ce qu'il avoit lu dans le XXIVe chapitre de l'*Exode*, où il est dit que Moïse fit l'aspersion du sang de la victime sur le peuple assemblé, mais il n'y avoit point encore de rite ni de cérémonies légales » (*Sentiments de l'Académie sur* Athalie.)

2 L'Écriture mentionne de semblables visions : voyez les *Nombres*, XXII, 31, et le livre I des *Paralipomènes*, XXI, 16

On nous a fait sortir J'ignore tout le reste,
Et venois vous conter ce désordre funeste 420
JOSABET.
Ah ! de nos bras sans doute elle vient l'arracher,
Et c'est lui qu'à l'autel sa fureur vient chercher.
Peut-être en ce moment l'objet de tant de larmes...
Souviens-toi de David [1], Dieu, qui vois mes alarmes
SALOMITH
Quel est il cet objet des pleurs que vous versez ? 425
ZACHARIE.
Les jours d'Eliacin seroient ils menacés?
SALOMITH.
Auroit il de la Reine attiré la colère ?
ZACHARIE.
Que craint on d'un enfant sans support et sans père?
JOSABET.
Ah la voici Sortons Il la faut éviter.

SCÈNE III

ATHALIE, AGAR, ABNER, SUITE D'ATHALIE

AGAR
Madame, dans ces lieux pourquoi vous arrêter? 430
Ici tous les objets vous blessent, vous irritent
Abandonnez ce temple aux prêtres qui l'habitent,
Fuyez tout ce tumulte, et dans votre palais
A vos sens agités venez rendre la paix.
ATHALIE.
Non, je ne puis Tu vois mon trouble et ma foiblesse. 435
Va, fais dire à Mathan qu'il vienne qu'il se presse:
Heureuse si je puis trouver par son secours
Cette paix que je cherche et qui me fuit toujours
(Elle s'assied)

SCÈNE IV

ATHALIE, ABNER, ETC

ABNER
Madame pardonnez si j'ose le défendre
Le zèle de Joad n'a point dû vous surprendre 440

---

[1] « Memento, Domine, David » (*Psaume* CXXXI, 1)

Du Dieu que nous servons tel est l'ordre eternel
Lui même il nous traça son temple et son autel,
Aux seuls enfants d'Aaron commit ses sacrifices,
Aux Lévites marqua leur place et leurs offices,
Et surtout defendit a leur postérité 445
Avec tout autre dieu toute société.
He quoi ? vous de nos rois et la femme [1] et la mere,
Êtes vous à ce point parmi nous etrangère ?
Ignorez vous nos lois ? Et faut il qu'aujourd'hui ?
Voici votre Mathan, je vous laisse avec lui 450

ATHALIE.

Votre presence, Abner, est ici necessaire.
Laissons la de Joad l'audace temeraire,
Et tout ce vain amas de superstitions
Qui ferment votre temple aux autres nations [2].
Un sujet plus pressant excite mes alarmes. 455
Je sais que dès l'enfance elevé dans les armes,
Abner a le cœur noble, et qu'il rend a la fois
Ce qu'il doit à son Dieu, ce qu'il doit à ses rois
Demeurez

SCENE V

MATHAN, ATHALIE, ABNER, ETC.

MATHAN.

   Grande Reïne, est-ce ici votre place ?
Quel trouble vous agite, et quel effroi vous glace ? 460
Parmi vos ennemis que venez vous chercher ?
De ce temple profane osez-vous approcher ?
Avez vous dépouillé cette haine si vive ?

ATHALIE

Prêtez moi l'un et l'autre une oreille attentive.
Je ne veux point ici rappeler le passe 465
Ni vous rendre raison du sang que j'ai verse
Ce que j'ai fait, Abner, j'ai cru le devoir faire.
Je ne prends point pour juge un peuple téméraire.
Quoi que son insolence ait ose publier,
Le Ciel même a pris soin de me justifier 470
Sur d'eclatants succes ma puissance établie

---

1. Et non *fille*, leçon fautive de quelques éditions modernes
2 « Hæc dicit Dominus Deus : « Omnis alienigena incircumcisus
« corde, et incircumcisus carne, non ingredietur sanctuarium
« meum, omnis filius alienus qui est in medio filiorum Israel »
(*Ézéchiel* XLIV, 9.)

A fait jusqu'aux deux mers [1] respecter Athalie.
Par moi Jerusalem goûte un calme profond.
Le Jourdain ne voit plus l'Arabe vagabond,
Ni l'altier Philistin, par d'éternels ravages, 475
Comme au temps de vos rois, désoler ses rivages ;
Le Syrien [2] me traite et de reine et de sœur.
Enfin de ma maison le perfide oppresseur,
Qui devoit jusqu'à moi pousser sa barbarie,
Jéhu, le fier Jéhu, tremble dans Samarie ; 480
De toutes parts pressé par un puissant voisin,
Que j'ai su soulever contre cet assassin,
Il me laisse en ces lieux souveraine maîtresse.
Je jouissois en paix du fruit de ma sagesse ;
Mais un trouble importun vient, depuis quelques jours, 485
De mes prospérités interrompre le cours.
Un songe (me devrois-je inquiéter d'un songe?)
Entretient dans mon cœur un chagrin qui le ronge.
Je l'évite partout, partout il me poursuit.
 C'étoit pendant l'horreur d'une profonde nuit. 490
Ma mère Jézabel devant moi s'est montrée,
Comme au jour de sa mort pompeusement parée ;
Ses malheurs n'avoient point abattu sa fierté ;
Même elle avoit encor cet éclat emprunté
Dont elle eut soin de peindre et d'orner son visage [3], 495
Pour réparer des ans l'irréparable outrage.
« Tremble, m'a-t-elle dit, fille digne de moi ;
Le cruel dieu des Juifs l'emporte aussi sur toi.
Je te plains de tomber dans ses mains redoutables,
Ma fille. » En achevant ces mots épouvantables, 500
Son ombre vers mon lit a paru se baisser ;
Et moi, je lui tendois les mains pour l'embrasser ;
Mais je n'ai plus trouvé qu'un horrible mélange
D'os et de chair meurtris, et traînés dans la fange,
Des lambeaux pleins de sang, et des membres affreux 505
Que des chiens dévorants se disputoient entre eux [4].

ABNER

Grand Dieu !

ATHALIE.

Dans ce désordre à mes yeux se présente

1 La mer Méditerranée et la mer Rouge.
2 Le *Syrien*, le roi de Syrie, Hazaël, désigné plus loin par les mots « puissant voisin ».
3 « Venitque Jehu in Jezraël. Porro Jezabel, introitu ejus audito depinxit oculos suos stibio et ornavit caput suum, et respexit per fenestram » (Livre IV des *Rois*, IX, 30.)
4 Voyez ci-dessus, p. 474, note 5.

Un jeune enfant couvert d'une robe éclatante,
Tels¹ qu'on voit des Hébreux les prêtres revêtus
Sa vue a ranimé mes esprits abattus   510
Mais lorsque, revenant de mon trouble funeste,
J'admirois sa douceur, son air noble et modeste,
J'ai senti tout à coup un homicide acier,
Que le traître en mon sein a plongé tout entier.
De tant d'objets divers le bizarre assemblage   515
Peut être du hasard vous paroît un ouvrage.
Moi-même quelque temps honteuse de ma peur,
Je l'ai pris pour l'effet d'une sombre vapeur
Mais de ce souvenir mon âme possedée
A deux fois en dormant revu la même idée°   520
Deux fois mes tristes yeux se sont vu retracer
Ce même enfant toujours tout prêt à me percer
Lasse enfin des horreurs dont j'étois poursuivie,
J'allois prier Baal de veiller sur ma vie,
Et chercher du repos au pied de ses autels.   525
Que ne peut la frayeur sur l'esprit des mortels ?
Dans le temple des Juifs un instinct m'a poussée,
Et d'apaiser leur Dieu j'ai conçu la pensée
J'ai cru que des présens calmeroient son courroux,
Que ce Dieu, quel qu'il soit, en deviendroit plus doux   530
Pontife de Baal, excusez ma foiblesse.
J'entre. le peuple fuit, le sacrifice cesse,
Le grand prêtre vers moi s'avance avec fureur.
Pendant qu'il me parloit, ô surprise ! ô terreur !
J'ai vu ce même enfant dont je suis menacée,   535
Tel qu'un songe effrayant l'a peint à ma pensée ³
Je l'ai vu son même air, son même habit de lin,
Sa démarche, ses yeux, et tous ses traits enfin.
C'est lui même Il marchoit à côté du grand prêtre ;
Mais bientôt à ma vue on l'a fait disparoître.   540
Voila quel trouble ici m'oblige à m'arrêter,
Et sur quoi j'ai voulu tous deux vous consulter.
   Que présage, Nathan, ce prodige incroyable ?

1 Il faut *tel* au singulier, ou *Tels on voit* Racine a mis l'antecédent au cas ou les Latins mettraient le consequent *quales*
2 *Idée* dans son sens etymologique de *forme*, *image*, ou il se prenait fort bien autrefois en poesie
3 « Ceci, dit Louis Racine, a quelque ressemblance à ce que rapporte Josephe de la surprise d'Alexandre, lorsque, voyant le grand prêtre des Juifs qui venoit au devant de lui, revêtu de ses habits pontificaux il reconnut le meme objet qu'il avoit vu dans un songe »

MATHAN.
Ce songe et ce rapport, tout me semble effroyable.
ATHALIE
Mais cet enfant fatal, Abner, vous l'avez vu. 545
Quel est il? De quel sang? et de quelle tribu?
ABNER.
Deux enfants à l'autel prêtoient leur ministère
L'un est fils de Joad, Josabet est sa mère.
L'autre m'est inconnu.
MATHAN.
Pourquoi délibérer?
De tous les deux, Madame, il se faut assurer. 550
Vous savez pour Joad mes egards, mes mesures;
Que je ne cherche point a venger mes injures,
Que la seule équité règne en tous mes avis;
Mais lui même après tout fût ce son propre fils,
Voudroit il un moment laisser vivre un coupable? 555
ABNER.
De quel crime un enfant peut il être capable?
MATHAN.
Le Ciel nous le fait voir un poignard à la main
Le Ciel est juste et sage, et ne fait rien en vain.
Que cherchez-vous de plus?
ABNER
Mais, sur la foi d'un songe,
Dans le sang d'un enfant voulez vous qu'on se plonge? 560
Vous ne savez encor de quel père il est né,
Quel il est.
NATHAN.
On le craint tout est examiné.
A d'illustres parents s'il doit son origine,
La splendeur de son sort doit hâter sa ruine.
Dans le vulgaire obscur si le sort l'a placé, 565
Qu'importe qu'au hasard un sang vil soit versé?
Est ce aux rois a garder cette lente justice?
Leur sûreté souvent dépend d'un prompt supplice
N'allons point les gêner d'un soin embarrassant.
Des qu'on leur est suspect, on n'est plus innocent. 570
ABNER.
He quoi, Mathan? d'un prêtre est-ce la le langage?
Moi, nourri dans la guerre aux horreurs du carnage,
Des vengeances des rois ministre rigoureux,
C'est moi qui prête ici ma voix au malheureux,
Et vous, qui lui devez des entrailles de père, 575
Vous, ministre de paix dans les temps de colère,
Couvrant d'un zele faux votre ressentiment,

Le sang à votre gré coule trop lentement
    Vous m'avez commandé de vous parler sans feinte,
Madame : quel est donc ce grand sujet de crainte? 580
Un songe, un foible enfant que votre œil prévenu
Peut-être sans raison croit avoir reconnu.

ATHALIE.

Je le veux croire Abner, je puis m'être trompée
Peut être un songe vain m'a trop preoccupee.
Hé bien il faut revoir cet enfant de plus pres, 585
Il en faut a loisir examiner les traits.
Qu'on les fasse tous deux paroître en ma presence

ABNER

Je crains. . .

ATHALIE.

    Manqueroit on pour moi de complaisance?
De ce refus bizarre où seroient les raisons?
Il pourroit me jeter en d etranges soupçons 590
Que Josabet, vous dis-je, ou Joad les amène
Je puis, quand je voudrai, parler en souveraine
Vos prêtres, je veux bien, Abner, vous l'avouer,
Des bontés d'Athalie ont lieu de se louer.
Je sais sur ma conduite et contre ma puissance 595
Jusqu'où de leurs discours ils portent la licence
Ils vivent cependant, et leur temple est debout.
Mais je sens que bientôt ma douceur est à bout
Que Joad mette un frein a son zèle sauvage,
Et ne m'irrite point par un second outrage 600
Allez

SCÈNE VI

ATHALIE, MATHAN, ETC

MATHAN.

Enfin je puis parler en liberté ·
Je puis dans tout son jour mettre la vérité
Quelque monstre naissant dans ce temple s élève,
Reine n'attendez pas que le nuage creve.
Abner chez le grand prêtre a devance le jour. 605
Pour le sang de ses rois vous savez son amour.
Et qui sait si Joad ne veut point en leur place
Substituer l'enfant dont le Ciel vous menace,
Soit son fils, soit quelque autre ...

ATHALIE

    Oui, vous m ouvrez les yeux

Je commence à voir clair dans cet avis des Cieux. 610
Mais je veux de mon doute être debarrassée
Un enfant est peu propre à trahir sa pensée.
Souvent d un grand dessein un mot nous fait juger.
Laissez moi, cher Mathan, le voir, l'interroger.
Vous cependant, allez ; et sans jeter d'alarmes, 615
A tous mes Tyriens faites prendre les armes.

SCÈNE VII

JOAS, JOSABET, ATHALIE, ZACHARIE, ABNER, SALOMITH
DEUX LEVITES LE CHŒUR, ETC

JOSABET, *aux deux Lévites*
O vous, sur ces enfants si chers, si precieux,
Ministres du Seigneur ayez toujours les yeux
ABNER, *à Josabet*
Princesse, assurez-vous, je les prends sous ma garde.
ATHALIE.
O Ciel ! plus j'examine, et plus je le regarde, 620
C'est lui. D'horreur encor tous mes sens sont saisis.
Epouse de Joad, est ce la votre fils ?
JOSABET
Qui ? lui, Madame ?
ATHALIE.
Lui.
JOSABET.
Je ne suis point sa mère.
Voila mon fils.
ATHALIE.
Et vous, quel est donc votre père ?
Jeune enfant, repondez
JOSABET
Le Ciel jusqu'aujourd'hui .. 625
ATHALIE.
Pourquoi vous pressez vous de repondre pour lui ?
C'est a lui de parler.
JOSABET
Dans un âge si tendre,
Quel éclaircissement en pouvez vous attendre ?
ATHALIE
Cet age est innocent. Son ingenuité
N altère point encor la simple vérité. 630

Laissez le s'expliquer sur tout ce qui le touche.
JOSABET, *tout bas*
Daigne mettre, grand Dieu ta sagesse en sa bouche¹
ATHALIE
Comment vous nommez-vous ?
JOAS.
J'ai nom Eliacin
ATHALIE
Votre père?
JOAS.
Je suis, dit on un orphelin, 635
Entre les bras de Dieu jeté des ma naissance,
Et qui de mes parents n'eus jamais connoissance
ATHALIE
Vous êtes sans parents ?
JOAS.
Ils m'ont abandonne
ATHALIE
Comment ? et depuis quand ?
JOAS
Depuis que je suis ne
ATHALIE.
Ne sait-on pas au moins quel pays est le vôtre ?
JOAS
Ce temple est mon pays ; je n en connois point d'autre. 640
ATHALIE.
Où dit-on que le sort vous a fait rencontrer
JOAS.
Parmi des loups cruels prêts a me devorer
ATHALIE
Qui vous mit dans ce temple ?
JOAS.
Une femme inconnue,
Qui ne dit point son nom, et qu'on n a point revue.
ATHALIE
Mais de vos premiers ans quelles mains ont pris soin ? 645
JOAS.
Dieu laissa t il jamais ses enfants au besoin ?
Aux petits des oiseaux il donne leur pâture²,
Et sa bonté s etend sur toute la nature

1. « Ce vers, dit Laharpe prepare et justifie tout ce qu'il y aura
d etonnant dans les reponses de Joas, suivant ce mot de l'Écriture:
(*Psaume* VIII, v 5) « Ex ore infantium et lactentium perfecist
laudem »

2 « Qui dat jumentis escam ipsorum, et pullis corvorum invo-
cantibus eum » (*Psaume* CXLVI, 9)

Tous les jours je l'invoque ; et d'un soin paternel
Il me nourrit des dons offerts sur son autel 650
ATHALIE.
Quel prodige nouveau me trouble et m'embarrasse ?
La douceur de sa voix, son enfance, sa grâce,
Font insensiblement à mon inimitié
Succeder . Je serois sensible à la pitié ?
ABNER
Madame, voilà donc cet ennemi terrible. 655
De vos songes menteurs l'imposture est visible,
A moins que la pitié qui semble vous troubler
Ne soit ce coup fatal qui vous faisoit trembler
ATHALIE, *à Joas et à Josabet*
Vous sortez ?
JOSABET
Vous avez entendu sa fortune.
Sa présence à la fin pourroit être importune 660
ATHALIE
Non revenez Quel est tous les jours votre emploi ?
JOAS.
J'adore le Seigneur. On m'explique sa loi.
Dans son livre divin on m'apprend à la lire,
Et déjà de ma main je commence à l'écrire.
ATHALIE.
Que vous dit cette loi ?
JOAS
Que Dieu veut être aimé, 665
Qu'il venge tôt ou tard son saint nom blasphémé,
Qu'il est le défenseur de l'orphelin timide,
Qu'il résiste au superbe et punit l'homicide.
ATHALIE.
J'entends. Mais tout ce peuple enfermé dans ce lieu
A quoi s'occupe t il ?
JOAS.
Il loue, il benit Dieu 670
ATHALIE.
Dieu veut il qu'à toute heure on prie, on le contemple ?
JOAS
Tout profane exercice est banni de son temple.
ATHALIE
Quels sont donc vos plaisirs ?
JOAS.
Quelquefois à l'autel
Je présente au grand prêtre ou l'encens ou le sel [1]

---

1. Voyez le *Lévitique*, II, 1, 2 13 et 15

J'entends chanter de Dieu les grandeurs infinies, 675
Je vois l'ordre pompeux de ses cérémonies.

ATHALIE

Hé quoi ? vous n'avez point de passe-temps plus doux ?
Je plains le triste sort d'un enfant tel que vous
Venez dans mon palais, vous y verrez ma gloire

JOAS

Moi, des bienfaits de Dieu je perdrois la mémoire ? 680

ATHALIE.

Non, je ne vous veux pas contraindre à l'oublier.

JOAS.

Vous ne le priez point

ATHALIE

Vous pourrez le prier.

JOAS

Je verrois cependant en invoquer un autre ?

ATHALIE.

J'ai mon Dieu que je sers, vous servirez le vôtre
Ce sont deux puissants Dieux

JOAS

Il faut craindre le mien 685
Lui seul est Dieu Madame, et le vôtre n'est rien.

ATHALIE

Les plaisirs près de moi vous chercheront en foule.

JOAS.

Le bonheur des méchants comme un torrent s'écoule[1].

ATHALIE.

Ces méchants, qui sont ils ?

JOSABET

Hé Madame ! excusez
Un enfant ..

ATHALIE, à *Josabet*

J'aime à voir comme vous l'instruisez. 690
Enfin, Éliacin, vous avez su me plaire ;
Vous n'êtes point sans doute un enfant ordinaire
Vous voyez, je suis reine, et n'ai point d'héritier
Laissez la cet habit, quittez ce vil métier
Je veux vous faire part de toutes mes richesses, 695
Essayez dès ce jour l'effet de mes promesses.
A ma table, partout a mes côtés assis,
Je prétends vous traiter comme mon propre fils [2].

[1] « Ad nihilum devenient (peccatores) tanquam aqua decurrens »
(*Psaume* LVII, 8)

[2] Le P Brumoy, dans son *Théâtre des Grecs* a comparé l'*Athalie*
de Racine à l'*Ion* d'Euripide. Ion, fils d'Apollon et de Créuse, a été
élevé dans le temple de Delphes par la prêtresse du dieu, comme

JOAS.

Comme votre fils ᵃ

ATHALIE.

Oui.... Vous vous taisez ?

JOAS

Quel père
Je quitterois ! Et pour....

ATHALIE

Hé bien ?

JOAS

Pour quelle mère 700

ATHALIE, *à Josabet*

Sa mémoire est fidèle, et dans tout ce qu'il dit
De vous et de Joad je reconnois l'esprit.
Voila comme infectant cette simple jeunesse,
Vous employez tous deux le calme où je vous laisse.
Vous cultivez déjà leur haine et leur fureur, 705
Vous ne leur prononcez mon nom qu'avec horreur

JOSABET

Peut-on de nos malheurs leur dérober l histoire ?
Tout l'univers les sait ; vous même en faites gloire.

ATHALIE

Oui, ma juste fureur, et j'en fais vanité,
A vengé mes parents sur ma postérité[1]. 710
J'aurois vu massacrer et mon père et mon frère ᵇ,
Du haut de son palais précipiter ma mère,
Et dans un même jour égorger a la fois,
Quel spectacle d'horreur ! quatre-vingts fils de rois[3]
Et pourquoi ? pour venger je ne sais quels prophètes 715

Joas l'a été par Joad et Josabeth dans le temple de Jerusalem A ce rapport superficiel du sujet on peut joindre quelques traits qui se peuvent rapprocher Il est dit d'Ion, comme de Joas qu'il n'eut jamais connaissance de ses parents Dans les questions que lui fait Creuse il en est qui rappellent celles d'Athalie. Xuthus qui le croit son fils lui propose de quitter le temple pour venir demeurer avec lui, et veut le seduire par des promesses semblables à celles de la Reine a Joas, mais Ion répond, comme Joas, qu'il préfère aux grandeurs la vie qu'il mène dans le lieu saint

1 « Athalia vero mater Ochoziæ, videns mortuum filium suum, surrexit et interfecit omne semen regium » (Livre IV des *Rois*, xi, 1)

2 Joram roi d'Israël, tué de la main de Jéhu

3. « Erant autem Achab septuaginta filii in Samaria Scripsit ergo Jehu litteras, et misit in Samariam ad optimates civitatis Porro filii Regis septuaginta viri, apud optimates civitatis nutriebantur Cumque venissent litteræ ad eos, tulerunt filios Regis, et occiderunt septuaginta viros » (Livre IV des *Rois* x, 1 6 et 7)

ACTE II, SCÈNE VII.

Dont elle avoit puni les fureurs indiscrètes[1] ;
Et moi, reine sans cœur, fille sans amitié,
Esclave d'une lâche et frivole pitié,
Je n'aurois pas du moins à cette aveugle rage
Rendu meurtre pour meurtre, outrage pour outrage, 720
Et de votre David traité tous les neveux
Comme on traitoit d'Achab les restes malheureux ?
Où serois-je aujourd'hui, si, domptant ma foiblesse
Je n'eusse d'une mère étouffé la tendresse ;
Si de mon propre sang ma main versant des flots 725
N'eût par ce coup hardi réprimé vos complots ?
Enfin de votre Dieu l'implacable vengeance
Entre nos deux maisons rompit toute alliance
David m'est en horreur ; et les fils de ce roi,
Quoique nés de mon sang, sont étrangers pour moi 730

JOSABET.
Tout vous a réussi[2] ? Que Dieu voie, et nous juge

ATHALIE.
Ce Dieu, depuis longtemps votre unique refuge,
Que deviendra l'effet de ses prédictions ?
Qu'il vous donne ce roi promis aux nations,
Cet enfant de David, votre espoir, votre attente.... 735
Mais nous nous reverrons. Adieu. Je sors contente
J'ai voulu voir ; j'ai vu

ABNER, *à Josabet.*
Je vous l'avois promis
Je vous rends le dépôt que vous m'avez commis

SCÈNE VIII

JOAD, JOSABET, JOAS, ZACHARIE ABNER SALOMITH,
LEVITES, LE CHŒUR

JOSABET, *à Joad*
Avez vous entendu cette superbe reine,
Seigneur ?

JOAD
J'entendois tout et plaignois votre peine 740
Ces Levites et moi, prêts à vous secourir,
Nous etions avec vous résolus de périr.
(*A Joas, en l'embrassant*)
Que Dieu veille sur vous, enfant dont le courage

---

1. Voyez le livre III des *Rois*, XVIII, 4, 13, et XIX, 14, 17.
2 Il y a ici un point d'interrogation dans les trois éditions publiées du vivant de l'auteur.

Vient de rendre à son nom ce noble témoignage!
Je reconnois, Abner, ce service important 745
Souvenez-vous de l'heure où Joad vous attend.
Et nous, dont cette femme impie et meurtriere
a souillé les regards et troublé la prière,
Rentrons ; et qu'un sang pur, par mes mains épanché,
Lave jusques au marbre où ses pas ont touché. 750

SCÈNE IX

LE CHŒUR

UNE DES FILLES DU CHŒUR.
Quel astre à nos yeux vient de luire ?
Quel sera quelque jour cet enfant merveilleux [1] ?
Il brave le faste orgueilleux,
Et ne se laisse point séduire
A tous ses attraits périlleux. 755
UNE AUTRE
Pendant que du dieu d'Athalie
Chacun court encenser l'autel,
Un enfant courageux publie
Que Dieu lui seul est éternel,
Et parle comme un autre Elie 760
Devant cette autre Jezabel.
UNE AUTRE
Qui nous révélera ta naissance secrète [2],
Cher enfant ? Es-tu fils de quelque saint prophete ?
UNE AUTRE.
Ainsi l'on vit l'aimable Samuel
Croître à l'ombre du tabernacle [3]. 765
Il devint des Hebreux l'espérance et l'oracle
Puisses-tu, comme lui, consoler Israel !
UNE AUTRE *chante*
O bienheureux mille fois
L'enfant que le Seigneur aime,
Qui de bonne heure entend sa voix, 770
Et que ce Dieu daigne instruire lui-même [4].
Loin du monde elevé, de tous les dons des Cieux

1 « Quis, putas, puer iste erit ? » (*Évangile de saint Luc* I, 66.)
2 « Generationem ejus quis enarrabit? » (*Isaïe*, LIII, 8.)
3. « Puer autem Samuel proficiebat atque crescebat et placebat tam Domino quam hominibus » (*Livre I, des Rois*, II, 26.)
4 « Beatus homo, quem tu erudieris, Domine, et de lege tua docueris eum » (*Psaume* XCIII, 12.)

ACTE II, SCÈNE IX.

Il est orné dès sa naissance ;
Et du mechant l'abord contagieux
N'altere point son innocence 775

TOUT LE CHŒUR

Heureuse, heureuse l'enfance
Que le Seigneur instruit et prend sous sa défense !

LA MÊME VOIX, *seule*

Tel en un secret vallon,
Sur le bord d'une onde pure,
Croît à l'abri de l'aquilon 780
Un jeune lis, l'amour de la nature [1]
Loin du monde élevé, de tous les dons des cieux
Il est orné dès sa naissance,
Et du méchant l'abord contagieux
N'altère point son innocence. 785

TOUT LE CHŒUR

Heureux, heureux mille fois
L'enfant que le Seigneur rend docile à ses lois !

UNE VOIX *seule*.

Mon Dieu, qu'une vertu naissante
Parmi tant de perils marche à pas incertains !
Qu'une âme qui te cherche et veut être innocente 790
Trouve d'obstacle à ses desseins !
Que d'ennemis lui font la guerre !
Où se peuvent cacher tes saints ?
Les pecheurs couvrent la terre.

UNE AUTRE

O palais de David, et sa chère cité [2], 795
Mont fameux, que Dieu même a longtemps habité [3],
Comment as-tu du Ciel attiré la colere ?
Sion, chère Sion, que dis tu quand tu vois
Une impie étrangere
Assise, helas, au trône de tes rois ? 800

---

1 Catulle a dit dans son *Chant nuptial* (LXII, vers 39-4) :

Ut flos in septis secretus nascitur hortis,
Ignotus pecori, nullo contusus aratro,
Quem mulcent auræ, firmat sol, educat imber

La répétition qui suit « Loin du monde, etc. » et les vers 786-794 manquent dans la 1re édition et ont été imprimés pour la première fois dans celle de 1692. Plus loin, les vers 804-809 ont été ajoutés par Racine dans l'édition de 1697.

2 « Habitavit autem David in arce (Sion) et vocavit eam *Civitatem David* » (Livre II des *Rois*, v. 9.)

3 « Mons in quo bene placitum est Deo habitare in eo » (*Psaume* LXVII, 17.)

TOUT LE CHŒUR

Sion, chère Sion, que dis-tu quand tu vois
　Une impie étrangère
Assise, hélas! au trône de tes rois?

LA MÊME VOIX *continue.*

　Au lieu des cantiques charmants
Où David t'exprimoit ses saints ravissements, 805
Et benissoit son Dieu, son Seigneur et son père,
Sion, chère Sion, que dis-tu quand tu vois
　Louer le dieu de l'impie étrangère,
Et blasphemer le nom qu'ont adoré tes rois?

UNE VOIX *seule.*

Combien de temps, Seigneur, combien de temps encore 810
Verrons nous contre toi les mechants s'elever[1]?
Jusque dans ton saint temple ils viennent te braver
Ils traitent d'insensé le peuple qui t'adore
Combien de temps, Seigneur, combien de temps encore
Verrons-nous contre toi les mechants s'élever? 815

UNE AUTRE.

Que vous sert, disent-ils, cette vertu sauvage?
　De tant de plaisirs si doux
　Pourquoi fuyez vous l'usage?
Votre Dieu ne fait rien pour vous[2].

UNE AUTRE

Rions, chantons, dit cette troupe impie, 820
　De fleurs en fleurs, de plaisirs en plaisirs,
　Promenons nos desirs.
Sur l'avenir insensé qui se fie.
De nos ans passagers le nombre est incertain
Hâtons-nous aujourd'hui de jouir de la vie: 825
　Qui sait si nous serons demain[3]?

TOUT LE CHŒUR.

Qu'ils pleurent, ô mon Dieu, qu'ils fremissent de crainte,
　Ces malheureux, qui de ta cité sainte
Ne verront point l'eternelle splendeur!

1. « Usquequo peccatores, Domine, usquequo peccatores gloriabuntur? effabuntur, et loquentur iniquitatem? loquentur omnes qui operantur injustitiam? Populum tuum, Domine, humiliaverunt, et hereditatem tuam vexaverunt » (*Psaume* XCIII 3, 4 et 5)

2. « Nequando dicant gentes « Ubi est Deus eorum? » (*Psaume* CXIII, 10)   Voyez *Esther*, vers 340 et 341

3. « Comedamus et bibamus, cras enim moriemur » (*Isaïe*, XXII, 13)   « Venite ergo, et fruamur bonis quæ sunt, et utamur creatura tanquam in juventute celeriter Vino pretioso et unguentis nos impleamus, et non prætereat nos flos temporis Coronemus nos rosis antequam marcescant   nullum pratum sit quod non pertranseat luxuria nostra » (*Sagesse* II 6-8)

C'est a nous de chanter, nous a qui tu révèles 830
     Tes clartés immortelles ;
C'est à nous de chanter tes dons et ta grandeur
          UNE VOIX *seule.*
De tous ces vains plaisirs où leur âme se plonge,
Que leur restera-t-il? Ce qui reste d'un songe
     Dont on a reconnu l'erreur[1]. 835
  A leur reveil, ô réveil plein d'horreur
     Pendant que le pauvre a ta table
Goûtera de ta paix la douceur ineffable,
Ils boiront dans la coupe affreuse, inépuisable,
Que tu présenteras au jour de ta fureur 840
     A toute la race coupable[2].
          TOUT LE CHŒUR.
       O réveil plein d'horreur
       O songe peu durable
       O dangereuse erreur !

---

[1] « Dormierunt somnum suum, et nihil invenerunt omnes viri divitiarum in manibus suis » (*Psaume* LXXV, 6.)

[2] « Calix in manu Domini vini meri plenus misto.... Fæx ejus non est exinanita bibent omnes peccatores terræ » (*Psaume* LXXIV. « Bibisti de manu Domini calicem iræ ejus » *Isaïe*, LI 17.)

FIN DU SECOND ACTE.

ACTE TROISIÈME

SCÈNE I

MATHAN, NABAL, LE CHŒUR

MATHAN
Jeunes filles, allez : qu'on dise a Josabet 845
Que Mathan veut ici lui parler en secret
UNE DES FILLES DU CHŒUR
Mathan ! O Dieu du Ciel, puisses tu le confondre !
NABAL
Hé quoi ? tout se disperse, et fuit sans vous repondre ?
MATHAN
Approchons.

SCÈNE II

ZACHARIE, MATHAN, NABAL

ZACHARIE
Téméraire, où voulez vous passer ?
Au dela de ce lieu gardez vous d avancer 850
C'est des ministres saints la demeure sacrée,
Les lois a tout profane en défendent l'entree.
Qui cherchez-vous ? Mon père, en ce jour solennel,
De l'idolâtre impur fuit l'aspect criminel,
Et devant le Seigneur maintenant prosternée, 855
Ma mere en ce devoir craint d'être détournée
MATHAN
Mon fils, nous attendrons. cessez de vous troubler
C'est votre illustre mere a qui je veux parler
Je viens ici charge d'un ordre de la Reine

SCÈNE III

MATHAN, NABAL

NABAL.

Leurs enfants ont déjà leur audace hautaine. 860
Mais que veut Athalie en cette occasion ?
D'où naît dans ses conseils cette confusion ?
Par l'insolent Joad ce matin offensée,
Et d'un enfant fatal en songe menacée,
Elle alloit immoler Joad à son courroux, 865
Et dans ce temple enfin placer Baal et vous.
Vous m'en aviez déjà confié votre joie,
Et j'esperois ma part d'une si riche proie
Qui fait changer ainsi ses vœux irrésolus ?

MATHAN.

Ami, depuis deux jours je ne la connois plus. 870
Ce n'est plus cette reine éclairée intrépide,
Élevée au dessus de son sexe timide,
Qui d'abord accabloit ses ennemis surpris,
Et d'un instant perdu connoissoit tout le prix.
La peur d'un vain remords trouble cette grande âme 875
Elle flotte, elle hésite, en un mot, elle est femme.
J'avois tantôt rempli d'amertume et de fiel
Son cœur déjà saisi des menaces du Ciel ;
Elle même, a mes soins confiant sa vengeance,
M'avoit dit d'assembler sa garde en diligence ; 880
Mais soit que cet enfant devant elle amene,
De ses parents, dit on rebut infortuné,
Eût d'un songe effrayant diminué l'alarme,
Soit qu'elle eût même en lui vu je ne sais quel charme,
J'ai trouvé son courroux chancelant, incertain, 885
Et déjà remettant sa vengeance a demain
Tous ses projets sembloient l'un l'autre se détruire [1].
« Du sort de cet enfant je me suis fait instruire,
Ai je dit. On commence a vanter ses aieux
Joad de temps en temps le montre aux factieux, 890
Le fait attendre aux Juifs, comme un autre Moïse,
Et d'oracles menteurs s'appuie et s'autorise. »
Ces mots ont fait monter la rougeur sur son front

---

1. Ceci rappelle le vers 162 de *Phèdre*

    Comme on voit tous ses vœux l'un l'autre se détruire!

Jamais mensonge heureux n'eut un effet si prompt
« Est ce à moi de languir dans cette incertitude ? 895
Sortons, a t-elle dit, sortons d'inquietude
Vous même a Josabet prononcez cet arrêt·
Les feux vont s'allumer, et le fer est tout prêt,
Rien ne peut de leur temple empêcher le ravage,
Si je n'ai de leur foi cet enfant pour otage. » 900

NABAL
He bien ? pour un enfant qu'ils ne connoissent pas,
Que le hasard peut-être a jeté dans leurs bras,
Voudront ils que leur temple enseveli sous l'herbe ?

MATHAN.
Ah ! de tous les mortels connois le plus superbe
Plutôt que dans mes mains par Joad soit livré 905
Un enfant qu'a son Dieu Joad a consacré,
Tu lui verras subir la mort la plus terrible
D'ailleurs pour cet enfant leur attache est visible
Si j'ai bien de la Reine entendu le récit,
Joad sur sa naissance en sait plus qu'il ne dit 910
Quel qu'il soit, je prévois qu'il leur sera funeste
Ils le refuseront Je prends sur moi le reste,
Et j'espère qu'enfin de ce temple odieux
Et la flamme et le fer vont délivrer mes yeux

NABAL.
Qui peut vous inspirer une haine si forte ? 915
Est ce que de Baal le zele vous transporte ?
Pour moi vous le savez, descendu d'Ismael [1],
Je ne sers ni Baal, ni le Dieu d'Israel

MATHAN.
Ami, peux tu penser que d'un zèle frivole
Je me laisse aveugler pour une vaine idole, 920
Pour un fragile bois, que malgré mon secours
Les vers sur son autel consument tous les jours [2] ?
Né ministre du Dieu qu'en ce temple on adore,
Peut être que Mathan le serviroit encore,
Si l'amour des grandeurs, la soif de commander 925
Avec son joug étroit pouvoient s'accommoder.
Qu'est il besoin, Nabal, qu'à tes yeux je rappelle
De Joad et de moi la fameuse querelle,
Quand j'osai contre lui disputer l'encensoir,

---

1. Ismaël, fils d'Abraham et d'Agar Ses descendants, les Ismaélites, avaient leurs faux dieux, et étaient comptés parmi les ennemis d'Israël.

2 « Ante truncum ligni procidam ?. Forte mendacium est in dextera mea » (*Isaïe*, XLIV, 19 et 20.)

Mes brigues, mes combats, mes pleurs, mon désespoir ? 930
Vaincu par lui, j'entrai dans une autre carrière,
Et mon âme à la cour s'attacha toute entière.
J'approchai par degrés de l'oreille des rois,
Et bientôt en oracle on érigea ma voix.
J'étudiai leur cœur, je flattai leurs caprices, 935
Je leur semai de fleurs le bord des précipices.
Près de leurs passions rien ne me fut sacré
De mesure et de poids je changeois à leur gré.
Autant que de Joad l'inflexible rudesse
De leur superbe oreille offensoit la mollesse, 940
Autant je les charmois par ma dextérité,
Dérobant à leurs yeux la triste vérité,
Prêtant à leurs fureurs des couleurs favorables,
Et prodigue surtout du sang des misérables.

Enfin au Dieu nouveau qu'elle avoit introduit, 945
Par les mains d'Athalie un temple fut construit
Jérusalem pleura de se voir profanée ;
Des enfants de Lévi la troupe consternée
En poussa vers le ciel des hurlements affreux
Moi seul, donnant l'exemple aux timides Hébreux 950
Déserteur de leur loi j'approuvai l'entreprise,
Et par là de Baal méritai la prêtrise.
Par là je me rendis terrible à mon rival,
Je ceignis la tiare, et marchai¹ son égal
Toutefois je l'avoue, en ce comble de gloire, 955
Du Dieu que j'ai quitté l'importune mémoire
Jette encore en mon âme un reste de terreur ;
Et c'est ce qui redouble et nourrit ma fureur.
Heureux si sur son temple achevant ma vengeance,
Je puis convaincre enfin sa haine d'impuissance, 960
Et parmi le débris, le ravage et les morts,
A force d'attentats perdre tous mes remords!
Mais voici Josabet.

SCÈNE IV

JOSABET, MATHAN NABAL

MATHAN
Envoye par la Reine,

1 Cet emploi poétique du verbe *marcher* est imité de Virgile
(*Énéide* livre 1, vers 46)

Ast ego quæ Divum incedo Regina.

Pour rétablir le calme et dissiper la haine,
Princesse, en qui le Ciel mit un esprit si doux, 965
Ne vous étonnez pas si je m'adresse à vous.
Un bruit, que j'ai pourtant soupçonné de mensonge,
Appuyant les avis qu'elle a reçus en songe,
Sur Joad, accusé de dangereux complots,
Alloit de sa colère attirer tous les flots. 970
Je ne veux point ici vous vanter mes services.
De Joad contre moi je sais les injustices ;
Mais il faut à l'offense opposer les bienfaits.
Enfin je viens chargé de paroles de paix
Vivez, solennisez vos fêtes sans ombrage 975
De votre obéissance elle ne veut qu'un gage
C'est, pour l'en detourner j ai fait ce que j'ai pu,
Cet enfant sans parents, qu'elle dit qu'elle a vu.

JOSABET.

Eliacin

MATHAN

J'en ai pour elle quelque honte.
D'un vain songe peut-être elle fait trop de compte. 980
Mais vous vous declarez ses mortels ennemis,
Si cet enfant sur l'heure en mes mains n'est remis.
La Reine impatiente attend votre réponse.

JOSABET.

Et voila de sa part la paix qu'on nous annonce !

MATHAN

Pourriez vous un moment douter de l'accepter ? 985
D un peu de complaisance est ce trop l'acheter

JOSABET

J'admirois si Mathan, dépouillant l'artifice,
Avoit pu de son cœur surmonter l injustice,
Et si de tant de maux le funeste inventeur
De quelque ombre de bien pouvoit être l auteur 990

MATHAN

De quoi vous plaignez vous? Vient on avec furie
Arracher de vos bras votre fils Zacharie?
Quel est cet autre enfant si cher a votre amour ?
Ce grand attachement me surprend a mon tour
Est ce un tresor pour vous si precieux, si rare ? 995
Est ce un liberateur que le Ciel vous prépare ?
Songez y vos refus pourroient me confirmer
Un bruit sourd que déjà l'on commence a semer

JOSABET.

Quel bruit ?

MATHAN.

Que cet enfant vient d'illustre origine,

Qu'à quelque grand projet votre époux le destine 1000
JOSABET.
Et Mathan par ce bruit qui flatte sa fureur...
MATHAN
Princesse, c'est à vous à me tirer d'erreur
Je sais que du mensonge implacable ennemie,
Josabet livreroit même sa propre vie,
S'il falloit que sa vie à sa sincérité 1005
Coûtât le moindre mot contre la vérité
Du sort de cet enfant on n'a donc nulle trace ?
Une profonde nuit enveloppe sa race ?
Et vous même ignorez de quels parents issu,
De quelles mains Joad en ses bras l'a reçu ? 1010
Parlez. je vous écoute, et suis prêt de vous croire [1]
Au Dieu que vous servez, Princesse, rendez gloire
JOSABET.
Méchant, c'est bien à vous d'oser ainsi nommer
Un Dieu que votre bouche enseigne à blasphémer.
Sa vérité par vous peut-elle être attestée, 1015
Vous, malheureux assis dans la chaire empestée [2]
Où le mensonge règne et répand son poison,
Vous, nourri dans la fourbe et dans la trahison ?

SCÈNE V

JOAD JOSABET, MATHAN, NABAL,

JOAD.
Où suis-je ? De Baal ne vois-je pas le prêtre ?
Quoi ? fille de David, vous parlez à ce traître ? 1020
Vous souffrez qu'il vous parle ? Et vous ne craignez pas
Que du fond de l'abîme entr'ouvert sous ses pas
Il ne sorte à l'instant des feux qui vous embrasent,
Ou qu'en tombant sur lui ces murs ne vous écrasent ?
Que veut-il ? De quel front cet ennemi de Dieu 1025
Vient-il infecter l'air qu'on respire en ce lieu ?
MATHAN
On reconnoît Joad à cette violence
Toutefois il devroit montrer plus de prudence,

---

[1] Plusieurs éditeurs ont changé *prêt de* tour alors très légitime en *prêt à*

[2] « Beatus vir qui. in cathedra pestilentiæ non sedit » (Psaume 1, 1)

Respecter une reine, et ne pas outrager
Celui que de son ordre elle a daigné charger   1030
JOAD.
He bien, que nous fait elle annoncer de sinistre ?
Quel sera l'ordre affreux qu'apporte un tel ministre ?
MATHAN
J'ai fait a Josabet savoir sa volonté.
JOAD
Sors donc de devant moi, monstre d'impiété
De toutes tes horreurs, va, comble la mesure   1035
Dieu s'apprête a te joindre a la race parjure.
Abiron et Dathan, Doeg, Achitophel[1]
Les chiens a qui son bras a livré Jezabel,
Attendant que sur toi sa fureur se deploie,
Deja sont a ta porte, et demandent leur proie.   1040
MATHAN. (*Il se trouble.*)
Avant la fin du jour ... on verra qui de nous....
Doit... Mais sortons, Nabal.
NABAL
Où vous egarez vous ?
De vos sens étonnés quel desordre s'empare ?
Voila votre chemin.

SCÈNE VI

JOAD, JOSABET

JOSABET.
L'orage se déclare.
Athalie en fureur demande Éliacin.   1045
Deja de sa naissance et de votre dessein
On commence, Seigneur, a percer le mystère.
Peu s'en faut que Mathan ne m'ait nommé son père.

---

1. Abiron et Dathan se soulevèrent contre Moïse et Aaron: la terre s'entr'ouvrit sous leurs pas et les devora (Voyez le Livre des *Nombres*, ch. XVI v 31, 32 et 33) « Aperta est terra et deglutivit Dathan, et operuit super congregationem Abiron » (*Psaume* CV, 17.) Doeg, l'Iduméen, accusa, auprès de Saul, Achimélech d'avoir secouru David Charge de la vengeance de Saul, il massacra Achimélech, et quatre vingt cinq prêtres de la ville de Nobé (Livre I, des *Rois*, ch XXII) Achitophel encouragea Absalon a se révolter contre David son pere, et se pendit de désespoir de ce que ce jeune prince ne suivoit plus ses conseils (Livre II des *Rois*, ch. XV XVII.)

JOAD.
Au perfide Mathan qui l'auroit révélé ?
Votre trouble à Mathan n'a-t-il point trop parlé ? 1050
JOSABET.
J'ai fait ce que j'ai pu pour m'en rendre maîtresse.
Cependant, croyez moi, Seigneur, le péril presse
Reservons cet enfant pour un temps plus heureux
Tandis que les méchants délibèrent entre eux,
Avant qu'on l'environne, avant qu'on nous l'arrache, 1055
Une seconde fois souffrez que je le cache
Les portes, les chemins lui sont encore ouverts
Faut il le transporter aux plus affreux déserts ?
Je suis prête. Je sais une secrète issue
Par où sans qu'on le voie, et sans être aperçue, 1060
De Cedron avec lui traversant le torrent [1],
J'irai dans le désert, où jadis en pleurant,
Et cherchant comme nous son salut dans la fuite,
David d'un fils rebelle évita la poursuite
Je craindrai moins pour lui les lions et les ours... 1065
Mais pourquoi de Jéhu refuser le secours ?
Je vous ouvre peut-être un avis salutaire.
Faisons de ce trésor Jehu dépositaire.
On peut dans ses États le conduire aujourd'hui,
Et le chemin est court qui mène jusqu'à lui 1070
Jehu n'a point un cœur farouche inexorable,
De David à ses yeux le nom est favorable.
Helas est-il un roi si dur et si cruel,
A moins qu'il n'eût pour mere une autre Jezabel,
Qui d'un tel suppliant ne plaignît l'infortune? 1075
Sa cause à tous les rois n'est elle pas commune ?
JOAD.
Quels timides conseils m'osez-vous suggérer?
En l'appui de Jehu pourriez vous espérer?
JOSABET
Dieu défend il tout soin et toute prévoyance ?
Ne l'offense t on point par trop de confiance ? 1080
A ses desseins sacres employant les humains,
N'a t il pas de Jehu lui même armé les mains [2] ?
JOAD.
Jehu, qu'avoit choisi sa sagesse profonde,
Jéhu, sur qui je vois que votre espoir se fonde
D'un oubli trop ingrat a payé ses bienfaits 1085

1 Ce torrent coulait au fond d'une étroite vallée, à l'orient de Jerusalem et se jetait dans la mer Morte. David, fuyant son fils Absalon, le traversa pour entrer dans le desert d'Engaddi
2 Voyez le Livre IV des Rois ix 4-7

Jéhu laisse d'Achab l'affreuse fille en paix,
Suit des rois d'Israël les profanes exemples
Du vil Dieu de l'Egypte a conservé les temples[1].
Jéhu, sur les hauts lieux enfin osant offrir
Un téméraire encens que Dieu ne peut souffrir[2], 1090
N'a pour servir sa cause et venger ses injures
Ni le cœur assez droit ni les mains assez pures.
Non, non c'est à Dieu seul qu'il nous faut attacher.
Montrons Eliacin, et loin de le cacher,
Que du bandeau royal sa tête soit ornée 1095
Je veux même avancer l'heure determinée,
Avant que de Nathan le complot soit formé

SCÈNE VII

JOAD, JOSABET, AZARIAS, suivi du Chœur et de plusieurs Lévites

JOAD

Hé bien, Azarias, le temple est il fermé ?

AZARIAS

J'en ai fait devant moi fermer toutes les portes.

JOAD.

N'y reste-t il que vous et vos saintes cohortes ? 1100

AZARIAS.

De ses parvis sacrés j'ai deux fois fait le tour.
Tout a fui, tous se sont separés sans retour,
Miserable troupeau qu'a dispersé la crainte,
Et Dieu n'est plus servi que dans la tribu sainte
Depuis qu'à Pharaon ce peuple est échappé, 1105
Une égale terreur ne l'avoit point frappé.

JOAD

Peuple lâche, en effet, et ne pour l'esclavage,
Hardi contre Dieu seul Poursuivons notre ouvrage
Mais qui retient encor ces enfants parmi nous ?

UNE DES FILLES DU CHŒUR.

Hé pourrions nous Seigneur, nous separer de vous 1110
Dans le temple de Dieu sommes nous étrangères ?

---

1 « Delevit itaque Jehu Baal de Israël. Verumtamen a peccatis Jeroboam filii Nabath, . non recessit, nec dereliquit vitulos aureos qui erant in Bethel et in Dan » (Livre IV des *Rois*, x, 28 et 29.)

2 Les hauts lieux sont souvent mentionnés dans l'Ecriture Depuis la construction du Temple, il était interdit de sacrifier ailleurs que dans l'enceinte sacrée.

Vous avez près de vous nos pères et nos frères
UNE AUTRE.
Hélas ! si pour venger l'opprobre d'Israel,
Nos mains ne peuvent pas, comme autrefois Jahel¹,
Des ennemis de Dieu percer la tête impie, 1115
Nous lui pouvons du moins immoler notre vie
Quand vos bras combattront pour son temple attaqué,
Par nos larmes du moins il peut être invoqué
JOAD
Voila donc quels vengeurs s'arment pour ta querelle,
Des prêtres, des enfants ô Sagesse eternelle ! 1120
Mais si tu les soutiens, qui peut les ebranler ?
Du tombeau, quand tu veux, tu sais nous rappeler.
Tu frappes et guéris, tu perds et ressuscites²
Ils ne s'assurent point en leurs propres merites,
Mais en ton nom sur eux invoqué tant de fois, 1125
En tes serments jurés au plus saint de leurs rois,
En ce temple où tu fais ta demeure sacrée,
Et qui doit du soleil egaler la durée.
Mais d'où vient que mon cœur fremit d'un saint effroi ?
Est ce l'Esprit divin qui s'empare de moi ? 1130
C'est lui même Il m'échauffe Il parle Mes yeux s'ouvrent
Et les siècles obscurs devant moi se decouvrent
Lévites, de vos sons prêtez moi les accords,
Et de ses mouvements secondez les transports.
LE CHŒUR chante au son de toute la symphonie des instruments.
Que du Seigneur la voix se fasse entendre, 1135
Et qu'a nos cœurs son oracle divin
   Soit ce qu'a l'herbe tendre
Est, au printemps, la fraîcheur du matin³
JOAD
Cieux, écoutez ma voix, terre, prête l'oreille ⁴

---

1. « *Iuges*, chapitre IV » (*Note de Racine*) Sisara, géneral des Chananeens ayant été défait par Débora et Barac se retira dans la tente de Jahel, femme d'Haber Celle-ci le fit perir pendant qu'il dormait en lui enfonçant dans la tempe une des chevilles de fer de la tente

2 « Ego occidam, et ego vivere faciam, percutiam, et ego sanabo » (*Deuteronome*, XXXII, 39) « Dominus mortificat et vivificat, deducit ad inferos et reducit » (*Livre I des Rois* II, 6) « Tu flagellas et salvas, deducis ad inferos et reducis » (*Tobie*, VIII, 2)

3 « Fluat ut ros eloquium meum quasi imber super herbam. et quasi stillæ super gramina » (*Deuteronom.e*, XXXII, 2)

4 « Audite, cœli, quæ loquor, audiat terra verba oris mei. » (*Ibidem*, XXXII, 1) « Audite, cœli, et auribus percipe, terra » (*Isaïe*, I, 2)

ATHALIE.

Ne dis plus, ô Jacob que ton Seigneur sommeille   1140
Pecheurs, disparoissez le Seigneur se réveille [1]
(Ici recommence la symphonie, et Joad aussitôt reprend la parole.)
Comment en un plomb vil l'or pur s'est il changé [2] ?
Quel est dans le lieu saint ce pontife egorgé [3] ?
Pleure, Jerusalem, pleure, cité perfide,
Des prophetes divins malheureuse homicide [4].   1145
De son amour pour toi ton Dieu s'est depouille.
Ton encens a ses yeux est un encens souille [5].
    Ou menez vous ces enfants et ces femmes [6] ?
Le Seigneur a detruit la reine des cités [7].
Ses prêtres sont captifs, ses rois sont rejetés   1150
Dieu ne veut plus qu'on vienne a ses solemnités [8].
Temple, renverse toi. Cèdres, jetez des flammes
    Jerusalem, objet de ma douleur,
Quelle main en un jour t'a ravi tous tes charmes ?
Qui changera mes yeux en deux sources de larmes [9]   1155
    Pour pleurer ton malheur ?

AZARIAS.

O saint temple !

JOSABET

O David !

LE CHŒUR.

Dieu de Sion rappelle,
Rappelle en sa faveur tes antiques bontés
(La symphonie recommence encore, et Joad, un moment apres, l'interrompt.)

  1 « Deficiant peccatores a terra, et iniqui ita ut non sint » *Psaume* CIII, 35.) « Exsurgat Deus, et dissipentur inimici ejus... Fugeant peccatores a facie Dei. » (*Psaume* LXVII, 2 et 3.) « Et citatus est tanquam dormiens Dominus » (*Psaume* LXXVII, 65.)
  2 « Joas » *(Note de Racine.)* « Quomodo obscuratum est aurum ? mutatus est color optimus ? » (*Lamentations de Jeremie*, IV, 1.)
  3 « Zacharie » *(Note de Racine.)* Voyez la *Preface* de Racine, ci dessus p. 465.
  4 « Jerusalem Jerusalem quæ occidis prophetas. » (*Evangile de saint Matthieu* XXIII 37.) Le même evangile rappelle, deux versets plus haut le meurtre de Zacharie predit ici par Joad
  5 « Ne offeratis ultra sacrificium frustra, incensum abominatio est mihi. » (*Isaie* I 13.)
  6 « Captivite de Babylone » *(Note de Racine.)*
  7. « Facta est quasi vidua domina gentium, princeps provinciarum facta est sub tributo » (*Lamentations de Jeremie*, I, 1.)
  8 « Solemnitates vestras odivit anima mea » (*Isaie*, I, 14.)
  9 « Quis dabit capiti meo aquam, et oculis meis fontem lacrimarum ? Et plorabo die ac nocte. » (*Jeremie* IX, 1.)

ACTE III, SCÈNE VII.

JOAD.

Quelle Jérusalem nouvelle [1]
Sort du fond du désert brillante de clartés,
Et porte sur le front une marque immortelle ?
  Peuples de la terre, chantez.
Jérusalem renaît plus charmante et plus belle.
  D'ou lui viennent de tous côtés
Ces enfants qu'en son sein elle n'a point portés [2] ?
Leve, Jerusalem, leve ta tête altière [3]
Regarde tous ces rois de ta gloire étonnés
Les rois des nations, devant toi prosternés,
  De tes pieds baisent la poussière [4],
Les peuples a l'envi marchent a ta lumière [5]
Heureux qui pour Sion d'une sainte ferveur
  Sentira son âme embrasée !
  Cieux, repandez votre rosee,
Et que la terre enfante son Sauveur [6]

JOSABET

Hélas d'ou nous viendra cette insigne faveur,
Si les rois de qui doit descendre ce Sauveur...

JOAD

Préparez, Josabet, le riche diadème
Que sur son front sacré David porta lui-même.
  (Aux Lévites.)
Et vous, pour vous armer, suivez-moi dans ces lieux
Ou se garde caché, loin des profanes yeux,
Ce formidable amas de lances et d'epées [7]

---

1 « L'Eglise » *(Note de Racine)* « Vidi sanctam civitatem Jerusalem novam descendentem de cœlo a Deo. » *(Apocalypse* XXI, 2) « Quæ est ista quæ ascendit per desertum sicut virgula fumi ex aromatibus myrrhæ et thuris ? » *(Cantique des cantiques,* III, 6) Le verset qu'imite ici le poete a été appliqué mystiquement a l'Église

2 « Les Gentils » *(Note de Racine)* « Leva in circuitu oculos tuos, et vide, omnes isti congregati sunt, venerunt tibi. Quis genuit mihi istos? Ego sterilis, et non pariens.. » *(Isaie,* XLIX, 18 et 21)

3 « Surge, illuminare Jerusalem, quia venit lumen tuum, et gloria Domini super te orta est » *(Isaie,* LX 1)

4 « Et erunt reges nutricii tui Vultu in terram demisso adorabunt te, et pulverem pedum tuorum lingent » *(Isaie,* XLIX, 23)

5 « Et ambulabunt gentes in lumine tuo » *(Isaie,* LX, 3 et *Apocalypse,* XXI 24)

6 « Rorate, cœli, desuper, et nubes pluant justum, aperiatur terra, et germinet Salvatorem. » *(Isaie,* XLV, 8)

7. « Deditque Joiada sacerdos centurionibus lanceas, clypeosque et peltas regis David, quas consecraverat in domo Domini » *(Livre II des Paralipomènes* XXIII. 9)

Qui du sang philistin jadis furent trempées,
Et que David vainqueur, d ans et d honneurs chargé,
Fit consacrer au Dieu qui l'avoit protége
Peut on les employer pour un plus noble usage ? 1185
Venez je veux moi même en faire le partage.

SCÈNE VIII

SALOMITH, le Chœur

SALOMITH
Que de craintes, mes sœurs, que de troubles mortels
  Dieu tout puissant, sont ce la les prémices
    Les parfums et les sacrifices
Qu'on devoit en ce jour offrir sur tes autels ? 1190

UNE FILLE DU CHŒUR
  Quel spectacle à nos yeux timides !
  Qui l eût cru, qu'on dût voir jamais
Les glaives meurtriers, les lances homicides
  Briller dans la maison de paix ?

UNE AUTRE.
D'ou vient que, pour son Dieu pleine d'indifference[1], 1195
Jerusalem se tait en ce pressant danger?
  D'où vient, mes sœurs, que pour nous proteger
Le brave Abner au moins ne rompt pas le silence ?

SALOMITH.
Helas ! dans une cour où l on n a d'autres lois
  Que la force et la violence, 1200
  Ou les honneurs et les emplois
Sont le prix d'une aveugle et basse obeissance
  Ma sœur, pour la triste innocence
  Qui voudroit élever sa voix ?

UNE AUTRE
Dans ce péril, dans ce désordre extrême, 1205
Pour qui prepare t on le sacre diademe ?

SALOMITH.
  Le Seigneur a daigné parler
Mais ce qu'a son prophète il vient de reveler,
  Qui pourra nous le faire entendre ?
  S'arme t il pour nous défendre ? 1210
  S'arme-t il pour nous accabler ?

---

1 Ce vers et les neuf suivants ne sont pas dans la 1re édition (1691) Racine les a ajoutés a celle de 1692

ACTE III, SCENE VIII

TOUT LE CHŒUR *chante*

O promesse ! ô menace ! ô ténébreux mystère
Que de maux, que de biens sont prédits tour à tour
Comment peut-on avec tant de colère
    Accorder tant d'amour ?   1215

UNE VOIX *seule*

Sion ne sera plus Une flamme cruelle
Détruira tous ses ornements.

UNE AUTRE VOIX

Dieu protège Sion. Elle a pour fondements
  Sa parole éternelle

LA PREMIÈRE.

Je vois tout son éclat disparoître à mes yeux   1220

LA SECONDE.

Je vois de toutes parts sa clarté répandue.

LA PREMIÈRE.

Dans un gouffre profond Sion est descendue.

LA SECONDE.

Sion a son front dans les cieux

LA PREMIÈRE.

Quel triste abaissement !

LA SECONDE.

        Quelle immortelle gloire !

LA PREMIÈRE

Que de cris de douleur

LA SECONDE

        Que de chants de victoire !   1225

UNE TROISIÈME.

Cessons de nous troubler Notre Dieu quelque jour
  Dévoilera ce grand mystère

TOUTES TROIS

    Révérons sa colère ;
  Espérons en son amour

UNE AUTRE.

    D'un cœur qui t'aime,   1230
  Mon Dieu, qui peut troubler la paix ?
  Il cherche en tout ta volonté suprême
    Et ne se cherche jamais
    Sur la terre, dans le ciel même,
Est-il d'autre bonheur que la tranquille paix   1235
    D'un cœur qui t'aime ?

FIN DU TROISIÈME ACTE

ACTE QUATRIÈME

SCÈNE I

JOAS, JOSABET ZACHARIE, SALOMITH, un Lévite, le Chœur

SALOMITH
D'un pas majestueux, à côté de ma mère,
Le jeune Éliacin s'avance avec mon frère.
Dans ces voiles, mes sœurs, que portent-ils tous deux ?
Quel est ce glaive enfin qui marche¹ devant eux ?   1240
    JOSABET, *à Zacharie.*
Mon fils, avec respect posez sur cette table
De notre sainte loi le livre redoutable.
Et vous aussi, posez, aimable Éliacin,
Cet auguste bandeau près du livre divin.
Lévite, il faut placer, Joad ainsi l'ordonne,   1245
Le glaive de David auprès de sa couronne.
    JOAS.
Princesse, quel est donc ce spectacle nouveau ?
Pourquoi ce livre saint, ce glaive, ce bandeau ?
Depuis que le Seigneur m'a reçu dans son temple,
D'un semblable appareil je n'ai point vu d'exemple.   1250
    JOSABET
Tous vos doutes, mon fils, bientôt s'éclairciront.
    JOAS.
Vous voulez essayer ce bandeau sur mon front ?
Ah ! Princesse, gardez d'en profaner la gloire
Du roi qui l'a porté respectez la mémoire
Un malheureux enfant aux ours abandonné..   1255
    JOSABET, *lui essayant le diadème.*
Laissez, mon fils : je fais ce qui m'est ordonné.
    JOAS.
Mais j'entends les sanglots sortir de votre bouche !
Princesse, vous pleurez ! Quelle pitié vous touche ?

---

1 « Comme le glaive étoit porté en cérémonie, l'expression *qui marche* est aussi juste que poétique » dit Louis Racine

Est-ce qu'en holocauste aujourd'hui présenté,
Je dois, comme autrefois la fille de Jephté[1], 1260
Du Seigneur par ma mort apaiser la colère ?
Hélas! un fils n'a rien qui ne soit à son père.

JOSABET.

Voici qui vous dira les volontés des Cieux.
Ne craignez rien. Et nous, sortons tous de ces lieux.

SCÈNE II

JOAD, JOAS

JOAS, *courant dans les bras du grand prêtre.*
Mon père !

JOAD.
Hé bien, mon fils ?

JOAS.
Qu'est-ce donc qu'on prepare ? 1265

JOAD.
Il est juste, mon fils, que je vous le déclare.
Il faut que vous soyez instruit même avant tous,
Des grands desseins de Dieu sur son peuple et sur vous.
Armez-vous d'un courage et d'une foi nouvelle.
Il est temps de montrer cette ardeur et ce zele 1270
Qu'au fond de votre cœur mes soins ont cultivés,
Et de payer a Dieu ce que vous lui devez.
Sentez-vous cette noble et genereuse envie ?

JOAS.
Je me sens prêt, s'il veut, de lui donner ma vie.

JOAD.
On vous a lu souvent l'histoire de nos rois. 1275
Vous souvient-il, mon fils, quelles etroites lois
Doit s'imposer un roi digne du diadème ?

JOAS.
Un roi sage, ainsi Dieu l'a prononcé lui même[2],

---

1 Voyez le Livre des *Juges*, xi, 30-39.
2 « *Deutéronome*, chapitre xvii » (*Note de Racine.*) C'est aux versets 17-20 que Racine nous renvoie. « Non habebit .. argenti et auri immensa pondera Postquam autem sederit in solio regni sui, describet sibi Deuteronomium legis hujus in volumine. Et habebit secum, legetque illud omnibus diebus vitæ suæ, ut discat timere Dominum Deum suum, et custodire verba et ceremonias ejus, quæ in lege præcepta sunt. Nec elevetur cor ejus in superbiam super fratres suos. »

Sur la richesse et l'or ne met point son appui,
Craint le Seigneur son Dieu, sans cesse a devant lui   1280
Ses préceptes, ses lois, ses jugements sévères,
Et d'injustes fardeaux n'accable point ses freres.

                JOAD

Mais sur l'un de ces rois s'il falloit vous régler,
A qui choisiriez vous, mon fils, de ressembler ?

                JOAS.

David pour le Seigneur plein d'un amour fidèle   1285
Me paroît des grands rois le plus parfait modèle

                JOAD.

Ainsi dans leurs exces vous n'imiteriez pas
L'infidèle Joram, l'impie Okosias [1] ?

                JOAS.

O mon pere !

                JOAD.

      Achevez, dites, que vous en semble ?

                JOAS.

Puisse péri comme eux quiconque leur ressemble [2] !   1290
Mon père, en quel état vous vois-je devant moi ?

              JOAD, *se prosternant a ses pieds.*

Je vous rends le respect que je dois a mon roi
De votre aieul David, Joas, rendez vous digne

                JOAS

Joas ? Moi !

                JOAD.

      Vous saurez par quelle grace insigne,
D'une mère en fureur Dieu trompant le dessein,   1295
Quand déja son poignard étoit dans votre sein
Vous choisit vous sauva du milieu du carnage.
Vous n'êtes pas encore échappe de sa rage
Avec la même ardeur qu'elle voulut jadis
Perdre en vous le dernier des enfants de son fils,   1300
A vous faire périr sa cruauté s'attache
Et vous poursuit encor sous le nom qui vous cache
Mais sous vos étendards j'ai deja su ranger
Un peuple obeissant et prompt a vous venger.
    Entrez, genereux chefs des familles sacrees,   1305
Du ministère saint tour a tour honorées [3]

---

1 Voyez le livre IV des *Rois*, VIII, 18 et 27, ou il est dit de Joram et d'Ochosias, l'un aieul, l'autre père de Joas, qu'ils marchèrent dans les voies des rois d'Israël et de la maison d'Achab.

2   Ὡς ἀπόλοιτο καὶ ἄλλος ὅτις τοιαῦτά γε ῥέζοι
                (Homere, *Odyssée*, I, vers 47)

3 Voyez la *Préface* de Racine, ci dessus, p. 461

SCÈNE III

JOAS, JOAD AZARIAS, ISMAËL, ET LES TROIS AUTRES CHEFS DES LÉVITES

JOAD *continue.*
Roi, voilà vos vengeurs contre vos ennemis.
Prêtres, voilà le roi que je vous ai promis ¹

AZARIAS
Quoi ? c'est Éliacin ?

ISMAËL.
Quoi ? cet enfant aimable....

JOAD
Est des rois de Juda l'héritier véritable,   1310
Dernier né des enfants du triste Okosias,
Nourri, vous le savez, sous le nom de Joas
De cette fleur si tendre et sitôt moissonnée
Tout Juda comme vous, plaignant la destinée,
Avec ses frères morts le crut enveloppé.   1315
Du perfide couteau comme eux il fut frappé.
Mais Dieu du coup mortel sut détourner l'atteinte,
Conserva dans son cœur la chaleur presque éteinte,
Permit que, des bourreaux trompant l'œil vigilant,
Josabet dans son sein l'emportât tout sanglant,   1320
Et n'ayant de son vol que moi seul pour complice,
Dans le temple cachât l'enfant et la nourrice

JOAS.
Hélas ! de tant d'amour et de tant de bienfaits,
Mon père, quel moyen de m'acquitter jamais ?

JOAD.
Gardez pour d'autres temps cette reconnoissance.   1325
Voilà donc votre roi votre unique espérance.
J'ai pris soin jusqu'ici de vous le conserver :
Ministres du Seigneur, c'est à vous d'achever
Bientôt de Jezabel la fille meurtrière,
Instruite que Joas voit encor la lumière,   1330
Dans l'horreur du tombeau viendra le replonger
Déjà, sans le connoître, elle veut l'égorger
Prêtres saints, c'est à vous de prévenir sa rage.

---

1 « Joïada , assumens centuriones et milites, introduxit ad se in templum Domini , et adjurans eos in domo Domini, ostendit eis filium Regis » (Livre IV des *Rois*, XI, 4) « Dixit que ad eos Joiada « Ecce filius regis regnabit sicut locutus est Dominus « super filios David » (Livre II des *Paralipomènes*, XXIII, 3)

Il faut finir des Juifs le honteux esclavage
Venger vos princes morts, relever votre loi 1335
Et faire aux deux tribus¹ reconnoître leur roi
L'entreprise, sans doute, est grande et périlleuse
J'attaque sur son trône une reine orgueilleuse,
Qui voit sous ses drapeaux marcher un camp nombreux
De hardis étrangers, d'infidèles Hébreux. 1340
Mais ma force est au Dieu dont l'intérêt me guide
Songez qu'en cet enfant tout Israel réside
Deja ce Dieu vengeur commence à la troubler,
Déjà, trompant ses soins, j'ai su vous rassembler
Elle nous croit ici sans armes, sans defense 1345
Couronnons, proclamons Joas en diligence
De la, du nouveau prince intrépides soldats,
Marchons, en invoquant l'arbitre des combats,
Et réveillant la foi dans les cœurs endormie,
Jusque dans son palais cherchons notre ennemie. 1350
 Et quels cœurs si plongés dans un lâche sommeil,
Nous voyant avancer dans ce saint appareil,
Ne s'empresseront pas à suivre notre exemple ?
Un roi que Dieu lui même a nourri dans son temple,
Le successeur d'Aaron, de ses prêtres suivi, 1355
Conduisant au combat les enfants de Levi,
Et dans ces mêmes mains des peuples révérées
Les armes au Seigneur par David consacrées ?
Dieu sur ses ennemis répandra sa terreur
Dans l'infidèle sang baignez-vous sans horreur, 1360
Frappez et Tyriens, et même Israélites
Ne descendez vous pas de ces fameux Levites
Qui lorsqu'au Dieu du Nil² le volage Israël
Rendit dans le désert un culte criminel,
De leurs plus chers parents saintement homicides 1365
Consacrèrent leurs mains dans le sang des perfides³,
Et par ce noble exploit vous acquirent l'honneur
D'être seuls employés aux autels du Seigneur ?
 Mais je vois que déjà vous brûlez de me suivre

1. De Juda et de Benjamin
2. Au veau d'or
3. « Et stans (Moyses) in porta castrorum, ait « Si quis est Domini, « jungatur mihi » Congregatique sunt ad eum omnes filii Levi quibus ait « Haec dicit Dominus Deus Israel Ponat vir gladium super femur suum, ite et redite de porta usque ad portam per medium castrorum, et occidat unusquisque fratrem, et amicum et proximum « suum.» Feceruntque filii Levi juxta sermonem Moysis ceciderunt que in die illa quasi viginti tria millia hominum Et ait Moyses « Consecrastis manus vestras hodie Domino, unusquisque in filio et « in fratre suo ut detur vobis benedictio » (Exode xxxii. 26 29)

Jurez donc, avant tout sur cet auguste livre 1370
A ce roi que le Ciel vous redonne aujourd'hui,
De vivre de combattre, et de mourir pour lui

 AZARIAS.

Oui, nous jurons ici pour nous, pour tous nos frères,
De rétablir Joas au trône de ses pères,
De ne poser le fer entre nos mains remis 1375
Qu'après l'avoir vengé de tous ses ennemis.
Si quelque transgresseur enfreint cette promesse,
Qu'il éprouve, grand Dieu, ta fureur vengeresse
Qu'avec lui ses enfants, de ton partage exclus,
Soient au rang de ces morts que tu ne connois plus [1] ! 1380

JOAD.

Et vous, à cette loi, votre regle eternelle [2],
Roi, ne jurez-vous pas d'être toujours fidèle ?

JOAS

Pourrois je à cette loi ne me pas conformer ?

JOAD.

O mon fils, de ce nom j'ose encor vous nommer,
Souffrez cette tendresse, et pardonnez aux larmes 1385
Que m'arrachent pour vous de trop justes alarmes
Loin du trône nourri, de ce fatal honneur
Helas ! vous ignorez le charme empoisonneur
De l'absolu pouvoir vous ignorez l'ivresse,
Et des lâches flatteurs la voix enchanteresse 1390
Bientôt ils vous diront que les plus saintes lois
Maîtresses du vil peuple, obéissent aux rois,
Qu'un roi n'a d'autre frein que sa volonté même,
Qu'il doit immoler tout a sa grandeur suprême,
Qu'aux larmes, au travail le peuple est condamné, 1395
Et d'un sceptre de fer veut être gouverné ;
Que s'il n'est opprimé, tôt ou tard il opprime.
Ainsi de piége en piége, et d'abime en abime
Corrompant de vos mœurs l'aimable pureté,
Ils vous feront enfin hair la vérité, 1400
Vous peindront la vertu sous une affreuse image.
Helas ils ont des rois egaré le plus sage [3]
 Promettez sur ce livre, et devant ces témoins,
Que Dieu sera toujours le premier de vos soins,
Que sévère aux méchants, et des bons le refuge 1405

---

1. « Sicut vulnerati dormientes in sepulcris, quorum non est memor amplius » (*Psaume* LXXXVII, 6)

2 « Dederuntque in manu ejus tenendam legem, et constituerunt eum regem » (Livre II des *Paralipomènes* XXIII, 11)

3 Salomon Voyez le chapitre XI du Livre III des *Rois*

Entre le pauvre et vous, vous prendrez Dieu pour juge [1],
Vous souvenant, mon fils, que, caché sous ce lin,
Comme eux vous fûtes pauvre, et comme eux orphelin [2]

JOAS.
Je promets d'observer ce que la loi m'ordonne
Mon Dieu, punissez moi si je vous abandonne   1410

JOAD.
Venez de l'huile sainte il faut vous consacrer.
Paroissez, Josabet . vous pouvez vous montrer

SCENE IV

JOAS, JOAD JOSABET, ZACHARIE, AZARIAS, ETC SALOMITH
LE CHŒUR

JOSABET *embrassant Joas*
O Roi, fils de David

JOAS
O mon unique mère !
Venez, cher Zacharie, embrasser votre frere.

JOSABET, *à Zacharie*
Aux pieds de votre roi prosternez vous, mon fils   1415

JOAD *pendant qu ils s'embrassent*
Enfants ainsi toujours puissiez vous être unis

JOSABET, *à Joas.*
Vous savez donc quel sang vous a donné la vie ?

JOAS
Et je sais quelle main, sans vous, me l'eût ravie

JOSABET.
De votre nom Joas, je puis donc vous nommer

JOAS.
Joas ne cessera jamais de vous aimer   1420

LE CHŒUR.
Quoi ? c'est là...

---

1 « Judicate egeno et pupillo, humilem et pauperem justificate (*Psaume* LXXXI, 3)

2 Fenelon a dit, après Racine, dans le livre II de *Télémaque*
« Quand tu seras le maître des autres hommes, souviens-toi que tu as été foible, pauvre et souffrant comme eux » Peut être se sont ils inspirés l un et l'autre de ce passage du *Lévitique*, XIX, 33 et 34 « Si habitaverit advena in terra vestra, diligetis eum quasi vosmetipsos fuistis enim et vos advenæ in terra Ægypti »

ACTE IV, SCÈNE IV

JOSABET.
C'est Joas
JOAD.
Ecoutons ce Lévite.

SCÈNE V

JOAS, JOSABET, JOAD, ETC, UN LÉVITE

UN LÉVITE.
J'ignore contre Dieu quel projet on médite.
Mais l'airain menaçant fremit de toutes parts,
On voit luire des feux parmi des étendards ;
Et sans doute Athalie assemble son armee 1425
Deja même au secours toute voie est fermée,
Deja le sacre mont, ou le temple est bâti,
D'insolents Tyriens est partout investi
L'un d eux, en blasphémant, vient de nous faire entendre
Qu'Abner est dans les fers, et ne peut nous défendre 1430

JOSABET, à Joas
Cher enfant, que le Ciel en vain m'avoit rendu,
Helas ! pour vous sauver j'ai fait ce que j'ai pu
Dieu ne se souvient plus de David votre pere

JOAD, à Josabet.
Quoi ? vous ne craignez pas d attirer sa colère
Sur vous et sur ce roi si cher a votre amour ? 1435
Et quand Dieu, de vos bras l'arrachant sans retour,
Voudroit que de David la maison fût éteinte,
N'êtes vous pas ici sur la montagne sainte
Ou le père des Juifs[1] sur son fils innocent
Leva sans murmurer un bras obeissant, 1440
Et mit sur un bûcher ce fruit de sa vieillesse,
Laissant a Dieu le soin d'accomplir sa promesse,
Et lui sacrifiant, avec ce fils aimé,
Tout l'espoir de sa race, en lui seul renferme ?
Amis, partageons-nous Qu Ismael en sa garde 1445
Prenne tout le côte que l'orient regarde,
Vous, le côte de l'ourse, et vous, de l'occident,
Vous, le midi[2] Qu'aucun, par un zèle imprudent,

---

1 « Abraham » (*Note de Racine.*) Voyez le chapitre XXII de la *Genèse*, et ci dessus la *Préface*, p 461
2 Voyez plus haut, p 466 l'Extrait du Livre II des *Paralipomenes* M Mesnard a montre, par des renvois a la *Vulgate*, que l'expression de l'*ourse* (pour du *nord*) n'est pas etrangere aux livres saints tels que les lit l'Eglise latine.

Découvrant mes desseins, soit prêtre, soit Lévite
Ne sorte avant le temps, et ne se précipite, 1450
Et que chacun enfin, d'un même esprit poussé,
Garde en mourant le poste où je l'aurai placé
L'ennemi nous regarde, en son aveugle rage,
Comme de vils troupeaux réservés au carnage
Et croit ne rencontrer que désordre et qu'effroi 1455
Qu'Azarias partout accompagne le Roi.
(A Joas)
Venez, cher rejeton d'une vaillante race,
Remplir vos defenseurs d'une nouvelle audace,
Venez du diadème a leurs yeux vous couvrir,
Et périssez du moins en roi, s'il faut périr 1460
(A un Lévite.)
Suivez le, Josabet. Vous, donnez moi ces armes
Enfants, offrez à Dieu vos innocentes larmes

SCÈNE VI

SALOMITH, LE CHŒUR

TOUT LE CHŒUR *chante*
Partez, enfants d'Aaron, partez.
Jamais plus illustre querelle
De nos aïeux n'arma le zèle. 1465
Partez, enfants d'Aaron partez
C'est votre roi, c'est Dieu pour qui vous combattez
UNE VOIX *seule*.
Où sont les traits que tu lances,
Grand Dieu, dans ton juste courroux?
N'es tu plus le Dieu jaloux? 1470
N'es-tu plus le Dieu des vengeances[1]?
UNE AUTRE
Où sont, Dieu de Jacob, tes antiques bontés?
Dans l'horreur qui nous environne,
N entends tu que la voix de nos iniquités
N'es-tu plus le Dieu qui pardonne? 1475
TOUT LE CHŒUR
Où sont, Dieu de Jacob, tes antiques bontés?

---

1 « Ego sum Dominus Deus tuus, fortis, zelotes » (*Exode* xx, 5)
« Dominus zelotes nomen ejus, Deus est æmulator » (*Ibidem* xxxiv, 14) « Deus æmulator, et ulciscens Dominus. » (*Nahum* i 9) « Deus ultionum Dominus Deus ultionum libere egit » (*Psaume* xciii, 1.) Voyez *Esther*, acte I, scène v, vers 342 et 344

ACTE IV, SCÈNE VI

UNE VOIX *seule*

C'est à toi que dans cette guerre
Les flèches des méchants prétendent s'adresser
« Faisons, disent ils, cesser
Les fêtes de Dieu sur la terre [1]. 1480
De son joug importun délivrons les mortels.
Massacrons tous ses saints. Renversons ses autels
Que de son nom, que de sa gloire
Il ne reste plus de mémoire ;
Que ni lui ni son Christ [2] ne règnent plus sur nous » 1485

TOUT LE CHŒUR

Où sont les traits que tu lances,
Grand Dieu, dans ton juste courroux ?
N'es tu plus le Dieu jaloux ?
N'es tu plus le Dieu des vengeances ?

UNE VOIX *seule*

Triste reste de nos rois, 1490
Chère et dernière fleur d'une tige si belle,
Hélas ! sous le couteau d'une mère cruelle
Te verrons nous tomber une seconde fois ?
Prince aimable, dis nous si quelque ange au berceau
Contre tes assassins prit soin de te défendre, 1495
Ou si dans la nuit du tombeau
La voix du Dieu vivant a ranimé ta cendre

UNE AUTRE.

D'un père et d'un aïeul contre toi révoltés,
Grand Dieu, les attentats lui sont-ils imputés ?
Est-ce que sans retour ta pitié l'abandonne ? 1500

LE CHŒUR.

Où sont, Dieu de Jacob, tes antiques bontés ?
N'es tu plus le Dieu qui pardonne ?

UNE DES FILLES DU CHŒUR, *sans chanter*

Chères sœurs, n'entendez vous pas
Des cruels Tyriens la trompette qui sonne ?

SALOMITH

J'entends même les cris des barbares soldats, 1505
Et d'horreur j'en frissonne.
Courons, fuyons ; retirons nous
A l'ombre salutaire
Du redoutable sanctuaire

---

1 « Dixerunt in corde suo. « Quiescere faciamus omnes dies
« festos Dei a terra » (*Psaume* LXXIII, 8)

2 « Le mot *Christ* peut désigner à la fois et Joas, qui va recevoir
l'onction royale et le Sauveur promis qui portera ce même nom

FIN DU QUATRIÈME ACTE

ACTE CINQUIÈME

SCÈNE I

ZACHARIE, SALOMITH, LE CHŒUR

SALOMITH.
Cher Zacharie, hé bien ? que nous apprenez vous[1] ?   1510
ZACHARIE.
Redoublez au Seigneur votre ardente prière
Peut être nous touchons a notre heure dernière
Pour l'horrible combat ma sœur, l'ordre est donné
SALOMITH
Que fait Joas ?
ZACHARIE.
Joas vient d'être couronné
Le grand prêtre a sur lui répandu l'huile sainte[2].   1515
O Ciel ! dans tous les yeux quelle joie etoit peinte
A l'aspect de ce roi racheté du tombeau
Ma sœur, on voit encor la marque du couteau
On voit paroître aussi sa fidèle nourrice,
Qui, cachée en un coin de ce vaste édifice,   1520
Gardoit ce cher depôt, et n'avoit de ses soins
Que les yeux de ma mere et que Dieu pour temoins
Nos Levites pleuroient de joie et de tendresse,
Et mêloient leurs sanglots à leurs cris d'allégresse.
Lui, parmi ces transports, affable[3] et sans orgueil,   1525
A l'un tendoit la main, flattoit l'autre de l'œil,

---

1. « Le premier vers de cet acte rime avec l'antépenultième du précedent Racine a cru pouvoir en user ainsi, parce que le chœur de les deux actes ensemble, et que Salomith qui termine le quatrieme acte, commence le cinquième » (*Sentiments de l'Académie sur Athalie*)
2. « Unxit quoque illum Joiada pontifex, et filii ejus » (Livre II des *Paralipomènes*, XXIII, 11.)
3. Le mot *affable* etait ancien dans la langue mais l'usage en etait devenu rare. L'exemple de Racine et des meilleurs ecrivains le remit en honneur.

ACTE V, SCÈNE I

Juroit de se régler par leurs avis sincères
Et les appeloit tous ses peres ou ses freres

SALOMITH.
Ce secret au dehors est il aussi semé ?

ZACHARIE.
Ce secret dans le temple est encor renfermé 1530
Des enfants de Lévi la troupe partagée
Dans un profond silence aux portes s'est rangée
Tous doivent a la fois precipiter leurs pas,
Et crier pour signal « Vive le roi Joas [1] »
Mais mon père defend que le Roi se hasarde, 1535
Et veut qu'Azarias demeure pour sa garde.
Cependant Athalie, un poignard a la main,
Rit des foibles remparts de nos portes d'airain
Pour les rompre, elle attend les fatales machines,
Et ne respire enfin que sang et que ruines. 1540
Quelques prêtres, ma sœur, ont d'abord proposé
Qu'en un lieu souterrain par nos pères creusé,
On renfermât du moins notre arche précieuse
« O crainte, a dit mon pere indigne, injurieuse
L'arche, qui fit tomber tant de superbes tours, 1545
Et força le Jourdain de rebrousser son cours [2],
Des Dieux des nations tant de fois triomphante,
Fuiroit donc a l'aspect d'une femme insolente ? »
Ma mere auprès du Roi, dans un trouble mortel,
L'œil tantôt sur ce prince et tantôt vers l'autel, 1550
Muette, et succombant sous le poids des alarmes
Aux yeux les plus cruels arracheroit des larmes
Le Roi de temps en temps la presse entre ses bras
La flatte.. Chères sœurs, suivez toutes mes pas,
Et s'il faut aujourd'hui que notre roi perisse 1555
Allons, qu'un même sort avec lui nous unisse

SALOMITH
Quelle insolente main frappe a coups redoublés ?
Qui fait courir ainsi ces Levites troublés ?
Quelle precaution leur fait cacher leurs armes ?
Le Temple est il forcé ?

ZACHARIE
Dissipez vos alarmes : 1560
Dieu nous envoie Abner.

---

1 « Imprecatique sunt ei, atque dixerunt: « Vivat Rex! » (Livre II des *Paralipomènes* XXIII, 11.)
2 Sur ce double miracle, l'arche faisant crouler les murs de Jericho, et forçant le Jourdain de s'arrêter pour livrer passage aux Israélites, voyez les chapitres VI et III du livre de *Josué*

SCÈNE II

ABNER, JOAD, JOSABET, ZACHARIE, SALOMITH, ISMAËL.
DEUX LÉVITES, ETC

JOAD.
En croirai-je mes yeux,
Cher Abner ? Quel chemin a pu jusqu'en ces lieux
Vous conduire au travers d'un camp qui nous assiége ?
On disoit que d'Achab la fille sacrilége
Avoit, pour assurer ses projets inhumains, 1565
Chargé d'indignes fers vos généreuses mains
ABNER.
Oui, Seigneur, elle a craint mon zèle et mon courage
Mais c'est le moindre prix que me gardoit sa rage.
Dans l'horreur d'un cachot par son ordre enfermé,
J'attendois que le Temple en cendres consumé, 1570
De tant de flots de sang non encore assouvie,
Elle vînt m'affranchir d'une importune vie,
Et retrancher des jours qu'auroit dû mille fois
Terminer la douleur de survivre à mes rois
JOAD.
Par quel miracle a-t-on obtenu votre grâce ? 1575
ABNER
Dieu dans ce cœur cruel sait seul ce qui se passe
Elle m'a fait venir, et d'un air égaré
« Tu vois de mes soldats tout ce temple entouré,
Dit-elle Un feu vengeur va le réduire en cendre,
Et ton Dieu contre moi ne le sauroit défendre 1580
Ses prêtres toutefois, mais il faut se hâter
A deux conditions peuvent se racheter
Qu'avec Eliacin on mette en ma puissance
Un trésor dont je sais qu'ils ont la connoissance,
Par votre roi David autrefois amassé, 1585
Sous le sceau du secret au grand prêtre laissé.
Va, dis-leur qu'à ce prix je leur permets de vivre. »
JOAD
Quel conseil, cher Abner, croyez-vous qu'on doit suivre ?
ABNER
Et tout l'or de David, s'il est vrai qu'en effet
Vous gardiez de David quelque trésor secret, 1590
Et tout ce que des mains de cette reine avare
Vous avez pu sauver et de riche et de rare,

ACTE V, SCENE II.

Donnez le. Voulez vous que d'impurs assassins
Viennent briser l'autel, brûler les Chérubins¹,
Et portant sur notre arche une main téméraire, 1595
De votre propre sang souiller le sanctuaire ?

JOAD.

Mais sieroit-il, Abner, a des cœurs généreux
De livrer au supplice un enfant malheureux,
Un enfant que Dieu même a ma garde confie,
Et de nous racheter aux dépens de sa vie ? 1600

ABNER.

Hélas ! Dieu voit mon cœur. Plût a ce Dieu puissant
Qu'Athalie oubliât un enfant innocent,
Et que du sang d'Abner sa cruauté contente
Crût calmer par ma mort le Ciel qui la tourmente
Mais que peuvent pour lui vos inutiles soins ? 1605
Quand vous périrez tous, en perira-t-il moins ?
Dieu vous ordonne-t-il de tenter l'impossible ?
Pour obéir aux lois d'un tyran inflexible,
Moïse, par sa mère au Nil abandonne,
Se vit presque en naissant a périr condamne, 1610
Mais Dieu le conservant contre toute esperance
Fit par le tyran même elever son enfance
Qui sait ce qu'il réserve a votre Éliacin,
Et si, lui preparant un semblable destin,
Il n'a point de pitié déjà rendu capable 1615
De nos malheureux rois l'homicide implacable ?
Du moins, et Josabet, comme moi, l'a pu voir,
Tantôt à son aspect je l'ai vu² s'émouvoir,
J'ai vu de son courroux tomber la violence.
Princesse, en ce péril vous gardez le silence ? 1620
Hé quoi ? pour un enfant qui vous est etranger
Souffrez vous que sans fruit Joad laisse égorger
Vous, son fils, tout ce peuple, et que le feu devore
Le seul lieu sur la terre ou Dieu veut qu'on l'adore ?
Que feriez vous de plus, si des rois vos aieux 1625
Ce jeune enfant étoit un reste précieux ?

JOSABET, *tout bas à Joad.*

Pour le sang de ses rois vous voyez sa tendresse.
Que ne lui parlez vous ?

JOAD.

Il n'est pas temps, Princesse

1 Les deux Chérubins de bois d'olivier, hauts de dix coudées
qui couvraient l'arche de leurs ailes. Voyez le Livre III des *Rois*
VI, 23

2. Pour *vu*, sans accord vovez la note du vers 1106 d'*Esther*
ci dessus, p. 448

ATHALIE.

ABNER.

Le temps est cher, Seigneur, plus que vous ne pensez.
Tandis qu'a me répondre ici vous balancez,
Mathan près d'Athalie, étincelant de rage,
Demande le signal et presse le carnage
Faut il que je me jette a vos sacrés genoux ?
Au nom du lieu si saint qui n'est ouvert qu'a vous[1],
Lieu terrible ou de Dieu la majesté repose,
Quelque dure que soit la loi qu'on vous impose,
De ce coup imprevu songeons a nous parer
Donnez moi seulement le temps de respirer
Demain, dès cette nuit, je prendrai des mesures
Pour assurer le Temple et venger ses injures
Mais je vois que mes pleurs et que mes vains discours
Pour vous persuader sont un foible secours.
Votre austere vertu n'en peut être frappée.
He bien trouvez-moi donc quelque arme, quelque epee,
Et qu'aux portes du Temple, ou l'ennemi m'attend,
Abner puisse du moins mourir en combattant.

JOAD.

Je me rends. Vous m'ouvrez un avis que j'embrasse.
De tant de maux, Abner, detournons la menace
Il est vrai, de David un tresor est resté[2]

---

[1] C'est-à-dire du *Saint des saints*, ou le grand prêtre seul pouvait entrer une fois l'an le jour de la fête de la Propitiation Voyez la *Préface* de Racine, p 461

[2] Parmi les manuscrits de Racine conservés à la Bibliotheque nationale on trouve des notes de sa main, écrites à l'occasion d'Athalie Voici celle qui se rapporte *au trésor de David* « Pour justifier l'équivoque du grand prêtre, si on l'attaque 1° « Solvite « templum hoc et in tribus diebus excitabo illud* » (S Joan, cap II vers 19) 2° Martyre de saint Laurent, a qui le juge demanda les tresors de l'Église « A quo quum quærerentur thesauri Ecclesiæ, « promisit se demonstraturum Sequenti die pauperes duxit Inter « rogatus ubi essent thesauri quos promiserat ostendit pauperes, « dicens « Hi sunt thesauri Ecclesiæ. » Laurentius pro singulari « suæ interpretationis vivacitate sacram martyrii accepit coronam » (S. Ambros *de Offic* lib II, cap xxviii) Dans Prudence saint Laurent demande du temps pour calculer toute la somme Saint Augustin même, si ennemi du mensonge, loue ce mot de saint Laurent « Hæ sunt divitiæ Ecclesiæ. » (*Serm* ccciii) Dieu a trompé exprès Pharaon. Dieu dit a Moise « Dites a Pharaon « Dimitte po

*La première citation de Racine est la parole figurée de Jésus Christ au sujet de sa mort et de sa résurrection les Juifs prirent cette parole au sens propre et l'accuserent devant Pilate d'avoir dit qu'il pouvoit détruire le temple de Dieu Le passage de Prudence dont il appuie son second exemple est celui-ci

Nam ca culanda primitus
Tunc subnotanda est summula
(*Hymn in hon D Laurentii*, v 131 et 132)

ACTE V, SCENE II

La garde en fut commise à ma fidelité 1650
C'etoit des tristes Juifs l'esperance derniere,
Que mes soins vigilants cachoient à la lumiere.
Mais puisqu'a votre reine il faut le découvrir,
Je vais la contenter, nos portes vont s'ouvrir.
De ses plus braves chefs qu'elle entre accompagnée, 1655
Mais de nos saints autels qu'elle tienne éloignée
D'un ramas d'étrangers l'indiscrète fureur.
Du pillage du temple épargnez-moi l'horreur
Des prêtres, des enfants lui feroient ils quelque ombre ?
De sa suite avec vous qu'elle règle le nombre 1660
Et quant a cet enfant si craint, si redoute,
De votre cœur, Abner, je connois l'equité
Je vous veux devant elle expliquer sa naissance :
Vous verrez s'il le faut remettre en sa puissance,
Et je vous ferai juge entre Athalie et lui. 1665

ABNER.

Ah je le prends déja, Seigneur, sous mon appui
Ne craignez rien Je cours vers celle qui m'envoie

SCÈNE III

JOAD, JOSABET, ISMAËL, ZACHARIE, ETC

JOAD.

Grand Dieu, voici ton heure, on t'amène ta proie
Ismael, écoutez.

(*Il lui parle a l'oreille.*)

JOSABET.

Puissant maître des Cieux
Remets lui le bandeau dont tu couvris ses yeux, 1670
Lorsque, lui derobant tout le fruit de son crime,
Tu cachas dans mon sein cette tendre victime

JOAD

Allez, sage Ismael, ne perdez point de temps
Suivez de point en point ces ordres importants
Surtout qu'a son entrée et que sur son passage 1675

« pulum meum ut sacrificet mihi in deserto (*Exode*, v, 1), » et ch vııı, v 28, Pharaon repond « Ego dimittam vos ut sacrificetis « Domino Deo vestro in deserto, verumtamen longius ne abeatis » Une autrefois, Pharaon dit (v 25 et 26) « Sacrifiez ici » Moïse repond « Vos victimes sont vos dieux » « Abominationes Egyptiorum « immolabimus Domino » Donc Dieu vouloit faire sortir le peuple tout à fait, et Pharaon ne l'entendit pas ainsi »

Tout d'un calme profond lui présente l'image.
Vous, enfants, préparez un trône pour Joas
Qu'il s'avance suivi de nos sacrés soldats
Faites venir aussi sa fidèle nourrice,
Princesse, et de vos pleurs que la source tarisse.   1680
　　(*A un Lévite.*)
Vous, dès que cette reine, ivre d'un fol orgueil,
De la porte du temple aura passé le seuil,
Qu'elle ne pourra plus retourner en arrière,
Prenez soin qu'à l'instant la trompette guerrière
Dans le camp ennemi jette un subit effroi   1685
Appelez tout le peuple au secours de son roi;
Et faites retentir jusques à son oreille
De Joas conservé l'étonnante merveille
Il vient

SCÈNE IV

JOAS, JOAD, JOSABET TROUPES DE PRÊTRES ET DE LÉVITES, ETC

　　　JOAD *continue*.
　Lévites saints, prêtres de notre Dieu,
Partout, sans vous montrer, environnez ce lieu [1],   1690
Et laissant à mes soins gouverner votre zèle,
Pour paroître attendez que ma voix vous appelle
　　(*Ils se cachent tous.*)
　Roi, je crois qu'à vos vœux cet espoir est permis,
Venez voir à vos pieds tomber vos ennemis.
Celle dont la fureur poursuivit votre enfance   1695
Vers ces lieux à grands pas pour vous perdre s'avance
Mais ne la craignez point Songez qu'autour de vous
L'ange exterminateur est debout avec nous
Montez sur votre trône, et... Mais la porte s'ouvre
Permettez un moment que ce voile vous couvre   1700
　　(*Il tire un rideau.*)
Vous changez de couleur, Princesse ?
　　　　　JOSABET
　　　　　　　Ah sans pâlir,
Puis je voir d'assassins le temple se remplir ?
Quoi ? ne voyez vous pas quelle nombreuse escorte....

---

[1] « Levitæ autem circumdent Regem, habentes singuli arma sua » (Livre II des *Paralipomenes* XXIII, 7.)

ACTE V, SCENE IV.

JOAD.

Je vois que du saint temple on referme la porte
Tout est en sûreté.

SCÈNE V

ATHALIE, JOAS, *caché derrière le rideau* JOAD, JOSABET, ABNER, SUITE D'ATHALIE

ATHALIE, *à Joad*.
   Te voila, seducteur,   1705
De ligues, de complots pernicieux auteur,
Qui dans le trouble seul as mis tes esperances,
Eternel ennemi des suprêmes puissances.
En l'appui de ton Dieu tu t'etois reposé
De ton espoir frivole es-tu désabusé ?   1710
Il laisse en mon pouvoir et son temple et ta vie.
Je devrois sur l'autel, ou ta main sacrifie
Te.. Mais du prix qu'on m'offre il faut me contenter
Ce que tu m'as promis, songe à l'exécuter
Cet enfant, ce trésor, qu'il faut qu'on me remette,   1715
Où sont-ils ?

JOAD
   Sur-le-champ tu seras satisfaite
Je te les vais montrer l'un et l'autre a la fois.
   (*Le rideau se tire*[1].)
 Paroissez cher enfant, digne sang de nos rois[2].
Connois tu l'héritier du plus saint des monarques,
Reine ? De ton poignard connois du moins ces marques.   1720
Voila ton roi, ton fils, le fils d'Okosias.
Peuples, et vous, Abner, reconnoissez Joas

---

1. Racine s'est borné à cette simple indication : « *Le rideau se tire.* » Elle a été ainsi developpée dans l'édition de 1736 et dans la plupart des suivantes « *Le rideau étant tiré, on voit Joas sur son trône, sa nourrice est a genoux à sa droite, Azarias, l'épée à la main, est debout à sa gauche, et près de lui, Zacharie et Salomith sont a genoux sur les degrés du trône, plusieurs Lévites, l'épée a la main, sont rangés dans (ou sur) les côtés* »

2. « Je ne connais point de plus grand coup de théâtre, » dit Laharpe, et Voltaire parle ainsi de ce dénouement dans son *Dictionnaire philosophique* « C'est là que la catastrophe est admirablement en action, c'est là que se fait la reconnaissance la plus intéressante · chaque acteur y joue un grand rôle. On ne tue point Athalie sur le théâtre, le fils des rois est sauvé et est reconnu roi tout ce spectacle transporte les spectateurs. »

ABNER

Ciel !

ATHALIE, *à Joad*

Perfide

JOAD

Vois-tu cette Juive fidèle,
Dont tu sais bien qu'alors il suçoit la mamelle ?
Il fut par Josabet à ta rage enlevé   1725
Ce temple le reçut et Dieu l'a conservé.
Des trésors de David voilà ce qui me reste.

ATHALIE

Ta fourbe a cet enfant. traître, sera funeste
D'un fantôme odieux, soldats, delivrez moi

JOAD.

Soldats du Dieu vivant, défendez votre roi   1730
(*Ici le fond du théâtre s'ouvre. On voit le dedans du Temple,
et les Lévites armés sortent de tous côtés sur la scène.*)

ATHALIE

Où suis-je ? O trahison ! ô reine infortunée [1] !
D'armes et d'ennemis je suis environnée

JOAD.

Tes yeux cherchent en vain, tu ne peux échapper,
Et Dieu de toutes parts a su t'envelopper.
Ce Dieu que tu bravois, en nos mains t'a livree.   1735
Rends-lui compte du sang dont tu t'es enivrée [2]

ATHALIE.

Quoi ? la peur a glacé mes indignes soldats ?
Lâche Abner, dans quel piége as tu conduit mes pas

ABNER.

Reine, Dieu m'est temoin ..

ATHALIE.

Laisse là ton Dieu, traître
Et venge-moi

ABNER, *se jetant aux pieds de Joas.*

Sur qui ? Sur Joas sur mon maître !   1740

ATHALIE.

Lui Ioas ? lui ton roi ? Songez méchants, songez
Que mes armes encor vous tiennent assiégés.

1. « Audivit autem Athalia vocem populi currentis, et ingressa ad turbas in templum Domini, vidit Regem stantem super tribunal juxta morem, et cantores et tubas prope eum omnemque populum terræ lætantem, et canentem tubis, et scidit vestimenta sua, clamavitque « Conjuratio conjuratio ! » (*Livre IV des Rois*, xi 13 et 14)

2 « Et vidi mulierem ebriam de sanguine sanctorum » (*Apocalypse* xvii 6.)

J'entends a haute voix tout mon camp qui m'appelle
On vient à mon secours. Tremblez troupe rebelle

SCÈNE VI

ISMAËL, JOAS, JOAD, ATHALIE ETC [1]

ISMAEL, à Joad

Seigneur, le temple est libre et n'a plus d'ennemis. 1745
L'étranger est en fuite, et le Juif est soumis
Comme le vent dans l'air dissipe la fumée,
La voix du Tout Puissant a chassé cette armée [2]
Nos Lévites, du haut de nos sacrés parvis,
D'Okosias au peuple ont annoncé le fils, 1750
Ont conté son enfance au glaive dérobée,
Et la fille d'Achab dans le piége tombée
Partout en même temps la trompette a sonné.
Et ses sons et leurs cris dans son camp étonne
Ont répandu le trouble et la terreur subite 1755
Dont Gedeon frappa le fier Madianite [3]
Les Tyriens, jetant armes et boucliers,
Ont, par divers chemins, disparu les premiers
Quelques Juifs éperdus ont aussi pris la fuite,
Mais de Dieu sur Joas admirant la conduite, 1760
Le reste a haute voix s'est pour lui déclaré
Enfin d'un même esprit tout le peuple inspiré,
Femmes, vieillards, enfants, s'embrassant avec joie [4],
Benissent le Seigneur et celui qu'il envoie
Tous chantent de David le fils ressuscité. 1765
Baal est en horreur dans la sainte cité
De son temple profane on a brisé les portes
Mathan est égorgé [5]

1 Les *etc.* dont Racine s'est contenté en tête de beaucoup de scenes et que nous avons reproduits d'apres lui, ont été généralement remplaces, dans les éditions postérieures, par des indications précises Ici, par exemple, on a substitué ces mots « *et tous les acteurs de la scène précédente* »

2 « Sicut deficit fumus deficiant » (*Psaume* LXVII, 3.)

3. La victoire de Gédéon sur les Madianites est racontée dans le Livre des *Juges*, VII, 16-22.

4 « Lætatusque est omnis populus terræ, et civitas conquievit » (Livre IV des *Rois*, XI, 20.)

5 « Ingressusque est omnis populus terræ templum Baal, et destruxerunt aras ejus, et imagines contriverunt valide, Mathan quoque sacerdotem Baal occiderunt coram altari » (*Ibidem*, 18.)

ATHALIE.
Dieu des Juifs tu l'emportes !
Oui c'est Joas, je cherche en vain à me tromper.
Je reconnois l'endroit où je le fis frapper, 1770
Je vois d'Okosias et le port et le geste :
Tout me retrace enfin un sang que je déteste.
David, David triomphe, Achab seul est détruit
Impitoyable Dieu, toi seul as tout conduit.
C'est toi qui, me flattant d'une vengeance aisée, 1775
M'as [1] vingt fois en un jour à moi même opposée,
Tantôt pour un enfant excitant mes remords,
Tantôt m'éblouissant de tes riches trésors,
Que j'ai craint de livrer aux flammes, au pillage
Qu'il règne donc ce fils, ton soin et ton ouvrage ; 1780
Et que, pour signaler son empire nouveau,
On lui fasse en mon sein enfoncer le couteau
Voici ce qu'en mourant lui souhaite sa mère
Que dis-je, souhaiter ? je me flatte, j'espère
Qu'indocile à ton joug, fatigué de ta loi, 1785
Fidèle au sang d'Achab, qu'il a reçu de moi,
Conforme à son aïeul, à son père semblable,
On verra de David l'héritier détestable
Abolir tes honneurs profaner ton autel,
Et venger Athalie, Achab et Jézabel [2]. 1790

JOAD
Qu'à l'instant hors du temple elle soit emmenée [3],
Et que la sainteté n'en soit point profanée.
Allez, sacrés vengeurs de vos princes meurtris
De leur sang par sa mort faire cesser les cris.
Si quelque audacieux embrasse sa querelle 1795
Qu'à la fureur du glaive on le livre avec elle

Au lieu de la seconde personne, les deux premières éditions (1691 et 1692) ont la troisième: « C est toi qui m'a » Voyez le *Lexique de Racine* p 431.
2. On lit ici dans la plupart des éditions postérieures à Racine « Athalie sort, les lévites la suivent, » et plus loin avant le premier vers de la scène VII : « JOAS, descendu de son trône » Nous nous sommes borné, dans le texte d'*Athalie* et de toutes nos pièces, aux indications scéniques que les auteurs eux mêmes avaient jugées nécessaires
3. « Præcepit autem Joiada centurionibus qui erant super exercitum, et ait eis « Educite eam extra septa templi, et quicumque « eam secutus fuerit, feriatur gladio » Dixerat enim sacerdos · « Non « occidatur in templo Domini » (Livre IV des *Rois*, XI, 15.)

SCÈNE VII

JOAS, JOAD, JOSABET, ABNER ETC

JOAS
Dieu, qui voyez mon trouble et mon affliction,
Detournez loin de moi sa malédiction,
Et ne souffrez jamais qu'elle soit accomplie.
Faites que Joas meure avant qu'il vous oublie   1800
JOAD, *aux Lévites*
Appelez tout le peuple, et montrons lui son roi.
Qu'il lui vienne en ses mains renouveler sa foi.
Roi, prêtres, peuple allons pleins de reconnoissance,
De Jacob avec Dieu confirmer l'alliance,
Et saintement confus de nos egarements,   1805
Nous rengager à lui par de nouveaux serments.
Abner, auprès du Roi reprenez votre place.
Hé bien ? de cette impie a-t-on puni l'audace ?

SCÈNE VIII

UN LÉVITE JOAS, JOAD, ETC

UN LÉVITE
Le fer a de sa vie expié les horreurs.
Jérusalem, longtemps en proie a ses fureurs   1810
De son joug odieux à la fin soulagée,
Avec joie en son sang la regarde plongée
JOAD
Par cette fin terrible, et due à ses forfaits,
Apprenez, roi des Juifs, et n'oubliez jamais
Que les rois dans le ciel ont un juge sévère,   1815
L'innocence un vengeur, et l'orphelin un père [1]

---

1 « On peut remarquer, dit M. Mesnard, sinon comme une preuve certaine d'imitation, au moins comme un rapprochement singulier que ces quatre vers qui résument si bien tout l'esprit de la pièce et en tirent une grande leçon, repondent assez aux sentences reli

gieuses par lesquelles se termine aussi la tragédie d'*Ion*. C'est le Chœur qui parle ainsi :

Ὦ Διὸς Λητοῦς τ' Ἄπολλον, χαῖρ' ὅτῳ δ' ἐξαυνεται
Ξυμφοραῖς οἶκος, σέβοντα δαίμονας θαρρεῖν χρεών·
Ἐς τέλος γὰρ οἱ μὲν ἐσθλοὶ τυγχάνουσιν ἀξίων,
Οἱ κακοὶ δ', ὥσπερ πεφύκασ', οὔ ποτ' εὖ πράξειαν ἄν.

« O Apollon, fils de Jupiter et de Latone, adieu : celui dont la
« maison est livrée aux orages du malheur, doit prendre confiance,
« s'il observe la piété envers les Dieux, car à la fin les bons ob-
« tiennent les grâces qu'ils ont méritées, et jamais les méchants, telle
« est leur nature, ne sauraient être heureux. »

« Voltaire, qui a fait aux vers d'*Athalie* plusieurs emprunts peu
déguisés que nous n'avons pas cru utile de signaler tous, finit par
cette imitation de Racine la tragédie de *Sémiramis* :

    Par ce terrible exemple, apprenez tous du moins
    Que les crimes secrets ont les dieux pour témoins ;
    Plus le coupable est grand, plus grand est le supplice :
    Rois, tremblez sur le trône, et craignez leur justice. »

FIN DU CINQUIEME ET DERNIER ACTE

MÉROPE

TRAGEDIE DE VOLTAIRE

REPRISENTEE A PARIS
POUR LA PREMIERE FOIS LE 20 FEVRIER 1743 ET PUBLIEE EN 1744

Mérope passe a jusqu'à la postérité comme une de nos tragédies les plus parfaites, comme un modele de tragedie Aristote a mis ce sujet au premier rang des sujets tragiques M de Voltaire a conservé la simplicité du sujet il l'a débarrassé non seulement d'épisodes superflus, mais encore de scènes inutiles L'interet croit de scene en scene jusqu'au dénouement, dont la surprise est menagée, préparée avec beaucoup d'art Je ne parle point de la versification le poete admirable versificateur, s'est surpassé, jamais sa versification ne fut plus belle et plus claire
Le P Tournemine, *Lettre au P. Brumoy*

Les juges de l'art s'accordent à regarder *Mérope* comme l'ouvrage le plus fini qui soit sorti des mains de Voltaire
Laharpe *Cours de littérature*

LETTRE DE VOLTAIRE

A M. LE MARQUIS SCIPION MAFFEI

AUTEUR DE LA MEROPE ITALIENNE
ET DE BEAUCOUP D'OUVRAGES CÉLÈBRES [1]

Monsieur,

Ceux dont les Italiens modernes et les autres peuples ont presque tout appris, les Grecs et les Romains adressaient leurs ouvrages, sans la vaine formule d'un compliment, à leurs amis et aux maîtres de l'art. C'est à ces titres que je vous dois l'hommage de la *Mérope* française [2]

Les Italiens, qui ont été les restaurateurs de presque tous les beaux arts, et les inventeurs de quelques uns, furent les premiers qui, sous les yeux de Leon X, firent renaître la tragédie, et vous êtes le premier, Monsieur, qui, dans ce siècle où l'art des Sophocle commençait à être amolli par des intrigues d'amour souvent étrangeres au sujet, ou avili par d indignes bouffonneries qui déshonoraient le goût de votre ingen euse nation, vous êtes le premier, dis je, qui avez eu le courage et le talent de donner une tragédie sans galanterie, une tragédie digne des beaux jours d'Athènes, dans

---

[1] François-Scipion Maffei, né à Vérone le 1ᵉʳ juin 1675, mort le 11 février 1755 composa sa *Mérope* à l'âge de trente huit ans, en 1713 La pièce fut jouée à Paris, sur le Théatre Italien, le 21 mai 1717, devant un petit nombre d invités On en donna ensuite des représentations pour le pub ic

[2] « La *Mérope* de Voltaire, dit Beuchot, fut commencée en 1736, terminée en 1737, refusée en 1738 par les comédiens français parce que, disaient ils la pièce ressemblait a l *Amasis* de la Grange corrigée en 1738, et jouée en 1743 » Elle eut un si grand succes, qu'apres la representation le parterre appela l auteur Voltaire reçut ainsi le premier ur honneur qui depuis a éte si prodigué

La première édition de *Mérope* est de 1744 Dans la *Mérope, nouvelle édition corrigée par l auteur*, etc (Paris 1758), il y a un personnage de plus nommé Phanes Le rôle est composé d une partie de celui d Ismenie, et c est Phanes qui fait le récit de la scène vi du V° acte Cette disposition etait l'œuvre des comediens français Voltaire s'en plaint dans deux de ses lettres a d'Argental Nous nous sommes conformé de même que Beuchot au texte de l'édition de 1768

laquelle l'amour d'une mère fait toute l'intrigue, et où le plus tendre intérêt naît de la vertu la plus pure.

La France se glorifie d'*Athalie* : c'est le chef d'œuvre de notre théâtre, c'est celui de la poésie, c'est de toutes les pièces qu'on joue la seule où l'amour ne soit pas introduit; mais aussi elle est soutenue par la pompe de la religion, et par cette majesté de l'éloquence des prophètes. Vous n'avez point eu cette ressource, et cependant vous avez fourni cette longue carrière de cinq actes, qui est si prodigieusement difficile à remplir sans épisodes.

J'avoue que votre sujet me paraît beaucoup plus intéressant et plus tragique que celui d'*Athalie*, et si notre admirable Racine a mis plus d'art, de poésie et de grandeur dans son chef d'œuvre, je ne doute pas que le vôtre n'ait fait couler beaucoup plus de larmes.

Le précepteur d'Alexandre (et il faut de tels précepteurs aux rois), Aristote cet esprit si étendu, si juste et si éclairé dans les choses qui étaient alors à la portée de l'esprit humain, Aristote, dans sa *Poétique* immortelle, ne balance pas à dire que la reconnaissance de Mérope et de son fils était le moment le plus intéressant de toute la scène grecque[1]. Il donnait à ce coup de théâtre la préférence sur tous les autres. Plutarque dit que les Grecs, ce peuple si sensible, frémissaient de crainte que le vieillard qui devait arrêter le bras de Mérope n'arrivât pas assez tôt[2]. Cette pièce, qu'on jouait de son temps, et dont il nous reste très peu de fragments lui paraissait la plus touchante de toutes les tragédies d'Euripide; mais ce n'était pas seulement le choix du sujet qui fit le grand succès d'Euripide, quoiqu'en tout genre le choix soit beaucoup.

Il a été traité plusieurs fois en France, mais sans succès : peut-être les auteurs voulurent charger ce sujet si simple d'ornements étrangers. C'était la Vénus toute nue de Praxitèle qu'ils cherchaient à couvrir de clinquant. Il faut toujours beaucoup de temps aux hommes pour leur apprendre qu'en tout ce qui est grand on doit revenir au naturel et au simple.

En 1641, lorsque le théâtre commençait à fleurir en France, et à s'élever même fort au dessus de celui de la Grèce, par le génie de P. Corneille, le cardinal de Richelieu qui recherchait toute sorte de gloire, et qui avait fait bâtir la salle des spectacles du Palais Royal, pour y représenter des pièces dont il avait fourni le dessein, y fit jouer une *Mérope* sous le nom de *Téléphonte*. Le plan est, à ce

---

1. Aristote ne dit pas précisément que la reconnaissance de Mérope et de son fils fut le moment le plus intéressant de toute la scène grecque. Il distingue trois manières d'exciter la terreur et la pitié. La troisième, dit-il, est celle qu'Euripide a employée dans son *Cresphonte* (titre de la *Mérope* grecque), et c'est la meilleure. Voyez sa *Poétique* chapitre XIV.
2. Plutarque *de Esu carnium* II, 5.

qu'on croit entièrement de lui. Il y avait une centaine de vers de sa façon, le reste était de Colletet, de Bois Robert, de Desmarets et de Chapelain, mais toute la puissance du cardinal de Richelieu ne pouvait donner à ces écrivains le génie qui leur manquait. I n'avait peut être pas lui même celui du théâtre, quoiqu'il en eut le goût, et tout ce qu'il pouvait et devait faire, c'était d'encourager le grand Corneille.

M. Gilbert, résident de la célèbre reine Christine, donna, en 1643, sa *Mérope* [1], aujourd'hui non moins inconnue que l'autre. Jean de la Chapelle [2], de l'Académie française, auteur d'une *Cléopâtre*, jouée avec quelque succès, fit représenter sa *Mérope* en 1683. Il ne manqua pas de remplir sa pièce d'un épisode d'amour. Il se plaint d'ailleurs dans sa préface, de ce qu'on lui reprochait trop de merveilleux. Il se trompait, ce n'était pas ce merveilleux qui avait fait tomber son ouvrage, c'était en effet le défaut de génie, et la froideur de la versification, car voilà le grand point, voilà le vice capital qui fait périr tant de poèmes. L'art d'être éloquent en vers est de tous les arts le plus difficile et le plus rare. On trouvera mille génies qui sauront arranger un ouvrage et le versifier d'une manière commune, mais le traiter en vrais poètes c'est un talent qui est donné à trois ou quatre hommes sur la terre.

Au mois de décembre 1701, M. de la Grange fit jouer son *Amasis*, qui n'est autre chose que le sujet de *Mérope* sous d'autres noms. La galanterie règne aussi dans cette pièce, et il y a beaucoup plus d'incidents merveilleux que dans celle de la Chapelle, mais aussi elle est conduite avec plus d'art, plus de génie, plus d'intérêt, elle est écrite avec plus de chaleur et de force. Cependant elle n'eut pas d'abord un succès éclatant, *et habent sua fata libelli* [3]. Mais depuis elle a été rejouée avec de très grands applaudissements, et c'est une des pièces dont la représentation a fait le plus de plaisir au public.

Avant et après *Amasis*, nous avons eu beaucoup de tragédies sur des sujets à peu près semblables dans lesquelles une mère va venger la mort de son fils sur son propre fils même, et le reconnaît dans l'instant qu'elle va le tuer. Nous étions même accoutumés à voir sur notre théâtre cette situation frappante, mais rarement vraisemblable, dans laquelle un personnage vient un poignard à la main, pour tuer son ennemi tandis qu'un autre personnage arrive dans l'instant même, et lui arrache le poignard. Ce coup de théâtre avait fait réussir, du moins pour un temps, le *Camma* de Thomas Corneille.

Mais de toutes les pièces dont je vous parle il n'y en a aucune qui ne soit chargée d'un petit épisode d'amour, ou plutôt de ga

1 Jouée en 1642, imprimée en 1643 sous le titre de *Téléphonte*
2 Mort en 1723.
3 Terentianus Maurus

lanterie, car il faut que tout se plie au goût dominant. Et ne croyez pas, Monsieur, que cette malheureuse coutume d'accabler nos tragédies d'un épisode inutile de galanterie soit due à Racine, comme on le lui reproche en Italie : c'est lui, au contraire, qui a fait ce qu'il a pu pour reformer en cela le goût de la nation. Jamais chez lui la passion de l'amour n'est épisodique : elle est le fondement de toutes ses pièces, elle en forme le principal intérêt. C'est la passion la plus théâtrale de toutes, la plus fertile en sentiments, la plus variée : elle doit être l'âme d'un ouvrage de théâtre, ou en être entièrement bannie. Si l'amour n'est pas tragique, il est insipide, et s'il est tragique, il doit régner seul : il n'est pas fait pour la seconde place. C'est Rotrou, c'est le grand Corneille même, il le faut avouer, qui, en créant notre théâtre, l'ont presque toujours défiguré par ces amours de commande, par ces intrigues galantes qui, n'étant point de vraies passions, ne sont point dignes du théâtre... »

On a donné une *Mérope* sur le théâtre de Londres en 1731. Qui croirait qu'une intrigue d'amour y entrât encore ? Mais depuis le règne de Charles II, l'amour s'était emparé du théâtre d'Angleterre, et il faut avouer qu'il n'y a point de nation au monde qui ait peint si mal cette passion. L'amour ridiculement amené, et traité de même, est encore le défaut le moins monstrueux de la *Mérope* anglaise. Le jeune Égisthe, tiré de sa prison par une fille d'honneur, amoureuse de lui, est conduit devant la reine, qui lui présente une coupe de poison et un poignard, et qui lui dit : « Si tu n'avales le poison, ce poignard va servir à tuer ta maîtresse. » Le jeune homme boit, et on l'emporte mourant. Il revient, au cinquième acte, annoncer froidement à Mérope qu'il est son fils, et qu'il a tué le tyran. Mérope lui demande comment ce miracle s'est opéré. « Une amie de la fille d'honneur, répond-il, avait mis du jus de pavot, au lieu de poison, dans la coupe. Je n'étais qu'endormi quand on m'a cru mort ; j'ai appris en m'éveillant, que j'étais votre fils, et sur-le-champ j'ai tué le tyran. » Ainsi finit la tragédie.

Elle fut sans doute mal reçue ; mais n'est-il pas bien étrange qu'on l'ait représentée ? N'est-ce pas une preuve que le théâtre anglais n'est pas encore épuré ? Il semble que la même cause qui prive les Anglais du génie de la peinture et de la musique, leur ôte aussi celui de la tragédie. Cette île qui a produit les plus grands philosophes de la terre, n'est pas aussi fertile pour les beaux-arts, et si les Anglais ne s'appliquent sérieusement à suivre les préceptes de leurs excellents citoyens Addison et Pope, ils n'approcheront pas des autres peuples en fait de goût et de littérature.

Mais tandis que le sujet de *Mérope* était ainsi défiguré dans une partie de l'Europe, il y avait longtemps qu'il était traité en Italie selon le goût des anciens. Dans ce seizième siècle, qui sera fameux dans tous les siècles le comte de Torelli [1] avait donné sa *Mérope* avec des chœurs. Il paraît que si M. de la Chapelle a outré tous les défauts du théâtre français qui sont l'air romanesque, l'amour inutile, et les épisodes, et que si l'auteur anglais a poussé à l'excès la barbarie l'indécence et l'absurdité, l'auteur italien avait outré les défauts des Grecs qui sont le vide d'action et la déclamation. Enfin, Monsieur, vous avez évité tous ces écueils, vous qui avez donné à vos compatriotes des modèles en plus d'un genre, vous leur avez donné dans votre *Mérope* l'exemple d'une tragédie simple et intéressante.

J'en fus saisi dès que je la lus, mon amour pour ma patrie ne m'a jamais fermé les yeux sur le mérite des étrangers, au contraire plus je suis bon citoyen, plus je cherche à enrichir mon pays des trésors qui ne sont point nés dans son sein. Mon envie de traduire votre *Mérope* redoubla lorsque j'eus l'honneur de vous connaître à Paris, en 1733 [2] je m'aperçus qu'en aimant l'auteur je me sentais encore plus d'inclination pour l'ouvrage, mais quand je voulus y travailler, je vis qu'il était absolument impossible de la faire passer sur notre théâtre français. Notre délicatesse est devenue excessive, nous sommes peut-être des sybarites plongés dans le luxe qui ne pouvons supporter cet air naïf et rustique, ces détails de la vie champêtre, que vous avez imités du théâtre grec.

Je fus obligé, à regret, d'écrire une *Mérope* nouvelle, je l'ai donc faite différemment mais je suis bien loin de croire l'avoir mieux faite. Je me regarde avec vous comme un voyageur à qui un roi d'Orient aurait fait présent des plus riches étoffes. Ce roi devrait permettre que le voyageur s'en fît habiller à la mode de son pays.

Ma *Mérope* fut achevée au commencement de 1736 [3], à peu près

1 Né en 1539, mort en 1608
2 Ce dut être en 1736. Voltaire comme il le dit lui même, ne s'était d'abord proposé que de traduire la *Mérope* de Maffei. Il avait même commencé cette traduction. En voici les premiers vers

Sortez il en est temps, du sein de ces ténèbres
Montrez vous, dépouillez ces vêtements funèbres
Ces tristes monuments, l'appareil des douleurs
Que le bandeau des rois puisse essuyer vos pleurs
Que dans ce jour heureux les peuples de Messène
Reconnaissent dans vous mon épouse et leur reine
Oubliez tout le reste et daignez accepter
Et le sceptre et la main qu'on vient vous présenter.

3 Ceci ne s'accorde pas avec ce que Voltaire dit à Thieriot dans une lettre du 6 décembre 1737 « Je n'ai encore fait que deux actes de *Mérope* » D'après cette confidence de l'auteur, il devient aussi fort probable que la pièce fut

telle qu'elle est aujourd'hui D'autres études m'empêcherent de la donner au théâtre, mais la raison qui m'en éloignait le plus était la crainte de la faire paraître après d'autres pièces heureuses, dans lesquelles on avait vu depuis peu le même sujet sous des noms différents Enfin j'ai hasardé ma tragédie, et notre nation a fait connaître qu'elle ne dédaignait pas de voir la même matière différemment traitée Il est arrivé à notre théâtre ce qu'on voit tous les jours dans une galerie de peinture, où plusieurs tableaux représentent le même sujet les connaisseurs se plaisent à remarquer les diverses manières. chacun saisit, selon son goût, le caractère de chaque peintre, c'est une espèce de concours qui sert à la fois à perfectionner l'art, et à augmenter les lumières du public.

Si la *Mérope* française a eu le même succès que la *Mérope* italienne, c'est à vous, Monsieur, que je le dois c'est à cette simplicité, dont j'ai toujours été idolâtre, qui, dans votre ouvrage, m'a servi de modèle Si j'ai marché dans une route différente, vous m'y avez toujours servi de guide

J'aurais souhaité pouvoir, à l'exemple des Italiens et des Anglais, employer l'heureuse facilité des vers blancs. Mais je me suis aperçu, et j'ai dit, il y a longtemps, qu'une telle tentative n'aurait jamais de succès en France, et qu'il y aurait beaucoup plus de faiblesse que de force à éluder un joug qu'ont porté les auteurs de tant d'ouvrages qui dureront autant que la nation française Notre poésie n'a aucune des libertés de la vôtre, et c'est peut être une des raisons pour lesquelles les Italiens nous ont précédés de plus de trois siècles dans cet art si aimable et si difficile.

Je voudrais Monsieur, pouvoir vous suivre dans vos autres connaissances, comme j'ai eu le bonheur de vous imiter dans la tragédie Que n'ai-je pu me former sur votre goût dans la science de l'histoire ! non pas dans cette science vague et stérile des faits et des dates, qui se borne à savoir en quel temps mourut un homme inutile ou funeste au monde, science uniquement de dictionnaire qui chargerait la mémoire sans éclairer l'esprit : je veux parler de cette histoire de l'esprit humain qui apprend à connaître les mœurs, qui nous trace, de faute en faute et de préjugé en préjugé, les effets des passions des hommes, qui nous fait voir ce que l'ignorance, ou un savoir mal entendu, ont causé de maux, et qui suit surtout le fil du progrès des arts, à travers ce choc effroyable de tant de puissances, et ce bouleversement de tant d'empires.

C'est par là que l'histoire m'est précieuse, et elle me le devient davantage par la place que vous tiendrez parmi ceux qui ont donné de nouveaux plaisirs et de nouvelles lumières aux hommes. La postérité apprendra avec émulation que votre patrie vous a rendu

---

terminée non pas, comme le dit Beuchot (voyez ci-dessus p 541, note 2), en 1757, mais en 1758.

les honneurs les plus rares, et que Vérone vous a élevé une statue, avec cette inscription, AU MARQUIS SCIPION MAFFEI VIVANT. Inscription aussi belle en son genre que celle qu'on lit à Montpellier, A LOUIS XIV APRÈS SA MORT.

Daignez ajouter, Monsieur, aux hommages de vos concitoyens, celui d'un étranger que sa respectueuse estime vous attache autant que s'il était né à Vérone[1].

[1] Les seules choses que nous ayons retranchées de cette lettre de Voltaire sont 1° les citations destinées à prouver que, dans les tragédies du grand Corneille, l'amour n'est pas toujours digne du théâtre; 2° celles qui ont pour objet de montrer à Maffei qu'une simple traduction de sa *Mérope* ne pouvait pas réussir à Paris. Voltaire, comme on le voit, ne dissimulait pas les obligations qu'il avait au marquis de Maffei, mais comme on se plaît, malgré cet aveu, à les exagérer encore, il publia, en 1748, sous le nom d'un personnage imaginaire de la Lindelle, une lettre où l'amertume de la censure formait, dit La Harpe, une espèce d'antidote contre les louanges prodiguées à la *Mérope* italienne dans la dédicace de Voltaire. Si quelques-unes des critiques étaient justes, le procédé n'était pas très-loyal. L'auteur fit suivre cette lettre, qu'il s'écrivait à lui-même, d'une réponse où sous prétexte de défendre Maffei il loue particulièrement dans la tragédie italienne les parties qu'il en a imitées avec succès.

PERSONNAGES

MÉROPE, veuve de Cresphonte, roi de Messène
ÉGISTHE [1], fils de Mérope.
POLYPHONTE [2], tyran de Messene.
NARBAS, vieillard
EURYCLÈS, favori de Merope
EROX, favori de Polyphonte
ISMÉNIE, confidente de Merope

La scene est à Messene [3], dans le palais de Mérope

---

1 Son vrai nom est Æpytus (Αἴτυ,ος) Pausanias (liv IV, ch III) raconte en ces termes son histoire et celle de son père Cresphonte « Cresphonte epousa Mérope, fille de Cypselus, alors roi d Arcadie et en eut plusieurs enfants dont le plus jeune etait Æpytus Il fit construire a Stenycleros un palais pour sa résidence et celle de ses descendants. Le gouvernement de Cresphonte en général très-populaire déplut aux gens riches qui se soulevèrent contre lui et le tuèrent lui et tous ses fils a l'exception d'Æpytus, qui, etant encore en bas âge se trouvait chez Cypselus son grand père Parvenu a l'age viril Æpytus fut rétabli sur le trône par les Arcadiens et par les autres rois de Doriens. Il commença par punir les meurtriers de son père et tous leurs complices, se fit aimer du peuple par ses liberalités et s acquit une telle considération que ses descendants prirent le nom d'Æpytides au lieu de celui d'Heraclides qu avaient porté ses predecesseurs »

2 Apollodore (liv II, ch VIII) nous apprend que l'Heraclide Polyphonte regna apres Cresphonte, et qu il epousa malgré elle sa veuve Merope

3 Capitale de la Messenie dans le Peloponnese entre les monts Eva et Ithome sur les bords du fleuve Pamisus

MÉROPE

ACTE PREMIER

SCÈNE I

MÉROPE, ISMÉNIE

ISMÉNIE.
Grande reine écartez ces horribles images ;
Goûtez des jours sereins nés du sein des orages [1]
Les Dieux nous ont donné la victoire et la paix
Ainsi que leur courroux ressentez leurs bienfaits
Messène, après quinze ans de guerres intestines,   5
Leve un front moins timide, et sort de ses ruines
Vos yeux ne verront plus tous ces chefs ennemis
Divisés d'intérêts, et pour le crime unis [2],
Par les saccagements, le sang, et le ravage,
Du meilleur de nos rois disputer l'héritage.   10
Nos chefs, nos citoyens, rassemblés sous vos yeux,
Les organes des lois, les ministres des Dieux,
Vont, libres dans leur choix, décerner la couronne
Sans doute elle est a vous, si la vertu la donne
Vous seule avez sur nous d'irrévocables droits,   15
Vous, veuve de Cresphonte, et fille de nos rois ;
Vous, que tant de constance, et quinze ans de misere,
Font encor plus auguste et nous rendent plus chère ;
Vous, pour qui tous les cœurs en secret reunis...

---

[1] VAR Grande reine, écartez ces images funèbres ;
   Goûtez des jours sereins nés du sein des ténèbres. (1744)
[2] Voltaire a pris ce vers dans sa tragédie d'*Artémize*, représentée en 1720 dont il ne nous reste que des fragments

MÉROPE.
Quoi ? Narbas ne vient point. Reverrai-je mon fils ? 20
ISMÉNIE.
Vous pouvez l'espérer : déjà d'un pas rapide
Vos esclaves en foule ont couru dans l'Élide ;
La paix a de l'Élide ouvert tous les chemins.
Vous avez mis sans doute en de fidèles mains
Ce dépôt si sacré, l'objet de tant d'alarmes. 25
MÉROPE.
Me rendrez-vous mon fils, Dieux, témoins de mes larmes ?
Egisthe est-il vivant ? Avez-vous conservé
Cet enfant malheureux, le seul que j'ai sauvé ?
Ecartez loin de lui la main de l'homicide.
C'est votre fils, hélas ! c'est le pur sang d'Alcide. 30
Abandonnerez-vous ce reste précieux
Du plus juste des rois, et du plus grand des Dieux,
L'image de l'époux dont j'adore la cendre ?
ISMÉNIE.
Mais quoi ? cet intérêt et si juste et si tendre
De tout autre intérêt peut-il vous détourner ? 35
MÉROPE.
Je suis mère ; et tu peux encor t'en étonner ?
ISMÉNIE.
Du sang dont vous sortez l'auguste caractère
Sera-t-il effacé par cet amour de mère ?
Son enfance était chère à vos yeux éplorés ;
Mais vous avez peu vu ce fils que vous pleurez. 40
MÉROPE.
Mon cœur a vu toujours ce fils que je regrette,
Ses périls nourrissaient ma tendresse inquiète,
Un si juste intérêt s'accrut avec le temps
Un mot seul de Narbas, depuis plus de quatre ans,
Vint dans la solitude où j'étais retenue, 45
Porter un nouveau trouble à mon âme éperdue ;
Egisthe, écrivait-il, mérite un meilleur sort ;
Il est digne de vous et des Dieux dont il sort
En butte à tous les maux, sa vertu les surmonte
Esperez tout de lui, mais craignez Polyphonte. 50
ISMÉNIE.
De Polyphonte au moins prévenez les desseins ;
Laissez passer l'empire en vos augustes mains.
MÉROPE.
L'empire est à mon fils. Périsse la marâtre,
Périsse le cœur dur, de soi-même idolâtre,
Qui peut goûter en paix, dans le suprême rang, 55
Le barbare plaisir d'hériter de son sang !

ACTE I, SCÈNE I.

Si je n'ai plus de fils, que m'importe un empire ?
Que m'importe ce ciel, ce jour que je respire ?
Je dus y renoncer, alors que dans ces lieux
Mon époux fut trahi des mortels et des Dieux. 60
O perfidie ! ô crime ! ô jour fatal au monde !
O mort toujours présente à ma douleur profonde !
J'entends encor ces voix, ces lamentables cris,
Ces cris : « Sauvez le Roi, son épouse, et ses fils ! »
Je vois ces murs sanglants, ces portes embrasées, 65
Sous ces lambris fumants ces femmes écrasées,
Ces esclaves fuyants, le tumulte, l'effroi,
Les armes, les flambeaux, la mort, autour de moi ;
Là, nageant dans son sang, et souillé de poussière,
Tournant encor vers moi sa mourante paupière, 70
Cresphonte, en expirant, me serra dans ses bras ;
Là, deux fils malheureux, condamnés au trépas,
Tendres et premiers fruits d'une union si chère,
Sanglants et renversés sur le sein de leur père,
A peine soulevaient leurs innocentes mains 75
Hélas ! ils m'imploraient contre leurs assassins.
Egisthe échappa seul, un Dieu prit sa défense
Veille sur lui, grand Dieu, qui sauvas son enfance !
Qu'il vienne ; que Narbas le ramène à mes yeux
Du fond de ses déserts au rang de ses aïeux ! 80
J'ai supporté quinze ans mes fers et son absence,
Qu'il règne au lieu de moi : voilà ma récompense.

SCÈNE II

MÉROPE, ISMÉNIE, EURYCLÈS

MÉROPE
Eh bien, Narbas ? mon fils ?
EURYCLÈS
Vous me voyez confus ;
Tant de pas, tant de soins, ont été superflus
On a couru, Madame, aux rives du Pénée, 85
Dans les champs d'Olympie, aux murs de Salmonée.
Narbas est inconnu, le sort dans ces climats
Dérobe à tous les yeux la trace de ses pas.
MÉROPE.
Hélas ! Narbas n'est plus, j'ai tout perdu, sans doute
ISMÉNIE.
Vous croyez tous les maux que votre âme redoute. 90

Peut être, sur les bruits de cette heureuse paix,
Narbas ramène un fils si cher à nos souhaits.
EURYCLÈS.
Peut-être sa tendresse, eclairee et discrète,
A caché son voyage ainsi que sa retraite :
Il veille sur Égisthe, il craint ces assassins   95
Qui du roi votre epoux ont tranché les destins.
De leurs affreux complots il faut tromper la rage
Autant que je l'ai pu, j'assure son passage,
Et j'ai sur ces chemins de carnage abreuves
Des yeux toujours ouverts, et des bras éprouves   100
MÉROPE
Dans ta fidélité j'ai mis ma confiance
EURYCLÈS.
Hélas ! que peut pour vous ma triste vigilance ?
On va donner son trône en vain ma faible voix
Du sang qui le fit naître a fait parler les droits,
L injustice triomphe, et ce peuple, à sa honte,   105
Au mépris de nos lois, penche vers Polyphonte
MÉROPE.
Et le sort jusque-là pourrait nous avilir !
Mon fils dans ses Etats reviendrait pour servir !
Il verrait son sujet au rang de ses ancêtres !
Le sang de Jupiter aurait ici des maîtres !   110
Je n'ai donc plus d'amis ? Le nom de mon epoux,
Insensibles sujets, a donc péri pour vous ?
Vous avez oublié ses bienfaits et sa gloire !
EURYCLÈS.
Le nom de votre époux est cher a leur mémoire
On regrette Cresphonte, on le pleure, on vous plaint, 115
Mais la force l'emporte, et Polyphonte est craint
MÉROPE.
Ainsi donc par mon peuple en tout temps accablee,
Je verrai la justice à la brigue immolée,
Et le vil interêt, cet arbitre du sort,
Vend toujours le plus faible aux crimes du plus fort 120
Allons, et rallumons dans ces âmes timides
Les regrets mal éteints du sang des Heraclides
Flattons leur esperance, excitons leur amour
Parlez, et de leur maître annoncez le retour.
EURYCLES.
Je n'ai que trop parlé Polyphonte en alarmes   125
Craint deja votre fils, et redoute vos larmes,
La fière ambition dont il est dévoré
Est inquiete ardente, et n'a rien de sacré.
S il chassa les brigands de Pylos et d Amphryse

ACTE I, SCÈNE II.

S'il a sauvé Messène, il croit l'avoir conquise. 130
Il agit pour lui seul, il veut tout asservir
Il touche a la couronne, et, pour mieux la ravir,
Il n'est point de rempart que sa main ne renverse,
De lois qu'il ne corrompe, et de sang qu'il ne verse·
Ceux dont la main cruelle égorgea votre époux 135
Peut être ne sont pas plus a craindre pour vous

MEROPE
Quoi ? partout sous mes pas le sort creuse un abîme ?
Je vois autour de moi le danger et le crime !
Polyphonte, un sujet de qui les attentats....

EURYCLÈS.
Dissimulez Madame, il porte ici ses pas. 140

SCENE III

MEROPE, POLYPHONTE ÉROX

POLYPHONTE.
Madame, il faut enfin que mon cœur se déploie
Ce bras qui vous servit m'ouvre au trône une voie,
Et les chefs de l'État, tout prêts de prononcer,
Me font entre nous deux l'honneur de balancer
Des partis opposes qui desolaient Messenes 145
Qui versaient tant de sang, qui formaient tant de haines,
Il ne reste aujourd hui que le vôtre et le mien
Nous devons l un a l'autre un mutuel soutien
Nos ennemis communs l'amour de la patrie,
Le devoir, l'intérêt la raison tout nous lie, 150
Tout vous dit qu'un guerrier, vengeur de votre epoux,
S il aspire a régner, peut aspirer a vous
Je me connais , je sais que, blanchi sous les armes,
Ce front triste et sévère a pour vous peu de charmes ,
Je sais que vos appas, encor dans leur printemps, 155
Pourraient s'effaroucher de l'hiver de mes ans ;
Mais la raison d Etat connaît peu ces caprices ;
Et de ce front guerrier les nobles cicatrices
Ne peuvent se couvrir que du bandeau des rois
Je veux le sceptre et vous pour prix de mes exploits. 160
N'en croyez pas, Madame, un orgueil téméraire
Vous êtes de nos rois et la fille et la mère¹,

---

1 Mérope n'était ni fille ni mère des rois de Messene. Son père était Cypselus, roi d'une partie de l Arcadie, et il ne lui restait de

Mais l'État veut un maître, et vous devez songer
Que pour garder vos droits il les faut partager

HÉROPE.

Le Ciel, qui m'accabla du poids de sa disgrâce 165
Ne m'a point préparée à ce comble d'audace
Sujet de mon époux, vous m'osez proposer
De trahir sa mémoire et de vous épouser ?
Moi, j'irais de mon fils, du seul bien qui me reste,
Déchirer avec vous l'héritage funeste ? 170
Je mettrais en vos mains sa mère et son État
Et le bandeau des rois sur le front d'un soldat ?

POLYPHONTE.

Un soldat tel que moi peut justement prétendre
A gouverner l'État quand il l'a su défendre
Le premier qui fut roi fut un soldat heureux, 175
Qui sert bien son pays n'a pas besoin d'aïeux ¹
Je n'ai plus rien du sang qui m'a donné la vie,
Ce sang s'est épuisé, versé pour la patrie,
Ce sang coula pour vous ; et, malgré vos refus
Je crois valoir au moins les rois que j'ai vaincus ; 180
Et je n'offre en un mot à votre âme rebelle
Que la moitié d'un trône où mon parti m'appelle

HÉROPE.

Un parti ! vous, barbare au mépris de nos lois
Est-il d'autre parti que celui de vos rois ?
Est-ce là cette foi, si pure et si sacrée, 185
Qu'à mon époux, à moi votre bouche a jurée ?
La foi que vous devez à ses mânes trahis,
A sa veuve éperdue, à son malheureux fils,
A ces Dieux dont il sort, et dont il tient l'empire ?

POLYPHONTE.

Il est encor douteux si votre fils respire. 190
Mais, quand du sein des morts il viendrait en ces lieux
Redemander son trône à la face des Dieux,
Ne vous y trompez pas, Messene veut un maître
Eprouvé par le temps, digne en effet de l'être,
Un roi qui la défende, et j'ose me flatter 195

fils qu'Égisthe (*Æpytus*), qui avait droit au trône, mais n'y était
pas monté encore Les deux aînés, elle l'a dit elle-même étaient
morts très-jeunes, dans la même sédition que leur père Cresphonte
Voyez ci-dessus, p 548, note 1.
1. Dans la tragédie d'*Ériphyle* (1732), Alcméon dit en parlant de
la vertu (acte II, sc 1)

C'est elle qui met l'homme au rang des demi-dieux,
Et qui sert son pays n'a pas besoin d'aïeux

ACTE I, SCÈNE III

Que le vengeur du trône a seul droit d'y monter
Egisthe, jeune encore, et sans expérience,
Etalerait en vain l'orgueil de sa naissance
N'ayant rien fait pour nous, il n'a rien mérité
D'un prix bien différent ce trône est acheté. 200
Le droit de commander n'est plus un avantage
Transmis par la nature ainsi qu'un héritage,
C'est le fruit des travaux et du sang répandu,
C'est le prix du courage, et je crois qu'il m'est dû
Souvenez vous du jour où vous fûtes surprise 205
Par ces lâches brigands de Pylos et d'Amphryse,
Revoyez votre époux et vos fils malheureux,
Presque en votre présence, assassinés par eux,
Revoyez moi, Madame, arrêtant leur furie,
Chassant vos ennemis, défendant la patrie, 210
Voyez ces murs enfin par mon bras délivrés,
Songez que j'ai vengé l'époux que vous pleurez
Voilà mes droits, Madame, et mon rang, et mon titre
La valeur fit ces droits, le Ciel en est l'arbitre
Que votre fils revienne, il apprendra sous moi 215
Les leçons de la gloire, et l'art de vivre en roi,
Il verra si mon front soutiendra la couronne
Le sang d'Alcide est beau, mais n'a rien qui m'étonne[1]
Je recherche un honneur et plus noble et plus grand
Je songe a ressembler au dieu dont il descend. 220
En un mot, c'est à moi de défendre la mère,
Et de servir au fils et d'exemple et de père

MÉROPE

N'affectez point ici des soins si généreux,
Et cessez d'insulter à mon fils malheureux
Si vous osez marcher sur les traces d'Alcide, 225
Rendez donc l'héritage au fils d'un Héraclide
Ce dieu, dont vous seriez l'injuste successeur,
Vengeur de tant d'Etats, n'en fut point ravisseur
Imitez sa justice ainsi que sa vaillance,
Défendez votre roi ; secourez l'innocence, 230
Découvrez, rendez moi ce fils que j'ai perdu
Et méritez sa mère à force de vertu,
Dans nos murs relevés rappelez votre maître
Alors jusques a vous je descendrais peut être,
Je pourrais m'abaisser, mais je ne puis jamais 235
Devenir la complice et le prix des forfaits

---

[1] Nous avons vu (p. 548 note 2) que Polyphonte était lui même un descendant d'Alcide, mais Voltaire n'en veut faire dans sa pièce qu'un soldat de fortune.

SCÈNE IV

POLYPHONTE, ÉROX

ÉROX.

Seigneur, attendez vous que son âme fléchisse ?
Ne pouvez vous régner qu'au gré de son caprice ?
Vous avez su du trône aplanir le chemin,
Et pour vous y placer vous attendez sa main ! 240

POLYPHONTE.

Entre ce trône et moi je vois un précipice
Il faut que ma fortune y tombe ou le franchisse
Mérope attend Egisthe, et le peuple aujourd'hui,
Si son fils reparaît, peut se tourner vers lui.
En vain quand j'immolai son père et ses deux frères, 245
De ce trône sanglant je m'ouvris les barrières,
En vain, dans ce palais, où la sédition
Remplissait tout d'horreur et de confusion,
Ma fortune a permis qu'un voile heureux et sombre
Couvrît mes attentats du secret de son ombre, 250
En vain du sang des rois, dont je suis l'oppresseur,
Les peuples abusés m'ont cru le défenseur
Nous touchons au moment où mon sort se décide
S'il reste un rejeton de la race d'Alcide,
Si ce fils, tant pleuré, dans Messène est produit, 255
De quinze ans de travaux j'ai perdu tout le fruit
Crois moi, ces préjugés de sang et de naissance
Revivront dans les cœurs, y prendront sa défense
Le souvenir du père, et cent rois pour aïeux[1],
Cet honneur prétendu d'être issu de nos Dieux, 260
Les cris, le désespoir d'une mère éplorée,
Détruiront ma puissance encor mal assurée.
Egisthe est l'ennemi dont il faut triompher
Jadis dans son berceau je voulus l'étouffer
De Narbas à mes yeux l'adroite diligence 265
Aux mains qui me servaient arracha son enfance
Narbas, depuis ce temps, errant loin de ces bords,
A bravé ma recherche, a trompé mes efforts
J'arrêtai ses courriers, ma juste prévoyance
De Mérope et de lui rompit l'intelligence. 270
Mais je connais le sort il peut se démentir ;
De la nuit du silence un secret peut sortir,
Et des Dieux quelquefois la longue patience

---

1. Le poete oublie ou ignore, ce semble, que Cresphonte, père d'Egisthe, était le fondateur du royaume de Messène

ACTE I, SCÈNE IV.

Fait sur nous à pas lents descendre la vengeance ¹

ÉROX.

Ah! livrez-vous sans crainte à vos heureux destins 275
La prudence est le dieu qui veille à vos desseins.
Vos ordres sont suivis déjà vos satellites
D'Élide et de Messène occupent les limites
Si Narbas reparaît, si jamais à leurs yeux
Narbas ramène Égisthe, ils périssent tous deux 280

POLYPHONTE

Mais me réponds-tu bien de leur aveugle zèle?

ÉROX

Vous les avez guidés par une main fidèle
Aucun d'eux ne connaît ce sang qui doit couler,
Ni le nom de ce roi qu'ils doivent immoler
Narbas leur est dépeint comme un traître, un transfuge, 285
Un criminel errant, qui demande un refuge,
L'autre, comme un esclave, et comme un meurtrier
Qu'à la rigueur des lois il faut sacrifier.

POLYPHONTE

Eh bien, encor ce crime! il m'est trop nécessaire
Mais, en perdant le fils, j'ai besoin de la mère 290
J'ai besoin d'un hymen utile à ma grandeur,
Qui détourne de moi le nom d'usurpateur
Qui fixe enfin les vœux de ce peuple infidèle
Qui m'apporte pour dot l'amour qu'on a pour elle
Je lis au fond des cœurs; à peine ils sont à moi. 295
Échauffés par l'espoir, ou glacés par l'effroi
L'intérêt me les donne, il les ravit de même.
Toi, dont le sort dépend de ma grandeur suprême,
Appui de mes projets par tes soins dirigés,
Érox, va réunir les esprits partagés 300
Que l'avare en secret te vende son suffrage,
Assure au courtisan ma faveur en partage,
Du lâche qui balance échauffe les esprits
Promets donne, conjure, intimide, éblouis
Ce fer aux pieds du trône en vain m'a su conduire, 305
C'est encor peu de vaincre, il faut savoir séduire,
Flatter l'hydre du peuple, au frein l'accoutumer,
Et pousser l'art enfin jusqu'à m'en faire aimer ²

---

1   Raro antecedentem scelestum
      Deseruit pede pœna claudo
          (HORACE, *Odes*, livre III, 5, vers 31 et 37.)
Voltaire a imité le même passage dans la scène II du Ier acte d'*Oreste* (1750)
    La peine suit le crime, elle arrive à pas lents.
2 Comparez *la Mort de César* acte I, scène IV

ACTE SECOND

SCÈNE I[1]

MÉROPE, EURYCLES, ISMÉNIE

MÉROPE.

Quoi ? l'univers se tait sur le destin d'Égisthe ?

[1]. « La scène suivante destinée d'abord à être la 1re de l'acte II fut supprimée, dit Beuchot, le jour de la première représentation par l'auteur lui même qui s'était obstiné à la conserver a toutes les répétitions malgré les représentations de Mlle Dumesnil qui la trouvait inutile C'est sur une copie qu'en avait conservée cette actrice, que Palissot l'a publiée en 1802 »

ISMÉNIE, EURYCLES

ISMÉNIE
Oui, toujours de son fils sa douleur occupée,
D'aucun autre intérêt ne peut être frappée
Cet hymen nécessaire irrite ses esprits,
Elle craint d'offenser le nom seul de son fils.
Elle a devant les yeux cette éternelle image,
De ses illusions tendre et funeste ouvrage,
Elle embrasse cette ombre, et ses humides yeux
Relisent ce billet ce gage précieux
Ce billet de Narbas unique témoignage
Qui jusqu'en sa prison put trouver un passage
Le nom de ce cher fils, effacé par ses pleurs
Flatte son espérance irrite ses douleurs,
La soutient et l'abat, la console et la tue
Vous ne guérirez point cette âme prévenue

EURYCLES
Je saurai l'admirer, une âme en cet état
De la grandeur suprême aurait mieux vu l'éclat,
Eût pleuré sur le trône, et bientôt consolée,
Oublierait la nature aux grandeurs immolée.
Je vois avec respect ce courage obstiné,
Dans ses nobles douleurs ferme et determiné,
Vainqueur de l'intérêt, et vainqueur du temps même,
Mérope se perdra, je le vois, mais elle aime
Que n'ai-je pu servir ce vertueux amour !
Que n'ai-je pu d'Égisthe annoncer le retour

ACTE II, SCÈNE I

Je n'entends que trop bien ce silence si triste 310
Aux frontières d'Élide enfin n'a-t-on rien su ?

EURYCLÈS

On n'a rien découvert, et tout ce qu'on a vu,
C'est un jeune étranger, de qui la main sanglante
D'un meurtre encor récent paraissait dégouttante,
Enchaîné par mon ordre, on l'amène au palais. 315

MÉROPE.

Un meurtre ! un inconnu ! Qu'a-t-il fait, Euryclès ?
Quel sang a-t-il versé ? Vous me glacez de crainte ¹

EURYCLÈS

Triste effet de l'amour dont votre âme est atteinte
Le moindre événement vous porte un coup mortel,
Tout sert à déchirer ce cœur trop maternel, 320
Tout fait parler en vous la voix de la nature
Mais de ce meurtrier la commune aventure
N'a rien dont vos esprits doivent être agités
De crimes, de brigands ces bords sont infectés,
C'est le fruit malheureux de nos guerres civiles 325
La justice est sans force, et nos champs et nos villes
Redemandent aux Dieux, trop longtemps négligés,
Le sang des citoyens l'un par l'autre égorgés.
Écartez des terreurs dont le poids vous afflige.

MÉROPE.

Quel est cet inconnu ? Répondez-moi, vous dis-je 330

EURYCLÈS

C'est un de ces mortels du sort abandonnés
Nourris dans la bassesse, aux travaux condamnés
Un malheureux sans nom, si l'on croit l'apparence

MÉROPE

N'importe, quel qu'il soit qu'il vienne en ma présence
Le témoin le plus vil et les moindres clartés 335
Nous montrent quelquefois de grandes vérités.
Peut-être j'en crois trop le trouble qui me presse
Mais ayez-en pitié, respectez ma faiblesse ;
Mon cœur a tout à craindre, et rien à négliger.
Qu'il vienne, je le veux, je veux l'interroger. 340

J'ai des temples voisins parcourus les asiles :
De moi, de mes amis, les pas sont inutiles ;
Ils n'ont rien perçu sur ces bords odieux
Que le vil assassin que t'amène en ces lieux

---

1. « La crainte de Mérope serait bien mieux fondée, dit avec raison Lepan dans son *Commentaire*, si, comme dans la pièce italienne, elle était prévenue qu'Égisthe a quitté la maison de son guide sans qu'on sache ce qu'il est devenu »

EURYCLÈS.
A Ismenie :
Vous serez obéie. Allez, et qu'on l'amène,
Qu'il paraisse à l'instant aux regards de la Reine.
MÉROPE.
Je sens que je vais prendre un inutile soin.
Mon désespoir m'aveugle ; il m'emporte trop loin.
Vous savez s'il est juste. On comble ma misère, 345
On détrône le fils, on outrage la mère.
Polyphonte, abusant de mon triste destin,
Ose enfin s'oublier jusqu'à m'offrir sa main.[1]
EURYCLES.
Vos malheurs sont plus grands que vous ne pouvez croire.
Je sais que cet hymen offense votre gloire, 350
Mais je vois qu'on l'exige, et le sort irrité
Vous fait de cet opprobre une nécessité.
C'est un cruel parti, mais c'est le seul peut-être
Qui pourrait conserver le trône à son vrai maître.
Tel est le sentiment des chefs et des soldats, 355
Et l'on croit..
MÉROPE.
Non, mon fils ne le souffrirait pas,
L'exil, où son enfance a langui condamnée,
Lui serait moins affreux que ce lâche hymenée.
EURYCLES.
Il le condamnerait si, paisible en son rang,
Il n'en croyait ici que les droits de son sang, 360
Mais, si par les malheurs son âme était instruite
Sur ses vrais intérêts s'il réglait sa conduite,
De ses tristes amis s'il consultait la voix,
Et la nécessité souveraine des lois,
Il verrait que jamais sa malheureuse mère 365
Ne lui donna d'amour une marque plus chère.
MÉROPE.
Ah ! que me dites-vous ?
EURYCLES.
De dures vérités,
Que m'arrachent mon zèle et vos calamités.
MÉROPE.
Quoi ? vous me demandez que l'intérêt surmonte
Cette invincible horreur que j'ai pour Polyphonte, 370
Vous, qui me l'avez peint de si noires couleurs

---

[1] Mérope ignore que Polyphonte a tué son époux et deux de ses fils. Chez Maffei, elle le sait, et son indignation est bien autrement juste et légitime.

ACTE II, SCENE I

EURYCLES.
Je l'ai peint dangereux, je connais ses fureurs,
Mais il est tout puissant, mais rien ne lui resiste
Il est sans héritier, et vous aimez Egisthe.
MEROPE
Ah c'est ce même amour, a mon cœur precieux, 375
Qui me rend Polyphonte encor plus odieux.
Que parlez vous toujours et d'hymen et d'empire ?
Parlez moi de mon fils, dites-moi s'il respire
Cruel ! apprenez moi..
EURYCLÈS
Voici cet étranger
Que vos tristes soupçons brûlaient d'interroger 380

SCÈNE II

MÉROPE EURYCLES, ÉGISTHE *enchaîné* ISMENIE, GARDES

ÉGISTHE, *dans le fond du théâtre, à Ismenie*
Est-ce la cette reine auguste et malheureuse,
Celle de qui la gloire, et l infortune affreuse
Retentit jusqu'a moi dans le fond des déserts ?
ISMÉNIE.
Rassurez-vous, c'est elle
(*Elle sort.*)
ÉGISTHE
O Dieu de l'univers !
Dieu qui formas ses traits veille sur ton image ! 385
La vertu sur le trône est ton plus digne ouvrage
MÉROPE.
C'est la ce meurtrier ! Se peut il qu'un mortel
Sous des dehors si doux ait un cœur si cruel ?
Approche, malheureux et dissipe tes craintes.
Reponds-moi de quel sang tes mains sont elles teintes ? 390
EGISTHE.
O Reine, pardonnez le trouble, le respect,
Glacent ma triste voix tremblante à votre aspect
A Euryclès
Mon âme. en sa presence, etonnée attendrie..
MÉROPE.
Parle De qui ton bras a-t-il tranché la vie ?
EGISTHE.
D un jeune audacieux, que les arrêts du sort 395

Et ses propres fureurs ont conduit à la mort.
MÉROPE.
D'un jeune homme ! Mon sang s'est glacé dans mes veines
Ah !... T'était-il connu ?
ÉGISTHE
Non, les champs de Messène,
Ses murs, leurs citoyens, tout est nouveau pour moi.
MÉROPE.
Quoi ? ce jeune inconnu s'est armé contre toi ?   400
Tu n'aurais employé qu'une juste défense ?
ÉGISTHE
J'en atteste le Ciel ; il sait mon innocence.
Aux bords de la Pamise, en un temple sacré,
Où l'un de vos aïeux, Hercule, est adoré,
J'osais prier pour vous ce dieu vengeur des crimes ;   405
Je ne pouvais offrir ni présents ni victimes ;
Né dans la pauvreté, j'offrais de simples vœux,
Un cœur pur et soumis, présent des malheureux.
Il semblait que le Dieu, touché de mon hommage,
Au dessus de moi même élevât mon courage.   410
Deux inconnus armés m'ont abordé soudain,
L'un dans la fleur des ans, l'autre vers son déclin.
« Quel est donc, m'ont-ils dit, le dessein qui te guide ?
Et quels vœux formes-tu pour la race d'Alcide ? »
L'un et l'autre, à ces mots, ont levé le poignard :   415
Le Ciel m'a secouru dans ce triste hasard.
Cette main du plus jeune a puni la furie ;
Percé de coups, Madame, il est tombé sans vie.
L'autre a fui lâchement, tel qu'un vil assassin.
Et moi, je l'avouerai, de mon sort incertain,   420
Ignorant de quel sang j'avais rougi la terre,
Craignant d'être puni d'un meurtre involontaire,
J'ai traîné dans les flots ce corps ensanglanté.
Je fuyais ; vos soldats m'ont bientôt arrêté ;
Ils ont nommé Mérope, et j'ai rendu les armes.   425
EURYCLÈS.
Eh ! Madame, d'où vient que vous versez des larmes ?
MÉROPE
Te le dirai-je ? hélas ! tandis qu'il m'a parlé,
Sa voix m'attendrissait, tout mon cœur s'est troublé
Cresphonte, ô Ciel !.. j'ai cru.., que j'en rougis de honte
Oui, j'ai cru démêler quelques traits de Cresphonte ! [1] 430

1. Ce trait est indiqué par Maffei (acte I, sc. III)
ISMENE
Che hai, Regina ? oimè quali improvise

ACTE II, SCÈNE II.

Jeux cruels du hasard, en qui me montrez vous
Une si fausse image, et des rapports si doux ?
Affreux ressouvenir, quel vain songe m'abuse !

EURYCLÈS.
Rejetez donc, Madame, un soupçon qui l'accuse
n a rien d un barbare, et rien d'un imposteur.

MÉROPE
Les Dieux ont sur son front imprimé la candeur.
Demeurez. En quel lieu le Ciel vous fit-il naître ?

ÉGISTHE
En Elide.

MÉROPE.
Qu'entends je ? en Elide ! Ah ! peut être....
L'Elide..., repondez..., Narbas vous est connu ?
Le nom d'Égisthe au moins jusqu'à vous est venu ? 440
Quel était votre etat, votre rang, votre père ?

ÉGISTHE
Mon père est un vieillard accablé de misère,
Polyclete est son nom, mais Egisthe, Narbas,
Ceux dont vous me parlez je ne les connais pas

MÉROPE.
O Dieux ! vous vous jouez d'une triste mortelle ! 445
J avais de quelque espoir une faible etincelle,
J'entrevoyais le jour, et mes yeux affligés
Dans la profonde nuit sont deja replongés
Et quel rang vos parents tiennent ils dans la Grèce ?

ÉGISTHE.
Si la vertu suffit pour faire la noblesse, 450
Ceux dont je tiens le jour, Polyclete, Sirris,
Ne sont pas des mortels dignes de vos mépris
Leur sort les avilit, mais leur sage constance
Fait respecter en eux l'honorable indigence
Sous ses rustiques toits mon père vertueux 455
Fait le bien suit les lois, et ne craint que les Dieux.

MÉROPE.
Chaque mot qu'il me dit est plein de nouveaux charmes.
Pourquoi donc le quitter ? pourquoi causer ses larmes ?
Sans doute il est affreux d'être privé d'un fils

ÉGISTHE
Un vain desir de gloire a séduit mes esprits. 460

Lagrime ti vegg io sgorgar da gli occhi ?
MEROPE
O Ismene, nel aprir la bocca a i detti,
Fece costui col labro un cotal atto.
Che'l mio consorte ritornommi a mente,
E mel ritrasse si, com' io 'l vedessi.

On me parlait souvent des troubles de Messène,
Des malheurs dont le Ciel avait frappé la Reine,
Surtout de ses vertus, dignes d'un autre prix
Je me sentais ému par ces tristes récits
De l'Élide en secret dédaignant la mollesse 465
J'ai voulu dans la guerre exercer ma jeunesse,
Servir sous vos drapeaux, et vous offrir mon bras
Voila le seul dessein qui conduisit mes pas
Ce faux instinct de gloire égara mon courage.
A mes parents, flétris sous les rides de l'âge, 470
J'ai de mes jeunes ans dérobé les secours.
C'est ma première faute ; elle a troublé mes jours
Le Ciel m'en a puni, le Ciel inexorable
M'a conduit dans le piege et m'a rendu coupable

MEROPE.

Il ne l'est point. J'en crois son ingénuité 475
Le mensonge n'a point cette simplicité
Tendons à sa jeunesse une main bienfaisante,
C'est un infortune que le Ciel me présente
Il suffit qu'il soit homme, et qu'il soit malheureux
Mon fils peut éprouver un sort plus rigoureux [1]. 480
Il me rappelle Égisthe, Égisthe est de son âge :
Peut être, comme lui, de rivage en rivage,
Inconnu, fugitif, et partout rebuté,
Il souffre le mépris qui suit la pauvreté [2].
L'opprobre avilit l'âme, et flétrit le courage 485

1. . Adrasto, usa pietade
Con quel meschin benche povero e servo,
Egli è pur uomo al fine . . . .
 . . . . In tal povero stato,
Oimè, ch' anche il mio figlio occulto vive.
(MAFFEI, acte I, sc III.)

Pérelope dit, dans la tragédie de ce nom de l'abbé Genest (1684).

Ah Ciel! gardons qu'on ne l'outrage!
Sur des bords étrangers Ulysse sans appui
Peut être au même état se rencontre aujourd'hui.
(Acte IV, scène I)

2. Rozzo garzon, solo inesperto, ignaro
Delle vie de costumi, de perigli,
Ch' appogio alcun non ha, povero, e privo
D'ospiti . . . .
. . . . Quante volte
A l'altrui mense accosterassi, un pane
Chiedendo umile? e ne sarà fors' anche
Scacciato, egli, il cui padre a ricca mensa
Tanta gente accoglea
(MAFFEI, acte II sc III.)

Pour le sang de nos Dieux quel horrible partage
Si du moins...

SCÈNE III

MÉROPE, EGISTHE, EURYCLÈS, ISMÉNIE

ISMÉNIE
Ah ! Madame entendez-vous ces cris ?
Savez-vous bien..

MÉROPE
Quel trouble alarme tes esprits ?

ISMÉNIE
Polyphonte l'emporte, et nos peuples volages
A son ambition prodiguent leurs suffrages. 490
Il est roi, c'en est fait

EGISTHE.
J'avais cru que les Dieux
Auraient placé Merope au rang de ses aieux
Dieux que plus on est grand plus vos coups sont a craindre !
Errant, abandonne, je suis le moins a plaindre.
Tout homme a ses malheurs

(On emmène Egisthe.)

EURYCLÈS, *à Mérope*
Je vous l'avais predit 495
Vous avez trop bravé son offre et son credit

MÉROPE.
Je vois toute l'horreur de l'abîme où nous sommes
J'ai mal connu les Dieux, j'ai mal connu les hommes
J'en attendais justice, ils la refusent tous.

EURYCLÈS
Permettez que du moins j'assemble autour de vous 500
Ce peu de nos amis qui, dans un tel orage,
Pourraient encor sauver les debris du naufrage,
Et vous mettre a l'abri des nouveaux attentats
D'un maitre dangereux et d'un peuple d'ingrats

SCÈNE IV

MÉROPE, ISMÉNIE

ISMÉNIE.
L'Etat n'est point ingrat non, Madame on vous aime ; 505
On vous conserve encor l'honneur du diadème ;

On veut que Polyphonte, en vous donnant la main,
Semble tenir de vous le pouvoir souverain
MÉROPE
On ose me donner au tyran qui me brave,
On a trahi le fils, on fait la mère esclave.   510
ISMÉNIE
Le peuple vous rappelle au rang de vos aïeux
Suivez sa voix madame : elle est la voix des Dieux.
MÉROPE.
Inhumaine, tu veux que Mérope avilie
Rachete un vain honneur à force d'infamie ?

SCÈNE V

MÉROPE, EURYCLÈS, ISMÉNIE

EURYCLÈS
Madame, je reviens en tremblant devant vous   515
Preparez ce grand cœur aux plus terribles coups,
Rappelez votre force a ce dernier outrage.
MEROPE.
Je n'en ai plus   les maux ont lassé mon courage
Mais n'importe, parlez.
EURYCLÈS
        C en est fait, et le sort..
Je ne puis achever.
MÉROPE.
      Quoi ? mon fils ?...
EURYCLES
         Il est mort.   520
Il est trop vrai   déja cette horrible nouvelle
Consterne vos amis, et glace tout leur zèle.
MEROPE
Mon fils est mort !
ISMÉNIE
    O Dieux !
EURYCLÈS.
        D'indignes assassins
Des pieges de la mort ont semé les chemins.
Le crime est consommé.
MÉROPE
     Quoi ? ce jour que j'abhorre,   525
Ce soleil luit pour moi ! Mérope vit encore !

ACTE II SCÈNE V

Il n'est plus. Quelles mains ont déchiré son flanc ?
Quel monstre a répandu les restes de mon sang ?

EURYCLÈS

Hélas ! cet étranger, ce séducteur impie,
Dont vous-même admiriez la vertu poursuivie, 530
Pour qui tant de pitié naissait dans votre sein,
Lui que vous protégiez...

MÉROPE

Ce monstre est l'assassin ?

EURYCLÈS

Oui, Madame, on en a des preuves trop certaines ;
On vient de découvrir, de mettre dans les chaînes,
Deux de ses compagnons qui, cachés parmi nous 535
Cherchaient encor Narbas échappé de leurs coups.
Celui qui sur Égisthe a mis ses mains hardies
A pris de votre fils les dépouilles chéries,
L'armure que Narbas emporta de ces lieux

(On apporte cette armure dans le fond du théâtre.)

Le traître avait jeté ces gages précieux, 540
Pour n'être point connu par ces marques sanglantes

MÉROPE

Ah ! que me dites-vous ? mes mains, ces mains tremblantes
En armèrent Cresphonte, alors que de mes bras
Pour la première fois il courut aux combats,
O dépouille trop chère, en quelles mains livrée ? 545
Quoi ? ce monstre avait pris cette armure sacrée ?

EURYCLÈS

Celle qu'Égisthe même apportait en ces lieux

MÉROPE

Et teinte de son sang on la montre à mes yeux
Ce vieillard qu'on a vu dans le temple d'Alcide...

EURYCLÈS

C'était Narbas, c'était son déplorable guide, 550
Polyphonte l'avoue.

MÉROPE

Affreuse vérité
Hélas ! de l'assassin le bras ensanglanté,
Pour dérober aux yeux son crime et son parjure,
Donne à mon fils sanglant les flots pour sépulture
Je vois tout. O mon fils ! quel horrible destin ! 555

EURYCLÈS

Voulez-vous tout savoir de ce lâche assassin ?

SCÈNE VI

MÉROPE, EURYCLÈS, ISMÉNIE, ÉROX, GARDES DE POLYPHONTE

ÉROX
Madame, par ma voix, permettez que mon maître,
Trop dédaigné de vous, trop méconnu peut-être,
Dans ces cruels moments vous offre son secours.
Il a su que d'Égisthe on a tranché les jours, 560
Et cette part qu'il prend aux malheurs de la Reine.....

MÉROPE.
Il y prend part, Érox, et je le crois sans peine,
Il en jouit du moins, et les destins l'ont mis
Au trône de Cresphonte, au trône de mon fils

ÉROX
Il vous offre ce trône; agréez qu'il partage 565
De ce fils, qui n'est plus, le sanglant héritage,
Et que, dans vos malheurs, il mette a vos genoux
Un front que la couronne a fait digne de vous
Mais il faut dans mes mains remettre le coupable
Le droit de le punir est un droit respectable· 570
C'est le devoir des rois le glaive de Thémis,
Ce grand soutien du trône, a lui seul est commis,
A vous, comme a son peuple, il veut rendre justice
Le sang des assassins est le vrai sacrifice
Qui doit de votre hymen ensanglanter l'autel 575

MÉROPE.
Non je veux que ma main porte le coup mortel
Si Polyphonte est roi, je veux que sa puissance
Laisse a mon désespoir le soin de ma vengeance.
Qu'il règne, qu'il possède et mes biens et mon rang,
Tout l'honneur que je veux, c'est de venger mon sang. 580
Ma main est a ce prix; allez, qu'il s'y prépare
Je la retirerai du sein de ce barbare,
Pour la porter fumante aux autels de nos Dieux

ÉROX.
Le roi, n'en doutez point, va remplir tous vos vœux
Croyez qu'a vos regrets son cœur sera sensible. 585

SCÈNE VII

MÉROPE, EURYCLES, ISMÉNIE

MÉROPE

Non, ne m'en croyez point, non, cet hymen horrible
Cet hymen que je crains ne s'accomplira pas
Au sein du meurtrier j'enfoncerai mon bras,
Mais ce bras à l'instant m'arrachera la vie.

EURYCLES.

Madame, au nom des Dieux

MÉROPE.

      Ils m'ont trop poursuivie, 590
Irai-je a leurs autels objet de leur courroux,
Quand ils m'ôtent un fils, demander un époux,
Joindre un sceptre etranger au sceptre de mes peres¹,
Et les flambeaux d'hymen aux flambeaux funéraires?
Moi, vivre! moi, lever mes regards eperdus   595
Vers ce Ciel outrage que mon fils ne voit plus!
Sous un maître odieux dévorant ma tristesse,
Attendre dans les pleurs une affreuse vieillesse!
Quand on a tout perdu, quand on n'a plus d'espoir,
La vie est un opprobre, et la mort un devoir.   600

---

1 Ici encore l'auteur ne se pique point d'exactitude Comment Merope, qui ne regnait point en Arcadie comme son pere mais a Messene, joindrait elle, en épousant Polyphonte un sceptre étranger au sceptre de ses peres?

FIN DU SECOND ACTE.

ACTE TROISIÈME

SCÈNE I

NARBAS

O douleur ! ô regrets ô vieillesse pesante
Je n'ai pu retenir cette fougue imprudente
Cette ardeur d'un héros, ce courage emporté,
S'indignant dans mes bras de son obscurité
Je l'ai perdu la mort me l'a ravi peut-être.   605
De quel front aborder la mère de mon maître ?
Quels maux sont en ces lieux accumulés sur moi
Je reviens sans Egisthe, et Polyphonte est ici
Cet heureux artisan de fraudes et de crimes,
Cet assassin farouche, entouré de victimes,   610
Qui, nous persécutant de climats en climats,
Sema partout la mort, attachée à nos pas
Il règne, il affermit le trône qu'il profane,
Il y jouit en paix du Ciel qui le condamne[1]
Dieux ! cachez mon retour à ses yeux pénétrants,   615
Dieux ! dérobez Egisthe au fer de ses tyrans
Guidez moi vers sa mère, et qu'à ses pieds je meure !
Je vois, je reconnais cette triste demeure
Où le meilleur des rois a reçu le trépas,
Où son fils tout sanglant fut sauvé dans mes bras   620
Hélas après quinze ans d'exil et de misère,
Je viens coûter encor des larmes à sa mère
A qui me déclarer ? Je cherche dans ces lieux
Quelque ami dont la main me conduise à ses yeux,
Aucun ne se présente à ma débile vue   625
Je vois près d'une tombe une foule éperdue,
J'entends des cris plaintifs Hélas dans ce palais
Un dieu persécuteur habite pour jamais

1. Et fruitur Dis
   iratis.
   (Juvenal, satire I, vers 49 et 50)

SCÈNE II

NARBAS, ISMÉNIE *dans le fond du théâtre, où l'on découvre le tombeau de Cresphonte.*

ISMÉNIE
Quel est cet inconnu dont la vue indiscrète
Ose troubler la Reine, et percer sa retraite ? 630
Est-ce de nos tyrans quelque ministre affreux,
Dont l'œil vient épier les pleurs des malheureux ?
NARBAS.
Oh ! qui que vous soyez, excusez mon audace
C'est un infortuné qui demande une grâce
Il peut servir Merope, il voudrait lui parler 635
ISMÉNIE.
Ah quel temps prenez vous pour oser la troubler ?
Respectez la douleur d'une mere éperdue,
Malheureux étranger, n'offensez point sa vue,
Éloignez vous.
NARBAS.
 Helas ! au nom des Dieux vengeurs,
Accordez cette grâce a mon âge, a mes pleurs. 640
Je ne suis point, Madame, étranger dans Messene
Croyez, si vous servez, si vous aimez la Reine,
Que mon cœur, a son sort attaché comme vous,
De sa longue infortune a senti tous les coups.
Quelle est donc cette tombe en ces lieux elevée 645
Que j'ai vu[1] de vos pleurs en ce moment lavee ?
ISMÉNIE
C'est la tombe d'un roi des Dieux abandonne,
D'un heros, d'un epoux, d'un pere infortuné,
De Cresphonte
NARBAS, *allant vers le tombeau*
 O mon maître ô cendres que j'adore ! 650
ISMÉNIE.
L'epouse de Cresphonte est plus a plaindre encore
NARBAS.
Quels coups auraient comblé ses malheurs inouis ?

---

[1] Nous écririons *vue* Voltaire suit encore parfois l'usage le plus ordinaire du dix septieme siecle qui était de ne pas faire accorder le participe passé accompagne d'un autre participe ou d'un infinitif Voyez au vers 1106 d'*Esther* et au vers 1618 d'*Athalie*

ISMÉNIE.
Le coup le plus terrible on a tué son fils
NARBAS.
Son fils Égisthe, ô Dieux? le malheureux Égisthe?
ISMÉNIE.
Nul mortel en ces lieux n'ignore un sort si triste
NARBAS.
Son fils ne serait plus
ISMÉNIE.
Un barbare assassin 655
Aux portes de Messene a déchiré son sein.
NARBAS
O desespoir! ô mort que ma crainte a prédite!
Il est assassine? Merope en est instruite?
Ne vous trompez vous pas?
ISMÉNIE.
Des signes trop certains
Ont eclaire nos yeux sur ses affreux destins 660
C'est vous en dire assez, sa perte est assurée
NARBAS
Quel fruit de tant de soins!
ISMENIE.
Au desespoir livrée,
Mérope va mourir, son courage est vaincu,
Pour son fils seulement Mérope avait vecu
Des nœuds qui l'arrêtaient sa vie est dégagée, 665
Mais, avant de mourir, elle sera vengee
Le sang de l'assassin par sa main doit couler,
Au tombeau de Cresphonte elle va l'immoler
Le Roi qui l'a permis, cherche a flatter sa peine,
Un des siens en ces lieux doit aux pieds de la Reine 670
Amener à l'instant ce lâche meurtrier,
Qu'au sang d'un fils si cher on va sacrifier
Merope cependant, dans sa douleur profonde
Veut de ce lieu funeste ecarter tout le monde.
NARBAS, *s'en allant.*
Helas s'il est ainsi, pourquoi me decouvrir? 675
Aux pieds de ce tombeau je n'ai plus qu'à mourir

SCÈNE III

ISMÉNIE

Ce vieillard est sans doute, un citoyen fidele :
Il pleure; il ne craint point de marquer un vrai zèle

Il pleure ; et tout le reste, esclave des tyrans, 680
Détourne loin de nous des yeux indifférents
Quel si grand intérêt prend-il a nos alarmes ?
La tranquille pitié fait verser moins de larmes
Il montrait pour Egisthe un cœur trop paternel
Hélas courons a lui... Mais quel objet cruel

SCENE IV

MEROPE, ISMÉNIE, EURYCLES, EGISTHE *enchainé*
GARDES, SACRIFICATEURS

MÉROPE
Qu'on amène a mes yeux cette horrible victime 685
Inventons des tourments qui soient égaux au crime
Ils ne pourront jamais egaler ma douleur.
ÉGISTHE.
On m'a vendu bien cher un instant de faveur.
Secourez moi, grands Dieux, a l'innocent propices !
EURYCLÈS.
Avant que d'expirer, qu'il nomme ses complices 690
MÉROPE, *avançant*
Oui ; sans doute, il le faut. Monstre qui t'a porte
A ce comble du crime, a tant de cruauté ?
Que t'ai je fait ?
ÉGISTHE.
       Les Dieux qui vengent le parjure,
Sont témoins si ma bouche a connu l'imposture.
J'avais dit a vos pieds la simple verite. 695
J'avais déjà fléchi votre cœur irrite ;
Vous étendiez sur moi votre main protectrice
Qui peut avoir sitôt lassé votre justice ?
Et quel est donc ce sang qu'a verse mon erreur ?
Quel nouvel intérêt vous parle en sa faveur ? 700
MÉROPE
Quel intérêt, barbare ?
ÉGISTHE.
       Hélas sur son visage
J'entrevois de la mort la douloureuse image
Que j'en suis attendri. j'aurais voulu cent fois
Racheter de mon sang l'état où je la vois
MÉROPE.
Le cruel a quel point on l'instruisit à feindre ! 705

Il m'arrache la vie, et semble encor me plaindre
    (*Elle se jette dans les bras d'Isméne*)
      EURYCLÈS
Madame vengez vous, et vengez a la fois
Les lois, et la nature, et le sang de nos rois
      ÉGISTHE.
 la cour de ces rois telle est donc la justice!
On m'accueille, on me flatte, on résout mon supplice 710
Quel destin m'arrachait à mes tristes forêts?
Vieillard infortuné, quels seront vos regrets?
Mere trop malheureuse et dont la voix si chère[1]
M'avait predit ...
      MÉROPE.
   Barbare il te reste une mere!
Je serais mère encor sans toi, sans ta fureur 715
Tu m'as ravi mon fils
      ÉGISTHE
   Si tel est mon malheur,
S'il etait votre fils je suis trop condamnable.
Mon cœur est innocent, mais ma main est coupable.
Que je suis malheureux! le Ciel sait qu'aujourd'hui
J'aurais donné ma vie et pour vous et pour lui 720
      MÉROPE
Quoi traître quand ta main lui ravit cette armure...
      ÉGISTHE.
Elle est a moi
      MÉROPE.
  Comment? que dis tu?
      EGISTHE.
     Je vous jure
Par vous par ce cher fils, par vos divins aieux,
Que mon pere en mes mains mit ce don precieux
      MEROPE.
Qui? ton pere? En Elide? En quel trouble il me jette! 725

1. Ce vers et les deux suivants sont imités de Maffei (acte III sc. IV)
      EGISTO
 . . . . O madre mia!
Se in questo punto mi vedessi!
      MEROPE
    Hai madre?
      AGISTO
Che gran dolor fia il tuo!
      MEROPE
     Barbaro, madre
Fui ben anch'io, e sol per tua cagione
Or no'l son più

ACTE III, SCENE IV.

Son nom ? parle, réponds.

ÉGISTHE.

Son nom est Polyclète.
Je vous l'ai déjà dit

MÉROPE

Tu m'arraches le cœur.
Quelle indigne pitié suspendait ma fureur !
C'en est trop, secondez la rage qui me guide
Qu'on traîne à ce tombeau ce monstre, ce perfide   730
(Levant le poignard.)
Mânes de mon cher fils, mes bras ensanglantés...

NARBAS, paraissant avec précipitation
Qu'allez vous faire, ô Dieux

MÉROPE
Qui m'appelle?

NARBAS.
Arrêtez[1]
Hélas! il est perdu, si je nomme sa mère,
S'il est connu

MÉROPE
Meurs, traître

NARBAS
Arrêtez

ÉGISTHE, tournant les yeux vers Narbas
O mon père!

MÉROPE.
Son père.

ÉGISTHE, à Narbas.
Hélas que vois je? où portez-vous vos pas?   735
Venez vous être ici témoin de mon trépas!

NARBAS.
Ah Madame, empêchez qu'on achève le crime.
Eurycles écoutez, écartez la victime
Que je vous parle.

EURYCLES emmène Égisthe et ferme le fond du théâtre
O Ciel

MÉROPE, s'avançant.
Vous me faites trembler

---

1. Dans Maffei (acte IV, sc vi et vii), Mérope surprend Égisthe endormi Il est pour la seconde fois exposé à perdre la vie, lorsque réveillé par ce cri de Polydore

Ferma, Reina! oime! ferma ti dico,

il s'enfuit sans avoir remarqué son libérateur
Dans l'*Amasis* de la Grange Chancel (acte IV, sc ii) lorsque Nitocris va frapper Sésostris, c'est le tyran lui même qui lui retient le bras, croyant voir son propre fils dans celui de la Reine

J'allais venger mon fils.
            NARBAS, *se jetant à genoux.*
                Vous alliez l'immoler [1].   740

Égisthe.
       MÉROPE, *laissant tomber le poignard*
Eh bien Égisthe ?
              NARBAS
                   O reine infortunée !
Celui dont votre main tranchait la destinée,
C'est Égisthe...

      Il vivrait !
            NARBAS.
                C'est lui, c'est votre fils.
     MÉROPE *tombant dans les bras d'Isménie*
Je me meurs
            ISMÉNIE
      Dieux puissants !
          NARBAS, *à Isménie*
                Rappelez ses esprits
Hélas ce juste excès de joie et de tendresse,   745
Ce trouble si soudain, ce remords qui la presse
Vont consumer ses jours usés par la douleur
       MÉROPE, *revenant à elle.*
Ah Narbas, est-ce vous ? est-ce un songe trompeur ?
Quoi ? c'est vous ! c'est mon fils qu'il vienne, qu'il paraisse.
            NARBAS.
Redoutez, renfermez cette juste tendresse.   750
    A Isménie.
Vous, cachez à jamais ce secret important,
Le salut de la Reine et d'Égisthe en dépend
            MÉROPE.
Ah ! quel nouveau danger empoisonne ma joie
Cher Égisthe ! quel Dieu défend que je te voie ?
Ne m'est-il donc rendu que pour mieux m'affliger ?   755
            NARBAS.
Ne le connaissant pas, vous alliez l'égorger,

---

1 Dans l'*Électre* de Longepierre, Électre dit :
      ..... J'allais venger mon frère.
Et sa sœur lui répond
    Vous allez l'immoler

« Ce dialogue est beau, dit Laharpe, mais il est tellement dicté par la situation, qu'on peut croire, ce me semble, que Voltaire, pour faire ce vers, n'a eu besoin de personne; et la situation, comme on sait appartenait au sujet depuis deux mille ans »

ACTE III, SCÈNE IV

Et, si son arrivée est ici découverte,
En le reconnaissant vous assurez sa perte
Malgré la voix du sang, feignez, dissimulez
Le crime est sur le trône, on vous poursuit tremblez 760

SCÈNE V

MÉROPE, EURYCLÈS, NARBAS ISMÉNIE

EURYCLÈS
Ah Madame, le Roi commande qu'on saisisse....
MÉROPE
Qui ?
EURYCLES.
Ce jeune étranger qu'on destine au supplice
MEROPE, *avec transport*
Eh bien, cet étranger, c'est mon fils, c'est mon sang
Narbas, on va plonger le couteau dans son flanc !
Courons tous
NARBAS
Demeurez
MÉROPE.
C'est mon fils qu'on entraîne ! 765
Pourquoi ? quelle entreprise exécrable et soudaine ?
Pourquoi m'ôter Égisthe ?
EURYCLES.
Avant de vous venger.
Polyphonte, dit il, prétend l'interroger
MÉROPE
L'interroger ? qui ? lui ? sait il quelle est sa mère ?
EURYCLÈS.
Nul ne soupçonne encor ce terrible mystere 770
MÉROPE.
Courons à Polyphonte, implorons son appui.
NARBAS
N'implorez que les Dieux, et ne craignez que lui
EURYCLÈS.
Si les droits de ce fils au Roi font quelque ombrage
De son salut au moins votre hymen est le gage
Prêt à s'unir à vous d'un éternel lien, 775
Votre fils aux autels va devenir le sien
Et, dût sa politique en être encor jalouse,
Il faut qu'il serve Égisthe, alors qu'il vous épouse.
NARBAS.
Il vous épouse lui ! quel coup de foudre ! ô Ciel !

MÉROPE.
C'est mourir trop longtemps dans ce trouble cruel. 780
Je vais..

NARBAS.
                Vous n'irez point, ô mère déplorable
Vous n'accomplirez point cet hymen exécrable

EURYCLÈS.
Narbas, elle est forcée à lui donner la main
Il peut venger Cresphonte

NARBAS.
                        Il en est l'assassin.

MÉROPE.
Lui? ce traître°

NARBAS.
                Oui, lui-même; oui, ses mains sanguinaires 785
Ont égorgé d'Egisthe et le père et les frères
Je l'ai vu sur mon roi, j'ai vu porter les coups,
Je l'ai vu tout couvert du sang de votre époux

MÉROPE
Ah Dieux !

NARBAS
            J'ai vu ce monstre entouré de victimes,
Je l'ai vu contre vous accumuler les crimes 790
Il déguisa sa rage à force de forfaits,
Lui même aux ennemis il ouvrit ce palais
Il y porta la flamme, et parmi le carnage,
Parmi les traits, les feux, le trouble, le pillage,
Teint du sang de vos fils, mais des brigands vainqueur, 795
Assassin de son prince, il parut son vengeur
D'ennemis, de mourants, vous étiez entourée,
Et moi, perçant à peine une foule égarée
J'emportai votre fils dans mes bras languissants
Les Dieux ont pris pitié de ses jours innocents 800
Je l'ai conduit, seize ans, de retraite en retraite,
J'ai pris pour me cacher le nom de Polyclète,
Et lorsqu'en arrivant je l'arrache à vos coups,
Polyphonte est son maître et devient votre époux¹

---

1. VAR .   J'ai vu ce monstre entouré de victimes,
            Massacrer nos amis les témoins de ses crimes
            . . . .
            . . . .
            Assassin de son prince, il parut son vengeur
            Blessé, demeuré seul en ce péril funeste
            Je tenais de vos fils le déplorable reste
            Vous parûtes alors vos yeux furent temoins

ACTE III, SCÈNE V.

MÉROPE.
Ah ! tout mon sang se glace à ce récit horrible. 805
EURYCLÈS
On vient : c'est Polyphonte.
MÉROPE.
O Dieux ! est-il possible?
A Narbas :
Va, dérobe surtout ta vue à sa fureur
NARBAS
Hélas ! si votre fils est cher à votre cœur,
Avec son assassin dissimulez, Madame.
EURYCLÈS
Renfermons ce secret dans le fond de notre âme 810
Un seul mot peut le perdre
MÉROPE, *à Eurycles*
Ah ! cours, et que tes yeux
Veillent sur ce dépôt si cher, si précieux [1]
EURYCLÈS.
N'en doutez point
MÉROPE
Hélas ! j'espère en ta prudence
C'est mon fils, c'est ton roi Dieux ! ce monstre s'avance

SCÈNE VI

MÉROPE, POLYPHONTE, ÉROX, ISMÉNIE, SUITE

POLYPHONTE.
Le trône vous attend, et les autels sont prêts, 815

Des marques du carnage et de mes tristes soins
. . . .
J'ai pris pour me cacher le nom de Polyclète,
Il vit je le retrouve il était sous vos yeux
J'ai revu votre fils, mais dans quel temps o Dieux
Mérope, abandonnée à son erreur cruelle,
Allait verser son sang de sa main maternelle !
. . . .
Polyphonte est son maître et devient votre époux

Pour cette variante et la plupart de celles que nous donnons plus
loin, les éditeurs précédents, d'après lesquels nous les relevons,
ont négligé d'indiquer la date et la source

[1] Ceci rappelle les vers 627 et 628 d'*Athalie*

vous, sur ces enfants si chers, si précieux,
Ministres du Seigneur ayez toujours les yeux

L'hymen qui va nous joindre unit nos intérêts.
Comme roi, comme époux, le devoir me commande
Que je venge le meurtre, et que je vous défende
Deux complices déjà par mon ordre saisis,
Vont payer de leur sang le sang de votre fils   820
Mais, malgré tous mes soins, votre lente vengeance
A bien mal secondé ma prompte vigilance.
J'avais à votre bras remis cet assassin,
Vous même, disiez-vous, deviez percer son sein
      MÉROPE
Plût aux Dieux que mon bras fût le vengeur du crime !   825
      POLYPHONTE.
C'est le devoir des rois c'est le soin qui m'anime
      MÉROPE
Vous ?
      POLYPHONTE.
  Pourquoi donc, Madame, avez vous différé ?
Votre amour pour un fils serait il altéré ?
      MÉROPE.
Puissent ses ennemis périr dans les supplices !
Mais si ce meurtrier, Seigneur, a des complices,   830
Si je pouvais par lui reconnaître le bras,
Le bras dont mon époux a reçu le trepas..
Ceux dont la race impie a massacré le père
Poursuivront à jamais et le fils et la mere
Si l'on pouvait.
      POLYPHONTE
    C'est là ce que je veux savoir   835
Et déjà le coupable est mis en mon pouvoir
      MÉROPE
Il est entre vos mains ?
      POLYPHONTE.
   Oui, Madame et j'espère
Percer en lui parlant ce ténébreux mystère.
      MÉROPE.
Ah, barbare A moi seule il faut qu'il soit remis
Rendez moi... Vous savez que vous l'avez promis   840
  (A part.)
O mon sang ô mon fils ! quel sort on vous prepare
  A Polyphonte
Seigneur, ayez pitié
      POLYPHONTE
    Quel transport vous égare ?
Il mourra.
      MÉROPE
  Lui ?

ACTE III, SCÈNE VI

POLYPHONTE.
Sa mort pourra vous consoler

MÉROPE
Ah je veux à l'instant le voir et lui parler.

POLYPHONTE
Ce mélange inouï d'horreur et de tendresse, 845
Ces transports dont votre âme à peine est la maîtresse,
Ces discours commencés, ce visage interdit,
Pourraient de quelque ombrage alarmer mon esprit
Mais puis-je m'expliquer avec moins de contrainte ?
D'un déplaisir nouveau votre âme semble atteinte. 850
Qu'a donc dit ce vieillard que l'on vient d'amener ?
Pourquoi fuit-il mes yeux ? que dois-je en soupçonner ?
Quel est-il ?

MÉROPE
Eh Seigneur, à peine sur le trône,
La crainte, le soupçon, déjà vous environne !

POLYPHONTE.
Partagez donc ce trône; et sûr de mon bonheur, 855
Je verrai les soupçons exilés de mon cœur
L'autel attend déjà Mérope et Polyphonte

MÉROPE, *en pleurant*
Les Dieux vous ont donné le trône de Cresphonte,
Il y manquait sa femme, et ce comble d'horreur,
Ce crime épouvantable..

ISMÉNIE
Eh, Madame !

MÉROPE.
Ah Seigneur, 860
Pardonnez.. Vous voyez une mère éperdue
Les Dieux m'ont tout ravi ; les Dieux m'ont confondue.
Pardonnez. De mon fils rendez-moi l'assassin.

POLYPHONTE
Tout son sang, s'il le faut, va couler sous ma main
Venez, Madame

MÉROPE
O Dieux dans l'horreur qui me presse, 865
Secourez une mère, et cachez sa faiblesse.

FIN DU TROISIÈME ACTE

ACTE QUATRIÈME

SCÈNE I

POLYPHONTE, ÉROX

POLYPHONTE

A ses emportements, je croirais qu'à la fin
Elle a de son époux reconnu l'assassin.
Je croirais que ses yeux ont éclairé l'abîme
Où dans l'impunité s'était caché mon crime 870
Son cœur avec effroi se refuse à mes vœux,
Mais ce n'est pas son cœur, c'est sa main que je veux
Telle est la loi du peuple; il le faut satisfaire [1]
Cet hymen m'asservit et le fils et la mère
Et par ce nœud sacré, qui la met dans mes mains, 875
Je n'en fais qu'une esclave utile à mes desseins
Qu'elle écoute à son gré son impuissante haine
Au char de ma fortune il est temps qu'on l'enchaîne
Mais vous, au meurtrier vous venez de parler ·
Que pensez-vous de lui?

ÉROX

               Rien ne peut le troubler; 880
Simple dans ses discours, mais ferme, invariable,
La mort ne fléchit point cette âme impénétrable
J'en suis frappé, Seigneur, et je n'attendais pas
Un courage aussi grand dans un rang aussi bas.
J'avouerai qu'en secret moi même je l'admire. 885

POLYPHONTE

Quel est-il, en un mot?

ÉROX

               Ce que j'ose vous dire
C'est qu'il n'est point, sans doute, un de ces assassins
Disposés en secret pour servir vos desseins

POLYPHONTE.

Pouvez vous en parler avec tant d'assurance?

---

[1] Ce vers et les trois suivants ont été ajoutés en 1748

ACTE IV SCÈNE 1

Leur conducteur n'est plus. Ma juste défiance 890
A pris soin d'effacer dans son sang dangereux
De ce secret d'Etat les vestiges honteux.
Mais ce jeune inconnu me tourmente et m'attriste.
Me répondez vous bien qu'il m'ait defait d'Egisthe
Croirai je que, toujours soigneux de m'obéir, 895
Le sort jusqu'à ce point m'ait voulu prévenir ?

ÉROX.

Mérope, dans les pleurs mourant désespérée,
Est de votre bonheur une preuve assurée,
Et tout ce que je vois le confirme en effet
Plus fort que tous nos soins, le hasard a tout fait 900

POLYPHONTE.

Le hasard va souvent plus loin que la prudence,
Mais j'ai trop d'ennemis, et trop d'experience,
Pour laisser le hasard arbitre de mon sort.
Quel que soit l'étranger, il faut hâter sa mort
Sa mort sera le prix de cet hymen auguste; 905
Elle affermit mon trône il suffit, elle est juste
Le peuple, sous mes lois pour jamais engagé,
Croira son prince mort, et le croira vengé.
Mais repondez quel est ce vieillard temeraire
Qu'on derobe a ma vue avec tant de mystere ? 910
Merope allait verser le sang de l'assassin
Ce vieillard, dites vous, a retenu sa main,
Que voulait il ?

ÉROX.

Seigneur, chargé de sa misère,
De ce jeune étranger ce vieillard est le père
Il venait implorer la grâce de son fils. 915

POLYPHONTE.

Sa grâce Devant moi je veux qu'il soit admis.
Ce vieillard me trahit crois moi, puisqu'il se cache
Ce secret m'importune, il faut que je l'arrache.
Le meurtrier surtout excite mes soupçons.
Pourquoi par quel caprice, et par quelles raisons 920
La Reine, qui tantôt pressait tant son supplice,
N'ose t-elle achever ce juste sacrifice ?
La pitié paraissait adoucir ses fureurs,
Sa joie éclatait même à travers ses douleurs

ÉROX

Qu'importe sa pitié, sa joie et sa vengeance ? 925

POLYPHONTE.

Tout m'importe, et de tout je suis en defiance
Elle vient qu'on m'amene ici cet etranger

SCÈNE II

POLYPHONTE, ÉROX, ÉGISTHE, EURYCLÈS, MEROPE ISMÉNIE,
GARDES

MEROPE
Remplissez vos serments; songez a me venger,
Qu'a mes mains, à moi seule, on laisse la victime
POLYPHONTE.
La voici devant vous Votre intérêt m'anime. 930
Vengez vous, baignez vous au sang du criminel,
Et sur son corps sanglant je vous mène à l'autel.
MEROPE
Ah Dieux
ÉGISTHE, *à Polyphonte*
Tu vends mon sang a l'hymen de la Reine
Ma vie est peu de chose, et je mourrai sans peine,
Mais je suis malheureux, innocent, étranger, 935
Si le Ciel t'a fait roi, c'est pour me protéger.
J'ai tué justement un injuste adversaire.
Merope veut ma mort; je l'excuse, elle est mere,
Je bénirai ses coups prêts a tomber sur moi,
Et je n'accuse ici qu'un tyran tel que toi. 940
POLYPHONTE.
Malheureux ! oses-tu, dans ta rage insolente. .
MÉROPE.
Eh ! Seigneur, excusez sa jeunesse imprudente
Eleve loin des cours, et nourri dans les bois,
Il ne sait pas encor ce qu'on doit a des rois
POLYPHONTE
Qu'entends-je? quel discours! quelle surprise extrême! 945
Vous, le justifier !
MÉROPE.
Qui ? moi, Seigneur ?
POLYPHONTE
Vous-même
De cet égarement sortirez vous enfin ?
De votre fils, Madame, est-ce ici l'assassin ?
MÉROPE.
Mon fils, de tant de rois le déplorable reste,
Mon fils, enveloppe dans un piege funeste, 950
Sous les coups d'un barbare...
ISMÉNIE.
O Ciel! que faites-vous ?

ACTE IV, SCÈNE II 585

POLYPHONTE
Quoi? vos regards sur lui se tournent sans courroux?
Vous tremblez à sa vue, et vos yeux s'attendrissent?
Vous voulez me cacher les pleurs qui les remplissent?
MEROPE.
Je ne les cache point, ils paraissent assez ; 955
La cause en est trop juste, et vous la connaissez.
POLYPHONTE
Pour en tarir la source il est temps qu'il expire.
Qu'on l'immole, soldats!
MEROPE, *s'avançant.*
Cruel! qu'osez vous dire?
ÉGISTHE.
Quoi? de pitié pour moi tous vos sens sont saisis?
POLYPHONTE
Qu'il meure
MÉROPE
Il est...
POLYPHONTE
Frappez
MEROPE, *se jetant entre Egisthe et les soldats*
Barbare il est mon fils¹! 960
EGISTHE
Moi votre fils?
MEROPE, *en l'embrassant*
Tu l'es et ce Ciel que j'atteste,
Ce Ciel qui t'a formé dans un sein si funeste,

---

1 La situation est la même que dans l'*Amasis* de la Grange
Chancel (acte V, sc v)
AMASIS
.. Que les bourreaux preparent son supplice
NITOCRIS
Arrête que fais tu? peuple lâche et sans foi!
C'est le sang d'Apriés, c'est mon fils, c'est ton roi.

Dans le *Gustave Wasa* de Piron (acte IV sc vi), Christierne,
soupçonnant déjà qu'un inconnu, qui s'est vanté d'avoir tué Gustave était Gustave lui même, le fait paraître devant Léonor, mère
de ce heros et donne devant elle l'ordre de sa mort Léonor saisit
le bras du soldat et crie : *Arrête !*

Ah! c'est ton fils,

dit Christierne. Léonor demande la grâce de ce fils, et le tyran ne
l'accorde que sous la condition qu'elle consentira sur-le-champ a
l'hymen qu'il lui propose. « C'est la même marche dans *Mérope*
dit Laharpe, mais il est plus aisé d'employer des situations qui
réveillent en nous les sentiments de la nature, que de lui donner
toute la vérité, toute l'éloquence de son langage »

Et qui trop tard hélas a dessillé mes yeux,
Te remet dans mes bras pour nous perdre tous deux

ÉGISTHE
Quel miracle, grands Dieux, que je ne puis comprendre !

POLYPHONTE.
Une telle imposture a de quoi me surprendre
Vous, sa mere ? qui ? vous, qui demandiez sa mort ?

ÉGISTHE.
Ah si je meurs son fils, je rends grâce à mon sort

MÉROPE.
Je suis sa mere Hélas ! mon amour m'a trahie.
Oui, tu tiens dans tes mains le secret de ma vie,
Tu tiens le fils des Dieux enchaîné devant toi,
L héritier de Cresphonte, et ton maître, et ton roi
Tu peux, si tu le veux, m'accuser d'imposture.
Ce n est pas aux tyrans a sentir la nature,
Ton cœur, nourri de sang, n'en peut être frappé
Oui, c est mon fils, te dis je, au carnage échappé.

POLYPHONTE
Que prétendez vous dire ? et sur quelles alarmes ?..

ÉGISTHE
Va je me crois son fils ; mes preuves sont ses larmes,
Mes sentiments mon cœur par la gloire animé,
Mon bras qui t'eût puni s'il n'était désarmé.

POLYPHONTE
Ta rage auparavant sera seule punie
C est trop.

MEROPE, *se jetant à ses genoux.*
Commencez donc par m'arracher la vie
Ayez pitié des pleurs dont mes yeux sont noyés
Que vous faut il de plus ? Mérope est a vos pieds,
Merope les embrasse et craint votre colere
A cet effort affreux jugez si je suis mere
Jugez de mes tourments, ma détestable erreur,
Ce matin, de mon fils allait percer le cœur
Je pleure a vos genoux mon crime involontaire
Cruel ! vous qui vouliez lui tenir lieu de pere,
Qui deviez proteger ses jours infortunés,
Le voilà devant vous, et vous l'assassinez
Son père est mort, hélas par un crime funeste,
Sauvez le fils je puis oublier tout le reste,
Sauvez le sang des Dieux et de vos souverains
Il est seul, sans défense, il est entre vos mains
Qu il vive, et c'est assez Heureuse en mes miseres
Lui seul il me rendra mon epoux et ses freres

Vous voyez avec moi ses aïeux à genoux
Votre roi dans les fers

ÉGISTHE
O Reine! levez vous,
Et daignez me prouver que Cresphonte est mon père,
En cessant d'avilir et sa veuve et ma mère
Je sais peu de mes droits quelle est la dignité,
Mais le Ciel m'a fait naître avec trop de fierté
Avec un cœur trop haut pour qu'un tyran l'abaisse
De mon premier etat j'ai bravé la bassesse,
Et mes yeux du présent ne sont point eblouis
Je me sens né des rois, je me sens votre fils[1]
Hercule ainsi que moi commença sa carriere,
Il sentit l'infortune en ouvrant la paupière,
Et les Dieux l'ont conduit à l'immortalité,
Pour avoir, comme moi, vaincu l'adversité.
S'il m'a transmis son sang, j'en aurai le courage
Mourir digne de vous, voilà mon héritage
Cessez de le prier, cessez de démentir
Le sang des demi dieux dont on me fait sortir

POLYPHONTE *a Mérope*
Eh bien il faut ici nous expliquer sans feinte
Je prends part aux douleurs dont vous êtes atteinte
Son courage me plaît, je l'estime et je crois
Qu'il merite en effet d'être du sang des rois
Mais une verité d'une telle importance
N'est pas de ces secrets qu'on croit sans evidence.
Je le prends sous ma garde, il m'est deja remis;
Et, s'il est né de vous je l'adopte pour fils

ÉGISTHE
Vous? m'adopter?

MÉROPE.
Hélas!

POLYPHONTE
Reglez sa destinée.
Vous achetiez sa mort avec mon hymenée
La vengeance a ce point a pu vous captiver,
L'amour fera t il moins quand il faut le sauver?

MEROPE.
Quoi? barbare

---

1 Var   Et sans être ébloui du rang ou je me voi,
         Devenu votre fils, j'ose penser en roi.

Les editeurs de Kehl donnent cette variante comme tirée des premières éditions, mais M Beuchot dit ne l'avoir trouvée dans aucun imprimé

MÉROPE.

POLYPHONTE.
Madame, il y va de sa vie
Votre âme en sa faveur paraît trop attendrie 1030
Pour vouloir exposer a mes justes rigueurs,
Par d'imprudents refus, l'objet de tant de pleurs

MÉROPE.
Seigneur, que de son sort il soit du moins le maître...
Daignez..

POLYPHONTE
C'est votre fils, Madame, ou c'est un traître
Je dois m'unir a vous pour lui servir d'appui ; 1035
Ou je dois me venger et de vous et de lui
C'est a vous d'ordonner sa grâce ou son supplice.
Vous êtes, en un mot, sa mere ou sa complice
Choisissez ; mais sachez qu'au sortir de ces lieux
Je ne vous en croirai qu'en presence des Dieux. 1040
Vous, soldats, qu'on le garde, et vous, que l'on me suive
  A Mérope
Je vous attends, voyez si vous voulez qu'il vive ;
Determinez d'un mot mon esprit incertain,
Confirmez sa naissance en me donnant la main.
Votre seule reponse ou le sauve ou l'opprime. 1045
Voila mon fils, Madame, ou voila ma victime.
Adieu

MÉROPE
Ne m'ôtez pas la douceur de le voir,
Rendez le a mon amour, a mon vain desespoir

POLYPHONTE
Vous le veriez au temple.
  ÉGISTHE, *que les soldats emmènent*
O reine auguste et chère !
O vous que j'ose a peine encor nommer ma mere ! 1050
Ne faites rien d'indigne et de vous et de moi
Si je suis votre fils, je sais mourir en roi

SCÈNE III

MEROPE

Cruels, vous l'enlevez, en vain je vous implore
Je ne l'ai donc revu que pour le perdre encore ?
Pourquoi m'exauciez vous, ô Dieu trop imploré ! 1055
Pourquoi rendre a mes vœux ce fils tant désiré ?

Vous l'avez arraché d'une terre étrangere,
Victime reservée au bourreau de son pere,
Ah privez moi de lui; cachez ses pas errants
Dans le fond des déserts a l'abri des tyrans 1060

SCÈNE IV

MÉROPE NARBAS, EURYCLES

MÉROPE
Sais tu l'exces d'horreur ou je me vois livrée?
NARBAS
Je sais que de mon roi la perte est assurée,
Que déjà dans les fers Égisthe est retenu
Qu'on observe mes pas
MÉROPE.
C'est moi qui l'ai perdu.
NARBAS.
Vous!
MÉROPE.
J'ai tout révélé Mais, Narbas, quelle mere 1065
Prête a perdre son fils, peut le voir et se taire?
J'ai parlé, c'en est fait, et je dois desormais
Réparer ma faiblesse a force de forfaits.
NARBAS
Quels forfaits dites vous?

SCÈNE V

MÉROPE, NARBAS, EURYCLES ISMÉNIE

ISMÉNIE
Voici l'heure, Madame
Qu'il vous faut rassembler les forces de votre âme 1070
Un vain peuple qui vole apres la nouveauté,
Attend votre hymenée avec avidité.
Le tyran regle tout, il semble qu'il apprête
L'appareil du carnage, et non pas d'une fête.
Par l'or de ce tyran le grand prêtre inspiré, 1075
A fait parler le dieu dans son temple adoré.
Au nom de vos aieux et du dieu qu'il atteste,

Il vient de déclarer cette union funeste.
Polyphonte, dit il, a reçu vos serments,
Messène en est témoin, les Dieux en sont garants.   1080
Le peuple a répondu par des cris d'allégresse,
Et ne soupçonnant pas le chagrin qui vous presse,
Il célèbre à genoux cet hymen plein d'horreur
Il bénit le tyran qui vous perce le cœur

     MÉROPE
Et mes malheurs encor font la publique joie !   1085

     NARBAS.
Pour sauver votre fils quelle funeste voie

     MÉROPE.
C'est un crime effroyable, et déjà tu frémis.

     NARBAS.
Mais c'en est un plus grand de perdre votre fils.

     MÉROPE.
Eh bien le désespoir m'a rendu mon courage
Courons tous vers le temple où m'attend mon outrage   1090
Montrons mon fils au peuple, et plaçons le à leurs yeux,
Entre l'autel et moi sous la garde des Dieux.
Il est né de leur sang, ils prendront sa défense.
Ils ont assez longtemps trahi son innocence
De son lâche assassin je peindrai les fureurs   1095
L'horreur et la vengeance empliront tous les cœurs
Tyrans, craignez les cris et les pleurs d'une mère
On vient Ah je frissonne Ah ! tout me désespère
On m'appelle, et mon fils est au bord du cercueil,
Le tyran peut encor l'y plonger d'un coup d'œil   1100

   Aux sacrificateurs
Ministres rigoureux du monstre qui m'opprime,
Vous venez à l'autel entraîner la victime
Ô vengeance ! ô tendresse ! ô nature ô devoir !
Qu'allez vous ordonner d'un cœur au désespoir ?

FIN DU QUATRIÈME ACTE.

ACTE CINQUIÈME

SCÈNE I

ÉGISTHE, NARBAS, EURYCLÈS

NARBAS
Le tyran nous retient au palais de la Reine, 1105
Et notre destinée est encore incertaine.
Je tremble pour vous seul. Ah mon prince! ah, mon fils
Souffrez qu'un nom si doux me soit encor permis
Ah vivez D'un tyran desarmez la colere,
Conservez une tête, helas! si necessaire, 1110
Si longtemps menacée, et qui m'a tant coûté.
EURYCLES.
Songez que, pour vous seul abaissant sa fierte,
Merope de ses pleurs daigne arroser encore
Les parricides mains d'un tyran qu'elle abhorre
ÉGISTHE.
D un long étonnement a peine revenu, 1115
Je crois renaître ici dans un monde inconnu
Un nouveau sang m anime un nouveau jour m eclaire
Qui? moi, né de Merope! Et Cresphonte est mon pere!
Son assassin triomphe, il commande et je sers!
Je suis le sang d'Hercule, et je suis dans les fers 1120
NARBAS
Plût aux Dieux qu avec moi le petit fils d Alcide
Fût encore inconnu dans les champs de l'Elide
ÉGISTHE
He quoi? tous les malheurs aux humains reservés,
Faut il, si jeune encor, les avoir éprouvés?
Les ravages, l'exil, la mort, l'ignominie, 1125
Des ma première aurore ont assiégé ma vie.
De deserts en déserts errant, persécuté,
J'ai langui dans l'opprobre et dans l'obscurité.
Le Ciel sait cependant si, parmi tant d'injures,
J'ai permis à ma voix d'eclater en murmures. 1130
Malgré l'ambition qui dévorait mon cœur,
J embrassai les vertus qu'exigeait mon malheur,

Je respectai j'aimai, jusqu'à votre misère,
Je n'aurais point aux Dieux demandé d'autre père
Ils m'en donnent un autre, et c'est pour m'outrager 1135
Je suis fils de Cresphonte et ne puis le venger
Je retrouve une mère, un tyran me l'arrache
Un detestable hymen a ce monstre l'attache.
Je maudis dans vos bras le jour où je suis né,
Je maudis le secours que vous m'avez donné. 1140
Ah, mon père ah pourquoi d'une mere egarée
Reteniez-vous tantôt la main desesperée ?
Mes malheurs finissaient, mon sort etait rempli.

NARBAS

Ah! vous êtes perdu le tyran vient ici

SCÈNE II

POLYPHONTE, ÉGISTHE, NARBAS, EURYCLÈS, GARDES

POLYPHONTE

(Narbas et Euryclès s'éloignent un peu)

Retirez-vous, et toi, dont l'aveugle jeunesse 1145
Inspire une pitié qu'on doit à la faiblesse,
Ton roi veut bien encor, pour la dernière fois,
Permettre a tes destins de changer a ton choix
Le present, l'avenir, et jusqu'à ta naissance,
Tout ton être, en un mot, est dans ma dependance 1150
Je puis au plus haut rang d'un seul mot t'elever,
Te laisser dans les fers, te perdre ou te sauver
Élevé loin des cours et sans experience,
Laisse moi gouverner ta farouche imprudence.
Crois moi, n'affecte point dans ton sort abattu, 1155
Cet orgueil dangereux que tu prends pour vertu
Si dans un rang obscur le destin t'a fait naître,
Conforme a ton etat, sois humble avec ton maître.
Si le hasard heureux t'a fait naître d'un roi,
Rends toi digne de l'être en servant près de moi[1]. 1160
Une reine en ces lieux te donne un grand exemple,
Elle a suivi mes lois, et marche vers le temple
Suis ses pas et les miens, viens aux pieds de l'autel
Me jurer a genoux un hommage éternel

1. VAR ... En commandant sous moi. (1744)

ACTE V, SCÈNE II

Puisque tu crains les Dieux, atteste leur puissance, 1165
Prends-les tous à témoin de ton obéissance
La porte des grandeurs est ouverte pour toi
Un refus te perdra, choisis, et réponds-moi

ÉGISTHE.

Tu me vois désarmé, comment puis-je répondre ?
Tes discours, je l'avoue, ont de quoi me confondre, 1170
Mais rends-moi seulement ce glaive que tu crains,
Ce fer que ta prudence écarte de mes mains
Je répondrai pour lors, et tu pourras connaître
Qui de nous deux, perfide, est l'esclave ou le maître,
Si c'est à Polyphonte à régler nos destins, 1175
Et si le fils des rois punit les assassins.

POLYPHONTE.

Faible et fier ennemi, ma bonté t'encourage
Tu me crois assez grand pour oublier l'outrage,
Pour ne m'avilir pas jusqu'à punir en toi
Un esclave inconnu qui s'attaque à son roi. 1180
Eh bien cette bonté, qui s'indigne et se lasse,
Te donne un seul moment pour obtenir ta grâce
Je t'attends aux autels, et tu peux y venir
Viens recevoir la mort, ou jurer d'obéir.
Gardes, auprès de moi vous pourrez l'introduire 1185
Qu'aucun autre ne sorte, et n'ose le conduire.
Vous, Narbas, Euryclès, je le laisse en vos mains
Tremblez, vous répondrez de ses caprices vains
Je connais votre haine, et j'en sais l'impuissance,
Mais je me fie au moins à votre expérience. 1190
Qu'il soit né de Mérope, ou qu'il soit votre fils,
D'un conseil imprudent sa mort sera le prix.

SCÈNE III

ÉGISTHE NARBAS, EURYCLÈS

ÉGISTHE.

Ah je n'en recevrai que du sang qui m'anime
Hercule, instruis mon bras à me venger du crime,
Eclaire mon esprit, du sein des Immortels 1195
Polyphonte m'appelle aux pieds de tes autels ;
Et j'y cours

NARBAS

Ah, mon prince, êtes-vous las de vivre ?

MÉROPE.

EURYCLÈS.
Dans ce péril du moins si nous pouvions vous suivre !
Mais laissez nous le temps d'éveiller un parti
Qui, tout faible qu'il est, n'est point aneanti   1200
Souffrez ....

ÉGISTHE.
           En d'autres temps mon courage tranquille
Au frein de vos leçons serait souple et docile
Je vous croirais tous deux ; mais, dans un tel malheur
Il ne faut consulter que le Ciel et son cœur.
Qui ne peut se résoudre, aux conseils s'abandonne,   1205
Mais le sang des héros ne croit ici personne.
Le sort en est jete. . Ciel, qu'est ce que je voi !
Merope !

SCÈNE IV

MEROPE, ÉGISTHE, NARBAS, EURYCLÈS, suite

MÉROPE.
       Le tyran m ose envoyer vers toi
Ne crois pas que je vive apiés cet hymenée,
Mais cette honte horrible ou je suis entrainée,   1210
Je la subis pour toi je me fais cet effort
Fais toi celui de vivre, et commande a ton sort.
Cher objet des terreurs dont mon âme est atteinte,
Toi pour qui je connais et la honte et la crainte
Fils des rois et des Dieux, mon fils, il faut servir 1215
Pour savoir se venger, il faut savoir souffrir
Je sens que ma faiblesse et t'indigne et t'outrage,
Je t'en aime encor plus, et je crains davantage.
Mon fils .

ÉGISTHE.
      Osez me suivre

MÉROPE
          Arrête Que fais-tu ?
Dieux ! je me plains a vous de son trop de vertu   1220

ÉGISTHE
Voyez vous en ces lieux le tombeau de mon pere ?
Entendez vous sa voix ? Etes vous reine et mere ?
Si vous l'êtes venez

MÉROPE
          Il semble que le Ciel
T'élève en ce moment au dessus d'un mortel.

ACTE V, SCÈNE IV.

Je respecte mon sang, je vois le sang d'Alcide. 1225
Ah parle, remplis-moi de ce dieu qui te guide.
Il te presse, il t'inspire. O mon fils ! mon cher fils
Acheve, et rends la force à mes faibles esprits

ÉGISTHE
Auriez-vous des amis dans ce temple funeste ?

MEROPE
J'en eus quand j'etais reine, et le peu qui m'en reste 1230
Sous un joug etranger baisse un front abattu,
Le poids de mes malheurs accable leur vertu.
Polyphonte est hai, mais c'est lui qu'on couronne
On m'aime et l'on me fuit

EGISTHE.
     Quoi ? tout vous abandonne ?
Ce monstre est à l'autel ?

MEROPE.
    Il m'attend

ÉGISTHE.
       Ses soldats 1235
A cet autel horrible accompagnent ses pas ?

MÉROPE
Non la porte est livrée a leur troupe cruelle,
Il est environné de la foule infidele
Des mêmes courtisans que j'ai vus autrefois
S'empresser a ma suite, et ramper sous mes lois 1240
Et moi, de tous les siens a l'autel entourée,
De ces lieux a toi seul je puis ouvrir l'entree

EGISTHE
Seul, je vous y suivrai, j'y trouverai des Dieux
Qui punissent le meurtre, et qui sont mes aieux.

MÉROPE
Ils t'ont trahi quinze ans

ÉGISTHE
     Ils m'eprouvaient, sans doute 1245

MÉROPE
Eh quel est ton dessein ?

ÉGISTHE.
     Marchons, quoi qu'il en coûte.
Adieu, tristes amis, vous connaîtrez du moins
Que le fils de Merope a merité vos soins

A Narbas, en l'embrassant

Tu ne rougiras point, crois-moi, de ton ouvrage,
Au sang qui m'a formé tu rendras témoignage. 1250

SCÈNE V

NARBAS, EURYCLES

NARBAS
Que va-t-il faire? Hélas! tous mes soins sont trahis
Les habiles tyrans ne sont jamais punis
J'espérais que du Temps la main tardive et sûre
Justifierait les Dieux en vengeant leur injure,
Qu'Egisthe reprendrait son empire usurpé, 1255
Mais le crime l'emporte, et je meurs détrompé
Égisthe va se perdre à force de courage
il desobéira la mort est son partage [1]

EURYCLÈS.
Entendez-vous ces cris dans les airs élancés?

NARBAS
C'est le signal du crime

EURYCLES
Écoutons

NARBAS
Fremissez. 1260

EURYCLÈS.
Sans doute qu'au moment d'epouser Polyphonte
La Reine en expirant a prevenu sa honte
Tel etait son dessein dans son mortel ennui

NARBAS
Ah son fils n'est donc plus! Elle eût vécu pour lui

EURYCLÈS
Le bruit croît, il redouble, il vient comme un tonnerre 1265
Qui s'approche en grondant, et qui fond sur la terre

NARBAS.
J'entends de tous côtés les cris des combattants,
Les sons de la trompette, et les voix des mourants,
Du palais de Merope on enfonce la porte.

EURYCLÈS
Ah ne voyez vous pas cette cruelle escorte, 1270

[1] VAR. Qu'va-t-il faire? Hélas! tous mes soins sont trahis
    Les habiles tyrans ne sont jamais punis
    J'espérais que du Temps la main tardive et sure
    De la race des rois viendrait venger l'injure,
    Qu'Égisthe reprendrait son empire usurpé
    Mais le crime l'emporte, et je meurs détrompé
    Ciel ainsi des mechants protegez vous la rage?
    Gardez un avenir ce monde est leur partage

ACTE V, SCÈNE V

Qui court, qui se dissipe, et qui va loin de nous?
NARBAS.
Va-t-elle du tyran servir l'affreux courroux?
EURYCLÈS.
Autant que mes regards au loin peuvent s'étendre,
On se mêle, on combat.
NARBAS
Quel sang va-t-on répandre?
De Mérope et du Roi le nom remplit les airs. 1275
EURYCLÈS
Grâces aux Immortels, les chemins sont ouverts
Allons voir à l'instant s'il faut mourir ou vivre.
(Il sort.)
NARBAS.
Allons. D'un pas égal que ne puis-je vous suivre
O Dieux! rendez la force à ces bras énervés
Pour le sang de mes rois autrefois éprouvés; 1280
Que je donne du moins les restes de ma vie.
Hâtons-nous.

SCÈNE VI

NARBAS, ISMÉNIE, PEUPLE

NARBAS
Quel spectacle! Est-ce vous, Isménie?
Sanglante, inanimée, est-ce vous que je vois?
ISMÉNIE.
Ah! laissez-moi reprendre et la vie et la voix
NARBAS.
Mon fils est-il vivant? Que devient notre Reine? 1285
ISMÉNIE.
De mon saisissement je reviens avec peine,
Par les flots de ce peuple entraînée en ces lieux...
NARBAS.
Que fait Égisthe?
ISMÉNIE.
Il est... le digne fils des Dieux
Égisthe! Il a frappé le coup le plus terrible
Non, d'Alcide jamais la valeur invincible 1290
N'a d'un exploit si rare étonné les humains
NARBAS
O mon fils, ô mon roi, qu'ont élevé mes mains!

ISMÉNIE

La victime était prête, et de fleurs couronnée [1] ;
L'autel étincelait des flambeaux d'hyménée ;
Polyphonte, l'œil fixe, et d'un front inhumain,　　　　　1295
Présentait à Mérope une odieuse main,
Le prêtre prononçait les paroles sacrées,
Et la Reine, au milieu des femmes éplorées,
S'avançant tristement, tremblante entre mes bras,
Au lieu de l'hyménée invoquait le trépas,　　　　　1300
Le peuple observait tout dans un profond silence
Dans l'enceinte sacrée en ce moment s'avance
Un jeune homme, un héros, semblable aux Immortels
Il court, c'était Egisthe, il s'élance aux autels,
Il monte, il y saisit d'une main assurée　　　　　1305
Pour les fêtes des Dieux la hache préparée.
Les éclairs sont moins prompts, je l'ai vu de mes yeux,
Je l'ai vu qui frappait ce monstre audacieux
« Meurs, tyran disait il ; Dieux, prenez vos victimes »
Erox, qui de son maître a servi tous les crimes,　　　　　1310
Erox, qui dans son sang voit ce monstre nager,
Lève une main hardie, et pense le venger.
Egisthe se retourne enflammé de furie,
A côté de son maître il le jette sans vie
Le tyran se relève il blesse le héros,　　　　　1315
De leur sang confondu j'ai vu couler les flots
Déja la garde accourt avec des cris de rage
Sa mère Ah ! que l'amour inspire de courage !
Quel transport animait ses efforts et ses pas !
Sa mère. Elle s'élance au milieu des soldats　　　　　1320
« C'est mon fils ! arrêtez, cessez, troupe inhumaine !
C'est mon fils déchirez sa mère et votre Reine,
Ce sein qui l'a nourri, ces flancs qui l'ont porté ! »
A ces cris douloureux le peuple est agité,
Une foule d'amis, que son danger excite [2],　　　　　1325
Entre elle et ces soldats vole et se précipite
Vous eussiez vu soudain les autels renversés,
Dans des ruisseaux de sang leurs débris dispersés,
Les enfants écrasés dans les bras de leurs mères,
Les frères méconnus immolés par leurs frères　　　　　1330
Soldats, prêtres, amis, l'un sur l'autre expirants
On marche, on est porté sur les corps des mourants,
On veut fuir, on revient, et la foule pressée

---

1 Ce récit d'Isménie, qui passe à juste titre pour un des plus beaux du théâtre, est une imitation de Maffei (acte V sc vi)
2 Var Un gros de nos amis, que son danger excite (1744)

D'un bout du temple à l'autre est vingt fois repoussée. 1335
De ces flots confondus le flux impétueux
Roule, et dérobe Égisthe et la Reine à mes yeux
Parmi les combattants je vole ensanglantée,
J'interroge à grands cris la foule épouvantée
Tout ce qu'on me répond redouble mon horreur
On s'écrie : « Il est mort, il tombe, il est vainqueur » 1340
Je cours, je me consume, et le peuple m'entraîne,
Me jette en ce palais, éplorée, incertaine,
Au milieu des mourants, des morts, et des débris,
Venez, suivez mes pas, joignez-vous à mes cris :
Venez. J'ignore encor si la Reine est sauvée, 1345
Si de son digne fils la vie est conservée,
Si le tyran n'est plus. Le trouble, la terreur,
Tout ce désordre horrible est encor dans mon cœur [1].

NARBAS
Arbitre des humains divine Providence,
Achève ton ouvrage, et soutiens l'innocence 1350
À nos malheurs passés mesure tes bienfaits,
O Ciel conserve Égisthe et que je meure en paix
Ah parmi ces soldats ne vois-je point la Reine ?

SCÈNE VII

MÉROPE, ISMÉNIE, NARBAS, PEUPLE, SOLDATS

(*On voit dans le fond du théâtre le corps de Polyphonte couvert d'une robe sanglante*)

MÉROPE.

Guerriers, prêtres, amis, citoyens de Messène [2],

---

[1] VAR   De ces flots confondus le flux impétueux
Roule, et dérobe Égisthe et la Reine à mes yeux
On fuit et cependant le reste de Messène
Accourait, se pressait dans la place prochaine,
Le nombre qui redouble augmente encor l'horreur
L'un croit Égisthe mort, l'autre le croit vainqueur
On dit que l'ennemi vient surprendre la porte
On court à ce palais la foule m'y transporte,
J'y suis, vous m'y voyez semblable aux malheureux
Rejetés par les flots dans un orage affreux
Je me meurs, je ne sais si la Reine est sauvée,
Si de son digne fils la vie est conservée
Je ne sais où je vais le trouble et la terreur
Tout ce désordre horrible est encor dans mon cœur

[2] Comparez encore Maffei, acte V, sc. VII.

Au nom des Dieux vengeurs, peuples, écoutez moi 1355
Je vous le jure encore, Égisthe est votre roi
Il a puni le crime, il a vengé son père.
Celui que vous voyez traîne sur la poussière,
C'est un monstre ennemi des Dieux et des humains
Dans le sein de Cresphonte il enfonça ses mains. 1360
Cresphonte, mon époux, mon appui, votre maître,
Mes deux fils, sont tombés sous les coups de ce traître.
Il opprimait Messène, il usurpait mon rang,
Il m'offrait une main fumante de mon sang
  (*En courant vers Egisthe, qui arrive la hache à la main :*
Celui que vous voyez, vainqueur de Polyphonte, 1365
C'est le fils de vos rois, c'est le sang de Cresphonte,
C'est le mien, c'est le seul qui reste a ma douleur
Quels témoins voulez vous plus certains que mon cœur ?
Regardez ce vieillard ; c'est lui dont la prudence
Aux mains de Polyphonte arracha son enfance. 1370
Les Dieux ont fait le reste.

NARBAS.

    Oui, j'atteste ces Dieux
Que c'est la votre roi qui combattait pour eux

ÉGISTHE.

Amis, pouvez vous bien meconnaître une mère ?
Un fils qu'elle defend ? un fils qui venge un père ?
Un roi vengeur du crime ?

MEROPE.

    Et si vous en doutez, 1375
Reconnaissez mon fils aux coups qu'il a portés,
A votre délivrance, a son âme intrépide
Eh ! quel autre jamais qu'un descendant d'Alcide,
Nourri dans la misère, a peine en son printemps,
Eût pu venger Messène et punir les tyrans ? 1380
Il soutiendra son peuple, il vengera la terre
Ecoutez le Ciel parle, entendez son tonnerre
Sa voix qui se déclare et se joint à mes cris,
Sa voix rend témoignage, et dit qu'il est mon fils

SCÈNE VIII

MÉROPE, ÉGISTHE, ISMÉNIE, NARBAS, EURYCLÈS, peuple

EURYCLES.

Ah ! montrez vous, Madame, a la ville calmée 1385
Du retour de son roi la nouvelle semée,

ACTE V, SCENE VIII

Volant de bouche en bouche, a changé les esprits
Nos amis ont parlé, les cœurs sont attendris
Le peuple impatient verse des pleurs de joie,
Il adore le roi que le Ciel lui renvoie, 1390
Il bénit votre fils, il bénit votre amour
Il consacre à jamais ce redoutable jour.
Chacun veut contempler son auguste visage,
On veut revoir Narbas, on veut vous rendre hommage
Le nom de Polyphonte est partout abhorré, 1395
Celui de votre fils, le vôtre est adoré
O Roi venez jouir du prix de la victoire
Ce prix est notre amour, il vaut mieux que la gloire

ÉGISTHE

Elle n'est point à moi, cette gloire est aux Dieux
Ainsi que le bonheur, la vertu nous vient d'eux 1400
Allons monter au trône, en y plaçant ma mère
Et vous, mon cher Narbas, soyez toujours mon père¹

EGISTO

Reina, a questo vecchio io render mai
Cio che gli debbo non potrei permetti
Che a tenerlo per padre io segua ognora.
(MAFFEI, acte V, sc. VIII.)

Le roi Fréderic II, dans sa lettre a Voltaire du 17 juin 1738, lui proposait cette légère modification pour les deux derniers vers

Allons monter au trône et plaçons y ma mère,
Pour vous mon cher Narbas soyez toujours mon père

FIN DU CINQUIEME ACTE

LE MISANTHROPE

COMEDIE DE MOLIERE

REPRESENTEE POUR LA PREMIERE FOIS LE 4 JUIN 1666

PUBLIEE EN 1667

Autant Molière avait été jusque-là au dessus de tous ses rivaux autant il fut au dessus de lui même dans le *Misanthrope*
                    LAHARPE, *Cours de littérature*

L'Europe regarde cet ouvrage comme le chef d'œuvre du haut comique
                    VOLTAIRE *Sommaires des pièces de Molière*

Je relis sans cesse le *Misanthrope* comme une des pièces du monde qui me sont les plus chères
                    GOETHE *Entretiens recueillis par Eckermann*

INTERPRÉTATIONS DIVERSES DU MISANTHROPE

CRITIQUES ET RÉPONSES FAITES AUX CRITIQUES

Molière a si bien observé dans cette pièce le précepte d'Horace *Propriæ communia dicere*, « dire d'une manière propre et individuelle des choses générales, » qu'on a voulu voir dans ses divers personnages non des représentations idéales de tel ou tel défaut de telle ou telle qualité mais des individus, des portraits copiés d'après nature, et dont les originaux vivaient de son temps. Pour ne parler que du rôle principal, les uns ont prétendu que Molière avait voulu peindre le duc de Montausier, qui en effet comme le dit Auger, réunissait à la probité rigide et à la sincérité courageuse d'Alceste quelque chose de son humeur âpre, grondeuse et contrariante. D'autres qui reconnaissent dans Célimène, Armande Béjart femme de Molière et dans Philinte, le trop facile Chapelle, son ami, veulent que le Misanthrope soit Molière lui-même. Sans examiner comment et jusqu'à quel point ces interprétations peuvent se défendre, ne fait-on pas, demanderons nous, plus d'honneur au poète et la création de ce caractère ne devient-elle pas bien mieux une œuvre de tous les temps et de tous les pays si l'on reconnait dans cette figure, à la fois austère et comique, du Misanthrope non pas simplement un portrait, l'image d'un seul homme, mais une peinture de la misanthropie elle-même, telle que Platon la définissait déjà dans son *Phédon*, peinture qui est à la fois d'une vérité générale et d'une réalité tout individuelle? « La misanthropie dit Platon[1], vient de ce qu'après s'être beaucoup trop fié, sans aucune connaissance, à quelqu'un, et l'avoir cru tout à fait sincère, honnête et digne de confiance, on le trouve, peu de temps après, méchant et infidèle, et tout autre encore dans une autre occasion, et lorsque cela est arrivé à quelqu'un plusieurs fois, et surtout relativement à ceux qu'il aurait crus ses meilleurs et plus intimes amis, après plusieurs mécomptes il finit par prendre en haine tous les hommes, et ne plus croire qu'il y ait rien d'honnête dans aucun d'eux... N'est-ce donc pas une honte?. N'est-il pas évident que cet homme-là entreprend de traiter avec les

---

[1] *Phédon* traduction de V Cousin tome I p 258 et 259

hommes, sans avoir aucune connaissance des choses humaines? car s'il en avait eu un peu connaissance, il eût pensé, comme cela est en réalité, que les bons et les méchants sont les uns et les autres en bien petite minorité et ceux qui tiennent le milieu, en un très-grand nombre. »

Fénelon et après lui J. J. Rousseau, ont accusé Molière d'avoir voulu dans sa comédie du *Misanthrope*, tourner la vertu en ridicule. Fénelon dit dans sa *Lettre à l'Académie françoise* : « Un autre défaut de Molière, que beaucoup de gens d'esprit lui pardonnent, et que je n'ai garde de lui pardonner, est qu'il a donné une austérité ridicule et odieuse à la vertu. » Rousseau n'est pas moins sévère dans sa *Lettre à d'Alembert sur les spectacles* : « Vous ne sauriez, dit-il, me nier deux choses : l'une, qu'Alceste, dans cette pièce, est un homme droit, sincère, estimable, un véritable homme de bien ; l'autre, que l'auteur lui donne un personnage ridicule. C'en est assez, ce me semble, pour rendre Molière inexcusable. » Pour montrer l'injustice de cette accusation que Platon semble avoir réfutée d'avance dans le passage que l'on vient de lire, il suffit de bien poser la question, et de citer le commencement de la réponse que Laharpe adresse à J. J. Rousseau : « Il faut absolument, avec un dialecticien aussi subtil que Rousseau, se servir des mêmes armes que lui, et argumenter en forme. Ainsi d'abord je distingue la majeure et je nie la conséquence. L'auteur donne au *Misanthrope* un personnage *ridicule* : oui, mais ce ridicule porte-t-il sur ce qu'il est *droit, sincère, homme de bien* ? Non. Il porte sur des travers réels, qui tiennent à l'excès de ces bonnes qualités. Et qui peut douter que l'excès ne gâte les meilleures choses ? Ce principe est si reconnu, qu'il serait superflu de le prouver. Or, si tout excès est blâmable et dangereux, la comédie n'a-t-elle pas droit d'en montrer le vice et le danger ? Et si elle y joint le ridicule, ne se sert-elle pas de l'arme qui lui est propre ? »

Après avoir donné quelques exemples Laharpe conclut en ces termes : « Donc le ridicule ne porte que sur ce qui est du ressort de la censure comique, sur ce qui est outré, déplacé, répréhensible, donc la vertu n'est point compromise, puisqu'un homme honnête n'en demeure pas moins respectable malgré des défauts d'humeur et des travers d'esprit. Donc Molière non-seulement n'est point *inexcusable*, mais il n'a pas même besoin d'excuse, et ne mérite que des éloges pour avoir donné une leçon très importante, non pas, comme tant d'autres poètes, aux vicieux, aux sots, à la multitude, mais à la vertu, à la sagesse, en leur apprenant dans quelles justes bornes elles doivent se renfermer, quels excès elles doivent éviter pour être utiles, et à celui qui le possède et à tout le reste des hommes. » Ajoutons que Rousseau se réfute lui-même sans le vouloir, et fait un aveu qui justifie complétement Molière

« Quoique Alceste dit-il, ait des défauts réels dont on n'a pas tort de rire, on sent pourtant au fond du cœur un respect pour lui dont on ne peut se défendre. »

Aimé Martin, dans son commentaire, exprime la même pensée à la fin du portrait bien saisi et ressemblant à ce qu'il nous paraît, qu'il trace du Misanthrope, tel que Molière l'a conçu « Alceste n'est ni un homme vertueux, ni un méchant c'est un misanthrope Être vertueux, c'est aimer tous les hommes, indépendamment de leurs vices, parce que ces vices peuvent toujours être séparés de l'homme comme la maladie du malade Être misanthrope, au contraire, c'est non seulement haïr les vicieux, comme s'ils étaient le vice même, mais encore c'est haïr tous les hommes pour les vices qui ne sont qu'en quelques uns Ainsi la misanthropie, séparée de la vertu par une faiblesse et du vice par la vertu, se trompe sans cesse dans l'application de sa haine, et devient, par ses erreurs mêmes, une source abondante de vrai comique En effet, tout le comique du caractère d'Alceste naît de cette erreur c'est elle qui lui fait presque haïr la modération dans Philinte, seulement parce que Philinte ne partage pas son injustice, c'est à dire parce qu'il se contente de haïr la méchanceté sans haïr les méchants C'est elle encore qui rend Alceste aussi sensible à une injure personnelle qu'il le serait à une injustice faite au genre humain Enfin c'est elle qui le met en contradiction avec lui-même dans l'amour qu'il éprouve pour une coquette, car il aime Célimène malgré ses vices, parce qu'il sait bien que le vice et Célimène sont deux choses différentes, mais il déteste tous les hommes parce les hommes et les vices lui semblent une même chose Remarquez que si Molière nous fait rire de cette erreur, il nous en fait respecter la source dans tout ce qu'elle a de commun avec la vertu. »

ACTEURS

ALCESTE, amant de Célimène [a]
PHILINTE, ami d'Alceste
ORONTE, amant de Célimène
CÉLIMÈNE, amante d'Alceste.
ÉLIANTE, cousine de Célimène
ARSINOÉ, amie de Célimène
AGASTE, } marquis.
CLITANDRE,
BASQUE, valet de Célimène
UN GARDE de la Maréchaussée de France
DU BOIS, valet d'Alceste

La scène est à Paris.

---

1. Le rôle d'*Alceste* fut joué par Molière lui-même, celui de *Célimène* par Mlle Molière, c'est à dire Armande Béjart femme de Molière.
2. Dans la maison de Célimène

LE MISANTHROPE

ACTE PREMIER

SCÈNE I

PHILINTE, ALCESTE

PHILINTE
Qu'est-ce donc ? qu'avez vous ?
ALCESTE, *assis*
　　　　　　　　　Laissez-moi, je vous prie
PHILINTE.
Mais encor, dites-moi, quelle bizarrerie ..
ALCESTE
Laissez-moi là, vous dis je, et courez vous cacher.
PHILINTE.
Mais on entend les gens au moins sans se fâcher.
ALCESTE.
Moi, je veux me fâcher, et ne veux point entendre   5
PHILINTE.
Dans vos brusques chagrins je ne puis vous comprendre[1],
Et quoique amis enfin, je suis tout des premiers   .
ALCESTE, *se levant brusquement*
Moi, votre ami ? Rayez cela de vos papiers
J'ai fait jusques ici profession de l être,
Mais, apres ce qu'en vous je viens de voir paroître,   10
Je vous déclare net que je ne le suis plus,
Et ne veux nulle place en des cœurs corrompus.

---

1. Regnard a emprunté quelques vers du *Misanthrope*. On lit dans *le Distrait* (acte I, scène I) :
　Dans vos brusques humeurs je ne puis vous comprendre

PHILINTE
Je suis donc bien coupable, Alceste, a votre compte
ALCESTE
Allez, vous devriez mourir de pure honte
Une telle action ne sauroit s'excuser, 15
Et tout homme d'honneur s'en doit scandaliser.
Je vous vois accabler un homme de caresses,
Et témoigner pour lui les dernieres tendresses,
De protestations, d'offres, et de serments
Vous chargez la fureur de vos embrassements, 20
Et, quand je vous demande après quel est cet homme,
A peine pouvez vous dire comme il se nomme ¹,
Votre chaleur pour lui tombe en vous séparant,
Et vous me le traitez, à moi, d indifférent.
Morbleu ! c'est une chose indigne, lâche, infâme, 25
De s'abaisser ainsi, jusqu'a trahir son âme ;
Et si, par un malheur, j'en avois fait autant,
Te m'irois, de regret pendre tout à l'instant

PHILINTE.
Je ne vois pas, pour moi, que le cas soit pendable,
Et je vous supplierai d'avoir pour agreable 30
Que je me fasse un peu grâce sur votre arrêt,
Et ne me pende pas pour cela, s'il vous plaît

ALCESTE.
Que la plaisanterie est de mauvaise grâce

PHILINTE
Mais sérieusement que voulez vous qu'on fasse ?

ALCESTE.
Je veux qu'on soit sincère, et qu en homme d'honneur 35
On ne lâche aucun mot qui ne parte du cœur.

PHILINTE
Lorsqu'un homme vous vient embrasser avec joie,
Il faut bien le payer de la même monnoie ²,
Répondre comme on peut à ses empressements,
Et rendre offre pour offre, et serments pour serments 40

ALCESTE.
Non, je ne puis souffrir cette lâche méthode

---

1. « Il embrasse un homme qu'il trouve sous sa main, il lui presse la tête contre sa poitrine, il demande ensuite qui est celui qu'il a embrassé » (LA BRUYÈRE *des Grands*)

  A peine pouvons nous dire comme il se nomme
      (REGNARD, *les Ménechmes*, acte IV, scène II.)

2 Ménage dans ses *Observations sur la langue françoise*, publiées en 1673, nous apprend que dès lors l'usage le plus commun étoit de prononcer *monnaie* La rime *joie-monnoie* étoit donc deja peu exacte du temps de Molière

ACTE I, SCENE I.

Qu'affectent la plupart de vos gens à la mode,
Et je ne hais rien tant que les contorsions
De tous ces grands faiseurs de protestations,
Ces affables donneurs d'embrassades frivoles¹, 45
Ces obligeants diseurs d'inutiles paroles,
Qui de civilités avec tous font combat,
Et traitent du même air l'honnête homme et le fat.
Quel avantage a-t-on qu'un homme vous caresse,
Vous jure amitié, foi, zèle, estime, tendresse, 50
Et vous fasse de vous un éloge éclatant,
Lorsqu'au premier faquin il court en faire autant ?
Non, non, il n'est point d'âme un peu bien située
Qui veuille d'une estime ainsi prostituée,
Et la plus glorieuse a des régals peu chers, 55
Dès qu'on voit qu'on nous mêle avec tout l'univers
Sur quelque préférence une estime se fonde,
Et c'est n'estimer rien qu'estimer tout le monde.
Puisque vous y donnez, dans ces vices du temps,
Morbleu ! vous n'êtes pas pour être de mes gens 60
Je refuse d'un cœur la vaste complaisance
Qui ne fait de mérite aucune différence,
Je veux qu'on me distingue, et, pour le trancher net,
L'ami du genre humain n'est point du tout mon fait

PHILINTE.

Mais, quand on est du monde, il faut bien que l'on rende 65
Quelques dehors civils que l'usage demande.

ALCESTE.

Non, vous dis je, on devroit châtier sans pitié
Ce commerce honteux de semblants d'amitié.
Je veux que l'on soit homme, et qu'en toute rencontre
Le fond de notre cœur dans nos discours se montre, 70
Que ce soit lui qui parle, et que nos sentiments
Ne se masquent jamais sous de vains compliments.

PHILINTE

Il est bien des endroits où la pleine franchise
Deviendroit ridicule, et seroit peu permise,
Et parfois, n'en déplaise à votre austère honneur, 75
Il est bon de cacher ce qu'on a dans le cœur.

1 On a rapproché de cet endroit les vers suivants de *la Mere coquette* de Quinault (acte I, scène III), jouée deux ans avant *le Misanthrope*

> Estimez vous beaucoup l'air dont vous affectez
> D'estropier les gens par vos civilités
> Ces compliments de main ces rudes embrassades,
> Ces saluts qui font peur, ces bonjours à gourmades?
> Ne reviendrez vous point de toutes ces façons?

Seroit il à propos, et de la bienséance,
De dire à mille gens tout ce que d'eux on pense?
Et, quand on a quelqu'un qu'on hait ou qui déplaît
Lui doit on déclarer la chose comme elle est ? 80

ALCESTE.

Oui.

PHILINTE

Quoi? vous iriez dire à la vieille Émilie
Qu'à son âge il sied mal de faire la jolie,
Et que le blanc qu'elle a scandalise chacun ?

ALCESTE

Sans doute.

PHILINTE

A Dorilas, qu'il est trop importun,
Et qu'il n'est à la cour, oreille qu'il ne lasse 85
A conter sa bravoure et l'éclat de sa race?

ALCESTE

Fort bien.

PHILINTE

Vous vous moquez

ALCESTE.

Je ne me moque point;
Et je vais n'épargner personne sur ce point.
Mes yeux sont trop blessés, et la cour et la ville
Ne m'offrent rien qu'objets à m'échauffer la bile, 90
J'entre en une humeur noire, en un chagrin profond
Quand je vois vivre entre eux les hommes comme ils font,
Je ne trouve partout que lâche flatterie,
Qu'injustice, intérêt, trahison, fourberie
Je n'y puis plus tenir, j'enrage, et mon dessein 95
Est de rompre en visière à tout le genre humain

PHILINTE.

Ce chagrin philosophe est un peu trop sauvage.
Je ris des noirs accès où je vous envisage,
Et crois voir en nous deux, sous mêmes soins nourris [1],
Ces deux frères que peint *l'École des Maris* [2], 100
Dont.....

ALCESTE.

Mon Dieu ! laissons là vos comparaisons fades

PHILINTE

Non . tout de bon, quittez toutes ces incartades
Le monde par vos soins ne se changera pas ,

---

1. Ceux qui voient Molière dans Alceste et Chapelle dans Philinte citent ce vers à l'appui de leur opinion Molière et Chapelle étaient amis d'enfance, ils avaient étudié ensemble sous Gassendi.

2 Sganarelle et Ariste.

Et, puisque la franchise a pour vous tant d'appas,
Je vous dirai tout franc que cette maladie, 105
Partout où vous allez, donne la comédie,
Et qu'un si grand courroux contre les mœurs du temps
Vous tourne en ridicule auprès de bien des gens.

ALCESTE

Tant mieux, morbleu ! tant mieux, c'est ce que je demande
Ce m'est un fort bon signe, et ma joie en est grande. 110
Tous les hommes me sont à tel point odieux,
Que je serois fâché d'être sage à leurs yeux.

PHILINTE.

Vous voulez un grand mal à la nature humaine.

ALCESTE

Oui, j'ai conçu pour elle une effroyable haine.

PHILINTE.

Tous les pauvres mortels, sans nulle exception, 115
Seront enveloppés dans cette aversion
Encore en est il bien dans le siècle où nous sommes...

ALCESTE.

Non, elle est générale, et je hais tous les hommes :
Les uns, parce qu'ils sont méchants et malfaisants,
Et les autres, pour être aux méchants complaisants [1], 120
Et n'avoir pas pour eux ces haines vigoureuses [2]
Que doit donner le vice aux âmes vertueuses.
De cette complaisance on voit l'injuste excès
Pour le franc scélérat avec qui j'ai procès
Au travers de son masque on voit à plein le traître, 125
Partout il est connu pour tout ce qu'il peut être,
Et ses roulements d'yeux et son ton radouci
N'imposent qu'à des gens qui ne sont point d'ici.
On sait que ce pied plat, digne qu'on le confonde,
Par de sales emplois s'est poussé dans le monde, 130
Et que par eux son sort, de splendeur revêtu
Fait gronder le mérite et rougir la vertu,
Quelques titres honteux qu'en tous lieux on lui donne,
Son misérable honneur ne voit pour lui personne
Nommez le fourbe, infâme, et scélérat maudit, 135
Tout le monde en convient et nul n'y contredit.
Cependant sa grimace est partout bien venue,

---

1 On demandait à Timon d'Athènes appelé le Misanthrope, pourquoi il haïssait tous les hommes « Je hais les méchants, répondit il, parce qu'ils le méritent, et les autres parce qu'ils ne haïssent pas les méchants. »

2   Tu ne saurois saisir ces haines vigoureuses
    Que sentent pour l'amour les âmes généreuses
        (REGNARD, *Démocrite* acte IV, scene IV)

On l'accueille, on lui rit, partout il s'insinue,
Et, s'il est, par la brigue, un rang à disputer,
Sur le plus honnête homme on le voit l'emporter.   140
Têtebleu ! ce me sont de mortelles blessures
De voir qu'avec le vice on garde des mesures.
Et parfois il me prend des mouvements soudains
De fuir dans un désert l'approche des humains.

PHILINTE.

Mon Dieu ! des mœurs du temps mettons nous moins en peine,
Et faisons un peu grâce à la nature humaine,
Ne l'examinons point dans la grande rigueur,
Et voyons ses défauts avec quelque douceur.
Il faut, parmi le monde, une vertu traitable,
A force de sagesse, on peut être blâmable,   150
La parfaite raison fuit toute extrémité,
Et veut que l'on soit sage avec sobriété¹
Cette grande roideur des vertus des vieux âges
Heurte trop notre siècle et les communs usages,
Elle veut aux mortels trop de perfection   155
Il faut fléchir au temps sans obstination,
Et c'est une folie à nulle autre seconde
De vouloir se mêler de corriger le monde.
J'observe, comme vous, cent choses, tous les jours
Qui pourroient mieux aller, prenant un autre cours,   160
Mais, quoi qu'à chaque pas je puisse voir paroître,
En courroux, comme vous, on ne me voit point être
Je prends tout doucement les hommes comme ils sont,
J'accoutume mon âme à souffrir ce qu'ils font²,
Et je crois qu'à la cour, de même qu'à la ville,   165
Mon flegme est philosophe autant que votre bile

ALCESTE

Mais ce flegme, Monsieur, qui raisonne³ si bien,
Ce flegme pourra-t-il ne s'échauffer de rien ?
Et s'il faut, par hasard, qu'un ami vous trahisse,
Que, pour avoir vos biens, on dresse un artifice,   170
Ou qu'on tâche à semer de méchants bruits de vous,
Verrez-vous tout cela sans vous mettre en courroux ?

---

1. « Non plus sapere quam oportet sapere, sed sapere ad sobrietatem » (SAINT PAUL, *Épître aux Romains* chap. XII verset 3)

2. L'empereur Marc Aurèle tout stoïcien qu'il était, disait comme Philinte « Corrige et redresse les méchants si tu le peux, sinon, souviens-toi que c'est pour eux que t'a été donnée la bienveillance. Les Dieux mêmes sont bienveillants pour eux., tu peux les imiter » (*Réflexions morales*, livre IX, 9)

3 Dans l'édition de 1682 le verbe est à la seconde personne
   Mais ce flegme, Monsieur qui raisonnez si bien

ACTE I, SCÈNE 1.

PHILINTE

Oui, je vois ces défauts dont votre âme murmure,
Comme vices unis à l'humaine nature,
Et mon esprit enfin n'est pas plus offensé   175
De voir un homme fourbe, injuste, intéressé,
Que de voir des vautours affamés de carnage,
Des singes malfaisants, et des loups pleins de rage[1].

ALCESTE.

Je me verrai trahir, mettre en pièces, voler,
Sans que je sois. Morbleu! je ne veux point parler   180
Tant ce raisonnement est plein d'impertinence!

PHILINTE

Ma foi, vous ferez bien de garder le silence.
Contre votre partie éclatez un peu moins,
Et donnez au procès une part de vos soins.

ALCESTE.

Je n'en donnerai point, c'est une chose dite   185

PHILINTE.

Mais qui voulez vous donc qui pour vous sollicite?

ALCESTE.

Qui je veux? La raison, mon bon droit, l'équité

PHILINTE

Aucun juge par vous ne sera visité?

ALCESTE.

Non Est ce que ma cause est injuste ou douteuse?

PHILINTE.

J'en demeure d'accord, mais la brigue est fâcheuse,   190
Et..

ALCESTE.

Non. J'ai resolu de n'en pas faire un pas.
J'ai tort, ou j'ai raison

PHILINTE

Ne vous y fiez pas.

ALCESTE

Je ne remuerai point

PHILINTE

Votre partie est forte,
Et peut, par sa cabale, entraîner...

---

1. « Non irascetur sapiens peccantibus Quare? Quia scit neminem nasci sapientem, sed fieri, scit paucissimos omni ævo sapientes evadere, quia conditionem humanæ vitæ perspectam habet. nemo autem naturæ sanus irascitur. Quid enim si mirari velit non in silvestribus dumis poma pendere? Quid si miretur spineta sentesque non utili aliqua fruge compleri? Nemo irascitur, ubi vitium natura defendit » (SÉNÈQUE, *de Ira*, livre II, chap x)

ALCESTE.
Il n'importe

PHILINTE.
Vous vous tromperez.

ALCESTE.
Soit. J'en veux voir le succès[1].   195

PHILINTE
Mais

ALCESTE
J'aurai le plaisir de perdre mon procès

PHILINTE
Mais enfin..

ALCESTE.
Je verrai dans cette plaiderie
Si les hommes auront assez d'effronterie,
Seront assez méchants, scélérats, et pervers,
Pour me faire injustice aux yeux de l'univers.   200

PHILINTE
Quel homme !

ALCESTE.
Je voudrois, m'en coutât il grand'chose,
Pour la beauté du fait, avoir perdu ma cause[2]

PHILINTE
On se riroit de vous, Alceste tout de bon,

---

1. *Le succès,* l'issue.
2. « Quelque tour qu'on donne à la chose, ou celui qui sollicite un juge l'exhorte à remplir son devoir, et alors il lui fait une insulte, ou il lui propose une acception de personnes et alors il le veut séduire puisque toute acception de personnes est un crime dans un juge, qui doit connaître l'affaire et non les parties et ne voir que l'ordre et la loi or je dis qu'engager un juge à faire une mauvaise action, c'est la faire soi même, et qu'il vaut mieux perdre une cause juste que de faire une mauvaise action Cela est clair, net, il n'y a rien à répondre. » (J. J. ROUSSEAU) « On pourrait dire à Alceste : Sans doute il vaudrait mieux que la justice seule pût tout faire, mais d'abord ce qui est permis à votre partie ne vous est pas défendu, et, si vous opposez à l'usage la morale rigide, je vais vous convaincre qu'elle est d'accord avec la démarche que je vous conseille Ne conviendrez vous pas qu'il vaut encore mieux empêcher une injustice si on le peut, que *d'avoir le plaisir de perdre son procès ?* Eh bien ! d'après ce principe, que vous ne pouvez pas nier, vous avez tort de vous refuser à ce qu'on vous demande Car sans révoquer en doute l'équité de vos juges n'est il pas très possible qu'on leur ait montré l'affaire sous un faux jour, que votre rapporteur n'ait pas fait assez d'attention à des pièces probantes ? Faites parler la vérité, et vous pourrez prévenir un arrêt injuste c'est à dire une mauvaise action, un scandale, un mal réel Que pourrait opposer à ce raisonnement un homme sans passion et sans humeur ? Rien » (LAHARPE.

Si l'on vous entendoit parler de la façon

ALCESTE.
Tant pis pour qui riroit.

PHILINTE.
Mais cette rectitude 205
Que vous voulez en tout avec exactitude,
Cette pleine droiture où vous vous renfermez,
La trouvez-vous ici dans ce que vous aimez ?
Je m'étonne, pour moi, qu'étant, comme il le semble
Vous et le genre humain, si fort brouillés ensemble, 210
Malgré tout ce qui peut vous le rendre odieux,
Vous ayez pris chez lui ce qui charme vos yeux,
Et ce qui me surprend encore davantage,
C'est cet étrange choix où votre cœur s'engage.
La sincère Eliante a du penchant pour vous, 215
La prude Arsinoé vous voit d'un œil fort doux :
Cependant à leurs vœux votre âme se refuse,
Tandis qu'en ses liens Célimène l'amuse,
De qui l'humeur coquette et l'esprit médisant
Semblent si fort donner dans les mœurs d à présent. 220
D'où vient que, leur portant une haine mortelle,
Vous pouvez bien souffrir ce qu'en tient cette belle ?
Ne sont-ce plus défauts dans un objet si doux ?
Ne les voyez-vous pas, ou les excusez-vous ?

ALCESTE.
Non, l'amour que je sens pour cette jeune veuve 225
Ne ferme point mes yeux aux défauts qu'on lui treuve,
Et je suis, quelque ardeur qu'elle m'ait pu donner,
Le premier à les voir, comme à les condamner.
Mais avec tout cela, quoi que je puisse faire,
Je confesse mon foible, elle a l'art de me plaire : 230
J'ai beau voir ses défauts, et j'ai beau l'en blâmer,
En dépit qu'on en ait, elle se fait aimer,
Sa grâce est la plus forte, et sans doute ma flamme
De ces vices du temps pourra purger son âme.

PHILINTE.
Si vous faites cela, vous ne ferez pas peu. 235
Vous croyez être donc aimé d'elle ?

ALCESTE.
Oui, parbleu !
Je ne l'aimerois pas, si je ne croyois l'être.

PHILINTE.
Mais, si son amitié pour vous se fait paroître,
D'où vient que vos rivaux vous causent de l'ennui ?

ALCESTE.
C'est qu'un cœur bien atteint veut qu'on soit tout à lui. 240

Et je ne viens ici qu'à dessein de lui dire
Tout ce que là-dessus ma passion m'inspire
PHILINTE.
Pour moi, si je n'avois qu'à former des desirs,
La cousine Éliante auroit tous mes soupirs¹,
Son cœur, qui vous estime, est solide et sincere, 245
Et ce choix plus conforme étoit mieux votre affaire
ALCESTE.
Il est vrai, ma raison me le dit chaque jour ;
Mais la raison n'est pas ce qui règle l'amour
PHILINTE.
Je crains fort pour vos feux, et l'espoir où vous êtes
Pourroit...

SCÈNE II

ORONTE², ALCESTE, PHILINTE

ORONTE, à Alceste

J'ai su là bas que pour quelques emplettes 250
Éliante est sortie, et Célimène aussi
Mais, comme l'on m'a dit que vous étiez ici,
J'ai monté pour vous dire, et d'un cœur véritable,
Que j'ai conçu pour vous une estime incroyable,
Et que depuis longtemps, cette estime m'a mis 255
Dans un ardent desir d'être de vos amis
Oui, mon cœur au mérite aime à rendre justice,
Et je brûle qu'un nœud d'amitié nous unisse
Je crois qu'un ami chaud, et de ma qualité,
N'est pas assurement pour être rejeté 260
(*En cet endroit, Alceste paroît tout rêveur, et semble n'entendre pas qu'Oronte lui parle.*)
C'est à vous, s'il vous plaît, que ce discours s'adresse
ALCESTE
A moi Monsieur?
ORONTE
A vous. Trouvez vous qu'il vous blesse?

---

1   Sa cousine Éliante auroit tous mes soupirs. (1682)
2 Quelques-uns crurent, dit on, que Molière avait voulu peindre dans Oronte le duc de Saint Aignan, auteur d'un assez grand nom bre de pieces de vers et membre de l'Académie française Racine, comme l'on sait lui avait dédié sa *Thébaïde*. S'il faut en croire l'auteur de la *Vie de Molière* écrite en 1724, le duc de Saint Aignan avait eu des paroles avec un autre seigneur, pour des vers de sa façon que l'autre ne louait pas assez.

ALCESTE
Non pas, mais la surprise est fort grande pour moi,
Et je n'attendois pas l'honneur que je reçoi.
ORONTE
L'estime où je vous tiens ne doit point vous surprendre, 265
Et de tout l'univers vous la pouvez prétendre
ALCESTE.
Monsieur.
ORONTE.
L'Etat n'a rien qui ne soit au dessous
Du mérite éclatant que l'on découvre en vous[1]
ALCESTE.
Monsieur..
ORONTE.
Oui. de ma part je vous tiens préférable
A tout ce que j'y vois de plus considérable. 270
ALCESTE.
Monsieur
ORONTE
Sois je du ciel écrasé, si je mens
Et, pour vous confirmer ici mes sentiments,
Souffrez qu'à cœur ouvert, Monsieur, je vous embrasse,
Et qu'en votre amitié je vous demande place
Touchez la. s'il vous plaît Vous me la promettez, 275
Votre amitié ?
ALCESTE
Monsieur.
ORONTE.
Quoi! vous y résistez ?
ALCESTE
Monsieur, c'est trop d'honneur que vous me voulez faire,
Mais l'amitié demande un peu plus de mystère,
Et c'est assurément en profaner le nom
Que de vouloir le mettre à toute occasion. 280
Avec lumière et choix cette union veut naître ;
Avant que nous lier, il faut nous mieux connoître,
Et nous pourrions avoir telles complexions,
Que tous deux du marché nous nous repentirions
ORONTE
Parbleu c'est la dessus parler en homme sage, 285
Et je vous en estime encore davantage

1 De ceci encore on a fait une application personnelle « Les contemporains dit Aimé Martin, remarquèrent, suivant Brossette que Molière s'était copié lui même en quelques endroits du *Misanthrope*, et surtout dans la scène où Oronte fait des protestations d'amitié et des offres de service »

Souffrons donc que le temps forme des nœuds si doux.
Mais cependant je m'offre entièrement à vous.
S'il faut faire à la cour pour vous quelque ouverture,
On sait qu'auprès du Roi je fais quelque figure 290
Il m'écoute, et dans tout il en use, ma foi,
Le plus honnêtement du monde avecque moi.
Enfin je suis à vous de toutes les manières ;
Et, comme votre esprit a de grandes lumières,
Je viens pour commencer entre nous ce beau nœud, 295
Vous montrer un sonnet que j'ai fait depuis peu,
Et savoir s'il est bon qu'au public je l'expose.

ALCESTE

Monsieur, je suis mal propre à décider la chose
Veuillez m'en dispenser

ORONTE.

Pourquoi ?

ALCESTE.

J'ai le défaut
D'être un peu plus sincère en cela qu'il ne faut. 300

ORONTE

C'est ce que je demande, et j'aurois lieu de plainte,
Si, m'exposant à vous pour me parler sans feinte,
Vous alliez me trahir, et me déguiser rien

ALCESTE

Puisqu'il vous plaît ainsi, Monsieur, je le veux bien

ORONTE.

Sonnet C'est un sonnet.. *L'espoir..* C'est une dame 305
Qui de quelque espérance avoit flatté ma flamme
L'espoir Ce ne sont point de ces grands vers pompeux,
Mais de petits vers doux, tendres et langoureux.

ALCESTE.

Nous verrons bien.

ORONTE

L'espoir... Je ne sais si le style
Pourra vous en paroître assez net et facile. 310
Et si du choix des mots vous vous contenterez.

(*A toutes ces interruptions, il regarde Alceste.*)

ALCESTE

Nous allons voir, Monsieur.

ORONTE

Au reste, vous saurez
Que je n'ai demeuré qu'un quart d'heure à le faire

ALCESTE.

Voyons, Monsieur ; le temps ne fait rien à l'affaire

ORONTE *lit.*

L'espoir, il est vrai, nous soulage,

Et nous berce un temps notre ennui,
Mais, Philis, le triste avantage
Lorsque rien ne marche après lui !

PHILINTE

Je suis déjà charmé de ce petit morceau   345

ALCESTE, *bas à Philinte*

Quoi ? vous avez le front de trouver cela beau ?

ORONTE

Vous eûtes de la complaisance,
Mais vous en deviez moins avoir
Et ne vous pas mettre en dépense
Pour ne me donner que l'espoir

PHILINTE

Ah ! qu'en termes galants ces choses là sont mises

ALCESTE, *bas à Philinte.*

Morbleu ! vil complaisant, vous louez des sottises¹ ?

ORONTE

S'il faut qu'une attente éternelle
Pousse à bout l'ardeur de mon zèle
Le trépas sera mon recours

Vos soins ne m'en peuvent distraire :
Belle Philis, on désespère
Alors qu'on espère toujours²

PHILINTE.

La chute en est jolie, amoureuse, admirable.

ALCESTE, *bas, à part.*

La peste de ta chute ! Empoisonneur au diable !   320
En eusses tu fait une à te casser le nez

1   Hé quoi ! vil complaisant, vous louez des sottises ? (1682)
2   Il en est qui ont pensé mais sans en avoir aucune preuve que ce sonnet était l'œuvre de Benserade mais œuvre qu'il ne se soucia pas d'avouer après l'usage qu'en avait fait Molière Il est au moins aussi probable que Molière s'était donné la peine de le composer lui même La chute paraît empruntée du *Convidado de piedra* comédie espagnole de Tirso de Molina, qui est l'original du *Festin de pierre*

    El que un ben gozar espera
    Quanto espera desespera.

« Celui qui espère jouir d'un bien désespère tout le temps qu'il espère »
Cette pointe rappelle aussi le vers 155 du *Cid*

    Ma plus douce espérance est de perdre l'espoir,

et la chanson de Ronsard où se trouve cette définition de l'amour

    C'est un plaisir tout rempli de tristesse,
    C'est un tourment tout confit de liesse
    Un désespoir où toujours on espère,
    Un espérer où l'on se désespère.

PHILINTE.
Je n'ai jamais ouï de vers si bien tournés
ALCESTE, *bas, à part*
Morbleu...
ORONTE, *à Philinte*
Vous me flattez, et vous croyez peut-être.
PHILINTE.
Non, je ne flatte point
ALCESTE, *bas, à part.*
Hé que fais tu donc, traître ?
ORONTE, *à Alceste.*
Mais, pour vous vous savez quel est notre traité. 325
Parlez-moi, je vous prie, avec sincérité
ALCESTE.
Monsieur, cette matière est toujours délicate,
Et sur le bel esprit nous aimons qu'on nous flatte.
Mais un jour, à quelqu'un dont je tairai le nom,
Je disois, en voyant des vers de sa façon. 330
Qu'il faut qu'un galant homme ait toujours grand empire
Sur les démangeaisons qui nous prennent d'écrire,
Qu'il doit tenir la bride aux grands empressements
Qu'on a de faire éclat de tels amusements,
Et que, par la chaleur de montrer ses ouvrages, 335
On s'expose à jouer de mauvais personnages.
ORONTE
Est ce que vous voulez me déclarer par là
Que j'ai tort de vouloir..
ALCESTE.
Je ne dis pas cela.
Mais je lui disois moi, qu'un froid écrit assomme,
Qu'il ne faut que ce foible à décrier un homme, 340
Et, qu'eût-on d'autre part cent belles qualités,
On regarde les gens par leurs méchants côtés.
ORONTE.
Est ce qu'à mon sonnet vous trouvez à redire ?
ALCESTE
Je ne dis pas cela Mais pour ne point écrire,
Je lui mettois aux yeux comme dans notre temps, 345
Cette soif a gâté de fort honnêtes gens.
ORONTE.
Est ce que j'écris mal, et leur ressemblerois-je ?
ALCESTE.
Je ne dis pas cela[1] Mais enfin, lui disois-je,

---

1. « Voilà une de ces répétitions, dit Auger, dont Molière a tiré un si grand parti, et qui sont justement comptées parmi ses traits

Quel besoin si pressant avez-vous de rimer ?
Et qui diantre vous pousse a vous faire imprimer ? 350
Si l'on peut pardonner l'essor d'un mauvais livre,
Ce n'est qu'aux malheureux qui composent pour vivre.
Croyez-moi, résistez a vos tentations,
Derobez au public ces occupations,
Et n'allez point quitter, de quoi que l'on vous somme, 355
Le nom que dans la cour vous avez d'honnête homme,
Pour prendre, de la main d'un avide imprimeur,
Celui de ridicule et misérable auteur [1].
C'est ce que je tâchai de lui faire comprendre.

ORONTE

Voila qui va fort bien, et je crois vous entendre. 360
Mais ne puis-je savoir ce que dans mon sonnet..

ALCESTE.

Franchement, il est bon a mettre au cabinet [2],
Vous vous êtes réglé sur de mechants modeles,
Et vos expressions ne sont point naturelles.

Qu'est-ce que *Nous berce un temps notre ennui?*
Et que, *Rien ne marche après lui?*
Que, *Ne vous pas mettre en dépense*

les plus comiques Ici, *Je ne dis pas cela*, dans Tartuffe, *Le pauvre homme!* le *Sans dot* de l'Avare, le *Que diable alloit il faire dans cette galère?* des Fourberies de Scapin, sont d'admirables mots dont Molière semble avoir emporté le secret avec lui Le seul Regnard, dans le *Légataire*, a trouvé un mot digne d'être placé a côté de ceux là. *C'est votre lethargie.* »

1 Balzac, dans une lettre à Chapelain, du 23 novembre 1637, parle d'un homme de qualité qui faisait des livres « Celui dont me parle votre lettre est de ceux dont j'estime plus la personne que les livres, et quand j'ai dessein de le trouver beau, je ne le regarde pas de ce coté là Est-il possible qu'un homme qui n'a pas appris l'art d'écrire, et à qui il n'a point été fait de commandement de par le Roi et sur peine de la vie, de faire des livres, veuille quitter son rang d'honnête homme qu'il tient dans le monde, pour aller prendre celui d'impertinent et de ridicule parmi les docteurs et les écoliers? »

2 On appelait *cabinet* un meuble propre a serrer des papiers des objets précieux « Le mot de *cabinet* dit Duvicquet, n'avait point encore été détourné à l'acception qu'il a reçue des utiles et commodes innovations de l'architecture moderne Du temps de Molière, des vers bons à *mettre au cabinet* ne signifiaient autre chose que des vers indignes de voir le jour et de recevoir les honneurs de l'impression C'est ainsi que, dans le procès de *la Femme juge et partie*, comédie qui n'est guère postérieure que de deux ans au *Misanthrope* (2 mars 1669) Montfleury fait dire à la prude qui prononce la condamnation de l'ouvrage

Ordonnons par pitié, pour raison de ses faits
Qu'elle entre au cabinet, et n'en sorte jamais »

> *Pour ne ne donner que l'espoir ?*
> *Et que, Philis, on desespère*
> *Alors qu'on espère toujours ?*

Ce style figuré, dont on fait vanité, 365
Sort du bon caractère et de la vérité,
Ce n'est que jeu de mots, qu'affectation pure,
Et ce n'est point ainsi que parle la nature
Le méchant goût du siècle en cela me fait peur.
Nos pères, tout grossiers, l'avoient beaucoup meilleur 370
Et je prise bien moins tout ce que l'on admire,
Qu'une vieille chanson que je m'en vais vous dire

> *Si le Roi m'avoit donné*
> *Paris, sa grand'ville,*
> *Et qu'il me fallût quitter*
> *L'amour de ma mie,*
> *Je dirois au roi Henri :*
> *Reprenez votre Paris,*
> *J'aime mieux ma mie, ô gué[1] !*
> *J'aime mieux ma mie.*

La rime n'est pas riche, et le style en est vieux,
Mais ne voyez-vous pas que cela vaut bien mieux
Que ces colifichets dont le bon sens murmure, 375
Et que la passion parle la toute pure ?

> *Si le Roi m'avoit donné*
> *Paris, sa grand'ville,*
> *Et qu'il me fallût quitter*
> *L'amour de ma mie,*
> *Je dirois au roi Henri :*
> *Reprenez votre Paris,*
> *J'aime mieux ma mie, ô gué !*
> *J'aime mieux ma mie[2].*

Voilà ce que peut dire un cœur vraiment épris
[A Philinte qui rit[3].]
Oui, Monsieur le rieur, malgré vos beaux esprits, 380
J'estime plus cela que la pompe fleurie
De tous ces faux brillants où chacun se récrie.

---

1 L'orthographe de l'édition originale est *au gué.*
2 On rapporte que Baron, le célèbre acteur, élève et ami de Molière, s'essayait souvent sur cette chanson, il la récitait avec tant d'âme et d'un ton si pénétrant qu'il faisait fondre en larmes ses auditeurs Molé faisait aussi pleurer, dit-on, lorsqu'il la déclamait la seconde fois
3 Les jeux de scène que nous donnons entre crochets ne sont point indiqués dans l'édition originale

ACTE I, SCÈNE II.

ORONTE
Et moi, je vous soutiens que mes vers sont fort bons
ALCESTE.
Pour les trouver ainsi, vous avez vos raisons,
Mais vous trouverez bon que j'en puisse avoir d'autres   385
Qui se dispenseront de se soumettre aux vôtres
ORONTE.
Il me suffit de voir que d'autres en font cas
ALCESTE.
C'est qu'ils ont l'art de feindre, et moi, je ne l'ai pas
ORONTE
Croyez vous donc avoir tant d'esprit en partage ?
ALCESTE.
Si je louois vos vers, j'en aurois davantage.   390
ORONTE.
Je me passerai bien que vous les approuviez [1]
ALCESTE
Il faut bien, s'il vous plaît, que vous vous en passiez
ORONTE.
Je voudrois bien, pour voir, que, de votre manière,
Vous en composassiez sur la même matière
ALCESTE.
J'en pourrois, par malheur, faire d'aussi mechants,   395
Mais je me garderois de les montrer aux gens
ORONTE.
Vous me parlez bien ferme, et cette suffisance.
ALCESTE.
Autre part que chez moi cherchez qui vous encense.
ORONTE.
Mais, mon petit Monsieur, prenez le un peu moins haut.
ALCESTE.
Ma foi, mon grand Monsieur, je le prends comme il faut   400
PHILINTE, *se mettant entre deux.*
He Messieurs, c'en es trop Laissez cela de grâce
ORONTE
Ah ! j'ai tort, je l'avoue, et je quitte la place.
Je suis votre valet, Monsieur, de tout mon cœur
ALCESTE
Et moi je suis, Monsieur, votre humble serviteur [2]

1. Je me passerai fort que vous les approuviez (1682)
2 « Je ne crois pas qu'on puisse rien voir de plus agreable que cette scene Le sonnet n'est point méchant, selon la manière d'ecrire d'aujourd'hui, et ceux qui cherchent ce que l'on appelle pointes ou chutes, plutôt que le bon sens, le trouveront sans doute bon J'en vis même, à la premiere représentation de cette piece, qui se firent jouer pendant qu'on representoit cette scene car ils crièrent que

SCÈNE III

PHILINTE, ALCESTE

PHILINTE.

Hé bien, vous le voyez. pour être trop sincère, 405
Vous voilà sur les bras une fâcheuse affaire,
Et j'ai bien vu qu'Oronte, afin d'être flatté..

ALCESTE

Ne me parlez pas.

PHILINTE.

Mais...

ALCESTE.

Plus de société.

PHILINTE

C'est trop..

ALCESTE.

Laissez-moi là.

PHILINTE

Si je...

ALCESTE.

Point de langage

PHILINTE.

Mais quoi?..

ALCESTE

Je n'entends rien.

PHILINTE.

Mais. .

ALCESTE

Encore?

PHILINTE.

On outrage.. 410

ALCESTE.

Ah! parbleu! c'en est trop Ne suivez point mes pas

PHILINTE

Vous vous moquez de moi. Je ne vous quitte pas.

le sonnet étoit bon, avant que le Misanthrope en fît la critique, et demeurèrent ensuite tout confus » (De Vizé *Lettre écrite sur la comédie du Misanthrope*, imprimée en tête de l'édition originale de 1667.)

FIN DU PREMIER ACTE.

ACTE SECOND

SCÈNE I

ALCESTE, CÉLIMÈNE

ALCESTE.
Madame, voulez vous que je vous parle net?
De vos façons d'agir je suis mal satisfait
Contre elles dans mon cœur trop de bile s'assemble   415
Et je sens qu'il faudra que nous rompions ensemble
Oui, je vous tromperois de parler autrement.
Tôt ou tard nous romprons indubitablement;
Et je vous promettrois mille fois le contraire,
Que je ne serois pas en pouvoir de le faire.   420
CÉLIMÈNE
C'est pour me quereller donc, à ce que je voi,
Que vous avez voulu me ramener chez moi?
ALCESTE.
Je ne querelle point. Mais votre humeur, Madame,
Ouvre au premier venu trop d'accès dans votre âme.
Vous avez trop d'amants qu'on voit vous obséder,   425
Et mon cœur de cela ne peut s'accommoder
CÉLIMÈNE.
Des amants que je fais me rendez-vous coupable?
Puis-je empêcher les gens de me trouver aimable?
Et lorsque pour me voir ils font de doux efforts
Dois je prendre un bâton pour les mettre dehors?   430
ALCESTE.
Non, ce n'est pas, Madame, un bâton qu'il faut prendre,
Mais un cœur à leurs vœux moins facile et moins tendre
Je sais que vos appas vous suivent en tous lieux;
Mais votre accueil retient ceux qu'attirent vos yeux,
Et sa douceur offerte a qui vous rend les armes,   435
Acheve sur les cœurs l'ouvrage de vos charmes
Le trop riant espoir que vous leur présentez
Attache autour de vous leurs assiduités,
Et votre complaisance un peu moins etendue,
De tant de soupirants chasseroit la cohue   440

Mais, au moins, dites-moi, Madame, par que sort
Votre Clitandre a l'heur de vous plaire si fort ?
Sur quel fonds de mérite et de vertu sublime
Appuyez-vous en lui l'honneur de votre estime ?
Est-ce par l'ongle long qu'il porte au petit doigt[1]   445
Qu'il s'est acquis chez vous l'estime où l'on le voit ?
Vous êtes-vous rendue, avec tout le beau monde,
Au mérite éclatant de sa perruque blonde ?
Sont ce ses grands canons[2] qui vous le font aimer ?
L'amas de ses rubans a-t-il su vous charmer ?   450
Est ce par les appas de sa vaste rhingrave[3]
Qu'il a gagné votre âme en faisant votre esclave ?
Ou sa façon de rire, et son ton de fausset
Ont ils de vous toucher su trouver le secret ?

CÉLIMÈNE.

Qu'injustement de lui vous prenez de l'ombrage !   455
Ne savez vous pas bien pourquoi je le ménage,
Et que dans mon procès, ainsi qu'il m'a promis,
Il peut intéresser tout ce qu'il a d'amis ?

ALCESTE.

Perdez votre procès, Madame, avec constance,
Et ne ménagez point un rival qui m'offense   460

CÉLIMÈNE

Mais de tout l'univers vous devenez jaloux

ALCESTE.

C'est que tout l'univers est bien reçu de vous.

CÉLIMÈNE.

C'est ce qui doit rasseoir votre âme effarouchée,
Puisque ma complaisance est sur tous épanchée,
Et vous auriez plus lieu de vous en offenser,   465
Si vous me la voyiez sur un seul ramasser.

ALCESTE.

Mais moi, que vous blâmez de trop de jalousie

---

1. Scarron parle aussi de cette mode bizarre dans sa nouvelle tragi-comique, *Plus d'effet que de paroles* « Il (*le prince de Tarente*) s'était laissé croître l'ongle du petit doigt de la main gauche jusqu'à une grandeur étonnante, ce qu'il trouvait le plus galant du monde »

2. M. Littré dans son *Dictionnaire*, explique ainsi le sens du mot *canon* dans ce passage : « Ornement de drap, de serge ou de soie, qu'on attachait au bas de la culotte, froncé et embelli de rubans, faisant comme le haut d'un bas fort large. »

3. *Rhingrave*, espèce de culotte ou haut-de-chausses fort ample, attaché par le bas avec plusieurs rubans. Ménage dit que la mode en fut apportée en France par un seigneur allemand qu'on appelait M. le rhingrave (comte du Rhin) et qui était gouverneur de Maestricht

Qu'ai je de plus qu'eux tous, Madame, je vous prie ?
CÉLIMÈNE.
Le bonheur de savoir que vous êtes aimé.
ALCESTE
Et quel lieu de le croire à mon cœur enflammé¹ ? 470
CÉLIMÈNE
Je pense qu'ayant pris le soin de vous le dire
Un aveu de la sorte a de quoi vous suffire.
ALCESTE.
Mais qui m'assurera que, dans le même instant,
Vous n'en disiez peut-être aux autres tout autant ?
CÉLIMÈNE.
Certes, pour un amant, la fleurette est mignonne, 475
Et vous me traitez la de gentille personne.
Eh bien, pour vous ôter d'un semblable souci,
De tout ce que j'ai dit je me dédis ici,
Et rien ne sauroit plus vous tromper que vous-même :
Soyez content
ALCESTE.
Morbleu ! faut il que je vous aime ! 480
Ah ! que si de vos mains je rattrape mon cœur,
Je bénirai le Ciel de ce rare bonheur !
Je ne le cèle pas, je fais tout mon possible
A rompre de ce cœur l'attachement terrible,
Mais mes plus grands efforts n'ont rien fait jusqu'ici, 485
Et c'est pour mes péchés que je vous aime ainsi.
CÉLIMÈNE
Il est vrai, votre ardeur est pour moi sans seconde.
ALCESTE
Oui, je puis là dessus défier tout le monde
Mon amour ne se peut concevoir, et jamais
Personne n'a, Madame, aimé comme je fais. 490
CÉLIMÈNE
En effet, la méthode en est toute nouvelle,
Car vous aimez les gens pour leur faire querelle.
Ce n'est qu'en mots fâcheux qu'éclate votre ardeur,
Et l'on n'a vu jamais un amour si grondeur ².

---

1. Et quel lieu de le croire a mon cœur enflammé ? (1682)
L'édition originale est la seule qui porte à, préposition, dans les autres, a est sans accent, mais cette omission de l'accent y paraît bien être une faute d'impression, car elles ont comme la première édition une virgule devant a, ponctuation du temps, marquant une soupe impossible, avec a verbe

2. Et on n'a vu jamais un amant si grondeur (1682)

ALCESTE.

Mais il ne tient qu'à vous que son chagrin ne passe. 495
A tous nos démêlés coupons chemin, de grâce;
Parlons à cœur ouvert, et voyons d'arrêter

SCÈNE II

CÉLIMÈNE, ALCESTE BASQUE

CÉLIMÈNE

Qu'est ce ?

BASQUE

Acaste est là bas.

CÉLIMÈNE

Eh bien, faites monter

ALCESTE.

Quoi? l'on ne peut jamais vous parler tête à tête?
A recevoir le monde on vous voit toujours prête? 500
Et vous ne pouvez pas, un seul moment de tous,
Vous résoudre à souffrir de n'être pas chez vous?

CÉLIMÈNE

Voulez-vous qu'avec lui je me fasse une affaire?

ALCESTE

Vous avez des égards[1] qui ne sauroient me plaire

CÉLIMÈNE

C'est un homme à jamais ne me le pardonner 505
S'il savoit que sa vue eût pu m'importuner.

ALCESTE

Et que vous fait cela pour vous gêner de sorte?

CÉLIMÈNE

Mon Dieu de ses pareils la bienveillance importe;
Et ce sont de ces gens qui, je ne sais comment,
Ont gagné, dans la cour, de parler hautement. 510
Dans tous les entretiens on les voit s'introduire,
Ils ne sauroient servir, mais ils peuvent vous nuire,
Et jamais, quelque appui qu'on puisse avoir d'ailleurs
On ne doit se brouiller avec ces grands brailleurs

---

1. Dans le texte original on lit *regards* que l'édition de 1682 a corrigé en *égards* Il est probable que *regards* était une faute d'impression, car le mot qui d'ailleurs prêterait ici à un double sens, n'avait plus guère, au temps de Molière celui d'attention respect considération, qu'ont gardé l'anglais *regard* et l'italien *riguardo*

ALCESTE
Enfin, quoi qu'il en soit, et sur quoi qu'on se fonde, 515
Vous trouvez des raisons pour souffrir tout le monde
Et les précautions de votre jugement...

SCÈNE III

ALCESTE, CÉLIMÈNE, BASQUE

BASQUE
Voici Clitandre encor Madame.

ALCESTE
Justement

CÉLIMÈNE.
Où courez-vous ?

ALCESTE.
Je sors.

CÉLIMÈNE
Demeurez.

ALCESTE.
Pourquoi faire ?

CÉLIMÈNE
Demeurez

ALCESTE
Je ne puis

CÉLIMÈNE
Je le veux

ALCESTE
Point d'affaire 520
Ces conversations ne font que m'ennuyer,
Et c'est trop que vouloir me les faire essuyer.

CÉLIMÈNE
Je le veux, je le veux.

ALCESTE
Non, il m'est impossible

CÉLIMÈNE
Eh bien, allez, sortez, il vous est tout loisible.

SCÈNE IV

ÉLIANTE, PHILINTE, ACASTE, CLITANDRE[1] ALCESTE, CÉLIMÈNE,
BASQUE

ÉLIANTE, *à Célimène*
Voici les deux marquis qui montent avec nous 525
Vous l'est-on venu dire ?

CÉLIMÈNE.
[*A Basque*]
Oui Des sièges pour tous.
[*Basque donne des siéges, et sort*]

A Alceste .
Vous n'êtes pas sorti ?

ALCESTE.
Non ; mais je veux, Madame,
Ou pour eux, ou pour moi, faire expliquer votre âme.

CÉLIMÈNE.
Taisez vous.

ALCESTE.
Aujourd'hui vous vous expliquerez.

CÉLIMÈNE
Vous perdez le sens

ALCESTE
Point. Vous vous déclarerez. 530

CÉLIMÈNE.
Ah !

ALCESTE.
Vous prendrez parti

CÉLIMÈNE.
Vous vous moquez, je pense.

ALCESTE.
Non. Mais vous choisirez, c'est trop de patience.

CLITANDRE
Parbleu ! je viens du Louvre, où Cléonte, au levé[2],
Madame, a bien paru ridicule achève.
N'a-t-il point quelque ami qui pût, sur ses manières 535
D'un charitable avis lui prêter les lumières ?

---

1 Ceux qui, dans les divers rôles du *Misanthrope*, ont voulu voir
des portraits du temps ont cru reconnaître dans Clitandre le comte
de Guiche, et dans Acaste le comte, depuis duc, de Lauzun

2 On appelait *levé*, ou plus ordinairement *lever*, le moment où
e Roi recevait dans sa chambre apres qu'il venait de se lever

ACTE II, SCÈNE IV.

CÉLIMÈNE

Dans le monde, à vrai dire, il se barbouille fort
Partout il porte un air qui saute aux yeux d'abord,
Et, lorsqu'on le revoit après un peu d'absence,
On le retrouve encor plus plein d'extravagance. 540

ACASTE.

Parbleu s'il faut parler de gens extravagants¹,
Je viens d'en essuyer un des plus fatigants
Damon le raisonneur, qui m'a, ne vous déplaise,
Une heure, au grand soleil, tenu hors de ma chaise

CÉLIMÈNE.

C'est un parleur étrange, et qui trouve toujours 545
L'art de ne vous rien dire avec de grands discours.
Dans les propos qu'il tient on ne voit jamais goutte
Et ce n'est que du bruit que tout ce qu'on écoute

ÉLIANTE, *à Philinte*.

Ce début n'est pas mal, et, contre le prochain,
La conversation prend un assez bon train. 550

CLITANDRE

Timante encor, Madame, est un bon caractère.

CÉLIMÈNE

C'est de la tête aux pieds un homme tout mystère,
Qui vous jette, en passant, un coup d'œil égaré,
Et, sans aucune affaire, est toujours affairé
Tout ce qu'il vous débite en grimaces abonde, 555
A force de façons, il assomme le monde,
Sans cesse il a, tout bas, pour rompre l'entretien,
Un secret à vous dire, et ce secret n'est rien ;
De la moindre vétille il fait une merveille,
Et, jusques au bonjour, il dit tout à l'oreille² 560

ACASTE

Et Géralde, Madame ?

CÉLIMÈNE

O l'ennuyeux conteur !
Jamais on ne le voit sortir du grand seigneur
Dans le brillant commerce il se mêle sans cesse,
Et ne cite jamais que duc, prince, ou princesse.
La qualité l'entête ; et tous ses entretiens 565
Ne sont que de chevaux, d'équipage, et de chiens
Il tutaye³, en parlant, ceux du plus haut étage,
Et le nom de Monsieur est chez lui hors d'usage.

---

1   Parbleu ! s'il faut parler des gens extravagants (1682)
 2. « Il (Théodote) est fin, cauteleux, mystérieux, il s'approche de vous, et il vous dit à l'oreille : Voilà un beau temps, voilà un grand dégel ! » (LA BRUYÈRE, *de la Cour*)
 3 L'orthographe *tutaye* qui est celle des anciens textes, figure

CLITANDRE
On dit qu'avec Bélise il est du dernier bien
CÉLIMÈNE.
Le pauvre esprit de femme, et le sec entretien! 570
Lorsqu'elle vient me voir, je souffre le martyre
Il faut suer sans cesse à chercher que lui dire,
Et la stérilité de son expression
Fait mourir à tous coups la conversation
En vain, pour attaquer son stupide silence, 575
De tous les lieux communs vous prenez l'assistance,
Le beau temps et la pluie, et le froid et le chaud
Sont des fonds qu'avec elle on épuise bientôt
Cependant sa visite, assez insupportable,
Traîne en une longueur encore épouvantable, 580
Et l'on demande l'heure, et l'on bâille vingt fois,
Qu'elle grouille aussi peu¹ qu'une pièce de bois

ACASTE.
Que vous semble d'Adraste ?
CÉLIMÈNE.
Ah! quel orgueil extrême
C'est un homme gonfle de l'amour de soi même
Son mérite jamais n'est content de la cour 585
Contre elle il fait métier de pester chaque jour,
Et l'on ne donne emploi, charge, ni bénéfice,
Qu'à tout ce qu'il se croit on ne fasse injustice.
CLITANDRE.
Mais le jeune Cléon, chez qui vont aujourd'hui
Nos plus honnêtes gens, que dites-vous de lui ? 590
CÉLIMÈNE.
Que de son cuisinier il s'est fait un mérite,
Et que c'est à sa table à qui l'on rend visite
ÉLIANTE.
Il prend soin d'y servir des mets fort délicats
CÉLIMÈNE
Oui, mais je voudrois bien qu'il ne s'y servît pas,
C'est un fort méchant plat que sa sotte personne, 595
Et qui gâte, à mon goût, tous les repas qu'il donne

---

la manière dont on prononçait ce mot à la cour, ou, dans un grand nombre de mots on remplaçait le son *oi* par le son *ai* ou *è*

1 L'édition de 1682 a remplacé *qu'elle grouille aussi peu*, par *qu'elle s'émeut autant*. Le mot *grouiller*, au sens de « remuer », a vieilli Molière l'a encore employé dans *le Bourgeois gentilhomme* (acte III, scène IV), et Regnard dans *les Folies amoureuses* (acte III, scène v)

PHILINTE

On fait assez de cas de son oncle Damis ;
Qu'en dites-vous Madame ?

CÉLIMÈNE.

Il est de mes amis

PHILINTE

Je le trouve honnête homme, et d'un air assez sage

CÉLIMÈNE.

Oui, mais il veut avoir trop d'esprit, dont j'enrage   600
Il est guindé sans cesse ; et, dans tous ses propos,
On voit qu'il se travaille a dire de bons mots[1]
Depuis que dans la tête il s'est mis d'être habile
Rien ne touche son goût tant il est difficile
Il veut voir des défauts a tout ce qu'on écrit,   605
Et pense que louer n'est pas d'un bel esprit,
Que c'est être savant que trouver à redire,
Qu'il n'appartient qu'aux sots d'admirer et de rire
Et qu'en n'approuvant rien des ouvrages du temps,
Il se met au dessus de tous les autres gens.   610
Aux conversations même il trouve a reprendre
Ce sont propos trop bas pour y daigner descendre,
Et, les deux bras croisés, du haut de son esprit,
Il regarde en pitié tout ce que chacun dit.

ACASTE.

Dieu me damne voilà son portrait véritable   615

CLITANDRE, *à Célimène*

Pour bien peindre les gens vous êtes admirable

ALCESTE.

Allons, ferme, poussez, mes bons amis de cour,
Vous n'en épargnez point, et chacun a son tour
Cependant aucun d'eux à vos yeux ne se montre,
Qu'on ne vous voie, en hâte, aller à sa rencontre,   620
Lui présenter la main, et d'un baiser flatteur
Appuyer les serments d'être son serviteur

CLITANDRE.

Pourquoi s'en prendre a nous ? Si ce qu'on dit vous blesse
Il faut que le reproche a Madame s'adresse

ALCESTE

Non, morbleu ! c'est à vous, et vos ris complaisants   625
Tirent de son esprit tous ces traits médisants
Son humeur satirique est sans cesse nourrie
Par le coupable encens de votre flatterie ;
Et son cœur a railler trouveroit moins d'appas,
S'il avoit observé qu'on ne l'applaudit pas   630

1. On voit qu'il se fatigue à dire de bons mots 1682.)

C'est ainsi qu'aux flatteurs on doit partout se prendre
Des vices où l'on voit les humains se répandre.
PHILINTE
Mais pourquoi pour ces gens un intérêt si grand,
Vous qui condamneriez ce qu'en eux on reprend ?
CÉLIMÈNE
Et ne faut-il pas bien que Monsieur contredise ? 635
A la commune voix veut-on qu'il se réduise,
Et qu'il ne fasse pas éclater en tous lieux
L'esprit contrariant qu'il a reçu des Cieux ?
Le sentiment d'autrui n'est jamais pour lui plaire.
Il prend toujours en main l'opinion contraire, 640
Et penseroit paroître un homme du commun,
Si l'on voyoit qu'il fût de l'avis de quelqu'un.
L'honneur de contredire a pour lui tant de charmes,
Qu'il prend contre lui-même assez souvent les armes,
Et ses vrais sentiments sont combattus par lui, 645
Aussitôt qu'il les voit dans la bouche d'autrui.
ALCESTE
Les rieurs sont pour vous, Madame, c'est tout dire,
Et vous pouvez pousser contre moi la satire.
PHILINTE
Mais il est véritable aussi que votre esprit
Se gendarme toujours contre tout ce qu'on dit ; 650
Et que, par un chagrin que lui-même il avoue,
Il ne sauroit souffrir qu'on blâme ni qu'on loue.
ALCESTE.
C'est que jamais, morbleu ! les hommes n'ont raison,
Que le chagrin contre eux est toujours de saison,
Et que je vois qu'ils sont, sur toutes les affaires, 655
Loueurs impertinents ou censeurs téméraires.
CÉLIMÈNE.
Mais...
ALCESTE
Non, Madame, non, quand j'en devrois mourir
Vous avez des plaisirs que je ne puis souffrir ;
Et l'on a tort ici de nourrir dans votre âme
Ce grand attachement aux défauts qu'on y blâme. 660
CLITANDRE.
Pour moi, je ne sais pas, mais j'avouerai tout haut
Que j'ai cru jusqu'ici Madame sans défaut.
ACASTE
De grâces et d'attraits je vois qu'elle est pourvue,
Mais les défauts qu'elle a ne frappent point ma vue.
ALCESTE
Ils frappent tous la mienne, et, loin de m'en cacher, 665

Elle sait que j'ai soin de les lui reprocher
Plus on aime quelqu'un, moins il faut qu'on le flatte,
A ne rien pardonner le pur amour éclate ;
Et je bannirois, moi, tous ces lâches amants
Que je verrois soumis à tous mes sentiments, 670
Et dont, à tout propos, les molles complaisances
Donneroient de l'encens à mes extravagances.

CÉLIMÈNE.

Enfin, s'il faut qu'à vous s'en rapportent les cœurs,
On doit, pour bien aimer, renoncer aux douceurs,
Et du parfait amour mettre l'honneur suprême 675
A bien injurier les personnes qu'on aime.

ÉLIANTE.

L'amour, pour l'ordinaire est peu fait à ces lois
Et l'on voit les amants vanter toujours leur choix
Jamais leur passion n'y voit rien de blâmable,
Et dans l'objet aimé tout leur devient aimable 680
Ils comptent les défauts pour des perfections,
Et savent y donner de favorables noms
La pâle est au jasmin en blancheur comparable,
La noire a faire peur une brune adorable,
La maigre a de la taille et de la liberté, 685
La grasse est, dans son port, pleine de majesté,
La malpropre sur soi, de peu d'attraits chargée,
Est mise sous le nom de beauté négligée,
La géante paroît une déesse aux yeux,
La naine, un abrégé des merveilles des cieux, 690
L'orgueilleuse a le cœur digne d'une couronne,
La fourbe a de l'esprit la sotte est toute bonne,
La trop grande parleuse est d'agréable humeur,
Et la muette garde une honnête pudeur.
C'est ainsi qu'un amant dont l'ardeur est extrême, 695
Aime jusqu'aux défauts des personnes qu'il aime [1]

---

1. Ce morceau est d'autant plus précieux que c'est le seul fragment qui nous reste, retouché probablement pour prendre place dans le *Misanthrope* d'une traduction libre de Lucrèce que Molière avait faite dans sa jeunesse, en prose, dit Grimarest, pour les parties descriptives, et en vers pour les discussions philosophiques. Voici le passage correspondant de Lucrèce (livre IV, vers 1149-1164).

>   Nam faciunt homines plerumque, cupidine cæci
>   Et tribuunt ea quæ non sunt his commoda vere
>   Multimodis igitur pravas turpesque videmus
>   Esse in deliciis, summoque in honore vigere
>   . . . .
>   Nigra, μελίχροος est, immunda ac fetida, ἄκοσμος,
>   Cæsia, Παλλάδιον, nervosa et lignea, δορκάς;

ALCESTE
Et moi, je soutiens, moi ..

CÉLIMÈNE
Brisons là ce discours,
Et dans la galerie allons faire deux tours.
Quoi ? vous vous en allez, Messieurs ?

CLITANDRE ET ACASTE
Non pas, Madame.

ALCESTE
La peur de leur départ occupe fort votre âme 700
Sortez quand vous voudrez, Messieurs ; mais j'avertis
Que je ne sois qu'après que vous serez sortis

ACASTE.
A moins de voir Madame en être importunée,
Rien ne m'appelle ailleurs de toute la journée.

CLITANDRE.
Moi, pourvu que je puisse être au petit couché 705
Je n'ai point d'autre affaire où je sois attaché

CÉLIMÈNE *à Alceste.*
C'est pour rire, je crois

ALCESTE.
Non, en aucune sorte.
Nous verrons si c'est moi que vous voudrez qui sorte

SCÈNE V

ALCESTE, CÉLIMÈNE, ÉLIANTE, ACASTE PHILINTE CLITANDRE, BASQUE

BASQUE, *à Alceste*
Monsieur, un homme est là qui voudroit vous parler
Pour affaire, dit il, qu'on ne peut reculer. 710

ALCESTE.
Dis lui que je n'ai point d'affaires si pressées.

Parvola, pumilio, Χαρίτων μία, tota merum sal;
Magna atque immanis, κατάπληξις, plenaque honoris
Balba, loqui non quit ? τραυλίζει, muta, pudens est,
At flagrans, odiosa, loquacula, λαμπάδιον fit,
Ἰσχνὸν ἐρωμένιον tum fit, quum vivere non quit
Præ macie ῥαδινή vero est, jam mortua tussi
Simula, Σιληνὴ ac Σατύρα est, labiosa, φίλημα
Cetera de genere hoc longum est si dicere cone[1].

ACTE II, SCÈNE V.

BASQUE

Il porte une jaquette à grand'basques plissées,
Avec du dor dessus[1]

CELIMÈNE, *à Alceste*.

Allez voir ce que c'est,
Ou bien faites-le entrer.

ALCESTE, *allant au devant du garde*.

Qu'est ce donc qu'il vous plaît ?
Venez, Monsieur

SCÈNE VI

ALCESTE, CELIMENE, ELIANTE, ACASTE, PHILINTE CLITANDRE
UN GARDE DE LA MARECHAUSSEE

LE GARDE.

Monsieur, j'ai deux mots à vous dire.

ALCESTE.

Vous pouvez parler haut, Monsieur pour m'en instruire

LE GARDE.

Messieurs les maréchaux, dont j'ai commandement,
Vous mandent de venir les trouver promptement[2],
Monsieur.

ALCESTE.

Qui ? moi, Monsieur ?

LE GARDE

Vous-même

ALCESTE

Et pour quoi faire ?

---

[1] Le hoqueton des gardes de la maréchaussée de France était une jaquette, c'est-à-dire un vêtement assez ample qui tombait jusqu'aux genoux *Avec du dor dessus*. Les gens du peuple et de la campagne disaient par corruption, *du dor*, pour *de l'or* Pierrot dit de même dans *le Festin de pierre* (acte II, scene 1) « Il a du dor a son habit tout depuis le haut jusqu'en bas »

[2] Avant la révolution, le tribunal des maréchaux de France connaissait des affaires d'honneur entre gentilshommes ou officiers, il réglait les réparations suivant la gravité des offenses, et pour garantie de ses jugements il exigeait la parole des deux adversaires Ce tribunal avait à Paris une garde dite de la connétablie chargée d'exécuter ses ordres.

PHILINTE, *à Alceste.*
C'est d'Oronte et de vous la ridicule affaire   720
CÉLIMÈNE, *à Philinte*
Comment ?

PHILINTE.
Oronte et lui se sont tantôt bravés
Sur certains petits vers, qu'il n'a pas approuvés ;
Et l'on veut assoupir la chose en sa naissance

ALCESTE.
Moi, je n'aurai jamais de lâche complaisance.

PHILINTE.
Mais il faut suivre l'ordre : allons, disposez vous   725

ALCESTE.
Quel accommodement veut on faire entre nous ?
La voix de ces Messieurs me condamnera t elle
A trouver bons les vers qui font notre querelle ?
Je ne me dédis point de ce que j'en ai dit
Je les trouve mechants

PHILINTE.
Mais d'un plus doux esprit..   730

ALCESTE.
Je n'en demordrai point, les vers sont execrables.

PHILINTE.
Vous devez faire voir des sentiments traitables.
Allons venez.

ALCESTE.
J'irai, mais rien n aura pouvoir
De me faire dedire.

PHILINTE
Allons vous faire voir

ALCESTE.
Hors qu un commandement exprès du Roi me vienne   735
De trouver bons les vers dont on se met en peine,
Je soutiendrai toujours, morbleu qu'ils sont mauvais,
Et qu'un homme est pendable après les avoir faits ¹

---

1 Brossette raconte que Molière engageait un jour Boileau à moins maltraiter Chapelain dans ses Satires, en lui représentant que ce poète était aimé de Colbert et du Roi lui même « Oh ! le Roi et M de Colbert feront ce qu'il leur plaira, répondit Boileau, mais, à moins que le Roi ne m'ordonne expressément de trouver bons les vers de Chapelain, je soutiendrai toujours qu'un homme, après avoir fait *la Pucelle*, mérite d'être pendu

A Clitandre et à Acaste, qui rient
Par la sangbleu ! Messieurs, je ne croyois pas être
Si plaisant que je suis.

CÉLIMÈNE
Allez vite paroître   744
Où vous devez.

ALCESTE.
J'y vais, Madame, et sur mes pas
Je reviens en ce lieu pour vider nos débats.

1   Par le sang bleu ! Messieurs, je ne croyois pas etre. (1682)

FIN DU SECOND ACTE.

ACTE TROISIÈME

SCÈNE I

CLITANDRE, ACASTE

CLITANDRE.
Cher Marquis, je te vois l'âme bien satisfaite ;
Toute chose t'égaie, et rien ne t'inquiète.
En bonne foi, crois-tu, sans t'éblouir les yeux, 745
Avoir de grands sujets de paroître joyeux ?

ACASTE
Parbleu ! je ne vois pas, lorsque je m'examine,
Où prendre aucun sujet d'avoir l'âme chagrine.
J'ai du bien, je suis jeune, et sors d'une maison
Qui se peut dire noble avec quelque raison ; 750
Et je crois, par le rang que me donne ma race,
Qu'il est fort peu d'emplois dont je ne sois en passe.
Pour le cœur, dont surtout nous devons faire cas,
On sait, sans vanité, que je n'en manque pas,
Et l'on m'a vu pousser dans le monde une affaire 755
D'une assez vigoureuse et gaillarde manière.
Pour de l'esprit, j'en ai, sans doute, et du bon goût
A juger sans étude et raisonner de tout,
A faire, aux nouveautés, dont je suis idolâtre,
Figure de savant sur les bancs du théâtre[1], 760
Y décider en chef et faire du fracas
A tous les beaux endroits qui méritent des has !
Je suis assez adroit ; j'ai bon air, bonne mine,
Les dents belles surtout, et la taille fort fine.
Quant à se mettre bien, je crois, sans me flatter, 765
Qu'on seroit mal venu de me le disputer.
Je me vois dans l'estime autant qu'on y puisse être,
Fort aimé du beau sexe, et bien auprès du maître.

---

1. Il y avait autrefois sur le théâtre, de chaque côté de l'avant-scène, des banquettes où prenoient place les jeunes seigneurs et les gens à la mode. Cet usage subsista jusqu'en 1759.

Je crois qu'avec cela, mon cher Marquis, je crois
Qu'on peut, par tout pays, être content de soi.
CLITANDRE.
Oui. Mais, trouvant ailleurs des conquêtes faciles,
Pourquoi pousser ici des soupirs inutiles ?
ACASTE.
Moi ? Parbleu, je ne suis de taille ni d'humeur
A pouvoir d'une belle essuyer la froideur.
C'est aux gens mal tournés, aux mérites vulgaires,
A brûler constamment pour des beautés sévères,
A languir à leurs pieds et souffrir leurs rigueurs,
A chercher le secours des soupirs et des pleurs,
Et tâcher, par des soins d'une très-longue suite,
D'obtenir ce qu'on nie à leur peu de mérite.
Mais les gens de mon air, Marquis, ne sont pas faits
Pour aimer à crédit, et faire tous les frais.
Quelque rare que soit le mérite des belles,
Je pense, Dieu merci, qu'on vaut son prix comme elles,
Que, pour se faire honneur d'un cœur comme le mien,
Ce n'est pas la raison qu'il ne leur coûte rien,
Et qu'au moins, à tout mettre en de justes balances,
Il faut qu'à frais communs se fassent les avances.
CLITANDRE.
Tu penses donc, Marquis, être fort bien ici ?
ACASTE.
J'ai quelque lieu, Marquis, de le penser ainsi.
CLITANDRE.
Crois-moi, détache-toi de cette erreur extrême ;
Tu te flattes, mon cher, et t'aveugles toi-même.
ACASTE.
Il est vrai, je me flatte, et m'aveugle en effet.
CLITANDRE.
Mais qui te fait juger ton bonheur si parfait ?
ACASTE.
Je me flatte.
CLITANDRE.
Sur quoi fonder tes conjectures ?
ACASTE.
Je m'aveugle.
CLITANDRE.
En as-tu des preuves qui soient sûres ?
ACASTE.
Je m'abuse, te dis-je.
CLITANDRE.
Est-ce que de ses vœux
Célimène t'a fait quelques secrets aveux ?

ACASTE

Non, je suis maltraité

CLITANDRE.
Réponds-moi, je te prie.

ACASTE.
Je n'ai que des rebuts.

CLITANDRE
Laissons la raillerie, 800
Et me dis quel espoir on peut t'avoir donné

ACASTE
Je suis le misérable et toi le fortuné :
On a pour ma personne une aversion grande.
Et quelqu'un de ces jours il faut que je me pende

CLITANDRE.
Oh ! ça, veux tu, Marquis, pour ajuster nos vœux. 805
Que nous tombions d'accord d'une chose tous deux ;
Que, qui pourra montrer une marque certaine
D'avoir meilleure part au cœur de Célimène,
L'autre ici fera place au vainqueur pretendu,
Et le délivrera d'un rival assidu ? 810

ACASTE.
Ah ! parbleu ! tu me plais avec un tel langage,
Et, du bon de mon cœur, à cela je m'engage.
Mais chut !

SCÈNE II

CÉLIMÈNE, ACASTE, CLITANDRE

CÉLIMÈNE
Encore ici ?

CLITANDRE.
L'amour retient nos pas

CÉLIMÈNE.
Je viens d'ouïr entrer un carrosse là-bas
Savez-vous qui c'est ?

CLITANDRE.
Non.

---

1 « L'ouverture du troisième (acte), dit de Visé dans la lettre déjà citée se fait par une scene entre les deux marquis, qui disent des choses fort convenables à leurs caractères. L'accord qu'ils font entre eux de se dire les marques d'estime qu'ils recevront de leur maîtresse, est une adresse de l'auteur, qui prépare la fin de sa pièce »

SCÈNE III

CÉLIMÈNE, ACASTE, CLITANDRE, BASQUE

BASQUE.

Arsinoé, Madame, 815
Monte ici pour vous voir.

CÉLIMÈNE

Que me veut cette femme?

BASQUE

Éliante là bas est à l'entretenir.

CÉLIMÈNE

De quoi s'avise-t-elle, et qui la fait venir?

ACASTE.

Pour prude consommée en tous lieux elle passe,
Et l'ardeur de son zèle...

CÉLIMÈNE.

Oui, oui, franche grimace. 820
Dans l'âme elle est du monde, et ses soins tentent tout
Pour accrocher quelqu'un, sans en venir à bout.
Elle ne sauroit voir qu'avec un œil d'envie
Les amants déclarés dont une autre est suivie ;
Et son triste mérite, abandonné de tous, 825
Contre le siècle aveugle est toujours en courroux.
Elle tâche à couvrir d'un faux voile de prude
Ce que chez elle on voit d'affreuse solitude,
Et, pour sauver l'honneur de ses foibles appas,
Elle attache du crime au pouvoir qu'ils n'ont pas. 830
Cependant un amant plairoit fort à la dame,
Et même pour Alceste elle a tendresse d'âme.
Ce qu'il me rend de soins outrage ses attraits,
Elle veut que ce soit un vol que je lui fais,
Et son jaloux dépit, qu'avec peine elle cache, 835
En tous endroits sous main contre moi se détache.
Enfin je n'ai rien vu de si sot à mon gré,
Elle est impertinente au suprême degré,
Et..

SCÈNE IV

ARSINOÉ, CÉLIMÈNE, CLITANDRE, BASQUE

CÉLIMÈNE.

Ah! quel heureux sort en ce lieu vous amène?
Madame, sans mentir, j'étois de vous en peine. 840

ARSINOÉ
Je viens pour quelque avis que j'ai cru vous devoir.
CÉLIMÈNE
Ah, mon Dieu ! que je suis contente de vous voir.
ARSINOÉ
Leur départ ne pouvoit plus à propos se faire.
CÉLIMÈNE.
Voulons-nous nous asseoir ?
ARSINOÉ
Il n'est pas nécessaire.
Madame, l'amitié doit surtout éclater   845
Aux choses qui le plus nous peuvent importer,
Et, comme il n'en est point de plus grande importance
Que celles de l'honneur et de la bienséance,
Je viens, par un avis qui touche votre honneur,
Témoigner l'amitié que pour vous a mon cœur.   850
Hier j'étois chez des gens de vertu singulière,
Où sur vous du discours on tourna la matière ;
Et là votre conduite, avec ses grands éclats,
Madame, eut le malheur qu'on ne la loua pas.
Cette foule de gens dont vous souffrez visite,   855
Votre galanterie, et les bruits qu'elle excite
Trouverent des censeurs plus qu'il n'auroit fallu,
Et bien plus rigoureux que je n'eusse voulu.
Vous pouvez bien penser quel parti je sus prendre :
Je fis ce que je pus pour vous pouvoir défendre,   860
Je vous excusai fort sur votre intention,
Et voulus de votre âme être la caution.
Mais vous savez qu'il est des choses dans la vie
Qu'on ne peut excuser, quoiqu'on en ait envie,
Et je me vis contrainte à demeurer d'accord   865
Que l'air dont vous viviez vous faisoit un peu tort,
Qu'il prenoit dans le monde une méchante face,
Qu'il n'est conte fâcheux que partout on n'en fasse,
Et que, si vous vouliez, tous vos déportements
Pourroient moins donner prise aux mauvais jugements.   870
Non que j'y croie au fond l'honnêteté blessée :
Me préserve le Ciel d'en avoir la pensée !
Mais aux ombres du crime on prête aisément foi,
Et ce n'est pas assez de bien vivre pour soi.
Madame, je vous crois l'âme trop raisonnable   875
Pour ne pas prendre bien cet avis profitable[1],

  1. Destouches a imité ces deux vers dans *le Philosophe marié* (acte I, scène IV) :
      Je pense que Finette est assez raisonnable
      Pour prendre en bonne part cet avis charitable.

Et pour 1 attribuer qu'aux mouvements secrets
D'un zèle qui m'attache à tous vos intérêts

CÉLIMÈNE

Madame, j'ai beaucoup de grâces à vous rendre
Un tel avis m'oblige, et loin de le mal prendre, 880
J'en prétends reconnoître à l'instant la faveur
Par un avis aussi qui touche votre honneur,
Et, comme je vous vois vous montrer mon amie,
En m'apprenant les bruits que de moi l'on publie,
Je veux suivre, à mon tour, un exemple si doux, 885
En vous avertissant de ce qu'on dit de vous.
En un lieu, l'autre jour, où je faisois visite,
Je trouvai quelques gens d'un très rare mérite,
Qui, parlant des vrais soins d'une âme qui vit bien
Firent tomber sur vous, Madame, l'entretien. 890
Là, votre pruderie et vos éclats de zèle
Ne furent pas cités comme un fort bon modèle
Cette affectation d'un grave extérieur,
Vos discours éternels de sagesse et d'honneur,
Vos mines et vos cris aux ombres d'indécence 895
Que d'un mot ambigu peut avoir l'innocence
Cette hauteur d'estime où vous êtes de vous
Et ces yeux de pitié que vous jetez sur tous,
Vos fréquentes leçons et vos aigres censures
Sur des choses qui sont innocentes et pures 900
Tout cela, si je puis vous parler franchement,
Madame, fut blâmé d'un commun sentiment
« À quoi bon, disoient-ils, cette mine modeste,
Et ce sage dehors qui dément tout le reste?
Elle est à bien prier exacte au dernier point, 905
Mais elle bat ses gens, et ne les paye point
Dans tous les lieux dévots elle étale un grand zèle,
Mais elle met du blanc, et veut paroître belle.
Elle fait des tableaux couvrir les nudités,
Mais elle a de l'amour pour les réalités » 910
Pour moi, contre chacun, je pris votre défense,
Et leur assurai fort que c'étoit médisance,
Mais tous les sentiments combattirent le mien,
Et leur conclusion fut que vous feriez bien
De prendre moins de soin des actions des autres, 915
Et de vous mettre un peu plus en peine des vôtres,
Qu'on doit se regarder soi-même un fort long temps
Avant que de songer à condamner les gens,

1 C'est-à-dire pour l'attribuer à autre chose qu'aux mouvements secrets

Qu'il faut mettre le poids d'une vie exemplaire
Dans les corrections qu'aux autres on veut faire,
Et qu'encor vaut il mieux s'en remettre, au besoin,
A ceux a qui le Ciel en a commis le soin.
Madame, je vous crois aussi trop raisonnable
Pour ne pas prendre bien cet avis profitable,
Et pour l'attribuer qu'aux mouvements secrets 925
D'un zèle qui m'attache à tous vos intérêts

ARSINOÉ.

A quoi qu'en reprenant on soit assujettie,
Je ne m'attendois pas a cette repartie,
Madame, et je vois bien, par ce qu'elle a d'aigreur,
Que mon sincere avis vous a blessée au cœur. 930

CÉLIMÈNE.

Au contraire Madame; et, si l'on étoit sage,
Ces avis mutuels seroient mis en usage.
On détruiroit par là, traitant de bonne foi,
Ce grand aveuglement ou chacun est pour soi.
Il ne tiendra qu'à vous qu'avec le même zèle 935
Nous ne continuions cet office fidele,
Et ne prenions grand soin de nous dire entre nous
Ce que nous entendrons, vous de moi, moi de vous

ARSINOÉ.

Ah! Madame, de vous je ne puis rien entendre,
C'est en moi que l'on peut trouver fort à reprendre. 940

CÉLIMÈNE

Madame, on peut, je crois, louer et blâmer tout,
Et chacun a raison, suivant l'âge ou le goût
Il est une saison pour la galanterie
Il en est une aussi propre à la pruderie.
On peut, par politique, en prendre le parti, 945
Quand de nos jeunes ans l'éclat est amorti
Cela sert a couvrir de fâcheuses disgrâces
Je ne dis pas qu'un jour je ne suive vos traces,
L'âge amènera tout, et ce n'est pas le temps,
Madame, comme on sait, d'être prude a vingt ans 950

ARSINOÉ.

Certes, vous vous targuez d'un bien foible avantage,
Et vous faites sonner terriblement votre âge
Ce que de plus que vous on en pourroit avoir,
N'est pas un si grand cas¹ pour s'en tant prévaloir;

---

1 *Un si grand cas*, une si grande chose. Il y a des éditeurs qui, ne comprenant pas cette locution passée d'usage, y ont substitué ; *N'est pas d'un si grand cas*

Et je ne sais pourquoi votre âme ainsi s'emporte, 955
Madame, à me pousser de cette étrange sorte.
CÉLIMÈNE.
Et moi, je ne sais pas, Madame aussi pourquoi
On vous voit en tous lieux vous déchaîner sur moi
Faut il de vos chagrins sans cesse a moi vous prendre?
Et puis je mais des soins qu'on ne va pas vous rendre? 960
Si ma personne aux gens inspire de l'amour,
Et si l'on continue a m'offrir chaque jour
Des vœux que votre cœur peut souhaiter qu'on m'ôte,
Je n'y saurois que faire, et ce n'est pas ma faute.
Vous avez le champ libre, et je n'empêche pas 965
Que, pour les attirer vous n'ayez des appas.
ARSINOÉ.
Hélas! et croyez vous que l'on se mette en peine
De ce nombre d'amants dont vous faites la vaine,
Et qu'il ne nous soit pas fort aisé de juger
A quel prix aujourd'hui l'on peut les engager? 970
Pensez vous faire croire, à voir comme tout roule
Que votre seul merite attire cette foule?
Qu'ils ne brûlent pour vous que d'un honnête amour,
Et que pour vos vertus ils vous font tous la cour?
On ne s'aveugle point par de vaines defaites 975
Le monde n'est point dupe; et j'en vois qui sont faites
A pouvoir inspirer de tendres sentiments,
Qui chez elles pourtant ne fixent point d'amants,
Et de la nous pouvons tirer des consequences,
Qu'on n'acquiert point leurs cœurs sans de grandes avances,
Qu'aucun, pour nos beaux yeux, n'est notre soupirant,
Et qu'il faut acheter tous les soins qu'on nous rend
Ne vous enflez donc point d'une si grande gloire,
Pour les petits brillants[1] d'une foible victoire,
Et corrigez un peu l'orgueil de vos appas, 985
De traiter pour cela les gens de haut en bas
Si nos yeux envioient les conquêtes des vôtres,
Je pense qu'on pourroit faire comme les autres,
Ne se point ménager, et vous faire bien voir
Que l'on a des amants quand on en veut avoir. 990
CÉLIMÈNE
Ayez-en donc, Madame, et voyons cette affaire;
Par ce rare secret efforcez-vous de plaire,
Et sans.....

---

1 L'Academie, dans la premiere edition de son *Dictionnaire*, cite les exemples *Il y a bien des brillants de grands brillants dans ce poëme*

ARSINOÉ.

Brisons, Madame, un pareil entretien :
Il pousseroit trop loin votre esprit et le mien ;
Et j'aurois pris déjà le congé qu'il faut prendre, 995
Si mon carrosse encor ne m'obligeoit d'attendre

CÉLIMÈNE.

Autant qu'il vous plaira vous pouvez arrêter,
Madame, et là dessus rien ne doit vous hâter
Mais, sans vous fatiguer de ma cérémonie,
Je m'en vais vous donner meilleure compagnie, 1000
Et Monsieur, qu'à propos le hasard fait venir,
Remplira mieux ma place à vous entretenir.
Alceste, il faut que j'aille écrire un mot de lettre,
Que, sans me faire tort, je ne saurois remettre
Soyez avec Madame elle aura la bonté 1005
D'excuser aisément mon incivilité.

SCÈNE V

ALCESTE, ARSINOÉ

ARSINOÉ.

Vous voyez, elle veut que je vous entretienne,
Attendant un moment que mon carrosse vienne,
Et jamais tous ses soins ne pouvoient m'offrir rien
Qui me fût plus charmant qu'un pareil entretien 1010
En vérité, les gens d'un mérite sublime
Entraînent de chacun et l'amour et l'estime,
Et le vôtre sans doute a des charmes secrets
Qui font entrer mon cœur dans tous vos intérêts
Je voudrois que la cour, par un regard propice, 1015
A ce que vous valez rendît plus de justice
Vous avez à vous plaindre, et je suis en courroux
Quand je vois chaque jour qu'on ne fait rien pour vous.

ALCESTE

Moi, Madame ? Et sur quoi pourrois-je en rien prétendre ?
Quel service à l'État est-ce qu'on m'a vu rendre ? 1020
Qu'ai-je fait, s'il vous plaît, de si brillant de soi,
Pour me plaindre à la cour qu'on ne fait rien pour moi ?

ARSINOÉ

Tous ceux sur qui la cour jette des yeux propices
N ont pas toujours rendu de ces fameux services.
Il faut l occasion ainsi que le pouvoir, 1025

Et le mérite enfin que vous nous faites voir
Devroit....

ALCESTE

Mon Dieu laissons mon mérite de grâce
De quoi voulez vous là que la cour s'embarrasse ?
Elle auroit fort à faire, et ses soins seroient grands
D'avoir à déterrer le mérite des gens   1030

ARSINOÉ

Un mérite éclatant se déterre lui même.
Du vôtre en bien des lieux on fait un cas extrême,
Et vous saurez de moi qu'en deux fort bons endroits
Vous fûtes hier loué par des gens d'un grand poids

ALCESTE

Hé ! Madame, l'on loue aujourd'hui tout le monde,   1035
Et le siècle par là n'a rien qu'on ne confonde
Tout est d'un grand mérite également doué
Ce n'est plus un honneur que de se voir loué,
D'éloges on regorge, à la tête on les jette,
Et mon valet de chambre est mis dans la gazette.   1040

ARSINOÉ

Pour moi, je voudrois bien que, pour vous montrer mieux,
Une charge à la cour vous pût frapper les yeux.
Pour peu que d'y songer vous nous fassiez les mines,
On peut, pour vous servir, remuer des machines,
Et j'ai des gens en main que j'emploierai pour vous,   1045
Qui vous feront à tout un chemin assez doux

ALCESTE

Et que voudriez vous, Madame, que j'y fisse ?
L'humeur dont je me sens veut que je m'en bannisse
Le Ciel ne m'a point fait, en me donnant le jour
Une ame compatible avec l'air de la cour   1050
Je ne me trouve point les vertus necessaires
Pour y bien réussir, et faire mes affaires
Être franc et sincère est mon plus grand talent,
Je ne sais point jouer les hommes en parlant,
Et qui n'a pas le don de cacher ce qu'il pense,   1055
Doit faire en ce pays fort peu de résidence[1].

1   Quid Romæ faciam ? Mentiri nescio librum,
    Si malus est nequeo laudare et poscere .
                    (JUVENAL, satire III, vers 41 et 42)
    Mais moi, vivre à Paris ! Eh qu'y voudrois je faire ?
    Je ne sais ni tromper, ni feindre, ni mentir,
    Et quand je le pourrois je n'y puis consentir.
                    (BOILEAU, satire I, vers 42-44)
    « Le reproche en un sens, le plus honorable que l'on puisse
    faire a un homme, c'est de lui dire qu'il ne sait pas la cour il

Hors de la cour sans doute on n'a pas cet appui,
Et ces titres d'honneur qu'elle donne aujourd'hui,
Mais on n'a pas aussi, perdant ces avantages,
Le chagrin de jouer de fort sots personnages 1060
On n'a point à souffrir mille rebuts cruels,
On n'a point à louer les vers de Messieurs tels,
A donner de l'encens à Madame une telle,
Et de nos francs marquis essuyer la cervelle.
ARSINOÉ.
Laissons, puisqu'il vous plaît, ce chapitre de cour, 1065
Mais il faut que mon cœur vous plaigne en votre amour
Et, pour vous découvrir là-dessus mes pensées,
Je souhaiterois fort vos ardeurs mieux placées
Vous méritez sans doute un sort beaucoup plus doux,
Et celle qui vous charme est indigne de vous 1070
ALCESTE
Mais, en disant cela, songez vous, je vous prie
Que cette personne est, Madame, votre amie ?
ARSINOÉ.
Oui mais ma conscience est blessée en effet
De souffrir plus longtemps le tort que l'on vous fait,
L'état où je vous vois afflige trop mon âme 1075
Et je vous donne avis qu'on trahit votre flamme
ALCESTE.
C'est me montrer, Madame, un tendre mouvement
Et de pareils avis obligent un amant
ARSINOÉ.
Oui, toute mon amie, elle est et je la nomme
Indigne d'asservir le cœur d'un galant homme; 1080
Et le sien n'a pour vous que de feintes douceurs.
ALCESTE
Cela se peut, Madame, on ne voit pas les cœurs,
Mais votre charité se seroit bien passée
De jeter dans le mien une telle pensée.
ARSINOÉ.
Si vous ne voulez pas être désabusé, 1085
Il faut ne vous rien dire, il est assez aisé.

n'y a sorte de vertus qu'on ne rassemble en lui par ce seul mot
Un homme qui sait la cour est maître de son geste, de ses yeux et
de son visage il est profond, impénétrable, il dissimule les mauvais offices sourit à ses ennemis, contraint son humeur, déguise ses passions, dément son cœur, parle, agit contre ses sentiments
Tout ce grand raffinement n'est qu'un vice que l'on appelle
fausseté quelquefois aussi inutile au courtisan pour sa fortune
que la franchise la sincérité et la vertu. » (LA BRUYÈRE, *de la Cour*)

ACTE III, SCÈNE V.

ALCESTE

Non ; mais sur ce sujet, quoi que l'on nous expose,
Les doutes sont fâcheux plus que toute autre chose
Et je voudrois pour moi, qu'on ne me fît savoir
Que ce qu'avec clarté l'on peut me faire voir   1090

ARSINOÉ.

Eh bien, c'est assez dit, et sur cette matière
Vous allez recevoir une pleine lumière
Oui, je veux que de tout vos yeux vous fassent foi
Donnez moi seulement la main jusque chez moi,
Là je vous ferai voir une preuve fidèle   1095
De l'infidélité du cœur de votre belle²,
Et, si pour d'autres yeux le vôtre peut brûler
On pourra vous offrir de quoi vous consoler

---

1   Oui, je veux que du tout vos yeux vous fassent foi (1682).
2   On a reproché ce jeu de mots à Molière, en faisant remarquer que Malherbe et Corneille se l'étaient permis avant lui ; l'un dans *les Larmes de saint Pierre* (vers 6)

   Fait de tous les assauts que la rage peut faire
   Une fidèle preuve à l'infidélité ;

l'autre dans *Cinna* (acte IV, scène II).

   Rends un sang infidèle à l'infidélité

ACTE QUATRIÈME

SCÈNE I

ÉLIANTE, PHILINTE

PHILINTE

Non l'on n'a point vu d'âme à manier si dure,
Ni d'accommodement plus pénible à conclure ; 1100
En vain de tous côtés on l'a voulu tourner,
Hors de son sentiment on n'a pu l'entraîner ;
Et jamais différend si bizarre, je pense,
N'avoit de ces Messieurs occupé la prudence.
« Non, Messieurs, disoit-il, je ne me dédis point, 1105
Et tomberai d'accord de tout, hors de ce point.
De quoi s'offense-t-il ? et que veut-il me dire ?
Y va-t-il de sa gloire à ne pas bien écrire ?
Que lui fait mon avis, qu'il a pris de travers ?
On peut être honnête homme, et faire mal des vers : 1110
Ce n'est point à l'honneur que touchent ces matières ;
Je le tiens galant homme en toutes les manières,
Homme de qualité, de mérite, et de cœur,
Tout ce qu'il vous plaira, mais fort méchant auteur.
Je louerai, si l'on veut, son train et sa dépense, 1115
Son adresse à cheval, aux armes, à la danse,
Mais, pour louer ses vers, je suis son serviteur¹,
Et, lorsque d'en mieux faire on n'a pas le bonheur,
On ne doit de rimer avoir aucune envie,

---

1. Bien peu de temps après Molière, Boileau, parlant de Chapelain, disait dans sa *satire* IX composée en 1667, publiée en 1668 :

> Qu'on vante en lui la foi, l'honneur, la probité,
> Qu'on prise sa candeur et sa civilité ;
> Qu'il soit doux, complaisant, officieux, sincère,
> On le veut, j'y souscris et suis prêt à me taire.
> Mais que pour un modèle on montre ses écrits,
> Qu'il soit le mieux renté de tous les beaux esprits,
> Comme roi des auteurs qu'on l'élève à l'empire,
> Ma bile alors s'échauffe, et je brûle d'écrire

Qu'on n'y soit condamné sur peine de la vie¹ » 1120
Enfin toute la grâce et l'accommodement
Où s'est avec effort plié son sentiment,
C'est de dire, croyant adoucir bien son style
« Monsieur, je suis fâché d'être si difficile,
Et, pour l'amour de vous, je voudrois de bon cœur 1125
Avoir trouvé tantôt votre sonnet meilleur »
Et dans une embrassade, on leur a, pour conclure,
Fait vite envelopper toute la procédure.

ÉLIANTE.

Dans ses façons d'agir il est fort singulier,
Mais j'en fais, je l'avoue, un cas particulier, 1130
Et la sincérité dont son âme se pique
A quelque chose en soi de noble et d'héroïque
C'est une vertu rare au siècle d'aujourd'hui,
Et je la voudrois voir partout comme chez lui.

PHILINTE

Pour moi, plus je le vois, plus surtout je m'étonne 1135
De cette passion où son cœur s'abandonne
De l'humeur dont le Ciel a voulu le former,
Je ne sais pas comment il s'avise d'aimer,
Et je sais moins encor comment votre cousine
Peut être la personne où son penchant l'incline. 1140

ÉLIANTE

Cela fait assez voir que l'amour, dans les cœurs
N'est pas toujours produit par un rapport d'humeurs
Et toutes ces raisons de douces sympathies²
Dans cet exemple ci se trouvent démenties.

PHILINTE

Mais croyez-vous qu'on l'aime aux choses qu'on peut voir ? 1145

---

1 Cizeron Rival rapporte, dans ses *Mélanges* (p 129), un mot semblable de Malherbe a un jeune magistrat qui était venu le consulter sur des vers de sa façon. Le poète écouta longtemps sa lecture en silence, mais enfin il se lève, et lui demande *s'il a eu l'alternative de faire ces vers ou d'être pendu* a moins de cela, ajoute t il, vous ne devez pas exposer votre réputation en produisant une pièce si ridicule.

2 La *sympathie*, mot alors fort à la mode, est ainsi définie dans la *Rodogune* de Corneille (acte I, scène v, vers 359 362)

> Il est des nœuds secrets, il est des sympathies
> Dont par le doux rapport les âmes assorties
> S'attachent une à l'autre et se laissent piquer
> Par ces je ne sais quoi qu'on ne peut expliquer

Voyez aussi la *Suite du Menteur* (acte IV, scène 1, vers 1221-1234)

ÉLIANTE.
C'est un point qu'il n'est pas fort aisé de savoir.
Comment pouvoir juger s'il est vrai qu'elle l'aime ?
Son cœur de ce qu'il sent n'est pas bien sûr lui-même
Il aime quelquefois sans qu'il le sache bien,
Et croit aimer aussi parfois qu'il n'en est rien   1150
PHILINTE.
Je crois que notre ami, près de cette cousine,
Trouvera des chagrins plus qu'il ne s'imagine ;
Et, s'il avoit mon cœur, à dire vérité,
Il tourneroit ses vœux tout d'un autre côté,
Et, par un choix plus juste, on le verroit, Madame   1155
Profiter des bontés que lui montre votre âme
ÉLIANTE.
Pour moi, je n'en fais point de façons, et je croi
Qu'on doit, sur de tels points, être de bonne foi
Je ne m'oppose point à toute sa tendresse.
Au contraire, mon cœur pour elle s'intéresse,   1160
Et, si c'etoit qu'à moi la chose pût tenir,
Moi-même à ce qu'il aime on me verroit l'unir.
Mais, si dans un tel choix, comme tout se peut faire,
Son amour éprouvoit quelque destin contraire,
S'il falloit que d'un autre on couronnât les feux,   1165
Je pourrois me resoudre à recevoir ses vœux,
Et le refus souffert en pareille occurrence
Ne m'y feroit trouver aucune répugnance
PHILINTE.
Et moi, de mon côté, je ne m'oppose pas,
Madame, à ces bontés qu'ont pour lui vos appas ,   1170
Et lui même, s'il veut, il peut bien vous instruire
De ce que là dessus j'ai pris soin de lui dire.
Mais si, par un hymen qui les joindroit eux deux
Vous étiez hors d'etat de recevoir ses vœux,
Tous les miens tenteroient la faveur eclatante   1175
Qu'avec tant de bonté votre âme lui présente.
Heureux si, quand son cœur s'y pourra dérober,
Elle pouvoit sur moi, Madame, retomber ?
ÉLIANTE.
Vous vous divertissez, Philinte.
PHILINTE
Non, Madame,
Et je vous parle ici du meilleur de mon âme   1180
J'attends l'occasion de m'offrir hautement,
Et, de tous mes souhaits, j'en presse le moment

SCÈNE II

ALCESTE, ÉLIANTE, PHILINTE

ALCESTE

Ah! faites-moi raison, Madame, d'une offense
Qui vient de triompher de toute ma constance.

ÉLIANTE

Qu'est-ce donc? Qu'avez-vous qui vous puisse émouvoir? 1185

ALCESTE

J'ai ce que, sans mourir, je ne puis concevoir,
Et le déchaînement de toute la nature
Ne m'accableroit pas comme cette aventure.
C'en est fait.. Mon amour.. Je ne saurois parler.

ÉLIANTE.

Que votre esprit un peu tâche à se rappeler¹ 1190

ALCESTE

O juste Ciel! Faut-il qu'on joigne à tant de grâces
Les vices odieux des âmes les plus basses!

ÉLIANTE

Mais encor, qui vous peut..

ALCESTE.

Ah, tout est ruiné,
Je suis, je suis trahi, je suis assassiné
Célimène... Eût-on pu croire cette nouvelle? 1195
Célimène me trompe, et n'est qu'une infidèle.

ÉLIANTE.

Avez-vous, pour le croire, un juste fondement?

PHILINTE

Peut-être est-ce un soupçon conçu légèrement,
Et votre esprit jaloux prend parfois des chimères..

ALCESTE

Ah, morbleu! mêlez-vous, Monsieur, de vos affaires 1200
[A Éliante :]
C'est de sa trahison n'être que trop certain,
Que l'avoir, dans ma poche, écrite de sa main.
Oui, Madame, une lettre écrite pour Oronte

---

1 Molière a emprunté ce vers et les cinq précédents, avec des changements de mots dans chacun d'eux puis encore ci-après les vers 1193 et 1194, à la scène vii du IVe acte de sa comédie de *Don Garcie de Navarre*, représentée sans succès en 1661 Pour les deux scenes suivantes, il a fait divers emprunts à la même pièce à la scène iii du Ier acte, à la ve de l'acte II, à la i^{re} de l'acte III et à la viiie de l'acte IV

A produit à mes yeux ma disgrâce et sa honte,
Oronte, dont j'ai cru qu'elle fuyoit les soins, 1205
Et que de mes rivaux je redoutois le moins

PHILINTE

Une lettre peut bien tromper par l'apparence,
Et n'est pas quelquefois si coupable qu'on pense.

ALCESTE.

Monsieur, encore un coup, laissez moi, s'il vous plaît,
Et ne prenez souci que de votre intérêt 1210

ÉLIANTE

Vous devez moderer vos transports, et l'outrage..

ALCESTE

Madame, c'est à vous qu'appartient cet ouvrage,
C'est à vous que mon cœur a recours aujourd'hui,
Pour pouvoir s'affranchir de son cuisant ennui.
Vengez moi d'une ingrate et perfide parente 1215
Qui trahit lâchement une ardeur si constante,
Vengez moi de ce trait qui doit vous faire horreur.

ÉLIANTE.

Moi, vous venger? Comment?

ALCESTE.

En recevant mon cœur.

Acceptez le, Madame, au lieu de l'infidèle
C'est par la que je puis prendre vengeance d'elle, 1220
Et je la veux punir par les sincères vœux,
Par le profond amour, les soins respectueux,
Les devoirs empressés et l'assidu service
Dont ce cœur va vous faire un ardent sacrifice.

ÉLIANTE.

Je compatis, sans doute, à ce que vous souffrez, 1225
Et ne méprise point le cœur que vous m'offrez,
Mais peut-être le mal n'est pas si grand qu'on pense,
Et vous pourrez quitter ce desir de vengeance.
Lorsque l'injure part d'un objet plein d'appas,
On fait force desseins qu'on n'exécute pas, 1230
On a beau voir, pour rompre, une raison puissante,
Une coupable aimée est bientôt innocente;
Tout le mal qu'on lui veut se dissipe aisément,
Et l'on sait ce que c'est qu'un courroux d'un amant[1].

ALCESTE.

Non, non, Madame, non. L'offense est trop mortelle; 1235
Il n'est point de retour, et je romps avec elle
Rien ne sauroit changer le dessein que j'en fais,

---

[1]   In amore semper mendax iracundia est
       (P SYRUS.)

Et je me punirois de l'estimer jamais.
La voici. Mon courroux redouble à cette approche;
Je vais de sa noirceur lui faire un vif reproche, 1240
Pleinement la confondre, et vous porter après
Un cœur tout dégagé de ses trompeurs attraits.

SCENE III

CÉLIMÈNE, ALCESTE

ALCESTE [*à part*].

O Ciel! de mes transports puis-je être ici le maître?

CÉLIMÈNE [*à part*].

Ouais!

A Alceste.

Quel est donc le trouble où je vous vois paroître?
Et que me veulent dire, et ces soupirs poussés, 1245
Et ces sombres regards que sur moi vous lancez?

ALCESTE.

Que toutes les horreurs dont une âme est capable
A vos déloyautés n'ont rien de comparable;
Que le sort, les démons, et le Ciel en courroux
N'ont jamais rien produit de si méchant que vous. 1250

CÉLIMÈNE.

Voilà certainement des douceurs que j'admire.

ALCESTE

Ah! ne plaisantez point, il n'est pas temps de rire.
Rougissez bien plutôt, vous en avez raison;
Et j'ai de sûrs témoins de votre trahison.
Voilà ce que marquoient les troubles de mon âme, 1255
Ce n'étoit pas en vain que s'alarmoit ma flamme;
Par ces fréquents soupçons qu'on trouvoit odieux,
Je cherchois le malheur qu'ont rencontré mes yeux;
Et, malgré tous vos soins et votre adresse à feindre,
Mon astre me disoit ce que j'avois à craindre. 1260
Mais ne présumez pas que, sans être vengé,
Je souffre le dépit de me voir outragé.
Je sais que sur les vœux on n'a point de puissance,
Que l'amour veut partout naître sans dépendance,
Que jamais par la force on n'entra dans un cœur, 1265
Et que toute âme est libre à nommer son vainqueur.
Aussi ne trouverois-je aucun sujet de plainte,
Si pour moi votre bouche avoit parlé sans feinte.
Et, rejetant mes vœux dès le premier abord,

Mon cœur n'auroit eu droit de s'en prendre qu'au sort 1270
Mais d'un aveu trompeur voir ma flamme applaudie,
C'est une trahison, c'est une perfidie
Qui ne sauroit trouver de trop grands châtiments ;
Et je puis tout permettre à mes ressentiments
Oui, oui, redoutez tout après un tel outrage 1275
Je ne suis plus à moi, je suis tout à la rage.
Percé du coup mortel dont vous m'assassinez,
Mes sens par la raison ne sont plus gouvernés,
Je cède aux mouvements d'une juste colère,
Et je ne réponds pas de ce que je puis faire¹ 1280

CÉLIMÈNE.

D'où vient donc, je vous prie, un tel emportement?
Avez-vous, dites-moi, perdu le jugement?

ALCESTE

Oui, oui, je l'ai perdu, lorsque dans votre vue
J'ai pris, pour mon malheur, le poison qui me tue,
Et que j'ai cru trouver quelque sincérité 1285
Dans les traîtres appas dont je fus enchanté.

CÉLIMÈNE.

De quelle trahison pouvez-vous donc vous plaindre?

ALCESTE.

Ah! que ce cœur est double, et sait bien l'art de feindre!
Mais, pour le mettre à bout, j'ai des moyens tous² prêts
etez ici les yeux, et connoissez vos traits. 1290
Ce billet découvert suffit pour vous confondre,
Et contre ce témoin on n'a rien à répondre

CÉLIMÈNE

Voilà donc le sujet qui vous trouble l'esprit?

ALCESTE

Vous ne rougissez pas en voyant cet écrit?

CÉLIMÈNE.

Et par quelle raison faut-il que j'en rougisse? 1295

ALCESTE.

Quoi? vous joignez ici l'audace à l'artifice
Le désavouerez-vous, pour n'avoir point de seing?

CÉLIMÈNE.

Pourquoi désavouer un billet de ma main³?

---

1 Voltaire cite cette tirade pour montrer que le style de la comedie peut s'élever quelquefois jusqu'à la hauteur de celui de la tragédie C'est, en effet, un frappant exemple à l'appui du vers d'Horace (*de Arte poetica* vers 93)
  Interdum tamen et vocem comœdia tollit.
2 Il y ainsi *tous* dans l'édition originale
3 Aimé Martin qui dans Alceste reconnait le poète lui-même, dit que « aventure du billet est encore un trait de sa vie », et

ACTE IV, SCÈNE III

ALCESTE

Et vous pouvez le voir sans demeurer confuse
Du crime dont vers moi son style vous accuse! 1300

CÉLIMÈNE

Vous êtes, sans mentir, un grand extravagant.

ALCESTE.

Quoi? vous bravez ainsi ce témoin convaincant
Et ce qu'il m'a fait voir de douceur pour Oronte
N'a donc rien qui m'outrage et qui vous fasse honte?

CÉLIMÈNE.

Oronte! Qui vous dit que la lettre est pour lui? 1305

ALCESTE.

Les gens qui dans mes mains l'ont remise aujourd'hui.
Mais je veux consentir qu'elle soit pour un autre.
Mon cœur en a-t-il moins à se plaindre du vôtre?
En serez-vous vers moi moins coupable en effet?

CÉLIMÈNE.

Mais, si c'est une femme à qui va ce billet, 1310
En quoi vous blesse-t-il, et qu'a-t-il de coupable?

ALCESTE.

Ah! le détour est bon, et l'excuse admirable.
Je ne m'attendois pas, je l'avoue, à ce trait;
Et me voilà par là convaincu tout à fait.
Osez-vous recourir à ces ruses grossières? 1315
Et croyez-vous les gens si privés de lumières?
Voyons, voyons un peu par quel biais, de quel air
Vous voulez soutenir un mensonge si clair;
Et comment vous pourrez tourner pour une femme
Tous les mots d'un billet qui montre tant de flamme. 1320
Ajustez, pour couvrir un manquement de foi,
Ce que je m'en vais lire.

CÉLIMÈNE.

Il ne me plaît pas, moi.
Je vous trouve plaisant d'user d'un tel empire
Et de me dire au nez ce que vous m'osez dire.

ALCESTE.

Non, non, sans s'emporter, prenez un peu souci 1325
De me justifier les termes que voici.

Il cite le libelle intitulé *la Fameuse Comédienne*, qui raconte que Molière après avoir fait de grandes plaintes à sa femme au sujet d'un billet écrit par elle au comte de Guiche finit par se laisser si bien persuader par elle qu'il « lui fit mille excuses de son emportement » Le rapport est frappant, mais quelle foi mérite le libelle, composé une vingtaine d'années après *le Misanthrope*? C'est un témoignage fort suspect

CÉLIMÈNE.

Non, je n'en veux rien faire ; et, dans cette occurrence
Tout ce que vous croirez m'est de peu d'importance

ALCESTE.

De grâce, montrez-moi, je serai satisfait,
Qu'on peut pour une femme expliquer ce billet. 1330

CÉLIMÈNE.

Non, il est pour Oronte, et je veux qu'on le croie
Je reçois tous ses soins avec beaucoup de joie
J'admire ce qu'il dit, j'estime ce qu'il est,
Et je tombe d'accord de tout ce qu'il vous plaît.
Faites, prenez parti, que rien ne vous arrête, 1335
Et ne me rompez pas davantage la tête

ALCESTE, *à part*

Ciel ! rien de plus cruel peut-il être inventé,
Et jamais cœur fut-il de la sorte traité?
Quoi ? d'un juste courroux je suis ému contre elle,
C'est moi qui me viens plaindre, et c'est moi qu'on querelle
On pousse ma douleur et mes soupçons à bout,
On me laisse tout croire, on fait gloire de tout.
Et cependant mon cœur est encore assez lâche
Pour ne pouvoir briser la chaîne qui l'attache
Et pour ne pas s'armer d'un généreux mépris 1345
Contre l'ingrat objet dont il est trop épris !

A Célimène

Ah ! que vous savez bien ici contre moi même,
Perfide, vous servir de ma foiblesse extrême.
Et ménager pour vous l'excès prodigieux
De ce fatal amour né de vos traîtres yeux ! 1350
Défendez-vous au moins d'un crime qui m'accable,
Et cessez d'affecter d'être envers moi coupable
Rendez-moi, s'il se peut, ce billet innocent,
A vous prêter les mains ma tendresse consent
Efforcez-vous ici de paroître fidèle, 1355
Et je m'efforcerai, moi, de vous croire telle

CÉLIMÈNE.

Allez, vous êtes fou dans vos transports jaloux,
Et ne méritez pas l'amour qu'on a pour vous.
Je voudrois bien savoir qui pourroit me contraindre
A descendre pour vous aux bassesses de feindre, 1360
Et pourquoi, si mon cœur penchoit d'autre côté
Je ne le dirois pas avec sincérité.
Quoi ? de mes sentiments l'obligeante assurance
Contre tous vos soupçons ne prend pas ma défense?
Auprès d'un tel garant sont-ils de quelque poids ? 1365
N'est-ce pas m'outrager que d'écouter leur voix?

Et, puisque notre cœur fait un effort extrême,
Lorsqu'il peut se résoudre à confesser qu'il aime
Puisque l'honneur du sexe, ennemi de nos feux,
S'oppose fortement à de pareils aveux, 1370
L'amant qui voit pour lui franchir un tel obstacle
Doit-il impunément douter de cet oracle?
Et n'est-il pas coupable, en ne s'assurant pas
A ce qu'on ne dit point qu'après de grands combats?
Allez, de tels soupçons méritent ma colère, 1375
Et vous ne valez pas que l'on vous considère.
Je suis sotte, et veux mal à ma simplicité
De conserver encor pour vous quelque bonté
Je devrois autre part attacher mon estime,
Et vous faire un sujet de plainte légitime 1380

ALCESTE.

Ah traîtresse! mon foible est étrange pour vous.
Vous me trompez sans doute avec des mots si doux,
Mais il n'importe, il faut suivre ma destinée
A votre foi mon âme est toute abandonnée:
Je veux voir jusqu'au bout quel sera votre cœur 1385
Et si de me trahir il aura la noirceur.

CÉLIMÈNE.

Non, vous ne m'aimez point comme il faut que l'on aime

ALCESTE

Ah! rien n'est comparable à mon amour extrême,
Et dans l'ardeur qu'il a de se montrer à tous,
Il va jusqu'à former des souhaits contre vous. 1390
Oui, je voudrois qu'aucun ne vous trouvât aimable,
Que vous fussiez réduite en un sort misérable;
Que le Ciel, en naissant, ne vous eût donné rien,
Que vous n'eussiez ni rang ni naissance, ni bien;
Afin que de mon cœur l'éclatant sacrifice 1395
Vous pût d'un pareil sort réparer l'injustice,
Et que j'eusse la joie et la gloire en ce jour
De vous voir tenir tout des mains de mon amour[1]

CÉLIMÈNE

C'est me vouloir du bien d'une étrange manière!
Me préserve le Ciel que vous ayez matière!... 1400
Voici Monsieur Du Bois plaisamment figuré

---

1. « Mesurez, dit Lemercier, de quel point Alceste partit au commencement, et quel intervalle il a franchi jusqu'au point où il arrive à la fin, vous jugerez l'étendue immense du talent de l'auteur Cette belle scène s'expose par la colère se lie et s'intrigue par l'amour, et se dénoue par la faiblesse naturelle aux passions véhémentes » (*Cours de littérature* xx séance.)

SCÈNE IV

CÉLIMÈNE, ALCESTE, DU BOIS

ALCESTE.
Que veut cet équipage et cet air effaré?
Qu'as-tu?

DU BOIS

Monsieur.

ALCESTE

Eh bien?

DU BOIS.

Voici bien des mystères.

ALCESTE.

Qu'est-ce?

DU BOIS

Nous sommes mal, Monsieur, dans nos affaires.

ALCESTE.

Quoi?

DU BOIS

Parlerai-je haut?

ALCESTE

Oui, parle et promptement. 1405

DU BOIS

N'est-il point là quelqu'un?

ALCESTE.

Ah que d'amusement!

Veux-tu parler?

DU BOIS.

Monsieur, il faut faire retraite.

ALCESTE.

Comment?

DU BOIS

Il faut d'ici déloger sans trompette.

ALCESTE

Et pourquoi?

DU BOIS

Je vous dis qu'il faut quitter ce lieu.

ALCESTE

La cause?

DU BOIS

Il faut partir, Monsieur, sans dire adieu. 1410

ALCESTE.
Mais par quelle raison me tiens-tu ce langage?

ACTE IV, SCÈNE IV.

DU BOIS.
Par la raison Monsieur, qu'il faut plier bagage
ALCESTE.
Ah je te casserai la tête assurément,
Si tu ne veux, maraud, t'expliquer autrement.
DU BOIS.
Monsieur, un homme noir et d'habit et de mine 1415
Est venu nous laisser, jusque dans la cuisine,
Un papier griffonné d'une telle façon,
Qu'il faudroit pour le lire être pis que démon[1]
C'est de votre procès, je n'en fais aucun doute,
Mais le diable d'enfer, je crois, n'y verroit goutte. 1420
ALCESTE.
Eh bien, quoi ? Ce papier, qu'a-t-il à demêler,
Traître, avec le départ dont tu viens me parler ?
DU BOIS
C'est pour vous dire ici, Monsieur, qu'une heure ensuite
Un homme, qui souvent vous vient rendre visite,
Est venu vous chercher avec empressement, 1425
Et, ne vous trouvant pas, m'a chargé doucement,
Sachant que je vous sers avec beaucoup de zèle,
De vous dire. Attendez, comme est ce qu'il s'appelle?
ALCESTE.
Laisse la son nom, traître, et dis ce qu'il t'a dit.
DU BOIS.
C'est un de vos amis, enfin cela suffit 1430
Il m'a dit que d'ici votre péril vous chasse,
Et que d'être arrêté le sort vous y menace.
ALCESTE
Mais quoi ? n'a-t-il voulu te rien spécifier ?
DU BOIS
Non Il m'a demandé de l'encre et du papier,
Et vous a fait un mot où vous pourrez, je pense, 1435
Du fond de ce mystère avoir la connoissance
ALCESTE
Donne le donc
CÉLIMÈNE
Que peut envelopper ceci ?
ALCESTE
Je ne sais, mais j'aspire à m'en voir éclairci
Auras tu bientôt fait, impertinent au diable ?
DU BOIS, *après l'avoir longtemps cherché*
Ma foi, je l'ai, Monsieur, laissé sur votre table 1440

1. Qu'il faudroit pour le lire être pis qu'un démon (1682

ALCESTE.

Je ne sais qui me tient

CÉLIMÈNE.

Ne vous emportez pas,
Et courez démêler un pareil embarras

ALCESTE.

Il semble que le sort, quelque soin que je prenne,
Ait juré d'empêcher que je vous entretienne,
Mais, pour en triompher, souffrez a mon amour 1445
De vous revoir, Madame avant la fin du jour¹

---

1. Cette scène d'Alceste avec Du Bois est une imitation de la scène d Éraste et de La Montagne dans *les Fâcheux* (acte II scene III)

FIN DU QUATRIÈME ACTE

ACTE CINQUIÈME

SCÈNE I

ALCESTE, PHILINTE

ALCESTE.
La résolution en est prise, vous dis-je.
PHILINTE
Mais, quel que soit ce coup, faut-il qu'il vous oblige..?
ALCESTE
Non, vous avez beau faire et beau me raisonner,
Rien de ce que je dis ne peut me détourner. 1450
Trop de perversité règne au siècle où nous sommes,
Et je veux me tirer du commerce des hommes.
Quoi? contre ma partie on voit tout à la fois
L'honneur, la probité, la pudeur et les lois,
On publie en tous lieux l'équité de ma cause; 1455
Sur la foi de mon droit mon âme se repose :
Cependant je me vois trompé par le succès ;
J'ai pour moi la justice, et je perds mon procès!
Un traître, dont on sait la scandaleuse histoire,
Est sorti triomphant d'une fausseté noire! 1460
Toute la bonne foi cède à sa trahison!
Il trouve, en m'égorgeant, moyen d'avoir raison!
Le poids de sa grimace, où brille l'artifice,
Renverse le bon droit, et tourne la justice!
Il fait par un arrêt couronner son forfait! 1465
Et, non content encor du tort que l'on me fait,
Il court parmi le monde un livre abominable,
Et de qui la lecture est même condamnable;
Un livre à mériter la dernière rigueur,
Dont le fourbe a le front de me faire l'auteur[1] 1470
Et là-dessus on voit Oronte qui murmure,

[1]. Si l'on en croit la *Vie de Molière* par Grimarest, ceci fait allusion à un libelle infâme que les hypocrites, mis en fureur par *le Tartuffe*, avoient fabriqué et fait courir dans Paris en l'attribuant à notre auteur.

Et tâche méchamment d'appuyer l'imposture !
Lui qui d'un honnête homme à la cour tient le rang,
A qui je n'ai rien fait qu'être sincère et franc,
Qui me vient, malgré moi, d'une ardeur empressée   1475
Sur des vers qu'il a faits demander ma pensée ;
Et parce que j'en use avec honnêteté
Et ne le veux trahir, lui, ni la vérité,
Il aide à m'accabler d'un crime imaginaire
Le voilà devenu mon plus grand adversaire   1480
Et jamais de son cœur je n'aurai de pardon,
Pour n'avoir pas trouvé que son sonnet fût bon !
Et les hommes, morbleu sont faits de cette sorte !
C'est à ces actions que la gloire[1] les porte
Voilà la bonne foi, le zèle vertueux,   1485
La justice et l'honneur que l'on trouve chez eux !
Allons, c'est trop souffrir les chagrins qu'on nous forge
Tirons-nous de ce bois et de ce coupe-gorge
Puisque entre humains ainsi vous vivez en vrais loups,
Traîtres vous ne m'aurez de ma vie avec vous   1490

PHILINTE.

Je trouve un peu bien prompt le dessein où vous êtes,
Et tout le mal n'est pas si grand que vous le faites.
Ce que votre partie ose vous imputer
N'a point eu le crédit de vous faire arrêter.
On voit son faux rapport lui-même se détruire   1495
Et c'est une action qui pourroit bien lui nuire

ALCESTE.

Lui ? de semblables tours il ne craint point l'éclat ·
Il a permission d'être franc scélérat,
Et, loin qu'à son crédit nuise cette aventure,
On l'en verra demain en meilleure posture   1500

PHILINTE.

Enfin, il est constant qu'on n'a point trop donné
Au bruit que contre vous sa malice a tourné
De ce côté déjà vous n'avez rien à craindre ;
Et pour votre procès, dont vous pouvez vous plaindre,
Il vous est en justice aisé d'y revenir,   1505
Et contre cet arrêt..

ALCESTE

Non, je veux m'y tenir
Quelque sensible tort qu'un tel arrêt me fasse,
Je me garderai bien de vouloir qu'on le casse
On y voit trop à plein le bon droit maltraité,

---

1. *Gloire*, comme l'on sait, se prenait souvent alors au sens d'amour-propre, sentiment de l'honneur, orgueil, fierté.

ACTE V, SCÈNE I 669

Et je veux qu'il demeure à la postérité, 1510
Comme une marque insigne, un fameux témoignage
De la méchanceté des hommes de notre âge.
Ce sont vingt mille francs qu'il m'en pourra coûter,
Mais pour vingt mille francs j'aurai droit de pester
Contre l'iniquité de la nature humaine, 1515
Et de nourrir pour elle une immortelle haine [1].

PHILINTE

Mais enfin ..

ALCESTE.

Mais enfin, vos soins sont superflus
Que pouvez vous, Monsieur, me dire là-dessus?
Aurez vous bien le front de me vouloir, en face,
Excuser les horreurs de tout ce qui se passe? 1520

PHILINTE

Non, je tombe d'accord de tout ce qu'il vous plaît
Tout marche par cabale et par pur intérêt,
Ce n'est plus que la ruse aujourd'hui qui l'emporte
Et les hommes devroient être faits d'autre sorte
Mais est ce une raison que leur peu d'équité 1525
Pour vouloir se tirer de leur société?
Tous ces défauts humains nous donnent, dans la vie,
Des moyens d'exercer notre philosophie.
C'est le plus bel emploi que trouve la vertu;
Et, si de probité tout étoit revêtu, 1530
Si tous les cœurs étoient francs, justes et dociles,
La plupart des vertus nous seroient inutiles
Puisqu'on en met l'usage à pouvoir, sans ennui,
Supporter dans nos droits l'injustice d'autrui,
Et, de même qu'un cœur d'une vertu profonde. 1535

ALCESTE

Je sais que vous parlez, Monsieur, le mieux du monde
En beaux raisonnements vous abondez toujours [2],
Mais vous perdez le temps et tous vos beaux discours.
La raison, pour mon bien, veut que je me retire

---

1. J B Rousseau a imité ces quatre vers dans sa comédie du *Flatteur* (acte V, scène x)

> Ce sont dix mille écus que j'y perdrai peut être
> Mais pour dix mille écus on est trop heureux d'être
> Détrompé pour jamais d'un scélérat maudit

2. « Ne croirait on pas, dit Auger entendre l'implacable Turnus commençant sa réponse au discours de Drancès par cette boutade insolente

> Larga quidem Drance semper tibi copia fandi » ?
> (VIRGILE, *Énéide*, livre XI, vers 378.)

Je n'ai point sur ma langue un assez grand empire, 1540
De ce que je dirois je ne repondrois pas,
Et je me jetterois cent choses sur les bras
Laissez-moi, sans dispute, attendre Célimène
Il faut qu'elle consente au dessein qui m'amène
Je vais voir si son cœur a de l'amour pour moi, 1545
Et c'est ce moment-ci qui doit m'en faire foi.

PHILINTE.

Montons chez Eliante, attendant sa venue

ALCESTE.

Non, de trop de souci je me sens l'âme émue
Allez-vous-en la voir, et me laissez enfin
Dans ce petit coin sombre avec mon noir chagrin, 1550

PHILINTE.

C'est une compagnie étrange pour attendre,
Et je vais obliger Eliante a descendre

SCENE II

CÉLIMÈNE, ORONTE, ALCESTE

ORONTE.

Oui, c'est a vous de voir si, par des nœuds si doux,
Madame, vous voulez m'attacher tout a vous.
Il me faut de votre âme une pleine assurance 1555
Un amant là-dessus n'aime point qu'on balance.
Si l'ardeur de mes feux a pu vous émouvoir,
Vous ne devez point feindre a me le faire voir,
Et la preuve, après tout, que je vous en demande
C'est de ne plus souffrir qu'Alceste vous prétende, 1560
De le sacrifier, Madame, a mon amour,
Et de chez vous enfin le bannir dès ce jour.

CÉLIMÈNE.

Mais quel sujet si grand contre lui vous irrite,
Vous a qui j'ai tant vu parler de son mérite ?

ORONTE.

Madame, il ne faut point ces eclaircissements 1565
Il s'agit de savoir quels sont vos sentiments.
Choisissez, s'il vous plaît, de garder l'un ou l'autre,
Ma résolution n'attend rien que la vôtre

ALCESTE, *sortant du coin où il s'étoit retiré*

Oui, Monsieur a raison; Madame, il faut choisir,
Et sa demande ici s'accorde à mon désir 1570

Pareille ardeur me presse, et même soin m'amène
Mon amour veut du vôtre une marque certaine
Les choses ne sont plus pour traîner en longueur,
Et voici le moment d'expliquer votre cœur.
ORONTE
Je ne veux point, Monsieur, d'une flamme importune 1575
Troubler aucunement votre bonne fortune
ALCESTE
Je ne veux point, Monsieur, jaloux ou non jaloux,
Partager de son cœur rien du tout avec vous
ORONTE,
Si votre amour au mien lui semble préférable
ALCESTE.
Si du moindre penchant elle est pour vous capable. 1580
ORONTE
Je jure de n'y rien pretendre désormais.
ALCESTE.
Je jure hautement de ne la voir jamais
ORONTE.
Madame, c'est à vous de parler sans contrainte.
ALCESTE
Madame vous pouvez vous expliquer sans crainte.
ORONTE.
Vous n'avez qu'a nous dire ou s'attachent vos vœux 1585
ALCESTE,
Vous n'avez qu'a trancher, et choisir de nous deux
ORONTE.
Quoi? sur un pareil choix vous semblez être en peine !
ALCESTE
Quoi? votre âme balance, et paroit incertaine !
CÉLIMÈNE
Mon Dieu ! que cette instance est là hors de saison !
Et que vous temoignez tous deux peu de raison ! 1590
Je sais prendre parti sur cette preference,
Et ce n'est pas mon cœur maintenant qui balance
Il n'est point suspendu sans doute entre vous deux,
Et rien n'est sitôt fait que le choix de nos vœux.
Mais je souffre, a vrai dire, une gêne trop forte 1595
A prononcer en face un aveu de la sorte
Je trouve que ces mots, qui sont désobligeants
Ne se doivent point dire en présence des gens,
Qu'un cœur de son penchant donne assez de lumière,
Sans qu'on nous fasse aller jusqu'a rompre en visière, 1600
Et qu'il suffit enfin que de plus doux témoins[1]

1. *Temoins*, au sens de *témoignages*

Instruisent un amant du malheur de ses soins.
ORONTE.
Non, non, un franc aveu n'a rien que j'appréhende
J'y consens pour ma part
ALCESTE.
Et moi, je le demande
C'est son éclat surtout qu'ici j'ose exiger,   1605
Et je ne prétends point vous voir rien ménager.
Conserver tout le monde est votre grande étude,
Mais plus d'amusement, et plus d'incertitude
Il faut vous expliquer nettement là dessus,
Ou bien pour un arrêt je prends votre refus   1610
Je saurai, de ma part, expliquer ce silence,
Et me tiendrai pour dit tout le mal que j'en pense
ORONTE.
Je vous sais fort bon gré, Monsieur, de ce courroux
Et je lui dis ici même chose que vous
CÉLIMÈNE.
Que vous me fatiguez avec un tel caprice !   1615
Ce que vous demandez a-t-il de la justice?
Et ne vous dis-je pas quel motif me retient ?
J'en vais prendre pour juge Éliante qui vient.

SCÈNE III

ÉLIANTE PHILINTE CÉLIMÈNE ORONTE ALCESTE

CÉLIMÈNE
Je me vois, ma cousine, ici persécutée
Par des gens dont l'humeur y paroît concertée.   1620
Ils veulent, l'un et l'autre, avec même chaleur,
Que je prononce entre eux le choix que fait mon cœur,
Et que, par un arrêt qu'en face il me faut rendre,
Je défende à l'un d'eux tous les soins qu'il peut prendre
Dites-moi si jamais cela se fait ainsi   1625
ÉLIANTE.
N'allez point là dessus me consulter ici
Peut-être y pourriez-vous être mal adressée,
Et je suis pour les gens qui disent leur pensée
ORONTE
Madame, c'est en vain que vous vous défendez
ALCESTE
Tous vos détours ici seront mal secondés   1630

ACTE V, SCÈNE III.

ORONTE
Il faut, il faut parler, et lâcher la balance.
ALCESTE
Il ne faut que poursuivre à garder le silence.
ORONTE
Je ne veux qu'un seul mot pour finir nos débats.
ALCESTE
Et moi, je vous entends, si vous ne parlez pas.

SCÈNE IV

ARSINOÉ, CÉLIMÈNE, ÉLIANTE, ALCESTE, PHILINTE, ACASTE
CLITANDRE, ORONTE

ACASTE, *à Célimène*
Madame, nous venons tous deux, sans vous déplaire,   1635
Éclaircir avec vous une petite affaire.
CLITANDRE, *à Oronte et à Alceste*
Fort à propos, Messieurs, vous vous trouvez ici ;
Et vous êtes mêlés dans cette affaire aussi.
ARSINOÉ *à Célimène*
Madame, vous serez surprise de ma vue,
Mais ce sont ces Messieurs qui causent ma venue :   1640
Tous deux ils m'ont trouvée, et se sont plaints à moi
D'un trait à qui mon cœur ne sauroit prêter foi.
J'ai du fond de votre âme une trop haute estime
Pour vous croire jamais capable d'un tel crime ;
Mes yeux ont démenti leurs témoins les plus forts   1645
Et, l'amitié passant sur de petits discords,
J'ai bien voulu chez vous leur faire compagnie
Pour vous voir vous laver de cette calomnie.
ACASTE
Oui Madame, voyons, d'un esprit adouci,
Comment vous vous prendrez à soutenir ceci.   1650
Cette lettre par vous est écrite à Clitandre.
CLITANDRE
Vous avez pour Acaste écrit ce billet tendre.
ACASTE, *à Oronte et à Alceste*
Messieurs, ces traits pour vous n'ont point d'obscurité,
Et je ne doute pas que sa civilité
A connoître sa main n'ait trop su vous instruire,   1655
Mais ceci vaut assez la peine de le lire.

*Vous êtes un étrange homme, de condamner mon enjoue-
ment et de me reprocher que je n'ai jamais tant de joie que*

lorsque je ne suis pas avec vous. Il n'y a rien de plus injuste, et, si vous ne venez bien vite me demander pardon de cette offense, je ne vous la pardonnerai de ma vie[1] *Notre grand flandrin de vicomte*

Il devroit être ici

Notre grand flandrin de vicomte, par qui vous commencez vos plaintes, est un homme qui ne sauroit me revenir, et, depuis que je l'ai vu, trois quarts d'heure durant, cracher dans un puits pour faire des ronds[2] *je n'ai jamais pu prendre bonne opinion de lui Pour le petit marquis*

C'est moi même, Messieurs, sans nulle vanité

Pour le petit marquis, qui me tint hier longtemps la main, je trouve qu'il n'y a rien de si mince que toute sa personne; et ce sont de ces mérites qui n'ont que la cape et l'épée. Pour l'homme aux rubans verts[3]...

A Alceste :
A vous le dé, Monsieur

Pour l'homme aux rubans verts, il me divertit quelquefois avec ses brusqueries et son chagrin bourru, mais il est cent moments où je le trouve le plus fâcheux du monde. Et pour l'homme à la veste[4]..

A Oronte
Voici votre paquet.

Et pour l'homme à la veste, qui s'est jeté dans le bel esprit, et veut être auteur malgré tout le monde, je ne puis me donner la peine d'écouter ce qu'il dit, et sa prose me fatigue autant que ses vers Mettez-vous donc en tête que je ne me divertis pas toujours si bien que vous pensez, que je vous trouve à dire[5], *plus que je ne voudrois, dans toutes les parties où l'on m'entraîne; et que c'est un merveilleux assaison*

1, Je ne vous le pardonnerai de ma vie. (1682)
2 Grimarest raconté que Madame Henriette d'Angleterre demanda à l'auteur de supprimer ce *grand flandrin de vicomte* qui crachait dans un puits pour faire des ronds « Mais Molière avoit son original ; il voulut le mettre sur le théâtre »
3 Les jeunes seigneurs se paraient alors de nœuds de rubans à la cravate, sur l'épaule, etc
4 Ici et trois lignes plus bas, l'édition de 1682 remplace « l'homme à la veste », par « l'homme au sonnet » L'usage de la veste par laquelle se distinguait Oronte étant devenu une mode commune, il fallut le désigner autrement
5 Je m'aperçois de votre absence vous me manquez

ACTE V, SCÈNE IV.

nement aux plaisirs qu'on goûte, que la présence des gens qu'on aime.

CLITANDRE

Me voici maintenant, moi

Votre Clitandre, dont vous me parlez, et qui fait tant le doucereux, est le dernier des hommes pour qui j'aurois de l'amitié. Il est extravagant de se persuader qu'on l'aime; et vous l'êtes de croire qu'on ne vous aime pas. Changez, pour être raisonnable, vos sentiments contre les siens, et voyez-moi le plus que vous pourrez, pour m'aider à porter le chagrin d'en être obsedée.

D'un fort beau caractere on voit la le modele
Madame et vous savez comment cela s'appelle 1660
Il suffit Nous allons, l'un et l'autre, en tous lieux,
Montrer de votre cœur le portrait glorieux

ACASTE

J'aurois de quoi vous dire, et belle est la matière,
Mais je ne vous tiens pas digne de ma colere,
Et je vous ferai voir que les petits marquis 1665
Ont, pour se consoler, des cœurs du plus haut prix [1].

ORONTE.

Quoi? de cette façon je vois qu'on me déchire,
Apres tout ce qu'a moi je vous ai vu m'ecrire
Et votre cœur, pare de beaux semblants d'amour,
A tout le genre humain se promet tour a tour 1670
Allez j'etois trop dupe, et je vais ne plus l'être,
Vous me faites un bien, me faisant vous connoître
J'y profite d'un cœur qu'ainsi vous me rendez,
Et trouve ma vengeance en ce que vous perdez.

A Alceste:

Monsieur, je ne fais plus d'obstacle à votre flamme, 1675
Et vous pouvez conclure affaire avec Madame

ARSINOÉ, *a Célimene*

Certes, voila le trait du monde le plus noir,
Je ne m'en saurois taire, et me sens emouvoir
Voit-on des procédes qui soient pareils aux vôtres?
Je ne prends point de part aux interêts des autres, 1680

(Montrant Alceste)

Mais Monsieur que chez vous fixoit votre bonheur,
Un homme, comme lui, de merite et d'honneur,
Et qui vous cherissoit avec idolâtrie,
Devoit il?.

ALCESTE

Laissez-moi, Madame, je vous prie,

---

1. Ont pour se consoler des cœurs de plus haut prix (1682.)

Vider mes intérêts moi même la dessus, 1685
Et ne vous chargez point de ces soins superflus
Mon cœur a beau vous voir prendre ici sa querelle
Il n'est point en état de payer ce grand zèle ;
Et ce n'est pas à vous que je pourrai songer,
Si, par un autre choix, je cherche à me venger 1690

ARSINOÉ

Hé croyez vous, Monsieur, qu'on ait cette pensée,
Et que de vous avoir on soit tant empressée ?
Je vous trouve un esprit bien plein de vanité,
Si de cette créance il peut s'être flatté
Le rebut de Madame est une marchandise 1695
Dont on auroit grand tort d'être si fort éprise
Détrompez vous, de grâce, et portez le moins haut
Ce ne sont pas des gens comme moi qu'il vous faut.
Vous ferez bien encor de soupirer pour elle,
Et je brûle de voir une union si belle 1700
    (Elle se retire)

ALCESTE

Hé bien, je me suis tu malgré ce que je vois,
Et j'ai laissé parler tout le monde avant moi.
Ai je pris sur moi même un assez long empire ?
Et puis je maintenant ?...

CÉLIMÈNE

          Oui, vous pouvez tout dire :
Vous en êtes en droit, lorsque vous vous plaindrez, 1705
Et de me reprocher tout ce que vous voudrez
J'ai tort, je le confesse, et mon âme confuse
Ne cherche à vous payer d'aucune vaine excuse.
J'ai des autres ici méprisé le courroux
Mais je tombe d'accord de mon crime envers vous, 1710
Votre ressentiment sans doute est raisonnable,
Je sais combien je dois vous paroître coupable,
Que toute chose dit que j'ai pu vous trahir,
Et qu'enfin vous avez sujet de me haïr
Faites le, j'y consens

ALCESTE

         Hé le puis-je, traîtresse ? 1715
Puis je ainsi triompher de toute ma tendresse ?
Et, quoique avec ardeur je veuille vous haïr,
Trouve je un cœur en moi tout prêt à m'obéir ?
    A Éliante et à Philinte
Vous voyez ce que peut une indigne tendresse,
Et je vous fais tous deux témoins de ma foiblesse. 1720
Mais, à vous dire vrai, ce n'est pas encor tout,
Et vous allez me voir la pousser jusqu'au bout,

Montrer que c'est à tort que sages on nous nomme
Et que dans tous les cœurs il est toujours de l'homme.
[A Célimène.]
Oui, je veux bien perfide, oublier vos forfaits, 1725
J'en saurai, dans mon âme, excuser tous les traits,
Et me les couvrirai du nom d'une foiblesse
Où le vice du temps porte votre jeunesse,
Pourvu que votre cœur veuille donner les mains
Au dessein que j'ai fait de fuir tous les humains, 1730
Et que dans mon désert, où j'ai fait vœu de vivre,
Vous soyez, sans tarder, resolue à me suivre.
C'est par là seulement que, dans tous les esprits,
Vous pouvez reparer le mal de vos écrits,
Et qu'après cet éclat, qu'un noble cœur abhorre, 1735
Il peut m'être permis de vous aimer encore

CELIMENE.

Moi, renoncer au monde avant que de vieillir !
Et dans votre désert aller m'ensevelir !

ALCESTE

Et, s'il faut qu'à mes feux votre flamme reponde,
Que vous doit importer tout le reste du monde ? 1740
Vos désirs avec moi ne sont ils pas contents ?

CELIMENE

La solitude effraie une âme de vingt ans
Je ne sens point la mienne assez grande, assez forte,
Pour me resoudre à prendre un dessein de la sorte
Si le don de ma main peut contenter vos vœux, 1745
Je pourrai me résoudre à serrer de tels nœuds,
Et l'hymen. .

ALCESTE

Non Mon cœur à présent vous déteste,
Et ce refus lui seul fait plus que tout le reste
Puisque vous n'êtes point, en des liens si doux,
Pour trouver tout en moi, comme moi tout en vous, 1750
Allez, je vous refuse; et ce sensible outrage
De vos indignes fers pour jamais me dégage

(*Célimène se retire, et Alceste parle à Eliante*)

Madame, cent vertus ornent votre beauté,
Et je n'ai vu qu'en vous de la sincérité,
De vous, depuis longtemps, je fais un cas extrême. 1755
Mais laissez moi toujours vous estimer de même,
Et souffrez que mon cœur, dans ses troubles divers,
Ne se présente point à l'honneur de vos fers,
Je m'en sens trop indigne, et commence à connoître
Que le Ciel, pour ce nœud, ne m'avoit point fait naître, 1760
Que ce seroit pour vous un hommage trop bas,

Que le rebut d'un cœur qui ne vous valoit pas,
Et qu'enfin..

ÉLIANTE

Vous pouvez suivie cette pensée.
Ma main de se donner n'est pas embarrassée,
Et voila votre ami, sans trop m inquieter, 1765
Qui, si je l'en priois, la pourroit accepter

PHILINTE

Ah! cet honneur, Madame, est toute mon envie,
Et j'y sacrifierois et mon sang et ma vie

ALCESTE

Puissiez vous, pour goûter de vrais contentements,
L un pour l'autre, a jamais, garder ces sentiments 1770
Trahi de toutes parts, accablé d'injustices,
Je vais sortir d'un gouffre ou triomphent les vices,
Et chercher, sur la terre, un endroit écarté,
Ou d'être homme d'honneur on ait la liberté,

PHILINTE

Allons, Madame, allons employer toute chose 1775
Pour rompre le dessein que son cœur se propose.

FI DU CINQUIEME ET DERNIER ACTE.

TABLE DES MATIÈRES

Pages.

LE CID, tragédie de P. Corneille
  Epître de Corneille a Madame la duchesse d'Ai
    guillon. 3
  Avertissement de Corneille. 4
  Le Cid. 13
  Examen du Cid par Corneille. 84

HORACE, tragédie de P. Corneille
  Épître de Corneille a Monseigneur le cardinal duc
    de Richelieu 93
  Extrait de Tite Live 96
  Horace. 101
  Examen d'Horace par Corneille. 159

CINNA, ou la Clemence d'Auguste, tragédie de P. Corneille.
  Épître de Corneille a M. de Montoron. 167
  Extrait de Seneque 169
  Extrait de Montaigne 171
  Cinna. 175
  Examen de Cinna par Corneille. 236

POLYEUCTE, martyr, tragédie chretienne de P. Corneille
  Epître de Corneille a la reine regente. 241
  Abrégé du martyre de saint Polyeucte, ecrit par
    Simeon Métaphraste, et rapporté par Surius. . 243
  Polyeucte. 247
  Examen de Polyeucte par Corneille. 310

BRITANNICUS, tragédie de J. Racine
  Epitre de Racine à Monseigneur le duc de Che
    vreuse 317
  Première préface de Racine. 318
  Second preface de Racine 323
  Britannicus 327
  Appendice a Britannicus. 392

TABLE DES MATIÈRES

Pages

ESTHER, tragédie tirée de l'Ecriture sainte, par J. Racine
    Extrait des souvenirs de Madame de Caylus. . . . 397
    Préface de Racine. 399
    Esther. 403
    Appendice à *Esther* 457

ATHALIE, tragédie tirée de l'Ecriture sainte, par J. Racine
    Préface de Racine. 461
    Extrait du livre second des *Paralipomènes*. . . 466
    Athalie 469

MÉROPE, tragédie de Voltaire
    Lettre de Voltaire à M. le marquis Scipion Maffei,
        auteur de la *Mérope* italienne 541
    Mérope 549

LE MISANTHROPE, comédie de Molière
    Interprétations diverses du *Misanthrope*. Critiques
        et réponses faites aux critiques. 605
    Le Misanthrope 609

FIN DE LA TABLE

LIBRAIRIE HACHETTE & Cie, PARIS

Deutsche Zeitung
für die französische Jugend
JOURNAL ALLEMAND pour les JEUNES FRANÇAIS

**Rédigé sous la Direction
De M. SIGWALT**
Professeur agrégé au lycée Michelet

Ce journal paraît le premier et le troisieme samedi de chaque mois
a l'exception des mois d'Août et de Septembre

ABONNEMENT : 6 FRANCS PAR AN

Die Kleine Zeitung
PETIT JOURNAL ALLEMAND ILLUSTRÉ
POUR LES ENFANTS DE 8 A 12 ANS

Rédigé sous la Direction de M. STŒFFLER
Professeur d'allemand au Collège CHAPTAL

MENSUEL
Abonnement Un An, 3 fr 50   Le numéro, 35 cent.

The English Journal
A PERIODICAL FOR FRENCH YOUTH
JOURNAL ANGLAIS POUR LES JEUNES FRANÇAIS

Publié sous la Direction de M. MEADMORE
Professeur agrégé au lycée Condorcet

Ce journal paraît le second et le quatrieme samedi de chaque mois,
a l'exception d'Août et de Septembre

ABONNEMENT : 6 FRANCS PAR AN

LIBRAIRIE HACHETTE & Cie, PARIS

Classiques Allemands

NOUVELLE COLLECTION A L'USAGE DES ÉLÈVES. FORMAT PETIT IN-16 CARTONNÉ

AUERBACH *Récits villageois de la Forêt Noire* (B Lévy)	0 50
BENEDIX *Le procès* (Lange)	» 60
L'Entêtement (Lange)	» 60
Scènes choisies du Théâtre de famille (Feuillié)	1 50
CHAMISSO *Pierre Schlemihl* (Koell)	1 »
CHOIX DE FABLES ET DE CONTES (Mathis)	1 50
CONTES ET MORCEAUX CHOISIS DE SCHMIDT KRUMMACHER LIEPFSKIND LICHTWER HEBEL HERDER ET CAMPE (Scherdlin)	1 50
CONTES POPULAIRES tirés de GRIMM MUSÆUS ANDERSEN et des *Feuilles de palmier* par HERDER et LIEBESKIND (Scherdlin)	0 50
GŒTHE *Iphigénie en Tauride* (B Lévy)	1 50
Campagne de France (B Lévy)	1 50
Faust 1re part (Massoul)	0 »
Le Tasse (B Lévy)	1 80
Morceaux choisis (B Lévy)	3 »
Extraits en prose (Lévy)	1 50
GŒTHE ET SCHILLER *Poésies lyriques* (Lichtenberger)	2 50
HAUFF *Lichtenstein* I II (Muller)	2 50
HEBEL *Contes choisis* (Feuillée)	1 50
HOFFMANN *Le tonnelier de Nuremberg* (Bauer)	2 »
KELLER (G) *Kleider machen Leute* (Schurr)	1 75
KLEIST (DE) *Michael Kohlhaas* (Koch)	1 »
KLASSISCHE UND MODERNE MARCHEN (Desfeuilles)	1 50
KOTZEBUE *La petite Ville allemande* (Pally)	1 50
LESSING. *Laocoon* (B Lévy)	2 »
Lettres sur la Littérature moderne et les lettres archéologiques (Cottler)	0 »
Extraits de la Dramaturgie (Cottler)	1 50
Minna de Barnhelm (B Lévy)	1 50
NIEBUHR *Temps héroïques de la Grèce* (Koch)	1 50
ROSEGGER *Il a'ajugend* (Feuillié)	1 50
SCHILLER *Guerre de Trente Ans* (Schmidt et Leclare)	2 50
Histoire de la révolte des Pays Bas (Lange)	2 50
Jeanne d'Arc (Bailly)	0 50
Fiancée de Messine (Scherdlin)	1 50
Wallenstein (Cottler)	2 50
Wilhelm Tell (Weill)	1 50
Oncle et Neveu (Br ois)	1 »
Morc choisis (B Levy)	3 »
SCHILLER ET GŒTHE *Correspondance* B Lévy)	0 »
Poésies lyriques (Lichtenberger)	2 50
SCHMIDT *Cent petits Contes* (Scherdlin)	1 55
Les Œufs de Pâques (Scherdlin)	1 20
STIFTER *Bunte Steine* (Schurr)	1 25
WILDENBRUCH *Neid* (Schurr)	1 50
Das Edle Blut (Bastian)	1 »

DICTIONNAIRES

HEINHOLD *Petit Dictionnaire français allemand et allemand français*, 25e édit 1 vol petit in 16, cartonnage toile 3 fr 50

KOCH professeur honoraire au lycée Saint Louis *Lexique français allemand*, nouv édit revue et corrigée 1 vol in 16 cartonnage toile 4 fr

— *Lexique allemand français* contenant un grand nombre de termes nouveaux et l'indication de la nouvelle orthographe allemande 1 vol in 16 cartonnage toile 6 fr

MANN *Kurzes Wörterbuch der deutschen Sprache* dictionnaire allemand autorisé pour le Baccalauréat 1 vo lume in 8 cartonnage to le 5 fr

SUCKAU (De) *Dictionnaire allemand français et français allemand* complètement refondu et remanié sur un nouveau plan par M Théobald Fix 1 fort vol in 8 cartonnage 15 fr
Le *Dict. allemand français*, broché 6 fr 50 Cart toile 8 fr
Le *Dict français allemand* broché 6 fr 50 Cart. toile. 8 fr.

LIBRAIRIE HACHETTE & Cie, PARIS

Classiques Anglais

NOUVELLE COLLECTION A L'USAGE DES ÉLÈVES. FORMAT PETIT IN-16 CARTONNÉ

AIKIN ET BARBAULD *Soirées au logis* (Tronchet)	1 50
BYRON *Childe Harold* (E. Chasles)	2 »
CHOIX DE CONTES EN ANGLAIS (Beaujeu)	1 50
COOK *Extraits des Voyages* (Angellier)	2 »
DE FOE (DANIEL) *Robinson Crusoe* (Al Beljame)	1 50
DICKENS *Un conte de Noel* (Fiévet)	1 50
David Copperfield	2 50
Nicolas Nickleby	2 50
EDGEWORTH *Forester* (Al Beljame)	1 50
Contes choisis (Mothere)	2 »
Old Poz (Al Beljame)	» 40
ELIOT (G) *Silas Marner* (A. Malfroy)	2 50
Adam Bede	3 »
FRANKLIN *Autobiographie* (E. Fiévet)	1 50
GOLDSMITH *Le Vicaire de Wakefield* (A. Beljame)	1 50
Le Voyageur, le Village abandonné (Mothere)	» 75
Essais choisis (Mac Enery)	1 50
GRAY *Choix de poésies* (Legouis)	1 50
IRVING (W) *Vie et Voyages de Christ Colomb* (E Chasles)	2 »
Le livre d'esquisses (Fiévet)	2 »
MACAULAY *Morceaux choisis des Essais* (Aug Beljame)	2 50
Morceaux choisis de l'Histoire d'Angleterre (Battier)	2 50
MILTON *Le Paradis perdu* livres I et II (Aug Beljame)	» 90
POPE. *Essai sur la Critique* (Mothere)	» 75
RUSKIN (J) *The nature of gothic* (Morel)	1 50
SHAKESPEARE *Jules César* (C Fleming)	1 25
Hamlet (O Sullivan)	1 »
Henri VIII (Morel)	1 25
Macbeth (Morel)	1 80
Othello (Morel)	1 80
Coriolan (O Sullivan)	1 »
SHERIDAN *The school for Scandal, L'école de la médisance* (Clermont)	1 »
SWIFT *Les Voyages de Gulliver* (E Fiévet)	1 80
TENNYSON *Enoch Arden* (Al Beljame)	1 »
Quatre poèmes (Vallod)	» 75
WALTER SCOTT *Contes d'un Grand père* (Talandier)	1 50
Morceaux choisis (Battier)	3 »
Les Puritains d'Ecosse	2 »
L'Antiquaire	2 »
Quentin Durward	2 »
Ivanhoe	2 »

DICTIONNAIRES

ANNANDALE *Concise English Dictionary*, dict anglais autorisé par le Baccalauréat Un vol in 8 cart toile . . . . . 5 fr

BATTIER ET LEGRAND agrégés de l'Université *Lexique Français anglais*, nouvelle édit revue et corrigée 1 vol in 16 cart toile 4 fr	BELLOWS (J) *Dictionnaire français anglais et anglais français* 1 vol in 8 cart 6 fr Le même éd de poche in 32 rel 13 50
NUGENT *Dictionnaire de poche français anglais et anglais français* Edit revue par Brown et Martin avec nombreuses additions par M Duhamel prof au Collège d'Harrow 1 vol in 32 cart 3 fr 50	SPIERS *Dictionnaire général anglais français et français anglais* 2 vol in 8 brochés 20 fr Cartonnés toile 23 fr Chaque dictionnaire, br 10 fr Cartonné toile 11 fr 50